Hanjo Kesting
Bis der reitende Bote des Königs erscheint
Über Oper und Literatur

Hanjo Kesting

Bis der reitende Bote des Königs erscheint

Über Oper und Literatur

WALLSTEIN VERLAG

Für Jürgen, den frühesten Gefährten

Bibliografische Information der Deutschen Nationalbibliothek
Die Deutsche Nationalbibliothek verzeichnet
diese Publikation in der Deutschen Nationalbibliografie;
detaillierte bibliografische Daten sind im Internet
über http://dnb.d-nb.de abrufbar.

© Wallstein Verlag, Göttingen 2017
www.wallstein-verlag.de
Vom Verlag gesetzt aus der Stempel Garamond
Umschlaggestaltung: Susanne Gerhards, Düsseldorf
Druck und Verarbeitung: Hubert & Co
ISBN 978-3-8353-3126-6

Inhalt

Wort und Ton
Zu einem Thema der Operngeschichte 7

I
18. Jahrhundert

Der Fürst der Librettisten
Pietro Metastasio 25

Der wahre Phönix Mozarts
Lorenzo Da Ponte 44

Die Kunst, durch Kontraste zu wirken
»Die Zauberflöte« 76

II
19. Jahrhundert

Höllenvision aus Biedermeierminiaturen
»Der Freischütz« 93

Der vergessene Meister
Felice Romani 103

Die Dioskuren der Großen Oper
Giacomo Meyerbeer und Eugène Scribe 119

Verdis unentbehrlicher Geselle
Francesco Maria Piave 141

Verdis später Glücksfall
Verdi und Arrigo Boito 159

»Das Ewig-Weibliche zieht uns hinan«
Goethes »Faust« auf der Opernbühne 172

Im musikalischen Dufte meiner Schöpfung berauscht
Wie gut sind Wagners Operntexte? 187

Die Liebe ist ein rebellischer Vogel
Prosper Mérimée und Georges Bizet 226

III
Operette oder Die kleine Oper

Der Mozart der Champs-Élysées
Jacques Offenbach 245

Der Genius der leichten Muse
Johann Strauß 265

Der Abgesang der Operette
Ralph Benatzky und das »Weiße Rössl« 281

IV
20. Jahrhundert

Der Dichter als Librettist
Hugo von Hofmannsthal 295

»Die schweigsame Frau«
Zur Uraufführung der Oper von Richard Strauss 318

»Welch sonderbarer Trödelkram steht hier heute zum Verkauf!«
Igor Strawinsky und die Oper 324

Bis der reitende Bote des Königs erscheint
Bertolt Brecht und das Musiktheater 339

Die Wahrheit des Singens
Wystan Hugh Auden, der letzte Operndichter 363

Anhang

Nachweise 385
Personenregister 400
Werkregister (Opern, Operetten, Musiktheater, Ballette) 409

Wort und Ton
Zu einem Thema der Operngeschichte

> Ich suchte die Musik zu ihrer wahren Bestimmung zurückzuführen, die darinnen besteht, die Poesie zu unterstützen, ohne die Handlung zu unterbrechen oder sie durch unnützen und überflüssigen Schmuck zu erkälten.
>
> C. W. Gluck

> ... bey einer opera muß schlechterdings die Poesie der Musick gehorsame Tochter seyn. – warum gefallen denn die Welschen kommischen Opern überall? – mit allem dem Elend was das buch anbelangt! – weil da ganz die Musick herrscht – und man darüber alles vergisst.
>
> W. A. Mozart

> Der Irrtum in dem Kunstgenre der Oper bestand darin, daß ein Mittel des Ausdruckes (die Musik) zum Zwecke, der Zweck des Ausdruckes (das Drama) aber zum Mittel gemacht war ...
>
> Richard Wagner, *Oper und Drama*

> Der große Primatkampf zwischen Wort, Musik und Darstellung ... kann einfach beigelegt werden durch die radikale Trennung der Elemente.
>
> Bertolt Brecht

Wenige Zitate reichen aus, um das Grundthema dieses Buches zu umreißen. Im Kern geht es um das Verhältnis von Text und Musik, von Wort und Ton in der Oper oder, um Richard Wagners Begriffe zu verwenden, um das Verhältnis von Oper und Drama. Jahrhundertelang wurde über diese Frage mit Leidenschaft gestritten, der Streit ist so alt wie die Oper selbst. Ihre Geschichte dauert bereits länger als vierhundert Jahre, aber es gelang nur in seltenen Fällen, dass Textautor und Komponist einvernehmlich zueinanderfanden, dass der Librettist wusste, was der Musiker wollte, und der Musiker glücklich war mit dem, was der Textdichter ihm geliefert hatte. Mozart, wiewohl er zwanzig Bühnenwerke schrieb, suchte manchmal lange, ehe er den passenden Text fand. Am 7. Mai 1783 schrieb er an Vater Leopold: »Nun hat die italienische opera Buffa al[l]hier wi[e]der angefangen; und gefällt sehr ... ich habe leicht 100 – Ja wohl mehr bücheln durchgesehen – allein – ich habe fast kein einziges gefunden mit welchem ich zufrieden sein könnte; – wenigstens müsste da und dort vieles verändert werden. – und wenn sich schon ein Dichter mit diesem abgeben will, so wird er viel[l]eicht leichter ein ganz Neues machen. – und Neu – ist es halt doch immer besser.« Beethoven hatte nur einmal Glück bei der Suche nach einem Textdichter, Weber meist Pech, denn wenn seine nach dem *Freischütz* geschriebenen Werke *Oberon* und *Euryanthe* trotz zum Teil großartiger Musik nicht reüssierten, dann lag es an den unglücklichen Textbüchern. Man kann nachlesen, wie Verdi und Puccini ihre Librettisten traktierten, aber auch Mendelssohn und Brahms bemühten sich vergeblich um eines der begehrten »Büchlein«, wie die Übersetzung von Libretto lautet, wörtlich: »kleines Buch«. Der Name enthält wenn nicht eine leichte Geringschätzung, so doch eine Klassifizierung: Ein Textbuch war eben kein Buch, kein vollwertiges Werk, das aus sich heraus bestand, sondern ein Hilfsmittel, eine Larve, aus der erst die Musik den bunten Schmetterling hervorlockt. Ein Libretto von Giovanni Battista Casti aus dem Jahr 1786, das für Antonio Salieri, den Mozart-Rivalen, bestimmt war, hieß denn auch: *Prima la musica e poi le parole*.

Zuerst die Musik, dann die Worte – der Autor als Diener des Komponisten. Das war nicht immer so gewesen, und später wurde es keineswegs die unbedingte Regel. Dass jedoch der Streit um den Vorrang von Wort oder Ton zum Gegenstand einer Oper werden konnte, zeigt, wie heftig die Frage zeitweise umstritten war. Salieris einaktiges Operndivertimento schlug bei seiner Wiener Premiere einen anderen Einakter aus dem Felde, der am selben Abend gegeben wurde, Mozarts *Schauspieldirektor*. Den Text des Abbé Casti entdeckte Stefan Zweig, als er unter den Libretto-Schätzen des Britischen Museums in London einen neuen Stoff für Richard Strauss suchte, mit dem er soeben – 1935 – *Die schweigsame Frau* herausgebracht hatte. Strauss war sofort fasziniert. Zweig, inzwischen in England lebend, kam freilich als Librettist nicht mehr in Frage. Die Nationalsozialisten hatten ihrem Renommierkomponisten einen jüdischen Mitarbeiter *einmal* durchgehen lassen, ein zweites Mal schien ausgeschlossen. Strauss, der durch seine mit Zweig gewechselten Briefe sein Amt als Präsident der »Reichsmusikkammer« verloren hatte, versuchte daraufhin, den politisch genehmen, poetisch aber dürftigen Theaterhistoriker Joseph Gregor als Textautor zu gewinnen, der indes kaum geeignet war, seine Wünsche zu erfüllen. Im September 1939 – der Zweite Weltkrieg hatte begonnen und die deutschen Truppen eroberten gerade Warschau – schickte er dem Dirigenten und Münchner Opernintendanten Clemens Krauss einen Brief, in dem er von seiner langen Laufbahn als Opernkomponist fast schon Abschied zu nehmen schien: »ich mag eigentlich keine ›Oper‹ mehr schreiben, sondern möchte mit dem de Casti so etwas ganz Ausgefallenes, eine dramaturgische Abhandlung..., eine theatralische Fuge (auch der gute alte Verdi hat's am Schluß des ›Falstaff‹ nicht lassen können) – denken Sie an Beethovens Quartettfuge – das sind so die Greisenunterhaltungen! – schreiben! Ob Gregor so was leisten kann – ich kann's noch nicht sagen. Bis heute hat er's noch nicht verstanden, was ich eigentlich will: keine Lyrik, keine Poesie, keine Gefühlsduselei –: Verstandestheater, Kopfgrütze, trockenen Witz!«

In der Tat erwies sich Joseph Gregor außerstande, das alte Textbuch Castis in ein brauchbares Libretto zu verwandeln. Strauss, der zeitweise sein Interesse schon verloren zu haben schien, kam bei Kriegsbeginn auf Castis Textbuch zurück, weil er den krassen Kontrast zur politischen Wirklichkeit, der in dem geschmäcklerischen Erörtern einer opernästhetischen Frage lag, offenbar nicht scheute, vielleicht sogar wünschte. Durch Clemens Krauss und den Komponisten stark verändert, erlebte *Prima la musica e poi le parole* unter dem Titel *Capriccio. Ein Konversationsstück für Musik* Ende Oktober 1942, während gerade die Schlacht um Stalingrad tobte, seine gespenstisch-unfröhliche Uraufführung in München. »Noch einen Schritt, und wir stehen vor dem Abgrund«, singt der Graf in diesem Stück. Damit war nicht das große Völkermorden gemeint, sondern die Kluft zwischen Wort und Ton in der Oper.

Ob der Text gut oder schlecht sei, findet der Graf, sei bedeutungslos, es verstehe ihn ohnehin niemand. Gewisse Wagner-Hörer, die keine Wagner-Kenner sind, werden ihm beipflichten. Auch die Worte des Theaterdirektors, alle Schuld treffe den betäubenden Lärm des Orchesters, die Sänger seien gezwungen zu schreien, finden sicher viel Sympathie, nicht zuletzt unter den Besuchern mancher Opern von Richard Strauss. Dass fremdsprachige Operntexte ihren Sinn dem ungeübten Hörer ohnehin nur in groben Umrissen preisgeben, versteht sich von selbst. Strauss und Krauss verlegten die Handlung ihres Stücks ins 18. Jahrhundert, in die Zeit der Gluck'schen Opernreform. Der Hinweis auf die Unverständlichkeit des Textes stellt insofern einen Anachronismus dar, als es damals und noch lange danach üblich war, das »Büchlein« mit in die Oper zu nehmen und bei Kerzenschein zu verfolgen, was in den Rezitativen vor sich ging und welchen traurigen oder heiteren Affekt eine Arie ausdrückte, der man dann ohne die Mühe des Nachlesens lauschen konnte. Diese Praxis verlor sich im Lauf des folgenden Jahrhunderts, und so blieb es bis weit über die Mitte des 20. Jahrhunderts. Die Tage von Donizetti und Meyerbeer, in denen die satirische Zeitschrift *Punch* im Gefolge einer Finanzdebatte den Wert einer Pfundnote wie folgt beschreiben konnte, lagen in der Zeit von Richard Strauss schon lange zurück.

> A pound, dear father, is the sum
> That clears the opera wicket:
> Two lemon gloves, one lemon ice,
> Libretto and your ticket.

Außer Vaters Opernkarten und einem Pfund für Ausgaben wie neue Handschuhe und Pausen-Erfrischungen war demnach der Kauf eines Textbuches unerlässlich. Es war die Zeit, in der große Librettisten wie Felice Romani und Eugène Scribe aufs sorgfältigste an ihren Textbüchern tüftelten. Ob man sich den Musikbühnenbetrieb früherer Epochen mit Primadonnentyrannei, unterbezahlten Musikern und überladenen Dekorationen, ganz zu schweigen von den Kastraten des 18. Jahrhunderts, zurückwünschen soll, ist eine Frage, die man getrost verneinen kann, auch wenn man heute mit der Tyrannei der Regisseure nicht glücklicher ist. Aber das Interesse an dem, was auf der Bühne vor sich ging, war zu Glucks und Mozarts Zeit wie in der von Meyerbeer und Donizetti keineswegs geringer, eher höher als heute.

Dabei ist zumindest dem Hörer von Opernplatten und -CDs der Blick ins Booklet mit beigefügtem Libretto heute wieder geläufig geworden, und selbst die Opernhäuser zieren sich nicht mehr, den Text der Oper synchron auf Schrifttafeln mitlaufen zu lassen, nicht nur bei fremdsprachigen Texten, sondern, wenn sie es gut mit dem Publikum meinen, auch bei Wagner und Strauss. Das hat das Interesse für die Texte der Oper gefördert, nicht unbedingt für die Autoren dieser Texte. Man mache eine simple Probe. Es fällt sicher nicht schwer, sich auf ein Dutzend der bedeutendsten Opern zu einigen. Nehmen wir zum Beispiel Monteverdis *Orfeo*, Mozarts *Don Giovanni*, Beethovens *Fidelio* und Webers *Freischütz*, von Wagner *Tristan und Isolde*, von Verdi *La Traviata*, *Carmen* von Bizet, *Hoffmanns Erzählungen* von Offenbach, Puccinis *La Bohème* und Strauss' *Rosenkavalier*, Debussys *Pelléas und Mélisande* und Alban Bergs *Wozzeck*. Gegen diese Auswahl wird kaum jemand etwas einwenden, obwohl manche persönliche Vorliebe anders ausfallen mag. Nun erheben sich Fragen: Sind das zugleich zwölf der besten Textbücher? Oder – viel einfacher – wer kennt die Verfasser dieser zwölf Libretti? In den Fällen *Rosenkavalier* und *Don Giovanni* weiß der interessierte Opernbesucher, dass Hugo von Hofmannsthal und Lorenzo Da Ponte die Texte schrieben. Wagner, das ist ebenfalls geläufig, schrieb außer den Noten auch selber die Worte, die er später vertonte. Zu *Wozzeck* kennt man die Vorlage, das Stück von Georg Büchner, während Maurice Maeterlinck als Autor des Schauspiels *Pelléas und Mélisande* kaum noch geläufig sein dürfte. Aber wurden diese Stücke im Originaltext vertont oder in einer Bearbeitung? Und wer legte hier Hand an? Wer schrieb den Text zu *Fidelio*, wer das Libretto zu *La Bohème*? Nicht schwer zu erraten, dass *Hoffmanns Erzählungen* auf einigen Erzählungen des deutschen Romantikers beruht, aber wer machte daraus ein Operntextbuch? Über *La Traviata* ist allgemein bekannt, dass die Oper auf den Roman *Die Kameliendame* von Alexandre Dumas zurückgeht, aber wie wurde aus dem Roman ein Libretto? Fragen über Fragen – nur der Kenner der Materie kann Auskunft geben. Der normale Opernbesucher würde im Zeitalter der *Fake News* zweifellos folgende Aussage akzeptieren: »Da Weber keinen geeigneten Operntext fand, schrieb er das Libretto zum *Freischütz* kurzerhand selbst und wurde dadurch das Vorbild für Wagner.«

Wenig Gewissheit herrscht auch bei der Frage, ob nach Wagner, der sein eigener Textdichter war, die meisten Komponisten doch wieder Librettisten beschäftigt haben. Tatsächlich ließen sich Richard Strauss, Puccini, Ravel, Strawinsky oder Henze Textbücher schreiben, andere waren Selbstversorger: Tschaikowsky, Schreker, Pfitzner, Busoni, Hindemith, Alban Berg, Schönberg, Prokofjew, Orff oder Krenek. Wieder andere schwankten zwischen fremden Texten und eigenen Versuchen, Janáček und Schostakowitsch zum Beispiel.

Um einige grundsätzliche Fragen aufzuwerfen: Libretti sind in der Regel mehr als die Summe der von den Sängern gesungenen Worte. Sie als bloßen Text zu bezeichnen raubt ihnen die entscheidende Dimension des Bühnenspiels, des Dramas. Wie baut der Verfasser sein Stück auf? Wie geht er mit der Geschichte, die dem Stück zugrunde liegt, zum Beispiel mit einer geschichtlichen Begebenheit, um? Kommt es ihm auf Plausibilität des Ablaufs oder nur auf schöne Arien an? Wie sehen die Charaktere aus, sind es Menschen oder Marionetten? Und wie verhält sich der Text zur zeitgenössischen Wirklichkeit? Operntexte entstehen ja in bestimmten geschichtlichen Situationen und Wirklichkeiten, die sich immer weiter von uns entfernen, aber heute auf die Bühne gebracht werden müssen. Kann man das in späteren Aufführungen ignorieren, indem man die Stücke aktualisiert oder gar verändernd in sie eingreift? Man nehme zum Beispiel Mozarts *Le Nozze di Figaro*. Raum und Zeit sind hier im Text Da Pontes genau aufzufinden, in der Theatervorlage von Beaumarchais noch deutlicher. Sevilla, mehrfach erwähnt, liegt nicht irgendwo in der Nähe, sondern laut Beaumarchais »à trois lieus«, also drei Meilen, entfernt. Das Schloss ist nicht irgendein beliebiges, sondern hat einen Namen: »Aguas-Frescas«, ein Wohnsitz also, wo es frisches, reines Wasser gibt. Vermutlich wurde es so genannt, weil die meisten Leute in der Umgebung mit weitaus weniger köstlichem Nass vorlieb nehmen mussten. Der Graf tritt in den ersten beiden Akten nach dem Willen des Dramatikers im Jagdkostüm auf, zum Zeichen seines Standes: »*La corruption du cœur ne doit rien ôter au* bon ton *de ses manières*«, heißt es im Personenverzeichnis des Stücks – »die Verdorbenheit seines Herzens darf nicht den guten Ton seiner Manieren schmälern«. So kennzeichnet ihn der Dichter, so lassen ihn auch Da Ponte und Mozart auftreten, als Aristokraten unmittelbar vor der Französischen Revolution, die bei Erscheinen der Oper nur noch fünf Jahre entfernt war. Wie man den Grafen daher, seiner Korruptheit wegen, nicht als harmlosen Falstaff im andalusischen Adelsmilieu spielen darf, so lässt sich aus ihm auch kein brutaler Vertreter des Spätkapitalismus machen, der Diener und Frauen etwa so traktiert wie Brechts Puntila den Knecht Matti und seine Mägde. Man darf ihn nicht zum bloßen Schürzenjäger in einer Phantasiezeit in einem Schloss Irgendwo machen. Alles in Mozarts Oper hat seine genau definierte Zeit, seinen bestimmten Ort, nicht zuletzt einen historisch benennbaren sozialen Konflikt. Aber die Regisseure unserer Tage gehen nach Belieben damit um, sei es, dass sie wie Peter Zadek das Stück in die zwanziger Jahre des 20. Jahrhunderts, die Zeit der Brecht'schen *Dreigroschenoper*, verlegen, sei es, dass sie eine Affäre zwischen dem Grafen und Susanna konstruieren, unbekümmert darum, dass sie damit der Gesamtanlage des Stücks, der komplizierten Intrige und Gegenintrige, die Grundlage entziehen. Zwar gibt es heute viele Opernaufführungen, in denen auf die Wiederherstellung der jeweiligen Originalpartitur der größte Wert gelegt wird, gleichzeitig aber wird mit dem Originaltext nach ziemlichem Belieben umgesprungen. Ein Streben nach Werktreue, das neben dem Bemühen um eine historische Aufführungspraxis der Musik nur annähernd vergleichbare Anstrengungen im Umgang mit dem Text aufweist, ist jedenfalls nicht zu erkennen. Daran tragen die Textdichter selber einen Teil der Schuld. Unter den

Verfassern der »Büchlein« gab es oft ebenso viele Amateure, wie es Quacksalber gab unter den Ärzten jener Zeit. Wer sich niemals zugetraut hätte, Stücke auf die Sprechbühne zu bringen oder es schon vergeblich versucht hatte, hielt sich immer noch für fähig, das dramatische Gerüst einer Oper zu liefern. Da Opernaufführungen nicht selten Renommier-Ereignisse der Mächtigen waren, von diesen zum Eigenlob oder zur Selbstfeier angesetzt, nimmt es nicht wunder, wenn manchmal die Opernstoffe und Textbücher gleich mitverordnet wurden. Es kam sogar vor, dass die Mächtigen selbst zur Feder griffen. So verfasste Zarin Katharina II. für ihren Hofkomponisten das Textbuch zu *Oleg tritt die Herrschaft an*, einer Haupt- und Staatsaktion aus der russischen Geschichte. Papst Clemens IX. schrieb – noch als Kardinal Giulio Rospigliosi – das Libretto für Stefano Landis Oper *Il Sant'Alessio*. Und Friedrich II. von Preußen reihte sich unter die Textdichter ein, indem er für Carl Heinrich Grauns Oper *Montezuma* in französischer Sprache das Libretto entwarf, das Giampietro Tagliazucchi dann in italienischen Versen auszuführen hatte.

Kein Wunder, dass die bürgerlichen Nachfahren in der Rolle des Opernmäzens ebenfalls Hand anlegten, wenn es um die Texte ging. Sowohl Giulio Ricordi aus dem Mailänder Musikverlag, der das für beide Seiten ertragreiche Bündnis mit Verdi einging, als auch Ludwig Strecker, Geschäftsführer im Hause Schott & Söhne in Mainz, der die Partitur von Wagners *Parsifal* für die höchste bis dahin in Deutschland für ein Musikwerk gezahlte Summe erwarb, – beide sind mit eigenen Beiträgen in der Geschichte des Librettos verzeichnet. Ricordi wirkte als dichtender Geburtshelfer bei dem schweren Geschäft mit, das Textbuch zu Puccinis *Manon Lescaut* zu verfassen. Nicht weniger als fünf Namen von Textdichtern stehen heute auf der Partitur, darunter der Komponist selbst, ein durch viele Köche nicht verdorbener, wenn auch kaum perfekt angerichteter Brei.

Wenn also scheinbar jeder sich im Verseschmieden versuchen konnte, lag es nahe, dass die Komponisten irgendwann zu dem Ergebnis kamen, in Wirklichkeit könne es niemand, sie selbst ausgenommen. Im 20. Jahrhundert ist dies fast zur Regel geworden, von Busonis *Doktor Faust* bis zu Olivier Messiaens *Saint François d'Assise*, von Alban Berg, der sich die Textbücher zu *Wozzeck* und *Lulu* nach den Theaterstücken von Büchner und Wedekind selbst einrichtete, bis zu Arnold Schönbergs *Moses und Aron*. Diese Oper ist Fragment geblieben und endet mit dem Zusammenbruch des Moses, der das rettende Wort nicht findet: »Unvorstellbarer Gott! Unaussprechlicher, vieldeutiger Gedanke! Läßt du diese Auslegung zu? ... So bin ich geschlagen! So war alles Wahnsinn, was ich gedacht habe, und kann und darf nicht gesagt werden!« Daran schließt sich Moses' verzweifelter Ausruf:»O Wort, du Wort, das mir fehlt« – sinnreiche Anspielung auf den vom Textdichter verlassenen Komponisten und damit auf das Grundthema der Operngeschichte überhaupt.

Es war Jean Paul, der ausgerechnet in Wagners Geburtsjahr 1813 visionär den »Gesamtkünstler« voraussagte, als er schrieb:»Denn bisher warf immer der Sonnengott die Dichtergabe mit der Rechten und die Tongabe mit der Linken zwei so weit auseinander stehenden Menschen zu, daß wir noch bis diesen Augenblick auf den Mann harren, der eine echte Oper zugleich dichtet und setzt.« Aber Wagner, für seine Operntexte ebenso gerühmt wie verspottet, war keineswegs der erste Dichterkomponist. Vor ihm verließ sich schon Albert Lortzing nur auf sich und seine Erfahrung als Sänger, Schauspieler und genauer Kenner der Bühne. Vor Lortzing hatte bereits Rousseau 1752 seinen *Dorfwahrsager* (*Le devin du village*) selbst geschrieben, ehe er ihn vertonte. Die geistige Tradition Frankreichs, kritisch geprägt, kannte schon immer die Diskussion um die dramatische Form auf der Musikbühne. In diesem Land, das nie als Eldorado der Musik gegolten hat, beklagten bereits im 17. Jahrhundert mehrere Autoren die Mängel der Oper und forderten, sie solle als »musikalisches Drama« den Dichter und Musiker, »in einer Person« vereinigt, zum Autor haben: »Die Musik sei Gehilfin der Poesie, anstatt diese wie eine Sklavin zu halten!«, schrieb etwa La Bruyère. Diderots Ansichten über das musikalische Drama brachten bereits das Gesamtkunstwerk in Sichtweite, mindestens theoretisch. Und Rousseau war ein weiterer illustrer Vorläufer Wagners, als er in seinem *Dictionnaire de la musique* 1753 schrieb:»Die Tragödien der Alten waren wahre Opern, die griechische Sprache war musikalische Deklamation. So wurden alle Gattungen, nicht nur die Tragödie, gesungen. Die Dichter sagten am Anfang: Ich singe. – Es gilt die Lösung dieses Problems: zu bestimmen, bis zu welcher Grenze man die Sprache singen und die Musik reden lassen kann. Von einer guten Lösung desselben hängt die ganze Theorie der dramatischen Musik ab.« Das könnte ganz ähnlich bei Wagner stehen, auch wenn Rousseaus *Dorfwahrsager*, rein musikalisch betrachtet, von Wagners *Tristan* noch weiter entfernt ist als in literarischer Hinsicht Klopstocks Gedicht über den Zürchersee von Melvilles *Moby Dick*. Die wahren Dichterkomponisten waren Kinder der Romantik und ihrer Tendenz, alle Künste zu verschmelzen und das Einzelne im Ganzen aufgehen zu lassen. Mit dem Auftreten Wagners geriet sogar in Frankreich die klassische Hochschätzung des Wortes gegenüber allen anderen Ausdrucksmitteln, an der selbst die Romantiker um Victor

Hugo nicht hatten rütteln können, zum ersten Mal ins Wanken. Gérard de Nerval, der französische *Faust*-Übersetzer, der geistigen Anlage nach der »romantischste« aller Franzosen, hatte seine kühnen Visionen noch in sprachlich traditionelle Formen gebettet, und selbst Baudelaire hatte es nicht gewagt, die klassische Dichtungsform anzutasten. Bei Wagner aber sah sich der maßvolle Formkünstler der *Fleurs du mal* mit einem Mal einer neuen Formenwelt gegenüber und redete der künstlerischen Entgrenzung das Wort: »Wenn man dieser glühenden, despotischen Musik lauscht, scheint es einem bisweilen, als sähe man, in die Finsternisse gemalt, traumzerrissen, die schwindelerregenden Bilder wieder vor sich, die das Opium hervorruft ... ich könnte mir leicht vorstellen, daß man in nicht zu ferner Zukunft sehen wird, wie nicht nur neue Schöpfer, sondern sogar Männer von längst beglaubigtem Ansehen gewisse Ideen, die Wagner in Umlauf gesetzt hat, sich auf diese oder jene Weise zunutze machen und glücklich durch die von ihm geschlagene Bresche ziehen werden. In welchem Geschichtsbuch hat man denn je gelesen, daß eine große Sache durch einen einzigen Streich zugrunde gegangen sei?« Wesentliche ästhetische Erkenntnisse, in Vergessenheit geratene oder von anderen Tendenzen verdeckte, waren durch Wagners Wirken wieder aktuell geworden.

Ein Spätromantiker wie Pfitzner, der zur Welt kam, als Wagner mit Macht seine Wirkung zu entfalten begann, sah sich völlig außerstande, einen Operntext von fremder Hand zu komponieren oder etwa gar unter Bedingungen eine Oper zu schreiben, wie sie hundert Jahre zuvor nicht wenige Komponisten unter dem Diktat der Theaterunternehmer akzeptieren mussten. In einem Vertrag des römischen Teatro Argentina hieß es, der Komponist verpflichte sich, »die zweite Buffo-Oper der Saison zu komponieren und in Szene zu setzen, und zwar dasjenige Libretto, welches ihm ... übergeben wird, dieses Libretto sei neu oder alt. Der Komponist verpflichtet sich ferner, seine Partitur Mitte Januar, also in drei Wochen vorzulegen und dieselbe den Stimmen der Sänger anzupassen, indem er sich weiter verpflichtet, nötigenfalls alle Änderungen darin vorzunehmen, welche sowohl für die gute Aufführung der Musik als auch für die Bequemlichkeit und die Ansprüche der Sänger nötig sein werden.«

Dieser Vertrag liest sich eher wie eine Bereitwilligkeitserklärung, den Tiber auf einem Drahtseil zu überqueren, nicht wie ein Opernkontrakt. Auf das Textbuch schienen beide Seiten keinen Pfifferling zu geben. Die Premiere erlebte denn auch einen unbeschreiblichen Reinfall. Einer der Sänger soll auf der Bühne gestürzt und seine Arie im Liegen gesungen haben, während obendrein eine im Textbuch nicht vorgesehene Katze zur

Belustigung des Publikums durch die Szene wanderte. Der Komponist überließ bereits am zweiten Abend das Dirigieren einem Kollegen. Doch nun lief alles glatt, und die Aufführung endete in Ovationen. Wäre das Stück oder auch nur das Textbuch heute noch tantiemenpflichtig, der Autor könnte von den Aufführungen in aller Welt gut leben. So nämlich kam Rossinis *Barbier von Sevilla* zur Welt.

Die Entstehung dieser Oper scheint all denen Recht zu geben, die ein Libretto für nicht mehr halten als für ein Rollfeld, von dem die musikalische Phantasie des Komponisten nach Belieben abheben kann wie ein souveräner Flugkörper. Dem steht die lebenslange Klage von erfahrenen Opernmeistern wie Verdi und Puccini entgegen. Bei ihnen reichte die Überzeugung, ohne ein erstklassiges, professionelles und inspirierendes Libretto falle ihnen nicht eine einzige Note ein, bis weit ins Abergläubische. Man stritt sich um Opernstoffe und Textbücher und war nicht selten bereit, erfolgversprechende Libretti anderen Komponisten abzujagen. Temistocle Soleras Textbuch mit dem Titel *Nabucco* wurde zum Beispiel von Otto Nicolai nicht akzeptiert, dadurch war es frei für Verdi, der damit seinen ersten großen Erfolg erzielte. Sobald ein Libretto gedruckt erschien, galt es in einer Zeit ohne geregeltes Urheberrecht als vogelfrei. Metastasio, der große, sein ganzes Zeitalter beherrschende Librettist des 18. Jahrhunderts, wurde für die dutzendfachen Vertonungen mancher seiner Operntexte nicht etwa ebenso oft entlohnt. Der Librettist war also darauf angewiesen, dass sein Text von einem möglichst berühmten und fähigen Komponisten benutzt wurde, um späteren Vertonungen entgegenzuwirken. Das versprach dem Verleger des Textbuches eine hohe Auflage, erleichterte dem Textautor die Verhandlungen um das Honorar. Beide, Komponist und Textdichter, waren in dieser Weise aufeinander und auf den Erfolg angewiesen.

Selten gab es glückliche Partnerschaften, die über lange Zeit hielten. Manche Komponisten wechselten ihre Librettisten so oft wie Beethoven seine Wohnungen in Wien. Auf Verdis siebenundzwanzig Opernpartituren tauchen die Namen von vierzehn Librettisten auf, dabei sind Bearbeitungen und Doppelautorschaften nicht mitgerechnet. Seine langjährige Zusammenarbeit mit Francesco Maria Piave war eine Begegnung auf ungleichem Niveau, in der Piave als Dienender agierte und nur die persönliche Freundschaft das immer wieder aufkeimende Missvergnügen milderte. Dass Verdi sich am Ende seiner langen Laufbahn in Arrigo Boito einen jüngeren Komponistenkollegen als Textautor heranzog, gelang wohl nur aufgrund der überragenden Stellung, die er im Musikleben Italiens inzwischen erreicht hatte. Nur Vincenzo Bellini genoss das Glück eines dauerhaften Bündnisses mit seinem Textdichter Felice Romani, bis es dann über seiner vorletzten Oper doch zum Zerwürfnis kam, weil Romani notorisch alle Fristen versäumte. Und Hugo von Hofmannsthals vielgerühmte Liaison mit Richard Strauss war die heikle Verbindung eines Verletzlich-Schwierigen mit einem genialen Grobian, bei allen glänzenden Erfolgen zutiefst bestimmt von Missverständnissen, in denen das tiefere Missverhältnis der beiden immer wieder Ausdruck fand. Brecht und Weill wiederum, die Glückskinder der *Dreigroschenoper*, überwarfen sich bereits bei ihrem nächsten Projekt, *Aufstieg und Fall der Stadt Mahagonny*. Wie Mozart und Da Ponte es miteinander hielten, wissen wir nicht, da keine unmittelbaren Zeugnisse ihrer Zusammenarbeit existieren, die gemeinsam geschaffenen Werke ausgenommen. Da Ponte rühmte in seinen Memoiren zwar Mozarts »göttliches Genie«, aber da war der Komponist von *Figaro*, *Don Giovanni* und *Così fan tutte* bereits vierzig Jahre tot und sein Genie aller Welt bekannt.

Vom Genie eines Librettisten wurde selten oder nie gesprochen, bei ihnen reichte es aus, wenn sie, wie Da Ponte und Boito, ihr Handwerk verstanden. Die großen Textdichter der Operngeschichte haben meist keinen Anspruch auf hohe Podeste, wie sie Goethe und Goldoni, Molière und Puschkin zukamen. Da dieser Name gefallen ist: Puschkin hat eine tiefe Spur in der Operngeschichte hinterlassen. Wenn gesagt worden ist, die ganze russische Literatur komme aus Gogols *Mantel* (womit nicht nur die Erzählung dieses Titels gemeint war), dann lässt sich mit gleichem und noch größerem Recht sagen, die ganze russische Oper komme aus dem Mantel Puschkins. Ihre klassischen Werke beruhen fast ausnahmslos auf Dramen, Märchen und Poemen dieses Dichters: Glinkas *Ruslan und Ludmila*, Mussorgskys *Boris Godunow*, Tschaikowskys *Pique Dame* und *Eugen Onegin* und noch Rimski-Korsakows *Märchen vom Zaren Saltan* und *Der goldene Hahn*. Puschkins dichterische Kraft und sein weitreichender Einfluss waren stark genug, sogar das Schisma zu überbrücken, das sich zwischen den nationalrussischen Komponisten des »Mächtigen Häufleins« und ihren nach Westeuropa orientierten Kollegen im letzten Drittel des 19. Jahrhunderts auftat. Er gehört zu jenen Autoren, die nach einem Wort Fontanes wie große Ströme sind, auf denen »die Nationen fahren und hineinsehn in die Tiefe …« Damit kann kein Librettist sich messen, nicht einmal Metastasio. Einige haben immerhin einen Sonderruhm genossen. Über siebzig Bände umfasst die Gesamtausgabe der Werke von Eugène Scribe, ebenso viele Libretti hat er verfasst: für Komponisten wie Meyerbeer, Halévy, Boïeldieu, Verdi und Donizetti sowie gleich achtunddreißig für Daniel-François-Esprit Auber. Man hat Scribe den »Metastasio des 19. Jahrhunderts« genannt, denn wie sein Vorgänger hat er als Librettist seine ganze Epoche beherrscht. Er besaß eine regelrechte Libretto-Fabrik mit einer Schar von Mitarbeitern, ganz ähnlich wie der ältere Dumas eine Romanfabrik betrieb, um die wachsende Nachfrage nach Kolportageromanen zu befriedigen. Für einen Autor allein war die Arbeit zu viel, also taten sich Gespanne zusammen: Jules Barbier und Michel Carré zum Beispiel, die drei große Bühnenerfolge schufen: 1859 *Faust* für Charles Gounod, sieben Jahre später *Mignon* für Ambroise Thomas, schließlich 1881 *Les contes d'Hoffmann* für Jacques Offenbach. Das entsprechende Theaterstück hatten sie allerdings schon dreißig Jahre früher geschrieben. Auch Bizets *Carmen* war das Resultat einer solchen Librettisten-Gemeinschaft. Henri Meilhac und Ludovic Halévy, der Neffe des Komponisten, hatten sich hier zusammengefunden, nachdem sie zuvor bereits Offenbach mit Textbüchern versorgt hatten. Meilhac, der Bibliothekar, und Halévy, ein Inspektor im Innenministerium, verrichteten ihre Arbeit für die Opernbühne im Nebenberuf, nachdem sie vergeblich versucht hatten, auf dem Sprechtheater Fuß zu fassen. So erhaschten sie auf diesem Umweg einen Zipfel der Unsterblichkeit. Doch gab es unter den Operndichtern auch unerlöste Prinzen, die auf ihren Textbüchern sitzen blieben. Der Singspielautor Goethe war der berühmteste unter ihnen.

Wort und Musik haben in den Opern des 19. Jahrhunderts selten gleichen Rang eingenommen. Der Text hatte meist der Musik gehorsamer Diener zu sein. Peter Hacks hat den Sachverhalt in seinem *Versuch über das Libretto* mit den Worten ausgedrückt: »Für die Theorie ist es derjenige Teil der Oper, auf den einzugehen nicht lohnt.« Nur am Beginn und am Ende der Libretto-Geschichte stehen Textautoren, die im vollen Sinne des Wortes Dichter waren und in die Geschichte der dramatischen Poesie gehören: Pietro Metastasio und Francesco Maria de' Calzabigi im 18., Hofmannsthal und Brecht im 20. Jahrhundert. Dazwischen steht der Sonderfall Richard Wagner. Jahrzehntelang galt es als ausgemacht, dass man seine Musik bewundern, die Verse aber geringschätzen müsse oder zumindest ungeniert geringschätzen dürfe. Dabei lassen sich gerade bei ihm – noch weniger als bei anderen Komponisten – Wort und Ton nicht trennen, gemäß seiner brieflichen Äußerung: »Ehe ich dann darangehe, einen Vers zu machen, ja eine Szene zu entwerfen, bin ich bereits in dem musikalischen Dufte meiner Schöpfung berauscht ...« Heute braucht man nicht unbedingt ein eingeschworener Wagnerianer zu sein, um seine

Texte ernstzunehmen. Sie stellen streckenweise ideale Libretti dar, auch wenn Wagner dieses Wort verschmähte und selbstbewusst von Dichtungen sprach. Darin kann man ihm an vielen Stellen beipflichten, nirgends mehr als in den *Meistersingern*, die nicht nur dramaturgisch ein Geniestreich sind, sondern poetische Perlen enthalten, die sogar die »Frankfurter Anthologie« Marcel Reich-Ranickis schmücken durften.

> Mein Freund, in holder Jugendzeit,
> wenn uns von mächt'gen Trieben
> zum sel'gen ersten Lieben
> die Brust sich schwellet hoch und weit,
> ein schönes Lied zu singen
> mocht vielen da gelingen:
> der Lenz, der sang für sie.

> Kam Sommer, Herbst und Winterzeit,
> viel Not und Sorg' im Leben,
> manch ehlich Glück daneben:
> Kindtauf, Geschäfte, Zwist und Streit: –
> denen's dann noch will gelingen
> ein schönes Lied zu singen,
> seht: Meister nennt man die!

Im dritten Akt der *Götterdämmerung* hat der sterbende Siegfried, aus dem Vergessen auftauchend, diese Verse zu singen:

> Brünnhilde! Heilige Braut!
> Wach' auf! Öffne dein Auge!
> Wer verschloß dich wieder in Schlaf?
> Wer band dich in Schlummer so bang!

Das erinnert an das Ende von Kleists *Amphitryon*, wenn der Titelheld von seiner Frau Abschied nimmt:

> Alkmene! Meine Braut! Erkläre dich:
> Schenk' mir noch einmal deiner Augen Licht!

Überhaupt wäre es lohnend, den Bezügen zwischen Wagner und Kleist, nicht nur zwischen der liebesrasenden Penthesilea und der zaubertrankkundigen Isolde, genauer nachzugehen. Kleists *Amphitryon* kam 1961 unter dem Titel *Alkmene* als Oper in Berlin heraus, komponiert von Giselher Klebe, der auch das Textbuch selbst verfertigt hatte. Er hielt sich ebenso eng an die Dichtung wie ein Jahr zuvor Ingeborg Bachmann in ihrer Fassung des *Prinzen von Homburg* für Hans Werner Henze. Kleists Verse in ihrer unwiderstehlichen Prägung wird ein Librettist unserer Tage so wenig zu verändern oder zu ersetzen wagen wie die Librettisten des 19. Jahrhunderts die Verse Goethes. Die Unterschiede zwischen Klebe und Bachmann sind dennoch frappierend. Klebe stellt um, deklariert Dialoge zu Duetten, gekürzte Monologe zu Arien, er komponiert eine Nummernoper fast in traditioneller Form. Ingeborg Bachmann dagegen gliedert ihren Stoff mit dramatischem Geschick ungleich wirkungsvoller, wobei sich die preußische Staatsaktion allerdings als sehr viel librettotauglicher erweist als die antike Komödie der erotischen Verwirrung. Aber das gehört eben auch zum Handwerk des guten Librettisten: der sichere Blick für den geeigneten Stoff, aus dem Opern zu verfertigen sind.

Die Zahl an Textbüchern, die im Laufe von vier Jahrhunderten entstanden, ist kaum genau anzugeben. In der Musikabteilung der Kongressbibliothek in Washington liegt die Sammlung Schatz, die allein zwölftausend Libretti umfasst, überwiegend aus der Zeit vor 1800. Auf der Insel San Giorgio Maggiore, gegenüber dem Dogenpalast von Venedig, werden in der Fondazione Cini die Schätze der Sammlung Rolandi aufbewahrt, zweiunddreißigtausend Libretti, und die Accademia Nazionale di Santa Cecilia in Rom beherbergt nicht weniger als dreiundzwanzigtausend. Weitere Sammlungen befinden sich in Paris, Brüssel, London, Bologna, Florenz, Neapel, München und Wolfenbüttel. Die Librettologie, wenn sie je in den Rang einer regulären Wissenschaft aufsteigen sollte, muss bei fast hunderttausend Textbüchern aus vierhundert Jahren um ihre Zukunft nicht besorgt sein – es ist genug Stoff für Doktoranden in weiteren vierhundert Jahren.

Das Libretto, die »zehnte Muse«, wie Patrick J. Smith es in seiner Geschichte dieser Kunstform genannt hat, war oft Gegenstand erbitterter Fehden, peinlicher Eifersüchteleien und unwürdiger Diebstähle. Es war ein weiter Weg von Ottavio Rinuccini, dem Textdichter Peris und Monteverdis, bis zu Luciano Berio, der 1979 in einem Vortrag über »Musik und Dichtung« von einem seiner Werke sagte, darin sei ein Text von James Joyce musikalisch so eingeschmolzen«, dass es »nicht länger möglich sei, zwischen Wort und Klang zu unterscheiden.« Nicht nur Librettisten werden sich dadurch in ihrer Standesehre verletzt sehen, auch ein Komponist wie Gluck wäre dagegen auf die Barrikaden gegangen.

Es kann nicht verwundern, dass in Fällen, in denen der Streit um den Vorrang von Wort oder Ton auf der Musikbühne selbst stattfand, die Krone selten eindeutig vergeben wurde. Schließlich waren an diesen Opern ein Komponist und ein Librettist beteiligt. Clemens Krauss und Richard Strauss, die den alten Streit wieder aufnahmen, lassen am Ende von *Capriccio* die Frage offen, die sich anhand der Oper von Casti und Salieri ergab. Deren Titel lautete zwar *Prima la musica e poi le parole*, aber ganz so eindeutig wollten die erfahrenen Opernpraktiker das Resultat nicht sehen. Casti, Lehrer für Rhetorik und Verfasser politischer Satiren, und Salieri, der das Operngeschäft von der Pike auf gelernt hatte, enden mit einem Kompromiss, denn Kapellmeister und Dichter, Primadonna und Buffo-Sängerin, die vier teilnehmenden Figuren ihres Einakters, vereinigen sich zum Happy End, nachdem sie in adligem Auftrag ein neues Werk in nur vier Tagen auf die Bretter gebracht haben. Die Praxis siegt über alle Theorie, wenn es im Schlussensemble einmütig heißt:

> Il vate, il maestro
> Risveglino l'estro.
> La seria, la buffa
> Non faccian baruffa.

»Der Dichter, der Meister beleben die Geister, ob ernst oder heiter, wir sind keine Streiter.« Alle geloben Freundschaft, zumindest so lange, bis der Vorhang fällt und die Arbeit an einer neuen Oper beginnt.

I

18. Jahrhundert

Der Fürst der Librettisten
Pietro Metastasio

Seine Dramen zu *lesen* ist verhängnisvoll. Man darf sie niemals *anhören*, außer im Zusammenhang mit der Musik.

Stendhal

Henri Beyle aus Grenoble, der sich als Schriftsteller Stendhal nannte, begann seine literarische Laufbahn mit einem Buch, das er in wenigen Frühjahrswochen 1814 in Paris einem Kopisten diktierte und unter dem Namen Louis Alexandre César Bombet herausbrachte. Es trug den umständlichen Titel *Briefe aus dem österreichischen Wien über den berühmten Komponisten Joseph Haydn, vermehrt durch ein Leben Mozarts und Betrachtungen über Metastasio und den gegenwärtigen Zustand der Musik in Italien*. Das Buch war von der ersten bis zur letzten Seite ein Plagiat, mit dem Stendhal zum ersten, aber nicht zum letzten Mal die Maxime Molières befolgte: *»Je prends mon bien où je le trouve«* (»Ich nehme mir mein Gut, wo ich es finde«). Was war der Grund des fragwürdigen Unternehmens? Vermutlich wollte Stendhal, nach dem Zusammenbruch des Kaiserreichs und bevor er erneut nach Italien aufbrach in eine ungewisse Zukunft, seinem Leben durch die literarische Tätigkeit einen neuen Sinn geben. Das gelang im Ganzen gesehen und führte zuletzt zu Meisterwerken der Romankunst wie *Rot und Schwarz* und *Die Kartause von Parma*. Das Debütwerk über Haydn, Mozart und Metastasio erwies sich allerdings als Misserfolg, denn es verstrickte Stendhal nicht nur in Auseinandersetzungen mit den plagiierten Autoren, sondern es wurden auch lediglich einhundertsiebenundzwanzig Exemplaren verkauft. Trotzdem kann das Buch als Beleg dafür dienen, dass Pietro Metastasio, der unumschränkte Herrscher unter den Librettisten des 18. Jahrhunderts, dreißig Jahre nach seinem Tod noch immer ein großer Name war. Erst einige Zeit später setzte die Epoche der Geringschätzung ein, von der er sich bis heute nicht völlig erholt hat. Wann immer ein Grund dafür gesucht wird, dass etwa Mozarts letzte Oper *La clemenza di Tito* nicht mehr an die Erfolge von *Le Nozze di Figaro*, *Don Giovanni* oder *Die Zauberflöte* heranreicht, die Verfasser von Opernführern und Opernlexika sind sich einig: Es habe, sagen sie, an Metastasios Textbuch gelegen. Zur Zeit der Komposition sei es mehr als ein halbes Jahrhundert alt gewesen, geschrieben für eine ganz andere Opernform, eine längst tote. Mozart selbst, sagen sie, habe den Untergang der prunkvoll-steifen Barockoper mit verursacht. Auf ihren Grabsteinen stünden die Namen *Figaro* und *Così fan tutte*. Unter ihnen hätte der alte Metastasio nicht wieder hervorgeholt werden dürfen.

Nun hatte Mozart aber nicht nur nichts gegen Metastasio, vielmehr kannte er ihn gut und schätzte ihn. Die Schwester des Komponisten hat berichtet, dass sich beide des Öfteren in Wien trafen. Metastasio verwendete sich für Mozart, als ein Wiener Theaterdirektor die Aufführung der Oper *La finta semplice* hintertrieb, für die der zwölfjährige Komponist einen kaiserlichen Auftrag erhalten hatte. Mozart gab Metastasio mehrfach Proben seiner Improvisationskunst am Cembalo. Vor allem aber vertonte er dessen Libretti, außer dem späten *Titus* schon in früher Zeit *Il sogno di Scipione* (*Scipios Traum*) mit sechzehn Jahren in Salzburg und *Il re pastore* (*Der König als Hirte*) mit neunzehn Jahren, ebenfalls in Salzburg.

Wichtig ist, dass in beiden Fällen der Text geändert wurde, zu Lebzeiten Metastasios, also mit dessen Wissen. Der Librettist erklärte sich sogar bereit, einen Text von Giovanni de Gamerra für Mozart umzuändern, was ebenfalls für seine Wertschätzung des jungen Komponisten spricht. Noch wichtiger scheint, dass alle genannten Opern zu fürstlichen Jubelanlässen komponiert wurden. Dafür galt damals eben nichts als geeigneter als ein »dramma per musica« oder eines der »feste teatrale« von Metastasio. Die Textwahl der Böhmischen Stände für *La clemenza di Tito* erschien Mozart ganz normal. Der Rückgriff auf eine »opera seria«, eine ernste Barock-Oper, bereitete dem Komponisten, der damals gerade an der *Zauberflöte* arbeitete, keine Schwierigkeiten, auch wenn der berühmte Librettist und Herrscher seines Jahrhunderts bereits seit neun Jahren tot war. Fragen der dramatischen Wahrscheinlichkeit waren für ihn zwar nicht irrelevant, aber kein unüberwindliches Hindernis. Entsprach *Così fan tutte*, die Verwechslungskomödie, in der zwei junge Aristokraten sich verkleiden, um jeweils die Braut des anderen zu verführen, der Forderung nach Wahrscheinlichkeit? Es war dem Namen nach eine »opera buffa«, die zwei betrogene Betrüger aufbot nebst einem Philosophen als Anstifter und einer Zofe als Fallenstellerin. Das alles mündete in ein Happy End, obendrein in C-Dur, aber nur nach einem unerhörten Spiel der Gefühle zwischen Lüge und Wahrheit, in dem die Personen des Stücks wie in Treibsand den Boden unter den Füßen verloren haben. Der Ausgang war nicht viel wahrscheinlicher als der Gnadenerweis des Kaisers Titus, der seinen Feinden, die früher seine Freunde waren, verzeiht, obwohl sie ihn gerade noch hatten ermorden wollen. Opernschlüsse dieser Art beenden jede zweite Handlung, die Metastasio in Verse setzte. Großmut rangierte als oberste Fürstentugend, oder vielmehr: Sie sollte es. Man überhört heute allzu leicht die appellierende Mahnung, die in solchen damals geläufigen Schmeicheleien steckte. Einen Fürsten der Barockzeit bei seiner Krönung oder Hochzeit mit einem huldvollen Kaiser der Antike zu vergleichen hieß nicht, dass solche Huldigungen aus der Gewissheit kamen, der Fürst würde sich genauso wie sein antikes Vorbild verhalten. Es konnte nur heißen, dass man dringlich wünschte, er möge es tun, weniger im Interesse des Herrschers als in dem der Beherrschten.

Was *La clemenza di Tito* anging, wurde Metastasios Text auf Mozarts Wunsch von Caterino Mazzolà, dem Dresdner Hofpoeten, umgearbeitet, verwandelt in eine wirkliche Oper, eine »*vera opera*«, wie Mozart eigenhändig in sein Werkverzeichnis eintrug. So ward aus dem alten Rock ein neuer. Den Text der Finalszene und des Chores hat Mazzolà geändert, ohne aber das vorausgehende Rezitativ des Kaisers auch nur in einem einzigen Wort anzutasten. Denn hier verkündet Titus den Entschluss, seinem aufwallenden Zorn entgegen alle Verschwörer zu begnadigen. Die für die Wertvorstellungen Metastasios wichtigen Vokabeln tauchen darin in seltener Häufung auf: *la virtù*, die Tugend der Pflichterfüllung, *la clemenza*, die Tugend der Großmut, ferner die Festigkeit und die Selbsttreue, schließlich – da spricht der in Wien exilierte Römer Metastasio – das Ansehen der Vaterstadt:

> Sia noto a Roma
> Ch'io son l'istesso, e ch'io
> Tutto so, tutti assolvo e tutto oblio

> Rom soll es wissen,
> dass ich bleibe, der ich bin, und dass ich
> alles weiß, alles vergebe und alles vergesse.

Mozart war nicht der letzte, der einen Text von Metastasio vertonte. Auch Cherubini, Donizetti und Conradin Kreutzer stützten sich auf seine Libretti, obwohl sie schon fünf oder sechs Jahrzehnte zurücklagen, und noch 1819 komponierte Giacomo Meyerbeer für das Teatro Regio in Turin das Libretto der *Semiramide riconosciuta*, das Metastasio neunzig Jahre zuvor verfasst hatte. Man kann daran seinen Rang und seine überragende Stellung ablesen, die noch bis ins 19. Jahrhundert nachwirkte.

Gute Opernverse gab es zwar vor und nach Metastasio, aber kein Librettist vorher und nachher erreichte jemals seinen Einfluss auf die Komponisten seiner Zeit. Seine Textbücher waren bestimmt für die Kunst äußerst virtuoser Sänger, darunter berühmte Kastraten. Ihre dramatischen Situationen bieten meist fünf bis sechs Charaktere auf, die in tragische Interessenkonflikte (in der Regel zwischen Liebe und Pflicht) geraten und in ihrem überlegten Handeln als typische Vertreter des Zeitalters des aufgeklärten Absolutismus anzusehen sind. Metastasios Sprache war getragen von der Idee der edlen Einfachheit: Die wohlklingenden, vokalreichen und klar gegliederten Arientexte boten den Komponisten eine ideale Grundlage für musikalische Vertonungen, häufig mit reicher Ausgestaltung der poetischen Bilder und dramatischen Situationen.

All das war Metastasio nicht an der Wiege gesungen worden. Der einflussreichste Operndichter der Geschichte wurde buchstäblich auf der Straße entdeckt, aufgelesen von einem Musikkenner, der ihn singen hörte und beschloss, den Knaben ausbilden zu lassen. Sein Vater, Felice Trapassi, war aus Assisi nach Rom gezogen, wo der Sohn 1698 geboren wurde. Der ihn adoptierte, Gian Vincenzo Gravina, dachte freilich weniger daran, aus ihm einen Dichter zu machen, auch wenn ihm die Leichtigkeit aufgefallen war, mit der der Zehnjährige im Gemüseladen seines Vaters Verse und Reime erfand und dazu sang. Gravina sah in seinem Schützling, den er zum Erben bestimmte, mehr einen Juristen oder Staatsmann, womöglich einen Kirchenfürsten. Also studierte Pietro, der den Namen Metastasio – die griechische Entsprechung von Trapassi, »überschreiten« oder »wechseln« – erhielt, außer den Klassikern und Philosophen auch Rechtskunde und Theologie. Mit sechzehn bekam er die niederen Weihen, was damals nicht unbedingt auf eine Priesterlaufbahn vorauswies, sondern eine soziale Absicherung enthielt. Die Kirche war eben ein mächtiger Brotherr.

Gravina starb, ehe er den Ruhm seines Schützlings bewundern und auskosten durfte. Dieser verjubelte in ein paar Jahren das Vermögen seines Patrons, fünfzehntausend Scudi, aber nach reuevoller Fron in einer Anwaltspraxis in Neapel hatte er das Glück, einen neuen Förderer zu finden, eine Förderin diesmal: Marianna Benti Bulgarelli, unter dem Namen »La Romanina« als Sopranistin landesweit gefeiert. Sie war vermögend, einflussreich und verheiratet, wichtige Voraussetzungen für die ältere Protektorin eines jüngeren Mannes. Statt der Gesetzestexte nahm sich Metastasio nun die Regeln von Harmonie und Kontrapunkt vor. Sein Lehrer Nicola Porpora, zwölf Jahre älter, gehörte zu Neapels berühmtesten Komponisten und hat später eine ganze Reihe der Libretti seines Kompositionsschülers vertont.

In Begleitung der Romanina kam der junge Mann durch ganz Italien und sammelte Theatererfahrungen. Metastasio war kein blutleerer Schreibtischpoet, zu dem ihn später das 19. Jahrhundert gelegentlich herabwürdigte. Als Wiener Hofpoet war er weit davon entfernt, die Komponisten kraft seiner Stellung dazu zu zwingen, artifiziell gedrechselte Verse unverändert zu vertonen. Er hatte den Opernbetrieb bereits aufs Genaueste kennengelernt, ehe er seinen ersten Operntext schrieb. Hatte er bis dahin Gedichte und Dramen verfasst, so wandte er sich mit fünfundzwanzig Jahren dem Libretto zu. Das erste beschränkte sich noch darauf, ein Textbuch von Domenico David aus dem 17. Jahrhundert zu bearbeiten. Doch schon das zweite Libretto, sein erstes selbständiges Werk, wurde ein sensationeller Erfolg und etablierte den jungen Mann als Autorität in seinem Fach. Im Teatro San Bartolomeo in Neapel kam, vertont von Domenico Sarro, im Februar 1724 die Oper *Didone abbandonata* heraus, über die von Aeneas, dem späteren Gründer Roms, verlassene Königin von Karthago und tragische Heldin der Verse Vergils. Die *Gazzetta di Napoli* schrieb über das Ereignis:

Am Abend wurde die Premiere einer neuen Oper, »Didone abbandonata«, mit allgemeinem Beifall aufgenommen von einem Publikum, das in großer Zahl herbeigeströmt war wegen des Textes eines berühmten Autors, wegen der Musik von Kapellmeister Sarro und wegen der Sänger. Unter ihnen ragte Cavaliere Nicolò Grimaldi heraus, ausgezeichnet als Aeneas, ferner die virtuose Marianna Benti Bulgarelli als Dido und die virtuose Antonia Merighi als Jarba. Die Schönheit des Werkes wurde gesteigert durch die Kostüme der Sänger und die Bühnenbilder, sämtlich in bestem Geschmack, vor allem das letzte, eine täuschend echte Wiedergabe des Brandes von Karthago. Der Erfolg der gesamten Inszenierung ist der umsichtigen und kompetenten Leitung des Theaters zu danken.

Ein aufschlussreiches Zitat, nicht zuletzt dafür, wie wenig sich der nichtssagende Inhalt mancher Musikkritiken samt einschmeichelnder Nachfrage um Freikarten bei den Bühneninstanzen durch die Jahrhunderte geändert hat. *Prima la scenario, poi la musica e le parole* – das Spektakel war wichtiger als Musik und Textbuch, von letzterem wurde nicht einmal der Name des Verfassers genannt, vielleicht aus Missgunst gegen den Günstling der Primadonna.
 Wie ungleich auch immer die Gewichte der Kritik verteilt waren: Es gab riesigen Beifall. Metastasio erlebte drei Dutzend weitere Vertonungen

dieses Librettos, und noch vier Jahre nach dem Tod des Textdichters komponierte Luigi Cherubini seine *Didone abbandonata*, die gleichzeitig mit Mozarts *Figaro* herauskam.

In der Erstvertonung durch Domenico Sarro erschien Metastasios frühes Meisterwerk knapp vier Wochen vor *Giulio Cesare*, einem der größten Erfolge Händels in London, vier Jahre vor dem unerwarteten Dolchstoß, den die populäre *Beggar's Opera* von Gay und Pepusch dem italienisch orientierten Musiktheater des deutschen Komponisten versetzte.

Nun folgte eine Metastasio-Vertonung der anderen: *Siroe, Ezio, Alessandro nell'Indie, Demetrio* – die Premieren überschlugen sich. Nicht immer freilich garantierte der Name des Librettisten einen Erfolg des musikdramatischen Endprodukts. Händels Version des *Ezio* zum Beispiel war ein Fehlschlag und lief am Theater am Haymarket, der langjährigen Londoner Hochburg des Komponisten, nur ganze fünf Abende. Damit spielte man auch damals nicht einmal die Kosten der Kulissen ein. Die Handlung der Oper spielt in Rom, nach dem Niedergang des Hunnenkönigs Attila, kurz vor dem Untergang des Römischen Reiches. Der Sieg des Feldherrn Ezio erregt den Neid des Kaisers Valentinian. Der römische Patrizier Maximus, dessen Frau der Kaiser vergewaltigt hat, bittet Ezio, ihm bei dem Versuch zu helfen, den Kaiser zu beseitigen. Als der Plan scheitert, lenkt Maximus den Verdacht des Kaisers auf Ezio und plädiert für dessen Tod, in der Absicht, das Volk, bei dem der Feldherr sehr beliebt ist, gegen den Kaiser aufzuwiegeln. Daraus schuf Metastasio eine Liebesintrige, in die noch verschiedene andere Figuren verwickelt sind. Im Gegensatz zur historischen Vorlage, wonach der Kaiser Ezio hinrichten ließ, wird der Feldherr am Ende freigesprochen, wie es die Dramaturgie der *opera seria* vorsah – die Milde des Kaisers war nicht allein auf Titus beschränkt.

Niemand machte den Librettisten für den Fehlschlag des *Ezio* verantwortlich, zumal der Text in London erheblich geändert worden war. Noch reichte der Einfluss Metastasios nicht bis in die englische Metropole. Sein Libretto zu *Ezio* wurde übrigens ein Vierteljahrhundert später – da war er längst Hofpoet in Wien – von Christoph Willibald Gluck für die Prager Karnevalssaison des Jahres 1750 ein weiteres Mal vertont, zwölf Jahre bevor er in Wien seine Reformoper *Orfeo ed Euridice* herausbrachte. »*Lui ha un fuoco meraviglioso, ma pazzo*«, »Er hat ein wunderbares Feuer, ist aber verrückt«, soll Metastasio bei dieser Gelegenheit über den jungen Gluck gesagt haben.

Der Ruf nach Wien erreichte ihn 1730, im Alter von zweiunddreißig Jahren. Von nun an war er, wie gesagt worden ist, ein Gefangener in Seide.

Sein Vorgänger im Amt des kaiserlichen Hofpoeten, Apostolo Zeno, war selbst einer der großen Librettisten seiner Zeit. Als gebürtiger Venezianer hatte er Metastasio in einem wichtigen Punkt vorgearbeitet. Die in seiner Heimatstadt benutzten Operntexte erschienen ihm ungenügend, zu wenig anspruchsvoll. Er pflichtete seinen Kollegen bei, die in vielen Vorworten zu ihren Libretti über den Zustand des Operntheaters klagten. Dort herrsche allein die Geldgier der Impresari, und jedermann verletze ungestraft die Gesetze des Dramas. Zeno widersetzte sich diesen Tendenzen, indem er sich an das klassizistische Theater Frankreichs, an Autoren wie Racine und Corneille, anlehnte. Von Haus aus Historiker, im Besitz einer wertvollen Sammlung alter Münzen, trieb Zeno genaue Quellenstudien, ehe er ein Textbuch verfasste. Selten nahm er eine fiktive Person hinzu, und wenn er es tat, entschuldigte er sich im Vorwort: »Sestia, die Tochter des Fabrizius, die zusammen mit anderen Römern von Pyrrhus gefangengenommen wird, ist hier eingeführt worden, damit sich eine Liebesgeschichte entwickeln kann, ohne die heutzutage kein Stück sein Glück machen kann.«

Geschrieben 1729, in Zenos letztem Jahr als Hofpoet in Wien. Auch an diesem Befund hat sich in der Folgezeit bis in unser Jahrhundert kaum etwas verändert. Immerhin verschaffte Zeno dem hohen Stil nach französischem Vorbild Geltung, und damit ging eine stärkere Betonung der moralischen Conclusio einher. Das war nicht dazu angetan, den Librettisten ihr Geschäft zu erleichtern. Die Handlung sollte plausibel sein, musste aber nach schier ausweglosen Konflikten zwischen Pflicht und Neigung am Ende eine befriedigende Lösung präsentieren. Die einfachste Weise, den dramatischen Knoten zu durchschlagen, schied dabei von vornherein aus: der Tod. Die barocke Opernbühne war noch nicht das Musiktheater Wagners, Verdis und Puccinis. Einem Fürstensohn, der zur Feier seiner Hochzeit eine Oper in Auftrag gab, war es schwerlich zuzumuten, am Ende der Aufführung, bevor er die Loge mit dem Brautgemach vertauschte, eine Bühne voller Leichen vorzufinden. Gerade in Südeuropa suchte man die Oper nicht auf, um zu schluchzen, sondern um sich zu unterhalten. Der französische Opernreisende Charles de Brosses hat berichtet – es ist die Zeit um 1740 –, was man in den Pausen und während der Rezitative meist zu tun pflegte. In Mailand spielte man Pharao, in Rom Schach, in Venedig schaute man dem Treiben der Gondolieri zu, in Florenz – vornehm wie immer – wurde ausgiebig gespeist. Kein höheres Lob für den Librettisten als das, man habe seinen Versen sogar dann zugehört, wenn gerade keine Arie erklang.

Zeno war einer der ersten, dem gelegentlich zugehört wurde. Er verstand es, seine Helden am Ende einer Oper in genau dem Punkt nachgeben zu lassen, in dem sie zweieinhalb lange Akte hindurch niemals auch nur in Gedanken hatten weichen wollen. Natürlich erkannte er die Unwahrscheinlichkeit manch plötzlich aufgegebener Leidenschaft, mancher Tyrannen-Einkehr nach vorausgegangener Grausamkeit und Härte. Im Vorwort seines Librettos zu *Venceslao*, uraufgeführt in Venedig 1703, verteidigt er die Kehrtwende des Königssohnes, der von seinem Vater – dem Titelhelden – zum Tode verurteilt wird. Der Sohn Kasimir hat seinen Bruder ermordet, unwissentlich freilich, im Verlauf einer Rivalität um eine Prinzessin, die Kasimir nach dem Willen des Königs nicht heiraten soll. Eine Geschichte nach dem Geschmack der Zeit mit schuldiger Unschuld, Vater-Sohn-Konflikten und Brüderrivalitäten, ein bisschen Kain und Abel bzw. Romeo und Julia inclusive. Sie findet dennoch ein glückliches Ende, denn Kasimir nimmt einfach eine andere zur Frau und wird daraufhin begnadigt. Böhmische Geschichte, zubereitet *alla veneziana*. Zeno, der Librettist, verteidigte den glücklichen Ausgang gegen den Vorwurf der Unlogik und Unwahrscheinlichkeit: »Der plötzliche Wechsel im Charakter des Kasimir widerspricht weder den Moralgesetzen noch den Lehren der Dichtkunst. Es ist wahr, dass ein böser Mensch nur unter großen Schwierigkeiten zu einem guten wird. Die Abgründe der Sünde wie die Höhen der Tugend erreicht man nur schrittweise. Ein Sinneswandel wird jedoch manchmal auch ausgelöst durch die Furcht vor dem drohenden Tod oder die Angst vor großem Schrecken.«

Zeno kehrte mit nur einundvierzig Jahren Wien den Rücken und kehrte nach Venedig zurück. Sein Nachfolger Metastasio bezog das Haus eines neapolitanischen Freundes spanischer Herkunft namens Nicolò Martinez und verbrachte dort den Rest seines Lebens – das waren immerhin noch zweiundfünfzig Jahre. Gehalt und Pension wurden kaiserlich bemessen, abgesehen von dem, was die Romanina ihm bei ihrem Tode 1734 vermachte: fünfundzwanzigtausend Scudi, ein großes Vermögen. Metastasio schlug das Erbe aus. Er mochte seine Stellung am Wiener Hof nicht gefährdet sehen durch den Eindruck, der ausgehaltene Liebhaber einer Sängerin gewesen zu sein. Er hatte sich schon geweigert, sie mit nach Wien zu nehmen. Obendrein galt es, Rücksicht zu nehmen auf die lebende Gönnerin, die Gräfin d'Althann, gleichfalls Marianna mit Vornamen, vermögend, einflussreich, verheiratet usw. Als Metastasio auch diese Freundin durch den Tod verlor, umsorgte den Librettisten fortan die Tochter des Hauses Martinez, wieder eine Marianna, die dritte des Namens. Nicht nur seine Libretti, sagten die Spötter, seien alle gleich.

Im Jahre 1733 veröffentlichte Metastasio zwei seiner erfolgreichsten Opernbücher: *L'Olimpiade* und *Demofoonte*. *L'Olimpiade* (nicht zu verwechseln mit Spontinis *Olimpie* nach Voltaire) treibt vor dem Hintergrund olympischer Spiele (der Antike natürlich) die Ausweglosigkeit zweier Liebespaare auf eine raffiniert ausgeklügelte Spitze. Ein Freund kämpft in der Maske des anderen um den Preis, der in der Königstochter besteht, sozusagen *Meistersinger* und *Götterdämmerung* in einem, wie ja überhaupt beim Durchlesen vieler Libretti offenkundig wird, dass Opernkonfigurationen seit den Tagen Zenos und Metastasios nicht viel Neues unter der Sonne erlebt haben. Kompliziert wird es in diesem Fall dadurch, dass beide Freunde die Königstochter lieben.

Demofoonte, gleichfalls eine Liebesodyssee, zuerst vertont von Antonio Caldara, nimmt im Schaffen Glucks und Mozarts eine besondere Stellung ein. Gluck errang damit 1742 in Mailand, acht Jahre vor dem Prager *Ezio* – seinen ersten großen Erfolg; und Mozart hat zwischen 1779 und 1782 nicht weniger als sieben Arien aus Metastasios Textbuch einzeln vertont. Nachdem damit die Hauptarbeit einer Oper bereits getan war, verwundert es, dass er sich nicht die Mühe machte, daraus ein komplettes Werk zu gewinnen. Aber dem sechsundzwanzigjährigen Mozart war eine Handlung, über der ein Orakelspruch hängt, der von den handelnden Personen lediglich falsch ausgelegt wird, etwas zu mechanisch konstruiert, zumal er gerade mit *Idomeneo* den entscheidenden Schritt getan hatte, sich musikdramatisches Neuland zu erobern. Das hinderte ihn nicht, sich aus weiteren Libretti von Metastasio einzelne Perlen herauszuholen, aus der *Didone abbandonata* ebenso wie aus *Ezio*. Besonders schätzte er die Arie des Königs Kleisthenes aus *L'Olimpiade*. In ihr bahnt sich die Lösung der verworrenen Situation an, weil der Vater in einem der Widersacher gegen seine Pläne den eigenen, verloren geglaubten Sohn zu erahnen beginnt und dies dem Alcandro, seinem Vertrauten, eröffnet:

Alcandro, lo confesso,	Alcandro, ich gestehe,
Stupisco di me stesso.	ich staune über mich selbst.
Il volto, il ciglio,	Das Antlitz, die Miene, die Stimme
La voce di costui nel cor mi desta	erregen in meinem Herzen
Un palpito improvviso,	eine unwillkürliche Bewegung,
Che le risente in ogni fibra il sangue	die das Blut in allen Adern spürt.
Fra tutti i miei pensieri	In allen meinen Gedanken
La cagion ne ricerco,	suche ich den Grund,
E non la trovo.	und finde ihn nicht.

Che sarà, giusti Dei,	Was ist's, gute Götter,
Questo ch'io provo?	das mir widerfährt.
Non sò d'onde viene	Ich weiß nicht, woher
Quel tenero affetto,	jenes zärtliche Gefühl rührt,
Quel moto che ignoto	jene unbekannte Regung
Mi nasce nel petto,	die in meiner Brust entsteht,
Quel gel, che le vene	jener Schauer, der mir
Scorrendo mi va.	durch die Adern läuft.
Nel seno destarmi	In meiner Brust spüre ich
Sì fieri contrasti	so heftige Gegensätze,
Non parmi che basti	für die mir bloßes Mitleid
La sola pietà.	nicht Grund genug zu sein scheint.

Mozart hat diesen Text zweimal vertont: 1787 für den Bassisten Ludwig Fischer, der in der Premiere der *Entführung aus dem Serail* den Osmin gesungen hatte; und bereits neun Jahre zuvor hatte er die Arie für Sopran gesetzt, als er seiner damaligen Liebe Aloysia Weber, der Schwester seiner späteren Frau Constanze, ein Bravourstück schreiben wollte. Die Texte Metastasios waren für solche Glanznummern nicht nur besonders geeignet, sondern eigens dafür gedacht. In den Arien trat der Librettist hinter den Komponisten zurück, sofern dieser die dramatische Struktur und die Rezitative unangetastet ließ – das war die stillschweigend getroffene Absprache, der heimliche Kontrakt.

Die Komponisten flogen nur so auf Metastasios Arien. Zählt man in *Non sò d'onde viene* einmal die Vokale und Konsonanten, so sagt deren zahlenmäßiges Verhältnis etwas über den Zauber seiner Poesie aus. Doppelkonsonanten einfach gezählt, entfallen in diesen zehn Zeilen auf fünfundsiebzig Konsonanten siebenundsechzig Vokale. Musikalischere Gebilde lassen sich kaum denken, und gar im Zeitalter der Koloraturen. Zudem sind diese Gebilde komplexer als die Sprache vermuten lässt, auch wenn der König Klystenes, äußerlich betrachtet, nicht mehr sagt als: Ich weiß nicht, wie mir geschieht, es kann doch nicht nur Mitgefühl sein, was ich empfinde.

Es ist eine der berühmten Arien, in denen Metastasio die Handlung angeblich stillstehen lässt und seinem Sänger einen fulminanten Abgang verschafft, nachdem dieser ein bestimmtes Gefühl, eine bestimmte Leidenschaft, einen »Affekt«, gut oder schlimm, sanft oder wild, zum Jubel des Publikums ausgesungen hat. Aber ist es nicht zugleich ein Weitertreiben der Handlung – der inneren Handlung womöglich –, wenn der Zuschauer und Zuhörer im Verhältnis einer Bühnenperson zu einer anderen eine wichtige Veränderung spürt? Prinzipiell besteht kein großer Unterschied zwischen einer scheinbar statischen Arie von Metastasio, aus der das Publikum erfährt, dass der König und sein Widersacher in einer engen, noch geheimnisumwitterten Beziehung zueinander stehen, und – zum Beispiel – dem Geständnis Don Josés: »*Carmen, je t'aime!*« in Bizets Oper, einer Arie, der niemand Bühnendramatik abspricht. Hinzu kommt, dass der Wettstreit der Komponisten um eine neue, bessere Vertonung der immer gleichen, lockenden Verse von Metastasio zweifellos eine Bereicherung der damaligen Opernbühne darstellte. Das Publikum kannte den Stoff, kannte sogar den Text, es verglich die Musik, fühlte sich angeregt zu kritischem Vergleich, was die Komponisten beflügeln musste. Mozart schrieb an seinen Vater, den musikalischen Vertrauten, vor dem er keine Berufsgeheimnisse zu hüten brauchte, über die erste Vertonung von Metastasios »*Alcandro, lo confesso*«: »Ich habe auch zu einer übung, die aria, non sò d'onde viene etc., die so schön vom Bach componirt ist, gemacht« – er meint Johann Christian Bach, einen von Johann Sebastians Söhnen – »aus der ursach, weil ich die vom Bach so gut kenne, weil sie mir so gefällt, und immer in ohren ist; denn ich hab versuchen wollen, ob ich nicht ungeacht diesen allen imstande bin, eine Aria zu machen, die derselben von Bach gar nicht gleicht? – – sie sieht ihr auch gar nicht, gar nicht gleich. Diese Aria habe ich anfangs dem Raff zugedacht, aber der anfang gleich schien mir für den Raff zu hoch, und um ihn zu ändern gefiel er mir zu sehr, und wegen sezung der instrumenten schien er mir auch für einen Sopran besser, mithin entschloss ich mich diese Aria für die Weberin zu machen.«

Ein unschätzbarer Blick in die Werkstatt, den man nicht mit der Bemerkung abtun kann, hier habe Mozart lediglich das Angenehme mit dem Nützlichen verbunden. Die lange Rechtfertigung läuft darauf hinaus, dem Vater – der seinen Metastasio kannte – zu erklären, warum hier eine berühmte Bass-Arie für Sopran gesetzt wurde. Naiv sagt Mozart: Es lag am melodischen Einfall – was er bescheiden »den Anfang« nennt. Der lag zu hoch. Kein Wunder, mit der Stimme der Weberin im Kopf fiel ihm nichts für den Sänger Anton Raaff ein. Das holte er erst neun Jahre später nach, als die Weberin nur noch die Schwägerin war. Dennoch: Wie ist Mozart hier verfahren? Zuerst war da Metastasios Text, benutzt wahrscheinlich nach der Turiner Ausgabe, die Graf Firmian, der österreichische Generalgouverneur in Mailand, dem angereisten vierzehnjährigen Landsmann Mozart 1770 geschenkt hatte. Die Verse inspirierten den »Anfang«. Der war so gut, dass Mozart ihn nicht ändern mochte. Die Melodie lag für einen Bass zu hoch, das traf sich gut. Und sie klang besser als die »vom Bach«, obwohl er die liebte und nur schwer aus dem Ohr verlor. Auch Johann Christian Bach hat nicht die ganze *L'Olimpiade* vertont. Mozart und er kannten sich seit der London-Reise des achtjährigen Wunderkindes und sahen sich später in Mailand wieder. Sie spielten Hexenkunststücke zusammen, Sonaten, in denen je einer nur jeweils einen Takt spielte, dann der andere den nächsten und so fort. Den älteren Freund in einer seiner beliebtesten Bravourarien zu überbieten – mit demselben Text – war ein besonderer, aber heikler Anreiz, dem Mozart wohl nur nachgab, um ein besonderes Bravourstück für Aloysia zu schaffen.

Es war ein Musizierprinzip dieser Zeit: Die Musik musste neu, der Text durfte alt sein, dadurch wurden beide, wenn sie gut waren, nur umso beliebter. Die Strophen Metastasios haben die Komponisten also nicht etwa in Unkenntnis, sondern in genauer Kenntnis früherer Vertonungen gereizt. Nach der *L'Olimpiade*-Premiere in Wien 1733 mit Musik von Caldara erlebte das Stück eine zweite Fassung zur Karnevalssaison in Venedig mit Musik von Antonio Vivaldi, Anfang 1734. Die Partitur war lange verschollen und wurde erst 1927 in Turin wiederentdeckt. Alfredo Casella und Virgilio Mortari brachten sie 1939 in Siena zur Aufführung. Vivaldis Vertonung und eine weitere von Pergolesi, die für den gefeierten Komponisten der *Serva padrona* ein böser Reinfall war, stellten wahrscheinlich rein musikalisch die Höhepunkte der Ära Metastasio dar, nimmt man zwei spätere Fälle aus, den *Temistocle* von Johann Christian Bach und Mozarts *La clemenza di Tito*.

Metastasios Arien – Ensembles schrieb er nur an Aktschlüssen, die barocken Helden waren einsame Menschen – wurden eine Kunstform für sich, Dichtung zweifellos die meisten, und sorgsam konstruiert. Sie unterscheiden sich nach der Silbenzahl der Verszeilen etwa so, wie sich in der Musik die Tonarten voneinander abheben. Ob Metastasio eine Gefühlsäußerung sechssilbig oder neunsilbig fasste, das sagte den Komponisten bereits etwas über die Vorstellungen, die der Dichter bezüglich der Musik hegte. Denn Metastasio seinerseits war, wenn auch in bescheidenem Maße, ein Komponist. Er schrieb zwar keine großformatigen Werke, aber viele Lieder, Duette oder Kanzonetten für mehrere Stimmen.

Metastasios Aufbau der Akte und Szenen brachte in die Oper eine bis dahin unbekannte Ordnung. Sie besaß mehrere Vorzüge. Erstens erhielt jeder Starsänger die ihm zugemessene Zahl an Bravour-Arien. Dadurch wurde die oftmals unleidliche Eifersucht der männlichen wie der weiblichen Primadonnen wohltuend kanalisiert, eine Eifersucht, die Benedetto

Marcello in seiner Satire *Il teatro alla moda* 1720 als Geißel der italienischen Opernbühne bezeichnet hatte. Was die Sänger im 18. Jahrhundert waren, wurden die Pianisten im 19. und die Dirigenten im 20., mit guten Aussichten, dass im 21. Jahrhundert die Regisseure sich den Spitzenplatz sichern, der in ihrem Fall noch fragwürdiger anmutet. Ein weiterer Vorzug von Metastasios Arien war es, dass ihre geschickte Reihung – man hat sie mit den Säulengängen antiker Tempel verglichen – deren Austausch bei Neubearbeitungen zuließ. Sie mögen nicht immer im Sinne des Librettisten gewesen sein, gaben aber den meist ausländischen Bearbeitern alle erwünschten Freiheiten zur Anpassung der Texte an die Fähigkeiten der örtlichen Sänger; sie wirkten stilbildend, allerdings nicht immer auf dem höchstmöglichen Niveau.

In welchem Ausmaß die von Metastasio gesetzten Normen die üblichen Querelen der Opernbühne verringerten, geht aus der Bereitwilligkeit der Operndirektoren hervor, sie zu akzeptieren. Sie ersparten sich dadurch Ärger mit den Sängern. Carlo Goldoni hat in seinen Memoiren, die allerdings erst 1787 erschienen, als er mehr im Zorn als in Milde zurückblickte, die Rigorosität geschildert, die etwa im Mailand von 1733 herrschte. Damals hatte er, Goldoni, der dortigen Operndirektion sein Libretto *Amalasunta* eingereicht, das ihm mit dem Bemerken zurückgegeben wurde, darin würden die Regeln der Opernkunst verletzt. Man teilte ihm auch belehrend mit, worin diese Regeln bestünden:

> Die drei Hauptpersonen des Dramas müssen jede fünf Arien singen, zwei im ersten Akt, zwei im zweiten und eine im dritten. Die zweite Schauspielerin und der zweite Diskant dürfen nur drei bekommen, und die kleineren Rollen müssen sich mit einer oder höchstens zwei begnügen. Der Verfasser des Textes muß dem Komponisten die verschiedenen Stimmungen liefern, welche das Halbdunkel der Musik ausmachen; auch muß er aufpassen, daß nicht zwei pathetische Arien aufeinanderfolgen; ebenso vorsichtig muß er die Bravourarien, dramatischen Arien, halbernsten Arien, Menuette und Rondi verteilen. Vor allem muß man sich hüten, den Nebenpersonen etwa leidenschaftliche Arien oder Bravour-Arien oder Rondi in den Mund zu legen. Diese armen Leute müssen sich zufrieden geben mit dem, was für sie abfällt, und es ist ihnen verboten, sich Ehre zu erwerben.

Der jeweilige Impresario konnte sich glücklich schätzen, dass die von Metastasio entwickelte Form der Oper ihm die endlosen Szenen ersparte, in denen berühmte Sänger hier noch eine Extra-Arie verlangten und dort die Arie des Rivalen gestrichen sehen wollten. Man hat die Kunstgebilde dieser Operntexte mit der prästabilierten Harmonie des Philosophen Leibniz verglichen, wobei die Arien als Monaden fungierten. Das entspräche dem typischen Nachhinken der Oper als Kunstform hinter den geistigen Strömungen der jeweiligen Zeit: Leibniz war ein halbes Jahrhundert älter als Metastasio.

Was das von Goldoni – einem der meistbeschäftigten Librettisten unter den großen Dramatikern des Jahrhunderts – so schonungslos kritisierte Korsett der metastasianischen Opernform angeht, so war der Wiener Hofdichter gerade umgekehrt berühmt dafür, mit welcher Leichtigkeit und Flexibilität er seine eigenen Regeln handhabte. Übergänge vom handlungsfördernden Rezitativ zur Arie, in der reflektiert, kommentiert, geklagt oder ein Entschluss gefasst wird, waren seine Spezialität wie auch der Reichtum seiner Arienformen. Donald Grout in seiner *Geschichte der Oper* schrieb dazu: »Eines der Geheimnisse der Erfolge Metastasios war, dass er ein Musikdrama entwerfen konnte, das die kategorischen Vorschriften seiner Zeit erfüllte, ohne durch sie allzu offenkundig eingeschränkt zu erscheinen.«

Metastasios Textbuch zu *Artaserse* wurde nach den Forschungen des italienischen Musikologen Rolandi von nicht weniger als einundachtzig Komponisten vertont. Die Fassung des englischen Komponisten Thomas Arne kam 1762 in London heraus und war ein ungeheurer Erfolg. Drei Jahrzehnte später kam Joseph Haydn in die britische Hauptstadt und staunte, dass ein so relativ altes Werk in zwei Theatern gleichzeitig gegeben wurde. Zu Beginn der Oper beklagen in den Gärten des Königs von Persien dessen Tochter und ihr heimlicher Liebhaber Arbace die Heraufkunft der Morgendämmerung, der uralten Feindin der Liebe bis hin zu *Tristan und Isolde*. Klage, Exposition der Situation und Abschiedsarie der Königstochter folgen aufeinander in nur fünf Minuten, die Wiederholung des Arienbeginns nicht mitgerechnet. Ist das undramatisch? Übrigens war Thomas Arne, Komponist von »Rule Britannia«, sein eigener Übersetzer des Librettos.

Nun verließ sich der Dichterfürst Metastasio nicht darauf, dass selbst erstklassige Komponisten seine Verse so setzten, wie er sich das wünschte. Wie ein Meisterarchitekt überließ er es nicht jedem beliebigen Maurer, seine genialen Entwürfe zu ruinieren. Er suchte dadurch Einfluss zu nehmen, dass er die Erstaufführungen seiner Opern an vertrauenswürdige, erprobte Komponisten vergab. Es waren im Wesentlichen elf an der Zahl: Domenico Sarro, Pietro Auletta, Luca Antonio Predieri, Giuseppe Bonno,

Francesco Conti, Giovanni Conforti, Leonardo Vinci, Antonio Caldara, Georg Christoph Wagenseil, Georg Reutter (der Jüngere) und Johann Adolph Hasse. Die meisten der Namen sagen uns heute nichts mehr. Caldara war der meistbeschäftigte Komponist, er besaß als Hofkomponist in Wien eine Vorzugsstellung, wie seine Vorgänger oder Nachfolger Reutter, Predieri und Bonno.

1740 schrieb Metastasio ein Werk, in dem er alle Errungenschaften seiner Kunst zu vereinen versuchte. Ein in Karthago gefangener römischer Feldherr wird heimgeschickt. Er soll Friedensbedingungen aushandeln, die, würden sie angenommen, für sein Vaterland von Nachteil wären, ihm aber die Freiheit brächten. Eine Geiselsituation, die unserer Zeit alles andere als abwegig erscheinen müsste. Die Senatoren wollen sich auf den üblen Handel einlassen, um den geliebten Feldherrn und Konsul zu retten. Der aber, ein wahrer Patriot, lehnt in barockem Stoizismus ab. Er kehrt mit leeren Händen zum Feind zurück und hat damit den eigenen Tod besiegelt.

Dieser Stoff, *Attilio Regolo*, brachte mit seinem tragischen Ausgang ein Abweichen vom gewohnten Schema Metastasios. Der ließ denn auch das Libretto zehn Jahre liegen, ehe er Johann Adolph Hasse mit der Komposition beauftragte – so muss man es formulieren. 1750 kam das Stück in Dresden heraus. Zuvor aber erhielt »il divino Sassone«, wie die Italiener den in Bergedorf geborenen, aber lange in Dresden wirkenden Hasse nannten, im Oktober 1749 einen Brief Metastasios aus Joslowitz, dem böhmischen Landsitz von Metastasios geliebter Marianna II, der Gräfin d'Althann: »Mein hochverehrter Monsieur Hasse ist seit meiner Abreise aus Wien meinem Herzen nicht etwa fern gewesen. Aber bisher habe ich mich Ihnen nicht widmen können, da ich vor lauter Müßiggang kaum mein eigener Herr bin, außer zur Nachtruhe. So sehr lenken mich Spaziergänge, Jagdvergnügen, Musik, Kartenspiel und Gespräche ab, dass mir kein Augenblick für meine eigenen Gedanken bleibt, andernfalls ich meine Gesellschaft vernachlässigen müsste. Doch ungeachtet all dieser Zerstreuungen erfüllt mich das Bedauern darüber, dass ich Ihnen so lange nicht geschrieben habe.«

Das alles wird Hasse überflogen haben, dergleichen nahm man erst beim zweiten Durchlesen zur Kenntnis. Metastasio wollte jedoch, das ging aus der bloßen Länge des Briefes hervor, Wichtigeres erörtern. Hasse hatte ihn um Erläuterungen zu *Attilio Regolo* gebeten, und die zu geben war der Dichter nur zu bereit: »Weil also ›Attilio Regolo‹ der Gegenstand meines Briefes sein soll, beginne ich am besten mit einer Darlegung der Charaktere.« Regolo, so stellt sich heraus, ist der Held aller metastasianischen Helden, und das Adjektiv »metastasianisch« spielte in der italienischen Operngeschichte damals bereits eine große Rolle: »Seine Tapferkeit ist vielfach erprobt und widersteht jeder Laune des Glücks. Er ist empfänglich für alle menschlichen Regungen, aber er steht über ihnen. Ein großer Feldherr, guter Staatsbürger und treusorgender Vater. Niemals aber trennt er diese Eigenschaften von seiner Liebe zu seinem Lande ... Ein Freund des Ruhms, diesen aber bloß als einen Lohn betrachtend, dem der Einzelne nachstreben soll, indem er seinen eigenen Vorteil, sein persönliches Glück dem Gemeinwohl opfert. Mit diesen inneren Eigenschaften meines Prototyps verbinde ich ein anziehendes Äußeres, ohne Pompösität, nachdenklich aber heiter, ehrfurchtgebietend aber menschlich ... Seine Stimme und seine Gebärden sollten nicht Willkür verbreiten, das wünsche ich nicht.«

Obwohl der Komponist mit solchen allgemeinen Vorzügen des Helden wenig anzufangen wusste – wer kann schon die Tugend selbst in Noten setzen –, so folgten nun genauere Anweisungen für die Musik: »Jetzt kommen wir ... zur siebten Szene des ersten Aktes. Nach der Zeile für Manlio: ›T'acheta, ei viene‹ hätte ich gern ein kurzes Orchesterzwischenspiel, damit Zeit bleibt für den Konsul und die Senatoren, Platz zu nehmen, und für Regolo, langsam nach vorn zu kommen, in Gedanken versunken. Die Art des Zwischenspiels sollte majestätisch sein, langsam, mehrfach unterbrochen. Es müsste den Gemütszustand des Regolo ausdrücken, denn er denkt darüber nach, dass er jetzt als Unfreier erscheint, wo er früher als Konsul auftrat. Ich fände es gut, wenn während einer der Unterbrechungen des Zwischenspiels Amilcare einfiele und diese Verse spräche: ›Regolo, a che t'arresti? / forse nuove / per te questo soggiorno?‹ Und das Zwischenspiel sollte erst beendet sein nach Regolos Antwort: ›Penso qual ne partii, qual vi ritorno.‹ Nach diesen Worten müssten die Instrumente rasch zum Ende kommen.«

So geht es in Metastasios Brief über Seiten hinweg mit Wünschen, die wie Ratschläge, und mit Ratschlägen, die wie Befehle waren. Der Brief zeigt den Dichter nicht nur auf der Höhe seines Ruhms, sondern auch in seiner Rolle als der eigentlich Hauptverantwortliche einer Oper – die Vorstellungen des Komponisten stehen erst an zweiter Stelle. Für uns die völlige Umkehrung der heute geläufigen Vorstellung, der zufolge selbst der beste Textdichter der Diener des Komponisten zu sein habe. Die Autoren von *Otello* und *Rosenkavalier* sind in unseren Augen eben nicht Boito und Hofmannsthal, sondern Verdi und Strauss. Übrigens schätzte Metastasio von allen seinen Opern *Attilio Regolo* am höchsten, wie Casanova bezeugt hat, der ihn 1753 in Wien besuchte: »Das will aber noch nicht sagen, daß sie die beste ist«, soll er hinzugefügt haben. Casanovas Schilderung belegt eindrucksvoll Metastasios dichterisches Selbstbewusstsein, das von Selbstgenuss kaum zu unterscheiden ist.

… in einem einstündigen Gespräch fand ich die Gelehrsamkeit des Dichters noch größer, als es seine Werke versprachen. Seine Bescheidenheit hielt ich anfangs für unnatürlich; aber sehr rasch merkte ich, daß sie echt war. Sie verlor sich nämlich, sobald er etwas aus seinen Werken vortrug und dabei selbst auf die Schönheiten hinwies. Ich erwähnte seinen Lehrmeister Gravina, und er rezitierte fünf oder sechs Stanzen, die er bei dessen Tod gedichtet, aber nicht in Druck gegeben hatte; und ich sah ihn, von dem Wohlklang seiner eigenen Poesie gerührt, Tränen vergießen. Nachdem er sie mir rezitiert hatte, fragte er unvermittelt: »Sagen Sie mir die Wahrheit, kann man es besser sagen?«
Ich antwortete, nur ihm allein stehe es zu, das für unmöglich zu halten.
Ich erkundigte mich, ob ihn seine schönen Verse große Mühe kosteten; daraufhin zeigte er mir fünf oder sechs Seiten voller Streichungen, die er für notwendig gehalten hatte, um vierzehn Verse zur Vollkommenheit auszufeilen. Er versicherte mir, er habe an einem Tag nie mehr schaffen können. Er bestätigte mir eine bekannte Tatsache, daß die Verse, die einen Dichter die meiste Mühe kosten, auf die uneingeweihten Leser den Eindruck machen, als seien sie mühelos entstanden.

In der Mitte des 18. Jahrhunderts war Metastasio ohne Zweifel der Herrscher der barocken Oper. Dennoch musste er diese Position, wie der Brief an Hasse zeigt, unablässig verteidigen. Die Kritik nahm zu, je mehr das Jahrhundert der Leichtlebigkeit und schließlich der Revolution sich gegen alle Reglementierungen auflehnte. Anfangs hatte Metastasio darauf gar nicht reagiert. Bereits 1735 war ein erster, noch anonymer Angriff auf sein Libretto zu *Demofoonte* erschienen, jene verwickelte Liebesgeschichte, aus der Mozart so viele Arien setzte, ohne eine vollständige Oper daraus zu machen. Verfasser war ein gewisser »Évandro Edesimo« gewesen, alias Francesco Rosellini, ein Musikkritiker. Er beschuldigte Metastasio, den Charakter des Timante in dieser Oper so zweideutig gehalten zu haben, dass zwar am Ende die berühmte moralische Kehrtwendung möglich werde, Timante aber während des ganzes Stücks unglaubwürdig bleibe. Mit wirklichen Menschen habe das nichts zu tun.
Metastasio wartete volle zwölf Jahre, ehe er sich zu dieser Kritik äußerte,

und auch dann nicht öffentlich. Der Pfeil saß offenbar tief. 1747 schrieb der Dichter an seinen Verleger Giuseppe Bettinelli, Timante sei ein schwankender Jüngling, manchmal leidenschaftlich, aber doch klarer Gedanken fähig: »Mir scheint, dass dies nicht als Unvereinbarkeit des Charakters betrachtet werden sollte, sondern als Vielfältigkeit einer Anlage, ohne die jede Person in einem Stück als abgeschmackt erscheinen müsste.«

Letztlich entschied also nicht das Moralgesetz, was zu geschehen hatte, sondern der Dichter. Die Bühne, das Spiel und dessen Erfolg waren Faktoren, die Metastasio nicht außer Acht ließ. Die weitverbreiteten Verdammungsurteile, wonach sein Werk nur eine aristokratische Kunstform sei, die alle menschlichen Reaktionen einem rigorosen Verhaltenskodex unterwerfe, gehen am Kern der Sache vorbei.

Die Komponisten seiner Zeit fühlten sich jedenfalls eher angeregt als eingeengt durch Metastasios ausgeklügelte Konstruktionen. Ein gutes Beispiel dafür bietet Joseph Haydn, der unter seinen achtzehn Opern nur einmal einen Text dieses Dichters vertonte: *L'isola disabitata*, die »Unbewohnte Insel«, eines der weniger dramatischen Werke Metastasios. 1779 im Esterházy-Haushalt aufgeführt, ist diese Oper ein gutes Beispiel dafür, dass sich selbst lange nach der zeitweiligen Alleinherrschaft Metastasios ein Komponist keineswegs behindert sah durch das Stillstehen der Handlung während der Arien und das angebliche Abdrängen aller Dramatik in die Rezitative. Haydn suchte sich seine eigene Form. Im Schlussquartett stellte er jeder Stimme ein quasi konzertierendes Solo-Instrument voran. Solchen Eigenheiten der Komponisten stand kein Libretto Metastasios entgegen. Noch Beethoven, Schubert und selbst Gounod vertonten seine Verse. Wie alle Textdichter seiner Zeit schrieb er auch geistliche Werke. Mozarts Oratorium *Betulia liberata* benutzt eine seiner Vorlagen. Eigentlich war es sein größter Wunsch, seine dramatischen Texte ohne Musik, auf der Sprechbühne, aufgeführt zu sehen. Hugo von Hofmannsthal mag ihm das nachgefühlt haben. Stendhal fiel auf diesen Wunsch herein. Im ersten seiner beiden Briefe über Metastasio vom Oktober 1812 verglich er, in romantischem Überschwang, den italienischen Libretto-Meister des zurückliegenden Jahrhunderts mit Shakespeare und Vergil.

Der alte Metastasio dichtete kaum mehr, ging selten in die Oper und gab dann und wann eine musikalische Soiree im Hause Martinez. Er heiratete nie, nachdem sich mit einundzwanzig Jahren die Ehe mit einer Rosalia Gasparini zerschlagen hatte. Sie besaß wohl den falschen Vornamen. Im Alter von vierundsiebzig Jahren reiste er noch einmal nach Mailand, wo die Premiere seiner letzten Oper *Ruggiero* stattfand, zur Musik des göttlichen

Sachsen Hasse, der, ein Jahr nach Metastasio geboren, ein Jahr nach ihm starb. Metastasios letzte Verse bestanden in einer Pflichterfüllung als Hofpoet: Er pries in einer Ode die kaiserliche Residenz von Schönbrunn. 1782 starb er, es war das Jahr, in dem Paisiellos *Barbier von Sevilla* und Mozarts *Entführung aus dem Serail* uraufgeführt wurden. Eine neue Epoche der Oper brach an.

Wie oft Metastasios dramatische Texte vertont worden sind, lässt sich nicht mit Genauigkeit sagen, die Schätzungen reichen bis an die Tausend. Johann Christian Bach, Mozarts Freund und Anreger, brachte 1772 den *Temistocle* heraus, die Geschichte des in Persien exilierten griechischen Staatsmannes und Feldherrn, dessen Auslieferung verlangt wird. Das Werk, dessen Libretto Metastasio sechsunddreißig Jahre zuvor verfasst hatte, enthält eine seiner berühmten Abgangsarien, derentwegen er ein halbes Jahrhundert lang berühmt und nach seinem Tod zweihundert Jahre lang verpönt war. Man kann von ihnen als Dichtung halten, was man will, und mag die jeweiligen Vertonungen gut oder schlecht finden. Nur wird niemand behaupten können, das Drama der Auslieferung politischer Geiseln sei der weltfremden Phantasie eines nach Wien emigrierten italienischen Verseschmieds des 18. Jahrhunderts entsprungen. Metastasio war vierundachtzig Jahre alt, als er das Zeitliche segnete, aber seine Regentschaft über die Opernbühne dauerte an; selbst Mozart musste sie zehn Jahre später noch anerkennen. Kein Librettist hat in den folgenden beiden Jahrhunderten eine vergleichbar machtvolle Stellung mehr erreichen können. Lorenzo Da Ponte, sein Nachfolger in Wien, borgte sich aus Metastasios *Demetrio* eine komplette Arie, ohne an ihrem Text auch nur ein Wort zu ändern. Und in seinen Memoiren schrieb er nicht ohne Bedauern: »Obwohl er schon alt war, besaß er doch noch jugendliche Frische und Lebhaftigkeit neben der vollen Kraft seines heiteren Geistes, in dessen gelehrter Schule ich noch vieles zu lernen gehofft hatte.«

Der wahre Phönix Mozarts
Lorenzo Da Ponte

> Von *Mozart* ist mit Bezug auf seine Laufbahn als Opernkomponist nichts charakteristischer, als die unbesorgte Wahllosigkeit, mit der er sich an seine Arbeiten machte: ihm fiel es so wenig ein, über den der Oper zugrunde liegenden ästhetischen Skrupel nachzudenken, daß er vielmehr mit größter Unbefangenheit an die Komposition jedes ihm aufgegebenen Operntextes sich machte, sogar unbekümmert darum, ob dieser Text für ihn als reinen Musiker dankbar sei oder nicht.
>
> Richard Wagner

Im vierten Akt von Mozarts *Le Nozze di Figaro* singt Don Basilio, Musikmeister im Hause des Grafen Almaviva und zugleich dessen kupplerischer Agent für verliebte Abenteuer, seine Arie von der Eselshaut. Man erfährt daraus etwas über seine Lebenseinstellung und deren Wandlungen. Früher, in jungen Jahren, als er das lästige praktische Denken, *la mal pratica ragion*, noch nicht zu schätzen wusste, da sei er, wie so viele andere, ein Luftikus und Tor gewesen. Dann aber sei ihm eine gute Fee, *la donna flemma*, erschienen, die »Dame Phlegma«, und habe ihm eine Eselshaut zum Geschenk gemacht – mit ihr laufe er seither herum, denn sie schütze ihn nicht nur vor Regen und wilden Tieren, sondern auch vor anderen Bedrängnissen. Mit Basilios Worten: »*Così conoscere / Mi fè la sorte, / Ch'onte, pericoli, / Vergogna, e morte / Col cuoio d'asino / Fuggir si può*« – »So lehrte mich das Schicksal, dass man der Scham, den Gefahren, der Schande und dem Tod in einer Eselshaut entgehen kann.«

Man fragt sich, wie Mozart und sein Librettist Lorenzo Da Ponte in einem Augenblick, da das Publikum auf die große, von Susanna und der Gräfin inszenierte Verwechslungskomödie wartet, einer Nebenperson wie Don Basilio eine solche Arie anvertrauen konnte, keine sehr kurze übrigens. In der gewöhnlichen *opera buffa* des 18. Jahrhunderts hätte Basilio eher eine Tracht Prügel bekommen, auf Anweisung des Textdichters oder improvisiert. Später haben ungeduldige Regisseure die Arie manchmal weggelassen, wahrscheinlich in der Annahme, dass sie den Gang der Handlung störe. Ein großer Verlust, denn Basilio ist keine beliebige Nebenfigur. Der Graf hält sich den Musikmeister, weil sein früherer Helfershelfer in amourösen Geschäften, der aus der Geschichte vom Barbier von Sevilla bekannte Figaro, für solche Aufgaben nicht mehr zur Verfügung steht. Figaro ist die soziale Leiter eine Stufe emporgestiegen, ist mehr als Leibdiener, wenn auch noch nicht Kammerherr – gleich zu Anfang erfahren wir, dass er seinen Herrn als Kurier nach London begleiten soll. Hier springt nun Basilio in die Bresche. Er hat gewiss schon früher andere Mädchen für nächtliche Begegnungen mit seinem Herrn angeworben, nun versucht er sein Glück bei Figaros Braut. Im komplizierten Intrigengefüge des Stückes ist Basilio der Hauptagent der Herrschaftspartei. Überdies war der erste Sänger der Partie, der englische Tenor Michael Kelly, mit Mozart befreundet, ihn ohne Arie abzuspeisen wäre schwer möglich gewesen. Mozart schrieb ja nicht für die herrischen Regisseure von heute, sondern für das goldene Jahrzehnt der italienischen Oper im Wien Kaiser Josephs II.

Zeitumstände sind niemals außer Acht zu lassen. Richard Wagner, der keineswegs mit allem einverstanden war, was Mozart an Texten für seine Bühnenwerke akzeptierte, hat mit gleichermaßen theatralischem wie historischem Spürsinn das Problem auf klassische Weise definiert, als er in dem späten Aufsatz *Das Publikum in Zeit und Raum* von 1878 schrieb: »An den Opern Mozarts können wir deutlich ersehen, daß das, was sie über ihre Zeit erhob, sie in den sonderbaren Nachteil versetzt, außer ihrer Zeit fortzuleben, wo ihnen nun aber die lebendigen Bedingungen abgehen, welche zu ihrer Zeit ihre Konzeption und Ausführung bestimmten.« Ein unschätzbarer Merkspruch, gültig auch für Wagner selbst. Von der Eselshaut, die *la donna flemma* dem ängstlichen Basilio in einer Hütte zum Geschenk macht, um ihn vor aller Unbill zu schützen, ist es nur ein Schritt bis zu dem Schwert Notung, das die Dame Sieglinde dem gar nicht furchtsamen Siegmund in einer weiter nördlich gelegenen Hütte als Schutz und Schirm anpreist. Der Unterschied besteht in eben jenen »lebendigen Bedingungen«, von denen Wagner in seiner Schrift spricht.

Zwei dieser Bedingungen sind mit Blick auf *Le Nozze di Figaro* hervorzuheben. Die eine ist offenkundig gesellschaftlicher Natur. Angesichts des drohenden politischen Ungewitters, das sich drei Jahre später im Sturm auf die Bastille entladen sollte, konnte man 1786 in Wien entweder der Aristokratie ein Tänzchen androhen oder die Eselshaut über den Kopf ziehen. Die Tanzandrohung Figaros, obwohl im Dreivierteltakt, mit der Tempobezeichnung *Allegretto*, hat etwas vom entschlossenen Marschrhythmus, die Ängstlichkeit Basilios dagegen trägt Mozarts Anweisung: *Tempo di Menuetto*. Der *höfische* Tanz wird intoniert. Es geht kaum deutlicher.

Aber nicht alles, was Mozart und Da Ponte in dem halben Jahrzehnt ihrer großartigen Zusammenarbeit zustande brachten, war kämpferisch und revolutionär. Zu den »lebendigen Bedingungen« gehörte auch anderes. Während das Wiener Publikum den feigen Basilio – und damit den Tenor Michael Kelly – belachte, saß der Librettist, der Abbé italienischer Herkunft, in seiner Loge und genoss die Freude, sich mit der Arie von der Eselshaut auf listige Weise an seinem Freund, dem Sänger Kelly, gerächt zu haben. Nur einige Monate zuvor hatte Kelly nämlich ihm, dem Textdichter, einen Streich gespielt, als er in einer anderen Oper die Rolle eines Poeten sang. Geben wir Kelly selber das Wort: »Mein Freund, der Librettist«, heißt es in seinen Memoiren, »hatte eine sehr merkwürdige Gehweise angenommen und eine Gewohnheit, sich in eine, wie er glaubte, graziöse Positur zu werfen, indem er seinen Spazierstock hinter sich hielt und sich dann darauf lehnte. Gern zog er sich an wie ein Dandy, denn unser Abbé hielt viel von sich und benahm sich wie ein vollendeter Stutzer. Auch lispelte er stark und sprach mit breitem venezianischen Akzent. Am Abend der Premiere saß er in der Loge, auffälliger als nötig. Wie üblich bei Uraufführungen war auch der Kaiser anwesend und ein zahlreiches Publikum. Als ich meinen Auftritt als verliebter Poet hatte, angezogen genau wie der Abbé in der Loge, ahmte ich seinen Gang nach, lehnte mich auf meinen Stock, imitierte seine Gesten und sein Lispeln, und es gab dröhnendes Gelächter. Alle Augen richteten sich auf die Loge, in der er saß. Der Kaiser amüsierte sich, lachte herzlich und applaudierte. Der Abbé war keineswegs beleidigt, sondern nahm meine Imitation mit Humor auf, und wir blieben zeitlebens Freunde ...«

Doch reichte des Abbé Da Ponte Gedächtnis weit genug, später den Freund Kelly als Basilio in eine Rolle zu stecken, die das Lachen auf seine, des Librettisten Seite brachte. Kelly erwähnt in seinen Erinnerungen, dass er außer Don Basilio in Mozarts Oper noch die Partie des Richters Don Curzio zu singen hatte. Der ist ein Stotterer, und bei den Proben entstand die Frage, ob er im Sextett des dritten Aktes den Gesang der übrigen fünf Solisten durch seine abgehackte Deklamation vielleicht ruinieren würde. Kelly versprach es zu riskieren, und Mozart war nach der Premiere mehr als zufrieden. Das Sextett war übrigens nach Kellys Zeugnis Mozarts Lieblingsstück – zu Recht, war es doch nichts weniger als eine Innovation. Nie zuvor hatte es ein Ensemble mit fünf Sängern und einem Stotterer gegeben.

Wir sind mitten in der ersten Oper, die Mozart und Da Ponte zusammen schufen, mitten in Wagners »lebendigen Bedingungen«. Über Beaumarchais' Theaterstück *La folle journée (Der tolle Tag)*, das die Vorlage der Oper bildete, soll Napoleon gesagt haben, es sei bereits »die Revolution in

Aktion«. Lässt sich das auf Mozarts und Da Pontes Oper übertragen? Ist sie bereits »die Revolution in Musik«?

Lorenzo Da Ponte kam um die Wende 1780/81 nach Wien, wenige Monate bevor Kants *Kritik der reinen Vernunft* und Schillers *Räuber* die Köpfe des gebildeten Publikums in Aufruhr versetzten. Zwar ist im vorigen Kapitel gesagt worden, die Oper sei nach Thematik und geistiger Aktualität meist nur ein Nachklang, ja ein Aufguss der anderen Künste, doch ist man mit Blick auf Da Pontes und Mozarts Werke zu einer Korrektur gezwungen. Wenn man liest, wie oft das Wort »*ragione*«, Vernunft, in Da Pontes Texten auftaucht, wenn man die Unterminierung der Moral des adligen Standes durch Libretti und Partituren wie *Figaro* und *Don Giovanni* erwägt, dann kann von historischer Verspätung der Oper in diesen Fällen kaum die Rede sein.

Mozart hatte sich, als er nach Wien kam, gerade mit dem Salzburger Erzbischof überworfen und beschlossen, sein Glück in der Hauptstadt zu suchen. Dort lernte er Da Ponte kennen, und wahrscheinlich war es die Uraufführung der *Entführung aus dem Serail* im Juli 1782, die den italienischen Hofpoeten die geniale Begabung des jungen Komponisten erkennen ließ. In seinen Memoiren schrieb er lediglich: »Obwohl Mozart das höchste Talent und eine vielleicht größere Begabung als irgendein anderer Komponist der Vergangenheit oder Gegenwart besaß, so war es ihm infolge der Intrigen seiner Gegner doch nicht gelungen, sein göttliches Genie in Wien zur Geltung zu bringen. Er blieb im Dunkeln gleich einem kostbaren Edelstein, der seinen Glanz im Schoß der Erde verbirgt.« Hier vernimmt man schon den Mozart-Legendenton einer späteren Epoche, denn Da Ponte schrieb seine *Memorie* aus dem Abstand von vierzig Jahren in Amerika, als sich bereits solche Legenden gebildet hatten und für ihn selber nur die Erfolge der eigenen Opern zählten.

Er war in Wien durch seinen extravaganten Habitus bekannt, der gut zu seinem abenteuerlichen und amourösen Vorleben passte. Wie sein großer Vorgänger als Librettist, Pietro Metastasio, wurde er unter anderem Namen geboren: Er kam als Emanuele Conegliano in Ceneda zur Welt, einem Ort im Venezianischen, den man später zu Ehren einer gewonnenen Schlacht in Vittorio Veneto umbenannte. Er war sieben Jahre älter als Mozart, ein Jahrgangsgenosse Goethes, Spross einer jüdischen Familie. Als diese sich taufen ließ, nahm er den Namen des Geistlichen an, der ihn taufte, des Bischofs Lorenzo Da Ponte. Der Name hatte einen guten Klang rund um die Lagunenstadt, im 16. Jahrhundert hatte ein Doge so geheißen und auch der Erbauer der Rialto-Brücke war ein Da Ponte. Armut und das

Leben mit einer nur wenig älteren Stiefmutter trieben den jungen Lorenzo in die Arme der alleszahlenden Kirche. Er absolvierte ein Priesterseminar und empfing die niederen Weihen, was ihn nicht hinderte, über die Stränge zu schlagen, bis er schließlich aus Venedig verbannt wurde. Nach einer langen Irrfahrt durch halb Europa, mit Zwischenstation in Dresden, wo Caterino Mazzolà wirkte, der später Metastasios Libretto zu Mozarts *La clemenza di Tito* bearbeiten sollte, gelangte Da Ponte schließlich nach Wien, wo der alte Metastasio, immer noch das herrschende Oberhaupt aller Librettisten, den hoffnungsvollen Landsmann huldvoll empfing und in die Wiener Gesellschaft einführte. Er gab einen Leseabend zu seinen Gunsten und lancierte den Vierunddreißigjährigen auf den Posten des Theaterdichters der italienischen Oper, ohne dass es Da Ponte zunächst gelang, in dieser Funktion nennenswerten Eindruck zu machen. In Wien wirkten zu dieser Zeit die Komponisten Giovanni Paisiello, Antonio Salieri und der Spanier Martín y Soler; aus Paris machte sich der Einfluss Glucks geltend, direkt vor den Toren von Wien, auf Schloss Esterházy, führte Haydn seine Opern auf. Wien war zu dieser Zeit zweifellos der Mittelpunkt des europäischen Opernlebens. Für Salieri schrieb Da Ponte das Textbuch zu *Il ricco d'un giorno,* für Martín y Soler das Libretto zu *Il burbero di buon cuore,* beides Stücke, die den Ruhm des Autors nicht begründen konnten. Die Premiere des zweiten Stücks am 4. Januar 1786 eröffnete jedoch das *annus mirabilis,* das Jahr der Opernwunder, das jeder Liebhaber des Musiktheaters in Wien erlebt haben möchte. Bereits im Februar wurden Mozarts *Schauspieldirektor* und Salieris *Prima la musica, poi le parole* (mit dem Text von Casti) uraufgeführt: eine Art Wettstreit zwischen deutscher und italienischer Oper, zugleich Stücke, die das Theater selber zum Gegenstand haben. Werke für Kenner also, vom Kaiser persönlich in Auftrag gegeben und reich an buffoneskem Witz. Dazu gehört in Castis Stück auch die Figur eines Poeten, durch die sich sein Rivale Da Ponte – wahrscheinlich zu Unrecht – satirisch verspottet sah. Da Pontes Freund Giacomo Casanova – ausgerechnet Casanova – hat Casti in seinen Memoiren ein schlechtes Zeugnis ausgestellt, als er ihn einen Mann nannte, der »keine Tugend und alle Laster« besaß und als Dichter »weder über eine edle Sprache noch über Kenntnisse des dramatischen Theaters« verfügte.

Mozart wiederum, immerzu auf der Suche nach einem Textbuch für die italienische Oper, erwähnt Da Ponte erstmals in einem Brief an seinen Vater, am 7. Mai 1783: » – wir haben hier einen gewissen abate da Ponte als Poeten. – dieser hat nunmehro mit der Correctur im theater rasend zu thun. – muß *per obligo* ein ganz Neues büchel für den Salieri machen. – das wird vor 2 Monathen nicht fertig werden. – dann hat er mir ein Neues zu machen versprochen; – wer weis nun ob er dann auch sein Wort halten kann – oder will! – sie wissen wohl die Herrn Italiener sind ins gesicht sehr artig! – genug, wir kennen sie! – ist er mit Salieri verstanden, so bekomme ich mein lebtage keins – und ich möchte gar zu gerne mich auch in einer Welschen opera zeigen.«

Mozart bekam sein Textbuch, und zwar das beste, das er in seiner nun schon langen Laufbahn als Opernkomponist jemals in Händen gehalten hatte: das Textbuch zu *Le Nozze di Figaro* nach Beaumarchais. Dessen Komödie *La folle journée* war im April 1784 in Paris uraufgeführt worden. Es war ein gewaltiger und, aufgrund des scharf adelskritischen, ja revolutionären Sujets, skandalumwitterter Erfolg, dessen Echo natürlich auch nach Wien drang. Dort durfte Beaumarchais' anstößiges Stück zwar gedruckt, aber nicht öffentlich aufgeführt werden; eine geplante Aufführung durch die Theatertruppe Schikaneders, des späteren *Zauberflöten*-Textdichters, wurde vom Kaiser selbst verboten. Da Ponte und Mozart wussten also, dass sie sich mit dem Projekt einer Oper nach Beaumarchais auf ein heikles Unternehmen einließen. Umso bemerkenswerter, dass der Anstoß dazu vom Komponisten ausging, wie Da Ponte es in seinen Memoiren bezeugt hat: »Was Mozart anbelangt, so war mir klar, daß sein unermeßliches Genie einen vielseitigen, erhabenen Stoff brauchte. Als ich mich eines Tages mit ihm darüber unterhielt, fragte er mich, ob ich nicht vielleicht ohne zu große Mühe die Komödie ›Die Hochzeit des Figaro‹ von Beaumarchais zu einem Opernlibretto umarbeiten könne. Dieser Vorschlag gefiel mir sehr, und ich versprach ihm, dies zu tun. Es war dabei aber eine große Schwierigkeit zu überwinden. Wenige Tage zuvor hatte nämlich der Kaiser der Gesellschaft des deutschen Theaters die Aufführung der Komödie untersagt, weil sie nach seiner Meinung nicht ganz anständig war … Ich hatte den Mut, die Bearbeitung des Textes selbst zu übernehmen … Ich begann also mit der Ausarbeitung. Wir arbeiteten Hand in Hand. Sobald ich eine Szene fertig hatte, setzte Mozart sie in Musik, und in sechs Wochen war alles fertig.«

So Da Pontes Darstellung, die durch die Einsichten der Mozart-Forschung gestützt wird. Danach hat Mozart mit der Komposition nicht vor Mitte 1785 begonnen und sie im April 1786 abgeschlossen. Der Hauptteil des Werkes entstand wahrscheinlich in den letzten Wochen des Jahres 1785. Untersuchungen am Autograph haben gezeigt, dass Gruppen von Stücken, deren Charakter ähnlich war, als Gruppen, also in einem Arbeitsgang, komponiert wurden. Das erstaunliche Faktum belegt, wie ausgeprägt

Mozarts musikalisch-dramatische Vorstellungen waren, als er mit der Niederschrift der Musik begann. Nun blieb es dem diplomatischen Geschick des Wiener Hofpoeten überlassen, die Bedenken des Kaisers zu zerstreuen, und zwar zu einem Zeitpunkt, als der größte Teil der Partitur schon fertig war. Folgt man der Darstellung in Da Pontes Memoiren, tat er dies mit den Worten: »… da ich eine Oper *(dramma per musica)* und nicht eine Komödie geschrieben habe, mußte ich mehrere Szenen ganz weglassen und viele andere stark kürzen. Ich habe dabei alles weggelassen, was gegen den Anstand und die Sitte verstößt und ungehörig sein könnte in einem Theater, in dem die höchste Majestät selbst anwesend ist.« So Da Ponte fast vier Dezennien später. Tatsächlich gab der Kaiser seine Zustimmung, und so ging *Le Nozze di Figaro* am 1. Mai 1786 am Wiener Hoftheater erstmals in Szene, trotz aller großen Vorläufer zwischen Monteverdi und Gluck das raffinierteste Werk, das die Gattung Oper bis dahin hervorgebracht hatte.

»*Se vuol ballare, Signor Contino*«, lautet der Anfang von Figaros Kavatine im ersten Akt: »Will der Herr Graf ein Tänzchen wagen«. Die eingebürgerte deutsche Übersetzung des italienischen Textes klingt harmlos und geht am Sinn oder Hintersinn des Originals vorbei. Figaros Aufforderung zum Tanz ist in Wirklichkeit viel aggressiver, aufsässiger, ironischer gemeint. Wörtlich etwa: »Wenn Sie tanzen wollen, Herr Gräflein, werde ich Ihnen das Gitarrchen schlagen.« – Figaro, der Kammerdiener des Grafen Almaviva, ist von seiner Braut Susanna soeben über die Absichten des Grafen in Bezug auf ihre Person aufgeklärt worden. Der Graf hat zwar offiziell auf das berüchtigte Feudalrecht verzichtet, das *ius primae noctis*, das Recht der ersten Nacht bei seinen leibeigenen Mädchen, aber da er sich in seiner Ehe mit der Gräfin langweilt, bedauert er den Verzicht und will bei Susanna vom alten Standesprivileg wieder Gebrauch machen. Das alles erfährt der ahnungslose Figaro, während er gerade den Platz für das Ehebett im zukünftigen Schlafzimmer ausmisst. Es liegt zwischen den Räumen des Grafen und der Gräfin und scheint ihm für Diener und Zofe besonders gut geeignet. Nun brütet Figaro in finsteren Gedanken und plant eine Gegenintrige: »*Non sarà, non sarà. Figaro il dice*«, »Das wird nicht sein. Figaro sagt es.« Ist das bereits, um Napoleons Wort aufzugreifen, »die Revolution in Aktion«?

Cosima Wagner hat in ihren Tagebüchern eine aufschlussreiche Bemerkung Richard Wagners über die *Hochzeit des Figaro* überliefert; im Februar 1870 notierte sie anlässlich eines Besuchs von Nietzsche in Tribschen: »… wie Pr.[ofessor] N.[ietzsche] bemerkt, man sagte, Mozart habe die

Intrigen-Musik erfunden, sagt R.[ichard], im Gegenteil, er hat die Intrigen in Melodie aufgelöst. Man muß nur das übrigens ausgezeichnete Stück von Beaumarchais mit den Opern Mozart's vergleichen, dort sind es schlaue witzige, berechnende Menschen, die geistvoll miteinander handeln und reden, bei Mozart sind es verklärte, leidende, klagende Wesen.«

Träfe Wagners Urteil zu, wäre damit der zentrale Unterschied zwischen Beaumarchais' Stück und Mozarts Oper beschrieben: dort das Schauspiel als kritisch-satirische Gesellschaftskomödie, hier die Oper als Komödie für Musik mit allgemeinmenschlichen Zügen. Doch wie so oft bei Wagner, verrät sein Urteil auch hier ebenso viel über ihn selbst wie über den Gegenstand. Wagner hatte andere Auffassungen als Mozart vom Verhältnis von Oper und Drama; ihre Vereinigung konnte er sich nur, wie Alfred Einstein spottete, »unter dem Bild eines sexuellen Aktes« vorstellen, wobei dem Drama die männlich-aktive, der Musik die weiblich-passive Rolle zugewiesen wurde. Dieses Bild scheint auch seiner *Figaro*-Deutung zugrunde zu liegen. Damit steht er freilich nicht allein, schon gar nicht in seinem Jahrhundert. Fast alle bedeutenden Biographen Mozarts seit Otto Jahn waren bestrebt, die politische Dimension in seinem Werk zu leugnen oder als nebensächlich hinzustellen. So schrieb Jahn über *Le Nozze di Figaro:* »... ein Element ließ die Oper gänzlich fallen, welches die außerordentliche Wirkung des Lustspiels von Beaumarchais vielleicht vor allen begründet hatte, das *politische.*«

Sechzig Jahre später bemerkte der Mozart-Forscher Hermann Abert, Mozart habe mehr Rücksicht auf die Wiener Theaterzensur genommen als nötig: »Beim Figaro wäre ... ein gänzliches Tilgen alles Politischen nicht nötig gewesen. Der eigentliche Grund davon lag sicher in Mozarts gänzlich mangelndem Sinn dafür.« So durchsichtig der Versuch erscheinen muss, das als anstößig oder sogar bedrohlich Empfundene zu überspielen, das zum idealistisch überhöhten Mozart-Bild nicht Passende hinwegzuerklären: Jahns und Aberts Argumente lassen sich, so wenig wie die Wagners, nicht völlig von der Hand weisen. Auch Hugo von Hofmannsthal sprach mit Blick auf Beaumarchais und Mozart von einer »gewissen Transponierung des Ganzen ins Lyrische«, und Wolfgang Hildesheimer kam zu dem Ergebnis, es habe keineswegs in Mozarts Absicht gelegen, »eine Revolutionsoper zu schreiben«. Hanns Eisler schließlich räumte ein, der Librettist Da Ponte habe Beaumarchais »die politischen Zähne ausgebrochen«, fügte allerdings hinzu, Mozarts Musik habe dem Text »eine neue brillante Schärfe« gegeben, habe ihn – so Eislers paradox verblüffender Befund – »politisiert durch Musik«. Zwischen diesen – ziemlich weit auseinanderliegenden – Polen schwanken die *Figaro*-Deutungen.

Dass er aus seiner Vorlage, Beaumarchais' Komödie, alles weggelassen habe, was »gegen den Anstand und die Sitte verstößt«, wie Da Ponte schrieb, könnte leicht als Zugeständnis an die Zensur interpretiert werden. Und in der Tat hat der Librettist das politische Element des Beaumarchais entschärft. Das lässt gleichwohl die Frage offen, ob das Zugeständnis Mozart und Da Ponte wirklich schwerfiel. Mit gleichem Recht könnte man sagen, dass das, was als Konzession an die Zensur präsentiert wurde, eigentlich eine künstlerische Notwendigkeit war. Eine Oper gehorcht anderen ästhetischen Gesetzen als eine Schauspielkomödie. Überhaupt hätte kaum ein Librettist und Komponist der Zeit, Da Ponte und Mozart ausgenommen, in Beaumarchais' Stück eine ideale Vorlage für eine Oper gesehen, schien es doch den damals vorherrschenden Konventionen der Oper in mehr als einer Hinsicht zu widersprechen: durch seine äußerst komplizierte Handlung, die Vielzahl an Szenen und Personen, die satirischen und politischen Elemente, den Reichtum an Wortwitz und Wortspiel, kurz: durch den intellektuell-rationalistischen Charakter der Konversationskomödie. Wenn das Werk schon ein *politisches* Wagnis darstellte, so war es, im Horizont der Zeit, ein vielleicht noch größeres *künstlerisches* Wagnis. Dass vor allem Mozart es einging, beweist, dass der Komponist des *Idomeneo* und der *Entführung aus dem Serail* sich seiner nunmehr erlangten kompositorischen und musikdramatischen Souveränität sicher war. Man kann das Bewusstsein des künstlerischen Wagnisses ablesen an der Vorrede, die Da Ponte dem gedruckten Libretto beigab. Darin ist das Werk nicht mehr als *opera buffa*, sondern als *commedia per musica*, als »Komödie für Musik« bezeichnet. Das Faktum der Vorrede ist an sich schon bemerkenswert genug und erinnert an des Textdichters Calzabigi berühmtes Manifest zu Glucks Reformoper *Alceste* von 1767. Zwar hatten Mozart und Da Ponte nichts weniger im Sinn als eine Opernreform à la Gluck, aber mit dem *Figaro* taten sie einen Schritt weit über Gluck hinaus. Sie emanzipierten die Oper zum *musikalischen Theater,* das sich hier zum ersten Mal und in nie mehr überbotener Weise vollendete. Hier Da Pontes Vorrede im Wortlaut:

> Die Zeitdauer, die der allgemeine Gebrauch einer Bühnenaufführung vorschreibt, eine bestimmte Anzahl von Personen, auf die man durch denselben Gebrauch beschränkt ist; und einige andre wohlbedachte Gesichtspunkte und Rücksichten auf Kostüm, Ort und Publikum, haben mich bestimmt, an Stelle einer Übersetzung dieser ausgezeichneten Komödie eher eine Nachahmung oder besser gesagt einen Auszug aus ihr zu geben. – Daher war ich gezwungen, ihre sechzehn Personen

auf elf zu reduzieren, von denen zwei durch einen einzigen Schauspieler gegeben werden können, und – außer einem ganzen Akt – viele höchst anziehende Szenen und viele witzige Aussprüche auszulassen, von denen sie wimmelt. An ihre Stelle habe ich setzen müssen: Canzonetten, Arien, Chöre und andre Gedankengänge und Worte, die der Musik zugänglich sind – Dingen, denen man nur mit Hilfe der Poesie und niemals der Prosa beikommen kann. Aber trotz allen Eifers und aller Sorgfalt des Komponisten und meiner Wenigkeit, gedrängt zu sein, ist die Oper nicht eine der kürzesten für das Theater geworden. Wir hoffen, zur Entschuldigung werde uns dienen die kunstvolle Verwickelung dieses Dramas, seine Ausdehnung und Größe, die Vielfalt der notwendig gewordenen Musikstücke, um die Darsteller nicht müßig gehen zu lassen und um die Langeweile und Monotonie der langen Rezitative zu vermindern. (So mag es uns vielleicht gelungen sein), Zug um Zug mit verschiedenen Farben die verschiedenen Gemütszustände zu malen, die darin hervortreten, und unsere besondere Absicht (zu verwirklichen), eine sozusagen neue Art von Schauspiel einem Publikum von so verfeinertem Geschmack und so sicherem Verständnis darzubieten.

»Eine sozusagen neue Art von Schauspiel« – aus diesen Worten spricht das Bewusstsein eines historischen Schrittes. Aber Da Pontes Vorrede skizziert auch, auf knappstem Raum, den Transformationsprozess, dem Beaumarchais' Lustspiel unterworfen wurde: die Verkleinerung des dramatischen Personals, das Zusammenziehen der fünf Akte der Vorlage auf vier im Libretto, die Auslassung ganzer Szenen (zweiundneunzig Szenen bei Beaumarchais stehen achtundvierzig bei Da Ponte gegenüber), die Raffung des Textes, den Verzicht auf »viele witzige Gedanken« – das heißt vor allem auf Wortspiele, Dialog-Schlagfertigkeit und intellektuelles Räsonnement wie in Figaros großem Monolog in Beaumarchais' fünftem Akt. Ebenso wichtig wie Da Pontes Auslassungen und Reduktionen sind seine *Hinzufügungen:* besonders von Texten, die, wie er schreibt, »der Musik zugänglich sind« und die folglich, statt der Prosa der Vorlage, »Poesie«, das heißt Verse, verlangen. Hier haben wir in wenigen Zeilen einen fast kompletten Katalog der Da Ponte'schen Veränderungen. Sie berühren zwar nicht die Handlungsentwicklung des Stückes, Beaumarchais' raffiniertes Intrigengefüge, den sogenannten *imbroglio*, der im Wesentlichen beibehalten wird; wohl aber die geistreiche Entfaltung der Konflikte im Medium der Sprache. Sie erscheint nun ins Medium der Musik verlagert.

Beaumarchais' Figaro misst in der Eingangsszene des Stückes das künftige Ehegemach aus, simpel mit neunzehn mal sechsundzwanzig Fuß, dann sagt Suzanne: *»Tiens, Figaro, voilà mon petit chapeau«*, sieh mal, mein hübsches Hütchen. Eine zärtlich-verspielte Szene, die noch kaum deutlich macht, wie wenig alles ist, was es scheint. Da Ponte lässt dem Komponisten Zeit zur Entfaltung. Neunzehn mal sechsundzwanzig: damit kann kein Sänger etwas anfangen, also wird anders gezählt: *»cinque, dieci, venti, trenta«* usw. Dann aber muss Susanna ihren Figaro darüber aufklären, dass die scheinbar so günstige Lage des Schlafzimmers in Wahrheit ominös ist. Im Stück von Beaumarchais entwickelt sich folgender Dialog:

FIGARO
Du erbost dich über das günstigste Zimmer im Schloss, das zwischen den Gemächern des Grafen und der Gräfin liegt. Nachts, wenn Madame sich nicht wohl fühlt, klingelt sie auf ihrer Seite; husch! mit zwei Schritten bist du bei ihr. Will der Herr Graf etwas, so braucht er nur auf der seinen zu läuten, hopp! in drei Sprüngen bin ich zur Stelle.

SUSANNA
Sehr gut! Aber wenn er nun morgens geläutet und dich mit einem schönen langwierigen Auftrag weggeschickt hat, husch! mit zwei Schritten ist er an meiner Tür, und hopp! in drei Sprüngen ...

FIGARO
Was willst du damit sagen?

SUSANNA
Du musst mir ruhig zuhören.

FIGARO
Was soll das bedeuten, großer Gott!

Da Ponte macht aus diesem Prosa-Dialog ein zweites kurzes Duettino mit je zwei parallel gebauten Vierzeilern für Figaro und Susanna, einem feinen verbalen Glockenspiel mit »din, din« und »don, don«; die Wendung ins Bedrohliche vollzieht sich in Mozarts Musik mit der Modulation von B-Dur nach g-moll vor den parodistisch Figaro nachäffenden Strophen Susannas.

Die Gegenüberstellung von Beaumarchais' Dialog mit dem Duettino der Oper lässt sowohl Da Pontes Bemühen um eine möglichst genaue Übernahme der dramatischen Situation als auch die Tendenz seiner dialogischen Umformung erkennen. Er verwendet aus der Vorlage nur Sätze und Gedanken, die zum Verständnis der Situation und für den Fortgang der Handlung unentbehrlich sind. Dagegen wird auf das geistreiche Räsonieren und Argumentieren verzichtet, der Dialog ist sparsamer, gedrängter, die Atmosphäre des Spielerisch-Leichten weicht einer Stimmung von Hast und Heimlichkeit. Die Figuren des Schauspiels behalten in der Zwangslage einen kühlen Kopf, weil sie in der Sprache einen Halt finden. Bei Da Ponte dagegen drängt alles zur Tat – oder in den Affekt, in diesem Fall in die Cavatine »*Se vuol ballare*«. Das Handlungsgeschehen wird in knappe Rezitative zusammengedrängt, aus denen dann die Gemütszustände (*passioni*) hervorgehen, die sich nur musikalisch ausdrücken lassen.

Die Aufgabe des Librettisten ist es somit, die reine Aktion durch Texte und Situationen zu erweitern, die, wie Da Ponte schrieb, »der Musik zugänglich sind«, also durch die in der Vorrede erwähnten Canzonetten, Arien, Chöre usw. Sie sind sprachlich meist knapp, bestehen oft nur aus vierzeiligen Versen – bei großer zeitlicher Ausdehnung der Musik. Da Ponte – und darin zeigt sich die feine Kunst des Librettisten – hat den Arien eine bestimmte Grundstimmung gegeben; die erste Arie Cherubinos zum Beispiel beruht auf dem Vokal o, der in vier Zeilen achtzehn Mal vorkommt, daneben je zwölfmal das a und das i, aber nur einmal ein e und u. Ein so klang- und lautbewusster Komponist wie Mozart wird die distinkte Färbung der Verse wahrgenommen haben:

> Non so più cosa son, cosa faccio,
> Or di foco, ora sono di ghiaccio,
> Ogni donna cangiar di colore,
> Ogni donna mi fa palpitar.
>
> Ich weiß nicht mehr, was ich tue,
> eben bin ich Feuer, dann Eis,
> jede Frau lässt mich die Farbe wechseln,
> jede Frau mir den Puls schlagen.

Das eigentliche Bekenntnis des Frühreifen ist in die Schlusszeilen verlegt, und der Komponist begriff, dass erst am Schluss, bei der Erwartung des anderen Geschlechts, Cherubinos Melodie aufblühen und aufsteigen darf, um es nicht deutlicher auszudrücken.

Cherubinos Arie, leidenschaftlich bewegt, unterbricht kaum die dramatische Aktion. Mozart und Da Ponte hatten eine »Komödie für Musik« im Sinn, und wenn Da Pontes Eingriffe in Struktur und Text der Vorlage weniger dramatisch als *operndramatisch* bestimmt waren, so entsprang das der Einsicht des Librettisten in die überragende Funktion der Musik. Da Ponte verstand sein Handwerk zu gut, um nicht zu akzeptieren, dass die Poesie, um es mit Mozarts Worten zu sagen, »der Musick gehorsame Tochter« zu sein habe. So kam das Paradox zustande, dass beide Autoren des *Figaro* sich zwar bewusst waren, eine »neue Art von Schauspiel« zu schaffen, ohne aber den Boden der Tradition zu verlassen. Die Grundregel der alten Oper, die Trennung von Rezitativ und Musiknummer, wurde grundsätzlich beibehalten, gleichzeitig aber das Verhältnis der Formelemente neu definiert. Die Rezitative im *Figaro* sind, bedingt durch die komplizierte Handlung, aktionsreich, gedrängt, zum Teil dramatisch aufgeladen, sie leiten zwingender als in älteren Opern zu den »Gemütszuständen«, den *passioni,* über, die nach musikalischem Ausdruck verlangen.

Das gilt vor allem für die zahlreichen Ensembles mit ihrem großen Formenreichtum und ihrer unerhörten musikdramatischen Flexibilität. Meist direkt die Handlung vorantreibend, bleiben sie doch »der Musik zugänglich« und stehen vermittelnd zwischen rezitativischer Aktion und musikalischer Kontemplation. Die solistischen Nummern wiederum sind nicht schematisch gebaut, gehören nicht mehr ausschließlich in die Sphäre des Kontemplativen oder des Affekts.

Zahlenmäßig ist ein Gleichgewicht zwischen Arien und Ensembles erreicht: vierzehn Sologesängen stehen vierzehn Ensembles gegenüber – ein Novum in der Operngeschichte. Manchmal werden die Figuren nicht mit einer Arie, sondern in einem Ensemble eingeführt, wobei sich ihr Charakter in Wechselwirkung mit anderen zeigt. Das charakterisiert Mozarts Stellung zum Musiktheater. Er erkannte, wie Edward Dent schrieb, »dass ein Charakter wirksamer und natürlicher im Gespräch als im Monolog klar gemacht wird«. Viele Ensembles treiben die Handlung unmittelbar voran, vor allem die Duette, die durchweg Aktionsduette sind. Ein gutes Beispiel ist das kurze Duettino der im Zimmer der Gräfin eingeschlossenen Susanna und Cherubino im zweiten Akt: eine überstürzte Aktion, eine rasch, *allegro assai,* vorbeihuschende Musik; Cherubino, der vom Grafen nicht entdeckt werden darf, springt aus dem Fenster, aber auch die Musik bleibt gleichsam in der Luft hängen, da Susanna auf der Quinte endet. Die Musiknummer erscheint hier als Teil einer größeren dramatischen Einheit.

Mozarts Ensemblekunst kulminiert in den großen Finali des zweiten und vierten Aktes, musikalisch-dramatischen Szenen von bis dahin unbekannter zeitlicher Ausdehnung, und im Sextett des dritten Aktes, das, wie schon erwähnt, Mozarts Lieblingsstück war. Da Pontes Kunst zeigt sich hier in dem Geschick, mit dem er das dialogische *Nacheinander* des Schauspielensembles in das vokale *Miteinander* des Opernensembles überführt hat. Nachdem Marcellina und Bartolo – zum Ärger des Grafen, der seine Intrige gescheitert sieht – Figaro als ihren Sohn wiedererkannt haben, kommt Susanna hinzu; sie missversteht die Situation, da sie glaubt, Figaro sei mit Marcellina handelseinig geworden, und gibt ihrem Bräutigam eine Ohrfeige. Bei Beaumarchais entwickelt sich daraus eine dialogisch turbulente Szene, voller Ein- und Zwischenreden, gewürzt von Wortwitz und Sentenzen: »Es lebe die Eifersucht! Sie macht keine Komplimente!« Bei Da Ponte dagegen werden Aktion und Dialog angehalten, die Personen geben in einem Ensemble ihren Gefühlen Ausdruck. Sie sind in kontrastierenden Gruppen zusammengefasst: hier Marcellina, Bartolo und Figaro, die Susannas Eifersucht kommentieren, dort der Graf, Susanna und Don Curzio. Susanna glaubt sich betrogen, der Graf sieht seine Pläne vereitelt, Don Curzio kommentiert den Zorn des Grafen. Allen Personen sind zeilensymmetrische Verse zugewiesen, die vom Komponisten synchron und spiegelbildlich benutzt und wiederholt werden können, unter Wahrung der musikalischen Formgesetze.

Es sind solche Ensembles mit ihrer raffiniert übersichtlichen Anlage und ihrem unglaublich transparenten Vokalsatz, die den musikhistorisch epochalen Rang von Mozarts und Da Pontes Oper ausmachen. In ihnen werden die unterschiedlichen Sozialcharaktere, Graf und Gräfin, Kammerdiener und Zofe, Gärtner und Richter, miteinander verschmolzen: sie erscheinen manchmal komisch, manchmal ernst, im Ganzen *di mezzo carattere*, von gemischter Wesensart. Das ist neu in der Geschichte der Oper: Ihre feudalen Konventionen zerfallen wie das ständische System, das sie hervorbrachte. Doch bleibt die *Hochzeit des Figaro* bei allem Reichtum an Gemütszuständen und Leidenschaften ein musikalisches Konversationsstück; die Akteure bewahren ihre Handlungsfähigkeit und sind ihren Gefühlen nicht hilflos preisgegeben. Der Gesang ist nicht bloße Affektentladung, sondern auch ein Mittel der Selbstbefreiung und Distanzgewinnung. Und Mozarts Orchester dient nicht vor allem dem Zweck, in dunklen Farben Seelenzustände und Emotionen zu malen, diese werden vielmehr in subtiler Weise musikalisch kommentiert. So beschreibt die Musik in dem vom Orchester begleiteten Rezitativ »*Tutto è disposto*« mit heftigen Akzenten Figaros Eifersucht, aber die folgende Arie »*Aprite un po' quegl'occhi*«, »Öffnet mal etwas die Augen, unvorsichtige und törichte Männer«, ist eine fast heitere, musikalisch witzige Betrachtung über weibliche Untreue. Figaros Cavatine »*Se vuol ballare*« ist nicht Ausdruck wilden Affekts, sondern kühler Entschlossenheit und energischen

Selbstbewusstseins. Sie stellt eine fingierte Tanzszene dar, in der das *pizzicato* der Streicher auf die Gitarre, das Instrument des einfachen Mannes, verweist, während die feudale Welt des Grafen durch das höfische Menuett symbolisiert ist. Die Musik hat hier nicht »Ausdrucks«-Funktion, sie wird zum ironischen Kommentar. Nicht anders verfährt Mozart in der großen Arie des Grafen im dritten Akt. *»Vedrò, mentr'io sospiri, felice un servo mio«*, »Ich soll einen Knecht glücklich sehen, während ich selbst leide«, singt Almaviva. Es ist ein Leidenschaftsausbruch, musikalisch beschrieben mit weiten Melodiebögen, großen Intervallsprüngen, schleichenden chromatischen Linien, abrupt abbrechenden Phrasen. Man blickt in das Innere des Grafen und entdeckt hinter dem herrischen Gestus seine Ängste und Selbstzweifel, sein bereits ausgehöhltes Standesbewusstsein. Mozart erweitert und vertieft die Psychologie der Charaktere, ohne die soziale Plastizität Beaumarchais' in eine vage Allgemeinmenschlichkeit aufzulösen.

Und das politische Element? Ließ Mozart es gänzlich fallen, wie seine Biographen Jahn und Abert meinten? Verwandelte er Beaumarchais' schlaue, witzige, berechnende Menschen in verklärte, leidende, klagende Wesen, wie Richard Wagner glaubte? Wohl kaum. Gewiss fehlt in der Oper das politische Räsonnement Beaumarchais', es fehlen seine aggressiven Töne. Figaros aufsässiger Monolog ist ebenso gestrichen wie Marcellinas erstaunliche, quasi feministische Ansprache; der antifeudale Impuls erscheint nicht mehr als die treibende Kraft der Handlung. Aber all dies wäre in einer Oper auch gar nicht unterzubringen gewesen. Ihre Mittel sind diskreter, ihre Ironie hintergründiger, ihr Spott versteckter. Spott ist Figaros Cavatine, Spott der Bauernchor, mit dem der Kammerdiener den Grafen in verfänglicher Situation überrascht, Spott ist seine von Pauken und Trompeten begleitete Persiflage auf das glorreiche Militärleben. Keinem Zeitgenossen, der Ohren hatte zu hören, wird entgangen sein, dass der spanische Marsch, der das dritte Finale einleitet, von plebejischem Charakter ist, dass Figaro in dem Rezitativ, das seiner Cavatine vorausgeht, vom Orchester begleitet wird (eine Ehre, die vor Mozart nur Standespersonen zukam) und dass die vielen Ensembles, die gesungen werden, Vorboten eines republikanischen Zeitalters sind. Joseph II., der aufgeklärte Kaiser, wird es bemerkt haben, aber er zog es vor, gute Miene zum bedrohlichen Spiel zu machen. Von der »bedrohliche[n] Anmut« des *Figaro* hat Thomas Mann im *Doktor Faustus* gesprochen. Was zugleich heißt, dass wir keine Revolutionsoper vor uns haben. Denn Revolutionen treten selten anmutig in Erscheinung. Und sind Mozarts Figuren auch mit der Welt, in der sie leben, nicht einverstanden, so versetzen sie sich doch nicht in eine utopische bessere Welt. Sie leben in dem Bewusstsein der Vergänglichkeit von Gefühlen, der Unbeständigkeit der Empfindungen, der Zweideutigkeit aller Lebensphänomene. Das liegt an der durchgängigen Erotisierung der dramatischen Wirklichkeit, in der Mozarts Figuren agieren. In der erotischen Sphäre, in der – bei Mozart stärker als bei Beaumarchais – Beziehungen fast aller Personen zu allen anderen denkbar sind, transzendieren die Sozialcharaktere zu Menschen – aus sozialen Konflikten werden heikle Liebschaften, *liaisons dangereuses*, um den Titel eines berühmten zeitgenössischen Buches zu zitieren.

Mozart soll von allen seinen Werken den *Don Giovanni* am höchsten geschätzt haben – so hat es seine Witwe Constanze überliefert. Um die Oper ranken sich phantasievolle Legenden von unterschiedlicher Glaubwürdigkeit. Doch wann Mozart mit der Komposition begann, wie lange er daran arbeitete, ist unbekannt. Und wieder, wie bei *Le Nozze di Figaro*, wissen wir so gut wie nichts über die Zusammenarbeit mit dem Textdichter Lorenzo Da Ponte.

Don Giovanni war ein Auftragswerk der Italienischen Oper in Prag, der böhmischen Hauptstadt, in der Mozart noch große Erfolge feierte, als sein künstlerisches Ansehen in Wien bereits im Schwinden begriffen war. Die Wahl des Stoffes blieb Mozart überlassen, und Da Ponte, den er um ein neues Textbuch anging, schlug ihm den Don Giovanni-Stoff vor, was Mozart »mit Entzücken« akzeptierte. So liest man es zumindest in Da Pontes Memoiren. Der Ruhm der Mozart-Opern war damals schon in alle Welt gedrungen, und ihr Textdichter hatte ein verständliches, aber auch berechtigtes Interesse daran, seinen Anteil an diesen Meisterwerken ins rechte Licht zu setzen.

Im Wien der Jahre 1786/87, zwischen *Figaro* und *Don Giovanni*, hatte Da Ponte als kaiserlicher Hofpoet Höhen und Tiefen erlebt. Für den Spanier Martín y Soler schrieb er das Libretto der Oper *Una cosa rara* (zu Deutsch »Ein seltener Fall«), die Wien im Sturm eroberte – trotz oder vielleicht wegen einer gewissen musikalischen Simplizität. *Una cosa rara* löste eine Modewelle aus, wie ein Dutzend Jahre vorher Goethes *Werther*. Die Damen der Wiener Gesellschaft liefen in der Kleidung der Opernheldin umher, und Mozart hatte nichts dagegen, im zweiten Finale des *Don Giovanni* neben seinem *Figaro* auch Da Ponte und Soler mit einem *Cosa rara*-Zitat zu huldigen. Aber nach diesem Triumph erlebte Da Ponte eine Reihe von Misserfolgen, die seinem Ruf schädlich waren; woraufhin der Kaiser selbst ihm geraten haben soll, fortan nur für Komponisten zu schreiben, die wie Mozart, Salieri und Martín y Soler etwas von ihrem

Handwerk verstünden. In Da Pontes Memoiren heißt es dann: »Die drei erwähnten Komponisten gaben mir dazu die beste Gelegenheit, denn sie verlangten alle zu gleicher Zeit ein Textbuch von mir. Von allen dreien erhoffte ich mir nicht nur eine Entschädigung für meine vorangegangenen Misserfolge, sondern auch weiteren Ruhm. Ich überlegte, ob ich nicht die drei Tonsetzer zu gleicher Zeit zufrieden stellen und drei Textbücher auf einmal schreiben könnte. Nachdem ich drei Stoffe gefunden hatte, ging ich zum Kaiser, legte ihm meine Pläne dar und erklärte, es sei meine Absicht, die drei Libretti gleichzeitig zu schreiben. ›Das wird nicht gut gehen‹, sagte er. ›Vielleicht nicht‹, sagte ich, ›aber ich will es versuchen. Nachts werde ich für Mozart schreiben und mir vorstellen, ich läse Dantes Inferno, am Morgen für Soler und meinen, ich studierte den Petrarca; die Nachmittage bleiben dann für Salieri, der ist mein Tasso.‹ Der Kaiser fand meine Vergleiche sehr gelungen, und kaum war ich zu Hause, fing ich zu schreiben an.«

Da Ponte hatte Glück bei seinem schwierigen Unternehmen, zumal eine Muse sich rechtzeitig und leibhaftig einstellte: »Ich setzte mich an den Schreibtisch und verließ ihn zwölf Stunden lang nicht. Rechts stand eine Flasche Tokaier, links eine Büchse mit Schnupftabak, in der Mitte das Tintenfass. Immer wenn ich klingelte, kam ein schönes, sechzehnjähriges Mädchen, das im Hause lebte. Ich wollte, ich hätte nur väterliche Gefühle für sie empfunden, aber leider ... Um ehrlich zu sein, ich schellte recht häufig, vor allem wenn mich meine Inspiration im Stich ließ. Sie brachte mir Kuchen, Kaffee oder nichts als den Anblick ihres hübschen Gesichtes, immer fröhlich, immer lachend, genau das, was nötig war, um dichterische Empfindungen und witzige Einfälle anzuregen. Zwei Monate arbeitete ich jeden Tag zwölf Stunden. Manchmal saß sie bewegungslos neben mir, sagte kein Wort, sah mich durchdringend an oder lächelte kühn. Mit einem Wort, sie war meine Kalliope für diese drei Opern. Schon am ersten Tag schrieb ich die ersten beiden Szenen des *Don Giovanni*. Nach dreiundsechzig Tagen waren die beiden ersten Operntexte ganz fertig und der dritte zu mehr als zwei Dritteln.«

Eine Situationsschilderung, wie sie zumindest für das Don Giovanni-Sujet angemessener nicht sein könnte. Dass Mozart von dem Sujet, wie Da Ponte schrieb, »entzückt« war, kann man sich in Kenntnis der Oper leicht vorstellen; Mozart wird seine musikalisch-dramatischen Möglichkeiten sogleich erkannt haben. Aber ebenso scharfsichtig erkannte Da Ponte, der den Vorschlag machte, Mozarts Affinität zu diesem Stoff.

Es ist ein alter europäischer Theaterstoff. Die Geschichte von dem Frauenhelden Don Juan, der den Komtur tötet und später von dessen steinernem Standbild zur Hölle geschickt wird, war Anfang des 17. Jahrhunderts von dem Spanier Tirso de Molina erstmals auf die Bühne gebracht und später von Molière, Goldoni und Gluck bearbeitet worden; sie war unverwüstlich beliebt bei Stegreifbühnen und Wandertheatern. Allein aus Mozarts *Don Giovanni*-Jahr 1787 kennen wir drei Fassungen des Stoffes, eine davon bildete Da Pontes unmittelbare Vorlage: eine Oper, die der Textdichter Giovanni Bertati und der Komponist Giuseppe Gazzaniga im Februar 1787 in Venedig herausgebracht hatten. Da Ponte besorgte sich das Textbuch und benutzte es kräftig. Wieder war er, wie beim *Figaro*, nicht der Erfinder, sondern der Bearbeiter einer fremden Vorlage. In einer Zeit, die andere Vorstellungen von Urheberrecht hatte als wir, war das nicht ungewöhnlich. Ungewöhnlich war nur, dass Da Ponte seine Vorlage mit keinem Wort erwähnte. Wahrscheinlich sah er in ihrem Verfasser Giovanni Bertati, der wie er selber aus Venedig stammte, nicht nur einen Rivalen, sondern einen Feind. 1791 wurde Bertati Da Pontes Nachfolger als Hofpoet in Wien und schrieb das Libretto zu Cimarosas Oper *Il matrimonio segreto (Die heimliche Ehe)*. Da Ponte reihte ihn schlichtweg unter die Stümper ein. Das mag rachsüchtige Übertreibung sein, trifft aber den Kern der Sache. Vergleicht man Bertatis Vorlage mit Da Pontes Libretto, dann erkennt man, trotz einiger zum Teil wörtlicher Übernahmen, den Unterschied zwischen einem guten und einem genialen Librettisten. Alfred Einstein schrieb: »... das verhält sich zueinander wie Skizze und Ausführung ... da Ponte ist abhängig von Bertati; aber es ergibt sich beim Vergleich, daß kein Satz vorhanden ist, den er nicht witziger, schlagender, geprägter formuliert hätte; daß jede einzelne Figur schärfer, feiner, plastischer gesehen ist.«

Da Pontes Leistung beschränkt sich keineswegs auf die größere sprachliche Prägnanz und feinere Charakterisierung der Figuren. Er hat auch die dramatische Struktur der Vorlage verändert und damit nicht nur dem Stück Bertatis, sondern dem Don Giovanni-Stoff insgesamt eine neue Dimension gegeben. Er geht über Molière und Goldoni hinaus, in dem klaren Bewusstsein, was die historische Stunde geschlagen hat. Wir sind im Jahr 1787, zwei Jahre vor Beginn der Französischen Revolution.

Betrachten wir die Eingangsszene: Leporello, Don Giovannis Diener, wartet nachts vor dem Hause Donna Annas auf seinen Herrn, der ein neues Liebesabenteuer sucht. Bei Bertati hat er diesen Text zu singen:

> Mein Herr, der ist ein großes Tier,
> Ich aber bin der große Esel,
> Der aus lauter Untertänigkeit
> Ihn nicht zum Henker schickt.
> Von Donna Annas Liebreiz angezogen.
> Hat er sich dort hineingestohlen.
> Und ich schweige gramvoll still
> Da muss ich stehen, auf ihn warten,
> Habe Hunger, Langeweile …

Das ist die konventionelle Klage des Dieners, wie wir sie aus älteren Fassungen des Stoffes kennen, oft mit dem Beigeschmack des Komischen, zumal das Verhältnis von Herr und Knecht nicht aufhebbar erscheint. Dagegen heißt es bei Da Ponte:

> Keine Ruh bei Tag und Nacht,
> Nichts, was mir Vergnügen macht,
> Schmale Kost und wenig Geld,
> Das ertrage, wem's gefällt!
> Ich will selbst den Herren machen
> Und nicht länger Diener sein,
> Will nicht länger Diener sein!

Das ist nicht nur sprachlich prägnanter (man spürt dies noch in der deutschen Übersetzung des italienischen Textes), sondern auch eine deutliche Veränderung der Aussage: »Ich will selbst den Herren machen / Und nicht länger Diener sein« – das ist unmissverständlich. Schon mit den ersten Worten wird klar, dass *Don Giovanni* eine Weiterführung des *Figaro* ist: ein Stück über Adelskritik und den Konflikt der Stände. Dieser Konflikt erscheint gesteigert und zugespitzt. Denn verglichen mit dem zaghaften Grafen Almaviva, der mit der Braut seines Lakaien Figaro mal eine Nacht verbringen will, sind die erotischen Wünsche Don Giovannis weitaus rabiater. Er verlangt, dass alles Frauenvolk, welcher Nationalität oder Klasse, alt oder jung, adlig oder subaltern, seiner Begehrlichkeit zu Willen sein müsse. Es geht nicht um die halbherzige Verteidigung eines Standesprivilegs, sondern um die ungebrochene Anmaßung alten Herrenrechts. Dem setzt der Diener gleich am Anfang sein »Nein« entgegen (und Mozart lässt ihn dieses »Nein« sechsmal singen). Schon in der Eingangsszene wird ein Grundmotiv, vielleicht *das* Grundmotiv von Da Pontes und Mozarts dramatischer Umformung erkennbar.

Nach Leporellos Eingangsmonolog treten Don Giovanni und Donna Anna in einer Art Ringkampf auf: Sie sucht ihm vergeblich die Maske zu entreißen, unter deren Schutz er nachts in ihr Zimmer eingedrungen ist; er sucht nicht weniger vergeblich sich von ihr loszureißen, bis der Komtur, Donna Annas Vater, erscheint, den Don Giovanni im Zweikampf tötet. In dieser Szene wie in den folgenden hält sich Da Ponte ziemlich genau an Bertatis Vorlage; erst der Wiederauftritt Donna Annas bringt die entscheidende Veränderung. Bertatis Stück hat, wie mehr oder weniger alle älteren Fassungen des Don Giovanni-Stoffs, eine episodische Struktur: Es folgt den erotischen Abenteuern des Helden. Mit dem Tod ihres Vaters verschwindet Donna Anna bei Bertati auf Nimmerwiedersehen von der Bühne, sie macht Platz für Donna Elvira, Donna Ximena und das Bauernmädchen Maturina. Letztere heißt bei Da Ponte Zerlina, aber die Rolle selbst ist ebenso beibehalten wie die von Don Giovannis früheren Geliebten Donna Elvira. Nur Bertatis Donna Ximena ist gestrichen, sicher auch aus der theaterpraktischen Einsicht, dass vier gute Frauenpartien von einem normalen Theater nicht angemessen zu besetzen sind. An ihrer Stelle kehrt Donna Anna wieder, auf der Suche nach dem Mörder ihres Vaters. Ein genialer dramaturgischer Schachzug: denn erst dadurch erhält die Oper eine feste, bündige Handlungsstruktur, erst dadurch wird aus dem Episodenstück ein wirkliches Drama, fast im Sinne einer Kriminalhandlung. Und Don Giovanni erhält neben seinem jenseitigen Widersacher, dem ermordeten Komtur, in Gestalt von dessen Tochter eine dramatische Gegenspielerin von leibhaftiger Bühnenpräsenz: die geheimnisvolle Donna Anna, die die Mozart-Exegeten von E.T.A. Hoffmann bis zu Wolfgang Hildesheimer vor unlösbare Rätsel gestellt und ein wahres Deutungs-Delirium heraufbeschworen hat, sie ist Da Pontes eigenste Schöpfung.

Welchen Anteil Mozart daran hatte, weiß niemand mit Sicherheit zu sagen, doch wird man ihn hoch veranschlagen müssen. Textdichter und Komponist wohnten nahe benachbart und konnten alle Fragen mündlich miteinander ausmachen. Etwa die Frage: Was geschah in Donna Annas Zimmer bei Don Giovannis nächtlichem Besuch? An dieser Frage hängt das ganze Stück. Bei Bertati erzählt Donna Anna ihrem Verlobten Don Ottavio unmittelbar nach dem Tod des Vaters von den nächtlichen Geschehnissen. Bei Da Ponte berichtet Donna Anna erst viel später davon, in dem Augenblick, da sie in Don Giovanni den Mörder ihres Vaters wiederzuerkennen meint. Warum so spät? Berichtet sie die Wahrheit? Was verschweigt sie ihrem Verlobten? Lauter Fragen, aufgeworfen durch eine scheinbar geringfügige Veränderung der Dramaturgie. Mozart komponiert an dieser Stelle ein großartiges, aufwühlendes Orchesterrezitativ, in dessen Zentrum Ottavios halb komischer, halb tragischer Ausruf steht: »*Ohimè, respiro*«, »Ach, ich atme auf.«

Mit diesem Rezitativ und Donna Annas aktivem Wiedereintritt in die Handlung – sie fordert Don Ottavio auf, den Tod ihres Vaters zu rächen – betritt Da Ponte als Textdichter eigenen Boden, er löst sich nun vollständig von Bertatis Vorlage, um erst ganz am Ende, mit Friedhofsszene und Höllensturz, zu ihr zurückzukehren. Aus dem Einakter Bertatis sollte eine zweiaktige *opera buffa* werden, und so fügte Da Ponte zahlreiche Szenen hinzu, die mehr als die Hälfte des ganzen Werkes umfassen. Gerade diese Szenen, Da Pontes originale Schöpfungen, haben keinen uneingeschränkten Beifall gefunden. Alfred Einstein meinte, in diesen Da Ponte-Szenen sei es vor allem Mozarts Musik zu verdanken, wenn die Schwächen des Textbuches nicht deutlicher hervorträten: »Es sind lauter Allotria, lauter dramatische Verzögerungen. Die neuerliche Verführung Elviras, mit dem Kleiderwechsel unterm Balkon; die Verprügelung Masettos, die Entlarvung Leporellos: lauter Verlegenheiten. Aber es waren keine Verlegenheiten für Mozart ... [Er] fürchtete solche dramatischen Schwächen nicht. [In seiner Musik] wird ein Überschuss an reiner, irrationaler Schönheit offenbar; ein ›Verweile doch‹ ... Wir sind in der Oper – und in der Oper hat die Poesie die gehorsame Tochter der Musik zu sein.«

Wahrlich eine sonderbare Interpretation von Mozarts berühmtem Ausspruch. Dass der Textdichter sich dem Komponisten gehorsam unterzuordnen habe, bedeutet ja nicht, dass am Text selber nichts liegt, wenn nur die Musik schön genug ist, seine dramatischen Schwächen zu überdecken.

Werfen wir zunächst einen Blick auf das Finale des ersten Aktes, die große Festszene in Don Giovannis Schloss. Da Ponte lässt sie am selben Ort spielen, wo am Ende des zweiten Aktes der Steinerne Gast erscheinen wird. Und auch sonst sind die beiden Finali der Oper kontrastierend aufeinander bezogen: Mit dem Höllensturz am Ende korrespondiert im ersten Finale Don Giovannis Fest, das Bacchanal, die Orgie. Dass eine erotische Orgie beabsichtigt ist, spricht Don Giovanni unverblümt in der berühmten kurzen Arie aus, die dem ersten Finale vorausgeht.

> Damit ihnen vom Wein
> der Kopf heiß wird,
> lass ein großes Fest
> vorbereiten.
> Wenn du auf der Straße

> irgendein Mädchen findest,
> versuch auch sie noch
> mitzunehmen.
> Ohne jede Regel sei der Tanz,
> diesen wirst du Menuett,
> jenen die Follia
> tanzen lassen,
> den die Allemande.
> Und ich unterdessen
> will meinerseits
> mit dieser und jener
> Liebesspiele treiben.
> Ah, meine Liste
> wirst du morgen früh
> um rund zehn
> erweitern müssen.

Der orgiastische Charakter des geplanten Festes ist eindeutig. Und Mozart komponiert die Arie denn auch als vitalen Ausbruch von Lebenslust und Lebensgier. Dass aber vieles zwischen Textdichter und Komponist bis ins Detail durchgesprochen wurde, dafür gibt es keinen besseren Beleg als das erste Finale. Don Giovannis Arie ist ja eine Art Regieanweisung, sogar in musikalischer Hinsicht. Er singt: »Ohne jede Regel sei der Tanz, / diesen wirst du Menuett, / jenen die Follia / tanzen lassen, / den die Allemande.« Drei Tänze nicht nur von sehr unterschiedlichem Rhythmus, sondern auch unterschiedlichem sozialen Charakter. So wie Da Ponte das Kunststück fertigbrachte, seine Libretti für Mozart, Salieri und Soler gleichzeitig zu schreiben, so verstand sich Mozart auf das Kunststück, die drei Tänze von drei unterschiedlich postierten Bühnenorchestern gleichzeitig spielen zu lassen. So etwas konnte Da Ponte aber unmöglich ins Textbuch hineinschreiben ohne Rücksprache mit Mozart, besser: er schrieb es hinein, weil Mozart es so wollte; diese Szene, eine Schlüsselszene des großen Werks, hat Mozart ihm ganz »angegeben«. Von der erotischen Anarchie ist es nur ein kleiner Schritt bis zum Einsturz der sozialen Ordnung. Das geben uns Da Ponte und Mozart in der genialen Tanzszene mit ihren übereinandergeblendeten Rhythmen zu verstehen. Don Ottavio tanzt mit Donna Anna das höfische Menuett, Don Giovanni mit Zerlina den bürgerlichen Kontretanz, Leporello stampft mit Masetto bäuerisch den Deutschen. Und wie die musikalische Ordnung sich aufzulösen scheint, so stürzt auch die soziale Ordnung ein; die Vergewaltigung Zerlinas durch den Schlossherrn könnte leicht die Rebellion der Bauern heraufbeschwören.

Don Giovanni kommt noch einmal mit heiler Haut davon. Er entschlüpft dem Arm der weltlichen Gerechtigkeit und singt: »Wenn die Welt unterginge, nichts macht mir jemals Angst.« Damit ist das Erscheinen des Steinernen Gastes vorprogrammiert. Sinnreicher und beziehungsvoller könnte der erste Akt nicht schließen, und dieser Aktschluss ist ebenso Da Pontes Werk wie die dramatische Gesamtanlage der Oper, die Entwicklung der Donna Anna-Figur, ihr geheimnisvoller Charakter, die Warnung der drei Masken und der Finalkontrast von Orgie und Höllensturz. Kein Grund, wie Einstein von »dramatischen Schwächen« zu sprechen. Im Übrigen hat Da Ponte im zweiten Akt ein Grundmotiv der Oper weiterentwickelt: die Umkehr der sozialen Ordnung, den Rollentausch von Herr und Knecht. »Ich will selbst den Herren machen und nicht länger Diener sein«, sang Leporello in seinem Antrittsmonolog. Im zweiten Akt darf er endlich den Herrn spielen und sogar, verkleidet, dessen frühere Geliebte Donna Elvira entführen, damit Don Giovanni freie Bahn hat bei Donna Elviras Zofe. Das ist nicht bloß eine Maskerade, sondern die Fortsetzung des gefährlichen Spiels mit dem sozialen Zunder. Später, in der Szene auf dem Friedhof, berichtet Don Giovanni seinem Diener von einem neuen Liebesabenteuer, ausgerechnet mit dessen Frau. Sein Lachen darüber ist es, was die Statue des Komturs zum Leben erweckt. Nichts davon findet sich bei Bertati, in Da Pontes Vorlage, ebenso wenig bei Molière oder in anderen Fassungen des Stoffes. Da Ponte war es vorbehalten, dem Thema »Herr und Knecht« diese konsequente Ausgestaltung zu geben.

Wieder wird deutlich, dass *Don Giovanni* eine Weiterführung und Steigerung des *Figaro* ist. Aber der Held der Oper repräsentiert nicht nur seine historisch überlebte, parasitäre Klasse, er erscheint auch als eine der Masken des Dionysos, der Satyr-Gottheit, er vertritt die Lust und die Liebe, die erotische Anarchie und die sexuelle Promiskuität. Mozarts und Da Pontes Werk verrät mehr als nur eine Ahnung davon, dass die bürgerliche Epoche aus dem Geist des Puritanismus, der moralischen Heuchelei und sexuellen Unterdrückung hervorgehen wird. Deswegen darf Don Giovannis Stern hier in den Feuergluten der Musik noch einmal aufstrahlen, und die Gegenmacht muss in Gestalt des Komturs von den Gräbern auferstehen, um Don Giovannis Lustschloss mit ihrem Eishauch zu erfüllen. »*Che gelo è questo mai?*«, »Welche Kälte ist das?«, ruft Don Giovanni aus, als er die Hand der Statue erfasst. Es ist ein kühnes Epochenbild mit einer Musik, die die Sphäre des Absoluten streift.

Als Mozart am 1. Oktober mit seiner Frau Constanze nach Prag aufbrach, war die Oper keineswegs fertig. Auch Lorenzo Da Ponte kam nach Prag, um letzte Hand anzulegen; er logierte in einem anderen Gasthof als Mozart, doch Fenster an Fenster mit diesem, am Prager Kohlenmarkt, aber er musste vorzeitig abreisen, wahrscheinlich – wir wissen es nicht genau – durch eine Intrige des Mozart-Rivalen Salieri. Einige Indizien sprechen dafür, dass kein anderer als Casanova, der mit Da Ponte befreundet war, dessen Aufgaben übernahm. Der legendäre Frauenheld war ein versierter Theaterautor, Verfasser von zahlreichen Komödien. Er lebte damals auf Schloss Dux in Böhmen und war vorübergehend nach Prag gekommen. In seinem Nachlass fand man die Textbearbeitung eines Ensembles aus dem zweiten Akt von seiner eigenen Hand. Lorenzo Da Ponte hat in seinen Memoiren ein fesselndes Porträt Casanovas hinterlassen: »Eines Tages aber glaubte ich, ihm im Traum auf dem Graben begegnet zu sein; dies ist eine große Straße in Wien, in der ich damals wohnte. Er sah mich starr an und beobachtete mich. Nachdem er mich erkannt hatte, lief er mir freudig strahlend entgegen und umarmte mich in Gegenwart Salieris, der ihn begleitete. Nach dem Erwachen erzählte ich meinem Bruder diesen seltsamen Traum. Salieri, der mich gewöhnlich jeden Tag besuchte, kam, um mich zu einem Spaziergang abzuholen. Als wir auf dem Graben angelangt waren, sah ich in einiger Entfernung einen alten Mann, der mich aufmerksam betrachtete und mir bekannt vorkam. Plötzlich kam er auf mich zu, umarmte mich lebhaft und rief: ›Da Ponte, lieber Da Ponte, wie freue ich mich, dich hier wiederzusehen!‹ Dieselben Worte hatte er auch im Traum zu mir gesprochen. Wer an Träume glaubt, wird für einen Narren gehalten. Was ist aber der, der nicht daran glaubt? Casanova blieb mehrere Jahre in Wien, aber weder ich noch andere wußten, was er dort tat und wovon er lebte. Ich unterhielt mich häufig mit ihm. Mein Haus und meine Börse standen ihm immer zur Verfügung. Obwohl ich weder seine Grundsätze noch seine Lebensweise gutheißen konnte, achtete ich dennoch seine Ratschläge sehr, da sie wirklich – ich sehe es jetzt ein – von höchstem Wert, ja wahrhaft goldene Regeln waren, die ich leider nur zu wenig befolgt habe.«

Ironie der Geschichte oder List der Vernunft: Wahrscheinlich hat Casanova der Uraufführung des *Don Giovanni* in Prag beigewohnt. Diese fand endgültig am 29. Oktober statt, und erst an diesem Tag, in zwei frühen Morgenstunden, vollendete Mozart die Partitur mit der Niederschrift der Ouvertüre – wohlgemerkt: der Niederschrift, nicht der Komposition, denn die war, wie so oft bei Mozart, im Kopf schon fertig. Zumindest in dieser Hinsicht ist Constanzes Zeugnis glaubwürdig. Dass sie Mozart

Punsch braute und Schnaken und Schnurren erzählte, gehört schon eher in den Bereich romantisierender Legende. Die Handschrift der Ouvertüre, wie die der ganzen Oper, ist erhalten; Wolfgang Hildesheimer bemerkte darüber: »[Sie] beginnt mit einem verschmierten Tintenklecks in der Region der Hörner und Fagotte, sie enthält die üblichen Wischflecken – die Tinte trocknete ihm zu langsam –, im ganzen drei Takte Korrektur der Klarinettenstimmen, deren heftige Striche wie ein unwilliges Kopfschütteln anmuten ... Wäre das Papier nicht von der Zeit gegerbt –: was darauf steht, sieht aus, als sei es soeben erst geschrieben, noch frisch, als sei die Tinte aus der Feder in der Hand des ›unvergleichlichen‹ Mozart noch nicht trocken. Die Handschrift ist überall gut leserlich und war gewiss keine übermäßige Anforderung an die Kopisten, die sie, gleichsam noch naß, abholen mußten. Zur Probe der Ouvertüre war ohnehin keine Zeit mehr. Wie sie geklungen hat, davon machen wir uns keinen Begriff.«

Immerhin gibt es dafür ein – allerdings nicht völlig gesichertes – Zeugnis. Mozart, der selbst dirigierte, soll noch während der Aufführung zu einem Orchestermusiker gesagt haben: »Es sind zwar viele Noten unter die Pulte gefallen, aber die Ouverture ist doch recht gut von Statten gegangen.« Der Erfolg des *Don Giovanni* war außerordentlich. Das belegen die Berichte der Prager Zeitungen und ein Brief Mozarts vom 4. November 1787, worin es heißt: »... den 29:[t] ockt[b]: gieng meine oper D: Giovanni in scena, und zwar mit dem lautesten beyfall. – gestern wurde Sie zum 4[t]: Male |: und zwar zu meinem Benefice :| aufgeführt; – Ich gedenke den 12[t]: oder 13ten: von hier abzureisen ... *NB unter uns;* – Ich wollte meinen guten freunden ... wünschen, daß Sie nur einen einzigen Abend hier wären, um antheil an meinem vergnügen zu nehmen!«

Das ist alles – so lakonisch, bei allem stolzen Selbstbewusstsein, ist Mozarts Bericht. Wusste er, dass er die »Oper aller Opern« geschrieben hatte? Ahnte er, dass man die Finalszene des zweiten Aktes, die Begegnung Don Giovannis mit dem Steinernen Gast, dereinst die größte Szene der Opernliteratur nennen würde? – Mozart nannte *Don Giovanni* in seinem privaten Werkverzeichnis schlicht eine *»opera buffa«*, im gedruckten Textbuch heißt die Oper, wahrscheinlich nach Da Pontes Willen, *»dramma giocoso«* (»heiteres Drama«). Beide Titel darf man als Plädoyer für die Beibehaltung der allerletzten Szene verstehen. *Don Giovanni* endet nicht mit dem Höllensturz des Helden, vielmehr versammeln sich die übriggebliebenen Figuren zum Finalsextett: »*Questo è il fin di chi fa mal*«. »Also stirbt, wer Böses tut«, heißt die schlichte Moral dieses Schlusses. Er steht so schon bei Bertati, von dort haben ihn Da Ponte und Mozart übernommen. Das Sextett ist oft gestrichen worden, sogar schon von Mozart selbst bei der ersten Aufführung des *Don Giovanni* in Wien. Doch wird darin weder falscher Trost gespendet noch eine aus den Fugen geratene Welt wieder eingerenkt. Alle Fragen bleiben offen, und weder Mozart noch Da Ponte versuchen sie zu beantworten. Das Sextett ist ein Schlusspunkt, kein Kommentar; es schließt mit einem Fugato, dem musikalischen Bild von Zeit und Ewigkeit jenseits aller musikdramatischen Grandiosität.

Wir wissen wenig, fast gar nichts über die Entstehungsgeschichte von *Così fan tutte oder Die Schule der Liebenden*, der drittletzten Oper Mozarts und der letzten, die er zusammen mit Da Ponte schuf, wissen nicht, wer den Auftrag zu ihr erteilte, noch wann Mozart mit der Komposition begann und wie lange er daran arbeitete. Nur über die Vollendung des Werkes – »im Jenner. 1790« – informiert eine Notiz in Mozarts eigenhändigem Werkverzeichnis. Am 26. Januar ging die Oper in Szene, und noch am Abend der Uraufführung notierte der Graf Zinzendorf in seinem Tagebuch: »In der neuen Oper *Così fan tutte* oder *die Schule der Liebenden*. Mozarts Musik ist bezaubernd, der Inhalt sehr ergötzlich.«

Es geht um eine Wette, und man darf vermuten, dass die drei Herren, die sich in einem neapolitanischen Kaffeehaus über Frauentreue streiten, noch etwas anderes als nur Kaffee getrunken haben. Den Verdacht der Untreue, vom weltklugen Don Alfonso pauschal gegen die Frauen erhoben, wollen die beiden jungen Offiziere Ferrando und Guglielmo auf ihren Bräuten nicht sitzen lassen. Sie setzen hundert Zechinen gegen Don Alfonso ein, dem sie nun für vierundzwanzig Stunden bei der Liebes- und Treueprobe der eigenen Verlobten Gehorsam leisten müssen. Ein Spiel beginnt, aus dem bald Ernst wird und bei dem am Ende Don Alfonso als Gewinner der Wette triumphiert. Denn: »So machen es alle!« Und was der deutsche Titel nicht von vornherein klar macht, sagt eindeutig der italienische: »Così fan tutte« heißt ja »So machen es alle Frauen«.

Wo Mozart den Stoff für seine Oper fand, wie er zu dem, wie der Graf Zinzendorf schrieb, »ergötzlichen Inhalt« kam, darüber existieren nur Mutmaßungen. Und da sich fast immer, wenn präzise Fakten fehlen, Legenden bilden, gibt es eine solche Legende auch für *Così fan tutte*. Kein anderer als der Kaiser selbst, Joseph II., habe dazu den Anstoß gegeben, heißt es. Eines Tages habe er Da Ponte den neuesten Stadtklatsch erzählt, gewissermaßen einen Faschingsschwank aus Wien: »Denken Sie an den Türkenkrieg im Vorjahr, lieber Da Ponte: da ist grad Fasching gewesen und es gab Maskenball. Zwei Offiziere, über die Treue ihrer Bräute im Zweifel, täuschen vor, ins Feld zu müssen; zur Linderung des Abschiedsschmerzes schicken sie die Mädels auf den Ball. Dort machen zwei Galane ihnen die Honneurs, die in Wirklichkeit die eigenen – verkleideten – Liebhaber sind. Kostüme und Masken, das Kerzenlicht begünstigen die Illusion, Tanz, Wein und Musik tun ein Übriges –: in wenig Stunden sind die Mädels gewonnen, die alten Liebhaber vergessen. Piquant ist dabei, dass Jeder die Braut des Anderen gewinnt. Aber so sind die Weiber!! – Ein vortreffliches Sujet für eine Oper, lieber Da Ponte – machen Sie was draus! Und Mozart soll es komponieren!«

So die Legende, authentisch in keinem Wort und doch nicht völlig unwahrscheinlich. Denn sie beruht immerhin auf einer Quelle aus dem Jahr 1837, als einige Zeitgenossen Mozarts noch lebten. Wahrscheinlicher aber ist, dass man das etwas heikle Sujet der Oper durch den angeblichen kaiserlichen Auftrag legitimieren wollte. Im selben Jahr 1789, da in Paris die Guillotine ihr blutiges Handwerk zu betreiben begann, schien Da Pontes und Mozarts Frivolität sich in *Così fan tutte* absichtsvoll *ad absurdum* zu führen. Hatten die beiden in *Figaro* und *Don Giovanni* das alte Herrschaftssystem unterminiert, so unternahmen sie nun, auf dem Vulkan zu tanzen. Ihre dritte und letzte Oper lässt sich durchaus als Herausforderung an die Gesellschaft interpretieren, denn der Teppich der vertrauten Moral wird hier einfach unter den Füßen weggezogen. Da Ponte schweigt sich in seinen Memoiren über die Herkunft des Stoffes aus und erwähnt *Così fan tutte* überhaupt nur mit einem einzigen Satz: »Ich schrieb ... die ›Schule der Liebenden‹ mit Musik von Mozart, eine Oper, die den dritten Rang unter den drei berühmten von diesem Tondichter geschaffenen Werken einnimmt.«

»Den dritten Rang!« – Das Urteil Da Pontes war um das Jahr 1825, als er seine Memoiren schrieb, bereits das allgemeingültige – eine Rangordnung, die sich bis tief ins 20. Jahrhundert erhielt. Man erklärte die Oper sogar für »eigentlich unspielbar«, wenigstens in ihrer Originalgestalt. Auch Mozarts Musik wurde von der kritischen Betrachtung nicht ausgeschlossen. So schrieb Eduard Hanslick, der Wiener Kritikerpapst des 19. Jahrhunderts: »Ich halte *Così fan tutte* auf der Bühne nicht mehr für lebensfähig, trotz der reizenden Einzelnummern, welche einzeln im Concertsaal, so bezaubernd wirken ... Mozart selbst hat uns in *Don Juan*, *Figaro* und der *Zauberflöte* ungleich packendere Musik von höchster dramatischer Lebendigkeit gegeben; man kann doch unmöglich dasselbe Publicum, welches diesen Opern heute noch mit unersättlichem Entzücken zuströmt, für unmündig erklären, wenn es bei einem schwächeren Werke seines Lieblings kühl bleibt.«

Noch Theodor W. Adorno sprach 1934 von »der absurden Symmetrie der Handlung, ihrem errechenbaren Ablauf, dem Mangel an all jener unterirdischen Gewalt, die sonst die Mozartische Klarheit erst verbürgt«. Erst in den letzten dreißig, vierzig Jahren, wurde *Così fan tutte* in seinem wahren Rang erkannt, als Mozarts subtilstes, reifstes, abgründigstes Meisterwerk. Und zwar nicht *trotz* des Textes von Da Ponte, sondern in Verbindung mit ihm. Dieser Text ist Da Pontes wahres Meisterstück, anders als die Libretti zu *Figaro* und *Don Giovanni*, bei denen es sich um Bearbeitungen handelt, ein Originalwerk, geistreich, realistisch, knapp in der sprachlichen Prägung, eben dadurch musikalisch, von tiefer, wenngleich zynisch gefärbter Welt- und Menschenkenntnis. Gerade diese Eigenschaft prädestinierte Da Ponte, den italienischen Abbé jüdischer Herkunft, für die Rolle des Bösewichts in der Wirkungsgeschichte von Mozarts Oper, hatte er doch den zum Götterliebling verklärten Komponisten hier angeblich auf die falsche Bahn geführt. In den Augen der Nachwelt glich er dem Don Alfonso der Oper, der die moralischen Werte nicht anerkennt und von der Treue der Frauen nur eine geringe Meinung hat:

> Die Treue der Frauen
> Ist wie der arabische Phönix,
> Dass es ihn gibt, sagt jeder,
> Wo er ist, weiß keiner …
> Er ist nicht die eine und nicht die andere,
> Es gab ihn nie, und es wird ihn nicht geben.

Das bürgerliche 19. Jahrhundert nahm Anstoß an der Frivolität des hier inszenierten Spiels, und dass man den Librettisten Da Ponte für sie verantwortlich machte, darauf gibt eine Bemerkung Beethovens aus dem Jahr 1825 einen ersten Hinweis: »Opern wie *Don Juan* und *Così fan tutte* konnte ich nicht komponieren. Dagegen habe ich einen Widerwillen – Ich hätte solche Stoffe nicht wählen können, sie sind mir zu leichtfertig.« Fünfundzwanzig Jahre nach Beethoven machte die »Leichtfertigkeit« des Sujets Richard Wagner sogar taub für die Qualität der Musik. In seinem Buch *Oper und Drama* schrieb er: »Wie wenig verstand dieser reichstbegabte aller Musiker das Kunststück unserer modernen Musikmacher auf eine schale und unwürdige Grundlage goldflimmernde Musiktürme aufzuführen, und den Hingerissenen, Begeisterten zu spielen, wo alles Dichtwerk hohl und leer war … O, wie ist mir Mozart innig lieb und hochverehrungswürdig, daß es ihm nicht möglich war, zu *Così fan tutte* eine Musik wie die des *Figaro* zu erfinden: wie schmählich hätte dies die Musik entehren müssen!« Und eine dritte Stimme aus dem Jahr 1875 sei zitiert, von Eduard Hanslick. An sich Wagners Antipode, war er sich in *dieser* Frage mit Wagner einig: »Da Ponte's Original-Libretto ist geistlos und impertinent, weil es den beiden Männern gelingt, ihre Geliebten zu täuschen und binnen weniger Stunden treulos zu machen. Die Verzeihung, welche schließlich die Untreue dieser beiden Närrinnen deckt und welche damit gerechtfertigt wird, daß alle Frauen sich gleichen, ist eine noch viel gröbere Impertinenz ...« Durchsichtiger verkleidete sich selten im ästhetischen Urteil ein moralisches.

Aber gerade in seiner Relativierung von Liebe, Treue, Schwur und Gelöbnis ist *Così fan tutte* ein erbarmungsloses Meisterwerk, eine spielerische Variante von Goethes *Wahlverwandtschaften*. Die Desillusion als musikalisch exquisites Ritual: Das hatte vor Da Ponte und Mozart keiner riskiert, und erst recht wagte es keiner nachher. Edward Dent, einer der besten Kenner der Opern Mozarts, hat sein Urteil über das vielgescholtene Werk auf die knappe Formel gebracht: »*Così fan tutte* ist das beste aller Da Ponte'schen Libretti und das erlesenste Kunstwerk unter Mozarts Opern. Es ist der perfekteste Text, den sich ein Komponist nur wünschen konnte, wenn auch wohl kein Komponist außer Mozart ihm hätte gerecht werden können.«

Nehmen wir zum Beispiel das Quintett des ersten Aktes: Ferrando und Guglielmo, die beiden angeblich auf das Schlachtfeld abkommandierten Offiziere, nehmen Abschied von ihren Bräuten Dorabella und Fiordiligi; die Männer heucheln den Abschiedsschmerz, dem sich die beiden Frauen mit dem Pathos der Leidenschaft hingeben; Don Alfonso, der Beobachter und heimliche Regisseur des grausamen Täuschungsmanövers, kommentiert die Szene mit den Worten »*Io crepo se non rido*« (»Ich platze gleich vor Lachen«). Mozart führt die wahren und die geheuchelten Gefühle sowie den diabolischen Kommentar in einem herrlichen Ensemble zusammen, das durchtränkt ist von Ironie. Was hat ihn, den Komponisten, an Da Pontes Sujet angezogen? Der Stoff selbst? Seine musikdramatischen Möglichkeiten? Oder eine eher abstrakte Idee musikalischer Form? – Man muss in diesem Zusammenhang einen Brief Mozarts zitieren, den er im Mai 1783, sechs Jahre *vor* der Entstehung von *Così fan tutte*, aus Wien an den Vater Leopold in Salzburg schrieb. Er hatte gerade, mit Erfolg, die *Entführung aus dem Serail* in Wien herausgebracht, wollte sich aber dem Wiener Publikum unbedingt mit einer italienischen Oper vorstellen: »... Nun hat die italienische opera Buffa alhier wider angefangen; und gefällt sehr ... und ich möchte gar zu gerne mich auch in einer Welschen opera zeigen. – mithin dächte ich, wenn nicht *Varesco* wegen der Münchner opera noch böse ist« (der Abbate Varesco war der Textdichter des 1781 in München uraufgeführten *Idomeneo* gewesen) » – so könnte er mir ein Neues buch auf 7 Personnen schreiben. – das nothwendigste dabey aber ist. recht *Comisch* im ganzen. und wenn es dann möglich wäre *2 gleich gute frauenzimmer Rollen* hinein zu bringen. – die eine müsste Seria, die andere aber Mezzo Carattere seyn – aber *an güte* – müssten beide Rollen ganz gleich seyn. – das dritte frauenzimmer kann aber ganz Buffa seyn, wie auch alle Männer wenn es nöthig ist …«

Der Brief ist erstaunlich, weil er bezeugt, dass Mozart, lange vor der ersten Zusammenarbeit mit Da Ponte, die Vorstellung einer Oper in sich trug, die nach Rollenanlage und Personencharakteristik ziemlich genau der letzten Da Ponte-Oper *Così fan tutte* entspricht. Es gibt darin zwar nur sechs statt der im Brief gewünschten sieben Personen, aber in allem anderen ist Da Ponte den sechs Jahre zuvor geäußerten Wünschen Mozarts gefolgt: Da sind »*2 gleich gute frauenzimmer Rollen*«, nämlich Fiordiligi und Dorabella, von denen die eine, Fiordiligi, »*seria*«, ernst, die andere, Dorabella, aber, wie von Mozart gewünscht, von »mittlerem Charakter« (»*Mezzo Carattere*«) ist; die dritte weibliche Rolle, Despina, ist aber ganz buffa, und dem Buffa-Fach sind mehr oder weniger alle männlichen Partien, Don Alfonso, Ferrando und Guglielmo, zuzuordnen. Und für *Così fan tutte* gilt auch die allgemeine briefliche Anweisung: »recht *Comisch* im ganzen«.

Mozart hatte, wie man sieht, eine präzise Vorstellung vom musikalischen Theater, wie es ihm gemäß war, nur dass er nicht vom Stoff, sondern von der musikalischen Idee und der gleichsam abstrakten Form ausging. Aber solche Abstraktheit enthielt eine Vielzahl von entscheidenden Festlegungen und Kennzeichen, die auf alle Da Ponte-Opern Mozarts, auf keine aber mehr als auf *Così fan tutte* zutreffen: den komischen Grundcharakter, die symmetrische Anlage der männlichen und weiblichen Partien, die buffoneske Zeichnung der Männer, die seelische Dominanz der Frauen durch ihre Zuordnung zu den Bereichen des Ernsten, Heroischen und Fast-Tragischen. Wir haben keine zwischen Mozart und Da Ponte gewechselten Briefe über ihre gemeinsame Arbeit, keine Zeugnisse über ihre Gespräche. Aber die Vorstellung drängt sich auf, dass Mozart dem kaiserlichen Hofpoeten seine Formidee der Oper aufs genaueste entwickelt hat, wie er auch sogleich erkannt haben muss, in welchem Maße die Partnertauschkomödie seinen Rollenvorstellungen und musikalischen Absichten entgegenkam. Es war, wie gesagt, ein perfekter Text, Mozart auf den Leib geschrieben.

Così fan tutte ist wie eine geometrische Rechenaufgabe konstruiert: mit einer streng symmetrischen Figurenkonstellation, einer fast mathematisch ausgeklügelten Handlung. Ein quasi naturwissenschaftliches Experiment findet statt, und zwei Liebespaare spielen mehr oder weniger unfreiwillig die Versuchskaninchen. Die Wette ist nur Anlass und Motor der dramatischen Aktion. In Wirklichkeit ist die Oper eine Untersuchung über die menschliche Psyche und die Ambivalenz der Gefühle. Aus dem Libretto spricht die Haltung eines materialistischen Rationalismus, der ganz allgemein zum literarischen Klima des ausgehenden Ancien Régime gehört. Sein Vertreter in der Oper ist Don Alfonso, der »*vecchio filosofo*«, der »alte Philosoph«, ein Mann des Fortschritts und ein Zerstörer, Aufklärer und Skeptiker, halb Vernunftgott, halb Mephisto, allwissend (»*ex cathedra parlo*« singt er im Eröffnungsterzett) und am Ende der Gewinner der Wette, *seiner* Wette. Und doch beherrscht er, wie Goethes Zauberlehrling, nicht die Folgen seines zerstörerischen Tuns.

»Der pflügt das Meer / und sät im Sand / Und hofft, den unsteten Wind / Im Netz zu fangen, / Wer seine Hoffnungen / Auf das Herz eines Weibes baut«, singt Alfonso in seinem zynisch-bitteren Rezitativ. Je weiter das Spiel voranschreitet, desto schwieriger ist es, zwischen »wahren« und »unwahren« Empfindungen, zwischen echten und bloß vorgetäuschten Gefühlen zu unterscheiden. Was nicht bedeutet, dass auch die Musik der Täuschung unterliegt. Aus ihr spricht die Einsicht in die Zweideutigkeit aller Gefühls- und Lebensphänomene. Wie dieser Eindruck musikalisch erzeugt wird, ist oft beschrieben worden: Die Stichworte heißen Parodie und Ironie. Mozart parodiert nicht nur das Pathos der alten Oper, er durchsetzt die Sprache der Gefühle durchgehend mit Ironie. Der kaltblütig manipulierte Ausdruck des Gefühls ruft am Ende das Gefühl selber hervor oder wenigstens die Einbildung davon. Nichts ist hier eindeutig. Denn wo die wahren Gefühle oft genug verlogen klingen, da wirken die verlogenen Gefühle zuweilen wie Wahrheit.

Die schmerzliche Wahrheit des Stücks, die Einsicht in die Ununterscheidbarkeit echter und falscher Gefühle, lässt sich nicht durch ein rasch herbeigeführtes Versöhnungsfinale widerlegen. Am Ende sehen wir zwar den Vorhang zu, aber alle Fragen offen. Die Fanfare der Revolution, deren Vorklänge in den anderen Da Ponte-Opern Mozarts wahrzunehmen sind, erklingt in *Così fan tutte* allerdings nicht. Die Katastrophe findet innen statt, in den Nuancen einer filigranhaft feingesponnenen Musik, und Mozart hat diese Katastrophe, noch bevor das eigentliche Spiel beginnt, in einem einzigartigen Moment vorweggenommen: in dem Terzett des ersten

Aktes »*Soave sia il vento*«, »Weht sanft, ihr Winde«, das uns mit sanften Bewegungen der sordinierten Streicher für einen kurzen Augenblick in die Zeitlosigkeit zu entrücken scheint. Im Zentrum des Terzetts, nach einundzwanzig von einundvierzig Takten, ertönt auf das Wort »*desir*« (»Verlangen« oder »Begehren«) ein merkwürdiger Akkord, ein sphinxhafter Doppelklang, der harmonisch schwer deutbar ist und der die Hoffnung auf Meeresstille und glückliche Fahrt, die hier ausgesprochen wird, als trügerisch erscheinen lässt. So leise verabschiedet sich eine Epoche.

Da Ponte verließ Wien 1791, kurz vor Mozarts Tod und nach dem Tod seines kaiserlichen Protektors. Ein Versuch, sich mit dem Thronfolger Leopold zu arrangieren, schlug fehl. Stattdessen ehelichte er eine reiche Kaufmannstochter, gelangte über Paris nach London, wo er einige Jahre lebte, und wanderte 1805 nach Amerika aus. Dort begann er ein völlig neues Leben, arbeitete sich vom Handlanger über den Sprachlehrer bis zum Professor für italienische Sprache und Literatur an der New Yorker Columbia-University empor. Obwohl sieben Jahre vor Mozart geboren, überlebte er ihn um siebenundvierzig Jahre. Seine Versuche, in Amerika eine italienische Oper zu gründen, schlugen fehl. Doch erlebte er es noch, dass 1825 eine italienische Operntruppe die Staaten besuchte, wobei es zu einigen Aufführungen des *Don Giovanni* kam, *seines Don Giovanni*, wie der Sechsundsiebzigjährige den gastierenden Landsleuten versicherte. Maria Felicité García, die Tochter spanischer Eltern, die Da Ponte mit ihrer Familie nach New York gelockt hatte und die später in Europa als Maria Malibran zu großer Berühmtheit gelangte, sang darin die Partie der Zerlina. Ihre dreizehn Jahre jüngere Schwester Pauline Viardot-García wurde als Sängerin zu einer Jahrhundertfigur (für sie schrieb Meyerbeer 1849 die epochale Rolle der Fidès in *Le Prophète*) und zur engen Freundin des russischen Dichters Turgenjew. In New York verfasste Da Ponte auch seine Memoiren, nach dem Muster von Rousseaus *Bekenntnissen* und fast ebenso freimütig wie die Lebensgeschichte seines Freundes Casanova. Am Ende aber, 1838, ereilte den Librettisten Mozarts das Schicksal des Komponisten: die Beisetzung in einem Grab, das später nicht mehr auffindbar war, auf dem katholischen Friedhof von New York, elfte Straße, erste Avenue. Dort könnte als Grabspruch der Satz stehen, den Mozart anlässlich der *Entführung aus dem Serail* geschrieben hatte: »… am besten [ist es] wenn ein guter komponist der das Theater versteht, und selbst etwas anzugeben im stande ist, und ein gescheider Poet, als ein wahrer Phönix, zusammen kommen.«

Die Kunst, durch Kontraste zu wirken
»Die Zauberflöte«

> Mir scheint, dass die Absicht der Oper, der Sieg des Lebens über den Tod, in den Tiefen der Musik zuweilen ins Gegenteil verkehrt wird: In der tapferen kleinen Parade der Musik durch die Tore des Todes verzaubert die Flöte den Wächter so, daß er die Hinrichtung aufschiebt; trotzdem ist das Stück ein Trauermarsch. Bei einem Großteil der Musik liegt der Tod ebenfalls knapp unter der Oberfläche, insbesondere in der von Pamina. Und in dem großen Fugato-Choral, in dem irgendwie der ›Eroica-Ton‹ ohne Beethovens Zurschaustellung eines überlegenen Willens anklingt, sind die Schwingen des Schreckensengels näher als je zuvor in der Musik.
>
> Igor Strawinsky

Die Ouvertüre der *Zauberflöte* beginnt mit drei Es-Dur Akkorden, den musikgewordenen Freimaurersymbolen, die den Kult der heiligen Dreizahl bis in die Tonart mit ihren drei b-Vorzeichen respektieren. Musikalische Eröffnung eines Märchen- und Mysterienspiels aus dem Geist der Aufklärung, das am Ende durch Sarastros Mund die Botschaft verkündet: »Die Strahlen der Sonne vertreiben die Nacht, / Zernichten der Heuchler erschlichene Macht.«

Die *Zauberflöte* ist, wie man es nimmt, die vorletzte oder letzte Oper Mozarts; wie *La clemenza di Tito* entstand sie im Todesjahr des Komponisten, wurde größtenteils vor diesem Werk komponiert, aber erst danach uraufgeführt, am 30. September 1791 am Wiener Freihaus-Theater, dessen Direktor Emanuel Schikaneder zugleich der Textdichter der Oper war. Sie wurde schon bald nach der Uraufführung überaus populär; bereits im ersten Monat gab es mehr als zwanzig Aufführungen: Mozarts größter Opernerfolg zu Lebzeiten, auch wenn ihm nur noch wenige Wochen bis zu seinem frühen Tod vergönnt waren. Seine Genugtuung darüber ist an den Briefen ablesbar, die er aus Wien an Constanze in Baden schrieb. Am 7. Oktober, eine Woche nach der Uraufführung, hieß es: »liebstes, bestes Weibchen! – Eben komme ich von der Oper; – Sie war eben so voll wie allzeit. – das Duetto *Mann* und *Weib* etc: und das Glöckchen Spiel im ersten Ackt wurde wie gewöhnlich wiederhollet – auch im 2:ᵗ Ackt das knaben Terzett – was mich aber am meisten freuet, ist, der *Stille beifall!* – man sieht recht wie sehr und immer mehr diese Oper steigt.«

Sie stieg auch bald jenseits von Wien und Österreich und kam in den nächsten Jahren auf fast alle deutschen Bühnen. Anlässlich einer Frankfurter Aufführung 1793 schrieb Goethes Mutter an ihren Sohn: »Neues gibts hi[e]r nichts, als daß die Zauberflöte 18 mahl ist gegeben worden – und daß das Hauß immer geproft voll war – kein Mensch will von sich sagen lassen – er hätte sie nicht gesehn – alle Handwerker – gärtner – ja gar die Sachsenhäußer – deren ihre Jungen die Affen und Löwen machen gehen hinein so ein Specktackel hat mann hi[e]r noch nicht erlebt ...«

So begann der universale, seither niemals unterbrochene Siegeszug der *Zauberflöte* – die noch heute, wie die Aufführungszahlen belegen, Mozarts bekannteste und beliebteste Oper ist, nicht nur beim breiten Publikum. Die Mozart-Literatur sieht darin ein einzig und vergleichslos dastehendes Gipfelwerk, die Summe und Vollendung von Mozarts Schaffen, sein »Vermächtnis an die Menschheit«, wie Alfred Einstein schrieb.

Doch gab es neben den naiven und den fortgeschrittenen Bewunderern der *Zauberflöte* auch immer ihre klugen Verächter. Deren Vorbehalte galten allerdings weniger Mozarts Musik als seiner dramatischen Vorlage, dem Libretto des Textdichters Schikaneder. Der schon früher zitierte Graf Zinzendorf, der im November 1791 eine *Zauberflöten*-Aufführung im Wiener Freihaus-Theater besuchte, notierte im Tagebuch: »Die Musik und die Dekorationen sind hübsch, der Rest eine unglaubliche Farce.«

Der hier formulierte Eindruck blieb ein Leitmotiv in der Wirkungsgeschichte von Mozarts Oper. In deren wachsende Wertschätzung war der Textdichter Schikaneder von Anfang an nie vorbehaltlos eingeschlossen. Daran vermochte auch Goethes in seinen Gesprächen mit Eckermann festgehaltenes Plädoyer für den *Zauberflöten*-Text nichts zu ändern: die ihm zugeschriebene Bemerkung, es gehöre »mehr Bildung dazu, den Wert dieses Opernbuches zu erkennen als ihn abzuleugnen«. Das war bereits eine Verteidigungslinie, wenngleich von höchster Autorität. Sie hat Schikaneder vor späterer Kritik etwa des frühen und einflussreichen Mozart-Biographen Otto Jahn nicht bewahrt: »Das geringe Interesse der Handlung«, schrieb dieser, »die Widersprüche und Unwahrscheinlichkeiten in den Charakteren wie in den Situationen liegen klar zu Tage, der Dialog ist trivial und der versificirte Theil elende Reimerei, die durch einzelne Abänderungen nicht gebessert worden ist.«

So geht es bis in unsere Zeit. 1978 veröffentlichte eine angesehene Musik-Zeitschrift ein Heft mit dem Titel »Ist die Zauberflöte ein Machwerk?«, worin Schikaneders Arbeit als das »wohl konfuseste Opernbuch, das fabriziert worden ist«, bezeichnet wird. Und die Zeitschrift griff damit lediglich eine Kritik auf, die Wolfgang Hildesheimer ein Jahr zuvor in seinem Mozart-Buch formuliert hatte. Zornig beklagte Hildesheimer darin »die innere Unwahrhaftigkeit, die ganz und gar unreflektierte, ja, törichte Rede des Werkes«. Sein Urteil über Schikaneder fasste er in die Worte zusammen: »Sein ästhetischer Wille ging genauso weit wie der seines jeweiligen Publikums. Seine künstlerische Auffassung richtete sich ausschließlich danach, was der potentielle Zuschauer hören oder sehen wollte und was nicht ... Es ist also sinnlos, diesen Mann, der als Erscheinung ohne Zweifel kulturhistorisch ergiebig ist und als Persönlichkeit gewiß seine eigene erfrischende Ausstrahlung hatte, aus dem Treiben ambulanten Bühnenlebens emporzuziehen und ihn Mozart als ebenbürtigen Partner zur Seite zu stellen.«

Nun ist solche Kritik am Textdichter nicht neu, wir kennen sie bereits von *La clemenza di Tito* und *Così fan tutte*. An *Così fan tutte* wurde vor allem die Frivolität des Stoffes getadelt, mit der das 19. Jahrhundert sich nicht anfreunden konnte; auf der anderen Seite fand dieses Jahrhundert auch keine Nähe zu den historischen und mythologischen Opern im *seria*-Stil. So war es in gewissem Sinn konsequent, dass diese Werke fast völlig von den Opernbühnen verschwanden. Ganz anders liegen die Dinge bei der *Zauberflöte*. Sie erfreute sich einer unverwüstlichen Popularität, so dass ihre zwiespältige Wirkungsgeschichte gleichsam als Riss mitten durch das Werk geht. Sie betrifft das – angebliche oder wirkliche – Missverhältnis von Text und Musik und damit zugleich die Substanz des Stückes, da es nicht angeht zu sagen, hier seien eine läppische Handlung und ein trivialer Text durch Mozarts geniale Musik »veredelt« und in höchste Kunsthöhe geführt worden. Das macht die *Zauberflöte* zu einem ganz besonderen und schwierigen Fall. Wer sie verteidigt, muss zugleich das Textbuch verteidigen: nicht um den Autor Schikaneder, der bei der Uraufführung den Papageno spielte, mit Mozart auf eine Stufe zu stellen, doch um ihm zuzugestehen, dass er eine Textvorlage schuf, an der Mozarts Genie sich entzünden konnte.

Schikaneder war ganz und gar ein Mensch des Theaters. Geboren 1751 in Straubing als Kind armer Leute, schloss er sich mit zweiundzwanzig Jahren einer Theatertruppe an, deren Leitung er fünf Jahre später übernahm. Mit ihr zog er durch die Lande, versorgte ganz Süddeutschland mit dramatischer Kost aller Gattungen und kam 1780 auch nach Salzburg, wo er im Hause der Mozarts verkehrte. Der junge Komponist, der damals am ersten Akt des *Idomeneo* arbeitete, sah Schikaneder als Hamlet – es war ein nachhaltiger Eindruck. Für uns heute ist es nicht leicht, uns den Salzburger Hamlet von 1780 als Wiener Papageno des Jahres 1791 vorzustellen. Aber Schikaneder war in vielen Sätteln gerecht, obwohl ihm, dem Liebhaber von Maschinen und Dekorationen, Feuerwerk und Knalleffekt, das komische Fach sicher am meisten entsprach. Nach jahrelanger Wanderschaft übernahm er 1789 die Direktion des Freihaus-Theaters in der Wiener Vorstadt Wieden. Dort führte er vor allem deutsche Singspiele auf, deren Texte er meistens selber schrieb. Noch aus dem Debütjahr stammt ein Wiener Pressebericht, der Schikaneders Theaterpraxis anschaulich beschreibt: »Er versteht die Geister- und Cörper-Welt gleichsam zu amalgamieren, und man ist bei dem Anschaun des Abentheuerlichen und Wunderbaren zweifelhaft, ob man bei dem Hrn Direktor die verworrenen Ideen seiner Phantasie, oder die feine Politik eines speculativen Kopfs bewundern soll. – Da aber seine komischen Produkte, worin Götter, Geister, Menschen und Thiere aller Art, untereinander gemischt sind, worin Silphen, Gnomen, Faunen, Najaden, Tritonen und Furien, durch den Schlag der Zauber-Ruthe auftreten, ... großen Beifall beim edlen und unedlen Theil des Publikums fanden und seine Casse sich dabei wohl fand, so kann man es ihm so sehr nicht verdenken, daß er den Verstand dabei verleugnete und den Hang eines sinnlichen Volkes zum Wunderbaren und Übernatürlichen zu seinem Vortheil brauchte.« Schikaneder selbst hat seine Einstellung zum Theater in die Worte gefasst: »Ich schreibe fürs Vergnügen des Publikums, gebe mich für keinen Gelehrten aus. Ich bin Schauspieler – bin Direkteur – und arbeite für meine Kaße; nicht etwa das Publikum ums Geld zu betrügen: denn betrügen läßt sich der vernünftige Mensch nur einmal.«

Mozart besuchte mehrfach das Freihaus-Theater und hatte mit Schikaneder häufigen Umgang. Wie aber der Plan zur *Zauberflöte* entstand, darüber wissen wir wenig, das heißt, wir kennen nur jene Legenden, die sich um das Werk ranken und in denen Fakten und Erfindung unauflösbar miteinander vermischt sind – etwa den Bericht, den Constanze Mozarts zweiter Ehemann Georg Nikolaus Nissen in seiner Mozart-Biographie von 1828 hinterlassen hat. Da wird uns sogar, unter Berufung auf Constanzes Wissen, ein Dialog zwischen Mozart und Schikaneder überliefert:

Die *Zauberflöte* componirte er für das Theater des Schikaneder, der sein alter Bekannter war, auf dessen Bitte, um ihn aus seinen bedrängten Umständen zu retten. Die Dichtung ist von Schikaneder selbst, der auf diese Weise mit zur Unsterblichkeit geschleppt wurde. Schikaneder war

nämlich, theils durch eigene Schuld, theils durch Mangel an Unterstützung des Publicums, ganz herunter gekommen. Halb verzweifelnd kam er zu Mozart, erzählte seine Umstände und beschloß damit, daß nur er ihn retten könnte.
Ich? – Womit? –
Schreiben Sie eine Oper für mich, ganz im Geschmacke des heutigen Wiener Publicums; Sie können dabey den Kennern und Ihrem Ruhme immer auch das Ihrige geben, aber sorgen Sie vorzüglich auch für die niedrigen Menschen aller Stände. Ich will Ihnen den Text besorgen, will Decorationen schaffen usw., Alles, wie man's jetzt haben will –
Gut – ich will's übernehmen!
Was verlangen Sie zum Honorar?
Sie haben ja nichts! Nun – wir wollen die Sache so machen, damit Ihnen geholfen, und mir doch auch nicht aller Nutzen entzogen werde. Ich gebe Ihnen einzig und allein meine Partitur: geben Sie mir dafür, was Sie wollen, aber unter der Bedingung, dass Sie mir dafür stehen, dass sie nicht abgeschrieben werde. Macht die Oper Aufsehen, so verkaufe ich sie an andere Directionen, und das soll meine Bezahlung seyn.
Der Herr Theater-Directeur schloß den Vertrag mit Entzücken und heiligen Betheuerungen. Mozart schrieb emsig, schrieb brav und ganz nach dem Willen des Mannes. Man gab die Oper, der Zulauf war groß, ihr Ruf flog in ganz Deutschland herum, und nach wenigen Wochen gab man sie schon auf mehreren auswärtigen Theatern, *ohne dass ein Einziges die Partitur von Mozart erhalten hätte!* Als Mozart die Betrügerey dieses Menschen erfuhr, war Alles, was er sagte: *Der Lump!* – und damit war es vergessen. Durch Undankbarkeit liess sich Mozart nicht stören; kaum Minuten lang wurde er unwillig darüber.

Ein farbiger Bericht, aber leider sehr unglaubwürdig. Unglaubwürdig ist, dass Schikaneder, dessen Theater damals gerade florierte, aus Geldnot zu Mozart kam, aber auch, dass Mozart, der selber ständig in Geldverlegenheit war, eine große Oper ohne Honorar komponiert haben soll. Die Honorar-Betrügerei kann kaum zutreffen, da die *Zauberflöte* in den neun Wochen bis zu Mozarts Tod an anderen Theatern nicht gespielt wurde. Aber solche Legenden, die meist Schikaneder in ein ungünstiges Licht setzen, wurden fortgeschleppt und später durch andere vermehrt. Etwa durch die Legende, dass gar nicht er selbst, Schikaneder, den Text der *Zauberflöte* geschrieben habe, sondern ein Chorist seines Theaters namens Karl Ludwig Giesecke, der später zum Grönlandforscher und angesehenen

Mineralogen der Universität Dublin avancierte (noch Wolfgang Hildesheimer folgt dieser Lesart). Oder eine andere, für die Wirkungsgeschichte weit folgenreichere Legende, dass Mozart und Schikaneder während der Arbeit am ersten Akt den gesamten Plan der Oper, ihre dramaturgische Anlage, tiefgreifend verändert, ja geradewegs umgestürzt haben sollen – über diese zur Beurteilung des Werkes entscheidende Frage wird noch zu sprechen sein.

Im Gespinst der Legenden lässt sich Verlässliches über die Entstehung der *Zauberflöte* kaum ausmachen, nicht einmal über die Quellen und stofflichen Vorlagen, die Schikaneder benutzt hat – es gibt deren zu viele: voran Wielands Märchensammlung *Dschinnistan* und darin das Märchen *Lulu oder die Zauberflöte*, das Buch *Über die Mysterien der Ägypter* des Wiener Freimaurers Ignaz von Born (den Mozart kannte und der das leibhaftige Vorbild des Sarastro gewesen sein soll), eine romantische Oper *Oberon* von Karl Ludwig Giesecke (desselben Giesecke, der später die Autorschaft der *Zauberflöte* für sich in Anspruch nahm), ferner Stücke von Shakespeare, Lessing und Schiller, exotische Moderomane mit orientalischem Hintergrund, Ägyptisches, Symbolisches, Märchenhaftes aus zweiter und dritter Hand, schließlich zeitaktuelle Anregungen wie das Schicksal des Hochstaplers Cagliostro, der im März 1791 von der Vatikanischen Inquisition wegen freimaurerischer Ketzerei zum Tode verurteilt wurde (der Name Cagliostros klingt nicht zufällig an den Sarastros an), oder auch die freimaurerfeindliche Politik des neuen Habsburger Kaisers Leopold II., der 1790 den Thron bestiegen und für den Mozart, obwohl fast schon in Ungnade, parallel zur *Zauberflöte* seine Prager Krönungsoper *Titus* geschrieben hatte.

Dies alles und mehr ist in die *Zauberflöte* eingegangen: ein Flickenteppich von bunter, ja chaotischer Vielfalt. Man muss das Geschick bewundern, mit dem Schikaneder, ohne die Vielfalt zu opfern, ein einfaches, planes Handlungsgerüst eingezogen hat: die Geschichte einer Einweihung und Initiation, eines Lehrgangs des Sich-Bewährens, dem sich der Prinz Tamino, aber auch Pamina, die Tochter der nächtlichen Königin, zu unterwerfen haben. Die freimaurerische Symbolik, so sorgfältig sie bis ins Detail von Text und Musik durchgearbeitet worden ist, bildet dabei nur die äußere Einkleidung für die Grundsubstanz an Aufklärungsideen, wie sie bei Schikaneder und Mozart als selbstverständlich vorausgesetzt werden können. Wie weit Mozart sich mit dem Denken seiner Wiener Loge *Zur gekrönten Hoffnung*, der er 1785 beigetreten war, identifizierte, darüber lässt sich nur spekulieren, wie über die Frage, welchen Anteil er am Entstehen des *Zauberflöten*-Librettos hatte. Bei seinen früheren Operntextbüchern hatte er nachweislich seine Hand im Spiel. Über die *Zauberflöte* haben wir nur eine spätere Bemerkung Schikaneders, der von einer Oper spricht, »die ich mit dem seligen Mozart fleißig durchdachte«. Einige spärliche Briefäußerungen Mozarts scheinen seine Wertschätzung von Schikaneders Arbeit anzudeuten, ohne dass wir seine genaue Meinung über das Textbuch kennen. Uns muss genügen, dass er es komponierte – gewiss nicht nur, wie Hildesheimer nahelegt, um Geld zu verdienen, schon gar nicht mit Widerwillen.

»Zum Ziele führt dich diese Bahn« – die drei Knaben, Genien unbekannter Herkunft, verkünden dem Prinzen Tamino ihre Weisheitslehre. Sie schweben durch die Lüfte, als wollten sie das Wiener Publikum daran erinnern, dass die ballonfahrenden Brüder Montgolfier aus Paris die Befreiung von der Erdenschwere zum ersten Mal erprobt und im Sommer 1791 in Wien bereits Nachfolger gefunden hatten. Auch das gehört zu den »lebendigen Bedingungen«, die Mozart nie gänzlich vernachlässigte. Tamino ist gekommen, um Pamina, in deren Bildnis er sich durch einen magischen Zauber verliebt hat, aus der Macht des bösen Sarastro zu befreien. Einen Bösewicht nennt den Sarastro zumindest Paminas Mutter, die Königin der Nacht. Nun steht Tamino vor Sarastros Weisheitstempel und lauscht der Lehre der drei Knaben: »Sei standhaft, duldsam und verschwiegen.« Es ist die Schlüsselszene der Oper, ihre Peripetie, der Punkt des Umschlags, denn hier, im Finale des ersten Aktes, muss Tamino seinen Irrtum erkennen, das blinde Vorurteil, in dem er Sarastro gegenüber befangen war. Er muss den nächtlichen Schleier von sich werfen, in den die Königin der Nacht ihn eingesponnen hat. Er kommt vom Dunkel ins Licht, in die reine C-Dur-Welt der drei Knaben.

Dies ist aber nur eine Lesart dieser Szene. Eine andere interpretiert sie als dramaturgischen Bruch, als plötzliche Tendenzwende mitten im Stück, die durch nichts vorbereitet ist und die vorausgehende Handlung quasi auf den Kopf stellt: aus der bisher guten Königin der Nacht werde mit einem Mal eine böse Königin, aus dem »mächtigen Dämon« Sarastro ein milder Herrscher. Darüber streiten seit hundertfünfzig Jahren die *Zauberflöten*-Interpreten. Für die Beurteilung des Werks ist es eine zentrale Frage, und so muss an dieser Stelle etwas mehr philologischer Spürsinn darauf verwendet werden, als uns eigentlich lieb sein kann.

Auffällig ist bereits, dass in den ersten fünfzig Jahren nach Mozarts Tod von einem »Bruch« in der *Zauberflöte* nirgends die Rede ist; er scheint niemandem aufgefallen zu sein. Die ganze Diskussion wurde erst

1840 von einem Brief des Kapellmeisters und Komponisten Ignaz von Seyfried ausgelöst, worin von einem »Herumdrehen des ganzen Plans« während der laufenden Arbeit berichtet wird. Seyfried nannte auch die Gründe dafür: »Das Textbuch war bis zum ersten Finale vollendet, als in der Leopoldstadt« – in einem Konkurrenzunternehmen von Schikaneders Freihaus-Theater – »DIE ZAUBERZITHER ODER KASPAR DER FAGOTTIST erschien.« Diese Oper hatte ebenfalls das Wieland'sche Märchen benutzt. »Das genirte wohl etwas weniges unsern Emanuel; doch wußte er bald Rath dafür.«

Er drehte einfach, so können wir ergänzen, den Plan des Stückes um. Seyfried ist insofern kein schlechter Gewährsmann, weil er drei Jahrzehnte lang, seit 1797, Kapellmeister am Freihaus-Theater und sogar ein Klavierschüler Mozarts war, fünfzehn Jahre alt bei dessen Tod. Die von ihm erwähnte Konkurrenzoper *Die Zauberzither* beruht in der Tat auf derselben Hauptquelle wie die *Zauberflöte*, hat ein fast identisches Personenregister, und sie wurde am 8. Juni 1791 uraufgeführt, mitten in der Entstehungszeit von Mozarts und Schikaneders Oper. Viel scheint also für das »Herumdrehen des Planes« zu sprechen. Ulrich Schreiber kommt in seinem *Opernführer für Fortgeschrittene* zu der Schlussfolgerung: »[Es] ist kaum an Seyfrieds Urteil zu zweifeln, daß Schikaneder sich hektisch um eine Kursänderung für sein Projekt bemühte. So lasch er auch in Fragen des geistigen Eigentums gewesen sein mag: den offenkundigen Vorwurf eines Plagiats wollte er nicht auf sich nehmen. An der Feststellung ändern auch alle Hilfskonstruktionen nichts, die zugunsten einer These vom einheitlichen Werkplan bei Mozart und Schikaneder in die Welt gesetzt worden sind.«

Hier sei dennoch an dieser These festgehalten und zunächst nur angemerkt, dass die Beweispflicht bei denen liegt, die sich auf die von Seyfried 1840 in die Welt gesetzte Behauptung vom »Herumdrehen des Plans« stützen. Gegen diese Behauptung lassen sich einige Briefe von Mozart anführen, der eine Aufführung der *Zauberzither* im Leopoldstädter Theater besuchte, und zwar schon drei Tage nach der Uraufführung. Am 12. Juni 1791 schrieb er an Constanze: »Warum habe ich denn gestern Abends keinen Brief bekommen? damit ich länger des Baades wegen in Ängsten leben muß? ... Für mich ist es gar nicht gut alleine zu seyn, wenn ich etwas im Kopf habe ... ich gieng dann um mich aufzuheitern zum Kasperl in die neue Oper der *Fagottist*, die so viel Lärm macht – aber gar nichts daran ist.«

Das klingt nicht gerade so, als habe die Konkurrenz irgendwelche Irritationen bei Mozart ausgelöst. Noch aufschlussreicher ist ein Brief, den er bereits am Tag zuvor an Constanze schrieb: »Ich kann Dir nicht sagen was ich darum geben würde, wenn ich anstatt hier zu sitzen bey Dir in Baaden wäre. – Aus lauter langer weile habe ich heute von der Oper eine Arie componirt – ich bin schon um halb 5 Uhr aufgestanden ... heute speise ich bei Puchberg – ich küsse dich 1000mal und sage in Gedanken mit Dir: Tod und Verzweiflung war sein Lohn!«

Mozart zitiert hier das Priesterduett »Bewahret euch vor Weibertücken« aus dem zweiten Akt der *Zauberflöte*. Es belegt, dass ihm am 11. Juni, drei Tage nach Uraufführung der *Zauberzither*, der Text des zweiten Aktes schon bekannt war, ja dass er wahrscheinlich Teile davon bereits komponiert hatte. Auch das widerspricht der These von der Veränderung der Dramaturgie am Ende des ersten Aktes und der verspäteten Einführung der Priester- und Freimaurerthematik. So viel zur philologischen Seite des Problems. Es bleibt die oft gestellte Frage, warum die Königin der Nacht die erste ihrer beiden großen Arien in g-moll singen darf, also in der Tonart, die Mozart seinen intimsten und schmerzlichsten Bekenntnissen vorbehalten hat – in seinen Opern sonst nur der Ilia aus *Idomeneo*, der Konstanze aus der *Entführung aus dem Serail* und der Pamina aus dem zweiten Akt der *Zauberflöte*.

Dieses schmerzlich-innige, die Wahrheit des Gefühls verbürgende g-moll, so ist gesagt worden, passe nicht zum Charakter der heuchlerischen Königin, die deswegen zunächst als »gute« Königin angelegt gewesen sein müsse. Doch ist das ein fragwürdiger Einwand gegen einen Musikdramatiker wie Mozart, der allen seinen Figuren das Recht ihres Gefühls zugesteht, weit davon entfernt, musikalisch in Kategorien wie »Gut« und »Böse« zu denken. Überdies ist die Klage der Königin keineswegs bloße Heuchelei, denn sie spricht subjektiv ehrlich: Die Tochter Pamina ist ihr tatsächlich geraubt worden, und sie befindet sich mit ihrem Widersacher Sarastro in einem unerbittlichen Machtkampf. Darin lediglich einen Machtkampf zwischen Gut und Böse zu sehen, ist eine allzu enge, vordergründig moralische Betrachtung. Eher ist es ein Kampf zwischen Licht und Finsternis, Tag und Nacht, zwischen Sonnenkreis und Nachtgestirn, den in der *Zauberflöte* auch visuell immer wieder beschworenen Metaphern und Symbolen, zwischen vaterrechtlichen und mutterrechtlichen Vorstellungen, zwischen Aufklärung und Mythologie, oder, um es in der Sprache der Begriffe zu sagen, zwischen Vernunft und Unvernunft (und zu dieser »Unvernunft« gehört der Bereich der Affekte und Triebe).

Dieses ganze Spannungsfeld, das selber mythischen Ursprungs ist, wird in Schikaneders Text unmittelbar angesprochen: in der großen Dialogszene zwischen Pamina und der Königin der Nacht unmittelbar vor der Arie »Der Hölle Rache kocht in meinem Herzen«. In Bühnenaufführungen wird dieser Dialog meist gestrichen, sei es, weil man ihn der Sängerin nicht zumuten möchte, sei es, weil man ihn für entbehrlich hält. Hier der Wortlaut nach der Neuen Mozart-Ausgabe:

KÖNIGIN DER NACHT
Wo ist der Jüngling, den ich an dich sandte?

PAMINA
Ach Mutter, der ist der Welt und den Menschen auf ewig entzogen. – Er hat sich den Eingeweihten gewidmet.

KÖNIGIN DER NACHT
Den Eingeweihten? – Unglückliche Tochter, nun bist du auf ewig mir entrissen. –

PAMINA
Entrissen? – O fliehen wir, liebe Mutter! Unter deinem Schutz trotz' ich jeder Gefahr.

KÖNIGIN DER NACHT
Schutz? Liebes Kind, deine Mutter kann dich nicht mehr schützen. – Mit deines Vaters Tod ging meine Macht zu Grabe.

PAMINA
Mein Vater –

KÖNIGIN DER NACHT
Übergab freiwillig den siebenfachen Sonnenkreis den Eingeweihten; diesen mächtigen Sonnenkreis trägt Sarastro auf seiner Brust. – Als ich ihn darüber beredete, so sprach er mit gefalteter Stirne: »Weib! Meine letzte Stunde ist da – alle Schätze, so ich allein besaß, sind dein und deiner Tochter.« – »Der alles verzehrende Sonnenkreis«, fiel ich ihm hastig in die Rede – »Ist den Geweihten bestimmt«, antwortete er: – »Sarastro wird ihn so männlich verwalten wie ich bisher. – Und nun kein Wort weiter: forsche nicht nach Wesen, die dem weiblichen Geiste unbegreiflich sind. – Deine Pflicht ist, dich und deine Tochter der Führung weiser Männer zu überlassen.«

PAMINA
Liebe Mutter, nach alledem zu schließen, ist wohl auch der Jüngling auf immer für mich verloren.

KÖNIGIN DER NACHT
Verloren, wenn du nicht, eh' die Sonne die Erde färbt, ihn durch diese unterirdischen Gewölbe zu fliehen beredest. – Der erste Schimmer des Tages entscheidet, ob er ganz dir oder den Eingeweihten gegeben sei.

PAMINA

Liebe Mutter, dürft' ich den Jüngling als Eingeweihten denn nicht auch ebenso zärtlich lieben, wie ich ihn jetzt liebe? – Mein Vater selbst war ja mit diesen weisen Männern verbunden; er sprach jederzeit mit Entzücken von ihnen, preiste ihre Güte – ihren Verstand – ihre Tugend. – Sarastro ist nicht weniger tugendhaft –

KÖNIGIN DER NACHT

Was hör' ich! – Du, meine Tochter, könntest die schändlichen Gründe dieser Barbaren verteidigen? – So einen Mann lieben, der, mit meinem Todfeinde verbunden, mit jedem Augenblick mir meinen Sturz bereiten würde? – Siehst du hier diesen Stahl? – Er ist für Sarastro geschliffen. – Du wirst ihn töten und den mächtigen Sonnenkreis mir überliefern.

Man wird die literarische Qualität dieses Dialogs nicht eben hoch einschätzen können, gleichwohl gibt er, in aller Dunkelheit der Symbole, einige Hinweise zum Verständnis der *Zauberflöte*. So wird deutlich, dass der Machtkampf zwischen Sarastro und der Königin der Nacht auch ein Geschlechterkampf ist, und ganz unverhohlen tritt die frauenfeindliche Haltung von Sarastros Priestergemeinde hervor, die der Frauenfeindlichkeit der Freimaurergesellschaft entspricht.

Hans Mayer hat Sarastro einen »Zwingherrn zur Vernunft« genannt. In der Tat ist seine Vernunft- und Tugendherrschaft aufgebaut auf Triebverzicht und Gefühlsunterdrückung. Sarastro liebt Pamina, aber er muss ihr entsagen, nicht nur weil sie einen anderen liebt, sondern weil sie ihn, den tugendhaften Sarastro, allenfalls bewundern, nicht aber wiederlieben kann. Dies ist der Sinn seines Ausspruchs am Ende des ersten Aktes: »Zur Liebe will ich dich nicht zwingen.« Sarastro, die imponierende, aber starre Verkörperung des Vernunftprinzips, ist wenig liebenswert, und so hat der Sieg der Vernunft, den er am Ende mit den Worten verkündet »Die Strahlen der Sonne vertreiben die Nacht«, nicht nur befreiende und begeisternde Züge. Es ist ein Sieg, der am Schluss der Menschheitsoper die Menschheit in zwei Hälften zerreißen könnte: in die Vernünftigen und die Unvernünftigen, in jene, die sich im Besitz der Vernunft wähnen, und jene, die nicht zur Vernunft kommen wollen, in die Eingeweihten und die Ausgeschlossenen, die Taminos und die Papagenos, die Sarastros und die Monostatosse.

Doch ist Sarastros Botschaft nicht mit der der *Zauberflöte* identisch. Mozart und Schikaneder haben etwas völlig anderes geschrieben als ein »vernünftiges«, gleichsam mit dem Zirkel abgemessenes, in allen Details logisches Lehrstück. Eher das Gegenteil, nämlich ein phantastisches

Märchenspiel voll Sinnenreiz und Schauvergnügen, burlesker Komik und theatralischer Turbulenz. Fast unvermeidlich ist es, an dieser Stelle den Ausspruch Goethes über die *Zauberflöte* zu zitieren, den Eckermann überliefert hat. Unter dem Datum des 13. April 1823 heißt es da: »Er gibt zu, daß der bekannte erste Teil voller Unwahrscheinlichkeiten und Späße sei, die nicht Jeder zurechtzulegen und zu würdigen wisse; aber man müsse doch auf alle Fälle dem Autor zugestehen, daß er im hohen Grade die Kunst verstanden habe, durch *Kontraste* zu wirken und große theatralische Effekte herbeizuführen.«

»Die Kunst, durch Kontraste zu wirken«: Sie wird man dem vielgescholtenen Schikaneder nicht absprechen können. Und wenn es auch Mozart war, der die bunte Theaterwelt erst zu wirklichem Leben erweckte, so war es doch Schikaneder, der das ebenso sinnreiche wie stabile dramatische Gerüst zimmerte. Eckermann sprach vom »bekannten ersten Teil« der *Zauberflöte*. Goethe selbst hat, was weniger bekannt ist, einen zweiten Teil gedichtet, trotz der Warnungen Schillers, ein solches Unternehmen könne in Ermangelung eines Komponisten wie Mozart leicht Schiffbruch erleiden. Goethe hat seinen Komponisten tatsächlich nie gefunden. Dafür ist der große Eindruck der *Zauberflöte* in die Konzeption seines zweiten *Faust* eingegangen, und was Goethe zu Eckermann über sein Alterswerk sagte, ließe sich leicht auf Mozarts und Schikaneders *Zauberflöte* beziehen: »Es hätte auch in der Tat ein schönes Ding werden müssen, wenn ich ein so reiches, buntes und höchst mannigfaltiges Leben, wie ich es im Faust zur Anschauung gebracht, auf die magere Schnur einer einzigen durchgehenden Idee hätte reihen wollen! ... Vielmehr bin ich der Meinung: *je inkommensurabeler und für den Verstand unfaßlicher eine poetische Produktion, desto besser.*«

Für den Verstand unfasslich ist so manches in der *Zauberflöte*: die drei Knaben als helle Lichtgenien, die drei Damen im Dienst der nächtlichen Königin, die düster dräuenden Geharnischten vor den Schreckenspforten von Feuer und Wasser, die mystischen Priesterchöre und geheimnisvollen Einweihungsrituale, Papageno in seinem phantastischen Federkleid und Monostatos, der im nächtlichen Mondlicht seinen phallischen Tanz aufführt, nicht zuletzt die hilfreichen Zauberinstrumente, Taminos Flöte, die die wilden Tiere besänftigt, und Papagenos Glockenspiel, das die Häscher im Tanz zu bannen versteht. All das gehört keiner »vernünftigen« Welt an, ist aber doch mehr als bloßer Theaterspaß, mehr als theaterbunte Einkleidung und Ausstaffierung des in der *Zauberflöte* beschriebenen Prüfungs- und Läuterungsweges.

Dieser dreigestufte Weg, den Tamino zu gehen hat, führt ihn zwar zu den Eingeweihten, aber er vollzieht sich nicht als Weg der Vernunft zu sich selbst. Auch die Bereiche des Sinnlichen, Komischen, Niedrigen, »Unvernünftigen« sind zugelassen. Noch die Vernunft muss sich verkleiden als Sonne und Licht, sich verschlüsseln in freimaurerischen Geheimsymbolen. Die heilige Dreizahl herrscht in der Oper: Die drei Knaben treten dreimal auf, Sarastro erscheint dreimal als Haupt der drei mal sechs Priester, nicht anders als die Königin, ihr unterstehen drei Damen, und dreimaliger Donner verkündet ihr Erscheinen, drei Prüfungen müssen bestanden werden, drei Tempel stehen im Hain, dreimal muss Tamino einzutreten versuchen. Und diese Dreizahl hat Mozart auch der rhythmischen und harmonischen Gestalt seiner Musik eingeschrieben. Wenn es also zutrifft, dass die *Zauberflöte* ein Werk der Aufklärung ist, hinleitend – wie die drei Knaben singen – zur Morgenhelle der Vernunft, dann verwendet sie doch gleichzeitig alle Requisiten und Zauberkünste des mythologischen Arsenals.

Nur einmal weicht Mozart asketisch davon ab, in der großen Szene Taminos mit dem Sprecher der Priestergemeinde vor seinem Eintritt in den Tempelbezirk. Es ist die schon früher erwähnte Szene, in der er seine bisherige Gewissheit einbüßt. Schikaneder hatte hier zweifellos einen gesprochenen Dialog vorgesehen, wie er der Form des Singspiels entspricht. Mozart machte daraus ein großes, vom Orchester begleitetes Rezitativ, nach Charakter und Ausdehnung ohne Vorbild in der Operngeschichte. Tamino wird hier, im Sinne des Wortes, das der Epoche ihren Namen gab, »aufgeklärt«; die Musik folgt ganz dem Sinn der Worte, ohne jede Stütze in der musikalischen Form. Es ist der einzige Moment der Oper, in dem Aufklärung sich unmittelbar und unverhüllt zu erkennen gibt. Weit entfernt davon, die ominöse »Bruchstelle« des Werkes zu markieren, verbürgt diese Szene seine dramatische Einheit.

Tamino bleibt allein zurück. Es ist der Augenblick seiner tiefsten Ratlosigkeit und Verzweiflung: »O ewige Nacht, wann wirst du schwinden?« Wie aus dem Unterbewusstsein taucht hier die musikalische Figur auf, mit der die Königin der Nacht ihm zuerst begegnet: »O zitt're nicht, mein lieber Sohn«. Tamino wiederholt diese Figur notengetreu, um einen Halbton nach unten versetzt. Und zerreißt den nächtlichen Schleier, während die Stimmen der Eingeweihten ihm begütigend zureden.

Es ist der Anfang seiner Initiation, und Tamino geht seinen Weg von nun an mit der Unbeirrbarkeit und inneren Überzeugung des Adepten, von der man nicht glauben kann, dass Schikaneder sie geteilt hat. Anders vielleicht als Mozart. Priestermarsch und Priesterchor, Sarastros Anrufung »O Isis und Osiris« sind Kompositionen von großem Ernst und einer gleichsam säkularisierten Sakralität. Wolfgang Hildesheimer hat an der Männermusik der *Zauberflöte* das »Verhalten-Beschränkte« getadelt. Dachte er an ihren asketischen Charakter, an den abgeblendeten Klang und das verhängte Kolorit? In der Ferne meint man schon die Gralswelt des *Parsifal* wahrzunehmen. Sicher war es Mozarts Absicht, dass diese Musik ihr Visier geschlossen hält. Er litt es nicht, wie ein Brief an Constanze vom 8. Oktober 1791 bezeugt, wenn man solchem Ernst mit Unernst begegnete: »Morgen führe ich die *Mama* [in die Oper]«, heißt es da, »das büchel hat ihr schon vorher Hofer zu lesen gegeben. – bey der Mama wirds wohl heissen, die *schauet* die Oper, aber nicht die *hört* die Oper. – [...] hatten heute eine Loge. – [...] zeugten über *alles* recht sehr ihren beifall, aber Er, der allwissende, zeigte so sehr den *bayern*, daß ich nicht bleiben konnte, oder ich hätte ihn einen Esel heissen müssen – Unglückseeligerweise war ich eben drinnen als der 2:ᵗ Ackt anfing, folglich bey der feyerlichen Scene. – er belachte alles; anfangs hatte ich gedult genug ihn auf einige Reden aufmerksam machen zu wollen, allein – er belachte alles; da wards mir nun zu viel – ich hiess ihn *Papageno*, und gieng fort – ich glaube aber nicht daß es der dalk verstanden hat.«

Ein Stein des Anstoßes muss die Frauenfeindlichkeit sein, die sich in der *Zauberflöte* ausspricht und immer wieder zu den unsinnigsten Sentenzen führt: vom eher harmlosen »Bewahret euch vor Weibertücken« des Priesterduetts über den Satz des Sprechers »Ein Weib tut wenig, plaudert viel« bis zu Sarastros herrischem Diktum: »Ein Mann muß Eure Herzen leiten, / Denn ohne ihn pflegt jedes Weib / Aus seinem Wirkungskreis zu schreiten.« Ist das bloß das Gerede dünkelhaft-beschränkter Priester, die der – freimaurerisch gedachten – Männervorherrschaft das Wort reden? Was dachten die Logenbrüder Mozart und Schikaneder darüber? Drückt sich darin vielleicht sogar eine Tendenz des Werkes aus? – Es gibt eine aufschlussreiche Bemerkung Schopenhauers über die *Zauberflöte*, die man als knappe Antwort auf viele Fragen nehmen kann – er schreibt: »In der Zauberflöte, dieser grotesken, aber bedeutsamen und vieldeutigen Hieroglyphe, würde der Grundgedanke vollkommen symbolisiert sein, wenn am Schluß der Tamino, vom Wunsch, die Pamina zu besitzen, zurückgebracht, statt ihrer allein die Weihe im Tempel der Weisheit verlangte und erhielte; hingegen seinem notwendigen Gegensatze, dem Papageno, richtig seine Papagena würde.«

Schopenhauer, dem großen Misogyn, hätte es so passen können. Sein eigenes Wunschdenken ist hier der *Zauberflöte* als ihr eigentlicher Grundgedanke untergeschoben. Aber in der Oper geht es anders zu. Tamino entsagt keineswegs seiner Pamina, verlangt nicht für sich allein die Weihe im Tempel der Weisheit. Pamina sehen wir an seiner Seite auf dem Todesweg durch Feuer und Wasser, den die Pauke mit den Akzenten eines Trauermarsches begleitet. Am Ende werden beide als Eingeweihte begrüßt: »Ein Weib, das Nacht und Tod nicht scheut, ist würdig und wird eingeweiht.«. Das hat eine freimaurerisch-konkrete und eine allgemein-symbolische Bedeutung. Die konkrete liegt darin, dass wir die *Zauberflöte*, die kein für die Loge geschriebenes Stück wie Mozarts Freimaurerkantaten war, als Plädoyer für die Gleichberechtigung der Frau in der Maurergesellschaft verstehen dürfen (deren Bruderschaften ließen keine Frauen zu). Die symbolische Bedeutung liegt im Bild des »hohen Paares« Tamino und Pamina, ja des Paares überhaupt, das am Schluss der Oper, bejubelt nicht nur von den Eingeweihten, sondern vom gesamten Chor, den Weisheitstempel betritt. »Mann und Weib und Weib und Mann / Reichen an die Gottheit an«, singt Pamina in ihrem Duett mit Papageno: Humanisierung, Vermenschlichung der Vernunft-Utopie. Die *Zauberflöte* verspricht keinen ewigen Frieden, kein Gutwerden der Welt. Aber dies Gutwerden darf für Augenblicke in der Bewährungsoper aufscheinen, in dieser Zaubermontage aus Heterogenem, von der niemand zu sagen weiß, was daran noch Schikaneders Anteil, was schon der Anteil Mozarts ist. Auch Mozart hat dies nicht getrennt in seinem Brief vom 14. Oktober 1791, worin er Constanze voller Genugtuung von seinem gemeinsamen Besuch der *Zauberflöte* mit der Sängerin Cavalieri – sie sang in der Uraufführung der *Entführung aus dem Serail* die Konstanze – und seinem alten Rivalen Salieri berichtet. Es ist sein letzter Brief, der auf die Nachwelt gekommen ist:

> Liebstes bestes Weibchen, gestern Donnerstag den 13:^{ten} ... um 6 Uhr hohlte ich Salieri und Cavalieri mit dem Wagen ab, und führte sie in die Loge ... Du kannst nicht glauben, wie artig beide waren, – wie sehr ihnen nicht nur meine Musick, sondern das Buch und alles zusammen gefiel. – Sie sagten beide ein *Opera*, – würdig bey der größten festivität vor dem größten Monarchen aufzuführen, – und Sie würden sie gewis[s] sehr oft sehen, den[n] sie haben noch kein schöneres und angenehmeres Spectacel gesehen. – Er hörte und sah mit aller Aufmerksamkeit und von der Sinfonie bis zum letzten Chor, war kein Stück, welches ihm nicht ein bravo oder bello entlockte, und sie konnten fast nicht fertig werden, sich über diese Gefälligkeit bei mir zu bedanken ...

II

19. Jahrhundert

Höllenvision aus Biedermeierminiaturen
»Der Freischütz«

> Der Freischütz muss ganz so gespielt werden, wie er ist, ohne die geringste Änderung im Libretto oder in der Musik.
> Hector Berlioz an Léon Pillet,
> Direktor der Grand Opéra, Paris,
> November 1840

> Nur der integrale Freischütz ist möglich, oder gar keiner. Man hat das Werk ernst zu nehmen und alle Anweisungen auszuführen … Wer den integralen Freischütz belacht, flieht vor dem eigenen Unbehagen. Ein ernstgenommener Freischütz ist nichts zum Lachen.
> Hans Mayer

Der Jägerchor aus dem *Freischütz* (»Was gleicht wohl auf Erden dem Jägervergnügen«) ist eines der populärsten Stücke der Musikliteratur, zumal der deutschen, gleich unentbehrlich für Liedertafel, Männergesangverein und Wunschkonzert. In Carl Maria von Webers Oper wird der Chor vor romantisch-schöner Waldkulisse gesungen, zu schmetterndem Hörnerklang, und das deutsche Gemüt labt sich am Einklang von Jagdlust, Geselligkeit und Naturempfinden. Solch optimistische Fröhlichkeit beschreibt aber nur die eine Seite des *Freischütz*. Der Komponist selbst hat darauf hingewiesen, dass in seinem Werk die düsteren Farben vorherrschen: Teufelsspuk und Aberglaube, Schuldverstrickung und seelische Katastrophen, gemäß den Worten des Jägerburschen Max in seiner großen Arie: »Doch mich umgarnen finstre Mächte!« Auf diesem Kontrast von »Gut« und »Böse«, Licht und Finsternis, von naiver Frömmigkeit und schicksalhaftem Verhängnis beruht seit jeher die Anziehungskraft dieses romantischen Singspiels; darin liegt sein Zauber, aber auch sein Rätsel.

Am 18. Juni 1821 wurde Carl Maria von Webers Oper in Berlin uraufgeführt. Neben Mozarts *Zauberflöte* ist sie das beliebteste Werk des deutschen Opernrepertoires, für mehr als hundert Jahre rückte sie sogar in den Rang einer »deutschen Nationaloper«. »Der Freischütz«, sagte ein französischer Autor, »… ist keine ›Oper‹, das ist Deutschland selbst.«

Weber war vierundzwanzig Jahre alt und bereits ein renommierter Komponist, als er 1810 erstmals mit dem Freischütz-Stoff in Berührung kam, und zwar in Heidelberg, einem Zentrum der Romantik. Soeben war das *Gespensterbuch* von Friedrich Laun und Johann August Apel erschienen, darin enthalten: *Der Freischütz. Eine Volkssage* – eine idyllisch beginnende und düster endende Geschichte, deren Held Wilhelm – der spätere Max der Oper – seine Braut Käthe, eine Förstertochter, nur gewinnen kann, wenn er zuvor eine Probe seiner Schießkunst besteht. Wilhelm, dem es vor dem Probeschuss bangt, hat sich mit Hilfe eines Kriegsinvaliden, der in der Sage der »Stelzfuß« genannt wird, in den Besitz von Freikugeln gebracht, das sind Kugeln, die das gewünschte Ziel niemals verfehlen. So nimmt das Unheil seinen Lauf.

Die Jäger kamen zurück. Der Kommissar war unerschöpflich in Wilhelms Lobe. Es dünkt mich fast lächerlich – sprach er – nach solchen Proben noch einen Probeschuß zu verlangen. Doch, dem alten Recht zu Ehren, müssen wir schon einmal etwas unnöthiges thun, und so wollen wir denn die Sache so kurz als möglich abthun. Dort auf dem Pfeiler sitzt eine Taube, schießen Sie die herunter.

Um Gottes willen – schrie *Käthchen* herzueilend – Wilhelm, schieß nicht danach. Ach mich träumte diese Nacht, ich war eine weisse Taube, und die Mutter band mir einen Ring um den Hals, da kamst du, und die Mutter ward voll Blut.

Wilhelm zog das schon angelegte Gewehr zurück, aber der Jägermeister lächelte. Ei, ei! – sagte er – so furchtsam? Das schickt sich nicht für ein Jägermädchen. Muth, Muth, Bräutchen! oder ist das Täubchen vielleicht Ihr Favoritchen?

Nein – erwiderte sie – mir ist nur so bang.

Nun dann – rief der *Kommissar* – Courage, Herr Förster, schießen Sie! Der Schuß fiel, und in demselben Augenblick stürzte Käthchen mit einem lauten Schrei zu Boden.

Wunderliches Mädchen! – rief der *Landjägermeister* – und hob Käthchen auf, aber ein Strom Blut quoll über ihr Gesicht, die Stirn war ihr zerschmettert, eine Büchsenkugel lag in der Wunde.

Was ist? – rief *Wilhelm* – als lautes Geschrei hinter ihm ertönte. Beim Zurückblicken sah er Käthchen todtenbleich in ihrem Blut. Neben ihr stand der Stelzfuß und mit höllischem Hohnlachen grinsete er: Sechzig treffen, drei äffen.

Wilhelm riß wüthend seinen Hirschfänger aus der Scheide, und hieb nach dem Verhaßten. Verfluchter – schrie er verzweifelnd – *so hast du mich getäuscht?* Mehr konnte er nicht sprechen, denn er sank besinnungslos neben der blutenden Braut zu Boden.

Der Kommissar und der Pfarrer suchten vergebens den verwaisten Eltern Trost zuzusprechen. Mutter Anne hatte kaum der bräutlichen Leiche den prophetischen Todtenkranz auf die Brust gelegt, als sie den tiefen Schmerz in der letzten Thräne ausweinte. Der einsame Vater folgte ihr bald. Wilhelm beschloß sein Leben im Irrenhause.

Die Geschichte vom Freischütz, wie sie in der Volkssage von Laun und Apel erzählt wird, hat einen historischen Kern, der aus böhmischen Gerichtsakten des frühen 18. Jahrhunderts überliefert ist. Das Motiv für das Freikugelgießen war hier Geldgier, während erst im *Gespensterbuch* von 1810 das wesentliche Motiv des Probeschusses um die Hand der Försterstochter auftaucht.

Weber war von dem Stoff sogleich angetan, in der ersten Begeisterung entstand ein Opernszenario, das aber unausgeführt blieb, weil damals die Arbeit an *Abu Hassan* in den Vordergrund trat. Sechs Jahre später, 1816, wurde Weber, bis dahin Operndirektor in Prag, als Kapellmeister nach Dresden berufen. Dort lernte er den Schriftsteller Friedrich Kind kennen, der ihm ein neues Opernbuch dichten sollte. Auf der Suche nach einem »tüchtigen Stoff« – nach Webers Vorstellung sollte er vor allem »volksthümlich« sein – fiel Kind wie zufällig das *Gespensterbuch* in die Hände. Der alte Enthusiasmus erwachte, nur der düstere Schluss bereitete Sorgen – nicht allein der strengen Theaterzensur wegen, auch die Zeitstimmung verlangte nach anderem.

Was weiter geschah, hat Friedrich Kind fünfundzwanzig Jahre später so berichtet: »Noch in derselben Nacht, kaum daß Weber gegangen war, eilte ich ihm nach: ›Ich dichte Ihnen den Freischützen! mit dem Teufel selbst nehm ich's auf! Ich drehe das ganze Spiel um! Nichts Modernes; wir leben nach dem dreißigjährigen Kriege, tief im Böhmischen Waldgebirg! Ein frommer Einsiedler ist mir erschienen! Die weiße Rose schützt gegen den höllischen Jäger! Die Unschuld hält den wankenden Schwachen aufrecht! der Orkus liegt unter, der Himmel triumphiert!‹ Ich setzte Webern den entworfenen Plan gedrängt auseinander; wir fielen einander jubelnd in die Arme; wir riefen scheidend: ›Unser Freischütz hoch!‹«

Als dieser Bericht 1841 erschien, hatte die Oper ihren Siegeszug durch Deutschland längst angetreten, war sogar in Paris aufgeführt worden, mit nachkomponierten Orchesterrezitativen von Hector Berlioz, und dem

Textdichter war verständlicherweise daran gelegen, seinen Anteil ins rechte Licht zu setzen. Und wirklich hat Friedrich Kind durch sein *Freischütz*-Libretto einen Zipfel der Unsterblichkeit erlangt. Das Geschick, mit dem er das Szenario entwarf, die einzelnen Nummern mit ihren atmosphärischen Umschwüngen aufeinander folgen ließ und in die mitwirkende Hintergrundszenerie einfügte, überwiegt bei weitem seine mittelmäßigen Verse und verdient, ganz ähnlich wie Schikaneders Text zur *Zauberflöte*, nicht die Geringschätzung, die dem Librettisten als dem ewigen Sündenbock der Operngeschichte oft bezeugt worden ist. Weber jedenfalls scheint Kinds Begeisterung geteilt zu haben, denn er schrieb sogleich an seine Verlobte Caroline Brandt: »Das Sujet ist trefflich, schauerlich und intereßant ... was Extras ist dieß. Teuferl kommt auch drin vor, als schwarzer Jäger und Kugeln werden gegossen in der Bergschlucht um Mitternacht wo alle die Gestalten vorüber rauschen. Hu! graust dich schon?«

Kind schrieb den ersten Akt in drei Tagen, nach kaum zehn Tagen war das ganze Textbuch fertig. Nur über den Titel der Oper bestand noch Unklarheit; sie sollte zunächst »Die Jägersbraut«, dann »Der Probeschuß« heißen und wurde schließlich, auf Anregung des Berliner Schauspielhaus-Intendanten Carl von Brühl, der meinte, »das Märchen sei doch bekannt genug«, zum *Freischütz* umgetauft. Nun konnte Weber seiner Braut eine Vorstellung von Stoff und Handlung geben, bei *diesem* Stoff und *dieser* Handlung, in der ein Bräutigam die eigene Braut mit einer Freikugel bedroht, gewiss kein leichtes Unterfangen. Doch der Komponist zog sich gegenüber seiner Braut geschickt aus der Affäre:

> Ein alter fürstl. Förster will seinem braven Jägerburschen Max, seine Tochter und Dienst geben, und der Fürst ist es zufrieden, nur besteht ein altes Gesezz, daß jeder einen schweren Probeschuß ausführen muß. ein anderer boshafter liederlicher Jägerbursche Kaspar hat auch ein Auge auf das Mädel, ist aber dem Teufel halb und halb ergeben. Max sonst ein trefflicher Schütze, fehlt in der letzten Zeit vor dem Probeschuße alles, ist in Verzweiflung darüber und wird endlich dadurch von Kaspar dahin verführt, sogenannte *Frey*kugeln zu gießen, wovon 6 unfehlbar treffen, dafür aber die 7. dem Teufel gehört. Diese soll das arme Mädchen treffen, dadurch Max zur Verzweiflung und Selbstmord geleitet werden ... Der Himmel beschließt es aber anders, beim Probeschuß fällt zwar Agathe, aber auch Kaspar, und zwar letzterer wirklich als Opfer des Satans, erstere nur aus Schrecken, warum etc. ist im Stück entwickelt. das Ganze schließt freudig.

Weber begann die Komposition im Juli 1817 und vollendete sie nach dreijähriger Arbeit im Mai 1820; die Ouvertüre als rein-musikalische Synopse und Vorwegnahme des dramatischen Geschehens schrieb er zuletzt. Das Werk wurde in Berlin zur Uraufführung angenommen; dort ging es am 18. Juni 1821 in Karl Friedrich Schinkels neuerbautem Schauspielhaus am Gendarmenmarkt in Szene. Die Uraufführung wurde zum Triumph, und die Begeisterung des Publikums war grenzenlos, wie ein Bericht von Webers Sohn Max bezeugt:

Vier Stunden vor Eröffnung des Schauspielhauses belagerte eine compakte Masse dessen unglaublich unpraktisch angelegte Eingänge. Nur den vortrefflichen Maßnahmen der Polizei war es zu danken, daß bei dem fürchterlichen Drang und Kampf nach Eröffnung der Pforten nur Kleider verletzt wurden und blos kleine Quetschungen vorkamen. Das Parterre füllte, dicht gedrängt, Kopf an Kopf, die jugendliche Intelligenz, das patriotische Feuer, die erklärte Opposition gegen das Ausländische: Studenten, junge Gelehrte, Künstler, Beamte, Gewerbtreibende, die vor acht Jahren in Waffen geholfen hatten, den Franzmann zu verjagen. Unter Carolinen's Loge stand ... die lange schmächtige Gestalt Heinrich Heine's, der in seiner sarkastischen Weise sagte: »Er wolle es sich einmal gefallen lassen, »kindische« Verse für Byron's ›Childe Harold‹ einzutauschen« (mit dem er sich gerade beschäftigte), und ein kleiner, kräftiger Student mit gewaltiger Lunge und knallenden Händen. Die Haute-Volée und die Autoritäten der literarischen, musikalischen und gelehrten Kreise Berlins füllten Sperrsitze und Logen. Man sah wenig hohe Beamte, fast gar keine Uniformen. Nach und nach füllte sich das Orchester – die Musiker begannen zu stimmen – das Brausen der in dem übervollen Hause unbequem in glühender Hitze eingekeilten Masse, nahm mehr und mehr zu – da erschallte plötzlich Beifallklatschen im Orchester – Weber war eingetreten – und das ganze volle Haus mit tausend, tausend Händen nahm das schwache Signal im Orchester wie ein donnerndes Echo auf. Drei Mal mußte Weber den Taktstock sinken lassen und sich verneigen, ehe er das Zeichen zum Anfange geben konnte ... Der Erfolg war ein ungeheurer und beispielloser! Kritiker, Künstler, Dilettanten und Musikfreunde waren wie berauscht zum ersten Male, für den Abend wenigstens, einstimmig voll Lob, Entzücken und Freude. Das Auditorium brauste auseinander, laut das neue Wunder verkündigend.

Der Bericht von Webers Sohn, der erst im Jahr nach der Uraufführung zur Welt kam, erschien 1865, aus dem Abstand von viereinhalb Jahrzehnten, es ist nicht der Bericht eines Augen- und Ohrenzeugen, beruht vielmehr auf Hörensagen. Doch ist an seiner Zuverlässigkeit nicht zu zweifeln. Der Komponist des *Freischütz* schrieb noch am Abend der Uraufführung in sein Tagebuch: »... als erste Oper im neuen Schauspielhaus *Der Freischütz*. Wurde mit dem unglaublichsten Enthusiasmus aufgenommen. Ouvertüre und Volkslied da capo verlangt, überhaupt von siebzehn Musikstücken vierzehn lärmend applaudirt ... Gedichte und Kränze flogen. Soli deo gloria.«

Dass Gott allein die Ehre gebühre, war für Weber gewiss keine Floskel. Bei allem kompositorischen Selbstbewusstsein kam ein Triumph solchen Ausmaßes für ihn unerwartet. Sicher spielte auch Politisches eine Rolle. Etwa die – von Webers Sohn erwähnte – »erklärte Opposition gegen das Ausländische«. Die napoleonischen Kriege lagen erst wenige Jahre zurück. Und es gab auch künstlerische und musikalische Kriege. Den Triumph des *Freischütz* feierte man schon bald als »Sieg« der deutschen Oper über die italienische, als Sieg Webers über den vom preußischen König favorisierten Berliner Generalmusikdirektor Spontini, den Komponisten der einstmals berühmten *Vestalin*.

Der politisch hellhörige Heinrich Heine hat es genau wahrgenommen und, als Besucher der Uraufführung des *Freischütz*, in seinen *Briefen aus Berlin* ironisch vermerkt:

Haben Sie noch nicht Maria von Webers ›Freischütz‹ gehört? Nein? Unglücklicher Mann! Aber haben Sie nicht wenigstens aus dieser Oper »das Lied der Brautjungfern« oder »den Jungfernkranz« gehört? Nein? Glücklicher Mann! – Wenn Sie vom Hallischen nach dem Oranienburger Tore, und vom Brandenburger nach dem Königs-Tore gehen, ja selbst, wenn Sie vom Unterbaum nach dem Köpnicker Tore gehen, hören Sie jetzt immer und ewig dieselbe Melodie, das Lied aller Lieder – »den Jungfernkranz« ... Bin ich mit noch so guter Laune des Morgens aufgestanden, so wird doch gleich alle meine Heiterkeit fortgeärgert, wenn schon früh die Schuljugend, den »Jungfernkranz« zwitschernd, meinem Fenster vorbeizieht. Es dauert keine Stunde, und die Tochter meiner Wirtin steht auf mit ihrem ›Jungfernkranz‹. Ich höre meinen Barbier »den Jungfernkranz« die Treppe heraufsingen. Die kleine Wäscherin kommt »mit Lavendel, Myrt und Thymian«. So gehts fort. Mein Kopf dröhnt ... Und nun den ganzen Tag verläßt mich nicht das vermaledeite Lied. Die schönsten Momente verbittert es mir ... Den ganzen Nachmittag werde ich mit »veilchenblauer Seide« gewürgt. Dort wird der Jungfernkranz von einem Lahmen abgeorgelt, hier wird er von einem Blinden heruntergefiedelt. Am Abend geht der Spuk erst recht los. Das ist ein Flöten, und ein Gröhlen, und ein Fistulieren, und ein Gurgeln, und immer die alte Melodie. Das Kasparlied und der Jägerchor wird wohl dann und wann von einem illuminierten Studenten oder Fähndrich, zur Abwechslung, in das Gesumme hineingebrüllt, aber der Jungfernkranz ist permanent; wenn der eine ihn beendigt hat, fängt ihn der andere wieder von vorn an; aus allen Häusern klingt er mir entgegen; jeder pfeift ihn mit eigenen Variationen; ja, ich glaube fast, die Hunde auf der Straße bellen ihn ...

Heine fuhrt fort:

Sie begreifen jetzt, mein Lieber, warum ich Sie einen glücklichen Mann nannte, wenn Sie jenes Lied noch nicht gehört haben. Doch glauben Sie nicht, daß die Melodie desselben wirklich schlecht sei. Im Gegenteil, sie hat eben durch ihre Vortrefflichkeit jene Popularität erlangt. Mais toujours perdrix? Sie verstehen mich. Der ganze »Freischütz« ist vortrefflich, und verdient gewiß jenes Interesse, womit er jetzt in ganz Deutschland aufgenommen wird. Hier ist er jetzt vielleicht schon zum 30sten Male gegeben, und noch immer wird es erstaunlich schwer, zu einer Vorstellung desselben gute Billette zu bekommen. In Wien, Dresden, Hamburg macht er ebenfalls furore. Dieses beweiset hinlänglich, daß man Unrecht hatte, zu glauben: als ob diese Oper hier nur durch die antispontinische Partei gehoben worden sei ... Aber dafür sehen wir in Berlin oft einen ergötzlichern Parteikampf, den in der Musik. Wären Sie Ende des vorigen Sommers hier gewesen, hätten Sie es sich in der Gegenwart veranschaulichen können, wie einst in Paris der Streit der Gluckisten und Piccinisten ungefähr ausgesehen haben mag.

Fahl zerfällt zum Ende hin der Brautchor, vor allem wenn man ihn nicht allzu rasch spielt, gemäß Webers Tempobezeichnung *Andante quasi allegretto*. Hinter der volksliedhaften Schlichtheit und Refrain-Vergnügtheit tut sich Bedrohliches auf, lauerndes Unheil. Solche Doppelbödigkeit charakterisiert die gesamte Bilderwelt des *Freischütz* und auch die Partitur, die in so erstaunlicher Weise heterogen ist, formale Logik und einheitlichen Stil vermissen lässt und doch in fast allen ihren Teilen genial neu und wunderbar frisch ist, von einer geradezu unverderblichen Frische.

Die epochemachende Wirkung hat niemand hellsichtiger beschrieben als, gleich nach der Uraufführung, der Rezensent der *Vossischen Zeitung*, in dem man lange Zeit E.T.A. Hoffmann vermutet hat: »Was die Musik betrifft, so müssen wir von vornherein die Meinung aussprechen, daß seit Mozart nichts Bedeutenderes für die Deutsche Oper geschrieben ist als Beethovens *Fidelio* und dieser *Freischütz*. Weber, so scheint es, habe alle ... Strahlen seines erstaunenswerten Genius kühn in einen Brennpunkt gesammelt ... Neuheit in Form und Ausdruck, Kraft und Keckheit, ja Übermut in den Harmonien, seltner Reichtum der Phantasie, unübertroffne Laune, wo es gilt, bewundernswerte Tiefe in den Intentionen, und alle diese Eigenschaften mit dem Stempel der Originalität bezeichnet, dies sind die Elemente, aus denen Weber dies sein neuestes Werk *gewebt* hat.«

Der Rezensent ging auf jede einzelne Nummer der Oper ein und charakterisierte sie mit wenigen kräftigen Strichen: die Ouvertüre als Vorbereitung des Ungewitters, den Spottchor der Bauern mit seinem hinkenden Metrum, den Böhmischen Walzer, der mit den Hörnerklängen des Schlusses so unheimlich in Nichts zerfällt, Jungfernkranz und Jägerchor, die jubilierende Freudenarie Agathes, vor allem Caspars Trinklied mit seiner »Lustigkeit der Hölle« – »der Brillant der Oper und die Krone aller Weberschen Lieder überhaupt«.

Der Berliner Uraufführungsrezensent hat auch angemerkt, dass lediglich die größeren Ensembles die gewohnte Höhe der Weber'schen Inspiration nicht erreichen. Das betrifft vor allem das sinistre dritte Finale mit Ottokar und Eremit. Der Auftritt des letzteren ist zwar wohlvorbereitet, obwohl er es, wie Adorno spottete, »musikalisch nicht zum Sarastro« bringt. Was in die kaleidoskopisch-bunte Bild- und Formenwelt des *Freischütz* nicht passte, geriet Weber musikalisch konventionell, von Agathes Cavatine mit der übermäßigen None bis zum Schlusschor »Wer rein ist von Herzen und schuldlos im Leben, / Darf kindlich der Milde des Vaters vertraun!« Hier dringt musikalisch das Biedermeier in Webers Oper ein, nicht zu verwechseln mit ihrem spezifisch Deutschen in diesem historischen Augenblick: frühe Romantik, bürgerlicher Aufbruch, nationales Selbstgefühl, eine noch ungebrochene Naturverbundenheit und ein ganz eigenes, besonderes Waldgefühl, dessen Duft das Stück durchdringt, als wären alle Fenster geöffnet worden.

So hat es Richard Wagner empfunden, als er zwanzig Jahre später die erste Aufführung des *Freischütz* an der Grand Opéra in Paris besprach, enthusiastisch und mit patriotischem Überschwang: »O, mein herrliches deutsches Vaterland, wie muß ich dich lieben, wie muß ich für dich schwärmen, wäre es nur, weil auf deinem Boden der *Freischütz* entstand! Wie muß ich das deutsche Volk lieben, das den *Freischütz* liebt; das noch heute an die Wunder der naivsten Sage glaubt, das noch heute, im Mannesalter, die süßen, geheimnisvollen Schauer empfindet, die in seiner Jugend ihm das Herz durchbebten! Ach, du liebenswürdige deutsche Träumerei! Du Schwärmerei vom Walde, vom Abend, von den Sternen, vom Monde, von der Dorfturmglocke, wenn sie sieben Uhr schlägt! Wie ist der glücklich, der euch versteht, der mit euch glauben, fühlen, träumen und schwärmen kann! Wie ist mir wohl, daß ich ein Deutscher bin!«

Agathes große Arie, die so sinnfällig schwankt zwischen dem Behütetsein der Stube und der Offenheit der Nacht, zwischen mädchenhafter Angst und sinnlicher Erwartung, zwischen der Hoffnung auf Maxens Jägerglück und der Furcht vor dem Probeschuss, der ja die nahe Defloration symbolisiert, – Agathes große Arie ist eines der beiden Kraftzentren in Webers Oper, das Gegenstück zur großen Wolfsschlucht-Szene mit ihren losgelassenen Spukgeistern und Naturdämonen. Der zitierte Berliner Rezensent schrieb über diese Kernszene der Oper, dass man sie mehrfach hören müsse, um ihr gerecht zu werden. Und weiter: »Eine *musikalische* Szene wie diese ist nie und nirgend geschrieben.«

In der Tat komponierte Weber hier, im jagenden Kaleidoskop der Bilder, in wilder Steigerung und mit unerhörten Klangfarben eine musikalische Schreckensvision, deren Echos das ganze Jahrhundert durchhallen. Berlioz und Wagner und noch Gustav Mahler fanden hier eine Quelle ihrer Inspirationen. In dieser Szene sind die seelischen Abgründe aufgerissen, das schaurige Inferno im Inneren des Menschen, das als nächtlicher Höllenspuk nach außen gekehrt scheint. Adorno hat von einer »Höllenvision aus Biedermeierminiaturen« gesprochen. Aber das gilt für die ganze *Freischütz*-Musik, die noch in ihren idyllischen und anheimelnden Momenten für das Grauen durchlässig bleibt. Überall Todessymbole, lauerndes Chaos, verstörte Gemüter. Kein Wunder, dass Weber und Kind ihre Oper in eine beinahe vorgeschichtliche, mythische Zeit verlegten, in die düstern Wälder Böhmens nach dem Ende des Dreißigjährigen Krieges. Hier herrschen der Aberglaube und der Zwang blinder Untertänigkeit, ja der weit ältere, archaische Zwang des Beuterechts, von dem der Jäger Gebrauch macht, um im Tausch für die Beute die Braut zu gewinnen. Der Probeschuss erinnert zugleich an den heidnischen Brauch des Blutopfers und den christlich-humanen Einspruch dagegen. Max unterwirft sich dem archaischen Zwang, indem er mit Caspar Freikugeln gießt – Kugeln gleichsam eines ewigen Beuterechts – und damit, Kugel um Kugel, die schon vertrieben geglaubten Dämonen zurückruft: das wilde Heer und Samiel, den schwarzen Jäger, der immer neue Opfer sucht. »Der Freischütz«, schrieb Adorno, »ist der letzte Jäger; er hat mit der irrenden Kugel in Wahrheit sich freigeschossen von Brautkauf und Blutgesetz.«

Mit dem Auftritt des Eremiten wandelt sich die archaische Handlung zum christlichen Schicksalsstück. Doch das Happy End kommt zu jäh und unvermittelt und bleibt musikalisch zu blass, als dass man ihm ganz trauen dürfte. Wenn Weber beruhigend an seine Braut schrieb: »Das Ganze schließt freudig«, dann wusste er wahrscheinlich, dass solche Freude den lauernden Trug und Spuk nicht vollständig zu bannen vermag. Ein verzeihender Landesfürst, ein fürsprechender Eremit, ein gnädig mitwirkender Himmel – dem entsprach schon damals keine Wirklichkeit. Die *Freischütz*-Welt ist eine Welt aus den Fugen, und eine Modulation von heiklem H-Dur in strahlendes C-Dur renkt sie nicht ein. Die Schrecken der Wolfsschlucht erwachen immer aufs Neue, und nicht bloß in der grandiosen Musik, mit der Weber sie beschwor – bis heute eine Freikugel, die immer trifft.

Der vergessene Meister
Felice Romani

> Gesang ist darum wunderbar, weil er die Bändigung dessen ist,
> was sonst reines Organ der Selbstsucht: die menschliche Stimme.
>
> Hugo von Hofmannsthal

Shakespeares *Romeo und Julia* taucht in der Operngeschichte mehrfach auf, so auch als Vincenzo Bellinis *I Capuleti e I Montecchi*. Dass die Tragödie auf den Tisch italienischer Librettisten in der Form gekommen sei, die Shakespeare ihr gegeben hat, ist ein Irrtum. Ihm erlag auch Hector Berlioz, als er 1832 in Florenz eine Aufführung dieser Oper sah. Wahrscheinlich lag es an den großen Erwartungen, mit denen er gekommen war, denn Shakespeares Stück war einer der großen künstlerischen Eindrücke seines Lebens gewesen, seit er die Schauspielerin Harriet Smithson als Julia gesehen und sich unsterblich in sie verliebt hatte. Harriet Smithson gehörte zu einer englischen Theatergruppe, die 1827 mit einer Serie von Shakespeare-Aufführungen die Theaterenthusiasten von Paris in einen wahren Taumel versetzte. Berlioz wurde gleich in doppelter Weise von diesem Taumel erfasst: einmal für Shakespeare, der in Frankreich damals gerade in seiner vollen Bedeutung entdeckt wurde, zum anderen für die Hauptdarstellerin, die er als Ophelia und Julia sah. Berlioz hat diese Begegnung in seinen Memoiren das »größte Drama« seines Lebens genannt: »[Ich] sah das Schauspiel dieser Liebe mit an, die so schnell ist, wie ein Gedanke, glühend wie Lava, gebieterisch, unwiderstehlich, unermeßlich ist, und rein und schön wie Engelslächeln; sah die Szenen wütender Rache, diese übermenschlichen Seelenkrämpfe, diesen verzweiflungsvollen Streit der Liebe mit dem Tode – es war zu viel. So atmete ich dann kaum noch beim dritten Akte, und, unter Leiden, wie wenn eine eiserne Faust mein Herz zusammenpreßte, sagte ich mir in gänzlicher Ergebung: Ach! ich bin verloren!«

Berlioz geriet in einen verzweifelten, einer Geistesstörung ähnlichen Zustand, der mehrere Monate währte, in denen er unablässig an Shakespeare und die geniale Darstellerin dachte. Zweifellos war die Begegnung mit Harriet Smithson der emotionale Auslöser für die Komposition der *Symphonie fantastique*. Die unerreichbare Geliebte, die der junge Musiker sich im Opiumrausch des ersten Satzes erträumt, die er im vierten Satz ermordet und im fünften in den höllischen Spuk eines Hexensabbats versetzt, lässt sich ohne Zögern mit der englischen Schauspielerin identifizieren – sie wurde zur *idée fixe* der Sinfonie, wie Berlioz selbst eingestanden hat: »Der Vorwurf dieses musikalischen Dramas ist, wie man weiß, kein anderer, als die Geschichte meiner Liebe zu Miss Smithson, meiner Herzensnot, meiner schmerzlichen Träume ...« Ein englischer Kritiker hat überliefert, dass Berlioz nach dem Besuch der Pariser *Romeo und Julia*-Aufführung ausgerufen haben soll: »Diese Frau werde ich heiraten und über dieses Drama meine größte Symphonie schreiben!« Tatsächlich versuchte er mehrfach, mit Harriet Smithson in ein näheres Verhältnis zu treten, doch vergeblich – erst sechs Jahre später, im Oktober 1833, wurde sie nach vielen Anstrengungen und Kämpfen endlich seine Frau. Unterdessen hatte er den renommierten Rom-Preis erhalten und das obligatorische Pflichtjahr in Italien verbracht, die angebetete Darstellerin der Julia noch immer in allen Nerven und Sinnen. So etwa muss man sich die Geistesverfassung des achtundzwanzig Jahre alten Komponisten vorstellen, als er in Florenz *I Capuleti e I Montecchi* sah – auch darüber hat er in seinen Erinnerungen berichtet: »Man sprach viel Gutes von der Musik, aber auch vom Libretto, was mich höchlich überraschte, da es im allgemeinen selten ist, dass die Italiener von einer Oper Aufhebens machen. Aha, das ist etwas Neues!!! Ich soll also, nach so viel elenden musikalischen Bearbeitungen des herrlichen Werkes eine wirkliche Oper Romeo hören, des großen Shakespeare würdig! ... Welche Enttäuschung!!! In diesem Libretto gibt es keinen Ball bei Capulet, keinen Mercutio, keine schwatzende Amme, keinen ruhigernsten Eremiten, weder die Balkonszene, noch den erlesenen Monolog der Julia, als sie die Phiole vom Eremiten erhält, kein Zwiegespräch in der Klause zwischen dem verbannten Romeo und dem trostlosen Eremiten; keinen Shakespeare, nichts; ein verfehltes Werk. Und dennoch ist dieser Felice Romani ein begabter Dichter, den nur die armseligen Gewohnheiten der italienischen Opernbühnen gezwungen haben, ein so dürftiges Libretto aus Shakespeares Meisterwerk zurecht zu schneidern!«

Der Franzose, romantischer Neutöner, begriff nicht, dass die italienische Musikbühne ihre eigenen Gesetze besaß, solche zunächst, die im Geschmack des Publikums begründet lagen, andere, die ihr aus gesellschaftlichen Konventionen erwuchsen, und schließlich jene, die ihr von der politisch-kirchlichen Zensur oktroyiert wurden. Das ging oft Hand in Hand. Als Vincenzo Bellini und Felice Romani 1829 in Parma die Oper *Zaïra* nach Voltaire vorbereiteten, gab es Ärger erstens wegen der immensen Geldforderungen des Komponisten, zweitens wegen des Sujets – der Sultan von Jerusalem heiratet eine Christin, oder umgekehrt, dass sie ihn nimmt, darin lag das Anstößige – und drittens wegen des Bartes des Librettisten. Felice Romani wurde kurz nach der Ankunft in Parma von Polizisten in einem Kaffeehaus aufgefordert, seine Haarpracht zwischen Nase und Oberlippe zu entfernen. Was in Mailand als schick galt, sah in Parma wie Libertinage aus. Romani beschloss, sofort abzureisen. Die Festoper zur Einweihung des neuen Fürstentheaters schien gefährdet. Widerstrebend erlaubte die Großherzogin – Napoleons Witwe Marie-Louise – dem Dichter, sich weiterhin ungestutzt zur Schau zu stellen. In Paris hätte man diese Geschichte vielleicht nicht einmal geglaubt. Aber Parma war nicht Paris, die italienische Kleinstaaterei brachte viel Rückständigkeit mit sich. Und eine Romeo und Julia-Oper musste nicht selbstverständlich im Gefolge Shakespeares daherkommen. Romani hatte vielmehr die Original-Geschichte aus den *Novellen* des Matteo Bandello, erschienen 1554, benutzt.

Berlioz hätte sich denken können, dass in Parma zum Beispiel ein Pater Lorenzo als kupplerischer Helfer eines unverheirateten adligen Paares absolut ausgeschlossen war. Berlioz begriff auch nicht, warum Vincenzo Bellini noch vom Cembalo aus dirigierte, während Weber, Spohr, Mendelssohn und er selbst, Berlioz, längst am Dirigentenpult standen. Bellini glaubte – da zeigt sich seine Ausbildung in Neapel, einer Stätte der Operntradition – am Guten der Überlieferung festhalten zu müssen. Rossini gilt als derjenige, der als erster mit solchen Traditionen brach. Romani, der langjährige Freund Bellinis, sah in den meisten zeitgenössischen Libretti Italiens nichts als grob zusammengefügte Verse ohne Sinn für dramatischen Aufbau und ohne Gespür für die inneren Vorgänge der handelnden Personen. Er beklagte den Niedergang der Kunst des Operntextes seit Metastasio, den er – wie zuvor Lorenzo Da Ponte – hoch verehrte. Da Ponte hatte den Fürsten des Librettos noch gekannt. Romani dagegen, geboren 1788, wenige Monate nach der Premiere von Mozarts & Da Pontes *Don Giovanni*, gestorben 1865, im Jahr des Erscheinens von *Tristan und Isolde* – wenn man so will: von Wagner & Wagner – gehörte einer deutlich späteren Generation als Da Ponte an.

Der gebürtige Genueser wurde groß in der Zeit, die man als die Grauzone der italienischen Oper vor dem Erscheinen Rossinis bezeichnet hat. Es schien damals, als habe sich das Land verausgabt durch den Export der besten Kräfte, Komponisten wie Sänger, in die mittel- und nordeuropäischen Metropolen Wien, Dresden, Prag, Paris, London und Petersburg.

Um die Jahrhundertwende existierte eine zeitgenössische italienische Oper in Italien selbst so gut wie gar nicht. Spontini und Cherubini lebten in Paris, Salieri in Wien, Paër komponierte für Wien und Dresden. Nicht selten stießen die Werke dieser Emigranten daheim in Italien auf Reserve. Cherubinis *Les deux journées* zum Beispiel, bei uns unter dem Titel *Der Wasserträger* bekannt, wurde nach der Pariser Premiere mehr als hundert Jahre lang in Italien überhaupt nicht gespielt, seine *Médée* kam erst 1909 in seiner Heimat heraus. Unter den großen Opernkomponisten produzierte lediglich Cimarosa mit einer gewissen Regelmäßigkeit in Neapel oder Venedig, doch ausgerechnet *Il matrimonio segreto* erlebte seine Premiere in Wien. Der italienischen Oper gehörte zwar die ganze Welt, aber Italien wollte eben eine eigene Welt sein.

Nur so ist der ungeheure Erfolg Rossinis zu erklären, der 1813 mit *Tancredi* und der *L'italiana in Algeri* von Venedig aus die Serie seiner fast alljährlichen Triumphe begann und damit dem Land wieder einen herausragenden einheimischen Opernkomponisten gab. Rossini und Romani haben nur zweimal zusammengearbeitet, der Meister des *Barbier von Sevilla* stellte an die Texte und manchmal auch an die eigene Musik nicht jedes Mal den Anspruch unbedingt höchster Qualität. Zuerst verfassten sie 1814 gemeinsam *Il turco in Italia*. Das Stück wird heute wieder gespielt, seit Maria Callas sich für eine Neubelebung erwärmte. Die Opernhistoriker rätseln, wo und wann Rossini wohl Mozarts *Don Giovanni* gehört haben kann, der mit dem Erscheinen des Komturs an der Tafel des Erotomanen Vorbild wurde für eine harmlose Chorstelle der vor Anker gehenden Türken. In Briefen des alten Rossini wird *Don Giovanni* zwar erwähnt, aber 1814 gehört in Italien noch zur Frühzeit für Mozarts spätere Opern, *Le Nozze di Figaro* ausgenommen. Der *Turco in Italia* fiel übrigens durch. Im *Corriere Milanese* hielt man Rossini und Romani vor, sie hätten nur rasch die Handlung der *Italiana in Algeri* ein bisschen umgekehrt. Das Publikum rief »Potpourri«, was zwar kein italienisches, aber ein böses Wort war. Sehr ungerecht gegen Romani, denn sein Stück entrollt eine äußerst reizvolle Handlung. Da wird ein Operndichter vorgeführt, der ein Libretto schreiben soll, dem aber dazu die Personen fehlen. So nimmt er, was er zufällig daherkommen sieht: eine Zigeunerschar, einen anreisenden Muselmann mit Gefolge, vermutete oder erhoffte eheliche Verwirrungen bei Don Geronimo und dessen Freund, die davon aber gar nichts halten, und dem Poeten, der bereits im Geiste Akt eins, Szene eins entwirft, eine Tracht Prügel versprechen. Hier der Dichter:

Atto primo, scena prima,	Erster Akt, erste Szene
Il marito coll'amico …	Der Ehemann mit dem Verehrer
Moglie … Turco … Grida … Intrico,	Gattin … Türke … Geschrei … Intrige.
No: di meglio non si dà.	Nein, was Besseres gibt es nicht.

Dazu die anderen:

Atto primo, scena prima,	Erster Akt, erste Szene:
Il poeta per l'intrico	Der Dichter wird für die Intrige
Dal marito e dall'amico	vom Ehemann und dem Verehrer
Bastonate prenderá.	Mit einer Portion Prügel bedacht.

Der Dirigent Vittorio Gui, ein Bewunderer dieser Oper wie ihres Textes, hat von einem vorweggenommenen Pirandello-Stück gesprochen: Nur suchten hier nicht sechs Personen einen Autor, sondern ein Autor suchte sechs Personen. Schon wenige Jahre nach dem missglückten Start des *Turco in Italia* pries Stendhal das Stück als Meisterwerk, und eine zweite Inszenierung an der Mailänder Scala wurde ein großer Erfolg. Auf die Zusammenarbeit Rossinis mit Romani war jedoch ein Schatten gefallen. 1819 versuchten sie es noch einmal mit *Bianca e Falliero* – es war bereits Rossinis dreißigste Oper, in großer Hast hingeworfen, deswegen mit Secco-Rezitativen, die Rossini in seriösen Opern schon lange nicht mehr benutzte, zum Befremden des Publikums, das sie in Buffo-Opern noch ohne Weiteres akzeptierte.

Später, in der Zeit ihrer beiderseitigen Abstinenz vom Operngeschäft, haben sich Romani und Rossini mehrfach gesehen, und sie blieben einander gewogen. Emilia Branca, die Witwe des Librettisten, berichtet in der Biographie, die sie siebzehn Jahre nach seinem Tod über ihn veröffentlichte, von einer Soiree im Pariser Haus des alten Rossini. Der Komponist habe – glänzender Pianist, der er war – Eigenes vorgetragen, darüber seien ihm die Tränen gekommen, und Romani habe ihn getröstet. Leider ist diese Biographie in nahezu allem Faktischen völlig unzuverlässig.

Über das Leben Felice Romanis wissen wir weniger als über das Lorenzo Da Pontes oder Arrigo Boitos, der beiden großen Kollegen vor ihm und nach ihm. Geboren als ältestes von elf Kindern, bei zeitweilig davongelaufenem Vater, war er frühreif namentlich im Verfertigen von Versen. Er verehrte Dante, Petrarca, Tasso und Metastasio, studierte Jura in Pisa, reiste dann durch Frankreich und Spanien, die deutschen Staaten und

Griechenland, beherrschte mehrere Sprachen, publizierte Gedichte und Essays. Literarhistorisch steht er zwischen Klassik und Romantik, und so sah er auch die eigene Position in der Nachfolge von Vittorio Alfieri und Vincenzo Monti. In einem Brief an Camillo Cavour, den späteren Architekten der italienischen Einheit, schrieb er 1839: »Ich bin weder Klassiker noch Romantiker; ich liebe das Schöne und bewundere es, wo ich es finde.« Man hat ihn als Klassiker definiert, »der unwissentlich zum Romantiker wurde«, aber zutreffender wäre, in ihm einen Autor zu sehen, der die Starrheit der extremen Klassizisten ebenso zu meiden suchte wie die oft extreme Zügellosigkeit der Romantiker. Das Schreiben von Opernbüchern begann er zunächst zum Scherz und Zeitvertreib, vorerst unter Pseudonymen. Mit Giacomo Meyerbeer und Simon Mayr schloss er enge Bekanntschaften, und eines Tages forderte Mayr, der nach Italien verschlagene Ingolstädter Komponist, ihn auf, einen Operntext zu schreiben. *La rosa bianca e la rosa rossa*, »Die weiße und die rote Rose«, erschien 1813, das war das Jahr, in dem auch der andere vielseitige Librettist der ersten Jahrhunderthälfte, der Franzose Eugène Scribe, mit *La chambre à coucher* seine Theaterlaufbahn begann.

Simon Mayr war mit der Zusammenarbeit zufrieden, noch im gleichen Jahr vertonte er Romanis zweites Libretto, *Medea in Corinto*, worin Romanis Kunst der Komprimierung einer Szene erste Triumphe feiert. Mayr, ein Schüler des Komponisten Peter von Winter, für den Mozarts Librettist Lorenzo Da Ponte einige Libretti geschrieben hatte, gründete in Bergamo ein Konservatorium und brachte dadurch mitteleuropäische Orchestrierungs- und Ensemblekunst in die italienische Oper ein. Zehn Jahre lang gab er einem Sohn der Stadt, Gaetano Donizetti, kostenlosen Unterricht. Die Leichtigkeit, mit der Donizetti fortan Opern schrieb, forderte ihren Preis. Nicht weniger als sieben Mal kam es vor, dass er binnen Jahresfrist vier Opern vorlegen musste. Zu elf seiner siebzig Bühnenwerke schrieb Romani die Texte, drei davon haben überlebt: *Anna Bolena*, *Lucrezia Borgia* und *L'elisir d'amore*. Donizettis Aufstieg war mühsam, in keiner Weise zu vergleichen mit den raschen Karrieren Rossinis oder Bellinis. Seine zwölfte und seine siebenundzwanzigste Oper wurden zu Texten von Romani geschrieben, man verbindet heute nichts mehr mit ihren Titeln. Im Dezember 1830 aber, beim dritten gemeinsamen Versuch, wurde *Anna Bolena* – Donizettis Oper Nr. 35 – der erste durchschlagende Erfolg. Romanis direkte Quelle – außer der geläufigen historischen Konstellation – ist unbekannt, jedenfalls war es wiederum nicht Shakespeare. In dessen *Heinrich VIII.* wird Anne Boleyn ja gerade erst zur zweiten Frau des Königs, während sie in der Oper bereits der Jane Seymour weichen muss. Im Grunde ist es ein undramatischer Stoff, dieses Dreieck Henry – Anne – Jane, oder wie es in der Oper heißt: Enrico – Anna – Giovanna. Man denke sich zum Vergleich Verdis *Don Carlo*, aus nichts weiterem bestehend als dem Trio Philipp – Elisabeth – Eboli. Romani aber hat die der Nebenbuhlerin verzeihende Anna zu einer bedeutenden Charakterrolle gemacht. Höhepunkt ist die Szene, in der Giovanna der Königin mitteilt, Enrico werde sie begnadigen, wenn sie den Ehebruch gestehe und ihm dadurch eine neue Heirat ermögliche. Anna weist das zurück. Nun erfährt sie von Giovanna, eine Nachfolgerin stehe bereits fest. Anna bleibt unbeeindruckt. Da folgt das Geständnis, sie, Giovanna, sei die vorgesehene neue Königin. Anna bricht in Zorn aus. Giovanna beteuert ihre Reue, sie sei verführt worden. Anna verzeiht ihr. Solche Sequenzen, in denen immer neue Mitteilungen rasch wechselnde Emotionen auslösen, baut Romani aus kurzen Versen, jedoch mit dem Maximum jener Plausibilität, deren eine Oper überhaupt fähig ist. Für den Komponisten ergeben sich daraus Gelegenheiten zu musikalischen Charakterisierungen, zu Tempo- und Rhythmuswechsel, Modulation und Kontrastierung.

Aus dieser weiblichen Solidarität gegen die Willkür des Mannes suchte übrigens der Revolutionär Giuseppe Mazzini die Hoffnung abzuleiten, diese Oper werde in Italien jenen Geist des Aufstands gegen Tyrannenherrschaft und den Wunsch nach nationaler Unabhängigkeit entfachen, den Aubers *La muette de Portici (Die Stumme von Portici)* gerade vier Monate zuvor, im August 1830, in Brüssel hervorgerufen hatte. Mazzini täuschte sich jedoch. Er verwechselte die Humanität, die aus dem Verhalten von Romanis Anna Bolena spricht, mit dem revolutionären Liberalismus, den ein Komponist wie Verdi durch die Musik zu einem patriotisch getönten Libretto wie *Nabucco* zu verstärken wusste. Bis dahin mussten die Italiener noch zwölf Jahre warten.

Das Auf und Ab des Operngeschäftes brachte es mit sich, dass Donizetti und Romani 1832 mit *Ugo, Conte di Parigi* einen Reinfall erlebten, an den sich zwei Monate später mit dem *Liebestrank (L'elisir d'amore)* eine der erfolgreichsten komischen Opern der Belcanto-Ära anschloss. Romani benutzte hier freilich aufs Neue eine Vorarbeit des französischen Kollegen Eugène Scribe, *Le Philtre*, vertont ein Jahr zuvor durch Auber. Die Sitten in der Branche waren rau, jeder beutete den Erfolg des anderen aus, so gut er konnte. Eugenio Chécchi, der im Todesjahr Verdis 1901 in seiner Biographie des Komponisten auch einen Rückblick auf die Arbeitsbedingungen des abgelaufenen Jahrhunderts gab, beschrieb das so: »Der

Komponist, der regelrecht mit der Lieferung einer neuen Partitur für die nächste Spielzeit beauftragt war, erschien meist drei oder vier Monate vor dem Termin am Orte und bekam das Libretto in die Hand gedrückt. Ob es ihm gefiel oder nicht, er hatte dazu die Musik zu schreiben, und zwar regelmäßig ohne Hoffnung, es notfalls gegen ein anderes austauschen zu dürfen. Ständig belauert vom Impresario, der über seine Beute wachte wie der Tierbändiger über den Löwen, musste der arme Komponist am festgesetzten Tag seine Oper abliefern. Nachdem er seiner Pflicht genügt hatte, in den ersten drei Vorstellungen am Cembalo im Orchester mitzuwirken, erhielt er die vertraglich vereinbarte Summe ausgezahlt.«

Chécchis Schilderung des Opernbetriebs um 1830 wird man im Fall des *Elisir d'amore* als stark untertrieben bezeichnen. Romani und Donizetti erhielten den Auftrag, weil ein anderer Komponist vierzehn Tage vor der Premiere vertragsbrüchig geworden war. Sieben Tage brauchte der Librettist, sieben blieben dem Komponisten für Partitur und Proben. Nun gut, Scribe hatte vorgearbeitet, und Donizetti schrieb wie der Wind. Doch kam ausnahmsweise kein Eintagserfolg dabei heraus, sondern eine Spieloper mit großem Charme. Nicht nur erfand Donizetti mit »*Una furtiva lagrima*« eine der erfolgreichsten Tenor-Arien überhaupt; auch die Gestalt dessen, der sie singt, Nemorino, der Dorfschüchterne – der Name bedeutet so viel wie »kleiner Niemand« –, ist ein Glanzstück der Charakterisierungskunst des Librettisten. Es war schwer, hier die Grenze zwischen Simplizität, der die Dorfschöne dann doch zuneigt, und Trotteligkeit zu wahren, die zwar Lacher bringt, aber kein glaubhaftes Jawort jener Adina, die auch noch Geld hat. Amüsement auf Kosten Nemorinos gibt es nicht, eine Rolle wie den stotternden Wenzel in Smetanas *Prodaná nevěsta (Die verkaufte Braut)* hätte Romani nie geschrieben, das verbot ihm sein Humanitätsbegriff, der an den italienischen Klassikern geschult war. Romani war ein etwas älterer Zeitgenosse von Leopardi. Der *Elisir d'amore* hat ferner Schule gemacht durch die Cavatine der Adina, die Romani im ersten Akt unterbrachte, wo sie die Weise von Tristan und Isolde – Tristano ed Isotta – erzählt, dreiunddreißig Jahre vor Wagners romantischer Oper, ebenfalls die Geschichte eines Liebestranks. Meist wird diese Arie als neckische Einlage inszeniert, verführt durch den Refrain, mit dem der Chor Adinas Erzählung kommentiert: »Ich wünschte, das Rezept zu kennen, wüsste gerne, wer dich braute.« Romani hat das nicht beabsichtigt. Man hört in seinen Versen deutlich den Stilunterschied zwischen Adinas Erzählung und dem Refrain, der mit seinen vielen i- und a-Vokalen auf Kichern und Gackern gestimmt ist, während die Erzählung eine leichte Melancholie verbreitet.

Della crudele Isotta	Für die grausame Isolde
il bel Tristano ardea,	entbrannte der schöne Tristan;
né fil di speme avea	keine Hoffnung war für ihn,
di possederla un dì,	sie dereinst zu besitzen.
Quando si trasse al piede	Da warf er sich zu Füßen
di saggio incantatore,	eines weisen Zauberers.
che in un vasel gli diede	der ihm eine Phiole gab
certo elisir d'amore,	mit einem gewissen Liebestrank,
per cui la bella Isotta	durch den die schöne Isolde
da lui più non fuggì.	nicht länger vor ihm floh.

Dann erst folgt nach einer deutlich hörbaren musikalischen Zäsur der Refrain:

Elisir di sì perfetta,	Ein Trank so vollkommen,
di sì rara qualità,	von so seltner Qualität,
ne sapessi la ricetta,	ich wünschte, das Rezept zu kennen,
conoscessi chi ti fa!	wüsste gerne, wer dich braute.

Im Dezember 1833, kurz bevor Romani sich vom Librettoschreiben zurückzog, erzielten er und Donizetti mit *Lucrezia Borgia* noch einmal einen schwer errungenen Erfolg. Nicht nur der Zensor hatte begreifliche Einwände, denn Fürsten und Fürstinnen brachte man so wie in diesem Stück nicht gerne auf die Bühne. Auch gab es protestierende Nachfahren der Familie Borgia in Mailand, die das Ansehen der Ahnin, wie blutbefleckt es auch sein mochte, rechtlich schützen wollten. Victor Hugo, der den Stoff in Paris als Schauspiel herausgebracht hatte, ließ wissen, eine Opernadaption werde er überall, wo französische Gesetze gälten, zu verhindern wissen. Die Sängerin der Titelrolle, die berühmte Méric-Lalande, zwang den Librettisten, eines seiner gelungensten dramatischen Gebäude, das Finale des letzten Aktes, ihrer Eitelkeit wegen zu ruinieren. Sie hatte schon ihren Auftritt im ersten Akt ruiniert, wo sie nach Romanis Willen maskiert erscheinen sollte. Aber aus Furcht, nicht erkannt zu werden und auf den Begrüßungsbeifall verzichten zu müssen, hatte die Sängerin erzwungen, dass sie die Maske in der Hand halten durfte und erst später – nach dem Beifall – aufsetzen musste. Im letzten Finale kam es noch schlimmer. Hier sollte Lucrezia, die ihre Feinde aus Rache für eine erlittene Schmach mit vergiftetem Wein töten lässt, zu spät entdecken, dass sich unter ihnen ihr Sohn Gennaro befindet, der freilich von seiner Herkunft nichts weiß und alle Borgias, voran Lucrezia, hasst. Gennaro und sein Freund Orsini bemerken, dass einige Gäste beim guten Syrakuser Wein nicht mehr mithalten können, und verlachen ihre Unmännlichkeit. Orsini singt ein Trinklied, das in die Refrainworte mündet »Wer denkt schon ans Morgen«. Das Lied wird auch von den bereits Halbtoten angestimmt, dann aber erklingt plötzlich ein drohender Fernchor – ganz ähnlich der Stimme des Komturs auf dem Kirchhof in *Don Giovanni*.

| La gioia de' profani | Die irdischen Freuden |
| È un fumo passagièr. | sind nur ein flüchtiger Hauch. |

So verleiht Romani selbst der frevelhaften Seite Lucrezias eine starke poetische Kraft. Daraufhin erlöschen die Lichter, alle wollen fliehen, finden aber die Türen verschlossen. Da tritt durch das Hauptportal Lucrezia ein, von Bewaffneten begleitet, ganz in Schwarz, wie es das Textbuch vorschreibt. Einen tristen Ball habt ihr mir in Venedig veranstaltet, sagt sie, jetzt gebe ich Euch ein Fest in Ferrara. Sie kostet ihren Triumph über die entsetzten Feinde aus, bis sie unter ihnen Gennaro entdeckt. Sie schickt alle bis auf ihn hinaus und klagt das Schicksal an, das ihren Sohn unter ihre Opfer gebracht hat. Gennaro will mit seinen Freunden sterben, vorher aber sie, die Unmenschliche, töten. Da enthüllt sie ihm seine Herkunft aus der Familie der Borgia und steigert sein Entsetzen, indem sie sich als seine Mutter zu erkennen gibt. Endlich wirkt das Gift, sie sinkt über seiner Leiche zusammen. Der Vorhang fällt.

Hier ruft die Emotion in ständiger Steigerung die nächste hervor, ein Komponist konnte sich kaum mehr wünschen. Aber da kam die Méric-Lalande, die längst über den Höhepunkt ihrer Karriere hinaus war, und verlangte eine Arie der verzweifelten Mutter an der Seite des Toten. Romani raste vor Wut, aber es half nichts, er musste die acht Verse zimmern, die Donizetti in Musik setzte. Der Komponist, von Natur aus weniger selbstbewusst als Rossini oder Bellini, unterhielt nie eine enge Freundschaft mit Romani, aber es kam zwischen ihnen auch nie zum Bruch. Sein Urteil über den Librettisten fasste er in einem Brief an Simon Mayr in die Worte zusammen: »*Tutto promette, nulla mantiene*« – »Er verspricht alles und hält nichts«.

Vincenzo Bellini wäre darin ausnahmsweise mit seinem Rivalen Donizetti einer Meinung gewesen. Dabei hatte es Romani mit dem Sizilianer wesentlich schwerer als mit dem Mann aus Bergamo. Bellini, der schon als Musikstudent in Neapel mit zwei Opern erfolgreich gewesen war, kam 1827 mit hochgesteckten Zielen nach Mailand. Er unterschrieb einen Vertrag mit der Scala, zu deren Hauslibrettisten Romani gehörte, und schon im Oktober des gleichen Jahres war *Il pirata* der erste Erfolg ihrer Zusammenarbeit. In Mailand ging das Gerücht um, der sechsundzwanzigjährige Maestro habe dem großen Tenor Rubini in seinem Hotel stundenlang vorgespielt, vorgesungen und voragiert, wie er, Rubini, den Gualtiero in seiner Oper darzustellen habe, statt nur wie gewöhnlich zu singen. Bellini hatte klare Vorstellungen vom musikalischen Drama, wie es sich auf der Bühne zu vollziehen hat, aber da er wesentlich langsamer als Donizetti schrieb, rang er beständig mit seinem Textdichter, der an schneller komponierende Musiker gewöhnt war. Und wie später Verdi bestand er auf zahlreichen Änderungen der ersten Fassung eines Textes.

Das nächste Resultat ihrer Zusammenarbeit war 1829 *La straniera*, deren Uraufführung an der Mailänder Scala Bellinis erster großer Triumph war. Das Werk führte ein neues Element in die italienische Oper ein, fast im Sinne einer Reformoper. Wenn früher gesagt wurde, Romanis Stellung sei zwischen Klassik und Romantik, so ist *La straniera* seine am weitesten gehende Annäherung an die Romantik, sogar Schauerromantik, da hier die Schauer des Nächtlich-Geheimnisvollen in wirkungsvollen Stimmungsbildern ausgekostet werden. Man fühlt sich zuweilen an die deutsche Romantik erinnert, in Verbindung mit italienischer Morbidezza. Zweifellos war Bellini in diesem Fall die treibende Kraft und zuweilen sogar der Inspirator des Textdichters. »Eines Tages setzte sich Bellini ans Klavier, um die Schlussarie, ›Or sei pago, o ciel tremendo‹ zu komponieren«, heißt es in einem überlieferten Bericht. »Er las und studierte die Verse, die Romani für ihn geschrieben hatte, aber bemerkte alsbald, dass sie ihn nicht anregten, dass sie keine wirkliche Leidenschaft in ihm hervorriefen. – Als Romani kam, erzählte er ihm, was geschehen sei und bat ihn, doch die Worte zu ändern. Der Dichter versprach ihm, die geänderte Fassung in einer halben Stunde vorbeizubringen und er kam sogar noch schneller zurück. Aber weder mit der neuen, noch mit einer dritten oder vierten Fassung war der Komponist zufrieden, so dass Romani ihn schließlich aufgebracht fragte, was er denn eigentlich wolle. – ›Was ich will? Ich will etwas, das zugleich ein Gebet, eine Verfluchung, eine Warnung und eine Raserei ist.‹ Und voller Begeisterung stürzte er zum Klavier und komponierte in stürmischer Eile seine Schlussarie, während der andere Mann, der ihm verblüfft zuschaute, anfing zu schreiben. ›Das will ich‹, sagte der Maestro. ›Verstehst du jetzt?‹ ›Und hier sind die Worte‹, antwortete der würdige Dichter und überreichte ihm den Text. ›Ist das vielleicht endlich in deinem Sinn?‹ Bellini umarmte

Romani, und auf diese Weise entstand die berühmte aria finale aus ›La Straniera‹.« Wenn diese Anekdote vielleicht auch nicht wahr ist, so ist sie doch gut erfunden. Sie zeigt Romani als gehorsamen Diener des Komponisten, weist aber bereits auf den Punkt hin, an dem die Zusammenarbeit wenige Jahre und Opern später im Bruch endete.

Romani schrieb die Libretti zu sieben der zehn vollendeten Opern Bellinis. *La sonnambula*, Premiere im März 1831, war eines der Werke, bei denen der Komponist – eher zum Schaden des Produkts – dem Textdichter ins Handwerk pfuschte. Die Schlafwandlerin Amina droht ihren Geliebten Elvino dadurch zu verlieren, dass sie eines Abends im Gasthofbett eines Fremden, des Grafen Rodolfo, entdeckt wird. Der hatte vor langer Zeit die Gegend verlassen und kommt nun aus Nostalgie zurück. Er ist es, der schließlich bei einem zweiten Schlafwandelgang Aminas den Bräutigam und die Dorfbewohner darüber aufklärt, dass das Mädchen unschuldig ist. Romani, der eine Ballettpantomime von Eugène Scribe als Vorlage benutzte, wollte die etwas vordergründige Handlung dadurch schärfer motivieren, dass Rodolfo niemand anders ist als der Vater Aminas, der einst die Mutter verlassen hatte und nun unerkannt die Tochter aufsucht, gerade zur rechten Zeit. Nur so erklärt sich die Autorität, mit der er die Aufklärung des Rätsels in die Hand nimmt. Romanis psychologische Einsichten eilen ihrer Zeit voraus: Unbewusst legt sich die Tochter ins Bett ihres Erzeugers, ahnungslos rebelliert der eifersüchtige Bräutigam nicht gegen einen Wildfremden, sondern gegen den Vater, der seine Schuld an der Mutter sühnt durch die Rettung der Tochter vor der allgemeinen Ächtung. Aber von all dem wollte Bellini nichts wissen. Ein Adelsbastard kam für ihn als Titelheldin nicht in Frage, Romani musste all das streichen.

Nicht erst seit der Veröffentlichung von Cosima Wagners Tagebüchern wissen wir, wie hoch Richard Wagner den italienischen Maestro schätzte, voran seine Kunst, für die menschliche Stimme zu schreiben: »Gesang, Gesang und abermals Gesang, ihr Deutschen!«, schrieb er schon 1837 und meinte ausdrücklich Bellini. »Gesang ist nun einmal die Sprache, in der sich der Mensch musikalisch mitteilen soll, und wenn diese nicht ebenso selbstständig gebildet und unterhalten wird, wie jede andere kultivierte Sprache es sein soll, so wird man euch nicht verstehen.« Noch im Alter berief sich der Bayreuther Komponist auf seine Jugendidole, vor allem auf Bellini, wie man in Cosimas Tagebüchern nachlesen kann: »Vorher hatte R. einzelne italienische Themen gespielt, aus ›Romeo und Juliet‹, ›Straniera‹, ›Norma‹, und gesagt: ›Das ist bei aller Pauvretät wirkliche Passion und Gefühl, und es soll nur die richtige Sängerin sich hinstellen und es singen, und es reißt hin. Ich habe davon gelernt, was die Herrn Brahms & Cie nicht gelernt haben, und was ich in meiner Melodie habe.‹«

Die Premiere von *Norma* am zweiten Weihnachtstag 1831 war ein Misserfolg, der Bellini und Romani tief verletzte. Sie wussten, dass die Oper perfekt war. Sie hatten die besten Sänger, Giuditta Pasta als Norma – »Pasta Diva« kalauerte das opernbesessene Mailand am nächsten Tag –, Giulia Grisi als Gegenspielerin Adalgisa und den Tenor Domenico Donzelli als Pollione. Ihnen waren die Partien gleichsam auf die Stimmbänder geschrieben. Wie gründlich sich Bellini mit den stimmlichen Charakteren der Sänger und Sängerinnen beschäftigte, geht aus seinem Briefwechsel mit Donzelli hervor, der ihm den Umfang seiner Stimme und die Registerwechsel aufs Genaueste beschrieb und angab, welche Töne er noch mit der Bruststimme singen konnte und in welcher Lage ihm die Verzierungen besonders gut gelangen. Bellini schrieb ihm ein halbes Jahr vor der Uraufführung von *Norma*: »Ich werde mir Mühe geben, Sie zu befriedigen, wie Sie es für mich tun. Die einzigen Säulen, die meine Komposition stützen, sind Donzelli und Pasta, und daher muss die Handlung der Oper so geschaffen werden, dass es sich nur um diese beiden dreht.«

Die misslungene Uraufführung erwies sich als Irrtum für einen Tag. Noch fast vierzig Vorstellungen gab es in der gleichen Saison, Dutzende von Inszenierungen folgten binnen weniger Jahre in aller Welt. Und die Arie der Norma »*Casta Diva*« zog von nun an eine breite Spur durch die Kulturgeschichte, etwa als Leitmotiv der Liebesgeschichte in Gontscharows Roman *Oblomow*.

Unter den erwähnten Inszenierungen hätte man gern die Magdeburger gesehen, für die der junge Kapellmeister Richard Wagner Chor und Bühnenmusik kostenlos zu verstärken wusste: »Ich hatte nämlich die Regimentsmusiker und die in der preußischen Armee trefflich organisierten Militärsänger zu ihrer Mitwirkung bei unsren Aufführungen … durch freies Entree auf die Galerie für ihre Angehörigen vermocht. So erreichte ich es, daß wir in Bellinis *Norma* die nach der Partitur verlangte, besonders starke Musikbande auf dem Theater in größter Vollständigkeit besetzen konnten und für das mir damals sehr imponierende *Unisono* des Männerchors der Introduktion eine selbst den größten Bühnen fast unerschwingbare Anzahl von Männerstimmen zur Verfügung hatten.«

»*Chi non ama Bellini, non ama la musica*«, sagte der Komponist und Librettist Arrigo Boito später. Wer Bellini nicht liebt, liebt die Musik nicht. Ob er *Norma* unter solcher Stabführung – Stabsmusikerführung – gemocht hätte? Es war gerade diese Oper, an der sich die italienische

Musikbühne lange maß. Als der vom Erfolg seines *Nabucco* verwöhnte Verdi für sein nächstes Werk, *I Lombardi alla prima crociata (Die Lombarden auf dem ersten Kreuzzug)*, vom Theaterdirektor einen Blankoscheck erhielt, in den er jede beliebige Summe einsetzen konnte, riet ihm die Sängerin Giuseppina Strepponi, die später seine zweite Frau wurde, so viel zu fordern, wie Bellini für *Norma* verlangt hatte.

Wenig ist und war bei solchem Lob vom Libretto die Rede. Patrick J. Smith schrieb in seinem Buch *Die zehnte Muse*, womit er die Kunstform des Operntextes meint, über Romanis Anteil an diesem Werk: »Es gibt einen Aspekt des Norma-Librettos, der es abhebt von Metastasio, von der französischen Oper und vom italienischen ›melodramma‹ und der ihm Einzigartigkeit verleiht. Das ist die Hülle der ›caritas‹, die das Ganze umgibt. Trotz der konventionellen Kriegerchöre und der Eifersuchtsanfälle ist dies nicht die am Hass orientierte Welt des ›melodramma‹, sondern eine Welt des Verstehens und Verzeihens. Romani hätte sich mit den tränentreibenden Eigenschaften der Mutter und ihrer Kinder, der verschmähten Liebe begnügen oder nach französischer Manier ein Happy End mit ›deus ex machina‹ vorführen oder aber Norma in eine racheschnaubende Medea verwandeln können. Stattdessen wählte er den schwersten Weg: Sie überwindet ihre Leidenschaften, rettet die Kinder, bittet um Vergebung für den treulosen Liebhaber und geht in den Tod. Dadurch weckt sie Polliones Liebe von neuem, und er stirbt mit ihr. Auch Verdi hat Liebe als Opfer für den Geliebten oder den Freund gezeigt (Gilda in *Rigoletto*, Rodrigo in *Don Carlo*, nicht zuletzt Aida). Aber das Ausmaß und die Wirkung werden dort verringert durch die Anlage des Librettos. Erst bei Hugo von Hofmannsthal wurde die verzeihende Liebe von neuem zu einem Thema.«

Bellinis und Romanis letzte gemeinsame Oper, *Beatrice di Tenda*, handelt von verfolgter Unschuld, die auf dem Schafott endet und doch verzeiht – die Parallelen zu *Anna Bolena* sind unverkennbar. Dieser ganze Operntypus – man ist versucht, von einem italienischen Biedermeier zu sprechen, was politisch besser passen würde als künstlerisch – sucht zwischen der Rückbesinnung auf barocken Stoizismus im Stil Metastasios, verfeinerter Charakterzeichnung Romanis und dem beginnenden Verismo mit seinen meist verzweifelt blutrünstigen Schlusskatastrophen eine Balance zu halten.

Über den Vorbereitungen zu *Beatrice di Tenda* kam es zum Zerwürfnis zwischen Romani und Bellini, an dem halb Italien teilnahm. Romani hatte wie immer spät geliefert, Bellini aber auch spät mit der Partitur begonnen. Die Öffentlichkeit erfuhr, der Komponist, in Venedig auf Verse wartend, habe durch die Mailänder Polizei den Librettisten herbeizitieren. Venedig staunte, weil beide in getrennten Hotels wohnten. Einer der Hauptdarsteller musste ausgewechselt werden, neue Musik war zu schreiben, neue Verse mussten her. Romani erklärte in seinem »*Avvertimento*«, der Vorrede, die er dem gedruckten Libretto mitzugeben pflegte, diesmal sei sein Werk nur ein Fragment, er bitte um Nachsicht. Die Fehde geriet in die Presse und wurde mit großer Bitterkeit ausgetragen. Romani ging anschließend nach Turin, wurde Chefredakteur der piemontesischen Staatszeitung *Gazzetta Ufficiale* und schrieb keine Libretti mehr. Bellini reiste nach London, dann nach Paris. Von dort reichte er Romani brieflich die versöhnende Hand im vertrauten Du. Aber gesehen haben sie sich nicht mehr. Ein Jahr später war Bellini tot, und Romani schrieb einen Nachruf.

In *Norma* heißt es an einer Stelle, wenn der Gott zornig sei, fordere er das Blut der Römer, »*chiegga il sangue dei Romani*«. Lässt man das »e« in »dei« weg, so heißt es: *il sangue di Romani*. Kein bloßes Wortspiel. Bellini und auch Donizetti waren manchmal nahe daran, das Blut Romanis zu fordern. Und sogar Giuseppe Verdi hätte Grund gehabt, den vollständigen Fehlschlag seiner zweiten Oper *Un giorno di regno* (*König für einen Tag*), die Geschichte eines Hochstaplers, der sich für den Polenkönig Stanislaus ausgibt, dem Libretto anzulasten. Im Alter schrieb er jedoch an den Verlegerfreund Giulio Ricordi über dieses Fiasko: »Gewiß war die Musik zum Teil daran schuld, zum Teil aber auch die Ausführenden.«

Verdi hatte das Libretto in die Hand gedrückt bekommen, wie es sein Biograph Chécchi geschildert hat. Eigentlich schwebte ihm etwas anderes vor. Aber die Kompositionsmängel sind ebenso unverkennbar. Im Eingangschor wählte Verdi das heikle Mittel, die Bediensteten im Hause Kelbar, der auf den Hochstapler hereinfällt, mitten in ihren Versen auf einer Silbe stottern zu lassen. Der Text lautet:

> Quante feste, quanti onori!
> Quante mancie ai servitori!
> Che banchetti sontuosi!
> Che festini strepitose!

Allgemeine Vorfreude auf Feste, Schmäuse und Ehren. Aber in seinen besten Tagen hätte Romani nicht das Wort »feste« und das Diminutiv »festini« so kurz hintereinander benutzt. Und es gibt weitere Mängel. In einer Komödie der maskierten Identität ist gelegentliches Beiseitereden des Betrügers zwar unvermeidlich, aber Romani übertreibt es hier: Von etwa fünfhundert Versen des ersten Aktes sind fast hundert auf diese Weise an den Mitakteuren vorbei ins Publikum zu singen, und einmal dauert eine solche Passage mit Wiederholungen fast zwei Minuten. Verdi, der die schlechten Nachahmer des von ihm geachteten Felice Romani später oft rügte, hat recht daran getan, den *Giorno di regno* als ein mittelmäßiges Libretto anzusehen.

Die Oper fiel durch, als Romani längst in eine Art von staatlicher Librettisten-Pension gegangen war. Er schrieb Gelegenheitsgedichte, erhielt Orden, reiste ein wenig, traf in Paris den weinenden Rossini und den wohlhabenden Meyerbeer, mit dem zusammen er den Niedergang der Gesangskunst beklagte. Als er 1865 starb, war auch in Italien bereits der Stern Wagners aufgegangen, der, obwohl er im Alter bei guter Laune am Klavier »*Casta diva*« intonierte, zur Verdrängung des Belcanto aus Nord- und Mitteleuropa so viel beitragen sollte. Kurt Weill schrieb 1926 nach einer Rundfunkaufführung von *Norma*, die ihn sehr erregte: »Der Schluß dieser *Norma*-Oper, dieses weit gespannte Ausschwingen einer ewigen Melodie, gehört zu den packendsten Eindrücken in der gesamten Opernliteratur.« Und indem er den Gegensatz dieses Operntyps zu dem Wagners herausarbeitete, lobte er Bellinis Wahl seiner Stoffe. Da sei nichts dem Bereich der Philosophie und Spekulation entnommen, sondern es gehe um menschliche Konflikte und Gefühle. Wagner selbst hat dem klassischen Belcanto à la Bellini nicht nur durch frühe Aufführungen und späte Lobreden gehuldigt, er hat sogar einmal versucht, sich selbst in der Rolle Bellinis zu sehen, als er für den Bassisten Lablache, der in einer Pariser Aufführung von *Norma* den Hohepriester sang, eine Arie mit Chor verfasste in der Hoffnung, der Sänger werde sie kraft seines Renommees in die Aufführung einzubauen wissen. Lablache winkte jedoch ab. Das Stück, wahrscheinlich schon in Wagners Rigaer Zeit entstanden, hat sich erhalten und wurde 1914 publiziert.

Francesco Florimo, Bellinis Jugendfreund, der ihn lange überlebte, berichtet, Wagner habe ihm bei einem Besuch in Neapel 1880 gesagt: »Alle halten mich für einen Verteufler der italienischen Musik und sagen mir eine Feindschaft gegen Bellini nach. Nein – nein – tausendmal nein. Bellini ist einer meiner Lieblinge. Seine Musik kommt vom Herzen und ist auf das engste mit dem Wort verbunden. Was ich hasse, ist nur jene vage, unbestimmte Musik, die sich nicht um das Libretto schert und um die dramatische Situation.«

Die Dioskuren der Großen Oper
Giacomo Meyerbeer und Eugène Scribe

> »… um Ihren Namen dreht sich die ganze Geschichte der Musik seit 10 Jahren, und bey jedem Musiker, den man jetzt zu besprechen hat, wird man unwillkürlich auf die Frage gerathen, in welchem Verhältniß er zu der Meyerbeerschen Musik gestellt ist oder sich gestellt hat.«
> Heinrich Heine an Giacomo Meyerbeer, 24. Mai 1842

Das berühmteste Musikstück, das Giacomo Meyerbeer hinterlassen hat, und das einzige, das ins Repertoire der großen Sänger eingegangen ist, ist die Arie des Vasco da Gama aus der Oper *Die Afrikanerin*: »*Pays merveilleux*« (»Land so wunderbar«). Um die Wende zum 20. Jahrhundert gehörte sie zu Enrico Carusos bevorzugten Gesangsstücken, aber noch entfernter als der Ruhm des großen Tenors liegt der Ruhm des Komponisten Meyerbeer. Im 19. Jahrhundert der meistgespielte und erfolgreichste aller Opernmeister, sind seine Werke heute, von einzelnen Bemühungen abgesehen, fast vollständig von den Spielplänen der Opernhäuser verschwunden, und auch seine anderen Kompositionen spielen im Musikleben nur noch eine marginale Rolle. Von heute aus fällt es schwer, sich die epochale Bedeutung Meyerbeers und seine einzigartigen Erfolge überhaupt in Erinnerung zu rufen. Er entwickelte die repräsentative Opernform seiner Zeit, die Grand Opera – mit seinen vier Hauptwerken, die allesamt in Paris uraufgeführt wurden: *Robert le diable*, *Les Huguenots*, *Le prophète* und *L'Africaine*, letztere heute gelegentlich unter dem Titel *Vasco da Gama*. Meyerbeer machte Paris, seine Hauptwirkungsstätte, nach 1830 zum Mittelpunkt der Opernwelt. Zwar hatte sich der Schwerpunkt der Musikbühne schon vorher in die französische Hauptstadt verlagert, denn hier wirkten Auber, Adam, Boïeldieu und Halévy; hier lebte auch der Komponist des *Guillaume Tell*, Gioacchino Rossini, beargwöhnt von seinen Kollegen, ob er nicht doch eines Tages seinen Schwur, nicht mehr für das Theater zu schreiben, brechen werde. Aber erst Meyerbeer machte Paris zur musikalischen Hauptstadt des 19. Jahrhunderts, zusammen mit seinem Textdichter und Jahrgangsgenossen Eugène Scribe, dessen Anteil an dieser Entwicklung man nicht hoch genug veranschlagen kann.

Die großen Komponisten der Zeit starrten wie gebannt auf Meyerbeers Pariser Erfolge: Hector Berlioz, der selber nie mit einem Werk an der Pariser Opéra zum Zuge kam; Giuseppe Verdi, dessen *Don Carlo* bei der Pariser Uraufführung 1867 nicht verleugnen konnte, wie genau der Komponist die Partitur der *Hugenotten* studiert hatte; oder Richard Wagner, der Paris 1861 mit dem *Tannhäuser* erobern wollte, was in einem Theaterskandal sondergleichen fehlschlug. Aber noch mehr beneideten sie Meyerbeer um seinen Textdichter. Verdi und Wagner, die beiden Großen der zweiten Jahrhunderthälfte, erwiesen durch ihre Reisen nach Paris ja nicht nur der Musikmetropole, sondern ausdrücklich dem Meister Scribe ihre Reverenz. Der junge, fünfundzwanzigjährige Wagner versuchte schon aus Riga mit Scribe in Kontakt zu treten, bevor er dann seine abenteuerliche Flucht nach Paris antrat. Und als Verdi seinen ersten Pariser Opernauftrag erhielt, musste ihm natürlich Scribe das Libretto zu *Les Vêpres siciliennes* einrichten. Scribe war unbestritten der führende Librettist des 19. Jahrhunderts, von dem man glaubte, dass er den Schlüssel zu Erfolg und Ruhm in seinen Händen hielt. Seine größten Erfolge aber erzielte er ohne Zweifel zusammen mit Meyerbeer: Diese beiden bildeten nach 1830 für dreieinhalb Jahrzehnte das Dioskurenpaar der Grand Opéra – wobei ein jeder einen Großteil seines Erfolgs dem anderen verdankte, Meyerbeer Scribe wahrscheinlich noch mehr als umgekehrt. Beide waren 1791 geboren, in Mozarts Todesjahr, am Ende einer Epoche und zugleich am Anfang einer neuen: der eine, Meyerbeer, drei Monate vor Mozarts Tod, der andere, Scribe, drei Wochen danach. Doch kam der eine bei Berlin, der andere in Paris zur Welt, und es schien ihnen nicht von Anfang an vorgezeichnet, dass ihre Wege sich knapp vier Jahrzehnte später bei *Robert le diable* kreuzen sollten, ihrer ersten Gemeinschaftsarbeit, deren sensationeller Erfolg noch in der Klavierfantasie nachklingt, die Franz Liszt darüber geschrieben hat.

Meyerbeer hieß mit eigentlichem Namen Jakob Liebmann Meyer Beer und stammte aus einer jüdischen Familie. Seine Kindheit und Jugend fallen in die Zeit bürgerlicher Emanzipation in Deutschland mit ihren nur zögerlichen Ansätzen zur gesellschaftlichen Gleichstellung der Juden. Die Familie Beer kam aus Frankfurt. Der Vater Jacob Herz Beer, ein wohlhabender Fabrikant, zog 1789 nach Berlin, wo er Amalie Liebmann heiratete, die Tochter eines Bankiers, der in dem Ruf stand, der reichste Mann Berlins zu sein. Meyerbeers Eltern führten ein großes Haus: hohe Staatsbeamte, Wissenschaftler und Künstler, sogar Mitglieder der Hofgesellschaft gingen hier ein und aus. Es war die Blütezeit der Weimarer Klassik und der Berliner Romantik, aber auch eine Zeit politischer Umwälzungen. Meyerbeer war dreizehn Jahre alt, als Bonaparte sich zum Kaiser machte, und er war vierundzwanzig bei dessen Sturz; er erlebte den Niedergang der Revolution in Frankreich, die napoleonischen Kriege, die sogenannten Befreiungskriege und die danach jäh einsetzende Restauration. Es waren Umbrüche, die von der jüdischen Bevölkerung mit großen Hoffnungen, aber auch ständig wacher Sorge beobachtet wurden. Meyerbeers Neigung zu taktischem Wohlverhalten, seine lebenslange Ängstlichkeit und Vorsicht – noch auf der Höhe seiner Erfolge beschrieb Heinrich Heine ihn als »ängstliches Genie« – sind wahrscheinlich auf das jüdische Trauma zurückzuführen. An seinen Bruder Michael schrieb er 1818: »Vergiß nicht, was ich bei der Wahl meines Berufsstandes vergaß, das eiserne Wort Richesse (Judenhaß). Von Individuum zu Individuum kann dies Wort für eine Zeitlang in Vergeßenheit geraten (immer auch nicht) bei einem *versammelten* Publikum nie, denn es bedarf nur *eines* der sich daran erinnert um der ganzen Maße ihr Natürel zurückzurufen.«

Meyerbeers musikalische Begabung trat früh in Erscheinung, schon als Kind verblüffte er durch sein virtuoses Klavierspiel. Er studierte bei dem Liedkomponisten und Goethe-Freund Carl Friedrich Zelter und dem führenden Kompositionslehrer der Zeit, dem Abbé Vogler, der auch der Lehrer Carl Maria von Webers war. Mit Weber, für den er »einer der ersten, wenn nicht vielleicht der erste Klavierspieler unserer Zeit« war, blieb er bis zu dessen frühem Tod freundschaftlich verbunden. Aber er wählte nicht die Virtuosenlaufbahn, sondern die des Komponisten, ließ sich den Wind der europäischen Metropolen um die Nase wehen – enorm wichtig war vor allem ein Paris-Aufenthalt 1815 – und ging dann, wie vor ihm Händel und Gluck, für ein ganzes Jahrzehnt nach Italien. Hier schulte er seinen theaterpraktischen Sinn, lernte von den großen Sängern für die Singstimme zu schreiben, entwickelte seinen reifen Stil als Synthese von deutscher Gelehrsamkeit und italienischem Belcanto. Und errang seine ersten Erfolge als Opernkomponist, darunter mit *Il crociato in Egitto (Der Kreuzritter in Ägypten)* einen so durchschlagenden Erfolg am Teatro La Fenice in Venedig, dass man sich in Berlin und Paris für ihn zu interessieren begann. Meyerbeer entschied sich für Paris, wohin er 1825 übersiedelte, in dem Jahr, in dem Boïeldieu die Oper *La dame blanche (Die weiße Dame)* mit einem Text von Scribe herausbrachte. In Meyerbeers Taschenkalender taucht der Name Scribe zum ersten Mal am 1. Januar 1827 auf, sechs Wochen später bereits wird darin das Textbuch zu *Robert le diable* erwähnt, und am 1. Mai 1827 wird das Werk von der Opéra-Comique zur

Uraufführung angenommen. Scribe ist damals in Paris schon ein großer Name, fast eine Garantie für den Erfolg.

Scribe, zu Deutsch: der Schreiber oder der Schriftgelehrte, wurde am 24. Dezember 1791 in Paris geboren. Der Seidenwarenhandel des Vaters trug eine schwarze Katze als Ladenschild und lag in der Rue Saint-Denis. Um die Ecke soll, einem frühen Biographen zufolge, damals eine kleine Straße gelegen haben, deren Name auszusprechen der Anstand verbot, passend zur Geburtsstätte eines Bürgersohns, der später den ersten Striptease der Operngeschichte auf die Bühne brachte. Jener nicht übelwollende Biograph vermerkt, dass anstelle des Seidenladens später eine Konditorei stand und fügt hinsichtlich der Scribe'schen Theaterstücke hinzu, dies solle nicht anzüglich klingen. Schon als Schüler und Student im Lyzeum Napoléon und im Collège Sainte-Barbe war Scribe exzellent, er verbrachte viel Zeit vor und hinter den Bühnen der Stadt. Ein frühes Stück, geschrieben mit zwanzig Jahren, enthielt schon im Titel ein Element jener Spannung, die für diesen Autor kennzeichnend werden sollte: *Les brigands sans le savoir*, »Die Räuber wider Wissen«. So etwas lockte das Publikum an, auch wenn als Autor nur ein »Monsieur Eugène« verzeichnet war. Seines Jurastudiums wegen wagte der junge Mann es noch nicht, seinen vollen Namen auf den Theaterzettel zu setzen. Der erste Operntext zwei Jahre später, 1813, trug den Titel *La chambre à coucher, ou une demi-heure de Richelieu*, »Das Schlafzimmer, oder Eine halbe Stunde mit Richelieu«, und belegte seinen Sinn für Pikanterie. Der unwiderstehliche Reiz der Ferne, zeitlich oder räumlich, kündigt sich in seinen frühen Stücken ebenso an wie die Vermenschlichung alles Berühmten. Dieser Bühnenadept versprach viel, und es wundert nicht, dass der verwöhnte Rossini, nachdem er in den ersten drei seiner fünf Pariser Opern drei verschiedene Librettisten (oder Libretto-Arbeitsgemeinschaften) ausprobiert hatte, sich an Scribe wandte, um mit *Le Comte Ory*, seiner vorletzten Oper, noch einmal zur Adelskritik des *Barbier von Sevilla* zurückzukehren, mit einem scharlatanischen Grafen, der am Ende entlarvt wird. Damals war Scribe schon berühmt und vielgefragt, ein versierter Handwerker mit Gespür für Zeitstimmungen und Publikumsbedürfnisse: Nicht nur *La dame blanche* von Boïeldieu, auch Aubers *Fra Diavolo* und *La muette de Portici*, Halévys *La Juive* und Donizettis *Dom Sébastien* beruhen auf Scribe'schen Textbüchern. Und noch Lortzings *Zar und Zimmermann* und Verdis *Un ballo in maschera* sind Bearbeitungen von Originalbüchern des Pariser Meisters.

Scribe beherrschte das französische Theater zwischen 1825 und 1860. Denn seine Lustspiele und Schauspiele, Tragödien und Vaudevilles – am berühmtesten wurde *Le verre d'eau (Das Glas Wasser)* – standen vielbewundert neben seinen Stücken für die Musikbühne. Er wurde Mitglied der Académie française und kassierte unerhörte Honorare. Sein Ruhm beschränkte sich nicht allein auf Frankreich. Noch 1882, zwei Jahrzehnte nach dem Ableben Scribes, sah Wagner die Aufführung eines seiner Lustspielen in Venedig, in italienischer Sprache. Cosima Wagner hat die Reaktion festgehalten: »Wir besuchen mit den Kindern das Goldoni-Theater und sehen: ›Battaglia di Donne‹ von Scribe. Die schwache, viel redende Exposition ärgert R., er will Aktion, aber die Durchführung des Stückes interessiert ihn.« Die meistzitierte Anekdote über diesen vielproduzierenden Bühnenautor lautet, er habe einmal die Aufführung eines seiner alten Stücke besucht und in der Pause zu einem Freund gesagt: »Nun bin ich aber wirklich gespannt, wie ich mich da wieder aus der Affäre ziehen werde.«

Sich aus der Affäre ziehen: das heißt, sich befreien aus selbst zusammengezogenen Knoten, ein Kunststück, nicht weit von Zirkus und Schaubude entfernt. In der Oper der Zeit vor Scribe fehlte ein wichtiges Element der Spannung im Zuschauerraum. Es war nämlich sichergestellt, dass alles gut ausgehen werde. Wagner hat an Aubers und Scribes Oper *La muette de Portici* bewundert, dass hier zum ersten Mal ein großes Musikbühnenwerk, das nicht in der Antike oder in mythologischem Bereich spielte, mit dem Tod endete. Zwar kehrte schon Don Giovanni nicht lebend aus dem Orkus zurück, in dem er am Ende der Oper versank, aber richtig an Wagners Beobachtung bleibt, dass selbst in Opern mit höchster Gefahr für einen Helden oder eine Heldin das Publikum gewiss sein durfte, es werde sich schon eine Rettung finden. Bei Scribe wusste der Opernbesucher das nicht mehr. Vor allem konnte er nicht ahnen, wie schlecht es manchmal enden würde. Dieser Entfesselungskünstler im Doppelsinn des Wortes zog seinen Bühnenopfern auf recht vielseitige Weise die Schlinge um den Hals zusammen. Das am Ende von Donizettis *Dom Sébastien* soeben aus dem Gefängnis entkommene Paar, der König und seine Zayda, hangelt an Stricken die Mauer hinab in den vermeintlich rettenden Hafen, da feuert die feindliche Truppe, beide stürzen ins Meer, ein Liebestod, wenn auch nicht so romantisch wie der des gleichzeitig uraufgeführten *Fliegenden Holländers*. Die Tochter Éléazars in Halévys Oper *La Juive*, Text von Scribe, kommt auf wahrhaft kannibalische Weise um, was aber Éléazar nur freut, denn in Wirklichkeit ist sie ja die Tochter seines Gegenspielers, des Kardinals Brogni, der ihren Tod im siedenden Bottich befohlen hat. Dass sie seine Tochter ist, erfährt er – zusammen mit dem Publikum – erst in den letzten Zügen der Oper. Man muss das mit

Scribes Bühnenanweisungen zusammen genießen, sofern der Ausdruck angebracht ist.

BROGNI
Antworte, lebt meine Tochter noch?
ÉLÉAZAR *schaut nach Rachel, die auf dem Gerüst über dem Kessel angelangt ist*
Ja!
BROGNI *freudig*
Gott! Wo also ist sie?
ÉLÉAZAR *zeigt auf Rachel, die man in den kochenden Kessel stürzt*
Dort ist sie!!!

Drei Ausrufezeichen gönnt sich Scribe hinter dem »Dort ist sie« (»*Là voilà*«), das er zweifellos als ein Meisterwerk der Auflösung des dramatischen Knotens im allerletzten Augenblick betrachtete. In der Szenenanweisung heißt es: »Brogni sinkt mit einem gellenden Schrei auf die Knie und bedeckt das Gesicht mit den Händen.« Worauf aber keineswegs der Vorhang gnädig fällt, vielmehr dampft der Bottich noch so lange, bis der Chor ein unbekümmert jauchzendes »Es ist geschehen! An den Juden sind wir gerächt! Gelobt sei Gott!« ausgesungen hat. Tief befriedigt besteigt nun auch Éléazar die Plattform. Dann erst ist es vorüber.

Scribes Textbuch zu *La Juive*, das durch die Gestalt des Éléazar an Shakespeares Shylock und durch das Motiv der Adoptivtochter an Lessings *Nathan* erinnert, ist glänzend gebaut, die dramatischen Konflikte werden souverän entwickelt und gesteigert und zuletzt effektvoll abgeschlossen. Scribe hat das jüdische Problem, vor allem den Konflikt zwischen der totalitären Macht der Inquisition und der abweichenden Minderheit, genau durchdacht, denn die Oper war nach der Julirevolution von 1830 ein Sprachrohr, fast ein Propagandainstrument der Fortschrittlichen, ihres Kampfes für gesellschaftliche Emanzipation und die bürgerliche Emanzipation der Juden. Unmöglich, bei einer heutigen Aufführung des Werkes nicht an Sippenhaft und Rassegesetze zu denken, hinter dem Scheiterhaufen Eléazars und Rachels nicht schon die Konzentrationslager und Gaskammern aufscheinen zu sehen. Scribes und Halévys Werk ist, in aller Melodramatik, so präzis, dass die historischen Assoziationen einer späteren Zeit sich wie von selbst einstellen.

Die meistkolportierte Legende zu Scribe besagt, er habe seine Werke gar nicht selbst geschrieben, sondern Mitarbeiter beschäftigt, die aus seinen

Ideen gleichsam am Fließband Verse, Szenen, Akte und ganze Stücke fertigten. Aber das trifft nicht ganz zu. Richtig ist nur, dass eine jährliche Hervorbringung von rund zehn Bühnenwerken aller Art – und die Gesamtausgabe Scribes füllte schließlich sechsundsiebzig Bände – die Kräfte eines Einzelnen überfordert hätte. Doch unterschied sich Scribes Produktionsweise von der Romanfabrik eines Alexandre Dumas. Der versuchte sich mit dem Scherz aus der Affäre zu ziehen, Napoleon habe die Schlacht von Austerlitz auch nicht alleine gewonnen. Scribe dagegen nannte die Namen seiner wichtigsten Mitarbeiter – etwa so: »Ali Baba. Oper in vier Akten und einem Prolog. In Zusammenarbeit mit Monsieur Mélesville. Musik von Cherubini. Théâtre de l'Opéra, 22. Juli 1833.« So lautet das Titelblatt des betreffenden Stücks in Scribes Gesammelten Werken, die in den siebziger und achtziger Jahren des 19. Jahrhunderts erschienen. Sie entsprachen hinsichtlich der Urheberschaft dem ersten wie dem letzten Willen des Libretto-Meisters in allen Einzelheiten. Was die Anteile der Zusammenarbeit angeht, so stellt man auch Unterschiede zu späteren Libretto-Arbeitsgemeinschaften fest, die namentlich in Frankreich in der zweiten Hälfte des Jahrhunderts blühten. Man denke an Meilhac & Halévy (letzterer der Neffe des Komponisten) und ihre Textbücher für Offenbach und Bizet oder an Barbier & Carré und ihre Libretti für Charles Gounod und Ambroise Thomas. In allen diesen Fällen gab es eine weitgehende Partnerschaft, die Librettisten traten gemeinsam gegenüber dem Komponisten auf, und es ist zumeist nicht erwiesen, wer jeweils welchen Anteil an einem Werk hat. Scribe dagegen behielt immer die Oberhand. *Er* schloss die Verträge und trug die Verantwortung, er bezahlte die Mitwirkenden, denn die Erträge wurden nicht geteilt. Einer von Scribes Helfern hat die Praxis so beschrieben: Die jeweils zwei Verfasser, Scribe und X, umkreisen in langen Unterhaltungen die Idee der Handlung; das führte zu einer Rohskizze. Einer von beiden schrieb sie nieder, die Ausarbeitung teilte man sich. Aber die Gesamtleitung blieb in Scribes Händen, ganz gleich, welche Rolle er bei der Endfassung übernahm. Man hat diese Technik der Fertigung mit den Malschulen der Renaissance und des Barock, eines Tizian oder Rubens, verglichen, mit dem Unterschied, dass im Falle Scribes seine wichtigsten Mitarbeiter mitsignieren durften. So heißt es auf dem Titelblatt der ersten Meyerbeer-Oper in der Scribe-Gesamtausgabe: »Robert le Diable. Oper in fünf Akten. In Zusammenarbeit mit Monsieur Germain Delavigne. Musik von Giacomo Meyerbeer. Théâtre de l'Opera. 21. November 1831«.

Das Uraufführungsdatum zeigt, dass seit der ersten Konzeption des Werkes viereinhalb Jahre vergangen waren. In dieser Zeit geschah opernhistorisch Bemerkenswertes, nämlich der Sensationserfolg von Aubers *La muette de Portici*, ein Revolutionsstück gegen adlige Willkürherrschaft, natürlich mit einem Textbuch von Scribe. Dies war die Geburtsstunde der Grand Opéra, einer Gattung mit politischem Zündstoff. Im Jahr nach Aubers Oper wurde, kaum weniger triumphal, Rossinis *Guillaume Tell* an der Pariser Opéra uraufgeführt. Beide Werke waren nicht ohne Vorläufer. Pariser, die alt genug waren, konnten sich daran erinnern, dass Gaspare Spontini 1809 mit *Fernand Cortez, ou la Conquête du Mexique* die Jahrhundertsensation geschaffen hatte, indem er des Eroberers Sieg über die Ureinwohner Mittelamerikas mit Hilfe von echten Pferden feierte, die lange vor Brünnhildes Ross Grane und den Elefanten in Verdis *Aida* auf die Bühne kamen. Interessant, dass die Librettisten Spontinis, Jouy & Esménard, frühe Vorläufer der späteren Librettisten-Duos, den Bühnenaufwand damit entschuldigen zu müssen glaubten, es gehe nicht um äußere Mittel, die Augen zu blenden, die Vierbeiner seien vielmehr dazu da, »die Überraschung und den Schrecken auszudrücken, den ihr erstes Erscheinen auf die Mexikaner gemacht haben muss«.

Ein gutes Beispiel dafür, was die Pariser unter Grand Opéra verstanden, ist Scribes *Le lac des fées*, »Der Feensee«, mit Musik von Auber, eine Variante des Undinen-Stoffes, also der Wasserfrau, die es nach menschlicher Liebe verlangt. Das Stück spielt größtenteils in Köln, vielleicht angeregt durch den damaligen Versuch der deutschen Romantiker, mit der Fertigstellung des Doms eine neue Feste der Tradition zu errichten. Scribe sah für diese Oper einen Akt vor, der auf dem Hauptplatz der Stadt, was immer damit gemeint sein mochte, spielt und das Fest der Heiligen drei Könige vorführt, mit einem Aufzug der Zünfte, von Soldaten über Obsthändler und Goldschmiede bis zu den Rheinschiffern. Jede Gruppe marschiert mit ihrer Fahne voran. Wagner, der in Paris ankam, als das Stück noch gespielt wurde, hat sich das für die *Meistersinger* vorgemerkt. Wie Scribe es liebte, folgte Eindruck auf Eindruck. Der Chor singt zu Beginn des Tableaus ein Lied zum Preis der Weihnachtsgeschenke, eine Verwechslung des 6. Januar mit dem 24. Dezember, bevor dann ein Bacchantenballett suggeriert, dass in Köln auch der Karneval mit dem Christfest und dem Dreikönigstag zusammenfällt. Weiter ist noch eine handfeste Studentenrevolte mit eingebaut, gefolgt von der Wiederkehr der Fee Zeila, die nach ihrem Liebesopfertod überraschend aus den Wolken – wo tatsächlich die erste Szene des fünften Aktes spielt – niederfährt, was den geliebten Studenten Albert vor dem Selbstmord bewahrt. So hat der Komponist alle Hände voll zu tun und das Publikum an einem Abend allerlei zu erleben.

Auber war der dankbarste Abnehmer Scribe'scher Texte. Die Zusammenarbeit der beiden reichte von 1823 bis 1861, also bis zum Tod des Librettisten. Legt man die achtunddreißig Opernvorlagen Scribes für Auber auf diesen Zeitraum um, so ergibt sich genau ein Libretto pro Jahr. Bekannt sind mehrere davon: *Fra Diavolo*, *Gustave III. ou le bal masqué* (daraus wurde durch Umarbeitung Verdis *Maskenball*), *Le domino noir*, der erwähnte *Lac des fées*, die erste von vier bekannten Vertonungen der *Manon Lescaut*-Geschichte (vor Massenet, Puccini, Henze) und vor allem *La muette de Portici*. Diese Oper fand Wagners uneingeschränkte Bewunderung bis ins Alter. Eine solche Wirkung, wie sie Auber mit diesem Stück von der eingedämmten Adelswillkür erzielte, hätte der frustrierte deutsche Revolutionär von 1849 auch gerne unter seine eigenen Erfolge gerechnet. Der Librettist, stets bereit zur Parteinahme für die Schlechtweggekommenen, wagte hier etwas im wahrsten Sinne Unerhörtes: eine Opern-Titelheldin, die nicht singt, weil sie stumm ist – das Happy End besteht dann in der Wiedergewinnung der verlorenen Sprache. Die Oper wurde nach der Premiere in Paris einige hundert Mal gespielt, ging in kurzer Zeit über fast alle Bühnen Europas, die Brüsseler Aufführung vom 25. Februar 1830 gab das Signal zum Abfall Belgiens von den Niederlanden. Scribe zeigte sich befriedigt über diese Fernwirkung seiner Oper – denn alle Stücke waren *seine* Opern, nicht die der Komponisten.

Von etwa 1830 an beherrschte Scribe den Libretto-Markt in der französischen Hauptstadt. Otto Nicolai, der Komponist der *Lustigen Weiber von Windsor*, hat in seinem Tagebuch vermerkt, Scribe habe zwischen zwölf- und zwanzigtausend Franc für einen Operntext erhalten, während man in Deutschland höchstens fünfhundert Taler zahle, und das gelte noch als viel. Infolgedessen habe Deutschland keine Opern und verdiene auch keine, ehe sich nicht die Regierungen um diese Kunstform kümmerten, wie dies in Frankreich der Fall sei. Ein trauriges Schicksal, schloss er, ein deutscher Opernkomponist zu sein. Wenn er allerdings einen Stoff wie *Nabucco* ablehnte, dann durfte er sich nicht wundern, wenn Verdi daraus auch ohne staatliche Subvention ein Erfolgsstück machte.

Verdi lernte Scribe auf indirekte Weise kennen, noch bevor er seine erste Oper komponierte. Aus dem Teatro Comunale di Busseto ist der Programmzettel eines Konzerts überliefert, das dort am 25. Februar 1838 stattfand. Verdi war fünfundzwanzig, und die Premiere seines Erstlings *Oberto* lag noch anderthalb Jahre in der Zukunft. Gespielt wurde zu Beginn eine Rossini- und zum Schluss eine Meyerbeer-Ouvertüre, dazwischen gab es Instrumentalwerke und zwei Gesangsstücke. Die Schauspieleinlage des

Abends bestand aus der Komödie *La mansarde des artistes* von Eugène Scribe, einer Art Vorwegnahme des *La Bohème*-Stoffes. Noch siebzehn Jahre vergingen, bis Paris den italienischen Meister einlud, zur Weltausstellung von 1855 eine Große Oper im französischen Stil zu schreiben, selbstverständlich zu einem Text von Scribe.

Im Gegensatz zu Wagner hatte Verdi sich nicht von sich aus angeboten. Und er kam mit unerhörten Forderungen, die nicht nur Geld betrafen – darüber sah man in Paris nonchalant hinweg –, sondern auch ein Mitsprache-, um nicht zu sagen ein Vetorecht, was die Struktur des Stückes betraf. Seit dem Tod Felice Romanis gab es keine Libretto-Autorität mehr in Italien. Die meisten Textautoren der Verdi-Opern, der am häufigsten beschäftigte Piave nicht ausgenommen, waren Zulieferer oder nur Handlanger des Komponisten, der genaue Vorstellungen davon hatte, was für die Bühne nötig war. Verdi lieferte oft die theaterwirksamen Stichworte für eine Szene, sofern sie nicht im Entwurf des Librettisten schon angedeutet waren.

Das musste zwangsläufig zum Zusammenprall zwischen Scribe und dem Gastkomponisten führen. Beide waren sich in dem Ziel einig, eine große Oper über den Aufstand von Palermo im Jahre 1282, genannt Sizilianische Vesper, zu schreiben. Aber Scribe, sonst eher leger in Detailfragen, hielt es offenbar für seine Berufsehre oder auch seine patriotische Pflicht, nicht noch einmal einem Italiener eine Rolle zuzugestehen, wie Rossini sie dreißig Jahre zuvor gespielt hatte. Verdi dagegen befand sich nach dem dreifachen Erfolg von *Rigoletto*, *Troubadour* und *Traviata* auf der Höhe seines Selbstbewusstseins. An die Pariser Operndirektion schrieb er, nachdem seine Kontroverse mit dem Textautor sich zugespitzt hatte: »Ich weiß, daß M. Scribe tausend andere Dinge zu tun hat, die ihm vielleicht mehr am Herzen liegen als meine Oper! ... Aber wenn ich diese souveräne Gleichgültigkeit bei ihm hätte voraussehen können, wäre ich in meiner Heimat geblieben, wo es mir wahrhaftig nicht schlecht ging! ... Ich hoffte, M. Scribe würde die Gefälligkeit haben, ab und zu bei den Proben zu erscheinen, um gewisse nicht gut passende Worte, schwierige oder schwer sangbare Verse zu ändern und zu sehen, ob in den einzelnen Stücken und Akten usw. nichts zu retuschieren wäre. Zum Beispiel: der 2., 3. und 4. Akt haben alle die gleiche Form: eine Arie; ein Duett; ein Finale. Schließlich rechnete ich damit, daß M. Scribe, wie er mir von Anfang an versprochen hatte, alles geändert hätte, was die Ehre der Italiener angreift.« Scribe änderte es gemäß Verdis Wünschen. Aber der Komponist war dennoch nicht recht zufrieden mit diesem ersten Abstecher nach Paris, dem mit *Don Carlo* allerdings ein weitaus gewichtigerer noch folgen sollte.

Man weiß nicht, wie die Opernliteratur aussähe, hätte Verdi 1842 nach seinem ersten Erfolg mit *Nabucco* Italien verlassen und in Paris – wo sonst? – Zuflucht vor der italienischen Zensur suchen müssen. Eine Zusammenarbeit mit Scribe wäre dann weniger eine Prestigesache als eine schiere Notwendigkeit gewesen. Patrick J. Smith hat Verdis *Don Carlo* – der keinen Scribe-Text verwendet – als Inbegriff der Scribe'schen Musikbühnen-Prinzipien gesehen. Wagner war der Meinung, niemand habe Scribe besser vertont als Auber. Diesen heute außerhalb Frankreichs unterschätzten Komponisten hielt der Bayreuther Meister zeitlebens in Ehren. Er schrieb ihm 1871 einen Nachruf, obwohl damals alles Französische in Deutschland nicht viel galt. Cosima Wagner hat in ihren Tagebüchern aus Richards letztem Lebensjahr die erstaunliche Episode überliefert: »R. setzt sich an's Klavier, blättert im Parsifal und spielt dazu Auber; das bringt ihn auf die Hervorhebung der Genialität, mit welcher Auber für die Trompete geschrieben hätte; er zeigt dagegen, wie gemein Meyerbeer im 5. Akt der ›Hugenotten‹ dies nachgeahmt hätte.«

Um zu den Anfängen der Grand Opéra zurückzukehren: Als Meyerbeer die Arbeit an *Robert le diable* nach drei Jahren Pause wieder aufnahm, entschloss er sich gemeinsam mit Scribe, die ursprüngliche *opéra comique* zur Großen Oper mit all ihren pittoresken Reizen umzuarbeiten. Ein dämonischer Höllengeist, Bertram, verpfändet die Seele seines Sohnes Robert, um die eigene zu retten, aber der gute Geist einer Frau vereitelt das teuflische Spiel; Robert wird gerettet und gewinnt seine Prinzessin Isabelle, während den Verdammten die Hölle verschlingt. Spektakulärer Höhepunkt ist ein orgiastisches Höllenballett, in dem sich fromme Ordensschwestern auf Teufels Geheiß in wilde Bacchantinnen verwandeln. Meyerbeer wusste im schauerlichen Ambiente dennoch seine Belcanto-Kunst zur Geltung zu bringen, als Kontrast und vielleicht sogar als Steigerung.

Der Erfolg von *Robert le diable* war sensationell, nicht nur in Paris. In den nächsten drei Jahren wurde die Oper von siebenundsiebzig Bühnen in ganz Europa nachgespielt. Der führende Musikkritiker Fétis nannte sie »eine bemerkenswerte Schöpfung in der Geschichte der Kunst«.

Bemerkenswert war auch, mit welcher strategischen Meisterschaft der Erfolg programmiert wurde: mit fast täglichen Presseberichten während der Proben, einer hochrangigen Sängerbesetzung, die schon vor der Komposition von Meyerbeer genau festgelegt worden war, mit aufwendigen Dekorationen und dem erstmals bei einer Bühnenaufführung verwendeten Gaslicht. Die Pariser Oper als staatliches Lizenzunternehmen besaß das Geld, das für Extravaganzen dieser Art benötigt wurde. Das größte Opernorchester der Zeit, ein wuchtiger Chor und die berühmten Balletteusen waren verfügbar. Venedig und Neapel waren damit verglichen nicht konkurrenzfähig, und in Wien herrschte nicht länger Joseph II., sondern ein an Musik desinteressierter Monarch. London lebte von Importen, und nach Webers Tod arbeitete der berühmteste deutsche Komponist vor Wagner, kein anderer als Meyerbeer, zumeist in Paris und von Paris aus, auch in seiner Zeit als Berliner Operndirektor. In allen von Metternich befeuchtelten Landen regierte zudem die Zensur, nirgends mehr als in den Staaten der Kriegsgewinner, mit Ausnahme des besiegten Frankreich, wie zur Bestätigung der historischen Paradoxie, dass die gegen Napoleon geführten »Befreiungskriege« zwar den fremden Herrscher vertrieben, aber keine Freiheit gebracht hatten. Das Regime des Bürgerkönigs Louis Philippe griff die Tradition auf, wonach gute Opern das Geld der Nation wert seien. Wenn Paris die Hauptstadt des 19. Jahrhunderts genannt worden ist, dann war sie es auch als Stadt der Oper. Hier waren die größten Gesangsvirtuosen zur Stelle, der Bassist Levasseur, der Tenor Nourrit und die Primadonna Julie Dorus-Gras, die sich im fünften Akt von *Robert le diable* zum wirkungsvollen Ensemble vereinigten. Aber es ging keineswegs nur um vordergründige Gesangs- und Dekorationseffekte. Vielmehr erkannten Meyerbeer und Scribe die historische Stunde: das Bedürfnis des saturierten Bürgertums nach *gloire* und Selbstverklärung, seine Sehnsucht nach vergangener revolutionärer Größe. Dem kamen sie entgegen mit der Wahl heroischer und historischer Stoffe, mit exotischen Charakteren und der Grandiosität der Form. Scribe kombinierte geschickt zwei Faktoren, die heute etwas in Misskredit geraten sind: Man könnte sie »Personalisierung von Politik« und »Sentimentalisierung menschlicher Beziehungen« nennen. Staatsaktion und Liebeshandlung hat er zur ungeniertesten Synthese geführt. Niemand unter den Librettisten seiner Zeit begriff so wie er, dass ein zu gesellschaftlichem Selbstbewusstsein erwachtes Opernpublikum wie das im Paris von Louis Philippe und später Napoleon III. nicht *nur* Sentimentalität, aber auch nicht *nur* historischen Mummenschanz auf der Musikbühne sehen und hören wollte.

Das ist der Hintergrund des triumphalen Erfolges von Meyerbeers und Scribes nächster Oper: *Les Huguenots (Die Hugenotten)*, uraufgeführt im Februar 1836. Sie wurde zur wahrscheinlich erfolgreichsten und meistgespielten Oper des 19. Jahrhunderts; allein an der Pariser Opéra fanden mehr als tausend Aufführungen statt. Ein Werk über ein großes Thema der französischen Geschichte, das Massaker der Bartholomäusnacht, über den Glaubenskampf zwischen Protestanten und Katholiken, auf die Pariser

Opernbühne gebracht von einem deutschen Komponisten jüdischer Herkunft und eingeleitet von dem Luther-Choral »Eine feste Burg ist unser Gott«.

Robert Schumann hat die Verwendung des Luther-Chorals als seine Profanierung empfunden und zum berühmten vierten Akt der *Hugenotten* angemerkt, die hier verwendete Melodie sei nichts als eine »aufgestutzte Marseillaise«. Die Beobachtung selbst ist zutreffend, als Kritik aber denkbar verständnislos. Denn Meyerbeer und Scribe schufen in der sogenannten »Schwerterweihe«, bei der die Waffen der katholischen Verschwörer zum geplanten Massaker an den Hugenotten gesegnet werden, die erste monumentale Tableau-Szene der Operngeschichte im Stil der Revolutionsbilder von Jacques-Louis David. Der Chor wird zum Träger der Aktion, doch mit den bedrohlichen Untertönen von Massenhysterie und religiösem Fanatismus. Die »aufgestutzte Marseillaise« ist ein bewusstes Zitat innerhalb der politischen Aktion, durch keinerlei »Originalerfindung« ersetzbar, und man muss eher die Souveränität bewundern, mit der Meyerbeer das historisch geprägte Material hier verwendet. Man hört in dieser großartigen Szene das Echo der Julirevolution von 1830, so wie man später in Verdis *Don Carlo* und *Aida*, aber auch in Wagners *Rienzi* und noch in der *Götterdämmerung* das Echo von Meyerbeers Musik hören wird. Niemand hat das Neuartige des vierten *Hugenotten*-Aktes so deutlich empfunden und in Worte gefasst wie Heinrich Heine, der 1837 in seinen Briefen *Über die Französische Bühne* dazu anmerkte:

> Unerhört ist die Behandlung der Chöre, die sich hier wie Individuen aussprechen und aller opernhaften Herkömmlichkeit entäußert haben. Seit dem Don Juan gibt es gewiß keine größere Erscheinung im Reiche der Tonkunst, als jener vierte Akt der Hugenotten, wo auf die grauenhaft erschütternde Szene der Schwerterweihe, der eingesegneten Mordlust, noch ein Duo gesetzt wird, das jenen ersten Effekt noch überbietet; ein kolossales Wagnis, das man dem ängstlichen Genie kaum zutrauen sollte, dessen Gelingen aber eben so sehr unser Entzücken wie unsere Verwunderung erregt ... Was mich betrifft, so gestehe ich, daß nie bei einer Musik mein Herz so stürmisch pochte, wie bei dem vierten Akte der Hugenotten ...

Robert Schumann räumte ein, dass die Schwerterweihe »viel dramatischen Zug« habe und besonders der Chor von großer, aber, wie er schrieb,

»äußerlicher« Wirkung sei: »Situation, Scenerie, Instrumentation greifen zusammen, und da das Gräßliche Meyerbeers Element ist, so hat er hier auch mit Feuer und Liebe geschrieben.« Das war das einzige Zugeständnis, das er in seinem *Hugenotten*-Verriss machte, der am 5. September 1837, nicht zufällig Meyerbeers Geburtstag, in der *Neuen Zeitschrift für Musik* erschien. Mit ihm begann gewissermaßen die Austreibung des in Paris gefeierten Komponisten aus der deutschen Musikgeschichte:

> Mit welchem Widerwillen uns das Ganze erfüllte, daß wir nur immer abzuwehren hatten, kann ich gar nicht sagen; man wurde schlaff und müde vom Ärger ... Ein geistreicher Mann hat Musik wie Handlung am besten durch das Urtheil bezeichnet, daß sie entweder im Freudenhause oder in der Kirche spielten. ... Was bleibt nach den Hugenotten übrig, als daß man geradezu auf der Bühne Verbrecher hinrichtet und leichte Dirnen zur Schau ausstellt. Man überlege sich nur Alles, sehe wo Alles hinausläuft! ... Schwelgen, morden und beten, von weiter nichts steht in den Hugenotten: vergebens würde man einen ausdauernd reinen Gedanken, eine wahrhaft christliche Empfindung darin suchen ... Und dies läßt man sich Alles gefallen, weil es hübsch in die Augen fällt, und von Paris kömmt – und ihr deutschen sittsamen Mädchen haltet euch nicht die Augen zu? – Und der Erzkluge aller Komponisten reibt sich die Hände vor Freuden!

Schumanns Kritik, voll Idiosynkrasie und gehässigem Affekt, mit antisemitischem Unterton, hat Meyerbeers Erfolg in Deutschland nicht verhindert, war aber von bedrohlicher Fern- und Tiefenwirkung, zumal sie später von Richard Wagner und seinen Anhängern verstärkt und überboten wurde. Dass an Meyerbeer »alles Schein und Heuchelei« sei, wie Schumann schrieb, oder »Wirkung ohne Ursache«, wie Wagner unübertrefflich formulierte, ist im Übrigen ein völlig unhaltbarer Vorwurf angesichts von Meyerbeers glänzender Orchestertechnik, seiner kraftvollen und originellen Instrumentationskunst, der Noblesse seiner melodischen Erfindungen und einer dramatisch-konstruktiven Kraft, mit der er bis zum Erscheinen der zweiundzwanzig Jahre jüngeren Verdi und Wagner alle seine Zeitgenossen überragte. Man betrachte unter diesem Aspekt das auf die Schwerterweihe folgende, schon von Heine erwähnte Duett Raoul – Valentine, das aufschlussreich ist für Meyerbeers Produktionsweise. Der Tenor Adolphe Nourrit wünschte nämlich, während die Proben bereits liefen, eine Änderung. Meyerbeer klagte in einem Brief an seine Frau:

»Theure geliebte süße Lilie! Du wirst es Deinem armen Mohren verzeihen wenn Du während der nächsten 10 oder 14 Tage nur wenige spärliche Zeilen erhälst. Ich bin in diesem Augenblick in einem solchen Abgrund von Beschäftigungen daß ich kaum die Zeit zum Schlafen behalte. Taglioni ist zurückgekommen, und ich habe nun täglich Conferenzen mit ihm wegen der zu machenden Balletmusik; deßgleichen täglich mit den Mahlern, die complett das Gegenteil von dem gemacht haben, welches ich pour les exigences musicales im 3. und 5. Akt vorgeschrieben hatte ... Dabei die Proben, die tägliche kleine Verändrungen die fortwährend vorfallen, die fatale Geschichte mit Nourrit wegen des 4. Aktes, der durchaus refusirt das große Duett zu singen und nun eine Veränderung vorgeschlagen hat, nach der ich nicht nur das Duett sondern auch die vorhergehende Stücke des 4. Aktes ändern müßte. Scribe der die Sache entscheiden sollte ist vorgereiset, ohne sich nur die Mühe zu geben es uns anzuzeigen.«

Weit zurück lagen die Tage Mozarts und Rossinis, die sich um Kulissen nicht zu kümmern brauchten, in ihnen allerdings auch keine Vorbedingung für die Musik sahen wie Meyerbeer und seine Zeitgenossen. Nourrit setzte seine Änderung durch, wirkte sogar an der Textabfassung mit, und Deschamps, einer von Scribes Helfern oder Helfershelfern, lieh seine flinke Hand. Scribe, der aus den Pyrenäen grüßen ließ, beharrte übrigens in seinen Gesammelten Werken auf der Urfassung des Duetts, das nach Meyerbeers Revision wenigstens teilweise wie eine große Vorwegnahme Verdis klingt, etwa des Duetts Amelia – Riccardo aus dem zweiten Akt des *Ballo in maschera* oder der Nilszene aus *Aida*.

Von den *Hugenotten* des Jahres 1836 dauerte es dreizehn Jahre bis zur nächsten Pariser Oper des Gespanns Scribe – Meyerbeer: *Le prophète*, uraufgeführt am 16. April 1849, an dem die Deputiertenversammlung des Palais Bourbon nicht stimmfähig war, weil zu viele Abgeordnete in der Premiere saßen. Der Erfolg war, um es mit den Worten von Hector Berlioz zu sagen, »ungeheuer und ohnegleichen«. Wieder liegt der Oper ein historisch-politischer Stoff zugrunde, die Wiedertäuferbewegung des 16. Jahrhunderts. Die Anregung dazu fand Scribe in Voltaires Schrift *Über die Sitten und den Charakter von Nationen*, wo es heißt: »1534. Noch nie hatte der Fanatismus eine derartige Massenhysterie auf Erden ausgelöst. Alle diese Bauern, die sich für Propheten hielten und nichts von der Bibel wussten, als dass man die Feinde Gottes abschlachten solle, konzentrierten sich am stärksten in Westfalen, das damals das Zentrum der Dummheit war. Sie brachten die Stadt Münster in ihre Gewalt und verjagten den Bischof. Zunächst wollten sie dort einen Gottesstaat nach alttestamentarischem Vorbild errichten und sich durch Gott allein leiten lassen. Als aber ihr Oberprophet, ein gewisser Mathisen, in der Schlacht fiel, behauptete ein Schneidergeselle namens Jan van Leyden aus Leiden in Holland, Gott sei ihm erschienen und habe ihn zum König berufen. Sagte es, und sie glaubten ihm.« Diesen Jan von Leyden, den Anführer einer Sekte von Schwarmgeistern, der sich im Dom zu Münster zum König von Zion krönen lässt, machte Scribe zum Titelhelden seiner Oper, die in eine heute wieder aktuelle religiös-politische Konfliktzone führt. Angemaßtes Volksführer-Charisma umgibt diese Gestalt, in der man Anspielungen auf Sozialistenführer des 19. Jahrhunderts gesehen hat. Scribe selbst machte im Text solche Anspielungen, so genau er den historischen Hintergrund auch auszumalen vorgab. Dass es mit dieser Detailgenauigkeit nicht zum Besten stand, lässt sich durch ein eher amüsantes Beispiel zeigen. Der zweite Akt des *Propheten* spielt in Leyden, in einem Gasthaus. Die Bühnenanweisung sagt: »Tür im Hintergrund, Fensteröffnungen mit Blick auf freies Feld. Türen rechts und links. Von draußen ertönt ein Walzerlied.« Diese »*Valse villageois*«, gesungen von Bauern und Bäuerinnen, ist kein Anachronismus allein des Komponisten Meyerbeer, der hier der Walzer-Vorliebe des Pariser Publikums entgegenkam; vielmehr hat Scribe diesen Walzer vorgeschrieben, die erste von drei berühmten Vorwegnahmen der Tanzform. Es gab sie noch nicht in der Zeit, da Faust lebte, was Charles Gounod, der Komponist des Faust-Walzers, ignorierte; noch gab es sie in den Tagen, in denen der *Rosenkavalier* spielt, was dem Walzerfreund Richard Strauss bei seiner Apotheose des Walzers egal war; und auch während des Wiedertäuferaufstands in der ersten Hälfte des 16. Jahrhunderts war der Walzer vollständig unbekannt. Was Meyerbeer nicht hinderte, den von seinem Textdichter gewünschten Walzer zu komponieren. Die Musik könnte allenfalls als einfacher Dreivierteltakt durchgehen, aber die Worte, die Scribe den Chor singen lässt, sind unmissverständlich: »*Valsons, valsons toujours, / La valse a mes amours.*« (»Lasst uns walzen, immer walzen, / den Walzer lieb ich sehr.«)

Scribe sprach nicht den Sinn für Feinheiten an, sondern suchte die direkte Wirkung: die optische Verblüffung, die Angst und sogar, wie in *Robert le diable*, den puren Schrecken. Der Schluss des fünften Aktes von *Le prophète* ist so ein Verblüffungsschluss, sicher eine der spektakulärsten Finalszenen der Operngeschichte. Natürlich gibt es Don Giovannis Höllensturz und die musikalische Apotheose von Brünnhildes Schlussgesang in der

Götterdämmerung – damit kann Meyerbeer nicht konkurrieren. Gleichwohl stellt sich in Wagners Werk ein retardierendes Moment ein, das vielleicht den Zeit- und Tempovorstellungen einer Tetralogie entspricht, kaum aber denen eines zum furiosen Schluss drängenden Opernabends. Solche Gesetzmäßigkeiten wusste Scribe zu respektieren, übrigens nicht immer in Übereinstimmung mit dem Komponisten Meyerbeer. Wenn Scribe einmal im Textbuch des *Propheten* schreibt: »Das Orchester schildert Jeans Zustand«, so tut Meyerbeer an dieser Stelle gar nichts, das heißt er lässt die Musik schlicht pausieren, denn auch die Stille kann sehr beredt sein. Und vollends in seiner letzten Oper *Die Afrikanerin*, wo der Schluss des dritten Aktes den großen, spektakulären Höhepunkt mit Schiffbruch und Taifun bringt, hat Meyerbeer auf die finale Steigerung verzichtet, auf den »*tornado curtain*«, wie die Engländer sagen, den Fall des letzten Vorhangs zu donnerndem Applaus. In *Le prophète* allerdings hat er ihn sich nicht entgehen lassen. Eben noch singt Jean, der Prophet, ein Trinklied, der Chor ruft »Heil« und »Hoch«, da dringen die Kaiserlichen ein, um die Stadt Münster von den Wiedertäufern zu befreien. Die sagen sich von ihrem Anführer los, um das eigene Leben zu retten. Jean aber lässt die Gitter niedergehen, alle sind gefangen, das Blutbad kann beginnen. Nun kommen die knappen Scribe'schen Bühnenanweisungen: »Eine gewaltige Explosion ist zu hören. Eine Wand des Mauerwerks im Hintergrund stürzt ein. Flammen von allen Seiten. Eine zweite Wand stürzt ein. Das Feuer bricht in voller Stärke aus. Jean hat sich an die Brust seiner Mutter geworfen, die den Blick nach oben richtet. Alle umarmen sich. Der Palast bricht zusammen.«

Richard Wagner hat, wie schon erwähnt, an den Opern Meyerbeers nach Scribe'schen Textbüchern die »Wirkungen ohne Ursachen« kritisiert. Man kann die Kritik auch so verstehen, dass die Wirkungen selber ihm durchaus imponierten. Den *Propheten* sah er im Februar 1850 in Paris, später schrieb er darüber in *Mein Leben*: »Mir ward so übel von dieser Aufführung, daß ich, unglücklicherweise in der Mitte des Parketts plaziert, dennoch die stets gern vermiedene Bewegung nicht scheute, welche durch das Fortgehen während eines Aktes seitens eines Zuhörers hervorgerufen wird. Es kam aber in dieser Oper, als die berühmte ›Mutter‹ des Propheten ihren Schmerz in den bekannten albernen Rouladen verarbeitete, darüber, daß ich genötigt sein sollte so etwas anzuhören, zu einem wirklich verzweiflungsvollen Wutausbruch in mir. Nie vermochte ich je wieder diesem Werke die geringste Beachtung zu schenken.« Das war aus einem zeitlichen Abstand von anderthalb Jahrzehnten geschrieben. Liest man danach Wagners Briefe an den Dresdner Revolutionsgenossen Theodor Uhlig, geschrieben unter dem unmittelbaren Eindruck der Aufführung, so entsteht ein ganz anderes Bild. »Einstweilen habe ich mir den Propheten zum ersten Male in diesem Leben angesehen«, heißt es am 24. Februar 1850, und ich »habe mich überzeugt, und zwar in der 47. Aufführung dieser Oper, daß dieß Werk vor dem Publikum der Pariser großen Oper einen ganz unläugbaren, großen und dauerhaften Erfolg gewonnen hat: das Haus ist stets überfüllt und der Beifall enthusiastischer, als ich ihn sonst hier gefunden habe.« Drei Wochen später, im nächsten Brief an Uhlig, heißt es dann: »In dieser Zeit sah ich denn auch zum ersten Male den Propheten, – den Propheten der neuen Welt: – ich fühlte mich glücklich und erhoben, ließ alle wühlerischen Pläne fahren, die mir so gottlos erschienen, da doch das Reine, Edle, hochheilig Wahre und göttlich Menschliche schon so unmittelbar und warm in der seligen Gegenwart lebt ... Kommt das Genie und wirft uns in andere Bahnen, so folgt ein Begeisterter gern überall hin, selbst wenn er sich unfähig fühlt, in diesen Bahnen etwas leisten zu können. Ich bemerke – ich werde immer Schwärmer, wenn ich an jenen Abend der Offenbarung denke ...!«

Diese brieflichen Äußerungen stehen nicht nur in denkbar großem Kontrast zu dem rückblickenden Urteil in *Mein Leben*, sie sind vor allem deswegen bemerkenswert, weil Wagner eben zu der Zeit seines Pariser Besuchs von *Le prophète* in der *Neuen Zeitschrift für Musik* pseudonym seinen berühmten oder besser berüchtigten Aufsatz *Das Judentum in der Musik* veröffentlichte. Er hat Meyerbeers späteres Geschick in Deutschland entscheidend mitbestimmt, in gewisser Weise auch Wagners eigenes Geschick. Ohne den Komponisten der *Hugenotten* namentlich zu erwähnen, spricht er darin von der kreativen Impotenz der Juden und, in subtilerer Polemik, vom allgemeinen Verfall der Kunstzustände, in dem – sinngemäß – jüdischer Intellektualismus nur deshalb dominieren könne, weil sich die Moderne allzu weit von ihren Ursprüngen entfernt habe. Dies schlimmste antisemitische Dokument eines großen Künstlers zielte vor allem auf Meyerbeer, dessen Welterfolge Wagner neiderfüllt und ressentimentgeladen vor Augen hatte. Die Vermutung liegt nahe, dass dieser Neid, dieses Ressentiment sogar die wahre Ursache von Wagners Antisemitismus war, obwohl der Komponist des *Rienzi* während seiner Pariser Hungerjahre 1839/40 die Unterstützung Meyerbeers erbeten und erhalten hatte. Kein Name taucht in diesen Wochen und Monaten so oft in Meyerbeers Tagebuch auf wie der des jungen, notleidenden sächsischen Komponisten, der sich mit einer so ersterbenden Unterwürfigkeit an

Meyerbeer wandte, dass man diese Briefe mit Scham und Betroffenheit liest. Am 3. Mai 1840 schreibt Wagner: »Ich bin auf dem Punkte, mich an jemand verkaufen zu müssen, um Hülfe im substantiellsten Sinne zu erhalten. Mein Kopf und mein Herz gehören aber schon nicht mehr mir – das ist Ihr Eigen, mein Meister; – mir bleiben höchstens nur noch meine Hände übrig – wollen Sie sie brauchen? … Bringen Sie mich wieder in den schönen Winter hinein, vielleicht zahle ich da schon Zinsen! Nüchtern heraus: – mir kann kein Wucherer mehr helfen … dies kann … nur jemand, dessen klares Auge und volles Herz ersieht und fühlt, daß ich einen guten Baum abgeben kann …Göthe ist tot – er war auch kein Musiker; mir bleibt niemand als Sie.«

Das ist ganz offenbare Selbstverhöhnung. So wie Mime im zweiten Akt des *Siegfried* unfreiwillig seine Mordabsicht preisgibt, so verrät Wagner unfreiwillig im sprachlichen Reflex seines Unbewussten (er spricht von »Zinsen«, »kaufen«, »Wucherer«), wie schrankenlos eben jene Geldphantasien in ihm herrschen, die sein Vorurteil den Juden zuschreibt. Zugleich wird die Devotion in ihrem wahren Charakter erkennbar: als Wunsch nach Verhöhnung des anderen. Im Nachlass Meyerbeers fand man folgende Eloge von Wagners Hand, die wahrscheinlich auf das Jahr 1841 zu datieren ist: »Meyerbeer schrieb Weltgeschichte, Geschichte der Herzen und Empfindungen, er zerschlug die Schranken der National-Vorurtheile, vernichtete die beengenden Grenzen der Sprach-Idiome, er schrieb Thaten der Musik, Musik, wie sie vor ihm Händel, Gluck und Mozart schrieben, und diese waren Deutsche und Meyerbeer ist ein Deutscher.«

Der ausdrückliche Hinweis auf Meyerbeers »Deutschheit« ist verräterisch im Lichte dessen, was noch kommen sollte. Dass Meyerbeer ihm großzügig geholfen hatte, wurde von Wagner später mehr und mehr verdrängt und schließlich verleugnet. In einem Brief an Eduard Hanslick vom Januar 1847 heißt es noch: »Was mich um eine Welt von Ihnen trennt, ist Ihre Hochstellung Meyerbeers; ich sage dies mit vollster Unbefangenheit, denn Meyerbeer ist mir persönlich sehr befreundet, und ich habe allen Grund, ihn als liebenswürdigen, teilnehmenden Menschen zu schätzen.« Dagegen findet man in Wagners Brief an Franz Liszt vom April 1851, worin er sich seiner Schrift über das *Judentum in der Musik* wegen zu rechtfertigen versucht, zwar noch eine trübe Erinnerungsspur der eigenen Schuld, aber Meyerbeers Hilfe erscheint nun als bloße Heuchelei: »Dieser ewig liebenswürdige, gefällige Mensch erinnert mich, da er sich noch den Anschein gab, mich zu protegieren, an die unklarste, fast möchte ich sagen lasterhafteste Periode meines Lebens; das war die Periode der Konnexionen und

Hintertreppen, in der wir von den Protektoren zum Narren gehalten werden, denen wir innerlich durchaus unzugetan sind.« Hier wird die Scham über die eigene »Lasterhaftigkeit« zum Vorwurf gegen den, der ihr Zeuge wurde – und Meyerbeers Verwerfung wird nun mit dem gleichen Eifer vollzogen wie einst die Selbsterniedrigung: »... ich kann als Künstler vor mir und meinen Freunden nicht existieren, nicht denken und fühlen, ohne meinen vollkommenen Gegensatz in Meyerbeer zu empfinden und laut zu bekennen ... Es ist dies ein notwendiger Akt der vollen Geburt meines gereiften Wesens – und – so Gott will – gedenke ich manchem damit zu dienen, daß ich diesen Akt mit solchem Eifer vollziehe!«

Mit Wagners Siegeszug begann der Ruhm Meyerbeers – nicht nur in Deutschland, aber nirgends stärker als in Deutschland – zu verblassen. Meyerbeer starb am 2. Mai 1864 in Paris. Am Tag darauf wurde Wagner vom bayerischen König Ludwig II. nach München berufen – eine Pointe der Musikgeschichte von tragischer Ironie –, Wagner hat sie ans Ende seiner Autobiographie *Mein Leben* gestellt. Er nennt Meyerbeer hier den »mir so schädlich gewordenen Opernmeister« (immerhin »Meister«!), ohne anzugeben, woraus ihm denn ein Schaden erwachsen war. Umgekehrt wäre es richtig. Doch wurde Wagner seinen Antipoden nie so recht los. Noch 1878 erzählte er seiner Frau Cosima, wie diese im Tagebuch festgehalten hat, von der ersten Begegnung mit Meyerbeer in Boulogne-sur-Mer 1839, als er ihm stundenlang aus seinem Textbuch zu *Rienzi* vorlas. Mehrfach hat Cosima Träume ihres Mannes beschrieben, der sich Arm in Arm mit Meyerbeer in Paris zu befinden glaubte, wo dieser ihm, wie Cosima formuliert, »die Bahnen des Ruhmes« geebnet habe – ein höchst aufschlussreicher Traum. In Wirklichkeit machte sich freilich, von Wagner ausgehend, gegenüber Meyerbeer der ungenierteste Antisemitismus breit. Zwanzig Jahre nach seinem Tod schrieb etwa Hugo Wolf: »Was soll man dazu sagen, wenn einen ganzen Monat hindurch keine Wagnersche Oper, hingegen dreimal in der Woche Meyerbeer gespielt wird? Sind wir in Palästina oder in einer deutschen Stadt?«

Meyerbeers letzte große Oper *L'Africaine*, mit einem Text von Scribe, wurde erst nach dem Tod des Komponisten im April 1865 in Paris uraufgeführt, sechs Wochen vor der Uraufführung von Wagners *Tristan und Isolde* in München. Wieder eine sonderbare Koinzidenz, mit der sich hier zwei Epochen, zwei Gattungen, zwei Opernmeister, schließlich zwei Werke von konträrem und doch auch wieder heimlich verwandtem Charakter in einem historischen Augenblick berühren: Meyerbeer und Wagner, Grand Opéra und romantisches Musikdrama, die Oper des pathetisch-triumphierenden und die des todessüchtig-erlösungsbedürftigen Bürgertums. Wagners Musikdrama entstand in bewusster Wendung gegen Paris, gegen die kapitalistische Metropole, das moderne Babylon, Symbol der Geldherrschaft und Inbegriff eines Kunstbetriebs, der alle Kunst in eine Ware zu verwandeln sucht. Wagner setzte dagegen: Erlösung durch Kunst. Meyerbeer versuchte jedoch – und darin erscheint er tatsächlich als Wagners Antipode – mitten im Pariser Sündenbabel die Widersprüche seiner Zeit auszuhalten und darzustellen, zuweilen auch auszukosten. Die geschichtlich-politischen Stoffe, die Scribe für ihn bearbeitete, waren eben nicht bloß Vorwand für überwältigende Tableaus; die Massenszenen zeigten ein neues Verständnis von Politik. Der Chor, noch in Wagners *Lohengrin* in rein akklamierender Funktion eingesetzt, in Verdis *Aida* die lautstarke Kulisse einer eher privaten Liebeshandlung, wird bei Meyerbeer zum eigentlichen Protagonisten. Der daraus resultierende Zwiespalt von theatralischem Schaueffekt und politischer Substanz war auf der Opernbühne allerdings kaum aufzulösen. Gerade in diesem Zwiespalt, dieser Ambivalenz, enthält Meyerbeers Werk, wie das keines Opernkomponisten, die Widersprüche seiner Zeit – so wie sie, in kritischer Travestie der Grand Opéra, eine Generation später Jacques Offenbach aufzeigte. Offenbach, dem deutschen Juden aus Köln, der in Paris Triumphe feierte, war übrigens in Deutschland eine ähnliche Wirkungsgeschichte wie Meyerbeer beschieden.

Dessen letzte Oper, sein »Schmerzenskind«, entstanden in fast dreißigjähriger Arbeit, ist seine wahrscheinlich größte und kühnste Konzeption. Wieder ein Stoff von zeitgeschichtlicher Aktualität: die Titelheldin, die Afrikanerin Selica, in Wirklichkeit eine Inderin, ist eine Farbige. Sie kommt nicht aus märchenhaftem Mohrenland wie der Monostatos der *Zauberflöte*, noch ist sie ein vorwiegend exotischer Reiz wie die vielen afrikanischen und orientalischen Opernheldinnen der französischen Opernbühne jener Zeit. Mit der *Afrikanerin* befinden wir uns mitten in der kolonialen Epoche, und man muss nur in Erinnerung rufen, dass in den Jahren zwischen 1837 und 1864, in denen Meyerbeer an seiner Oper arbeitete, Frankreich und England ihre afrikanischen Kolonialreiche errichteten. Scribe und Meyerbeer griffen auf die Frühgeschichte des Kolonialismus zurück und machten Vasco da Gama, den legendären Kapumsegler und portugiesischen Konquistador des östlichen Indien, zum Mit- und Gegenspieler der Prinzessin Selica. In seiner berühmten Arie »*Pays merveilleux*« besingt Vasco die neue Welt mit der tenoralen Strahlkraft erotischer Verzückung, aber auch mit dem Gestus des Herrschers und kolonialen

Eroberers. Er gerät in Gefangenschaft, benutzt Selicas Liebe zu seiner Rettung und verlässt sie schnöden Ruhmes und einer spröden Portugiesin wegen. Die verlassene Selica ist eine der großen Leidens- und Außenseitergestalten der Oper, wenn sie unter dem giftigen Manzanillobaum ihren einsamen Liebestod stirbt. Doch ist sie nicht nur eine romantische Heldin, wie Verdis Aida oder Wagners Isolde, sie verkörpert noch im Tod, von Harfenklängen und einem unsichtbaren Chor begleitet, die Beute und das Opfer des weißen Mannes, die Leidensgeschichte ihres Volkes und jener Welt, die man auch in diesem Zusammenhang durchaus die Dritte nennen kann.

Verdis unentbehrlicher Geselle
Francesco Maria Piave

Da die Musik ihrem Wesen nach unmittelbar ist, folgt hieraus, daß die Worte einer Arie nicht Dichtung sein können.
Wystan Hugh Auden

»Evviva! Beviam! Beviam! Nel vino cerchiam almeno a piacer!«
Ernani

»Hoch! Lasst uns trinken! Lasst uns trinken! Wenigstens im Wein Vergnügen suchen!« Mit diesen nicht gerade originellen Worten, geschrieben 1843, begann die Zusammenarbeit zwischen Giuseppe Verdi und seinem Librettisten Francesco Maria Piave, der nicht sein bester Textdichter war, aber sein dauerhaftester. Ihre Verbindung hatte nahezu zwei Jahrzehnte Bestand und brachte nicht weniger als neun Opern hervor, darunter so berühmte Werke wie *Macbeth*, *Rigoletto* und *La Traviata*. Verdi hat offiziell vierzehn Librettisten beschäftigt, wenn man nicht angesichts der Art, wie er manche von ihnen traktierte, das Wort »verschleißen« vorziehen will. Einige der Namen sind heute vergessen. Antonio Piazza arbeitete mit Temistocle Solera den Text zu Verdis Erstlingsoper *Oberto* aus. Emanuele Bardare half Verdi nach dem Tod des Textdichters Salvadore Cammarano mit Retuschen am Text des *Trovatore*. Andere wie Francesco Maria Piave und Arrigo Boito spielen für Verdi eine bedeutende, wenn auch lange Zeit falsch gesehene Rolle. Dass der Komponist immer wieder auf Piave zurückkam, sogar nach Missverständnissen und Verärgerungen, bescheinigt diesem Librettisten mehr als nur die ihm nachgesagte Anpassungsfähigkeit. Er entwickelte mit der Zeit einen Sinn für das, was Verdi wollte – und das wich in vielem und später sogar erheblich von der geläufigen Opernform ab. Der Eingangschor zu *Ernani* mag ein hundertfach abgegriffener Beginn sein, aber zwischen der ersten und der zweiten Strophe haben Piave und Verdi bereits den Auftritt des Titelhelden vorgesehen. Die Banditen kommentieren seine nachdenkliche Stimmung, und so beginnt die dramatische Aktion unmerklich schon inmitten der herkömmlichen Chorszene, die nach außen hin nur Leben und Treiben zu simulieren scheint. Später wich Verdi mehrfach von diesem Schema ab. *Rigoletto*, *Aida* und *Falstaff* beginnen ohne mehrstimmigen Chorgesang.

Was die Zusammenarbeit Verdis mit seinen Librettisten so kompliziert machte, war die schwer greifbare Mischung aus Traditionswahrung und Neuerungsrisiko, die er von ihnen erwartete. Hinzu kam seine Überzeugung, keiner seiner Textautoren verfüge auch nur annähernd über die Theatererfahrung, die er selbst, Verdi, sich im Laufe der Zeit angeeignet hatte. Piave kam mit dem Komponisten zu einem besonders heiklen Zeitpunkt zusammen. Verdis Prestige war nach dem Erfolg von *Nabucco* auf einem ersten Höhepunkt angelangt, zudem war er entschlossen, das Opernhaus zu wechseln, das heißt, der Mailänder Scala den Rücken zu kehren und es mit dem Teatro La Fenice in Venedig zu versuchen. Sein Selbstbewusstsein als Musikdramatiker spricht aus den Forderungen, mit denen er von nun an den Opernhäusern wie seinen Textdichtern gegenübertrat – fortan hat er nicht mehr davon abgelassen. Aus Venedig wurde ihm der Hausdichter des Teatro La Fenice empfohlen: Francesco Maria Piave, zweiunddreißig Jahre alt. Als Verdi die ersten drei Akte des Entwurfs zu *Ernani* vorlagen und er voller Ungeduld auf den vierten Akt wartete, schrieb er warnend an Guglielmo Brenna, den Sekretär des La Fenice (sein Brief sei hier in voller Länge zitiert, um den neuen Ton von Entschiedenheit deutlich zu machen, der seit dieser Zeit seine Korrespondenz bestimmte):

In seinem Brief finde ich, daß sich Piave *gern mit mir verständigen möchte, um soweit möglich die Notwendigkeit von Änderungen an der fertigen Arbeit zu vermeiden.*
Ich meinerseits möchte niemals einen Dichter damit belästigen, mir einen Vers zu ändern: und ich habe die Musik zu drei Libretti von Solera geschrieben, und wenn man die Originale, die ich aufbewahre, mit den gedruckten Libretti vergleicht, dann wird man nur einige, aber sehr wenige Verse geändert finden, und diese aus Soleras eigener Überzeugung.
Aber Solera hat schon 50 Libretti geschrieben und kennt das Theater, die Wirkung, die musikalischen Formen. Sig. Piave hat noch nichts geschrieben, und daher ist es natürlich, daß es ihm an diesen Dingen fehlt.
In der Tat, wo gibt es eine Primadonna, die hintereinander eine große Kavatine, ein Duett, das in einem Terzett endet, und ein ganzes Finale singen kann, wie es in diesem ersten Akt des *Ernani* der Fall ist?
Der Sig. Piave wird mir gute Gründe dafür vorzubringen haben, aber ich habe andere und antworte, daß die Lunge dieser Anstrengung nicht gewachsen ist. Wo gibt es den Maestro, der, ohne zu langweilen, 100 Verse eines Rezitativs in Musik setzen kann wie in diesem dritten Akt?

In allen vier Akten des Nabucco und der Lombardi werden Sie bestimmt nicht mehr als 100 Verse Rezitativ finden. Dasselbe gilt auch für viele andere kleine Dinge.

Sie, der so gütig zu mir ist, bitte ich, diese Dinge Piave verständlich zu machen und ihn zu überzeugen. Wie wenig Erfahrung ich auch haben mag, so gehe ich dennoch das ganze Jahr über ins Theater und gebe sehr genau Obacht: Ich habe persönlich festgestellt, daß viele Kompositionen nicht durchgefallen wären, wenn es eine bessere Aufteilung der Stücke gegeben hätte, wenn die Wirkungen besser geplant worden, wenn die musikalischen Formen klarer gewesen wären ... mit einem Wort, wenn der Dichter wie auch der Maestro mehr Erfahrung gehabt hätten. Oftmals machen ein zu langes Rezitativ, ein Satz, ein Ausspruch, die in einem Buch und auch in einem gesprochenen Drama wunderschön sein würden, in einem gesungenen Drama lachen.

Ich erwarte voll Ungeduld den letzten Akt; entschuldigen Sie diese Belästigung und sehen Sie in mir den stets herzl. Ihnen zugetanen

G. Verdi

Piave wurde überredet und angestellt. Denn der Kontrakt Verdis mit dem Teatro La Fenice sah neben der Einflussnahme auf die Besetzung, einem Honorar von zwölftausend Lire, zahlbar nicht erst, wie in Rossinis Tagen, nach der dritten Vorstellung, denn die könnte es vielleicht nicht geben, und anderen Absicherungen auch vor, dass das Libretto ausschließlich seine, Verdis, Verantwortung zu sein habe, dass also der Komponist den Textdichter aussuche und bezahle. Verdi baute die Position des Komponisten im Gefüge des Opernbetriebs ganz erheblich zu seinen Gunsten aus, unter Hintansetzung der Rolle des Impresarios, des Verlegers und des Librettisten. Während in Paris Eugène Scribe durch Stoffwahl, Einfluss auf die Inszenierung, Bühneneffekte und Absicherung der Rechte des Textdichters dafür sorgte, dass der Komponist bestenfalls Einzelheiten der Textvorlage ändern, aber keine wesentlichen Eingriffe vornehmen konnte, ohne das Ganze zu zerstören, verlangte und erhielt Verdi die Kontrolle über nahezu alle Bestandteile der Opernproduktion. Er wählte das Sujet, den Librettisten und die Sänger, änderte alles, was ihn störte, bis zum Tage der Aufführung, beeinflusste die Proben, dirigierte die Premiere und kassierte selbigen Tages. Das Gesamtkunstwerk lässt sich als Begriff auf Verdi nicht anwenden, aber so etwas wie den Gesamtkünstler hat er schon angestrebt. Dass dies eine neue Einstellung des Textdichters zu seiner Arbeit erforderte, liegt auf der Hand.

Ernani war auch insofern Neuland, als hier zum ersten Mal Verdis Vorliebe für das Vertonen berühmter, und das hieß für ihn vor allem: theatralisch bewährter Bühnenstücke ins Spiel kam. Elf seiner siebenundzwanzig Opern greifen auf Shakespeare, Schiller, Byron und Victor Hugo zurück, und zumeist wurden die Librettisten aufgefordert, sich so eng wie möglich an das Original zu halten: kein Akt, keine Szene konnte Verdi kurz genug sein.

Im Frühjahr 1844, nach dem Erfolg des *Ernani*, setzte die Suche nach einem neuen Stück ein, das diesmal im Teatro Argentina in Rom seine Premiere haben sollte. Verdi begann damals die Sammlung von eigenhändigen Abschriften wichtiger Briefe und Dokumente, die 1913 unter dem Titel *I Copialettere* erschien. Darin stehen auch Listen von Plänen. Der Plan vom Frühjahr 1844 enthält nur ein Werk, das später tatsächlich ausgeführt wurde: Victor Hugos *Le roi s'amuse*, die Vorlage zu *Rigoletto*. Auch wenn Verdi nicht dem Zeitdruck ausgesetzt war, unter dem Rossini und vor allem Donizetti arbeiten mussten, so vergingen doch jeweils wertvolle Wochen, ehe das nächste Sujet gefunden war. Zunächst sollte es eine Oper *Lorenzino de' Medici* sein, eine riskante Wahl angesichts der Unwilligkeit der Zensurbehörden, irgendwelche historischen Parallelen selbst hergeholter Natur zuzulassen. Die reale italienische Geschichte war deswegen nahezu tabu. Piave wurde beauftragt, in Rom vorzufühlen und im Falle einer Ablehnung des *Lorenzino* als Ersatz *I due Foscari (Die beiden Foscari)* nach einer Vorlage von Byron vorzuschlagen.

Da der Medici-Stoff nicht zugelassen wurde, begann die Arbeit an *I due Foscari*, die nun wiederum, wegen ihrer venezianischen Grausamkeiten, kaum eine Chance am Teatro La Fenice gehabt hätte. Die Zensur war etwas gnädiger gestimmt, sobald der Schauplatz eines inkriminierten Stücks wenigstens am anderen Ende Italiens lag. So gab man Verdis *Ernani* in Neapel später unter dem Titel »Der Korsar von Venedig«, und die in Rom abgelehnte Medici-Oper Piaves kam später mit der Musik von Pacini in Venedig heraus. Piave suchte die Gefährlichkeit des Byron'schen Sujets, mit dem sich der englische Dichter seine Aversionen gegen die Schattenseiten der glorreichen Geschichte der Lagunenrepublik von der Seele geschrieben hatte, durch ein Vorwort im Stile Felice Romanis abzumildern. Verdi sorgte sich dagegen mehr um den Mangel an Dramatik, den er plötzlich in Byrons Drama entdeckt hatte. Also erhielt Piave die Anweisung, sich nicht allzu eng an die Vorlage zu halten und sich etwas auszudenken, »das ein wenig Aufregung in die Sache bringt, vor allem im ersten Akt«. Piave fand nichts Besseres als eine Hass-Arie des Dogensohnes Jacopo Foscari gegen den Rat der Zehn, die seiner Liebeserklärung an Venedig folgen sollte. Verdi gefiel dieses abrupte Nacheinander nicht. Was er stattdessen vorschlug, nämlich einen Dialog zwischen Jacopo Foscari und einem Diener, machte die Sache aber kaum plausibler. Danach sollte der Diener, was ihm im damaligen Venedig gewiss nicht zukam, seinem Herrn empfehlen, er möge auf Gnade hoffen, wenn er vor den Rat der Zehn trete. Über diesen unerbetenen Ratschlag sollte sich Jacopo derart erregen, dass seine Hass-Arie »*Odio solo, ed odio atroce*« motiviert erscheinen sollte. Wenn Verdi später Unzufriedenheit über diese Oper äußerte, dann lag es vor allem an dieser wichtigen einleitenden Szene, die er mit Recht als missraten ansah. Warum Jacopo überhaupt gefangen ist und verbannt wird, und vor allem, warum Loredano den Sturz des Dogen und die Demütigung seiner Familie betreibt, das erfährt der Zuschauer nicht aus den Bühnenvorgängen, dafür muss er zuvor Piaves Exposition lesen, die dem gedruckten Libretto vorausgeht.

Francesco Maria Piave war drei Jahre älter als Verdi, geboren 1810 auf der venezianischen Insel Murano. Die Familie lebte komfortabel, bis schlechte Geschäfte sie plötzlich in Armut stürzten. Statt in den Kirchendienst zu treten, wie es einem wohlhabenden Sohn möglich gewesen wäre, musste er sich nun selbst um seine Einkünfte kümmern. Er arbeitete zunächst als Setzer, dann als Lektor in der Druckerei Antonelli in Venedig, kam mit dem Theater in Kontakt, schrieb Verse und erste Libretti und war gerade zum Hauspoeten des Teatro La Fenice ernannt worden, als Verdi sich dieser Bühne zuwandte. Piaves Leben verlief ohne große Einschnitte. Er schrieb außer für Verdi noch für andere Komponisten, unter ihnen Mercadante und Pacini, die damals viel gespielt wurden. Ein paar Mal versuchte er sich im heiteren Genre, so für die Brüder Luigi und Federico Ricci, gemeinsam die Komponisten von *Crispino e la Comare*, einem »*melodramma fantastico-giocoso*«, wie Piave es nannte, das zur Karnevalssaison 1850 in Venedig großen Zulauf hatte. Aber bevor er einen Auftrag von anderer Seite annahm, bat er um die Erlaubnis seines Hauptarbeitgebers Verdi. Der Maestro schwankte dann zwischen der ihm eigenen Generosität, die meist die Oberhand gewann, und der Eifersucht, die er empfand, sobald irgendein Konkurrent irgendein Textbuch für sich zu gewinnen drohte. Als Piave ihn einmal um Erlaubnis bat, für Pacini tätig werden zu dürfen, gab er zwar sein Einverständnis, äußerte aber die Bitte, den Stoff des *Lorenzino de' Medici* ihm vorzubehalten. Zuletzt fügte er sich mit den Worten: »Wenn es sich aber nicht vermeiden lässt, dann nehmen Sie eben auch den

Lorenzino. Tun Sie, was für Sie am besten ist.« Verdi und Piave waren bald Duzfreunde, und als der Librettist 1867, siebenundfünfzig Jahre alt, durch einen Schlaganfall paralysiert und arbeitsunfähig wurde, organisierte Verdi mit anderen Komponisten eine populäre Liedersammlung, deren Erlös an Piave ging. Und als dieser 1876 starb, setzte er für dessen Tochter eine Rente aus.

Zwischen den Premieren von *Ernani* und *La forza del destino*, der ersten und der letzten Oper, deren Texte Piave für Verdi schrieb, liegen achtzehn Jahre. Ebenso viele Bühnenwerke brachte Verdi in dieser Zeit heraus. Trotz der engen und für den Komponisten sehr bequemen Zusammenarbeit zog er Piave also nur zu jeder zweiten Oper heran. Nach *I due Foscari* versuchte er es wieder mit Solera, dann mit Cammarano, dem dichterisch Begabtesten in der Generation nach Felice Romani, dann wieder mit Solera. Und obwohl sich der Dichter Andrea Maffei zu dieser Zeit enger mit Verdi anfreundete, kam er für das nächste große Projekt, Shakespeares *Macbeth* in eine Oper zu verwandeln, als Librettist nicht in Frage, denn er schrieb bereits für ihn an einem Büchlein nach Schillers *Räubern*. Beide Opern waren für das Frühjahr 1847 angesetzt, die eine in Florenz, die andere in London. Also musste ein anderer Autor Shakespeares Stück bearbeiten. Verdi griff auf Piave zurück, dem er einen ungewöhnlich detaillierten Entwurf nebst Begleitbrief schickte, um ihn auf bewegte Wochen vorzubereiten:

> Hier hast Du den Entwurf zu *Macbet*. Diese Tragödie ist eine der großartigsten menschlichen Schöpfungen! ... Wenn wir nichts Großes machen können, versuchen wir wenigstens, etwas Außergewöhnliches zu machen. Der Entwurf ist klar: Ohne Konvention, ohne besondere Schwierigkeiten und kurz. Ich lege Dir die Verse ans Herz, sie sollen auch kurz sein; je kürzer sie sind, um so mehr Wirkung wirst Du erzielen. Nur der erste Akt ist ein bißchen lang geworden, aber es liegt an uns, die Nummern kurz zu halten. Denk stets daran, daß bei den Versen kein überflüssiges Wort sein darf: alles muß etwas aussagen, und Du mußt Dich einer erhabenen Sprache befleißigen mit Ausnahme der Hexenchöre. Diese müssen vulgär, aber phantastisch und originell sein.
>
> Wenn Du die ganze Einleitung fertig hast, dann schick sie mir bitte. Sie setzt sich aus vier kleinen Szenen zusammen und kann aus wenigen Versen bestehen. Hast Du die Einleitung erst einmal fertig, dann lasse ich Dir die Zeit, die Du möchtest, denn den allgemeinen Charakter und die Grundzüge, die kenne ich, so als wäre das Libretto schon fertig. Oh,

ich bitte Dich, vernachlässige mir diesen *Macbet* nicht; ich flehe Dich auf den Knien an, kümmere Dich um ihn, wenn nicht anders, mir und meiner Gesundheit zuliebe, die im Augenblick ausgezeichnet ist, die jedoch sofort schlecht wird, wenn Du mich aufbringst ... Kürze und Erhabenheit! ...

Man erkennt Piaves Probleme. Immer mehr drängte Verdi ihn in die Rolle des bloßen Versifizierers vorgegebener Prosaentwürfe. Der Librettist konnte nicht länger die Struktur eines Aktes oder einer Szene selbst bestimmen, die Abfolge der Gesangsnummern und auch deren Stimmungsgehalt standen bereits fest, bevor er als Textautor an die Arbeit ging, er setzte lediglich seine Verszeilen ein. Es war wie das Ausfüllen eines Fragebogens im Vergleich zum Schreiben eines Lebenslaufs. Im Dezember 1846 erhielt Piave einen Brief Verdis, der so weit ging, wörtliche Prosavorschläge für den Dialog zwischen Macbeth und Lady Macbeth zu Beginn des zweiten Aktes zu machen:

MACBETH
Aber die Geister weissagten Banquo als Vetter von Königen? Sollen also seine Söhne regieren? Wurde Duncan für sie getötet?
LADY
Er und seine Söhne leben, aber die Natur hat sie nicht unsterblich gemacht.
MACBETH
Das tröstet mich. Sie sind in der Tat nicht unsterblich.
LADY
Also, wenn ein neues Verbrechen ...?
MACBETH
Ein neues Verbrechen?
LADY ... *nötig wäre.*
MACBETH
Wann?
LADY
Sobald die Nacht kommt.
MACBETH
Ein neues Verbrechen!
LADY
Nun?
MACBETH
Es ist entschieden ... Banquo, für dich beginnt bald die Ewigkeit.

Verdi als Amateur-Librettist. Seine Prosazeilen stehen zwischen dem Shakespeare-Original und dem Text, den Piave schließlich aus seinen Vorgaben formte. Verdi greift zum Teil wörtlich Shakespeares Tragödie auf:

MACBETH
Banquo lebt und Fleance.
LADY
Doch schuf Natur sie nicht für ew'ge Dauer.

Oder:

MACBETH
Denkst, Banquo, du den Himmel zu gewinnen,
 Muss deine Seel' heut' nacht den Flug beginnen.

Piave hat aus Verdis Vorschlägen Folgendes gemacht:

MACBETH
Doch die Geisterfrauen haben Banquo als Vater von Königen prophezeit? Dann würden seine Kinder regieren? Duncan wäre für sie gestorben?
LADY
Es ist wahr, er und sein Sohn leben.
MACBETH
Aber sie haben nicht das ewige Leben.
LADY
Nein, das haben sie nicht.
MACBETH
Das Schicksal fordert weiteres Blut, oh Frau.
LADY
Wo? Wann?
MACBETH
Bei Anbruch dieser Nacht.
LADY
Wirst du unbewegt bei deinem Vorsatz bleiben?
MACBETH
Banquo! Die Ewigkeit öffnet dir ihr Reich.

Es folgt die Arie der Lady Macbeth »*La luce langue*«, die erst in der zweiten Fassung der Oper 1865 entstand, erneut mit Piaves Hilfe, aber auch wieder mit Prosavorgaben von Verdi selbst. Insgesamt war Verdi mit der Arbeit seines Librettisten so unzufrieden, dass er zuletzt für den dritten und vierten Akt doch noch Andrea Maffei zur Mitarbeit heranzog. Das gedruckte Libretto erschien, ohne den Namen eines Verfassers zu nennen.

Die Doppelfassungen von *Macbeth*, *La forza del destino* und *Simon Boccanegra* hat Julian Budden in den ersten beiden Bänden seiner Analysen der Verdi-Opern ausführlich verglichen. Nicht immer war es die Unzufriedenheit des Komponisten mit sich oder dem Libretto, was zu den Änderungen führte. Die Zweitfassungen boten vielmehr die Möglichkeit, eine quasi neue Oper auch in jenen Jahren anzubieten, in denen Verdi keinen Anlauf zu einem vollständig neuen Werk nehmen wollte. Was Buddens Arbeit so wertvoll macht, ist, dass er seine Zeit als Opernproduzent bei der BBC dazu nutzte, die heute kaum mehr aufgeführten Erstfassungen der drei genannten Stücke anzubieten, ein beachtliches Unterfangen, da nicht mehr viele Sänger bereit sind, einer einzigen Aufführung wegen eine schwierige Partie einzustudieren, die für das Repertoire bedeutungslos bleibt.

Mit dem Textbuch zu *Macbeth* änderte sich das Arbeitsverhältnis zwischen Piave und Verdi entscheidend. In seiner Studie *Die zehnte Muse* geht Patrick J. Smith soweit, Verdi von nun an regelrecht unter die Librettisten zu rechnen: »Er hatte derart bestimmte Vorstellungen von der dramatischen Form seiner Werke und bestand so energisch darauf, zu erreichen, was er wollte, dass sein Einfluss auf das Libretto fast so groß war wie der seiner Textdichter, in den meisten Fällen sogar größer. Auch Meyerbeer kümmerte sich um das Libretto – wie übrigens noch andere es taten in einer Zeit, da die Komponisten dominierten –, aber Meyerbeer hatte sich mit Scribes dramatischer Stärke verbündet, und er bestimmte nie den Ablauf des Dramas, wenn er auch einzelne Änderungen durchsetzte, oft genug zum Schaden des Werks. Verdi aber bestimmte den dramatischen Ablauf ... Seine Schwierigkeiten mit den für Paris geschriebenen Opern *Don Carlo* und *Les Vêpres siciliennes*, sein Fehlschlag in der Zusammenarbeit mit Scribe, gehen zum Teil darauf zurück, dass er sich ein Gebiet anzueignen versuchte, das sich Scribe und andere französische Librettisten eifersüchtig vorzubehalten wussten: den Plan der Handlung und den Entwurf des Stücks.«

Patrick J. Smith hat den Unterschied zwischen den »Librettisten« Verdi und Scribe auf die Formel gebracht, beide hätten zwar den leidenschaftlichen Gegensatz innerhalb einer Szene oder den Konflikt der Szenen untereinander gesucht, Verdi sei aber viel stärker an der Realität seiner Charaktere interessiert gewesen als Scribe. Verdi musste erst *überzeugt* sein, ehe er komponieren konnte, sagt Smith. Das habe nicht unbedingt den absolut logischen Ablauf eines Stücks eingeschlossen, wie das Beispiel des *Trovatore* belegt; er sei Romantiker geblieben zumindest bis zu den Tagen der *Forza del destino*.

Für die nächste Oper nach *Macbeth* kam Piave nicht in Frage, denn es handelte sich um den ersten Versuch, in Frankreich Fuß zu fassen. Die Umarbeitung der Oper *I Lombardi alla prima crociata* erlebte als *Jérusalem* 1847 eine leidlich erfolgreiche Premiere in Paris und trug Verdi den Titel eines Ritters der Ehrenlegion ein. Die Umarbeitung, die auf Scribes Anraten von Alphonse Royer und Gustave Vaëz bewerkstelligt wurde, einem erfahrenen Team Pariser Librettisten, hat in der Verdi-Literatur nie viel Gnade gefunden. Frank Walker, Verdi-Biograph und Verdi-Forscher, hat *Jérusalem* und den gleichzeitig entstandenen *Korsaren* die am wenigsten verantwortungsbewussten Arbeiten in Verdis gesamter Laufbahn genannt.

An Walkers Einwand ist richtig, dass diese Oper, zunächst für London bestimmt, dann nach Triest vergeben wurde, und zwar nicht auf Wunsch des Komponisten, sondern nach dem Belieben des Verlegers Lucca, mit dem es zuvor lästigen Streit gab, da Verdi den Termin krankheitshalber verschob. Lucca war nur gewählt worden, weil Verdi sich mit dem Haus Ricordi vorübergehend überworfen hatte. Das alles spielte noch vor der Fertigstellung von *Macbeth*. Zu *Il corsaro* war wieder Piave gebeten worden. Sein Text lag eine Weile unberührt da, da Verdi den Stoff – obwohl von dem verehrten Byron stammend – monatelang für ungeeignet hielt, er fand sich dann aber doch bereit, den Kontrakt zu erfüllen. Mit Blick auf seinen Geschäftssinn ist vermutet worden, Verdi habe ein Libretto, für das er bereits gezahlt hatte, nicht ungenutzt lassen wollen. Sein Desinteresse kam auch darin zum Ausdruck, dass er sich kaum um die Sängerbesetzung kümmerte, ohne deren Kenntnis er sonst nicht mehr komponieren mochte, und dass er Piaves Libretto, so wie es war, in Musik setzte – mit nur wenigen Auslassungen, ohne wochenlanges Feilschen um Zeilen, Akzente und dramatische Stichworte. Er fuhr nicht einmal zu den Proben nach Triest, sondern überließ die Einstudierung dem Komponisten Luigi Ricci. Nach drei Vorstellungen verschwand *Il corsaro* wieder von der Bühne des Theaters. Und als das Teatro San Carlo in Neapel 1854 eine Neuinszenierung unternahm, hielt Verdi das, wie er an einen Freund schrieb, für keinen sonderlich glücklichen Einfall.

Natürlich blieb, auch wenn es an Begeisterung des Komponisten und Genialität des Librettos mangelte, bei Verdi immer noch der Belcanto übrig. Ihn lieferte er mühelos. Der *Korsar* war bereits Verdis zwölfte

Oper, lässt man *Jérusalem* bei der Zählung aus. Dass man ihm in Triest den Misserfolg nicht verübelte, zeigt die Premiere von *Stiffelio*, die dort zwei Jahre später stattfand, wiederum ein Problemstück, diesmal aber nicht, weil Verdi desinteressiert war oder nur einen Kontrakt erfüllte. Das Problem lag in der Wahl des Stoffes, wie der Komponist und Piave nur zu gut wussten. Das französische Theaterstück gleichen Titels, das der Oper als Vorlage diente, hat einen protestantischen Pfarrer zum Helden, der die Untreue seiner Frau entdeckt. Der Konflikt zwischen der Verdammung kraft seines Amtes und dem Wunsch nach Verzeihung wird verschärft durch den Vater der Frau, einen Obristen von starrer Moral, der aber versucht, die Schande seiner Tochter zu verheimlichen. Es ist ein Stück Schauerromantik, mit gezogenen Schwertern auf dem Friedhof, wilden Ausbrüchen der Leidenschaft, frommen Fernchören und einem Mord am Verführer, natürlich adliger Herkunft. Ein Element sozialer Rebellion spielt mit hinein. Der Pfarrer vergibt seiner Frau von der Kanzel herab, indem er die Passage aus dem Evangelium über Jesus und die Ehebrecherin liest.

Verdi und Piave hatten sofort den größten Ärger mit der Zensur. Diesmal ging es nicht um den Schutz der Herrschenden, sondern um die Wahrung der religiösen Regeln. Beichtformeln auf der Opernbühne waren ein Sakrileg, also musste die Bitte an den Priester: »*Ministro, confessatemi*« abgeändert werden in »*Rodolfo, ascoltatemi*«, »Rodolfo, höre mich an«. Dass die Schlussszene in der Kirche zugelassen wurde, war eines jener Wunder, die die Zensur ansonsten zu verhindern trachtete. Dabei gab es die Sekte der Assasveriani, der jener Priester angehörte, nur in der Phantasie der französischen Theaterautoren. Was mit *Stiffelio* alles angestellt wurde, um die Klippen der Zensur zu umgehen, spottet jeder Beschreibung. Zeitweilig sah sich der Protagonist in einen deutschen Minister namens Wellingrode verwandelt. Verdi und Piave müssen schon damals geahnt haben, dass Victor Hugos *Le roi s'amuse*, »Der König amüsiert sich«, mit seiner Anklage der höfischen Libertinage bei der Zensur auf noch mehr Widerstand als *Stiffelio* stoßen werde. Selten aber war Verdi so sicher, einen glücklichen Stoff, ja den Stoff der Stoffe gefunden zu haben. Rigoletto, bei Victor Hugo Triboulet genannt, versetzte ihn beim bloßen Nachdenken in Ekstase: »… eine der schönsten Schöpfungen des modernen Theaters … Der Stoff ist grandios, gewaltig, und er enthält eine Rolle, die eine der größten Schöpfungen ist, deren sich das Theater aller Länder und aller Zeiten rühmt. Der Stoff ist *Le roi s'amuse*, und die Rolle, von der ich spreche, wäre die des Triboulet …« In einem anderen Brief: »*Le roi s'amuse* ist der großartigste Stoff und vielleicht das bedeutendste Drama der Moderne. Triboulet ist eine Schöpfung, die Shakespeares würdig ist!«

Vor den Erfolg, der im März 1851 im Teatro La Fenice von Venedig in überwältigender Weise eintraf, setzten Verdis Götter freilich den Schweiß Piaves. Die »*Direzione d'Ordine Pubblico*«, das Amt für öffentliche Ordnung, wie die Zensurbehörde beschönigend genannt wurde, schlug Lärm, denn Victor Hugos Stück war 1832 gleich nach der Premiere von der Pariser Parallelinstanz verboten worden. Schlimmer war, dass Verdi, sobald es Ärger gab, Piave die Schuld zuzuschieben versuchte. War er mit den Zuständen in Venedig nicht vertraut? Hätte er nicht vorfühlen sollen, ob das Sujet genehm sei? Piave und der Fenice-Sekretär Brenna eilten auf Verdis Landsitz, um dem Maestro einige Konzessionen abzuringen: Nicht ein König von Frankreich sollte der Frauenverführer der Oper sein, sondern ein beliebiger Herzog irgendwo. Man einigte sich auf Mantua, wo es niemanden mehr gab, der hätte protestieren können. Alle Namen aus Hugos Stück sollten im Libretto geändert werden. Eine besonders anstößige Szene, in der der König die verängstigt vor ihm geflohene Tochter des Hofnarren dadurch in seine Gewalt bringt, dass er lachend den Schlüssel zur verriegelten Tür hervorzieht und in ihr Gemach eindringt, musste entfallen. Einen Monat lang währte das Gerangel, dann durfte »*La Maledizione*«, wie Verdi des Fluchmotivs wegen die Oper nennen wollte, als *Rigoletto* passieren. »*Te Deum laudamus*« schrieb Piave in einer Anwandlung berufseigener Melodramatik.

Im Hochgefühl seines Erfolgs schrieb der Komponist ein paar abfällige Bemerkungen über Piave, die seiner unwürdig waren. Auf die Amouren des Librettisten anspielend, behauptete er, dessen Verse gefielen nur »leichtsinnigen Näherinnen«. Und seinem neapolitanischen Freund Cesare De Sanctis gegenüber, dem er bei dieser Gelegenheit den Versuch ausredete, Texte für ihn, Verdi, zu verfassen, brüstete er sich noch fünf Jahre später auf eine nicht gerade faire Weise: »Ihr wißt, daß ich seit zwölf Jahren beschuldigt werde, die schlechtesten Libretti, die je geschrieben wurden und noch werden, in Musik zu setzen; aber (seht meine Unwissenheit) ich halte zum Beispiel *Rigoletto* für eins der schönsten Libretti, abgesehen von einigen Versen, die es darin gibt.« Er war mit Recht stolz auf diese Oper, da er hart an ihrer Ausformung gearbeitet hatte. 1941 wurden Skizzen veröffentlicht, die zeigen, dass zum Beispiel die melodische Gestalt des berühmten »*La donna è mobile*« sich zunächst fast so trivial ausnahm wie das »Aber die Musici bleiben bestehen« des Kanons »Himmel und Erde müssen vergehn«. Auch am Libretto hatte Verdi wieder genauesten Anteil genommen. Wie in *Macbeth* schwebte ihm eine endlose Kette von Duetten vor, und wieder waren seine Lieblingsstimmen, ein hoher Bariton und ein Sopran, die führenden Rollen. Überhaupt wurden neue Formen gefunden; die überkommene Grenze zwischen Rezitativ und Gesangsnummer war praktisch verschwunden. Keine traditionellen Arienschemata, keine weitausholenden Aktschlüsse. Piave musste sich an solche Forderungen erst gewöhnen. Aber er dichtete inspirierter als sonst, auch wenn die Kritik ihm vorwarf, er habe nichts weiter getan als den französischen Dichter zusammenzustreichen. So einfach war es nun auch wieder nicht, wenn man für Verdi schrieb.

Es war eben nicht Victor Hugos theatralische Vorlage, sondern der italienische Text Piaves, der um die Welt ging und Richard Wagner in Italien, wohin er auch kam, als eine Art Volkslied in den Ohren klang. Ein Triumph, wie ihn bloße Simplizität nur selten erreicht. *»Souvent femme varie«* hatte jener König von Frankreich, der sich bei Verdi und Piave in einen Herzog von Mantua verwandeln musste, ins Fenster eines Loire-Schlosses geritzt. Insofern fand Piave mit *»La donna è mobile«* eine bündige Formel für ältesten männlichen Chauvinismus. Selbst in der Primitivübersetzung »O wie so trügerisch« ist daraus eine der wenigen Opernzeilen geworden, die selbst der Opernignorant schon einmal gehört hat. Solcher Ruhm lässt sich nicht zweifelhaft nennen. Ob die Gemeinsamkeiten zwischen *Rigoletto* und *Don Giovanni* dem Komponisten und dem Librettisten so bewusst waren, wie die Verdi-Interpreten es heute herauspräparieren, sei dahingestellt. Auch die Frage, ob das *La Traviata*-Vorspiel mehr Koinzidenz mit dem Rivalen Wagner aufweist als nur die hohen Streicherlagen à la *Lohengrin*, ist akademisch, wenngleich nicht ohne Interesse. Verdi, der Piave wohl zeitlebens für einen schwachen Charakter hielt – schwach im Sinne des wenig Energievollen –, sah in ihm den idealen Librettisten, als es darum ging, die nächste Oper in Angriff zu nehmen: die Geschichte einer liebenden Schwindsüchtigen im Milieu des zeitgenössischen Paris. Den Halt der Geschichte verbürgte der jüngere Alexandre Dumas, dessen Stück über die Kameliendame, die Theaterfassung eines zuvor geschriebenen Romans, Bühnenwirksamkeit bewiesen hatte. Verdi, immer auf der Jagd nach dem Ungewöhnlichen, stellte hier im Verein mit Piave zum ersten Mal Menschen im Denk- und Kleidungskostüm der unmittelbaren Gegenwart auf die Opernbühne. Wir, die wir inzwischen *La Traviata*-Aufführungen auf der Intensivstation oder im von den Deutschen besetzten Paris des Zweiten Weltkriegs erlebt haben, können uns den Skandal nicht mehr vorstellen, den die Wahl dieses Sujets im Teatro La Fenice im März 1853 auslöste. Die Menschen auf der Bühne sahen nicht viel anders aus als die im Parkett – die dadurch ausgelöste Verblüffung muss alarmierend gewirkt haben. Die Kunstgattung der Oper, die sich nach und nach aus den Bereichen der antiken Mythologie über die römische Geschichte und die Druidenwelt der *Norma* an die Gegenwart herangearbeitet hatte, mit Stoffen wie den *Hugenotten* und *Fidelio*, übersprang plötzlich die letzte noch gewahrte Distanz zwischen Realität und Illusion und präsentierte das Paris von 1850 im Venedig von 1853. Kein Wunder, dass die Zuschauer streikten und einem Meisterwerk ihres führenden Komponisten den Beifall versagten.

Verdi war beleidigt, weil er stärker noch als bei *Rigoletto* mit dem Librettisten aufs Engste zusammengearbeitet hatte. Die Geschichte der Kameliendame, die in der Oper Violetta Valéry heißt, erfüllte alle Anforderungen eines zeitlosen, wiewohl zeitgenössischen Stoffes. Sie war die ideale Projektionsfigur kollektiver Männerphantasien, Inbegriff der erotischen Wünsche des arrivierten Bourgeois, eine Ikone tragischer Weiblichkeit. Sie verkörperte in nahezu reiner Form den Typus der liebenden Kurtisane, der ehrbaren Dirne, der hochherzigen Sünderin, die von der Gesellschaft verstoßen wird, ein Opfer der Bürgermoral, die sie selbst im Herzen trägt und durch ihr Handeln bekräftigt. War sie nicht bereits ein moderner Mythos, wie Manon Lescaut, und wie manche der noch folgenden Opernfiguren bis hin zu Bizets Carmen und Puccinis Mimí in *La Bohème*? Der vorsichtige Piave hatte erwogen, die Handlung in die Zeit Richelieus zurückzuverlegen. Verdi bestand auf 1850. Und diesmal machte er nicht den Librettisten für den Fehlschlag verantwortlich: »›La Traviata‹ war ein Fiasko«, schrieb er an Emanuele Muzio. »Ist es meine Schuld oder die der Sänger? Die Zeit wird es zeigen.«

Die Verdi-Forschung, die so vieles am konventionellen Bild dieses Komponisten zu korrigieren wusste und noch ein weites Feld vor sich weiß, hat nachgewiesen, dass er den Misserfolg der Oper erheblich übertrieb. Fehlschläge, die schon vierzehn Monate später am selben Ort in unbeschreibliche Begeisterung umschlagen, sind im Grunde bestenfalls Missverständnisse. Wenn Verdi für irgendetwas die Prügel der Kritik verdiente, dann für Details, zum Beispiel für die erbarmungslose Art, in der er die Klage des besorgten Vaters – eine Rolle, die in den Werken des kinderlosen Komponisten sonst einen hohen Stellenwert einnimmt – zu einem Rührstück verdammte, bei dem man sich fragt, ob dieser Missbrauch siebensilbiger Zeilen nun ernstgemeint war oder Wehleidigkeit charakterisieren sollte. Die Überkreuz-Wiederholungen der Verse …

> Di Provenza il mar, il suol,
> Chi dal cor ti cancellò,
> Chi dal cor ti cancellò,
> Di Provenza il mar, il suol …

… suggeriert den Leierkasten, und die Musik mit der einschlägigen Begleitung scheint Strawinskys *Petruschka* vorwegzunehmen. »Hat dein heimatliches Land keinen Reiz für deinen Sinn«, heißt es in der eingebürgerten deutschen Fassung. Das ist opernhafter Unfug. Denn der Vater ruft dem Sohn nicht irgendein Heimatland ins Gedächtnis, sondern die Provence, ihre Erde und das Meer. Nicht erst die internationalisierten Ensembles der heutigen Zeit, sondern bereits solche Verballhornungen rechtfertigen es, dass heute an den Opernhäusern fast nur noch die Originaltexte gesungen werden.

Piave und Verdi arbeiteten nach dem Erfolg des bis zu dieser Zeit unerhörten Trios italienischer Opern – *Rigoletto*, *Il Trovatore* (für dessen abstruse Logik nicht Piave, sondern Cammarano verantwortlich zeichnete) und *La Traviata* – noch zweimal zusammen. Und es war Piave, von dem die inspirierenden Anstöße zur nächsten Oper *Simon Boccanegra* ausgingen. Was Verdi an diesem Stoff reizte, bedarf keiner Erläuterung: Er handelt von einem noblen italienischen Granden, dem Nation und Einheit über alles gehen und der das Opfer niedriger Missgunst wird. Die Oper war der zweite Rückgriff auf ein Stück des Spaniers Antonio García Gutiérrez, von dem auch die Vorlage zum *Trovatore* stammte. Mutmaßlich – so meinte Julian Budden – hat Giuseppina Strepponi, die Frau des Komponisten, eine erste Übersetzung des spanischen Stücks geliefert. Die Verdi-Forschung weiß heute, dass bei *Simon Boccanegra* der toskanische Schriftsteller und Politiker Giuseppe Montanelli entscheidenden Anteil am Libretto hatte. Doch ist es kaum möglich, die Autorschaft Zeile für Zeile zu rekonstruieren, da das Originallibretto verlorenging. Montanelli gab Verdi bei diesem Stück über den generösen, unschuldig sterbenden, allverzeihenden Genueser Dogen nicht nur Ratschläge, vielmehr geht aus den Briefen, die er und Verdi wechselten, auch hervor, dass der Komponist dem in Paris exilierten Autor erheblichen Einfluss auf den Text einräumte. Er suggerierte seinem Gelegenheitsmitarbeiter, wie Julian Budden und Frank Walker nachgewiesen haben, sogar einige Verszeilen dieser Oper, und zwar nicht ihre besten. Das alles geschah hinter Piaves Rücken. Auf dem Titelblatt der Premiere am 12. März 1857 stand als Name des Librettisten zwar nur »F.M. Piave« verzeichnet, der aber wird es nicht ohne

Bitterkeit gelesen haben. Verfolgt man seine Zusammenarbeit mit Verdi über zwanzig Jahre hinweg, so war es zwar meist der Komponist, der beflügelnd und anfeuernd wirkte. Und wann immer eine Endabrechnung zwischen Verdi und Piave aufzumachen ist, wird man dem Komponisten seinen Vorrang ohne Zweifel lassen müssen. Das bedeutet aber nicht, den Anteil des hingebungsvollen Helfers zu verkleinern. Piave war es zum Beispiel, der erfolgreich vorschlug, die Rolle des Ernani für einen Tenor zu komponieren. Und er warnte Verdi davor, die Rolle des Rigoletto einem Bariton anzuvertrauen, den er bereits gehört und für zweitklassig befunden hatte. Für die später unumgängliche Generalüberholung des dramaturgisch unglücklichen *Simon Boccanegra* kam Piave nicht mehr in Frage, sie war das Werk von Arrigo Boito.

Zum neunten und letzten Mal kamen Verdi und Piave 1861 zu einem Opernprojekt zusammen, nachdem der Komponist zwei Jahre in glücklicher Muße verbracht hatte und überhaupt unwillig schien, noch einmal in dieser Rolle hervorzutreten. Die Uraufführung seines *Ballo in maschera*, mit einem Text von Antonio Somma, am Teatro Apollo in Rom im Februar 1857 war zwar skandalumwittert, aber tumultuös erfolgreich gewesen, und vorübergehend trat die Politik, der Kampf um die Einheit Italiens, in das Zentrum seines Denkens und Handelns. »Ich hoffe, daß ich den Musen Adieu gesagt habe und mich keine neue Versuchung anwandelt, die Feder wieder in die Hand zu nehmen«, schrieb er im September 1859 an Piave. Doch die politische Tätigkeit vermochte ihn nicht dauerhaft zu befriedigen, und der Tod Cavours im Juni 1861, kurz nach Ausrufung eines italienischen Nationalstaates, führte eine Kehrtwende herbei. Zu diesem Zeitpunkt stand Verdi bereits in Verhandlungen mit der Zarenoper in St. Petersburg. Verschiedene Pläne wurden erwogen, darunter der alte Plan eines *Ruy Blas* nach Victor Hugo, der aber in Petersburg aus politischen Gründen abgelehnt wurde und auch Verdi selbst letztlich nicht überzeugte. Da erinnert er sich an ein »gewisses spanisches Stück«, das er früher einmal gelesen hat, *Don Álvaro o la fuerza del sino* von Ángel de Saavedra, Herzog von Rivas, einem dichtenden Politiker oder politisierenden Dichter, der 1854 für einen Tag zum spanischen Ministerpräsidenten aufgestiegen war, ganz ähnlich wie der Held von Felice Romanis Komödie *Un giorno di regno*, die Verdi 1840 komponiert hatte. »Das Drama ist kraftvoll, ungewöhnlich und hat großen Atem; mir gefällt es außerordentlich!« schrieb er. Im Juni 1861 wurde der Vertrag für *La forza del destino* mit St. Petersburg unterzeichnet, und Piave erhielt den Auftrag, das Libretto zu schreiben. Verdi hatte sich sogar bereit erklärt, bei der Premiere anwesend zu sein. Ein Italiener in Petersburg – das klang fremd nur für den, der sich nicht erinnerte, wie viele Landsleute Verdis früher dort gearbeitet hatten, seit die Zarin Katharina den großen Paisiello hergebeten und mit opulenten Vollmachten zur Etablierung einer italienischen Oper ausgestattet hatte. Dem spanischen Stück des Herzogs von Rivas wurde dann noch eine Szene aus *Wallensteins Lager* hinzugefügt, die der Graf Maffei übersetzt hatte. Der Entstehungsprozess im Ganzen ist unklar, Julian Budden hat ihn so beschrieben: »Verdi arbeitete mit Piave enger als mit allen anderen Librettisten zusammen, weil er weniger Zutrauen in seine Fähigkeiten setzte. Daher wissen wir nicht, wie die beiden einen Plan entwarfen, der das Originaldrama von Rivas sowohl vereinfachte als auch verfälschte.« Jedenfalls arbeiteten Verdi und Piave diesmal Hand in Hand, und einige der wirkungsvollsten Szenen der Oper, wie der Rataplan-Chor, sind dem Konto des nicht mehr ganz unerfahrenen Dichters gutzuschreiben. In seiner Ausgangssituation erinnert das Stück an Mozarts *Don Giovanni*: Dort war es der Überfall auf Donna Anna, hier ist es die verabredete Flucht der Liebenden, was in beiden Fällen verhindert wird durch das Dazwischentreten des Vaters, der dabei sein Leben verliert, dort durch einen Degenstich, hier durch eine zufällig sich lösende Pistolenkugel. Damit beginnt jene Kette von absurden Zufällen und wilden Schicksalsschlägen, die das ganze Stück hindurch nicht mehr abreißt und seinen Titel legitimiert. Leonora, neben Alvaro die Zentralgestalt, scheidet bereits nach dem ersten Akt als Handlungsträgerin aus; sie lebt unerkannt unter Mönchen, am Ende in einer Eremitenklause. Unterdessen schließt ihr Rache suchender Bruder Freundschaft mit dem Todfeind. Zufällig trifft man sich in Italien, dann wieder in Spanien. Dazwischen eine Vielzahl von Kriegs- und Lagerszenen, die nur äußerlich mit der Haupthandlung verbunden sind, wobei im dritten Akt der Klosterbruder Fra Melitone mit der erwähnten Nachäffung der Kapuzinerpredigt aus *Wallensteins Lager* aufwartet. Von kausal motivierter Handlungsentwicklung keine Spur, das Stück scheint eher einer dramaturgischen Chaostheorie zu folgen. Das begründet heute, da man Familiendramen und Geschichtsverläufe nicht länger auf logische Muster reduziert, das besondere Interesse an dieser Oper, damals bewahrte es Piave nicht vor dem Vorwurf, das neben dem *Troubadour* unsinnigste Textbuch unter Verdis siebenundzwanzig Opern verfertigt zu haben. Eduard Hanslick ließ selbst den Vergleich mit dem *Troubadour* nicht gelten und schrieb nach der ersten Wiener Aufführung, das Libretto »gehöre in der Zurichtung durch Herrn Piave zu den gehaltlosesten und widerlichsten, die wir kennen«. Trotz all seiner Verworrenheit und Dunkelheit sei das Libretto des *Troubadour* daneben ein dramaturgisches Meisterstück: »Die Macht der Logik hat hier abgedankt und der bloßen ›Macht des Schicksals‹ den Platz geräumt.« Verdi hat, nachdem seine anfängliche Begeisterung abgeklungen war, die Berechtigung der Kritik anerkannt und dachte an eine Umarbeitung. Doch drängten sich zunächst andere Projekte vor, etwa die Neufassung des *Macbeth* für Paris, die ihm jetzt mehr zuzusagen schien als die Revision seines jüngsten Werks. Als er sich schließlich doch zur Umarbeitung entschloss, gedrängt von Ricordi, der dadurch Verdis Versöhnung mit der Mailänder Scala herbeizuführen suchte, war Piave, der Textdichter, bereits gelähmt und geistig paralysiert. Antonio Ghislanzoni, der spätere Librettist der *Aida*, übernahm die Aufgabe, aus dem Schauer- und Rührstück ein »szenisch-musikalisches Drama« zu machen. Die besonders blutrünstigen Szenen wurden hinter die Kulissen verlegt, die heiteren und breit ausgeführten Chorszenen so umgestellt, dass sie ein Gegengewicht bildeten zu den düsteren Partien der Handlung, und auch der Schluss wurde geändert: Alvaro stürzt sich nicht mehr mit einem Fluch auf Gott und die Menschen von einem Felsen herab, sondern findet den Glauben an die Gnade Gottes wieder. Die Oper endet in der neuen Fassung, die im Februar 1869 an der Mailänder Scala ihre erste Aufführung erlebte, mit einem verklärenden Abgesang, den Piave, der ursprüngliche Textdichter, in dieser Form nicht mehr kennengelernt hat. So gelangte seine Zusammenarbeit mit Verdi an einen melancholischen Schlusspunkt, der etwas von jener Unzufriedenheit des Komponisten mit seinem treuesten Mitarbeiter auszudrücken scheint, die über fast zwanzig Jahre hinweg niemals völlig weichen wollte. Andererseits war keine Zusammenarbeit Verdis mit einem Textdichter, nicht einmal die späte mit Arrigo Boito, so produktiv wie die mit Piave, und in allen Höhen und Tiefen war sie weit entfernt von dem imperialen Diktat, mit dem hundert Jahre zuvor ein Dichter wie Metastasio den Komponisten huldvoll die Vertonung seiner wertvollen Texte erlaubt hatte.

Verdis später Glücksfall
Verdi und Arrigo Boito

> Sie sind gesünder als ich, stärker als ich; wir haben die Probe darauf mit dem Arm gemacht, und der meine beugte sich unter dem Ihren ... Sie leben im wahren und wirklichen Leben der Kunst und ich in der Welt der Halluzinationen.
>
> Arrigo Boito an Giuseppe Verdi,
> Mailand, 26. April 1884

Arrigo Boito ist bekannt als Textdichter des alten Verdi, für den er die Libretti zu *Otello* und *Falstaff* schrieb, in dieser Rolle fast so berühmt wie Lorenzo Da Ponte und Hugo von Hofmannsthal, die Textdichter von Mozart und Richard Strauss. Weniger bekannt dürfte sein, dass seine erste Zusammenarbeit mit Verdi bereits drei Jahrzehnte früher zustande kam. Boito war gerade zwanzig Jahre alt, als er den *Inno delle Nazioni*, die »Hymne der Nationen«, dichtete, mit der der Komponist einen Auftrag der Londoner Weltausstellung von 1862 halb unwillig erfüllte, aber bei dem jungen Textdichter bedankte er sich mit einem artigen Brief nebst Geschenk: »Als Dank für die mir geleistete vortreffliche Arbeit erlaube ich mir, Euch als Zeichen der Achtung diese bescheidene Uhr zu verehren. Nehmt Sie von Herzen entgegen, so wie ich sie Euch von Herzen verehre. Sie möge Euch an meinen Namen und an den Wert der Zeit erinnern.«

Als Dichter, der nur nebenbei komponierte, hatte Boito seine künstlerische Laufbahn begonnen, nachdem er das Mailänder Konservatorium absolviert hatte, aber die Zwiespältigkeit seines Charakters und seiner inneren Disposition, die ihn auch später nie ganz verließ, wurde früh offenbar. Sie zeigte sich bereits in einer kleinen Sinfonia in a-moll, die er mit sechzehn Jahren komponierte. Man hört darin die Tradition der italienischen Opernouvertüre, der Sinfonia in einem Satz, wie sie bis hin zu Verdi anzutreffen ist, der um diese Zeit gerade *Simon Boccanegra* herausbrachte, seine zwanzigste Oper, deren Umarbeitung später Gegenstand der nächsten Zusammenarbeit zwischen ihm und dem fast dreißig Jahre jüngeren Boito wurde. Dessen orchestrales Jugendstück verrät aber auch, wie sehr er bereits den Blick auf die Musik nördlich der Alpen gerichtet hatte. Instrumentalkolorit, Themenverarbeitung, Vorliebe für den Dualismus der Sonatenform, beflügelt durch eine frühe Verehrung für Beethoven, der die spätere für Wagner folgte – mit solchen Voraussetzungen schien sich Boito vom damaligen Hauptpfad der italienischen Oper weit zu entfernen. Zwei Jahre später veröffentlichte er das Versepos *Re Orso*, »König Bär«, eine Fabel mit tieferer Bedeutung: die Sage vom ewigen Kampf gegen das Element des Bösen, symbolisiert im Gewürm, im Schlangenhaften, worin vom Paradies-Luzifer bis zum Wagner'schen Lindwurm alles summiert scheint. Das war ein sprachliches Bravour-Stück in einem zugleich gewählt-antikisierenden wie auch zupackend vollmundigen Italienisch:

>Trol
>Marïuol,
>À doppie cuoja,
>È cuoco e boja;
>Strozza i puttelli,
>Cuoce i tortelli,
>Da vita e morte;
>Ma le sue torte,
>Pei santi Dei!
>Non mangierei.
>Bimbi copritevi
>Sotto il lenzuol,
>Che viene Trol.

Man braucht keine Übersetzung, um zu erkennen: Hier wird Sprachzauber betrieben. Es sind jedoch nicht mehr nur die italienischen Vokale allein, die den melodischen Fluss der Verse bestimmen. Die Konsonanten treten gleichberechtigt hinzu, so wie die Bläser im Orchester des 19. Jahrhunderts die Vorherrschaft der Streicher aus den Tagen Vivaldis beendet hatten.

Boito galt lange als Bohemien, als »*scapigliato*«. Bekannt ist das Foto, das ihn, auf ein Stöckchen gestützt, im hellkarierten Stutzeranzug zeigt, neben dem streng, schwarz und hochgeschlossen gekleideten Verdi, der Zirkusdirektor neben dem Pfarrer. Als Sohn eines etwas leichtlebigen Miniaturmalers und einer polnischen Gräfin konnte er dem Verdacht der Biographen nicht entgehen, die Neigung zur Libertinage habe schon in der Familie gelegen. Politisch im liberalen Lager stehend, stürzte er sich 1866 mit seinem Komponisten- und Dirigentenfreund Franco Faccio im Gefolge Garibaldis in den italienischen Befreiungskrieg, ohne allerdings dessen ernste Seite kennenzulernen: »Sie marschierten lange Strecken, wurden furchtbar dreckig und erblickten sogar einmal von einem Berg herab in der Ferne die Österreicher. Gerade als es schien, als würden sie sogar ein wenig Pulverdampf riechen müssen, kam der Waffenstillstand.«

Die nicht sehr schmeichelhafte Schilderung stammt von dem Verdi-Biographen Frank Walker, der sich über die patriotische Aufwallung des späteren Verdi-Librettisten ein wenig belustigt hat. Tatsächlich wirkte im Leben Boitos, der sich zum Künstler eines tragischen Dualismus berufen fühlte, ein dämonischer Kobold. Die Komik ruinierte immer wieder seinen Ernst, und Fehlschläge stellten sich ein, wo Erfolge fast gesichert schienen. So bei der Premiere von *Mefistofele*, seiner Version von Goethes *Faust*, obwohl die Mailänder Scala das Menschenmögliche an Vorbereitungen getroffen hatte. Das Missgeschick wiederholte sich anderthalb Jahrzehnte später. Kaum war es gelungen, die Zusammenarbeit mit Verdi zustande zu bringen, da redete sich Boito bei einem Bankett in Neapel fast um Kopf und Kragen, indem er bedauerte, nicht selber die Musik zu *Otello* schreiben zu können. Verdi wollte das Libretto sofort zurückgeben. Man einigte sich darauf, die Presse habe Boito falsch zitiert. Seine Freundschaften galten zunächst Männern wie Faccio und Giuseppe Giacosa, dem späteren Puccini-Librettisten. Dann kam die Episode mit Eleonora Duse, mit der ihn in der Zeit nach der Uraufführung von *Otello* ein leidenschaftliches Liebesverhältnis verband, das beide geheimzuhalten versuchten, da sie noch in anderen Bindungen lebten. Die Duse, siebzehn Jahre jünger als Boito, war als Schauspielerin besonders durch ihre Darstellung der Kameliendame berühmt geworden, ausgerechnet in dem Stück Alexandre Dumas', durch dessen Pariser Aufführung Verdi zu *La Traviata* angeregt worden war. Durch Boito wurde sie in das Werk Shakespeares eingeführt, im November 1888 spielte sie die weibliche Titelpartie in *Antonius und Cleopatra*, und Boito, der Shakespeares Stück übersetzt und bearbeitet hatte, mahnte sie am Tag vor der Premiere, der er nicht beiwohnte, brieflich mit den Worten: »Morgen erwartet Dich eine große Mission, eine heilige Mission der Kunst. Wenn Du sie morgen nicht erfüllst, wird man Jahrhunderte warten, bis eine andere sie erfüllt.« Das mutet heute exaltiert und übertrieben an, war aber Ausdruck der damals um sich greifenden kunstreligiösen Überzeugungen. Hier ist nicht der Ort, die immer noch unvollkommen dokumentierte Entwicklung dieses Verhältnisses zu schildern, die Krise, die eintrat, als die Duse sich zur großen Ibsen-Schauspielerin wandelte und in den Bannkreis d'Annunzios geriet. Doch blieb sie Boito bis zu seinem Tod verbunden und sandte ihm immer wieder Lebenszeichen bis zu dem

Bekenntnis ihrer späten Zeit, er sei »der einzige« gewesen. Als selbstloser Diener der Kunst mag er es für Eleonora Duse tatsächlich gewesen sein.

Alle Ehrungen, Doktorate in Oxford und Cambridge, die italienische Senatorenwürde, konnten ihn nicht mit seinem Schicksal versöhnen: der Unfähigkeit, seine zweite Oper *Nerone* zu vollenden. Selbst der Ruhm, neben Verdi an der Rampe der Scala gestanden und die Ovationen für *Otello* und *Falstaff* geteilt zu haben, zerrissen ihm eher das Herz. Was war er? Dichter oder Komponist? War er beides, aber jedes nur halb? Oder gar weniger als das? Hatte er in seinem *Mefistofele* ein dualistisches Lebensgefühl auszudrücken versucht, so verband sich mit seiner zweiten Oper, die den römischen Kaiser Nero zum Titelhelden wählte, ein Zug seines Schaffens, der sich schon in den Umarbeitungen der ersten andeutete. Wer die gleiche Stärke, wenn auch nicht die Gleichwertigkeit von Gut und Böse unterstellt, der wird es schwer haben, seine Selbstzweifel zu beschwichtigen, wenn es um Gut und Schlecht geht. Der philosophische Dualismus setzte sich bei Boito in seiner Ästhetik fort. Der Vierundzwanzigjährige nannte eines seiner Gedichte »Dualismo« und begann es mit der Gegenüberstellung von Licht und Schatten, von engelhaften Schmetterlingen – eine von Dante entlehnte Formulierung – und schmutzigem Gewürm. Das nahm die Konstellation Jago und Desdemona vorweg, die Boito nicht so schwarz-weiß ließ, wie er sie bei Shakespeare fand, sondern die er ins Dämonische verschärfte. Schon früh bemühte er sich um eine theoretische Fundierung seiner Kunst. Ein Jahr vor dem Gedicht »Dualismo« hieß es in einem Zeitschriftenaufsatz: »Seit den Tagen, da es eine italienische Oper gibt, haben wir bis in unsere Zeit nie eine wirkliche Form der Oper gekannt, sondern immer nur Formeln. Bei Monteverdi entstanden, wurden die Formeln weitergereicht über Peri, Cesti, Sacchini und Paisiello bis zu Rossini, Bellini und Verdi. Sie wurden ausgeprägter, entwickelter, abwechslungsreicher, und sie gewannen erheblich unter den letztgenannten Meistern, aber sie blieben Formeln. Die Bezeichnungen Arie, Rondo, Cabaletta, Stretta, Ritornell, Pezzo concertato beweisen nur zu deutlich die Richtigkeit dieser Behauptung. Die Zeit ist nun reif für eine Änderung dieses Stils. Form, in anderen Künsten längst erreicht, muß sich auch in der Musik entwickeln ... Statt von einem Libretto zu sprechen, einem Begriff der herkömmlichen Kunst, sollten wir, wie die Griechen, Tragödien schreiben und sie auch so nennen ... Gute und schöne Musik kann man heute nicht nur zu einem schlechten Libretto nicht mehr schreiben, sondern zu gar keinem Libretto mehr.«

In einem Aufsatz, betitelt »Mendelssohn in Italia«, behauptete Boito damals, solche Werke der neuen Form brauchten viel Zeit; Shakespeare habe zwanzig Jahre lang über dem *Hamlet* gesessen, Goethe über dem *Faust* ein Leben lang. In Italien aber schreibe man hundert Opern in zehn Jahren. In seinen eigenen Sturm- und Drang-Jahren war Boito noch nicht bereit, solcher Theorie die Praxis folgen zu lassen. Obwohl er das Musikdrama der Zukunft an griechischem Vorbild messen wollte, schrieb er für Franco Faccio und Amilcare Ponchielli Libretti, die zwar szenisch wie dichterisch raffiniert waren, aber auch reich an zugkräftigen Solonummern und Ensembles im gewohnten Stil. Dazu gehörte ein Textbuch nach Shakespeares *Hamlet*, das von dem erträumten Formwunder der Zukunft weit entfernt war. *Amleto* mit der Musik von Faccio erzielte im Mai 1865 eine freundliche Aufnahme, hauptsächlich dank des großen Mailänder Freundes- und Gönnerkreises, der Faccio und Boito unterstützte. Drei Jahre später, wenige Tage nach Boitos Mailänder Desaster mit dem Goethe-Stoff, war der *Hamlet* von Ambroise Thomas in Paris ein großer Erfolg, und Faccios und Boitos Stück versank in den Archiven. Der Textdichter hätte sich eigentlich bestätigt fühlen sollen, denn die Pariser Librettisten Barbier & Carré, die für Thomas arbeiteten und zuvor schon das Textbuch zu Gounods *Faust* geschrieben hatten, verstanden das Handwerk in dem von Boito geschmähten, angeblich überholten Sinne sehr viel besser als er.

Ein halbes Jahr nach der erfolgreichen Zweitfassung des *Mefistofele* führte Amilcare Ponchielli in der Mailänder Scala sein Meisterwerk *La Gioconda* auf, eine jener vielen Opern des 19. Jahrhunderts, aus denen ein stupides Promenaden- und Wunschkonzert-Publikum die angeblich einzige Perle, den »Tanz der Stunden«, zur Vernachlässigung aller übrigen Teile herauspräpariert hat. Librettist war ein gewisser Tobia Gorrio, woraus selbst die Uneingeweihten leicht den Namen Arrigo Boito ableiten konnten. Die Frau, die ihren Geliebten durch das Opfer der eigenen Ehre zu retten sucht, wenn auch vergebens, ist in Puccinis *Tosca* später dramatisch wirksamer und musikalisch brutaler porträtiert worden. Was aber Boito, dem Theaterstück *Angelo* von Victor Hugo folgend, an szenischer Komprimierung vornahm, gehörte zu den Leistungen, die ihn Verdi empfahlen. Barnaba, Spion der venezianischen Inquisition, ein Vorläufer des Jago ohne die Dimension des Mephisto, will die Sängerin La Gioconda verführen und redet deshalb, um ein Faustpfand zu gewinnen, dem Gondoliere Zuàne ein, die blinde Mutter der Gioconda sei eine Hexe, die sein Boot verzaubert habe. Erster Akt, großes Operntableau. Das Volk lebt sich im Glücksspiel aus, während die Blinde allerlei Frommes singt. Barnaba, seinem Namen getreu, flößt dem Zuàne Hass ein in Versen, die

Verdi als sprechende, alles sagende Szenenformel bezeichnet und gelobt haben würde: »*La tua barca sarà la tua bara.*« Schwarze, mehrfach wiederholte Drohung: Deine Barke wird deine Bahre werden. Die Einflüsterung greift auf das Volk über, bis auf dem Höhepunkt der Pogromstimmung gegen die ahnungslose Blinde Enzo Grimaldo, der Tenor, sich dem Volk entgegenwirft, ein starker, in wenigen Opern erreichter Auftrittseffekt.

An seiner eigenen zweiten Oper *Nerone* arbeitete der Librettist Boito, der keiner sein wollte, und der Komponist Boito, der sich oft keiner zu sein getraute, bis zu seinem Tod im Jahre 1918. Der Text war bereits siebzehn Jahre früher veröffentlicht worden, die Premiere sollte ein Jahr später stattfinden. Aber Boito schreckte vor dem eigenen Vermögen oder Unvermögen zurück. Die Musik zum fünften Akt wurde vernichtet und nie völlig neu geschrieben. Dieser Akt endet mit den Worten »*Maledetto in eterno*«, »verflucht in alle Ewigkeit«. Das könnte den *Mefistofele* ebenso beschließen wie viele Verdi-Opern. Boito, der Bruder Leichtfuß im Leben, war ein Apokalyptiker in seiner Weltsicht. Für diese Kombination gab es keinen besseren Protagonisten als den römischen Kaiser, der zum eigenen Saitenspiel seine Hauptstadt in Brand steckte. *Mefistofele* und *Nerone* waren kongeniale Stoffe für Boito. Aber die als grandioses Gemälde konzipierte Oper aus dem alten Rom mit ihrer Konfrontation von dekadenter Macht und neuem Christenglauben überstieg seine Kräfte. Selbst in der unvollendeten, von Arturo Toscanini eingerichteten vieraktigen Version dauerte das Stück, das sechs Jahre nach Boitos Tod uraufgeführt wurde, mehr als vier Stunden und war nur ein Achtungserfolg.

Der schwierige Weg bis zur entscheidenden Begegnung Boitos mit Verdi ist oft beschrieben worden. Nach *Aida* spielte der Komponist jahrelang den hauptberuflichen, an Opernarbeit desinteressierten Landwirt. Italien war geeint, Verdis Opern liefen um die Welt, und wenn es auch galt, auf die Abrechnungen des Verlages Ricordi ein wachsames Auge zu haben, so kam das Schreiben um des Geldes willen für Verdi nicht mehr in Betracht. Was sein Verhältnis zu Arrigo Boito anging, so brauchte ein Vorfall aus den sechziger Jahren viel Zeit, ehe er ihn vergaß. Nach einer von Faccios Premieren, die wenig erfolgreich verlaufen war, hatte der leichtfertige Poet ein Gedicht »Auf die italienische Kunst« verfasst, das er den Freunden vorlas und dann auch drucken ließ. Seit den Tagen der heiligen Harmonien Pergolesis und Marcellos, hieß es darin, sei die Musik im Lande heruntergekommen. Vielleicht aber sei der schon geboren, der die Reinheit der Kunst wieder herstellen werde auf jenem Altar, der jetzt entweiht sei wie die Wand eines Bordells:

> Forse già nacque chi sovra l'altare
> Rizzerà l'arte, verecondo e puro,
> Su quell'altar bruttato come un muro
> Di lupanare.

Boito liebte solche kurz nachklappernden Schlusszeilen einer Strophe, in denen der Aussageschwerpunkt lag, sie entsprachen seinem musikalischen Sinn für Schlussakkorde. Verdi, der ebenfalls wusste, wie man solche Zeilen zu höchst dramatischem Effekt benutzen konnte, wie »*la pace è dei sepolcri*« (»die Ruhe eines Kirchhofs«) in *Don Carlo*, war durch Boitos Gedicht zutiefst beleidigt: »Es musste so sein. Es war nötig, den Altar zu waschen, den die Schweine der Vergangenheit besudelt hatten. Er will eine Kunst, die jungfräulich ist, heilig, sphärisch ... und ich warte auf den Stern, der mir zeigt, wo der Messias zur Welt kam.« Wer denn anders als er, Verdi, konnte dieser Messias sein und 1863 für die italienische Oper stehen? Im Bild von der Bordellwand sah er zweifellos eine Anspielung auf seine Oper *La Traviata*. Es kehrt in Verdis Briefen der nächsten Jahre mehrfach wieder, doch scheint ihn die Frechheit dieser jungen Leute auch grimmig amüsiert zu haben. Selbst ihr Schielen über die Alpen machte Faccio und Boito für ihn nicht völlig unakzeptabel: »Diese beiden jungen Männer werden beschuldigt, glühende Bewunderer von Wagner zu sein. Nichts Schlimmes, solange die Bewunderung nicht in Nachahmung ausartet.« Boito fühlte sich ohnehin unschuldig, denn das Exemplar seiner Versfabel vom *Re Orso*, das er Verdi dedizierte, trägt das Widmungsdatum des 20. Dezember 1864, es lag also nur ein Jahr nach dem Schmähgedicht über die heruntergekommene italienische Opernkunst.

Der Boito, der im März 1879 Verdi in Genua seine Aufwartung machte, hatte den berühmten Maestro erst zweimal getroffen, das erste Mal in Paris 1862 anlässlich der erwähnten »Hymne der Nationen«, das zweite Mal 1871 im Bahnhof von Bologna, als beide die Stadt besuchten, um *Lohengrin* zu hören, die erste Aufführung einer Wagner-Oper auf italienischem Boden, die von Boito maßgeblich ins Werk gesetzt worden war. Verdi, der heimlich gekommen war, wollte sich ausgerechnet von dem Wagner-Anhänger Boito ungern sehen lassen, und traf alle möglichen Vorkehrungen, um auch im Theater sein Incognito zu wahren. Nun aber, 1879, hatte Boito die erfolgreiche Neubearbeitung des *Mefistofele* hinter sich, außerdem den Text für *La Gioconda* geschrieben, und galt nun als Librettist und Komponist von Rang. Der Siebenunddreißigjährige wurde vom sechsundsechzigjährigen Verdi freundlich empfangen, wagte jedoch das Thema einer Adaption des *Othello* für Verdi nicht anzuschneiden. Giulio Ricordi, Verdis Verleger, und Franco Faccio, der inzwischen zu einem bedeutenden Dirigenten geworden war, hatten sich verschworen, Verdi acht Jahre nach *Aida*, seiner bislang letzten Oper, zu dieser Shakespeare-Vertonung zu überreden. Ricordi schrieb an einen Freund: »Der Gedanke der Oper kam bei einem Essen unter Freunden auf. Ich brachte das Gespräch zufällig auf Shakespeare und Boito, und als ich *Othello* erwähnte, sah mich Verdi scharf an. Ich war sicher, dass er reagiert hatte. Die Zeit schien reif zu sein.«

Das war nach einer Aufführung von Verdis Requiem, die durch ihren unerhörten Jubel den Komponisten mit dem lange gemiedenen Mailand und der Scala versöhnt hatte. Boito entwarf das Szenarium für *Otello* acht Jahre vor der Premiere, und Ricordi, dem die Zeit wegzulaufen schien, trieb den mit allerlei Kränklichkeiten kämpfenden Autor bereits zur Eile an, den Text fertigzustellen, als Verdi sich noch sträubte, das Projekt überhaupt zu erwägen. In seinen Briefen aber nannte er es bereits ein *»progetto di cioccolata«*, ein Schokoladenstück, wenn auch wissend, dass *Otello* nicht der lang ersehnte *König Lear* war. Für den schien alle Hoffnung aufgegeben. Giuseppina Verdi schrieb die ersten beruhigenden Zeilen: der Maestro sei zufrieden mit dem, was er von Boito an Versen las. Mitten in der Arbeit an dem sich gut anlassenden *Otello* aber kam die Mailänder Scala und wollte eine neue Verdi-Premiere. Der Komponist mochte – und mochte auch nicht. Er holte dann ein Werk hervor, das ein Vierteljahrhundert zuvor in Venedig seiner Ansicht nach zu Unrecht halb durchgefallen war, *Simon Boccanegra*. Boito bekam den Auftrag, in der Shakespeare-Bearbeitung innezuhalten und mit der Revision der Dogen-Oper sein Gesellenstück zu liefern. Im März 1881 ging die Neufassung in Mailand glänzend über die Bühne. Boito half Verdi, sich weiter als bisher von der Nummernoper zu entfernen und jenem durchkomponierten musikdramatischen Stil näherzukommen, den beide unabhängig voneinander seit längerem anstrebten.

Otello und *Falstaff*, die beiden Opern, deren Textbücher Boito danach für Verdi verfasste, waren nicht ohne Vorgänger. Der Ritter Fettwanst hatte schon Antonio Salieri zu einer Vertonung angeregt, die Verdi und Boito, beide im italienischen Repertoire beschlagen, möglicherweise gekannt haben. Nicht nachgewiesen ist, ob einer von ihnen je Otto Nicolais *Lustige Weiber von Windsor* sah oder las, ein Stück, das zumindest auf den deutschsprachigen Bühnen dem Verdi'schen *Falstaff* lange Konkurrenz machte. Im Fall des *Otello* gab es dann auch noch die Oper Rossinis, die beide nur zu gut kannten. Nicht leichtfertig konnte sich ein italienischer Komponist an ein Sujet heranwagen, das dieser Meister bereits zum Erfolg geführt hatte. Aber zwischen beiden Fassungen lagen siebzig Jahre, eine biblische Zeitspanne.

Natürlich ist es etwas unfair, Rossini und Nicolai neben die beiden Alterswerke von Verdi zu stellen. Die *Lustigen Weiber* wurden im selben Jahr uraufgeführt wie Meyerbeers *Prophet* und Verdis *Luisa Miller*, die immerhin schon sein vierzehntes Bühnenwerk war. Nicolai schrieb nichts mehr nach dieser Oper, so wie *Falstaff* Verdis letztes Wort war. Überdies war jener Salomon Hermann Mosenthal, der Shakespeares Falstaff-Stücke für Nicolai einrichtete, kein Autor vom Range Boitos, aber er verstand etwas vom Handwerk des Librettisten. Wenn am Ende des dritten Aktes der wilde Spuk über den gefoppten Liebhaber hereinbricht, dann suchte auch der deutsche Operndichter plastisch auszudrücken, was da vor sich geht:

> Fasst ihn, Geister, nach der Reih',
> Und straft ihn für die Büberei,
> Zwickt ihn, sengt ihn, lasst ihn drehn,
> Bis dass die Sinne ihm vergehn.
> Wer die Grube will andern graben,
> Oftmals fällt er selber hinein.
> Willst du Weiber zum besten haben,
> Dann musst du wahrlich pfiffiger sein!
> Missetäter, Hochverräter!
> Deine Stunde hat geschlagen!
> Solche Kniffe, solche Pfiffe
> Sollst du nimmer wieder wagen!
> Briefe schreiben, Unfug treiben!
> Strafen wollen wir dein Betragen,
> Her dein Leben musst du geben.

Dagegen die Parallelstelle bei Boito:

> Pizzica, pizzica,
> Pizzica, stuzzica,
> Spizzica, spizzica,
> Pungi, spilluzzica …
> Cozzalo, aizzalo,
> Dai piè al cocuzzolo!
> Strozzalo, strizzalo!
> Gli svampi l'uzzolo!

> Pizzica, pizzica, l'unghia rintuzzola!
> Ruzzola, ruzzola, ruzzola, ruzzola!

Wer andern eine Grube gräbt, fällt selbst hinein, lautet bei Nicolai die sehr deutsche Bestrafungsformel, wir tanzen auf seinem Bauch, heißt es bei Boito. Nicolai schließt mit formstrengen Daktylen:

> So hat denn der Schwank der fröhlichen Nacht
> Vereinet auf immer der Liebenden Hände.
> Wohlauf nun zur Hochzeit, getanzt und gelacht,
> Dass alles in Freude und Heiterkeit ende.

Boitos Schlussformel ist kürzer: »*Tutto nel mondo è burla*«, »alles auf der Welt ist Scherz«. Hier also deutsche Spieloper am Ausgang des Biedermeier, dort die ewige italienische Komödie. Der Abstand zwischen dem Niveau der beiden Libretti ist mindestens ebenso groß wie der zwischen der Ausdruckskraft der Partituren. Die beiden Falstaff-Vertonungen von Nicolai und Verdi trennen vierundvierzig Jahre, und man spürt, dass inzwischen ein halbes Jahrhundert vergangen war. Die siebzig Jahre zwischen den Otello-Versionen Rossinis und Verdis fallen daneben weniger ins Gewicht. Der Schluss des Rossini'schen *Otello* ist nicht ohne Dramatik und kompositorische Finesse, und die Qualität der Shakespeare'schen Textvorlage behauptet sich selbst unter den Händen eines mäßigen Librettisten wie Francesco Maria Berio. Alle verzeihen dem Mohren, der Doge, der Vater, Rodrigo, und Otello endet bei Rossini mit den Worten: »Die Hand deiner Tochter, ja, vereint muss ich mit ihr sein«, bevor er sich ersticht. Auch Boito lässt Otello vor aller Augen sterben, aber *sein* Text scheint die Gegenwart der anderen Akteure durch die Intimität der letzten hinsterbenden Worte, die der todesbereite Otello zur toten Desdemona spricht, gleichsam auszuschließen:

> Pria d'ucciderti ... sposa ... ti baciai.
> Or morendo ... nell'ombra ...
> in cui mi giacio ...
> Un bacio ... un bacio ancora ... ah! ... un altro bacio.
>
> Eh ich dich tötete ... Braut ... küsste ich dich.
> Jetzt, sterbend ... im Schatten ...
> in den ich sinke
> einen Kuss ... einen Kuss noch ... ah! ... noch einen Kuss.

War dieser Schluss für Boito, den italienischen Übersetzer von Wagners *Tristan und Isolde*, die Erfüllung seines Wunsches, italienisches Melos und deutsches Musikdrama vereint zu sehen? Fünfzig Jahre später beklagte Strawinsky, dass das »Gift des Musikdramas« stark genug war, in die Adern selbst eines Giganten wie Verdi einzudringen. Hätte Boito dergleichen zur Zeit der *Otello*-Premiere, 1887, vier Jahre nach Wagners Tod, mit Verdi erörtert, wer weiß, ob der Maestro ihm widersprochen hätte. Seine Antwort lag in dem Stoff, den er als einzigen nach *Otello* noch zu komponieren bereit war. Wir werden es nie erfahren, welchen geheimen Triumph es ihm bereitete, sein Lebenswerk nach der großen Eifersuchtstragödie, die ihn viele Lebensjahre gekostet hatte, nicht mit einem düsteren Werk wie *Parsifal* abzuschließen, sondern im heiteren Gelächter einer erotischen Komödie. Er schrieb *Falstaff* in Kenntnis dessen, was Wagners letztes Wort gewesen war. Und in gewissem Sinn zwang er auch Boito, dessen literarisch-tragische Neigungen sicher durch ein Werk von der Gedankentiefe der letzten Wagner-Oper befriedigt worden wären, seine dichterische Laufbahn durch ein Stück Leichtigkeit zu krönen. Obwohl eine Figur wie Kundry seinem dualistischen Weltbild eher entsprach, lag ihm die heitere und derbe Welt ringsum das Schloss Windsor insgeheim näher. Was er dann aus Shakespeares Dramen *The Merry Wives of Windsor* und dem ersten Teil von *Henry IV* zu Verdis letztem Libretto zusammenfasste, war ein wahres Meisterstück, dessen Lohn darin besteht, dass es heute mehr Aufführungen der Oper *Falstaff* gibt als Inszenierungen von Shakespeares Komödie. Wenn der Kaiser in Boitos eigener, unvollendeter Nero-Oper die Inkarnation des dichterisch lebenslang verfolgten Schlangenhaft-Bösen ist, dann ist der als verschlagen karikierte Sir John dessen anderes Ich, der romantische Doppelgänger, die lachende Janus-Gegenseite zur dämonischen Fratze. Nach Jago brauchte der in Extremen denkende Boito einen Falstaff, und für die zunehmende Freundschaft, ja Seelenverwandtschaft zwischen dem Librettisten und dem Komponisten spricht es, dass Verdi offenbar das gleiche Bedürfnis verspürte. Nach den Alpträumen von *Macbeth*, *Rigoletto* und *Trovatore*, von *Don Carlos*, *Aida* und *Otello* war Falstaff so etwas wie der C-Dur-Akkord nach einer Kette von Dissonanzen.

In der Zusammenarbeit für *Otello* gab es noch einige der altgewohnten Mahnschreiben des Komponisten an seinen Dichter. Verdi erinnerte sich an die Kümmernisse mit Ghislanzoni, dem er für *Aida* regelrechten Versunterricht hatte geben müssen für Musik, die er bereits im Kopf komponiert hatte:

Schauen Sie deshalb, ob Sie mir aus dem Sammelsurium von ungereimten Worten, das ich Ihnen schicke, ein paar gute Verse machen können, wie Sie sie bereits so zahlreich geschrieben haben ...

> Morire! Tu innocente?
> Morire? Tu, si bella?
> Tu nell'april degli anni?
> Lasciar la vita?
> Quant'io t'amai, no, no'l può dir favela!
> Ma fu mortale l'amormio per te ...

Sie können sich nicht vorstellen, was für eine schöne Melodie man zu dieser merkwürdigen Form komponieren kann, und welche Anmut dieser Melodie durch die Fünfsilbler nach den drei Dreisilblern verliehen wird, und welche Abwechslung die beiden anschließenden Elfsilbler bieten. Diese müßten jedoch beide auf der letzten oder beide auf der vorletzten Silbe betont sein.

Im Umgang mit Boito erübrigten sich solche Belehrungen in poetischer Grammatik. In *Otello* ging es nur noch um dramaturgische Finessen, um das Credo des Jago und das Finale des dritten Aktes. Der Verdi-Forscher Frank Walker hat nachgewiesen, dass der Komponist keineswegs so viele Einwände gegen Boitos Ausarbeitungen erhob wie die frühere Verdi-Literatur, die dem Maestro gegen alle seine Librettisten Recht gab, behauptet hatte.

In der Zusammenarbeit für *Falstaff* lief dann alles nahezu reibungslos. Aus den Arbeitskollegen waren Freunde geworden, und so traf Verdi, bevor er sich an die Arbeit machte, folgende Verfügung: »Lieber Boito, nach Beendigung Eurer Arbeit würdet Ihr mir das Eigentum davon für die Vergütung von ... (festzulegen) überlassen. Und für den Fall, daß ich entweder des Alters oder Gebrechens wegen oder aus irgendeinem anderen Grund die Musik nicht beenden könnte, würdet Ihr Euren Falstaff wiederbekommen: ein Eigentum, das ich selber Euch zu meinem Andenken anbiete, und das Ihr nach Belieben benutzen wollt.« Entgegen seinen früheren Gewohnheiten, keine Oper zu komponieren, bevor ihm nicht der Text des Ganzen vorlag, scheint Verdi in diesem Fall mit dem Ende begonnen zu haben, noch ehe er dessen Wortlaut kannte. Am 18. August 1889 schrieb er an Boito: »Ihr arbeitet, hoffe ich? Das Seltsamste ist, daß auch ich arbeite! ... Ich amüsiere mich damit, Fugen zu machen! ... Jawohl, mein Herr: eine Fuge ... und zwar eine *komische* Fuge ... die gut im Falstaff stehen könnte ... Aber wieso eine komische Fuge? Warum komisch, werdet Ihr sagen? ... Ich weiß nicht *wie* noch *warum*, aber es ist eine *komische* Fuge.« Frank Walker hat daraus den Schluss gezogen, dass das Ende des dritten Aktes »*Tutto nel mondo è burla*« komponiert wurde, noch ehe Boito das Libretto abgeliefert hatte. Bis zur Premiere waren es dann noch dreieinhalb Jahre, die Boito in niemals nachlassender Hoffnung auf die Komponierlust des Maestros zubrachte.

Zweimal hatte Boito Stücke von Shakespeare für eine italienische Oper umgewandelt. *Otello*, das war eine Sache der Raffung und der Dramaturgie gewesen. Der ganze Venedig-Akt fiel weg, Jago wurde von einem Intriganten zum Prinzip des Bösen. Bei *Falstaff* ging es um die Sprache; aus der nur mäßig heiteren und dichterisch vielleicht nicht ganz erstklassigen Komödie Shakespeares machte Boito eine furiose Burleske, in der geschrien, gekichert und gepoltert wird, freilich mit dem Kontrapunkt einer der zärtlichsten Liebesgeschichten der Opernliteratur, zwischen Nannetta und Fenton. Boito schrieb an Verdi: »Die Liebe der beiden gefällt mir, sie dient dazu, die ganze Komödie frischer und fester zu machen. Diese Liebe da muß alles und jedes beleben und immer in einer Weise, daß ich das Duett der beiden Verliebten beinahe weglassen möchte. In jeder Ensemble-Szene ist diese Liebe auf ihre Art gegenwärtig ... Es ist darum unnötig, sie zusammen in einem wirklichen Duett singen zu lassen. Ihre Partie, auch ohne das Duett, wird höchst wirkungsvoll sein; sie wird sogar noch wirksamer ohne sein. Ich kann mich nicht erklären; ich möchte, wie man eine Torte mit Zucker bestreut, mit dieser heiteren Liebe die ganze Komödie bestreuen, ohne ihn auf einem Punkt anzuhäufen.« So entstand auch der Gedanke, Nannetta als Elfenkönigin in die Zauberszene des Finales einzubauen, wozu ihn seine frühe Bewunderung des Mendelssohn'schen *Sommernachtstraums* inspiriert haben mag. Was Verdi anregte, waren dann die wahrhaft poetischen Verse seines vielleicht einzigen Freundes. Als Komponist war Boito, wie er von sich selbst sagte, »nicht zu helfen«, und dass kein Geringerer als Arturo Toscanini sich posthum seines unvollendeten *Nerone* annehmen wollte, bereitete ihm eine geringere Befriedigung als das Bewusstsein, der Textdichter Verdis gewesen zu sein. Frank Walker hat Boito in seinem Buch den gebührenden Platz eingeräumt, ja er hat es mit einer Eloge auf den Librettisten von *Otello* und *Falstaff* ausklingen lassen: »... er hatte seine Bestimmung dadurch erfüllt, dass er Verdi, den ›bronzenen Koloss‹, wie er ihn nannte, noch zweimal zum Tönen gebracht hatte. Er ist immer noch lebendig, weniger als Komponist denn als Persönlichkeit, als Einfluss, als Briefschreiber und als Verdis unvergleichlicher Librettist.«

»Das Ewig-Weibliche zieht uns hinan«
Goethes »Faust« auf der Opernbühne

> Wenn die Oper gut ist, macht sie freilich eine kleine Welt für sich aus, in der alles nach gewissen Gesetzen vorgeht, die nach ihren eignen Gesetzen beurteilt, nach ihren eignen Eigenschaften gefühlt sein will.
>
> Goethe

Goethe und die Musik – das ist ein großes Kapitel, auch wenn es auf den ersten Blick so aussieht, als habe die Musik für Goethe keine große Rolle gespielt. Zahlreich waren zum Beispiel seine Bemühungen, für das musikalische Theater zu schreiben, nur gelang es ihm nicht, einen musikalisch ebenbürtigen Partner zu finden. Beethoven ging zwar mit dem Gedanken um, den *Faust* zu vertonen, aber dann hätte es ein nach den Gesetzen der Opernbühne eingerichteter *Faust* sein müssen, der den Text nicht verschont hätte. Kein deutscher Komponist wollte sich auch an Goethes *Der Zauberflöte zweiter Teil* heranwagen, weil er sich dann mit Mozart hätte messen müssen. So wurden Goethes Singspieltexte – er hat gerade in früher Zeit eine beträchtliche Zahl davon geschrieben – nur durch Komponisten minderen Ranges vertont. Goethe als Opernlibrettist: Das ist ein Kapitel für sich, in dem der Irrealis überwiegt. Er selbst gab seine Bemühungen Mitte der 1780er Jahre auf, als er erkannt hatte, dass auch der beste Textdichter ohne gleichrangigen Komponisten auf verlorenem Posten steht. »Alles unser Bemühen daher, uns im Einfachen und Beschränkten abzuschließen«, heißt es in der *Italienischen Reise*, »ging verloren als Mozart auftrat. Die Entführung aus dem Serail schlug alles nieder …«

Gleichwohl hat man es sich zur Gewohnheit gemacht, Goethes Verhältnis zur Musik zu tadeln: Er habe, heißt es, weder Beethoven noch Schubert in ihrem Rang erkannt, Weber nicht zur Kenntnis genommen, von Berlioz ganz zu schweigen. Norbert Miller, Verfasser einer großen Studie über »Goethe und seine Komponisten«, hat den Weimarer Dichter gegen solche Vorwürfe verteidigt. Seine These lautet: Goethe reagierte auf Musik wie ein Autor; er musste sich zur Musik, zur Bildenden Kunst, ja selbst zu fremder Dichtung, wie er selber sagte, »produktiv« verhalten, das heißt, nur was in ihm selbst einen Widerhall auslöste, hatte für ihn Wert. Dass er nichts von Musik im landläufigen Sinn verstand, ist bei einem Mann, der selber Libretti geschrieben und jahrzehntelang das Weimarer Theater geleitet hatte, nicht wahrscheinlich. Doch war es ein eingeschränktes Interesse, das von früh an vor allem dem Lied und dem Singspiel galt. Alles, was in diese Richtung ging, Werke in der Art von Mozarts *Entführung* oder *Zauberflöte*, faszinierte ihn und rief besagten Widerhall hervor, der ein kluges und fundiertes Urteil möglich machte. Weiter sind biographische Umstände in Rechnung zu setzen: Die erwähnten Komponisten waren alle eine oder zwei Generationen jünger als Goethe. Zwischen ihm und Schubert lag ein halbes Jahrhundert. Die geniale Liedform, die Schubert entwickelte, gelangte erst gar nicht in den Radius seiner Wahrnehmung. Er selbst war ein Anhänger des Strophenliedes, kam aus dieser Tradition, die auch seine Freundschaft mit Carl Friedrich Zelter, dem Leiter der Berliner Sing-Akademie, mit begründete, der sein wichtigster musikalischer Berater wurde. Als Schubert, gerade achtzehn Jahre alt, den Erlkönig vertonte, an einem einzigen Tag des Jahres 1815, war Goethe sechsundsechzig Jahre alt. Wir wissen, wie offen er allem literarisch Neuen gegenüberstand und wie verständnisvoll sein Urteil in Fragen der Bildenden Kunst war. Maler wie Runge und Caspar David Friedrich hat er geschätzt; er begriff Stendhals Bedeutung, als dieser Autor in Frankreich noch weitgehend unbekannt war, und noch 1830/31, in seinen letzten Lebensjahren, las er Balzacs und Victor Hugos gerade erschienene Romane im französischen Original und äußerte sich scharfsinnig darüber. Den jungen Prosper Mérimée und den kaum älteren Eugène Delacroix hat er in ihrer Bedeutung sofort erkannt. Wer aber hätte ihm Schuberts *Erlkönig* in Weimar vorführen können? Der Streicher'sche Flügel, der heute im Musikzimmer am Frauenplan steht, wurde erst 1821 angeschafft, da war Goethe bereits zweiundsiebzig Jahre alt. Und als der junge Felix Mendelssohn ihm auf diesem Flügel Beethovens fünfte Sinfonie vorführte, hatte er schon die Achtzig überschritten. Mendelssohn hat das Ereignis überliefert: »An den Beethoven wollte er gar nicht heran. – Ich sagte ihm aber, ich könnt ihm nicht helfen, und spielte ihm nun das erste Stück der C Moll-Symphonie vor. Das berührte ihn ganz seltsam. – Er sagte erst: ›Das bewegt aber gar nichts; das macht nur staunen, das ist grandios‹, und dann brummte er so weiter, und fing nach langer Zeit wieder an: ›das ist sehr groß, ganz toll, man möchte sich fürchten, das Haus fiele ein; und wenn das nun alle die Menschen zusammenspielen!‹ Und bei Tische, mitten in einem anderen Gespräch, fing er wieder damit an.« Aber wo hätte Goethe ein solches Werk, gespielt nicht auf dem Klavier, sondern von einem hochrangigen Sinfonieorchester, hören können? In Weimar nicht, dazu hätte er nach Wien oder Berlin reisen müssen. So simple Tatbestände muss sich vor Augen führen, wer dem Autor des *Faust* musikalische Ignoranz vorwerfen zu dürfen meint.

Doch durchzieht dieser Goethe-kritische Affekt das 19. Jahrhundert kaum weniger als die blinde Verherrlichung des Dichters, in deren Zeichen sich Gymnasialprofessoren bereits äußerlich dem alten Goethe anzugleichen suchten bis hin zur Goethe-Imitation eines Gerhart Hauptmann. Die Gründe dafür lassen sich historisch konkretisieren. Da war zunächst die Gekränktheit der Romantiker, denen es nicht gelang, Goethe auf ihre Seite zu ziehen; später kam der Affekt der Jungdeutschen hinzu, die ihn aus politischen Gründen ablehnten und als »Stabilitätsnarren« oder »Fürstenknecht« kritisierten. So schrieb Ludwig Börne: »Seit ich fühle, habe ich Goethe gehaßt, seit ich denke, weiß ich warum.« Das hatte zwar auch mit ihrer gemeinsamen Herkunft aus Frankfurt zu tun, wo Goethe in einem großbürgerlichen Patrizierhaus, Börne dagegen im jüdischen Ghetto der Stadt aufgewachsen war, aber Heinrich Heine suchte die tieferen Wurzeln von Börnes Haltung im Konflikt zwischen dessen jüdischem Spiritualismus und Goethes Hellenentum. Hier tun sich weite Perspektiven auf. Nicht unerwähnt bleiben darf Goethes Rolle in den sogenannten »Befreiungskriegen«, als er sich dem nationalistischen Rausch des Kampfes gegen Napoleon weitgehend entzog. Und er blieb zeitlebens ein Bewunderer des französischen Kaisers, der ihn 1808 in Erfurt zum Gespräch empfangen hatte. Die Deutschen haben es ihm verübelt und ihm Beethoven als Antipoden gegenübergestellt. Dabei war auch der Komponist der *Eroica* zunächst ein Bewunderer Bonapartes gewesen und hatte ihm seine dritte Sinfonie gewidmet, ja er wollte sogar aus Begeisterung für den Ersten Konsul der französischen Republik nach Paris übersiedeln, um sich von dort aus die künstlerische Welt zu erschließen. Aber nachdem Bonaparte sich zum Kaiser gekrönt hatte, strich Beethoven die Widmung wieder aus. Dieser Gegensatz bildete den Grundstoff für die merkwürdigsten Anekdoten. Die einzige Begegnung zwischen Goethe und Beethoven fand im Sommer 1812 in dem böhmischen Badeort Teplitz statt. Bei einem gemeinsamen Spaziergang Arm in Arm sollen Goethe und Beethoven kaiserlichen Hoheiten begegnet sein, die ihnen den Weg verstellten; Beethoven habe unbeirrt seinen Weg verfolgt, Goethe dagegen sich wie eine buckelnde Hofschranze verhalten: »Er machte sich aus Beethovens Arm los, und stellte sich mit abgezogenem Hut an die Seite, während Beethoven mit untergeschlagenen Armen mitten zwischen den Herzögen durchging und nur den Hut ein wenig rückte, während diese sich von beiden Seiten teilten, um ihm Platz zu machen, und ihn alle freundlich grüßten; jenseits blieb er stehen und wartete auf Goethe, der mit tiefen Verbeugungen sie hatte an sich vorbei gehen lassen. Nun sagte er: ›Auf Euch hab‹ ich gewartet, weil ich Euch ehre und achte, wie Ihr es verdient, aber jenen habt Ihr zu viel Ehre angetan.‹« Bettina von Arnim war die Erfinderin dieser Geschichte, und sie scheute sich nicht, angebliche Briefe Beethovens über diese Begegnung zu fälschen. Von nun an konnte Beethoven als wackerer Republikaner gegen Goethe, den dienstwilligen Fürstenknecht, ausgespielt werden. Das Zerrbild tat seine Wirkung und hat sich tief in die deutsche Kulturgeschichte eingeprägt.

Dass Beethoven eine Vertonung von *Faust* erwog, wurde bereits erwähnt. Goethe hatte von einer Musik zu *Faust* andere Vorstellungen, wie sich in Eckermanns *Gesprächen* nachlesen lässt. Auf Eckermanns Feststellung, er gebe »die Hoffnung nicht auf, zum Faust eine passende Musik kommen zu sehen«, antwortete er: »Es ist ganz unmöglich … Das Abstoßende, Widerwärtige, Furchtbare, was sie stellenweise enthalten müßte, ist der Zeit zuwider. Die Musik müßte im Charakter des Don Juan sein; *Mozart* hätte den Faust komponieren müssen.« Die Notiz trägt das Datum des 12. Februar 1829 – damals hatte Hector Berlioz seine *Acht Szenen aus Faust* bereits komponiert. In ihnen war das Abstoßende, Widerwärtige, Furchtbare, wie es Goethe vorschwebte, zur Genüge enthalten, aber es wurde in Weimar nicht zur Kenntnis genommen. Bevor wir nach den Gründen fragen, sei das Augenmerk auf das sonderbare Phänomen gelenkt, dass die deutschen Opernkomponisten des 19. Jahrhunderts dem *Faust*, dem größten deutschen Theaterstoff überhaupt, ängstlich aus dem Weg gingen. Seit dem Erscheinen des ersten Teils von *Faust* 1808 dauerte es mehr als hundert Jahre bis zur Uraufführung der Oper *Doktor Faust* von Ferruccio Busoni in Dresden. Und Busoni, obwohl dem deutschen Kulturkreis zuzurechnen, war nicht unbedingt als deutscher Komponist zu bezeichnen. Dabei gab es kaum einen Komponisten, der nicht einmal an einen *Faust* gedacht oder einen Anlauf dazu genommen hätte, wie Richard Wagner, der eine Ouvertüre zu *Faust* schrieb (in d-moll wie Beethovens Neunte Sinfonie, ein geniales Frühwerk), oder wie Franz Liszt, der eine großangelegte Faust-Symphonie komponierte. Aber diese Werke sind eben keine Opern, und das gilt auch für Schumanns *Szenen aus Goethes Faust*, für die sich der Komponist den Text in einer Form einrichtete, die zwar für den Konzertsaal, nicht aber für die Bühne geeignet war. Wer hätte sich auch die Freiheit herausnehmen können, Goethes größtes Drama für die Bedürfnisse einer Operndramaturgie, als bloßes Libretto, zusammenzustreichen? Wer hätte Fausts großen Monolog (»Habe nun, ach, Philosophie, Juristerei und Medizin und leider auch Theologie ...«) in Musik setzen können, wer Gretchens »Ach neige, du Schmerzenreiche« oder die sechshebigen Jamben aus dem Helena-Akt? Wer hätte es wagen können, die Paktszene Faust – Mephisto in ein opernhaftes Duett oder die Szene in Frau Marthens Garten in ein vierstimmiges Ensemble zu verwandeln? Dieses Sakrileg wagte kein Komponist der Goethe-Zeit, erst recht nicht der Zeit nach Goethe zu begehen. So kann es nicht verwundern, dass die großen *Faust*-Vertonungen in Frankreich und Italien entstanden: von Hector Berlioz über Charles Gounod bis zu Arrigo Boito und Ferruccio Busoni. Nimmt man noch die *Werther*-Oper von Jules Massenet und die *Mignon* von Ambroise Thomas, die auf dem *Wilhelm Meister* beruht, hinzu, dann ist das Thema Goethe auf der Opernbühne eine Domäne der romanischen Länder. Deren Komponisten hatten keinen Originaltext zu respektieren. Vielleicht erkannte man dort auch besser, dass *Faust*, *Werther* und *Wilhelm Meister* zu den großen Stoffen der abendländischen Literatur gehören, wie *Hamlet, Don Juan* und *Don Quijote*. Gerade *Faust*, in seiner Bedeutung bereits von Marlowe erkannt, war ein Stoff, der viele Komponisten anzog und der häufiger als jeder andere auf der Opernbühne erprobt wurde.

Musikalisch-kompositorisch hat dieser Stoff zuerst in Frankreich gezündet, dank der epochemachenden Übersetzung von Gérard de Nerval. Ein ganz junger Mann, ein gefährdetes Genie, mit eigentlichem Namen Gérard Labrunie, der sich dann diesen Künstlernamen gab, übersetzte mit siebzehn Jahren, noch als Schüler, aus seiner eigenen Begeisterung für Goethe, dessen *Faust*. Er übersetzte ihn durchweg in Prosa, ausgenommen die Liedeinlagen, wie das berühmte Lied vom König in Thule, das Flohlied, Gretchen am Spinnrad usw., und fand dafür einzigartig melodiöse, wohllautende Verse. Damit entfesselte er in Paris eine Welle der Begeisterung. Das alles geschah 1827. Ein Exemplar der Übersetzung ging an Goethe, fast gleichzeitig mit den *Faust*-Illustrationen von Eugène Delacroix. Für beides fand Goethe rühmende Worte: »Im Deutschen«, sagte er laut Eckermann, »mag ich den Faust nicht mehr lesen; aber in dieser französischen Übersetzung wirkt alles wieder durchaus frisch, neu und geistreich.« Nervals Übersetzung fiel auch einem ebenfalls noch ganz jungen Mann, Hector Berlioz, in die Hand. Er war gerade vierundzwanzig Jahre alt und ließ sich durch den *Faust* anregen oder besser begeistern zu seinen *Acht Szenen aus Faust*, die im Laufe des Jahres 1827/28 entstanden. Am besten zitiert man hier aus seinen Erinnerungen: »Als eines wichtigen Ereignisses meines Lebens muß ich noch des seltsamen tiefen Eindrucks gedenken, den ich erhielt, als ich zum ersten Male Goethes Faust in der französischen Übersetzung des Gérard de Nerval las. Das wunderbare Buch bezauberte mich vom ersten Anfang an; ich ließ es nicht mehr aus der Hand; ich las unaufhörlich darin, bei Tische, im Theater, auf der Straße, überall. Die Übersetzung in Prosa enthielt einige Fragmente in Versen, Liedern, Gesängen usw. Ich gab der Versuchung nach, sie in Musik zu setzen, und kaum hatte ich diese schwierige Arbeit hinter mir, so beging ich die Dummheit, meine Partitur stechen zu lassen, ohne eine Note davon gehört zu haben, noch dazu auf meine Kosten.«

Berlioz' Goethe-Begeisterung fiel in eine Zeit, in der nicht weniger als drei Faust-Versionen gleichzeitig in Paris erschienen und in der, wie die Zeitung *Le Figaro* am 20. November 1827 schrieb, »die hauptsächlichsten Theater sich vornahmen, die so phantastischen und merkwürdigen Abenteuer des Doktor Faust aufzuführen«. Berlioz ließ sich weniger von den Äußerlichkeiten des Goethe'schen Dramas, vom Wunderbaren, Phantastischen und Grotesken inspirieren, das damals in Frankreich unter Anführung von Victor Hugo besondere Konjunktur hatte. Er betonte zwar die romantische Seite des Helden, sah Faust als Prototyp des romantischen Künstlers, doch war er dem *Faust* innerlich nahegekommen und schrieb seine Musik aus dem gleichen Unendlichkeitsdrang wie Goethe sein Drama. Unter dem Titel *Huit scènes de Faust* erschien sie 1828 als sein op. 1 bei Schlesinger mit dem Motto: »Dem Taumel weih' ich mich, dem schmerzlichsten Genuß, verliebtem Haß, erquickendem Verdruß«. Es dauerte nicht lange, bis sich Zweifel an seinem Werk regten. Wenig später publizierte Berlioz eine Ouvertüre zu Walter Scotts *Waverley* ebenfalls als op. 1 und erklärte auf dem Titelblatt, die Faust-Szenen vernichtet zu haben. In seinen Memoiren heißt es, er habe sich nicht lange getäuscht »über die zahlreichen gewaltigen Fehler dieses Werkes, das als Ganzes unzulänglich und sehr schlecht im Stil war, dessen musikalische Gedanken mir jedoch noch immer wertvoll erscheinen«. Berlioz hat diese musikalischen Gedanken aufbewahrt, und sie gingen siebzehn Jahre später in die musikalische Legende *La damnation de Faust* ein. Der Großteil des Werkes entstand 1846 auf einer Reise durch mehrere europäische Länder, im Postwagen, auf den Dampfschiffen der Donau, in der Eisenbahn. Aber trotz der Wertschätzung, der Berlioz überall in den deutschsprachigen Ländern begegnete, blieb die Uraufführung Paris vorbehalten. Sie fand am 6. Dezember 1846 in der Opéra-Comique statt, für deren Miete der

Komponist einen »exorbitanten Preis« zahlen musste. Und er selbst leitete sie am Nachmittag eines kalten, schneeigen Wintertages, an dem auch im Konservatorium eine musikalische Veranstaltung stattfand. Freunde wie Alexandre Dumas d. Ä. und Théophile Gautier waren anwesend sowie einige Kritiker, aber das große Publikum blieb aus. Die Besprechungen in den Pariser Blättern fielen freundlich aus, einige sogar enthusiastisch, aber im Grunde war diese Uraufführung, der nur eine einzige Reprise folgte, eine Niederlage und bedeutete fast den Ruin eines Künstlers, dem es nach zwanzig Jahren des Kampfes nicht gelungen war, im eigenen Land eine breitere Anhängerschaft zu gewinnen. »Es waren bei diesen beiden Aufführungen nicht mehr Leute in der Opéra comique, als wenn man die dürftigste Oper ihres Spielplans gegeben hätte.« Und mit einer Untertreibung, die das Ausmaß seiner Enttäuschung ahnen ließ, fügte Berlioz hinzu: »Nichts in meiner Künstlerlaufbahn hat mich tiefer verletzt, als diese unerwartete Gleichgültigkeit.«

La damnation de Faust ist keine Oper im konventionellen Sinn; das Werk besteht auch in seiner endgültigen Gestalt aus einzelnen Szenen, die mehr oder weniger unverbunden, ohne Handlungskontinuität, nebeneinander stehen. Heute werden sie oft, im Stil einer Multi-Media-Show, als bilderhäufendes kinematographisches Spektakel inszeniert. Berlioz bediente sich des Goethe'schen Werks wie eines Steinbruchs, aus dem er entlehnte, was er für seine Zwecke brauchen konnte. Er fügte einiges hinzu, etwa gleich zu Anfang einen Ungarischen Marsch, und es ist überhaupt seltsam, dass das Werk in Ungarn beginnt und erst mit der dritten Szene nach Deutschland überleitet. In diesen phantastischen Bilderbogen nahm Berlioz *die* Elemente von Goethe auf, in denen der Grundzug des Faust-Themas für ihn am deutlichsten zum Vorschein kam. Diese Elemente reflektierte, vergrößerte er, tauchte sie in die unendlichen Welten seiner eigenartigen melodischen Erfindung und seiner unerhörten Klangwirkungen. Vor allem nahm er Goethes Werk seinen theologischen Bezugsrahmen. Die ursprüngliche Faust-Konzeption, wie sie in der mythischen Faust-Gestalt des Mittelalters und in der Volkssage, ja wie sie noch bei Christopher Marlowe und in Goethes eigenen Szenen des *Urfaust* vorlag, wurde vom Dichter später durch diesen theologischen Rahmen domestiziert. Beginnend mit dem Prolog im Himmel, ist Faust nun in einen göttlichen Heilsplan eingespannt. Mephisto, der Verneinungsgeist, fungiert nun als Werkzeug und Fausts Geselle, »Der reizt und wirkt, und muß, als Teufel, schaffen«. Berlioz kappt diesen Rahmen und macht aus *Faust* einen hochromantischen Alptraum, der bereits die quälenden

Finsternisse der schwarzen Romantik vorwegnimmt. Faust ist von Anfang an ein Verfluchter, bestimmt zum Untergang
Davon sind wir eine Generation später im *Faust* von Charles Gounod weit entfernt. Das Werk, 1859 am Théâtre Lyrique in Paris uraufgeführt, ist die bekannteste aller Faust- und Goethe-Opern, auch die meistgespielte. In Deutschland wurde sie lange Zeit unter dem Titel *Margarete* aufgeführt, eine Veränderung, die zu einem Exkurs über deutsch-französische Kulturmissverständnisse verleiten könnte. Man spürt darin die deutsche Abwehr einer französischen Vertonung von Goethes *Faust* mit dem Anspruch, der geistigen Reichweite des Werkes gerecht zu werden. Völlig falsch ist der Titel *Margarete* nicht, denn zweifellos steht die Liebeshandlung, die Verführung und Erlösung Gretchens, im Zentrum der Oper. Eigentlich könnte das Werk *Faust et Marguerite* heißen, und so hieß auch das Theaterstück von Michel Carré, durch das Gounod angeregt wurde. Der Komponist war seit seiner Jugend ein großer Verehrer Goethes und speziell des *Faust*, geradezu durchdrungen von bestimmten Szenen des Werkes, wie dem Osterspaziergang, der Szene im Dom und der Walpurgisnacht, obwohl er letztere erst später nachkomponierte. Auch Gounods *Faust* hat, wie die konkurrierende Oper von Arrigo Boito, die den Namen *Mefistofele* erhielt, eine zehnjährige Umarbeitungszeit erlebt oder erlitten. Neue Szenen wurden zusätzlich eingefügt, andere gestrichen, vor allem wurden die gesprochenen Dialoge der ursprünglichen Fassung durch Orchesterrezitative ersetzt. In dieser Form kam *Faust* 1869 an der Pariser Opéra heraus und war bald so populär, dass man dieses Werk vierzehn Jahre später, 1883, als Eröffnungsstück der Metropolitan Opera in New York spielte. Und bis heute entzückt es immer aufs Neue durch die Kraft der melodischen und überhaupt der musikalischen Erfindung. Es gibt darin funkelnde Solonummern wie Marguerites sogenannte »Juwelenarie« (»*Ah! Je ris de me voir*«), Fausts Arie »*Salut, demeure chaste et pure*« und Mephistos Rondo vom Goldenen Kalb. Was für ein großartiger Einfall, den Osterspaziergang und die erste Begegnung von Faust und Marguerite in einen Walzer zu verwandeln, noch dazu in einen so vollkommenen! Ein Osterspaziergang, bei dem eine ganze Stadt walzt! Und darin eingelegt zwei- oder dreimal Mephistos geschicktes Zusammenführen von Faust und Gretchen zu den Worten »*Ne permettrez-vous pas, ma belle demoiselle, / Qu'on vous offre le bras pour faire le chemin?*«, mit denen Gounods Textdichter Barbier & Carré Goethes berühmte Prägung »Mein schönes Fräulein, darf ich wagen, meinen Arm und Geleit Ihr anzutragen« denkbar genau ins Französische transponierten. Die Begegnung der Liebenden wird

hier in eine melodische Formel gefasst, die sich bereits beim ersten Hören so tief im Gedächtnis verankert, dass sie in der Schlussszene im Kerker von Gretchen als schmerzhafte Erinnerung zitiert werden kann. Gounod, den seine Zeitgenossen zuweilen der Melodielosigkeit bezichtigten, war sicher einer der großen Melodiker seines Jahrhunderts. Auch der Charakter des Mephisto erscheint bei ihm transformiert und verändert: Er ist nicht mehr der »Geist, der stets verneint«, sondern vertritt eher den Typus des südländischen Schurken, nicht metaphysisch-nihilistisch, sondern mit einem düster-dämonischen Charme, sogar mit galanten Zügen. Die Nummern, in denen er auftritt, besitzen gleichwohl einen Zug ins Unheimliche und Gespenstische, und sein Lachen erzeugt den gehörigen Schauder.

Im Zentrum der Oper steht, wie gesagt, die Liebeshandlung. Sie wird im dritten Akt entfaltet und ist als Folge ineinandergreifender Szenen angelegt: Fausts Cavatine, Marguerites Lied vom König in Thule, ihre Juwelenarie, wenn sie das Kästchen mit dem Geschmeide findet, das Quartett, in dem sich Mephisto und Marthe Schwerdtlein dem Liebespaar hinzugesellen, schließlich das große Liebesduett. Diese Musikstücke bilden einen großen zusammenhängenden Komplex, wie er der traditionellen *opéra comique* fremd ist. Hier wird von Gounod geradezu ein neues Genre begründet, das *drame lyrique* als sanftere Schwester der *tragédie lyrique*, stilbildend für die französische Opernmusik im letzten Drittel des 19. Jahrhunderts. Es ist ein ganz neuer Typus, bei dem einerseits volkstümliche Grundmuster des Sprechens und Singens übernommen und aufeinander bezogen werden, andererseits die Melodie in einem hohen Maß über das Tänzerische entworfen ist. Eines beherzigten die Franzosen von je mehr als die Deutschen und die Italiener: dass der eigentliche Bühnenkomponist sein Metier beim Ballett lernt. Wer Ballette schreibt, weiß, wie man mit dem Orchester und einer dramatischen Handlungsentwicklung umzugehen hat. Da ist zunächst, im Duett zwischen Marguerite und Faust, eine wunderbar gefühlvolle Musik, die niemals ihren zärtlichen Charme preisgibt. Zum Schluss aber erhebt sich das Werk zur großen Apotheose, wie sie dem Bedürfnis des erlösungssehnsüchtigen bürgerlichen Jahrhunderts entsprach. Marguerite ist die tragische Heldin, so dass nicht alles Licht und nicht einmal das meiste Licht auf Faust fällt. Nicht die Erlösung Fausts ist das zentrale Thema der Oper, sondern die Erlösung Marguerites, die Erlösung der Unschuld, eingeleitet durch die großen Arpeggien der Harfen. Den Drang nach Erlösung und Sinngebung kann keine Kunstform so aufnehmen und erfüllen wie die Oper, vielleicht nur sie allein. Man kann das zwar einer Ideologiekritik unterziehen, aber es gehörte für einen Komponisten wie Gounod zur Erfüllung seines Kunstanspruchs. Nicht nur er, das ganze 19. Jahrhundert hat davon gezehrt, bis Bizet einen direkteren musikalischen Realismus erfand. Auch Verdis *Aida* ist zum Schluss hin eine Erlösungsoper, und für Wagner war Erlösung ohnehin das zentrale Thema, vom *Fliegenden Holländer* bis zum *Parsifal*. Anders aber als in Wagners Illusionstheater werden die szenischen und musikalischen Mittel, mit denen Erlösung ins Werk gesetzt wird, bei Gounod nicht versteckt, sondern offengelegt. Der Anspruch der Kunstreligion wird abgewehrt durch das fast naive Eingeständnis, dass der Schein der Kunst zuletzt auch der Erlösung nachhelfen muss.

Wie Gounods *Faust* existiert auch Arrigo Boitos *Mefistofele* in zwei Fassungen. Die erste wurde 1868 an der Mailänder Scala uraufgeführt und war ein grandioser Misserfolg. Boito war ganz vernichtet, änderte sogar seinen Namen und schrieb zehn Jahre lang unter einem Pseudonym. Er arbeitete die Oper dann eingreifend um und führte sie 1875 in Bologna, der Stadt der von ihm inspirierten italienischen Wagner-Premieren, zum Erfolg. Das Textbuch hatte er selbst verfasst und sich dabei stärker als andere *Faust*-Librettisten an Goethes originalen Text gehalten. Er ist Goethe am nächsten und der Einzige, der versuchte, beide Teile von *Faust* in seinem Werk zusammenzufassen. Es gibt einen Prolog im Himmel und am Ende Fausts Tod und Erlösung, dazwischen nordische Walpurgisnacht und klassische Walpurgisnacht. Und obwohl Boito nur einen Auszug gibt aus Goethes Gesamtdichtung, ergibt sich zugleich etwas neues Ganzes, auch im Sinne einer nachvollziehbaren Gesamthandlung. Für Boito war offenkundig zweierlei wichtig: zum einen der Gegensatz zwischen nordischer Welt und südlicher Welt, den er durchgehend beibehält, und zum anderen die Spiegelung von Vorgängen in symbolischen Situationen: hier die Gretchen-Tragödie, dort der Helena-Akt, hier die nordische Walpurgisnacht, dort die herrliche, leuchtende, mittelmeerische Welt der klassischen Walpurgisnacht. Faust und Mephistopheles hören sich in der Hexensabbatszene auf dem Blocksberg mit Hilfe von Boitos virtuoser Sprachkunst so an:

> Su cammina, cammina, cammina,
> Ché lontano, lontano, lontan,
> S'erge il monte del vecchio Satan.
> Folletto, Folletto – veloce, leggier.
> Che splendi soletto – per l'ermo sentier,
> A noi t'avvicina – chè buia è la china.

Boito, der den Harz niemals gesehen hat, obwohl er mit heimatlichen Stipendien versehen weit durch Europa reiste, besaß die Gabe der poetischen Beschwörung. In seiner Musik, zu einer Bühnenanweisung, die fast an Schönbergs *Pierrot lunaire* erinnert: »Roter Mond steigt auf und wirft gespenstisches Licht über die Szene«, ist er den Beweis nicht schuldig geblieben, Dichter wie Tondichter zu sein. Dazu komponierte er eine sehr bewegte, farbenreiche, grelle Musik, die unverkennbar von Berlioz und den Hexenchören aus Verdis *Macbeth* inspiriert ist. Die Stimmen werden mit jener phantastischen Technik behandelt, die immer von der Umdeutung der letzten Floskel in eine neue gegenläufige Floskel lebt, so dass das Ganze in seinen unendlichen Steigerungen überhaupt nicht mehr aufzuhören scheint. Das geht an bestimmten Stellen über Verdi hinaus, nicht an Großartigkeit, aber in dem bewussten Streben nach einem musikalischen Barbarismus, der der Welt Mephistos und der Hexen, der satanischen Welt entsprechen soll. Hinzu kommt eine beachtliche melodische Erfindungskraft – in dieser Hinsicht hatte Boito große Selbstzweifel, die auch aus der Zeitgenossenschaft mit Verdi, dem großen Melodienerfinder, herrührten. Aber das berühmte »*Lontano, lontano*«-Duett zwischen Faust und Margherita im Kerker schlägt in dieser Hinsicht jeden Zweifel nieder. Es fehlte noch in der ersten Fassung von 1868, und man begreift, warum es zum Erfolg der zweiten Fassung in Bologna wesentlich beitrug. Boito hatte es zunächst für eine Oper namens *Hero und Leander* des Komponisten Giovanni Bottesini gedichtet:

> Lontano, lontano, lontano,
> Sui flutti d'un ampio oceàno,
> Fra i roridi effluvi del mar,
> Fra l'alghe, fra i fior,
> Fra le palme,
> Il porto dell'intime calme,
> L'azzurra isoletta m'appar.
> M'appare sul cielo sereno
> Ricinta d'un arcobaleno
> Specchiante il sorriso del sol.
> La fuga dei liberi amanti
> Migranti, speranti, raggianti,
> Dirige a quell' isola il vol.

Da ist jedes Klischee der fernen Liebesinsel unter blauem Himmel vertreten, passend vielleicht zum mediterranen Liebespaar Hero und Leander, aber in Margheritas Kerker eher deplatziert. Nichts davon findet sich bei Goethe, Boito hat den Text an dieser Stelle eingefügt. Die Szene erinnert an Egmont in Goethes Stück, wenn ihm am Schluss, vor seiner Hinrichtung, Klärchen als symbolische Verkörperung der Freiheit erscheint. Schiller hat von einem »Salto mortale in eine Opernwelt« gesprochen. Auch bei Boito gibt es einen solchen Salto, aber in der Oper, ließe sich einwenden, gehört es sich so. Der Komponist gibt seinem Publikum, zumal dem italienischen, wonach es verlangt. Und Margheritas Sterbeszene, mit der der dritte Akt schließt, ist wieder sehr bewegend und Goethe-nah. Der erstaunlichste Kunstgriff Boitos ist danach der vierte Akt, die klassische Walpurgisnacht, die für die Handlung nicht unbedingt erforderlich ist, aber als Kontrast zur nordischen Walpurgisnacht eben doch gebraucht wird. Man erkennt hier die Absicht eines Welttheaters, das über den Horizont der traditionellen italienischen Oper hinausführt. Festzuhalten ist auch, dass nicht Faust, sondern Mephisto bei Boito die dominierende Gestalt ist, mit Recht – und nicht bloß, um eine Verwechslung mit der älteren Oper Gounods zu vermeiden – avanciert er zur Titelfigur: eine dämonische, groteske, auch komische Figur, ein Höllenfürst von ganz eigenem Charme. Auf dem Boden der klassischen Walpurgisnacht fühlt er sich nicht wohl, ganz ähnlich wie Goethes Mephisto, der sich in der hellenischen Welt ebenfalls fremd fühlt: »Die nordischen Hexen wußt' ich wohl zu meistern, / Mir wirds nicht just mit diesen fremden Geistern«, lässt Goethe ihn sagen. Zweifellos wollte der Italiener Boito, wieder im Sinne Goethes, den deutschen Faust ein wenig mediterranisieren und nordische Bedeutungsfülle in lateinische Direktheit transponieren. So gehört das Terrain im vierten Akt ganz Faust und Helena für ihr herrliches Duett *»Forma ideal...«*, das, wenn es nicht von Boito wäre, auch einem Verdi Ehre machen würde. Um eine Summe zu versuchen: *Mefistofele* ist ein dramaturgisch gutgebautes, bühnenwirksames, musikalisch und melodisch reiches Werk, das man wieder häufiger spielen sollte, wie vor hundert Jahren, als an der Mailänder Scala Caruso den Faust, Schaljapin den Mephisto sang und Toscanini dirigierte.

Ferruccio Busoni, 1866 nahe Florenz geboren, ein bedeutender Klaviervirtuose, der seit seinem zwanzigsten Lebensjahr überwiegend in Deutschland, vor allem in Berlin lebte, schuf mit *Doktor Faust* die letzte große Oper über diesen Stoff. Von je fühlte sich Busoni von den großen mythischen und historischen Gestalten angezogen. Er war ein Zeitgenosse all dieser etwas megalomanen Neuerer an der Wende zum 20. Jahrhundert, auf große Figuren geradezu versessen. Es gab Opernpläne über den Zauberer Merlin, über den Ewigen Juden, über Don Juan, über Dante, über Leonardo da Vinci. Schließlich wurde es ein *Faust*, geschrieben und komponiert zwischen 1910 und Busonis Todesjahr 1924. Das Werk ist nicht ganz fertig geworden und wurde von seinem Schüler Philipp Jarnach komplettiert; die posthume Uraufführung fand 1925 in Dresden statt. Das Textbuch schrieb der Komponist selber, in einer hohen, feierlichen, literarisch ambitionierten und philosophisch befrachteten Sprache. Es sollte eben ein *opus magnum* werden, vielleicht sogar ein *opus summum*. Busoni hatte viel Respekt vor Goethe. Aber dem Goethe'schen Text ist er aus dem Weg gegangen und hat als Modell das ursprüngliche Puppenspiel gewählt. Er hatte eine Schwäche für das Puppenspiel, das Theater auf dem Theater, das halb Unwirkliche und das Marionettenhafte, für die *commedia dell'arte*. Das verbindet ihn mit seinem Zeitgenossen Pirandello. Die kleine Oper *Arlecchino* steht ganz in dieser Tradition. Insofern ist das Puppenspiel, von dem Busoni ausgeht, besonders wichtig, weil die Diminutivform auf die Möglichkeit zielt, das Weltgeheimnis in einer Abbreviatur zu entfalten. Die Handlung entwickelt sich aus Einzelszenen, ohne ausgearbeiteten Zusammenhang. Es ist ein sehr heterogenes, um nicht zu sagen zerrissenes Werk. Die Gretchen-Tragödie gerät eher an den Rand, dafür wird etwas Neues eingeführt, das sich in Goethes Werk nicht findet: eine umfangreiche, quasi frei erfundene Tragödie zwischen Faust und der Herzogin von Parma. Über Mephisto heißt es, er sei »geschwind als wie des Menschen Gedanken«; so charakterisiert er sich selbst. Er ist der reine Intellekt, der Nihilist, »der Geist, der stets verneint«, durchaus in Goethes Sinn. Insofern ist die Umkehrung der üblichen Rollenbesetzung konsequent: Zum ersten Mal in der Geschichte der Faust-Vertonungen ist Faust ein Bariton und Mephisto ein Tenor. Da ist die Wagner-Erfahrung spürbar, man fühlt sich an den *Rheingold*-Loge erinnert. Musikalisch arbeitet Busoni mit geschlossenen Formen, mit mehr oder weniger streng durchgeführten Einzelformen. Die unendliche Melodie, die das Wagner'sche Musikdrama konstituierte, die große Ziehharmonika, ist hier verabschiedet. Gleichwohl oder gerade deswegen entsteht der Eindruck mangelnder Geschlossenheit oder sogar Brüchigkeit. Man hat an Busoni zuweilen den mangelnden Formwillen getadelt, doch ist es eher die Konsequenz einer hybriden Übersteigerung des Formwillens.

Besonders interessant ist der Schluss, der ganz eigenständig und Busonis eigene Erfindung ist. Er vermeidet die traditionelle Alternative: Erlösung oder Höllenfahrt Fausts. Faust findet ein totes Kind, sein eigenes Kind von der Herzogin von Parma, dem er sterbend seine Seele vermacht; das

Kind verwandelt sich in einen schönen Jüngling, in dem Faust gleichsam wiedergeboren wird und weiterlebt. Es vollzieht sich eine Metamorphose, anknüpfend wieder an eine Vorstellung Goethes. Auf der Bühne bleibt von Faust nur eine leere Hülle zurück, die Mephisto, jetzt in der Gestalt eines Nachtwächters auftretend, findet: »Sollte dieser Mann etwa verunglückt sein?«, lautet sein Kommentar. Es ist ein überraschender, auch hinterlistiger Schluss. Zwar ist der Lebensplan des Doktor Faust nicht geglückt, aber ebenso misslungen ist der Plan seiner Verführung durch Mephisto, dem dieser Faust entwischt ist. Wahrscheinlich ist das eine allzu vereinfachte Lesart des Stückes. Busoni gibt dem Hörer schnell das Gefühl, dem geistigen Anspruch des Werkes nicht gewachsen zu sein. Er hat ihm viel, vielleicht zu viel aufgeladen, und man kann nicht sicher sein, ob er selber ganz verstanden hat, worauf er damit hinauswollte.

Kein anderer literarischer Stoff ist im Opernrepertoire so häufig vertreten wie Goethes *Faust*. Hanns Eislers *Johann Faustus* aus den frühen Jahren der DDR, der Versuch, den zentralen Mythos der Deutschen aus sozialistischer Perspektive zu deuten – er selbst schrieb das Libretto und ging wie Busoni vom alten Puppenspiel aus –, ist musikalisch leider ein karges Fragment geblieben. So haben wir es vor allem mit vier Werken zu tun: Busonis *Doktor Faust* ist die gedankenreichste, theatralisch sprödeste Version; Arrigo Boitos *Mefistofele* die farbigste und großartigste; Charles Gounods *Faust* die anmutigste, formal geschlossenste. Doch beansprucht Hector Berlioz mit *La damnation de Faust* zweifellos eine Vorrangstellung. Er war nun einmal, was die Darstellung poetischer Gegenstände auf der Bühne und in der Musik betrifft, der größte Genius des 19. Jahrhunderts neben Wagner, ein visionärer Komponist. Er beugte sich nie der Opernkonvention. Seine *Acht Szenen aus Faust* hat der Fünfundzwanzigjährige in der auf eigene Kosten gefertigten Partitur 1828 verehrungsvoll nach Weimar geschickt. Goethe gab sie an seinen musikalischen Ratgeber Zelter weiter, der sich in einem Brief an Goethe vom 21. Juni 1829 so äußerte: »Gewisse Leute können ihre Geistesgegenwart und ihren Anteil nur durch lautes Husten, Schnauben, Krächzen und Ausspeien zu verstehn geben; von diesen Einer scheint Herr Hector Berlioz zu sein. Der Schwefelgeruch des Mephisto zieht ihn an, nun muß er niesen und prusten daß sich alle Instrumente im Orchester regen und spuken – nur am Faust rührt sich kein Haar.« Das war sicher keine ganz falsche Beschreibung, aber ein vernichtendes Urteil. Berlioz' Genie, der Anbruch einer neuen musikalischen Epoche, wurde in Weimar bzw. in der Zelter'schen Sing-Akademie in Berlin nicht erkannt. Natürlich kann man es Goethe zum Vorwurf machen. Es wäre ein Ruhmestitel, wenn er Hector Berlioz so verständnisvoll begegnet wäre wie dem *Faust*-Illustrator Eugène Delacroix. Aber der Widerhall, der ihn selbst produktiv machte, stellte sich in diesem Fall nicht ein. Dabei ist die Feststellung, dass Zelter nicht der richtige Ratgeber war, nicht ausschlaggebend. Goethe verlangte von einer Musik zu *Faust* zwar, dass sie »Abstoßendes, Widerwärtiges, Furchtbares« enthalten müsse, aber die Dimension, in die Berlioz vorstieß, wäre ihm fremd geblieben. Man kann es auch anders ausdrücken: Für Berlioz war *Faust* einer der großen Eindrücke seines Lebens, auf Goethes Seite dagegen war eine Begegnung nicht vorgesehen.

Im musikalischen Dufte meiner Schöpfung berauscht
Wie gut sind Wagners Operntexte?

»… ich bin dir Vater und Mutter zugleich.«
Richard Wagner, *Siegfried*

WOGLINDE *kreist um das mittlere Riff.*
Weia! Waga!
Woge, du Welle,
walle zur Wiege!
wagala weia!
wallala weiala weia!
   WELLGUNDES STIMME *von oben.*
Woglinde, wachst du allein?
   WOGLINDE.
Mit Wellgunde wär ich zu zwei.
   WELLGUNDE *sie taucht aus der Flut zum Riff herab.*
Laß sehn, wie du wachst!
   Sie sucht Woglinde zu erhaschen.
   WOGLINDE *entweicht ihr schwimmend.*
Sicher vor dir!
   Sie necken sich und suchen sich spielend zu fangen.
   FLOSSHILDES STIMME *von oben.*
Heiala weia!
Wildes Geschwister!
   WELLGUNDE.
Floßhilde, schwimm!
Woglinde flieht:
hilf mir die Fließende fangen!
   FLOSSHILDE *taucht herab und fährt zwischen die Spielenden.*
Des Goldes Schlaf
hütet ihr schlecht!
Besser bewacht
des Schlummernden Bett,
sonst büßt ihr beide das Spiel!

Der Anfang des *Rheingold*, des Vorabends zum Bühnenfestspiel *Der Ring des Nibelungen*. Niemand, der seine musikhistorischen Sinne beisammen hat, leugnet die kardinale Bedeutung dieses Werkes und überhaupt des Komponisten Richard Wagner in der Kunstwelt des 19. und auch des 20. Jahrhunderts. In fast jeder Hinsicht – Melodik, Harmoniekühnheit, Szenenbau, dramatischer Effekt, Psychologie der Charaktere – ist die zu seinen Lebzeiten noch verbreitete Verspottung Wagners längst verstummt. Zweifel aber und bis ans Verlachen grenzende Kritik lösen immer noch viele, wo nicht alle Texte seiner Opern aus. Das von Wagner verfasste und dann komponierte Wort ist die Stelle, an der die Welt das ansonsten Strahlende zu schwärzen liebt. Dazu nur einige Zitate:

> Über das unverdauliche Deutsch, das im »Rheingold« gestammelt und für Poesie ausgegeben wird, wollen wir kein Wort verlieren. Es wäre ein Unglück, wenn die Gewöhnung an diesen Nibelungenstil und die kritiklose Bewunderung für alles, was von Wagner kommt, das Publikum allmählich so weit abstumpfen könnte, daß es die Häßlichkeit solcher Sprache nicht mehr empfindet.

> Widerlich berühren die bei Wagner so beliebten exaltierten Akzente einer bis an die äußersten Grenzen lodernden, unersättlichen Sinnlichkeit, dieses brünstige Stöhnen, Ächzen, Aufschreien und Zusammensinken. Der Text der Liebesszene wird in seiner Überschwenglichkeit mitunter zu barem Unsinn. (»Göttliche Ruhe rast mir in Wogen« und dergleichen.) Dem Dichter und Komponisten dieser Szene steht es gut an, über den »*schwülstigen Schumann*« zu spotten!

> Die Diktion der »Götterdämmerung« ist weniger gewaltsam und ungeschickt als im »Rheingold«, obwohl in ihrer altertümlichen Ziererei noch immer verschroben genug. Wendungen wie »Ich geize ihn«, »Mich hungert sein«, »Schweigt eures Jammers jauchzenden Schwall« (Akkusativ) und andere streifen ans Komische.

> ... eine Oper, in der die Sänger nicht singen, sondern in den unnatürlichsten Intervallsprüngen deklamieren und uns nur mit Hilfe unausgesetzten Textbuchlesens erkennen lassen, *was* sie deklamieren.

> Zwar fehlt es auch [in »Parsifal«] nicht an gequälten Wortbildungen und Sätzen, an absichtlicher Dunkelheit und bombastischem Aufputz, aber

wenigstens sind wir das kindische Geklapper der Stabreime und Alliterationen los. Gegen die sprachmörderische Diktion des »Siegfried« oder »Tristan« gehalten, ist die Sprache Parsifals einfach und natürlich – soweit Richard Wagner überhaupt noch fähig ist, einfach und natürlich zu sprechen.

Zitate aus Kritiken von Eduard Hanslick, der in Wagners Zeit der einflussreichste aller Musikkritiker war und von Wagner in den *Meistersingern von Nürnberg* als Stadtschreiber Beckmesser gnadenlos verspottet wurde. Aber hatte Hanslick so Unrecht? Einige Textproben:

> Wie gleit ich aus!
> Mit Händen und Füßen
> nicht fasse noch halt ich
> das schlecke Geschlüpfer!
> Feuchtes Naß
> füllt mir die Nase – …
>
> Pfui! du haariger
> höck'riger Geck!
> Schwarzes, schwieliges
> Schwefelgezwerg!
> Such dir ein Friedel,
> dem du gefällst! …
>
> Schein ich nicht schön dir,
> niedlich und neckisch,
> glatt und glau –
> hei! so buhle mit Aalen,
> ist dir eklig mein Balg!

Hanslick fasste seine Eindrücke bei der Lektüre von Wagners *Rheingold* in die Worte zusammen: »Diese unausgesetzte Buchstaben- und Lautspielerei umschwirrt uns wie ein lästiger Schwärm von Wespen. Man schaukelt bei der Lektüre dieses poetischen Ungetüms seekrank zwischen Ärger und Lachen. Ein wahres Glück, daß man bei der Aufführung selbst fast nichts von den Textworten versteht.« Der Wiener Kritiker stand und steht damit nicht allein. Noch viele Zitate ließen sich beibringen, in denen Wagners Texte mit kopfschüttelndem Spott bedacht wurden. Nicht zufällig ist

Richard Wagner neben Friedrich Schiller der deutsche Dramatiker, dessen Texte am häufigsten verballhornt und parodiert worden sind. Das begann schon zu Lebzeiten mit Nestroys Wagner-Parodien und endet noch lange nicht mit dem geläufigen Kalauer »Wann kommt der nächste Schwan?« Während also die Qualität der Wagner'schen Musik längst anerkannt ist, muss die Qualität seiner Texte immer erst noch nachgewiesen werden. Dabei hat sie sich ähnlich konsequent entwickelt wie die der Partituren, und das von einem viel früheren Stadium an, als es der Bayreuther Kanon wahrhaben will, der Wagners Werke erst von der vierten vollendeten Oper, also vom *Fliegenden Holländer* an, sanktioniert. Wir müssen, um dem Textdichter Wagner auf die Spur zu kommen, früher ansetzen, bei der allerersten, allerdings unvollendet gebliebenen Oper *Die Hochzeit*, gleichsam seinem Opus Null. Nur in Liebhaberaufführungen wird man dem Stück begegnen. Der Neunzehnjährige zeigte den Entwurf seiner älteren Schwester Rosalie, die beim Theater in Dresden und Prag engagiert und eine leidlich gute Pianistin war, also als sachverständig galt. Das schauerliche Sujet erregte ihr Missfallen, und so wanderte das Manuskript ins Feuer; von der Musik ist nur ein Bruchstück erhalten.

Erwähnt wird das Werk hier nur, weil der Text vom Komponisten selber stammte. Das war um 1830 nicht nur nicht selbstverständlich, sondern ganz und gar ungewöhnlich. Deutsche Opernmeister vertonten zu jener Zeit keine eigenen Verse. Carl Maria von Weber, der hochverehrte Komponist des *Freischütz*, im Hause Wagner mehrfach zu Gast, benutzte wie Marschner und Spohr vorgegebene Libretti, von Italienern und Franzosen zu schweigen. Lortzing, der es damit anders hielt, war noch nicht etabliert. Und hatte nicht sogar der von Wagner bewunderte E. T. A. Hoffmann für seine Oper *Undine* ein Textbuch verwendet, das nicht von ihm stammte, obwohl er doch als Dichter bewunderter war denn als Komponist?

Wagner aber schrieb seine Texte selbst, und zwar von den ersten Opernversuchen an. Das widerlegt die von ihm selbst lancierte These, er, der Musiker, habe sich, vom desolaten Zustand der Librettistenzunft abgestoßen, schließlich der Eigenhilfe zugewandt. Wagner dichtete vielmehr schon, ehe er die erste Note schrieb. Unter seinen Jugend- und Schuleindrücken überwogen die literarischen, die des Worttheaters. Vater und Stiefvater waren Schauspieler gewesen, professionell dieser, jener als Laie. Drei seiner Schwestern heirateten ins Philologen- und Verlagsmilieu. Mit Brockhaus als Schwager und Hoffmann als Idol war es zunächst keineswegs ausgemacht, was aus Wagner werden würde. Erwiesen ist, dass er über das Drama zur Oper kam, über das eigene Drama, wie unvollkommen es auch sein mochte. Nachdem er zwölf Gesänge der *Odyssee* übersetzt hatte – das Thema rückte beim *Fliegenden Holländer* wieder in sein Blickfeld –, machte er sich an einen Fünfakter namens *Leubald und Adelaide*: »Nun wollte ich Dichter werden; ich entwarf Trauerspiele nach dem Vorbild der Griechen … Einmal lernte ich auch Englisch, und zwar bloss um Shakespeare ganz genau kennen zu lernen: ich übersetzte Romeo's Monolog metrisch. Das Englische liess ich bald wieder liegen, Shakespeare aber blieb mein Vorbild: ich entwarf ein grosses Trauerspiel, welches ungefähr aus Hamlet und Lear zusammengesetzt war; der Plan war äusserst grossartig; zweiundvierzig Menschen starben im Verlaufe des Stückes, und ich sah mich bei der Ausführung genöthigt, die Meisten als Geister wiederkommen zu lassen, weil mir sonst in den letzten Akten die Personen ausgegangen wären.«

Als Wagner dies in leichter Selbstironisierung niederschrieb, glaubte er den Text von *Leubald und Adelaide* verschollen. Aus dem Nachlass seiner Frau Minna gelangte er jedoch in den Besitz der sammelnden Engländerin Mary Burrell, die zum Ärger von Cosima und Winifred Wagner kräftig Retuschen am Bild Richard Wagners vornahm, indem sie ihre Funde, Texte wie Briefe, ungeniert publizierte. *Leubald und Adelaide* war kein Operntext, wäre es aber beinahe geworden: »Beethoven's Musik zu Egmont begeisterte mich so, dass ich um Alles in der Welt mein fertig gewordenes Trauerspiel nicht anders vom Stapel laufen lassen wollte, als mit einer ähnlichen Musik versehen. Ich traute mir ohne alles Bedenken zu, diese so nöthige Musik selbst schreiben zu können, hielt es aber doch für gut, mich zuvor über einige Hauptregeln des Generalbasses aufzuklären.«

Das heimliche Ausleihen seiner ersten musikalischen Lehrbücher brachte auch die ersten Schulden. Dass zwischen Musiknoten und Banknoten keine rechte Wahlverwandtschaft bestand, hat schon der siebzehnjährige Wagner erfahren, lange vor seiner späteren Laufbahn als »Pumpgenie«. Als Instrumentalkomponist, der er eine Zeitlang werden wollte in Personalunion mit dem Dirigentenberuf, wäre es ihm wahrscheinlich besser ergangen. Aber sein Ausgangspunkt war das Wort, sein Frühziel das Drama. Der Dreischritt lautete also: Worttheater, Schauspielmusik, Oper. *Leubald und Adelaide*, der Rachefeldzug einer Hamlet-Figur gegen die ganze Sippe der Gegenseite mit Ausnahme eines Mädchens, ein Konflikt der Leidenschaft, der den Helden in den Wahnsinn treibt, sagt über Wagners spätere polar-dämonisierte Weltschau – hier Treuherzigkeit und Liebe, dort Meineid und Betrug – schon sehr viel aus.

Der Operntext *Die Hochzeit* entstand vier Jahre später. Es erstaunt, wie ausführlich Wagner beim Diktat der Selbstbiographie *Mein Leben* – ab 1865 – sich mit diesem Erstling beschäftigt hat: »Eine Edelfrau war zur Nachtzeit von einem Manne, der sie mit heimlicher Leidenschaft liebte, gewaltsam überfallen worden und hatte ihn, mit der Kraft des Ehrgefühls kämpfend, in den Burghof hinabgeschleudert. Sein rätselhafter Tod blieb so lange ein Geheimnis, bis bei seiner feierlichen Beisetzung, welcher auch die Edelfrau im Gebet beiwohnte, diese plötzlich ebenfalls entseelt niedersank.« Wagner, der bis dahin weder dem Dichten abgeschworen noch das Komponieren gemeistert hatte, sah mit dem untrüglichen Blick für Stoffe, der ihm zeitlebens eigen war, dass es sich hier um den idealen Vorwurf für eine Novelle handelte: begrenzter Personenkreis, einheitlicher Schauplatz, kurzer Zeitablauf und Zuspitzung auf die ungewöhnliche Begebenheit, die den geheimnisvollen Knoten entwirrt. Also beschloss er, eine Novelle zu schreiben, »in welche zugleich der mir damals so teure musikalische Mystizismus hineinspielte. Der Vorgang sollte auf dem Gute eines reichen Kunstfreundes spielen: ein Brautpaar sah der Hochzeit entgegen, zu welcher auch der Freund des Bräutigams, ein interessanter, verschlossener, melancholischer junger Mann geladen war. Zu dieser Gesellschaft befand sich im innigsten Verkehr ein sonderbarer alter Organist.«

Die Wendung zum Werther-Dreieck und damit zur Tristan-Isolde-Marke-Konstellation ist unverkennbar. Die Handlung nimmt ihren schon erwähnten Verlauf, nur dass nun »… der alte Musiker, welcher bei der ergreifenden Totenfeier die Orgel spielte und, während eines in das Unendliche forttönenden Dreiklanges, ebenfalls tot auf seiner Bank gefunden wurde«. Diese musikalische Idee, den scheinbar ins Unendliche forttönenden Dreiklang, hat Wagner später verwirklicht, aufgefächert im Es-Dur-Beginn des *Rheingold*, ein Beispiel dafür, wie bei Wagner der poetische Gedanke auch Instrumentalmusik anregen konnte.

Nach dem verhinderten Novellisten bemächtigte sich der angehende Opernkomponist Wagner des Stoffes der *Hochzeit*. Beachtlich die Veränderungen, die er vornahm; sie zeugen von einem bereits ungewöhnlich entwickelten musikdramatischen Sinn:

> … nun aber, da ich mir einen Operntext schreiben wollte, faßte ich den Gegenstand in seiner ursprünglichen Darstellung wieder auf, und bildete aus ihm … folgende dramatische Handlung. – Zwei große Geschlechter hatten lange in Familien-Feindschaft gelebt und waren nun dazu vermocht worden, sich Urfehde zu schwören. Zu den Festen

der Vermählung seiner Tochter ... lud das greise Haupt der *einen* Familie den Sohn des bisherigen Feindes ein. Die Hochzeit wird mit einem Versöhnungsfest verbunden. Während die Gäste mit Mißtrauen und Furcht vor Verrat erfüllt sind, hat in dem Herzen ihres Führers eine düstere Leidenschaft für die Braut seines neuen Bundesfreundes Raum gewonnen. Sein düsterer Blick schneidet auch ihr in das Herz, und als sie, im festlichen Zuge nach der Brautkammer geleitet, ... plötzlich ... diesen selben Blick mit furchtbarer Leidenschaft auf sich blitzen sieht, erkennt sie sofort, daß es sich um Leben oder Tod handelt.

Auch Elsa in *Lohengrin* geht derart bedrückt in die Brautkammer, und noch Gutrune und Brünnhilde sind bei der Doppelhochzeit im zweiten Akt der *Götterdämmerung* aufgeschreckt durch die Gegenwart rivalisierender Personen. Im Hintergrund erkennt man das Modell des Nibelungenliedes, wo die Burgunden voll Misstrauen und Furcht an Etzels und Kriemhilds Hof reisen, auch Kleists Erzählung *Der Zweikampf* scheint Wagners Phantasie angeregt zu haben. Es folgt in Wagners Erstlings-Oper die Szene im Brautgemach mit dem Todessturz des Eindringlings, was aber nun zu einem großen Operntableau führt: »Den Eingedrungenen, der sie mit wahnsinniger Glut umfaßt, drängt sie zum Balkon zurück und stürzt ihn über die Brüstung in die Tiefe hinab, wo der Zerschmetterte von seinen Genossen aufgefunden wird. ... ungeheurer Tumult erfüllt den Schloßhof; das furchtbar gestörte Hochzeitsfest droht zur Mordnacht zu werden.« Ein Gottesurteil wird angesetzt, die ganze Familie des Gastgebers, unter Verdacht stehend, soll an der Aufbahrung des Toten teilnehmen. Die Braut zeigt inzwischen Spuren von Wahnsinn und hat sich im Turm eingeschlossen: »Nur zur Totenfeier, als diese mit höchster Pracht zur Nachtzeit begangen wird, stellt sie sich ein, bleich und schweigend an der Spitze ihrer Jungfrauen, dem Seelenamte beizuwohnen, dessen düster Ernst durch die Kunde vom Heranzug feindlicher Scharen und endlich vom Waffensturm der herandrängenden Verwandten des Erschlagenen unterbrochen wird. Als die Rächer des vermeintlichen Verrats endlich in die Kapelle dringen und den Mörder des Freundes aufrufen, deutet der entsetzte Burgherr auf die entseelte Tochter, welche, dem Bräutigam abgewandt, am Sarge des Erschlagenen hingesunken ist.«

Mehr als die Gottesurteil-Parallele zu *Lohengrin* oder der Augenblick an der Leiche – *Götterdämmerung*, letzter Akt – fällt auf, wie sehr Wagner in den 1860er Jahren, nachdem er den halben *Ring des Nibelungen* komponiert und gerade den *Tristan* aufgeführt hat, sich im Rückblick auf das Jugendwerk daran erwärmt. Seine Erinnerung springt von der Vergangenheits- in die Gegenwartsform, so als gelte es, eine seiner kunstvollen Prosaskizzen zu einem neuen Werk zu entwerfen. Da ist keine Geringschätzung des Arrivierten für den musikdramatischen Tastversuch seiner Anfängertage, es ist das Wiedererkennen späterer Konzeptionen im frühen Entwurf. Er ist noch mehrfach darauf zurückgekommen. Cosima Wagner berichtet in ihren Tagebüchern (1. Mai 1873), Wagner habe ihr abends »das Original seiner Hochzeit« vorgelesen und spricht von einem »wundervolle[n] Eindruck«. Weitere acht Jahre später (17. Oktober 1881) liest er die Vorlage noch einmal, und Cosima fügt hinzu: »Im Ehemann erkennt R. seinen Marke.« In der *Hochzeit* unterhalten sich Cadolt und Admund, die geladenen Gäste, argwöhnisch – nicht unähnlich den zu Etzel gereisten Burgunden – über ihr bevorstehendes Geschick. Da heißt es:

> Trau ihnen nicht, ich kanns nicht glauben,
> daß man es redlich mit uns meint.
> Verrat seh ich, wohin ich blicke,
> und Meineid höhnet unsrer Treu'.

Hier schlägt der junge, gerade neunzehnjährige Wagner ein Thema an, das ihn in seiner Existenz wie in seiner Kunst nie mehr verlassen sollte. In der nächsten Oper *Die Feen* sagt die Undinengestalt, die um die Liebe ihres irdischen Mannes bangende Ada: »Meineidiger, was tatest du?« Vier Jahrzehnte später hört sich das in der *Götterdämmerung*, vom Komponisten unvergessen, bei der Ermordung Siegfrieds durch Hagen so an: »›Hagen, was tust du?‹ ›Was tatest du?‹ ›Hagen, – was tatest du?‹«

»Hagen, was tatest du?« – »Meineid rächt' ich«: das war in Wagners an griechischen Tragödien und germanischen Mythen orientiertem Denken früh vorgebildet. Als 1876 nach drei Jahrzehnten der Planung die erste zyklische Aufführung des *Rings des Nibelungen* im eigenen Festspielhaus in Bayreuth bevorstand, eines der seltenen Resultate zäher, erfolgreicher künstlerischer Langzeitplanung, erließ Wagner an die Musiker und Sänger eine Art Tagesappell. Darin sagte er nicht: Freunde, wir nähern uns einem der größten Kulturereignisse aller Zeiten, sondern er beschränkte sich auf ein paar nüchterne Theaterratschläge, in ihrem Understatement beachtlich für einen Mann, der sich, als Autor, als Komponist, als Künstler, an einem Lebensziel sah: »Letzte Bitte an meine lieben Genossen. Deutlichkeit! Die großen Noten kommen von selbst; die kleinen Noten und ihr Text sind die Hauptsache. Nie dem Publikum etwas sagen, sondern immer dem Andern;

in Selbstgesprächen nach unten oder nach oben blicken, nie geradeaus. Letzter Wunsch: bleibt mir gut, Ihr Lieben.«

So konnte nur jemand reden, der seiner Sache bis zur letzten Verszeile und Viertelnote sicher war. Nichts von den beständigen Abänderungen Meyerbeers während der Proben, kein Kommentieren wie bei Verdi, wenn Piave oder, in Paris, Monsieur Scribe für letzte Retuschen nicht zur Stelle waren. Wagners Textdichter war immer da, aber er änderte nichts mehr im längst gedruckten Textbuch, abgesehen vom Sonderfall *Götterdämmerung*, wo er im Schlussgesang Brünnhildes eine Strophe unkomponiert ließ, jenen Lobgesang auf die freie Liebe, der mit den Versen endet:

> Nicht Gut, nicht Gold,
> noch göttliche Pracht,
> nicht Haus, nicht Hof,
> hoch herrischer Prunk:
> nicht trüber Verträge
> trügender Bund,
> nicht heuchelnder Sitte
> hartes Gesetz:
> selig in Lust und Leid
> läßt – die Liebe nur sein.

Obwohl nicht komponiert, ließ Wagner diese Verse – sie lassen ahnen, welche Höhe und Dichte seine Stabreimkunst im *Ring des Nibelungen* erreichen konnte – im gedruckten Textbuch stehen. – Worauf es ihm ankam, waren die kleinen Noten und ihr Text, *Deutlichkeit*. Forderungen des Wortkünstlers Wagner, an Sänger gerichtet, die ohne solche Deutlichkeit ihre wichtigste Aufgabe verfehlen, aller Stimmpracht ungeachtet. Ein Wortkünstler war Wagner von Anfang an. Aber wie der Komponist sich von der ersten Bühnenmusik zur Meisterschaft der *Ring*-Leitmotivgeflechte und der *Tristan*-Harmonien emporarbeitete, so reifte und vervollkommnete sich auch der Operndichter Wagner.

Vom Ende seiner Entwicklung, von Spätwerken wie *Götterdämmerung* und *Parsifal* her gesehen, fällt es schwer, sich überhaupt die Situation der Oper vorzustellen, die der angehende Komponist vorfand: die Welt der Marschner und Spohr, Bellini und Donizetti, Auber und Halévy. Der junge Kapellmeister in Magdeburg, Königsberg und Riga kannte deren Werke sehr genau, wenn sie ihn auch überhaupt nicht befriedigten, die der deutschen Zeitgenossen noch weniger als die der Italiener und Franzosen.

Bellini nannte er einen »wahre[n] Herkules« im Vergleich mit Spohr; an der dramatischen Musik der Franzosen schätzte er die knappen Wendungen, »am rechten Ort mit einem kurzen Strich«; in der deutschen Oper fand er dagegen nur ›Nölerei‹ über einem gelehrten Unterbau. Überall aber vermisste er »[d]ramatische Wahrheit«. Was er darunter verstand, hat Wagner in einem Brief vom Neujahrstag 1847 dargelegt, geschrieben ausgerechnet an seinen späteren Widersacher Eduard Hanslick, der damals noch sein Bewunderer war. Wagner arbeitete gerade am dritten Akt des *Lohengrin*, und sein Brief ist der Versuch einer Standortbestimmung. Imponierend sind bereits die Sätze, mit denen er beginnt:

> Je mehr ich mit immer bestimmterem künstlerischen Bewußtsein produziere, je mehr verlangt es mich, einen *ganzen* Menschen zu machen; ich will Knochen, Blut und Fleisch geben, ich will den Menschen gehen, frei und wahrhaftig sich bewegen lassen ... nichts hat mich mehr befriedigt als die Wirkung, die in den meisten Vorstellungen des *Tannhäuser*... die ganze Szene des Sängerkrieges auf das Publikum hervorbrachte ... Die wenigsten konnten sich klar sein, wem sie diesen Eindruck verdankten, dem Musiker oder – dem Dichter, und mir kann es nur daran liegen, diese Bestimmung unentschieden zu lassen. Ich kann nicht den besonderen Ehrgeiz haben, durch meine Musik meine Dichtung in den Schatten zu stellen, wohl aber würde ich mich zerstücken und eine Lüge zutage bringen, wenn ich durch meine Dichtung der Musik Gewalt antun wollte. Ich kann keinen dichterischen Stoff ergreifen, der sich nicht durch die Musik erst bedingt: mein Sängerkrieg, wenn das dichterische Element darin vorwaltet, war meiner höheren Absicht nach aber auch ohne Musik nicht möglich.

Das sind aufschlussreiche Worte, die das hohe künstlerische Bewusstsein zeigen, mit dem Wagner an seine Aufgabe heranging. Überhaupt, fährt er in seinem Brief an Hanslick fort, existiere das Kunstwerk nur dadurch, dass es zur Erscheinung komme, das Drama also durch die Aufführung auf der Bühne, und darum stelle er das Streben nach Bühnenwirksamkeit und werkgemäßer Realisierung den übrigen Teilen seiner Produktivität gleichberechtigt zur Seite. Dann geht er auf das Verhältnis von Text und Musik in der Oper ein und wirft, mit überaus vorsichtigen, ja skeptischen Formulierungen, die Frage auf, ob die Musik überhaupt imstande sei, der Aufgabe, die sie in einem wirklichen Drama erfüllen müsse, zu entsprechen, ob sie nicht vielmehr, zumal beim Ausdruck der dramatischen

Leidenschaft, an eine natürliche Grenze stoße; eine solche Grenze glaube er bei allen früheren Opernkomponisten erkannt zu haben. Dann heißt es: »Daß wir ... das Höchste und Wahrste der Oper – nicht für ihren rein musikalischen Teil, sondern als dramatisches Kunstwerk im ganzen – bei weitem noch nicht erreicht haben, muß unbezweifelt bleiben: und in diesem Sinne und von dem Standpunkt meiner von mir selbst weit eher bezweifelten als überschätzten Kräfte aus gelten mir meine jetzigen und nächsten Arbeiten nur als Versuche, ob die Oper möglich sei?«

Eine unschätzbare Bemerkung! In wenigen Zeilen umreißt Wagner das Problem, um das die gesamte Operngeschichte seit drei Jahrhunderten kreist und zu dessen Lösung er selber einige Jahre später unter dem Titel *Oper und Drama* ein dickes Buch schreiben wird. Und er umreißt es mit einer Entschiedenheit der Fragestellung, die schon deswegen erstaunen muss, weil wir es mit einem seit zwölf Jahren amtierenden Opernkapellmeister zu tun haben. In der Frage, *ob die Oper möglich sei*, wird ja stillschweigend vorausgesetzt, dass es unter den zahllosen Opern früherer Zeit keine einzige gibt, die als gültige Lösung des Opernproblems angesehen werden kann: die Werke von Gluck, Mozart und Weber werden in diese Bewertung ausdrücklich miteinbezogen, Wagners eigene Werke nur als »Versuche« bezeichnet. Es fällt nicht schwer, sich die Irritation Hanslicks bei der Lektüre dieser Sätze vorzustellen. Aber damit nicht genug! Aus Wagners Frage klingt ja der Zweifel heraus, ob es eine gültige Lösung überhaupt geben könne. Und verwundert fragt man sich, worauf er eigentlich hinaus will. Aber auch das hat er in der zitierten Bemerkung bereits angedeutet: Er will die Oper »als dramatisches Kunstwerk im ganzen«, zur vollen Höhe nicht nur ihrer musikalischen, sondern auch ihrer dramatischen Möglichkeiten entwickelt, und beides so ins Gleichgewicht gebracht, dass sich die Frage nach dem Primat von Dichtung oder Musik, von Wort oder Ton, erübrigt.

Damit gelangen wir ins Zentrum der Wagner'schen Opernreform, die freilich, genau betrachtet, eine Revolution dieser Form darstellt, einen Bruch mit der Ästhetik der Oper. Diese war bestimmt von der Eigengesetzlichkeit der musikalischen Formen, vor allem von der Trennung zwischen Rezitativ und Arie. An ihre Stelle tritt bei Wagner ein qualitativ Neues, das mit Begriffen wie Gesamtkunstwerk, unendliche Melodie und so weiter nur unzureichend beschrieben werden kann (Wagner sah in diesen Begriffen nichts als Missverständnisse). Aber nicht an diesen Begriffen – obwohl sie geeignete Angriffsflächen boten –, sondern an der Sache selbst entzündete sich die Wagner-Kritik, die schon bei Berlioz begann und über Debussy bis zu Strawinsky und zum Neoklassizismus reichte. Ihr berühmtester Vertreter ist Nietzsche, der in seiner späten Streitschrift über den »Fall Wagner« schrieb: »Wagner war *nicht* Musiker von Instinkt. Dies bewies er damit, daß er alle Gesetzlichkeit und, bestimmter geredet, allen Stil in der Musik preisgab, um aus ihr zu machen, was er nötig hatte, eine Theater-Rhetorik, ein Mittel des Ausdrucks, der Gebärden-Verstärkung, der Suggestion, des Psychologisch-Pittoresken.«

Das war der Einspruch des Klassizisten, der die Musik als autonome Kunst gegen das zu verteidigen versuchte, was Wagner ihr abverlangte. Einen Reflex dieser Haltung finden wir sogar noch bei dem Wagner-Bewunderer Thomas Mann, der den Komponisten des *Rings* einen »ins Geniehafte getriebenen Dilettanten« nannte, weil bei ihm die Musik nicht als Selbstzweck, sondern »aus Not, zum Zweck des überwältigenden Ganzen« betrieben werde. Kehren wir von hier noch einmal zu Wagners Frühwerk zurück. Die *Feen* sind ganz Geister-Romantik, entlehnt aus Gozzis Märchen *La donna serpente*, ein Prüfungsstück im Stil der *Zauberflöte*, das höchste Glück wird bezweckt. Die Verwandtschaft mit dem *Feensee*, Text von Scribe, Musik von Auber, fällt auf, nur dass dieses Werk erst 1839 in Paris aufgeführt wurde, während Wagners Stück, fünf Jahre früher, zu Lebzeiten des Komponisten niemals auf einer Bühne erschien. In beiden Fällen spielt die letzte Szene über den Wolken, die passende Kulisse zur Weltfremdheit der Aktion.

Nach der *Hochzeit* und den *Feen* schrieb Wagner das *Liebesverbot* nach Shakespeares *Maß für Maß*. Auch diese Oper, die italienisch-französische Einflüsse nicht verleugnet, wird vom offiziellen Bayreuth-Kanon ausgeschlossen. Zu Recht? Zu Unrecht? Anhand der Geschichte vom Verbot des Karnevals in Palermo tauchen zum ersten Mal die Kontraste von Lust und Schmerz, Glück und Pein auf, die dann in ihrer Vermischung so charakteristisch wurden für Wagners Abweichen vom Affektkatalog der bisherigen Opernfiguren. Dass die Bayreuther Gralshüter dieses Stück besonders heftig verdammten, ist verständlich. Nirgends hat der Jungdeutsche Wagner und Heinse-Schüler *in eroticis* die Geschlechtsmoral als Mittel politischer Repression so offen verurteilt wie hier. Das *Liebesverbot* weist auf *Tannhäuser* voraus, nur ist der Venusberg, in den der Minnesänger aufbricht, also die freie Liebe, in dem frühen Stück jedermann zugänglich. Nie schrieb der Operndichter Wagner ein so mediterranes, sinnenfrohes, nach damaligen Umständen »undeutsches«, fast möchte man sagen antideutsches Textbuch. Shakespeares Angelo verwandelte er in einen deutschen Statthalter namens Friedrich, den herzoglichen *deus ex machina* des Shakespeare-Stücks ersetzte er durch den Volkswillen, der den Diktator hinwegfegt. Zwölf Jahre vor der Revolution von 1848 las sich das sehr zeitgenössisch. Die Verse sind allerdings nicht immer von sonderlicher Güte:

> ISABELLA
> So recht! Sie muß zurück ihn halten,
> Sonst geht es an ein Schädelspalten!
> BRIGHELLA
> Zum Teufel, so erwisch ich sie!
> Wie schlottern mir vor Wut die Knie!

Es war die Zeit, da der Komponist Wagner den Textautor zu überrunden begann. Mit Recht hat man bemerkt – etwa anhand der Ouvertüre –, dass das *Liebesverbot*, stammte es von Marschner oder Spohr, noch heute als eines ihrer Meisterwerke gelten und mutmaßlich des Öfteren gespielt würde. Aber ob es des Komponisten würdig ist, der den *Tristan* schrieb? Warum nicht. Eine bittersüße Komödie hat er, außer in gewissen Partien der *Meistersinger*, nie gedichtet oder komponiert. Die Ouvertüre präsentiert die holzbläsergetönte Karnevalslust, Rossini und Auber verpflichtet, aber doch wohl nicht nur unzumutbares Epigonentum. Nicht die kontrastierenden Themen der Lebenslust und der Sittenstrenge haben Wagner gereizt, sondern das dritte Thema, das breit ausladend à la Bellini das Antinomische des politischen Streits überschreitet.

Wie verhält sich Wagner, der Librettist, zu Wagner, dem Komponisten? So wie es innerhalb des als einheitlich empfundenen musikalischen Stils seiner Opern in jedem Einzelwerk spezifische Färbungen gibt – man könnte selbst textlose Partien nicht verpflanzen, das Waldweben aus *Siegfried* passte nicht in den *Tristan*, dessen Vorspiel zum dritten Akt nicht in die *Götterdämmerung* usw. –, so finden sich auch in den einzelnen Libretti unterschiedliche Stile, die unverwechselbar sind. Die jeweilige Behandlung eines Stoffes ist schon der Rubrizierung zu entnehmen, die Wagner den Titeln beifügte:

Die Feen. Romantische Oper in drei Akten
Das Liebesverbot. Große komische Oper in zwei Akten
Rienzi. Große tragische Oper in fünf Akten
Der fliegende Holländer. (Kein Zusatz)
Tannhäuser. Große Romantische Oper in drei Akten

Lohengrin. Romantische Oper in drei Aufzügen
Tristan und Isolde. (Kein Zusatz)
Die Meistersinger von Nürnberg. (Kein Zusatz)
Der Ring des Nibelungen. Ein Bühnenfestspiel. Aufzuführen in drei Tagen und einem Vorabend
Parsifal. Ein Bühnenweihfestspiel.

Nur *Die Feen* und *Lohengrin* tragen die identische Bezeichnung »Romantische Oper«. Wesen aus dem außerirdischen Bereich greifen in eine Menschengeschichte ein, eine unbestimmte im Fall des Königs Arindal, eine sehr viel konkretere, historisch klar umrissene im Fall des Schwanenritters aus der Zeit von König Heinrich I. – Wagner verzichtet auf die nüchterne Zählung, sondern gibt ihm den umstrittenen Beinamen »der Vogler«. Drei Operntitel tragen keinen Zusatz. In allen diesen Fällen betrat Wagner neuen Boden, die gewohnten Schemata schienen nicht zu passen. Das mag nicht bei *Tristan und Isolde* und den *Meistersingern*, kaum beim *Fliegenden Holländer* erstaunen. Wagner sah aber auch in der Gestalt des umherirrenden Seemanns durchaus ein mythisches, kein märchenhaftes Wesen mehr. In seiner Schrift »Eine Mitteilung an meine Freunde« von 1851 heißt es – allerdings schon nach Vollendung des *Lohengrin* und nach der ersten Skizze von *Siegfried*: »Die Gestalt des Fliegenden Holländers ist das mythische Gedicht des Volkes: ein uralter Zug des menschlichen Wesens spricht sich in ihm mit herzergreifender Gewalt aus. Dieser Zug ist, in seiner allgemeinsten Bedeutung, die Sehnsucht nach Ruhe aus Stürmen des Lebens.«

Wagner führt dann auf: Odysseus, den ewigen Juden, die Entdeckungsreisenden der frühen Neuzeit. Er hätte hinzufügen können: Richard Wagner. Er spricht von sich selbst. Das Autobiographische steckt hier weniger im Erlebnis der vielerzählten stürmischen Reise von Riga nach London, es liegt mehr in der Hafen- und Geborgenheitssehnsucht des von ganz anderen Stürmen gebeutelten heimatlosen Musikers und Revolutionärs, mag das bei einem Endzwanziger auch merkwürdig anmuten. Die Selbstbespiegelung im Holländer-Mythos bleibt Wagner seinen Freunden denn auch nicht schuldig: »Als Ende seiner Leiden ersehnt er ganz wie Ahasverus den Tod. Diese, dem ewigen Juden noch verwehrte Erlösung kann der Holländer aber gewinnen durch – ein *Weib*, das sich aus Liebe ihm opfert. Die Sehnsucht nach dem Tode treibt ihn somit zum Aufsuchen dieses Weibes. Dies Weib ist aber nicht mehr die heimatlich sorgende, vor Zeiten gefreite Penelope des Odysseus, sondern es ist das Weib überhaupt, auch das noch unvorhandene, ersehnte, geahnte, unendlich weibliche Weib, – sage ich es mit einem Worte heraus: *das Weib der Zukunft*. – Dies war der ›Fliegende Holländer‹, der mir aus den Sümpfen und Fluten meines Lebens so wiederholt und mit so unwiderstehlicher Anziehungskraft auftauchte. Das war das erste *Volksgedicht*, das mir tief in das Herz drang und mich als künstlerischen Menschen zu seiner Deutung und Gestaltung im Kunstwerk mahnte. – Von hier an beginnt meine Laufbahn als *Dichter*, mit der ich die des Verfertigers von Operntexten verließ.«

Die »Mitteilung an meine Freunde«, so biographisch aufschlussreich sie ist, enthält bereits allerlei Stilisierungen. Statt des Weibes der Zukunft hatte Wagner 1840, als er den Prosaentwurf zum *Fliegenden Holländer* schrieb, eher die Schulden der Vergangenheit im Kopf, vor denen er aus Deutschland geflohen war. Es hagelte damals Fehlschläge: Ablehnung des *Rienzi* in Paris; ein Bankrott des Berliner Renaissance-Theaters, der die erhoffte und schon eingeleitete Aufführung des *Liebesverbots* verhinderte; die Rücksendung seiner Ouvertüre »Rule Britannia« aus London. Wagner konnte nicht einmal das Rückporto bezahlen und verweigerte die Annahme der eigenen Partitur. Seine Frau Minna täuschte zu dieser Zeit in Briefen an deutsche Freunde vor, Wagner befinde sich in Schuldhaft, es sollte seinen Bittbriefen Nachdruck verleihen. Ergebnis: Wagner verkauft den Prosa-Entwurf zum *Fliegenden Holländer* für 500 Franc an die Pariser Oper. Ein Paul Foucher verfasst daraus ein französisches Libretto, das zur Musik von Louis Dietsch am 9. November 1842 total durchfällt. Zwei Wochen zuvor war Wagners eigene Partitur fertig geworden, ein Rennen gegen Zeit und Konkurrenz. Die »Autobiographische Skizze« von 1842 räumt das alles unbeschönigt ein. Der Wagner von 1851 dagegen, der die »Mitteilung an meine Freunde« verfasst und die Premieren von *Rienzi*, *Holländer*, *Tannhäuser* und *Lohengrin* hinter sich hat, webt bereits an seinem eigenen Mythos.

Hatte Wagner recht, vom *Holländer*-Text an seine Laufbahn als Dichter zu datieren? Nicht, wenn man unter einem Dichter versteht, dass die sprachliche Fügung im Werk dem höchsten Anspruch genügt – der Theaterzwänge wegen kann kein Libretto in diesem Sinn Dichtung sein. Wohl aber war Wagner Dichter in dem Sinn, dass er die Holländer-Geschichte, die ihm von Heinrich Heine her bekannt war, auf eine Weise behandelte, die den Neid jedes Bühnenautors erwecken muss. Auch finden sich im Text Verse – und der Reim überwiegt in weiten Partien –, die Wagner so vorher nicht gefunden hätte. Als Daland fragt, ob der Seefahrerkollege eine Havarie im Sturm erlitten habe, antwortet der Holländer ebenso lakonisch wie vieldeutig: »Mein Schiff ist fest ... es leidet keinen Schaden.« Und selbst die Rufe der Norweger hinüber zum scheinbar ausgestorbenen Gespensterschiff heben sich ab vom üblichen Operndeutsch früherer und späterer Handwerkerchöre, ganz abgesehen davon, dass da vorübergehend etwas durch Wagners Sinn geht, das acht Jahre später im *Siegfried*-Entwurf wiederkehrt:

> Sie liegen fest auf ihrem Platz,
> wie Drachen hüten sie den Schatz ...
> Wahrhaftig, ja! Sie scheinen tot.
> Sie haben Speis und Trank nicht not.

Charles Baudelaire, der erste Prophet Wagners in Frankreich, hat als einer der ersten erkannt, wie meisterhaft der *Fliegende Holländer* in seiner Struktur konzipiert ist: »Das ganze Drama ist mit sicherer Hand angelegt, ohne Umschweife; jede Situation kräftig herausgearbeitet; und die Gestalt der Senta trägt eine übernatürliche und unwahrscheinliche Größe in sich, die bezaubert und Furcht einflößt. Die äußerste Einfachheit der Dichtung verstärkt noch ihre Wirkung. Alles ist an seinem Platz, alles wohlgeordnet und im rechten Verhältnis.«

»Übernatürlich-romantisch« – das war es wohl, was Wagner davon abhielt, den *Fliegenden Holländer* als »romantische Oper« in der Tradition Webers und Marschners zu bezeichnen. Was Baudelaire richtig erkannte, war zum Beispiel dies: Als der Kapitän des Geisterschiffs an Land geht, erläutert er im sogenannten »Holländer-Monolog« den Fluch, der auf ihm lastet:

> Die Frist ist um, ... und abermals verstrichen
> sind sieben Jahr ... voll Überdruß wirft mich
> das Meer ans Land ... Ha! Stolzer Ozean!
> In kurzer Frist sollst du mich wieder tragen!
> Dein Trotz ist beugsam, doch ewig meine Qual.
> Das Heil, das auf dem Land ich suche, nie
> werd ich es finden! Euch, des Weltmeers Fluten,
> bleib ich getreu – bis eure letzte Welle
> sich bricht – und euer letztes Naß versiegt!

Er beschwört daraufhin als einziges Mittel seiner Erlösung das kosmische Ende, den Weltuntergang, den »Vernichtungsschlag«:

> Nur *eine* Hoffnung soll mir bleiben,
> nur *eine* unerschüttert stehn: –
> so lang der Erde Keim auch treiben,
> so muß sie doch zugrunde gehn.
> Tag des Gerichtes! Jüngster Tag!
> Wann brichst du an in meine Nacht?
> Wann dröhnt er, der Vernichtungs-Schlag;
> mit dem die Welt zusammenkracht?
> Wann alle Toten auferstehn,
> dann werde ich in Nichts vergehn!
> Ihr Welten, endet euren Lauf!
> Ew'ge Vernichtung, nimm mich auf!

Man hat oft den Augenblick beschworen, in dem Georg Herwegh 1854 im Schweizer Exil Wagner mit Schopenhauers Hauptwerk *Die Welt als Wille und Vorstellung* bekanntmachte. Durch Schopenhauer habe er sich selbst erst begriffen, hat Wagner dazu angemerkt. Das war nicht bloße Selbststilisierung. Wenn Wagner nach dem Fehlschlag der Revolution an den im sächsischen Zuchthaus Waldheim einsitzenden Revolutionsgenossen August Röckel schrieb, Schopenhauer habe ihm eine von seiner früheren »ziemlich abweichende Richtung« gegeben, die aber seinem »tiefleidenden Gefühle vom Wesen der Welt« einzig entspreche – dann war das zwar auch Rechtfertigung gegenüber dem Mitkämpfer von 1849, aber keineswegs die bloße Phrase des Renegaten, der seinen Abfall von der Revolution bemänteln wollte. Wagner begriff durch Schopenhauer sich selbst als den Künstler, der er nicht erst werden sollte, sondern in seinen Werken seit dem *Holländer* immer schon gewesen war. Die Weltabsage Schopenhauers ist im Monolog des Holländers vorweggenommen. Das große Katastrophenfinale komponierte Wagner dann am Ende der *Götterdämmerung* und des gesamten Nibelungen-Rings. Was diese Holländer-Szene zu einem dramatischen Meistergriff macht, ist das Vorenthalten einer Information, von der ein simplerer Textdichter geglaubt hätte, sie gleich zu Anfang, im Monolog des Titelhelden, liefern zu müssen. Nur *eine* Hoffnung bleibe ihm, sagt der Rastlose, Umhergetriebene. Das ist doppeldeutig. Er setzt seine Hoffnung nur noch auf das Jüngste Gericht, weil er nicht länger glaubt, dass es noch ewige Treue auf Erden gibt. Das darin enthaltene Rätsel behält sich Wagner für den zweiten Akt vor, wo er es diejenige entwirren lässt, die für die Erlösung vorbestimmt ist, Senta. Dieser zweite Akt könnte – sagen wir aus der Feder eines weniger schlagkräftigen Dramatikers – durchaus der erste sein: hübscher Eingangschor der Spinnerinnen, Senta wird zu einer Auftrittsarie aufgefordert, absolviert sie mit Bravour, teilt mit, dass nur ewige Treue den Holländer retten kann – und dann erst geht die Handlung richtig los. In Wagners Stück erfährt man von Senta erst im zweiten Akt, dass außer dem Jüngsten Tag auch ein treues Weib dem Holländer Erlösung bringen kann, dem »bleichen Manne«, wie sie ihn nennt – sein Bildnis hängt an der Wand ihrer Stube. Ihre Erwartungshaltung, ihre Opferbereitschaft sind klar, sie sind seit langem in ihrer Phantasie immer mehr angewachsen; es brauchen nur noch der Vater und der Holländer aufzutreten, die sich ja schon im ersten Akt handelseinig geworden sind. Und damit nicht genug. Wagners wahres Meisterstück an dieser Stelle besteht darin, dass er zuvor erst den Bräutigam Sentas auftreten lässt, Erik, der so unschuldig zwischen den tragischen Figuren zu stehen scheint wie das Biedermeier zwischen den Revolutionen von 1830 und 1848. Erik hatte einen Traum, einen Wahrtraum, er sah die Ankunft des Holländerschiffs, sah Senta zu dem Fremden eilen und beide aufs Meer entschwinden. Das ist in der Mitte der Oper die exakte Vorwegnahme des Späteren durch die Figur, die am Geschehen am wenigsten beteiligt ist, durch den Übrigbleibenden, den Hinterbliebenen, so wie Wolfram im *Tannhäuser* und König Marke in *Tristan und Isolde* am Schluss übrig bleiben, tragisch auf ihre Weise, denn der ersehnte Inhalt ihres Lebens ist verloren, sie aber sind zum Weiterleben verurteilt. Senta verfolgt Eriks Traumerzählung laut Regieanweisung wie »in magnetischen Schlaf« versunken, so dass es scheint, heißt es weiter, »als träume sie den von ihm erzählten Traum ebenfalls«. Dann aber folgt sie Eriks Erzählung mit wachsender Erregung, seinen Bericht durch Einwürfe ergänzend und weiterführend. Sie spürt, dass sein Traum für sie Realität ist.

ERIK.
Senta! Laß dir vertraun!
Ein Traum ist's ... hör' ihn zur Warnung an!
Senta setzt sich erschöpft in den Lehnstuhl nieder; bei dem Beginn von Eriks Erzählung versinkt sie wie in magnetischen Schlaf, so daß es scheint, als träume sie den von ihm erzählten Traum ebenfalls. Erik steht an den Stuhl gelehnt zur Seite.
ERIK *mit gedämpfter Stimme.*
Auf hohem Felsen lag ich träumend,
sah unter mir des Meeres Flut; –
die Brandung hört ich, wie sich schäumend

am Ufer brach der Wogen Wut!
Ein fremdes Schiff am nahen Strande
erblickt ich – seltsam – wunderbar.
Zwei Männer nahten sich dem Lande,
der Ein' – ich sah's – dein Vater war.
   SENTA *mit Spannung.*
Der Andre? ...
   ERIK.
Wohl erkannt' ich ihn ...
mit schwarzem Wams – und bleicher Mien'
   SENTA *mit zunehmender Spannung ...*
und düst'rem Blick ...
   ERIK *auf das Bild deutend ...*
... der Seemann, er.
   SENTA.
Und ich ...?
   ERIK.
Du kamst vom Hause her;
du flogst, den Vater zu begrüßen ...
Doch kaum noch sah ich an dich langen,
du stürztest zu des Fremden Füßen, –
ich sah dich seine Knie umfangen ...
   SENTA.
Er hub mich auf ...
   ERIK.
An seine Brust: –
voll Inbrunst hingst du dich an ihn, –
du küßtest ihn mit heißer Lust ...
   SENTA.
und dann ...?
   ERIK *Senta mit unheimlicher Verwunderung anblickend.*
sah ich aufs Meer euch fliehn.

In einer Bühnenanweisung heißt es dann: »Senta, nach dem Ausbruch ihrer Begeisterung in stummes Sinnen versunken, verbleibt in ihrer Stellung, den Blick auf das Bild [des Holländers] geheftet; nach einer Pause singt sie leise, aber tief ergriffen. ›Ach, möchtest du, bleicher Seemann, sie finden! Betet zum Himmel, daß bald ein Weib Treue ihm ...‹«

Sie kann den Satz nicht vollenden. Bühnenanweisung: »Die Türe geht auf. Daland und der Holländer zeigen sich. Der Holländer ist sogleich eingetreten; Sentas Blick streift von dem Bilde auf den Holländer, sie stößt einen gewaltigen Schrei der Überraschung aus und bleibt wie festgebannt stehen.«

Es folgt, als Kontrast, Dalands gemütvoll drängendes Kuppellied »Mögst du, mein Kind, den fremden Mann willkommen heißen«. Aber da ist nichts mehr zu kuppeln, alles steht schon fest, Daland dient nur noch als Folie für die in einer anderen Welt lebenden Protagonisten, man zögert zu sagen: für die Liebenden. Man braucht nur ihrem Dialog zu folgen, der eigentlich kein Dialog ist, sondern aus zwei inneren Monologen besteht, die nur langsam Gesang werden:

HOLLÄNDER *tief ergriffen.*
Wie aus der Ferne längst vergang'ner Zeiten
spricht dieses Mädchens Bild zu mir;
wie ich's geträumt seit bangen Ewigkeiten,
vor meinen Augen seh ich's hier.
Wohl hub auch ich voll Sehnsucht meine Blicke
aus tiefer Nacht empor zu einem Weib; –
ein schlagend Herz ließ, ach! mir Satans Tücke,
daß eingedenk ich meiner Qualen bleib!
Die düst're Glut, die hier ich fühle brennen,
sollt ich Unseliger sie Liebe nennen?
Ach nein! Die Sehnsucht ist es nach dem Heil:
würd es durch solchen Engel mir zu Teil!
SENTA.
Versank ich jetzt in wunderbares Träumen?
Was ich erblicke, ist's ein Wahn?
Weilt ich bisher in trügerischen Räumen?
Brach des *Erwachens* Tag heut an? –
Er steht vor mir mit leidenvollen Zügen,
es spricht sein unerhörter Gram zu mir.
Kann tiefen Mitleids Stimme mich belügen?
Wie ich ihn oft gesehn, so steht er hier.
Die Schmerzen, die in meinem Busen brennen, –
ach! dies Verlangen, wie soll ich es nennen?
Wonach mit Sehnsucht es ihn treibt, – das Heil,
würd es, du Ärmster, dir durch mich zuteil!

Das ist musikdramatisch genial – wenn nicht Dichtung, so doch großartige Verdichtung, wie die Musikbühne sie braucht – und am Ende auch poetisch nicht gering zu veranschlagen. Thomas Mann hat die soeben zitierten Verse des Holländers in seinem Aufsatz »Leiden und Größe Richard Wagners« zitiert und daran die Bemerkung geknüpft: »Das sind sangbare Verse, aber nie war etwas so kompliziert Gedachtes, seelisch so Verschlungenes vordem gesungen oder für den Gesang bestimmt worden. Der Verdammte liebt dieses Mädchen auf den ersten Blick, aber er sagt sich, daß seine Liebe eigentlich nicht ihr gilt, sondern dem Heil, der Erlösung. Sie nun aber wieder steht ihm als die Verkörperung der Heilsmöglichkeit gegenüber, so daß er zwischen der Sehnsucht nach geistlicher Rettung und der Sehnsucht nach ihr nicht zu unterscheiden vermag und nicht unterscheiden will. Denn seine Hoffnung hat ihre Gestalt angenommen, und er kann nicht mehr wollen, daß sie eine andere habe, das heißt, er liebt in der Erlösung dies Mädchen. Welche Verschränkung eines Doppelten, welcher Blick in die schwierigen Tiefen eines Gefühls! Es ist Analyse – und dies Wort drängt sich in einem noch moderneren, noch kühneren Sinn auf ...« Es ist, deutet Thomas Mann an, Psychoanalyse. Aber dies alles ist in Wagners Werk nicht so recht zu trennen: Mythos, Psychologie, dramatische Verdichtung, musikalische Ausgestaltung.

Wagners Fortschritt als Textdichter, seine zunehmende Fähigkeit, neben der szenischen Gestaltung auch deren Ausfüllung durch das Wort in den Griff zu bekommen, ist nach dem *Fliegenden Holländer* von Werk zu Werk spürbarer. Wagner hatte inzwischen eine bestimmte Arbeitsmethode angenommen. Von jedem Werk entstand zunächst eine Prosaskizze, manchmal – etwa im Fall der *Meistersinger* – waren es mehrere, die sich immer näher an die endgültige Gestalt herantasteten. Dann, nach abgeschlossenem Text, der meist im Druck erschien, verging unterschiedlich viel Zeit, vergingen oft Jahre, bis die Musik hinzutrat. Sie durchlief ihrerseits mehrere Stadien. Am Klavier entstand zunächst eine Kompositionsskizze, ihr folgte ein Particell, das die Umrisse der Orchestrierung festlegte, dann erst wurde die volle Partitur ausgeführt. Nur in höchster Schreibens-Eile wurde dieser Ablauf durchbrochen. So begann Wagner bereits mit der Orchesterskizze des ersten *Tristan*-Aktes, ehe die Kompositionsskizze abgeschlossen war. Der ansonsten umständliche und zeitraubende Prozess deutet auf Sorgsamkeit und Zögern hin; von göttlichen Inspirationen war keine Rede. Dass etwa die Musik des sogenannten »Karfreitagszaubers« aus *Parsifal* dem Komponisten wirklich an einem Karfreitag, also als Musenkuss des Heiligen Geistes eingegeben worden sei, wurde den Wagner-Vereinen mit

Billigung des Meisters zu glauben überlassen. In Cosimas Tagebüchern haben wir inzwischen die ernüchternde Wahrheit erfahren: von solcher Datumskoinzidenz kann keine Rede sein. Die kunstvolle Musik kam an einem – mit Morgenstern zu sprechen – »Nichtfestfeiertag« zustande.

Aus den kargen Anfängen der Frühopern schrieb sich der Textdichter Wagner empor zu den Meisterversen von *Lohengrin* und *Meistersingern*. Gérard de Nerval, der mit siebzehn Jahren Goethes *Faust* ins Französische übersetzt und damit eine wahre *Faust*-Begeisterung ausgelöst hatte, besuchte zwanzig Jahre später die Weimarer Uraufführung von *Lohengrin* und machte sich zum Fürsprecher gerade des *Dichters* Wagner: »Der *Lohengrin* wies eine einzigartige Besonderheit auf, und zwar ist die Dichtung vom Komponisten in Versform geschrieben. – Ich weiß nicht, ob das französische Sprichwort hier zutrifft: ›Am besten ist man mit sich selbst bedient‹ ... Fast die ganze Oper ist in gereimten Vierzeilern geschrieben, majestätisch wie die der alten Heldenepen ...« Zu früher Stunde und im ersten spontanen Erleben wies Nerval auf das eigentliche Wagner-Phänomen hin: die Einheit von Musik und Text und die Idee des »Musikdramas« (»*drame lyrique*«) als idealer Form des Musiktheaters.

Rätselhaft, wie sehr noch immer der Glaube verbreitet ist – selbst unter Musikfreunden, die keine Opernkenner sind, Wagner habe immer oder fast immer das Stilmittel des Stabreims benutzt. Absichtliche Alliterationen finden sich zwar gelegentlich schon im Frühwerk: »So wie ich heiß sie liebe, bleibt heilig auch mein Schwur – « heißt es in den *Feen*. Umgekehrt wird im *Ring des Nibelungen*, wo der Stil ganz auf Wortanfangsgleichheiten abgestellt ist, dies Mittel oft so kunstvoll angewendet, dass die Alliteration gerade bei markanten, bedeutungsvollen Zeilen kaum auffällt, etwa bei Fafners Worten: »Ich lieg und besitz: / laßt mich schlafen!«

Das »Liegen« und das »lassen« werden überlagert durch die komplementären Akzente »besitz« und »schlafen«, was schon früh – etwa von George Bernard Shaw – als Definition des Kapitalismus gedeutet wurde, wo das Geld im Schlafe arbeitend den Besitz vermehrt. Der Textdichter hat die berühmt gewordene Formel übrigens ironisiert durch eine meist übersehene Regieanweisung. Vollständig lautet die Stelle so: »Ich lieg und besitz: / laßt mich – *(gähnend)* – schlafen.«

Wie hier Wagners negative Erfahrungen über Geld und Besitz in den Text der Oper eingegangen sind, so kann auch in seinem literarisch und musikalisch revolutionärsten Werk, *Tristan und Isolde*, die Spur seiner Erdentage nicht übersehen werden. Anders als beim *Ring* und beim *Parsifal* ließ er sich in diesem Fall für Text und Musik nicht viele Jahre

Zeit, hier drängte vielmehr die persönliche Leidenschaft auf den Vollzug – wenn schon nicht der Vereinigung mit Frau Wesendonck, so doch der Vollendung des Dreiecksdramas. Der Prosaentwurf wurde am 20. August 1857 begonnen, die fertige Dichtung am 18. September 1857, also bereits nach vier Wochen, abgeschlossen. Für die gleichen Arbeitsschritte des *Lohengrin* hatte Wagner noch vier Monate, beim *Tannhäuser* zehn Monate gebraucht. Für die zweite Szene des zweiten Aktes, das Mittelstück der Oper, Tristans und Isoldes nächtliche Zusammenkunft, schrieb Wagner einen für einige Minuten sich völlig überschlagenden Dialog, man könnte auch sagen ein nie dagewesenes Hysteriogramm brennendungeduldiger Liebe, beginnend mit der ungewöhnlichen Regieanweisung: »Jetzt springt sie ihm entgegen.« Danach – wie soll man es ausdrücken – drehen die beiden durch, überschütten einander mit atemlosen Zwei- und Einsilbern, die Identitäten vertauschend, das Selbst wegwerfend, aufgehend in einem Wortschwall aus Satzfetzen und Lustgestammel, in einer vollständigen Auflösung all dessen, was man bis dahin Operntext genannt hatte:

TRISTAN *stürzt herein.*
Isolde! Geliebte!
ISOLDE.
Tristan! Geliebter!
Stürmische Umarmungen Beider, unter denen sie in den Vordergrund gelangen.
Bist du mein?
TRISTAN.
Hab ich dich wieder?
ISOLDE.
Darf ich dich fassen?
TRISTAN.
Kann ich mir trauen?
ISOLDE.
Endlich! Endlich!
TRISTAN.
An meiner Brust!
ISOLDE.
Fühl ich dich wirklich?
TRISTAN.
Seh ich dich selber?

ISOLDE.
Dies deine Augen?
TRISTAN.
Dies dein Mund?
ISOLDE.
Hier deine Hand?
TRISTAN.
Hier dein Herz?
ISOLDE.
Bin ich's? Bist du's?
Halt ich dich fest?
TRISTAN.
Bin ich's? Bist du's?
Ist es kein Trug?
BEIDE.
Ist es kein Traum?
O Wonne der Seele,
o süße, hehrste,
kühnste, schönste,
seligste Lust!
TRISTAN.
Ohne Gleiche!
ISOLDE.
Überreiche!
TRISTAN.
Überselig!
ISOLDE.
Ewig!
TRISTAN.
Ewig!
ISOLDE.
Ungeahnte,
nie gekannte!
TRISTAN.
Überschwenglich
hoch erhab'ne!
ISOLDE.
Freudejauchzen!

TRISTAN.
Lustentzücken!
BEIDE.
Himmelhöchstes
Weltentrücken!
Mein!
ISOLDE.
Tristan mein!
TRISTAN.
Isolde mein!
BEIDE.
Mein und dein!
ISOLDE.
Ewig! Tristan mein,
Isolde ewig dein!
TRISTAN.
Ewig, Isolde mein.
BEIDE.
Ewig, ewig ein!

Es geht noch lange so weiter. Den Zeitgenossen Wagners erschien der Text dieser Liebesraserei wie das Stenogramm eines Wahnsinnsausbruchs, und das ist es ja auch. Und wer könnte sagen, dass er aufs erste Hören den Sinn von Tristans folgendem Huldigungsgesang an Isolde auffassen könnte:

> Was dich umgliß
> mit hehrster Pracht,
> der Ehre Glanz,
> des Ruhmes Macht,
> an sie mein Herz zu hangen,
> hielt mich der Wahn gefangen.
> Die mit des Schimmers
> hellstem Schein
> mir Haupt und Scheitel
> licht beschien,
> der Welten-Ehren
> Tages-Sonne,
> mit ihrer Strahlen
> eitler Wonne,

> durch Haupt und Scheitel
> drang mir ein
> bis in des Herzens
> tiefsten Schrein.

Und so fort. Mit seiner etwas verschnörkelten Bildersprache erinnert der Text an seine eigene Parodie, zum Beispiel an Beckmessers Preislied aus dem dritten Aufzug der *Meistersinger*:

> Morgen ich leuchte in rosigem Schein
> von Blut und Duft
> geht schnell die Luft;
> wohl bald gewonnen,
> wie zerronnen;
> im Garten lud ich ein
> garstig und fein.

Es ist der reine Wahnsinn, und nur nebenbei sei erwähnt, dass Beckmessers Text in einer früheren Form noch absurder lautete. Tristans Text wirkt beim ersten Hören kaum weniger absurd, doch hat er, recht besehen, mehr Methode, um den Rauschzustand eines Liebenden zu beschreiben. Die Entgrenzung der Liebe, die im Innersten dieses Werkes glüht, muss eben auch eine angemessene *sprachliche* Gestalt finden, weit entfernt von der hohen Form des Sonetts, durch die Petrarca, Shakespeare oder August von Platen ihre Liebesglut mitzuteilen, gleichzeitig aber zu veredeln suchten. Die Raserei der Liebe, durchaus im sexuellen Sinn zu verstehen, schafft sich stammelnd ihre eigene Form.

Der Librettist Wagner war und blieb ein seltsamer Gesell, fähig der eindringlichsten Formulierungen, etwa wenn der sterbend aus dem Vergessen auftauchende Siegfried singt:

> Brünnhilde!
> Heilige Braut!
> Wach auf! Öffne dein Auge!

Damit sind wir beim *Ring des Nibelungen*, dem einzigen Werk Wagners, das durchgehend in allen vier Teilen den Stabreim benutzt und bereits dadurch dem unausrottbaren Vorurteil entgegenkam, dies Werk sei ein Zeugnis von Germanenkult und Deutschtümelei. Das hat natürlich vor allem mit dem Umstand zu tun – und man geniert sich, solche Banalitäten aussprechen zu müssen –, dass die großen Literaturwerke des deutschen Mittelalters, vom Minnesang über die großen Epiker Wolfram und Gottfried bis zum Nibelungenlied, erst im 19. Jahrhundert so recht entdeckt und für die literarische Bildung angeeignet wurden. Die Brüder Grimm, Lachmann und andere Philologen der Romantik sorgten für die ersten Editionen alt- und mittelhochdeutscher Literatur, Karl Simrock schuf seine populären Übersetzungen, und Richard Wagner, ein Kind der Romantik, geboren in Leipzig, im Jahr der sogenannten »Völkerschlacht«, die nahe seiner Geburtsstadt ausgetragen wurde, wählte für seine Musikdramen einige dieser Mittelalter-Stoffe, die aber, recht besehen, wie *Lohengrin*, *Parsifal* und *Tristan und Isolde*, in den weiteren Zusammenhang der europäischen Artusepik gehören, oder sich, wie der *Ring des Nibelungen*, aus der nordischen Überlieferung der *Edda*, speziell der *Völsunga saga*, speisen. Den dort gebräuchlichen Stabreim hat Wagner für seine Nibelungen-Dichtung – und nur für sie – neu belebt, zunächst aus der Affinität des Stoffes, dann aber auch in der Einsicht, dass der Stabreim der deutschen Sprache mit ihrer vorherrschenden Betonung der Wurzelsilbe in gewisser Weise eingeboren ist. Wir alle machen davon Gebrauch, wenn wir von »Nacht und Nebel«, »Tod und Teufel«, »Wind und Wetter« sprechen. Der Endreim wächst im Deutschen auf viel kargerem Boden als der Stabreim, wie spätestens bemerkbar wird, wenn man französische oder italienische Verse, etwa Dantes *Divina Commedia*, zu übertragen sucht. Nur war der Stabreim in Wagners Zeit nicht mehr gebräuchlich, schon aus diesem Grund wirkte es wunderlich, eigenwillig, abseitig, befremdlich, kurios, dass Wagner ihn für eine dramatische Großdichtung in vier Teilen verwendete. Erst vor diesem Hintergrund ermisst man, was ihm im *Ring des Nibelungen* gelang: nichts weniger als eine sprachschöpferische Leistung hohen Ranges. Welche Prägekraft ihr innewohnt, weiß jeder, der mit dem Werk gut vertraut ist – er kann Verse in fast beliebiger Zahl aus dem Gedächtnis herbeizitieren, wie sonst wohl nur aus Goethes *Faust* und Schillers *Wilhelm Tell*. Niemand hat Wagners gewaltige Leistung besser beschrieben als Nietzsche in der vierten seiner *Unzeitgemäßen Betrachtungen*:

> Der Ring des Nibelungen ist ein ungeheures Gedankensystem ohne die begriffliche Form des Gedankens ... Wagner zwang deshalb die Sprache in einen Urzustand zurück, wo sie fast noch nicht in Begriffen denkt, wo sie noch selber Dichtung, Bild und Gefühl ist; die Furchtlosigkeit, mit der Wagner an diese ganz erschreckende Aufgabe ging, zeigt, wie gewaltsam er von dem dichterischen Geiste geführt wurde, als einer, der

folgen muß, wohin auch sein gespenstischer Führer den Weg nimmt.
Man sollte jedes Wort dieser Dramen singen können, und Götter und
Helden sollten es in den Mund nehmen: das war die ungeheure Anforderung, welche Wagner an seine sprachliche Phantasie stellte. Jeder andre
hätte dabei verzagen müssen; denn unsre Sprache scheint fast zu alt und
zu verwüstet zu sein, als daß man von ihr hätte verlangen dürfen, was
Wagner verlangte: und doch rief sein Schlag gegen den Felsen eine reich-
liche Quelle hervor ... Es geht eine Lust an [der deutschen Sprache] durch
Wagners Dichtung, eine Herzlichkeit und Freimütigkeit im Verkehre
mit [ihr], wie so etwas, außer bei Goethe, bei keinem Deutschen sich
nachfühlen läßt. Leiblichkeit des Ausdrucks, verwegene Gedrängtheit,
Gewalt und rhythmische Vielartigkeit, ein merkwürdiger Reichtum an
starken und bedeutenden Wörtern, Vereinfachung der Satzgliederung,
eine fast einzige Erfindsamkeit in der Sprache des wogenden Gefühls
und der Ahnung, eine mitunter ganz rein sprudelnde Volkstümlichkeit
und Sprichwörtlichkeit – solche Eigenschaften würden aufzuzählen
sein. ... Wo eine solche allerseltenste Macht sich äußert, wird der Tadel
immer nur kleinlich und unfruchtbar bleiben, welcher sich auf einzelnes
Übermütige und Absonderliche oder auf die häufigeren Dunkelheiten
des Ausdrucks und Umschleierungen des Gedankens bezieht.

Was Nietzsche beschreibt, kann hier nicht im Einzelnen gezeigt und mit Beispielen belegt werden. Ich beschränke mich auf eine Passage aus *Siegfried*, zweite Szene des dritten Aufzugs, worin der Drachentöter sich auf dem Weg zum Walkürenfelsen befindet – dorthin hat ihn der Waldvogel gewiesen, dort werde er, im Schutz des Feuers schlafend, Brünnhilde finden. Nun aber tritt ihm, in der Gestalt des Wandrers, Wotan entgegen, der einst Brünnhilde in Schlaf versenkt hat zur Strafe dafür, dass sie entgegen seiner Weisung Siegmund zu Hilfe kam. In ihm hat Wotan den eigenen Sohn geopfert, nun muss er den eigenen Enkel daran hindern, das Feuer zu durchschreiten und Brünnhilde aufzuwecken. Siegfried weiß von all dem nichts, auch nicht, dass er nun seinem Großvater gegenübersteht, nur dieser weiß es, und wir, die Zuschauer, wissen es – das gibt dem Dialog seine tiefe und schmerzliche Ironie. Alter und Jugend, Wissen und Unschuld, Erfahrung und jugendliches Ungestüm treffen in unauflöslichem ödipalem Konflikt aufeinander.

WANDRER *immer in seiner Stellung verbleibend.*
Wohin, Knabe,
heißt dich dein Weg?

SIEGFRIED *hält an und wendet sich um.*
Da redet's ja?
Wohl rät das mir den Weg. –
Er tritt dem Wandrer näher.
Einen Felsen such ich,
von Feuer ist der umwabert:
dort schläft ein Weib,
das ich wecken will.
WANDRER.
Wer sagt es dir,
den Fels zu suchen?
Wer nach der Frau dich zu sehnen?
SIEGFRIED.
Mich wies ein singend Waldvöglein,
das gab mir gute Kunde.
WANDRER.
Ein Vöglein schwatzt wohl manches,
kein Mensch doch kann's verstehn:
wie mochtest du Sinn
dem Sang entnehmen?
SIEGFRIED.
Das wirkte das Blut
eines wilden Wurms,
der mir vor Neidhöhl erblaßte:
kaum netzt es zündend die Zunge mir,
da verstand ich der Vöglein Gestimm.
WANDRER.
Erschlugst den Riesen du,
wer reizte dich,
den starken Wurm zu bestehn?
SIEGFRIED.
Mich führte Mime,
ein falscher Zwerg;
das Fürchten wollt er mich lehren:
zum Schwertstreich aber,
der ihn erstach,
reizte der Wurm mich selbst:
seinen Rachen riß er mir auf.

WANDRER.
Wer schuf das Schwert
so scharf und hart,
daß der stärkste Feind ihm fiel?
SIEGFRIED.
Das schweißt ich mir selbst,
da's der Schmied nicht konnte:
schwertlos noch wär ich wohl sonst.
WANDRER.
Doch, wer schuf
die starken Stücken,
daraus das Schwert du dir geschweißt?

Ich unterbreche den Dialog, um darauf hinzuweisen, dass Wotans Fragen von Anfang an darauf zielen, Siegfried auf seine eigene Identität und die seines Gegenübers hinzuweisen. Von Frage zu Frage kommt er diesem Ziel näher, und mit der Antwort auf die nächste Frage wäre dieses Ziel erreicht, denn er selbst, Wotan, war es ja, der die starken Stücken des Schwertes Notung schuf, die Siegfried sich neu geschmiedet. Siegfried aber in seiner Ungeduld ist des Frage- und Antwortspiels inzwischen überdrüssig, der letzten, entscheidenden Frage weicht er aus.

SIEGFRIED.
Was weiß ich davon?
Ich weiß allein,
daß die Stücken mir nichts nützten,
schuf ich das Schwert mir nicht neu.
WANDRER *bricht in ein freudig gemütliches Lachen aus.*
Das mein ich wohl auch!
Er betrachtet Siegfried wohlgefällig.
SIEGFRIED *verwundert.*
Was lachst du mich aus?
Alter Frager!
Hör einmal auf,
laß mich nicht länger hier schwatzen.
Kannst du den Weg
mir weisen, so rede:
vermagst du's nicht,

so halte dein Maul!
>WANDRER.
Geduld, du Knabe!
Dünk ich dich alt,
so sollst du Achtung mir bieten.
>SIEGFRIED.
Das wär nicht übel!
So lang ich lebe,
stand mir ein Alter
stets im Wege,
den hab ich nun fort gefegt.
Stemmst du dort länger
steif dich mir entgegen,
sieh dich vor, sag ich,
>*mit der entsprechenden Gebärde*
daß du wie Mime nicht fährst!
>*Er tritt noch näher an den Wanderer hinan.*
Wie siehst du denn aus?
Was hast du gar
für 'nen großen Hut?
Warum hängt er dir so ins Gesicht?
>WANDRER *immer ohne seine Stellung zu verlassen.*
Das ist so Wandrers Weise,
wenn dem Wind entgegen er geht.
>SIEGFRIED *immer näher ihn betrachtend.*
Doch darunter fehlt
dir ein Auge?
Das schlug dir Einer
gewiß schon aus,
dem du zu trotzig
den Weg vertratst?
Mach dich jetzt fort,
sonst könntest du leicht
das andre auch noch verlieren.
>WANDRER *sehr ruhig.*
Ich seh, mein Sohn,
wo du nichts weißt,
da weißt du dir leicht zu helfen. –
Mit dem Auge,

das als andres mir fehlt,
erblickst du selber das eine,
das mir zum Sehen verblieb.

Mit dieser – nicht leicht verständlichen – Wendung deutet der Wandrer Siegfried dessen Herkunft und ihr Verwandtschaftsverhältnis an. Wotan verlor eines seiner Augen, als er das Wälsungengeschlecht zeugte. Siegfried aber, den es zum Feuer, zu Brünnhilde drängt, will in juveniler Ungeduld von all dem nichts wissen. Er kann das Rätselwort des Wandrers nicht sogleich lösen und reagiert wie folgt:

SIEGFRIED *der sinnend zugehört hat, bricht jetzt unwillkürlich in ein helles Lachen aus.*
Hahahaha!
Zum Lachen bist du mir lustig. –
doch hör, nun schwatz ich nicht länger:
geschwind zeig mir den Weg, –
deines Weges ziehe dann du;
zu nichts andrem
acht ich dich nütz:
drum sprich, sonst spreng ich dich fort!
WANDRER *weich.*
Kenntest du mich,
kühner Sproß, –
den Schimpf spartest du mir.
Dir so vertraut,
trifft mich schmerzlich dein Dräuen.
Liebt ich von je
deine lichte Art,
Grauen auch zeugt ihr
mein zürnender Grimm.
Dem ich so hold bin,
Allzuhehrer!
Heut nicht wecke mir Neid:
er vernichtete dich und mich!

Thomas Mann hat die Passage mit den Worten kommentiert: »Wagners Dichtertum anzuzweifeln schien mir immer absurd. Was gäbe es dichterisch Schöneres und Tieferes als Wotans Verhältnis zu Siegfried, die väterlich spottende und überlegene Neigung des Gottes zu seinem Vernichter, die Liebesabdankung der alten Macht zugunsten des Ewig-Jungen? Die wundervollen Laute, die hier der Musiker findet, verdankt er dem Dichter.« In diesem Zusammenhang kommt Thomas Mann auch auf den eigentlichen Widersacher Siegfrieds zu sprechen, den finsteren Hagen der *Götterdämmerung*:

Der Gegenspieler Siegfrieds ist *Hagen*, eine Figur, die an düsterer Wucht alle früheren und zeitgenössischen Ausformungen, den Hagen des Nibelungenliedes wie den Hebbels, weit überragt. Wagners theatralisch-dichterische Gestaltungskraft triumphiert in dieser Figur des neiderzeugten Halb-Alben wie vielleicht nirgends sonst, und das Wort hat mächtigen Anteil an dieser Gestaltung: so, wenn Hagen auf die Frage, warum er am Brudereide nicht teilnahm, höhnisch sich selbst charakterisiert:

> Mein Blut verdürb euch den Trank;
> nicht fließt mir's echt
> und edel wie euch;
> störrisch und kalt
> stockt's in mir;
> nicht will's die Wange mir röten.
> Drum bleib' ich fern
> vom feurigen Bund.

Das ist ein Bild, eine mythische Bühnen-Charakter-Maske in gedrängten Worten. Hagen, aus dem Schlaf redend, im Nacht-Gespräch mit Alberich; Hagen, einsam die Halle bewachend, während die freien Söhne und frohen Gesellen ihm den Ring der Weltherrschaft holen müssen; und namentlich Hagen als wild humoristischer Rufer zu Gunthers unglückseliger Hochzeit – das Theater kennt keine dem Dämonischen vertrauteren Szenen.

Auf Wagners Spätwerk *Parsifal* kann hier kaum ein Blick geworfen werden. Es ist genial als dramatische Kompilation des mittelalterlichen Stoffes, gewaltig als szenische Konzeption, und auch als Dichtung ein großer Wurf – selbst Eduard Hanslick hat das Textbuch gelten lassen, obwohl darin manche holpernde Verse stehen wie diese, die Gurnemanz in den Mund gelegt sind:

> Das wißt ihr, wie es da sich fand:
> der Speer ist nun in Klingsors Hand;
> kann er selbst Heilige mit ihm verwunden,
> den Gral auch wähnt er fest schon uns entwunden.

Darüber lässt sich trefflich streiten: man kann die Verse unbeholfen und sogar unpoetisch finden, doch stehen sie in einem Alterswerk und haben manches vom sklerotischen Reiz Goethe'scher Altersverse, etwa aus dem zweiten Teil von *Faust*:

> Uns bleibt ein Erdenrest
> Zu tragen peinlich,
> Und wär' er von Asbest
> Er ist nicht reinlich.

Neben seinen dreizehn ausgeführten Opern hat Wagner noch viele hochfliegende Pläne erwogen: Die Bergwerke zu Falun, Männerlist größer als Frauenlist oder: die Glückliche Bärenfamilie, Die Sarazenin (nach Byrons *Manfred*), Friedrich der Erste, Die Hohe Braut, Jesus von Nazareth, Die Sieger (eine Oper, die den Buddha auf die Bühne gebracht haben würde, in eine Liebesgeschichte verwickelt). Zu diesen Stücken liegen erste Entwürfe vor, einige sind zur Versstufe gediehen. Die Jesus-Oper besteht aus fünfzig Seiten Entwurf für ein fünfaktiges Werk mit detaillierten Vorstudien. Nichts davon erreichte das Stadium der musikalischen Erwägung. Was erhalten blieb, zeugt für den kritischen Sinn des Autors, der beiseite zu lassen wusste, was unausgegoren, wenn nicht unzumutbar war.

Wagners Selbstkritik danken wir es auch, dass eine Passage fortgelassen wurde, die ursprünglich für Lohengrins Erzählung im letzten Aufzug vorgesehen war, als Fortsetzung der berühmten Gralserzählung, die mit den Versen endet: »Mein Vater Parzival trägt seine Krone, – sein Ritter ich – bin Lohengrin genannt«. Besagte Passage, von Wagner bereits komponiert, wurde auf seinen eigenen Wunsch vor der Weimarer Uraufführung gestrichen. Nicht schwer zu begreifen, warum. Sie klingt, wenn man sie liest, unbeschreiblich mittelmäßig:

> Nun höret noch, wie ich zu euch gekommen!
> Ein klagend Tönen trug die Luft daher,
> daraus im Tempel wir sogleich vernommen,
> daß fern wo eine Magd in Drangsal wär';

> als wir den Gral zu fragen nun beschickten,
> wohin ein Ritter zu entsenden sei, –
> da auf der Flut wir einen Schwan erblickten,
> zu uns zog einen Nachen er herbei: –
> mein Vater, der erkannt des Schwanes Wesen,
> nahm ihn in Dienst nach des Grales Spruch,
> denn wer ein Jahr nur seinem Dienst erlesen,
> dem weicht von dann ab jedes Zaubers Fluch.
> Zunächst nun sollt' er mich dahin geleiten,
> woher zu uns der Hülfe Rufen kam,
> denn durch den Gral war ich erwählt zu streiten,
> darum ich mutig von ihm Abschied nahm.
> Durch Flüsse und durch wilde Meereswogen
> hat mich der treue Schwan dem Ziel genaht,
> bis er zu euch daher an's Ufer mich gezogen,
> wo ihr in Gott mich Alle landen saht.

Aus solchen Versen hätte auch das lichteste *Lohengrin*-A-Dur nicht viel zu machen vermocht. Aber trotz solcher Ausrutscher ist festzuhalten: Wagner war kein Opernkomponist, der aus Notbehelf seine Texte schrieb, sondern er war Textdichter und Komponist in einer Person, und die Anteile lassen sich dabei nicht säuberlich trennen. Wort und Ton brachte er im Rahmen des überhaupt Möglichen zu den weitestgehenden Synthesen. Der amerikanische Musikologe Patrick J. Smith, lange Zeit die größte Autorität auf dem Gebiet des Opernlibrettos, sah für die Bühnenrealisierung der Wagner'schen Werke sogar einen Vorzug des Textdichters vor dem Komponisten, wenn er feststellte, Wagners Verschmelzung von Text und Komposition sei zum großen Teil Resultat einer gegenseitigen Abhängigkeit, die mehr vom dramatisch-sprachlichen als vom musikalischen Gesichtspunkt her angelegt sei.

Spätestens hier muss ein Brief zitiert werden, den der gerade einunddreißigjährige Wagner im Januar 1844 an den Berliner Musikkritiker Karl Gaillard schrieb:

> Ich bilde mir auf meinen Dichter-Beruf wahrlich nichts ein und gestehe, daß ich nur aus Notdurft, weil mir keine guten Texte geboten wurden, dazu griff, mir diese selbst zu dichten. Jetzt aber würde mir es ganz unmöglich sein, ein fremdes Opernbuch zu komponieren, und zwar aus folgendem Grunde: – Es ist bei mir nicht der Fall, daß ich irgendeinen

beliebigen Stoff wähle, ihn in Verse bringe und dann darüber nachdenke, wie ich auch eine passende Musik dazu machen wolle; – bei dieser Art des Verfahrens würde ich allerdings dem Übelstande ausgesetzt, mich zweimal begeistern zu sollen, was unmöglich ist. Die Art meiner Produktion ist aber anders: – zunächst kann mich kein Stoff anziehen als nur ein solcher, der sich mir nicht nur in seiner dichterischen, sondern auch in seiner musikalischen Bedeutung zugleich darstellt. Ehe ich dann darangehe, einen Vers zu machen, ja eine Szene zu entwerfen, bin ich bereits in dem musikalischen Dufte meiner Schöpfung berauscht, ich habe alle Töne, alle charakteristischen Motive im Kopfe, so daß, wenn dann die Verse fertig und die Szenen geordnet sind, für mich die eigentliche Oper ebenfalls schon fertig ist und die detaillierte musikalische Behandlung mehr eine ruhige und besonnene Nacharbeit ist, der der Moment des eigentlichen Produzierens bereits vorangegangen ist.

Besser lässt es sich nicht sagen. Der Text entsteht, während sein Autor bereits »in dem musikalischen Dufte seiner Schöpfung berauscht« ist. Anders ausgedrückt: beides wächst aus einer Wurzel, geht aus ein und derselben Imaginationskraft hervor, vollständig untrennbar, nicht in seine Bestandteile aufzulösen. Patrick J. Smith drückte es mit den Worten aus: »Zum ersten Mal in der Geschichte dient bei Wagner das Libretto selbst als Spiegel für die Reichweite eines menschlichen Geistes und seiner tiefsten Gedanken.« Er hatte dabei vor allem die *Meistersinger von Nürnberg* vor Augen, deren Textbuch er das womöglich »größte jemals geschriebene der Operngeschichte« nannte.

Bleibt am Ende der Vorwurf gegen die »Tendenz« mancher Wagner-Texte, Tendenz in unterschiedlicher – politischer oder ideologischer – Hinsicht. Da ist zum Beispiel das nationalistische Schwerterrasseln von König Heinrich am Anfang des *Lohengrin*:

> Soll ich euch erst der Drangsal Kunde sagen,
> die deutsches Land so oft aus Osten traf? ...
> Nun ist es Zeit, des Reiches Ehr zu wahren;
> Ob Ost, ob West? Das gelte Allen gleich!
> Was deutsches Land heißt, stelle Kampfes Scharen,
> dann schmäht wohl Niemand mehr das deutsche Reich.

Das ist halb noch Hoffmann von Fallersleben, halb schon Wilhelm II., der martialische deutsche Ton des 19. Jahrhunderts zwischen Hermannsschlacht und Hermannsdenkmal. Da ist aber auch, in anderer Weise, der Gestus, mit dem Siegfried seinen Ziehvater Mime erschlägt, in einer Szene, die Wagner selbst als heikel empfunden haben muss, sonst wäre er nicht so bemüht gewesen, das grässliche Geschehen mehrfach zu motivieren: durch Mimes Mordplan, dessen unwillentliche Preisgabe, die Aufdringlichkeit des Schmieds, schließlich Siegfrieds Ekel: »Er führt wie in einer Anwandlung heftigen Ekels einen jähen Streich nach Mime; dieser stürzt sogleich tot zu Boden.«

Und da ist, um ein drittes Beispiel zu geben, der ebenso berühmte wie umstrittene Schluss der *Meistersinger* mit Sachsens Ansprache, die besorgte Regisseure zuweilen unterbrechen, um die Mitwirkenden auf der Bühne darüber diskutieren zu lassen, was hier korrekt ist und was nicht. Sicher – da ertönt nationaler Stolz. Aber wem dieser Stolz überaus zuwider ist, der ist vielleicht gar nicht willens, genau zuzuhören oder nachzulesen, wovon sonst noch die Rede ist. Da erhebt, an der Schwelle der Reichsgründung von 1870/71 noch einmal der Demokrat von 1848/49 sein Haupt, wenn Hans Sachs den Adligen Walther von Stolzing, den Sieger im Wettsingen, der Eva als Preis gewonnen hat, mit den Worten zurechtweist:

> Nicht Euren Ahnen, noch so wert,
> nicht Eurem Wappen, Speer noch Schwert, –
> daß Ihr ein Dichter seid,
> ein Meister Euch gefreit,
> dem dankt Ihr heut Eu'r höchstes Glück.

Gewiss, da sind auch jene berüchtigten Verse, die auf der Linie König Heinrichs im *Lohengrin* zu liegen scheinen, wenngleich weniger martialisch:

> Habt Acht! Uns dräuen üble Streich: –
> zerfällt erst deutsches Volk und Reich
> in falscher welscher Majestät
> kein Fürst bald mehr sein Volk versteht,
> und welschen Dunst mit welschem Tand
> sie pflanzen uns in deutsches Land;
> was deutsch und echt, wüßt Keiner mehr,
> lebt's nicht in deutscher Meister Ehr.

Die *Meistersinger* wurden am 21. Juni 1868 uraufgeführt, zweieinhalb Jahre später wurde im Spiegelsaal von Versailles das Deutsche Reich ausgerufen, und die zitierten antiwelschen Verse scheinen das historische

Ereignis – den deutschen Sieg über Frankreich – auf der Opernbühne vorwegzunehmen. Es verging nur ein Jahr nach Ende des Krieges, da warnte Nietzsche in der ersten seiner *Unzeitgemäßen Betrachtungen* vor der »*Exstirpation des deutschen Geistes zugunsten des ›deutschen Reiches‹*«. Es war in der Tat ein unzeitgemäßer Gedanke. Doch findet man ihn bereits in Hans Sachsens Ansprache, wenn man bereit ist, sie recht zu lesen oder zu hören:

> Drum sag ich Euch:
> Ehrt Eure deutschen Meister!
> Dann bannt Ihr gute Geister;
> Und gebt Ihr ihrem Wirken Gunst,
> zerging in Dunst
> das heil'ge röm'sche Reich,
> uns bliebe gleich
> die heil'ge deutsche Kunst!

Deutlicher könnte die Überordnung der Kulturnation Deutschland über die Staatsnation nicht sein, auch wenn der Eindruck nicht völlig abzuweisen ist, dass Wagner mit der »heil'gen deutschen Kunst« vor allem die eigene Kunst feierte. Problematischer ist da eine Episode am Ende des zweiten Aktes, die Wagner seinen Landsleuten ins Stammbuch der Zukunft geschrieben hat, inmitten der nächtlichen Prügelszene, zu der sich Nürnbergs biedere Bürger so unversehens hinreißen lassen, indem sie hemmungslos übereinander herfallen. In der Realität wären da wohl Verletzte, wenn nicht Tote auf dem Pflaster geblieben, und von herzigem Festwiesenjubel am anderen Tag könnte danach kaum die Rede sein. Zwei Textzeilen inmitten der allgemeinen Schlägerei sind es, die aufmerken lassen, auch wenn sie im Getöse der Chor- und Orchestermassen leicht untergehen. Beckmesser ruft: »Verfluchter Bursch! Läßt du mich los?« Und David antwortet: »Gewiß! Die Glieder brech ich dir bloß!«

Ein Augenblick von Terrorismus in der Komödie der Versöhnung. Selten hat ein Komponist seine Landsleute so entlarvt wie hier in der sogenannten »Prügelszene«, die Sachs am nächsten Morgen mit den Worten kommentiert: »Wahn! Wahn! Überall Wahn!« Die *Meistersinger von Nürnberg* wurden 1845 konzipiert. Hundert Jahre später saßen am Ort der Handlung die Merker eines ganz anderen Nürnberger Gerichts beisammen. Wagner hat, wie außer ihm nur sein Jahrgangsgenosse Verdi, Textbücher vertont und in seinem Fall auch selber verfasst, die auf unauslöschliche Weise mit der Geschichte des eigenen Landes verbunden bleiben. Aber wer in den *Meistersingern* unbedingt eine aktuelle Vorwegnahme der Reichseinigung sehen möchte, der muss zur Kenntnis nehmen, dass die erste Prosaskizze des Werkes, 1845 in Marienbad geschrieben, den Schluss des zweiten Aktes genau so entwirft, wie sie dreiundzwanzig Jahre später bei der Uraufführung zum ersten Mal erklang:

Die nächsten Nachbarn sind nach und nach bereits wach geworden, an allen Fenstern wird es lebendig, allmählich füllt sich auch die Straße: der Merker prügelt sich mit David. Magdalena ruft vergebens vom Fenster aus David, abzulassen. Allgemeiner Aufruhr: Fragen und Toben. Sachs lacht unaufhörlich: die Liebenden in grösster Verzweiflung wollen endlich die allgemeine Verwirrung zur Flucht benutzen und stürzen sich in den Haufen. Sachs stürzt schnell aus dem Hause, schwingt den Knieriemen, macht sich Platz, haut David eins über, der den Merker losläßt. Dieser macht sich schleunigst fort. Sachs ergreift die Geliebte in Magdalenas Kleidung beim Arm: »Ins Haus, Frau Lene!« und stösst sie in ihr Haus, von welchem er schnell die Thür zuschlägt. Den jungen Mann packt er ebenfalls: »Hierher, Herr Ritter!«, schiebt ihn in seinen Laden und schließt sich rasch mit ihm ein. David kriecht zum Fenster hinein und schlägt ängstlich den Laden zu. Die Fenster werden geschlossen. Alles ist schnell ruhig und still. Der Mond scheint hell auf die Gasse. Der Nachtwächter kommt von vorn und geht nach hinten durch die Gasse unter Absingung des Nachtwächterliedes. Der Vorhang fällt.

Die Liebe ist ein rebellischer Vogel
Prosper Mérimée und Georges Bizet

> Mêlons! Coupons! Rien, c'est cela!
> Trois cartes ici ... Quatre là!
> *Carmen*

Die glücklichsten Monate seines Lebens, vergleichbar nur mit der Tribschener Zeit in der Nähe Richard und Cosima Wagners, verbrachte Friedrich Nietzsche im Frühjahr 1888 in Turin. Seine Krankheit hatte ihn zum ewigen Wanderer werden lassen auf der Suche nach einem milden Klima – für seine letzten sieben Winter hat man einundzwanzig Quartiere gezählt. So kam ihm die Hauptstadt des Piemonts gelegen. Gleich nach der Ankunft die Worte: »Der erste Ort, an dem ich *möglich* bin.« Nietzsche entdeckte Turin als *seine* Stadt: die stillen Straßen, die großen Plätze, die langen Spazierwege im Schatten der Arkaden, das fußgerechte Pflaster, die trockene Luft. Er wohnte im historischen Zentrum der Stadt, billig für fünfundzwanzig Francs incl. Bedienung. Alles, was er brauchte, lag nahebei, die Poststation und ein Theater – dort spielte man *Carmen*. Die ganze Stadt, heißt es in einem Brief, sei *carmenizzato*, Carmen-verrückt, er selbst nicht ausgenommen. In diesen Turiner Wochen entsteht die Streitschrift *Der Fall Wagner*, mit einer berühmten Eingangssequenz:

> Ich hörte gestern – werden Sie es glauben? – zum zwanzigsten Male *Bizets* Meisterstück. Ich harrte wieder mit einer sanften Andacht aus, ich lief wieder nicht davon. Dieser Sieg über meine Ungeduld überrascht mich. Wie ein solches Werk vervollkommnet! Man wird selbst dabei zum »Meisterstück« ... Diese Musik scheint mir vollkommen. Sie kommt leicht, biegsam, mit Höflichkeit daher. Sie ist liebenswürdig, sie *schwitzt* nicht. »Das Gute ist leicht, alles Göttliche läuft auf zarten Füßen«: erster Satz meiner Ästhetik. Diese Musik ist böse, raffiniert, fatalistisch: sie bleibt dabei populär – sie hat das Raffinement einer Rasse, nicht eines einzelnen. Sie ist reich. Sie ist präzis. Sie baut, organisiert, wird fertig: damit macht sie den Gegensatz zum Polypen in der Musik, zur »unendlichen Melodie«.

Nietzsche erhob Bizet zu seinem neuen musikalischen Hausgott und empfahl dessen Musik als Heilmittel gegen das Gift des Musikdramas. Doch brauchte er einige Zeit, um hinter seiner Begeisterung für *Carmen* die literarische Vorlage der Oper wiederzuentdecken, Mérimées gleichnamige Novelle, die er einige Jahre zuvor gelesen hatte: »Sehr spät«, schrieb er an seinen Freund Peter Gast, »bringt mein Gedächtniß (das mitunter verschüttet ist) heraus, daß es *wirklich* von *Mérimée* eine Novelle »Carmen« giebt, und daß das Schema und der Gedanke und auch die *tragische Consequenz* dieses Künstlers noch in der Oper fortleben.«

Bereits in seiner Schrift *Die fröhliche Wissenschaft* hatte Nietzsche den Autor der Novelle *Carmen* als »Meister der Prosa« und »Künstler ersten Ranges« gerühmt; er zählte ihn zu den wenigen »wahrhaft dichterische[n] Menschen«, die sein Jahrhundert hervorgebracht hatte. Mérimée war damals bereits seit zwölf Jahren tot, aber sein literarischer Rang als Frankreichs klassischer Novellist war noch völlig unbestritten. Seither ist sein Ruhm zwar nicht geschwunden, aber schmal und exklusiv geworden, wie das literarische Werk, auf das er sich gründet: einige Gedichte, ein Roman und zwanzig, meist nicht sehr umfangreiche Novellen. Mit den großen Autoren seiner Zeit, Balzac, Flaubert, Victor Hugo, stellt man ihn gewöhnlich nicht auf dieselbe Stufe, und nur die Novelle *Carmen* sichert ihm eine Art Unsterblichkeit. Doch auch die Novelle ist längst in den Schatten eines anderen, wenngleich nicht unbedingt größeren Werkes geraten. Bizets Oper, so sehr sie aus verwandtem Geist entstanden ist, verdeckt mit ihrer enormen Bühnenpräsenz die Erzählung, die ihr als Vorlage diente. Hat man die Musik mit ihrem Schrei der Leidenschaft im Ohr, Don Josés »*C'est moi qui l'ai tuée*«, »Ja, *ich* habe sie getötet«, dann muss einem Mérimées Novelle seltsam streng und spröde erscheinen – zwar ein Schrei der Leidenschaft, aber mit vorgehaltener Hand.

Carmens Auftritt, in Don Josés Erzählung, liest sich bei Mérimée so: »Ihre Mantilla hielt sie auseinandergeschlagen, um ihre Schultern zu zeigen und einen großen Akazienstrauß, den sie im Hemdausschnitt stecken hatte. Im Mundwinkel wippte ihr auch noch eine Akazienblüte, und so schritt sie dahin und wiegte sich dabei in den Hüften wie ein Füllen aus dem Gestüt von Cordoba.« In der Oper rufen die jungen Männer bei Carmens Auftritt »*Voilà la Carmencita!*« Dann singt sie ihre berühmte Habanera: »*L'amour est un oiseau rebelle*«, deren eingebürgerte deutsche Fassung mit den Worten beginnt »Ja, die Liebe hat bunte Flügel …« Es ist leicht zu erkennen, dass die »bunten Flügel« im französischen Original nicht vorkommen. Da ist die Liebe »ein rebellischer Vogel« – wer damit zu tun bekommt, muss sich in Acht nehmen. Es ist belegt, dass Bizet auf Carmens Auftrittslied besonders viel Mühe verwendet hat: Er soll es, auf Drängen der Sängerin Célestine Galli-Marié, die in der Uraufführung die Titelrolle sang, nicht weniger als dreizehnmal komponiert haben. Noch aufschlussreicher, dass er die Verse weitgehend selbst verfasst hat. Seine Entwürfe sind erhalten, und an den Rand geschrieben findet sich die dringende Bitte an seine Librettisten Meilhac und Halévy, »an all dem nichts zu ändern, wenn es möglich ist«. Bizet wusste, dass er sich in dieser Schlüsselszene keine Abweichung vom Charakter seiner literarischen Vorlage erlauben durfte.

> Die Liebe ist ein rebellischer Vogel,
> Den nichts zähmen kann,
> Und es ist vergeblich, ihn zu rufen,
> Wenn es ihm gefällt, sich zu verweigern.
> Nichts hilft dann, weder Drohen noch Bitten,
> Der eine spricht gut, der andre schweigt;
> Und es ist der andere, den ich vorziehe,
> Er hat nichts gesagt, aber er gefällt mir.
> Glaubst du den Vogel schon gefangen,
> Schlägt er mit den Flügeln und fliegt davon …
> Die Liebe ist fern, du kannst auf sie warten.
> Doch wartest du nicht mehr, ist sie da …
> Um dich herum, schnell, schnell,
> Kommt sie, geht sie, kehrt zurück …
> Du glaubst sie zu halten, sie entweicht,
> Du willst sie meiden, sie hält dich fest.
> Die Liebe ist ein Zigeunerkind,
> Sie hat niemals ein Gesetz gekannt;
> Wenn du mich nicht liebst, liebe ich dich;
> Wenn ich dich liebe, nimm dich in acht!

Carmen ist heute eine der meistgespielten Opern des Repertoires und die Habanera ein Werk mit Signalcharakter, das selbst opernunkundigen Ohren vertraut ist. Der Mann, der sie im Sommer 1874, wenige Monate vor seinem frühen Tod, komponierte, gibt der Nachwelt bis heute Rätsel auf. Georges Bizet feierte in seinen Werken zwar die zerstörerische Macht der Leidenschaft, aber seine Person und seine Biographie sind gänzlich frei von spektakulären oder gar dämonischen Zügen. Im Erscheinungsbild erinnert er ein wenig an Schubert: unscheinbar, linkisch, auch dicklich, mit rotblondem Lockenkopf und kräftigem Vollbart, einen Kneifer vor den kurzsichtigen Augen. Er war ein strebsamer Schüler des Konservatoriums und ein fleißiger Komponist, dessen Werke größtenteils vergessen sind. Von frühauf galt er als große Begabung, doch war sein kurzes Leben eine Serie von Fehlschlägen und Misserfolgen. Und er starb, bevor er den Ruhm kennengelernt hatte – den Siegeszug von *Carmen* hat er nicht mehr erlebt.

Er war 1838 in Paris zur Welt gekommen, sein Geburtshaus in der Rue de la Tour d'Auvergne 26, am Südhang des Montmartre, existiert heute nicht mehr. Die Vornamen, die man zunächst für ihn bestimmt hatte: Alexandre César Léopold, lauter kaiserliche Namen, verraten etwas über die hochgesteckten Ambitionen der Eltern. Sie stammten aus dem mittleren Bürgertum und waren beide praktizierende Musiker: die Mutter eine tüchtige Pianistin, der Vater Gesangslehrer. Nach seinem Willen sollte der Sohn Komponist werden, denn seine musikalische Begabung machte sich früh bemerkbar. Schon mit vier Jahren konnte der kleine Georges Noten lesen und fehlerlos vom Blatt singen, bereits mit neun hatte er genug gelernt, um die gefürchtete Aufnahmeprüfung am Pariser Konservatorium zu bestehen. Seine Domäne war das Klavier. Er gewann mehrere Preise und durfte dem berühmten Franz Liszt vorspielen, der ihn mit Lob überhäufte. Eine glänzende Laufbahn als Pianist schien sich für ihn zu eröffnen, doch seine Ziele waren höher gesteckt. Er wollte das musikalische Handwerk von allen Seiten kennenlernen: Orgelspiel, Kompositionslehre, Fugentechnik und Kontrapunkt. Er hatte vorzügliche Lehrer, unter ihnen Charles Gounod, der viele Jahre sein Mentor und Förderer war. Die ersten eigenen Kompositionen entstanden, als er zwölf Jahre alt war. Was von ihnen erhalten geblieben ist, überrascht durch Originalität und harmonische Kühnheit. Das Wort »Wunderkind« liegt nahe, obwohl es für Bizet selten verwendet wird. Dabei kann er, von Mozart abgesehen, alle Vergleiche bestehen, auch die mit Schubert und Mendelssohn. Mit siebzehn komponierte er, zum privaten Gebrauch, eine Sinfonie in C-Dur, die seine ganze Persönlichkeit bereits im Kern zu erkennen gibt, ein kleines Meisterwerk von klassischer Haltung, anmutig, delikat und mit einem ironischen Witz, der schon Prokofjews *Symphonie classique* vorwegzunehmen scheint. Aber das Werk – hier beginnt die Tragödie dieses Komponisten – wurde erst sechzig Jahre nach seinem Tod entdeckt und uraufgeführt.

Bizet war neunzehn, als er sein erstes großes Ziel erreichte: Er gewann den begehrten Rom-Preis, die höchste Auszeichnung, die Frankreich damals an junge Künstler zu vergeben hatte. Er bestand in einem Fünfjahresstipendium in der Villa Medici in Rom; für Bizet bedeutete er Freiheit von materiellen Sorgen. Der Glückwunsch Gounods enthielt eine Warnung: »Jetzt wird Ihr Künstlerleben erst richtig anfangen – ein ernstes und saures Leben.« In Rom und auf ausgedehnten Reisen durch Italien verbrachte Bizet die glücklichsten Jahre seines Lebens. Er liebte das Land, sein Klima, seine Kultur, den Geist der mediterranen Welt, der seinen tiefsten Bedürfnissen als Künstler entsprach, auch wenn ihm das selber teilweise noch verborgen war. Als Komponist produzierte er viel und schnell, darunter die hübsche Buffo-Oper *Don Procopio*, die er unfertig liegen ließ. Unentschlossen schwankte er zwischen allen möglichen Stilen, und nur sein handwerkliches Talent täuschte darüber hinweg, wie orientierungslos er geworden war. An Gounod schrieb er im September 1858: »Man wird nicht leicht man selbst.« Wenig später die prophetischen Worte: »Man müht sich halb zu Tode, den Rom-Preis zu bekommen, kämpft bei der Rückkehr um eine gute Position, und dann stirbt man mit achtunddreißig Jahren.«

Nach Paris zurückgekehrt, jetzt ohne finanzielle Unterstützung durch den französischen Staat, begann das von Gounod vorausgesagte saure Künstlerleben, und daran sollte sich bis zu Bizets Tod vierzehn Jahre später wenig ändern. Das Musikleben der französischen Hauptstadt war wenig entwickelt, jungen Komponisten gegenüber geradezu feindselig, und die Korruption des Zweiten Kaiserreichs vergiftete den gesamten Kunstbetrieb. Bizet musste sich mit Brotarbeiten durchschlagen, unterrichten, korrepetieren, Werke anderer begutachten, Arrangements, Transkriptionen, Klavierauszüge anfertigen, oft von drittklassiger Musik – im Laufe der Zeit viele hundert Stücke. Er arbeitete bis zu sechzehn Stunden am Tag, oft am Rand der physischen Erschöpfung. In dieser Zeit schrieb und konzipierte er über zwanzig Opern, denn nur die Opernbühne bot Aussicht auf Erfolg. Aber die Opéra war ein Museum, die Opéra-Comique erstarrt in ihren eigenen Konventionen. Immer noch gaben die Primadonnen den Ton an, die Theaterdirektoren waren tyrannisch, die Kritiker voreingenommen. Als 1863 Bizets Oper *Les pêcheurs de perles* uraufgeführt wurde, warf ihm eine Zeitung die Nachahmung Verdis vor, eine andere beschuldigte ihn, zur Wagner-Schule übergelaufen zu sein. Und nur der unbestechliche Berlioz erkannte die Bedeutung des Werks. Die *Perlenfischer* wurden siebzehnmal aufgeführt, dann verschwanden sie für mehr als zwei Jahrzehnte in der Versenkung. Andere Werke Bizets kamen erst aus dem Nachlass ans Licht, mit sechzig oder achtzig Jahren Verspätung. 1871 komponierte er die *Jeux d'enfants*, zwölf Kinderstücke für Klavier zu vier Händen, im Jahr danach entstand die Musik zu dem Schauspiel *L'Arlésienne* von Alphonse Daudet, aus der zwei berühmte Suiten hervorgingen. Sie wiesen unverwechselbar die persönliche Handschrift des Komponisten auf: flexible Melodik, feines Kolorit, rhythmische Vitalität und eine einzigartige Mischung von Einfachheit und Raffinement. Bizet wusste sich auf dem richtigen Weg. Als seine Oper *Djamileh* 1872 von der Kritik verrissen wurde (sie erschien erst sechsundsechzig Jahre später aus Anlass von Bizets hundertstem Geburtstag wieder auf der Bühne), schrieb er in einem Brief: »Was mir mehr Genugtuung verschafft als die Ansicht all dieser Leute, ist die völlige Gewissheit, meinen Weg gefunden zu haben. Ich weiß, was ich tue. Gerade habe ich den Auftrag bekommen, einen Dreiakter für die Opéra-Comique zu schreiben. Meilhac und Halévy machen mein Stück. Es wird lebhaft sein, aber von einer Lebhaftigkeit, die sich mit Stil verträgt.«

Damit beginnt die Geschichte von *Carmen*. Bizet arbeitete mit großer Sorgfalt und sonderbarem Eifer an der Partitur, feilte an den Details und war noch bei den Proben von ungewöhnlicher Kompromisslosigkeit. Den Stoff hatte er in der Novelle von Mérimée gefunden, aber bemerkenswert bleibt, dass er selbst es war, der ihn seinen Textdichtern Meilhac und Halévy vorschlug, jenem früher erwähnten Librettisten-Gespann, das im Jahrzehnt zuvor hauptsächlich Jacques Offenbach mit Textbüchern versorgt hatte. Mérimées *Carmen* war zuerst im Oktober 1845 in der *Revue des Deux Mondes* erschienen, einer europaweit gelesenen Zeitschrift, in der hauptsächlich Erlebnisberichte und Reisebeschreibungen aus exotischen Ländern gedruckt wurden. Auch diese Novelle konnte von einem flüchtigen Leser als Erlebnis- und Reisebericht missverstanden werden, denn der eigentlich novellistische Kern, Don Josés Bericht über seine Affäre mit Carmen, wird als Ich-Erzählung in eine locker komponierte Rahmenhandlung eingefügt. Mérimée trägt sie mit protokollarischer Nüchternheit vor und mit einer kühlen Distanz, die den glutvollen Kern der Carmen-Geschichte umschließt wie ein Stahlmantel das strahlende Plutonium. Voltaires berühmte Bemerkung »*L'Afrique commence aux Pyrénées*«, die ihren Widerhall bei den französischen Romantikern um Alexandre Dumas und Théophile Gautier fand, hätte auch von Mérimée stammen können, der sich vom Land jenseits der Pyrenäen besonders angezogen fühlte. Seiner Erzählung stellte er als Motto einen Ausspruch des griechischen Epigrammatikers Palladas voran: »Πᾶσα γυνὴ χόλος ἐστίν· ἔχει δ' ἀγαθὰς δύο ὥρας, / τὴν μίαν ἐν θαλάμῳ, τὴν μίαν ἐν θανάτῳ« – »Bitter wie Galle ist das Weib; doch gibt es zwei Stunden, / wo es angenehm ist: im Bett und auf der Bahre«. Damit ist das Thema der Novelle – Weiblichkeit,

Erotik und Tod – bereits umrissen, mit einem gewissen frauenfeindlichen Akzent, wie er zu einem Autor passt, der meist als Hätschelkind und Dandy beschrieben wird und dessen Biographie sich liest wie ein Paradebeispiel gesellschaftlicher Anpassung. Mérimée war 1803 in Paris zur Welt gekommen, im letzten Jahr von Bonapartes Konsulat, bevor er sich zum Kaiser machte. Er wuchs in einer arrivierten und wohlhabenden Künstlerfamilie auf, studierte Jura, lernte mehrere Sprachen und wurde, noch nicht zwanzigjährig, in einen der wichtigsten literarischen Zirkel von Paris eingeführt, wo man gegen das restaurative Regime der Bourbonen opponierte. Hier lernte er den jungen Delacroix und den nachmals berühmten Kritiker Sainte-Beuve kennen, aber auch Balzac und Stendhal, die angehenden Romanschriftsteller. Stendhal, bereits vierzig Jahre alt, hatte damals noch keine einzige Zeile seines erzählerischen Werks geschrieben, aber der frühreife Mérimée fühlte sich von dieser geistvollen, höchst originellen Persönlichkeit angezogen. Sie wurden Freunde, korrespondierten miteinander, unternahmen gemeinsame Reisen – bis zu Stendhals Tod 1842. Mérimée war unter den drei Personen, die an Stendhals Grab standen – noch keine vierzig Jahre alt, aber bereits Mitglied der Académie française, einer der vierzig »Unsterblichen«, eine Ehre, die Stendhal versagt geblieben war. Mérimée widmete Stendhal eine kleine Schrift; darin der Satz: »Die Freundschaft keines Menschen ist mir wertvoller gewesen.« Stendhal blieb etwas distanzierter und schrieb über seine erste Begegnung mit Mérimée: »Ein armer junger Mann in grauem Rock, hässlich, mit einer Stülpnase, der etwas Dreistes und außerordentlich Missfälliges besaß. Seine kleinen ausdruckslosen Augen hatten immer den gleichen boshaften Blick ... Das war der erste Eindruck, den mein bester gegenwärtiger Freund auf mich gemacht hat. Ich bin mir über sein Herz nicht recht klar, wohl aber über sein Talent.« Über Mérimées Herz ist sich die Welt nie recht klargeworden. Schon als Dreißigjähriger muss er ungewöhnlich kühl, ja geradezu kalt gewirkt haben. In der Öffentlichkeit trug er die Maske des Lebemannes, stets auf der Suche nach erotischen Abenteuern. Er gefiel sich darin, Frauen gegenüber dreist aufzutreten und in seinen Briefen, wie ein Experte der Medizin, mit obszöner Offenheit über seine sexuellen Erfahrungen zu berichten. Baudelaire sprach von einer »affektierten äußerlichen Kälte, die ein scheues Gemütsleben bedeckte«.

Als Schriftsteller war Mérimée früh erfolgreich, zunächst mit *La Guzla*, einer Sammlung von Balladen, die er einem dalmatinischen Dichter abgelauscht haben wollte und als Übersetzung aus dem Illyrischen ausgab. Kein Geringerer als Puschkin übersetzte einige dieser Balladen ins Russische.

Goethe durchschaute die Täuschung und schrieb in einer Anzeige des Buches: »Herr *Mérimée* wird es uns ... nicht verargen, wenn wir ihn als den Verfasser ... der Guzla ... erklären und sogar ersuchen, uns mit dergleichen eingeschwärzten Kindern, wenn es ihm irgend beliebt, aufs Neue zu ergötzen.« Der Weimarer Beobachter, obwohl hoch an Jahren, hat Mérimées Begabung genau erkannt und ihn hellsichtig als Autor charakterisiert, der seine Themen »aus einer gewissen objektiven Ferne und gleichsam mit Ironie« behandelt. Mérimée war sechsundzwanzig Jahre alt, als 1829 seine erste Novelle *Mateo Falcone* erschien, die Geschichte einer korsischen Vendetta. Die erzählerische Kurzprosa wurde seine ureigene und ideale Form. Victor Hugo huldigte ihm als »M. Première Prose«, einem Anagramm des Namens Prosper Mérimée. *Carmen*, sein Meisterwerk, schrieb er 1845 in nur acht Februartagen. Man kann von einer *eruptiven* Hervorbringung sprechen, nachdem eine Inkubationszeit von fünfzehn Jahren vorausgegangen war. Seine wichtigsten Anregungen hatte Mérimée bereits 1830 auf einer ersten Spanienreise empfangen: durch die Begegnung mit einem jungen Mädchen, die sich Carmencita nannte, und durch die Bekanntschaft mit der Gräfin Montijo, der Mutter der späteren Kaiserin Eugénie, die ihm die Geschichte von einem Räuber erzählte, der seine Geliebte getötet hatte.

Diese Geschichte bildet die »unerhörte Begebenheit«, die zum Genre der Novelle gehört und von Mérimée innerhalb einer Rahmenhandlung präsentiert wird. Der Erzähler – man meint dahinter den Autor selbst zu erkennen – gibt sich als reisender Wissenschaftler und Archäologe aus. Er stellt Mutmaßungen an über den Schauplatz von Caesars spanischen Schlachten, aber bis zur Lösung dieses angeblich brennenden Problems will er »eine kleine Geschichte erzählen«. Auf den Ort der Schlacht kommt er im weiteren Verlauf der Erzählung nicht mehr zurück, denn von nun an nimmt allein die kleine Geschichte sein Interesse in Anspruch. So versucht er unter dem Vorwand wissenschaftlicher Neugier zu verbergen, dass Carmen, die Titelheldin, der er in der Rahmengeschichte begegnet, ihn stärker in Bann geschlagen hat, als er zugeben mag. Erst dieser Kunstgriff schafft die untergründige Spannung zwischen der Rahmenhandlung und dem novellistischen Kern, der eigentlichen Carmen-Geschichte, die der Bandit Don José am Tag vor seiner Hinrichtung erzählt. In der Novelle hat Carmen, paradox gesagt, gleich zweimal ihren ersten Auftritt: das erste Mal, wenn der Erzähler ihr am Ufer des Guadalquivir begegnet, das zweite Mal, wenn Don José sie in der Tabakfabrik von Sevilla erblickt. Und ganz ähnlich, wie sie bei dieser früher erwähnten Begegnung erscheint, mit zurückgeschlagener Mantilla und »Akazien im Hemdausschnitt«, so tritt sie in der Rahmenhandlung dem Erzähler entgegen, nur dass sie diesmal Jasminblüten im Haar trägt: »Beim Näherkommen ließ sie die Mantilla, die ihren Kopf bedeckte, auf die Schultern gleiten, und ›im dunklen Glanz, der aus den Sternen niederrieselt‹, sah ich, dass sie klein, jung und gut gebaut war und sehr große Augen hatte.« Mérimée zitiert hier Corneille – mit einer Bildungsreminiszenz schafft er Distanz, hält sich die schöne Zigeunerin vom Leibe, als wolle er zeigen, dass er für ihre Reize zwar nicht blind, aber, anders als der arme Don José, unanfechtbar ist. Wer Corneille gelesen hat, ist gefeit gegen magisch-erotischen Zauber. Carmen spricht den Reisenden mit den Worten an: »Habt Ihr schon von der Carmencita gehört? Die bin ich.« Carmencita ist eine Koseform des Namens Carmen, in Spanien der beliebteste Mädchenname neben Maria. Er leitet sich von Virgen del Carmen her, einem Ehrentitel der Gottesmutter, ist aber zugleich ein gebräuchlicher Deckname für Prostituierte. Heute ist er im Gefolge von Mérimée und Bizet zweifellos weniger christlich als erotisch konnotiert. Schon von ihrem Namen her ist um die Titelheldin der Erzählung etwas Schillerndes, schwer Greifbares. Es gelingt dem Reisenden trotz seiner Landes-und Sprachkenntnisse nicht, ihre ethnische Identität zu bestimmen. Er vermutet zunächst, sie stamme aus Córdoba oder zumindest aus Andalusien, was sie verneint, von da geht er zu »Maurin« über und schließlich zu »Jüdin«. Damit sind für ihn alle Möglichkeiten der Identifizierung erschöpft, er tappt buchstäblich im Dunkeln, und es bleibt Carmen überlassen, sich als Gitane erkennen zu geben, als Zigeunerin. Im Folgenden wird sie genauer beschrieben:

> Ob Señorita Carmen reinrassig war, bezweifle ich stark; in jedem Falle war sie unendlich viel hübscher als alle Zigeunerinnen, denen ich je begegnet bin ... Sie war von seltsamer wilder Schönheit. Ihr Gesicht befremdete zuerst, aber man konnte es nicht vergessen. Besonders ihre Augen hatten einen zugleich wollüstigen und wilden Ausdruck, wie ich ihn seither im Blick keines andern Menschen gefunden habe. Zigeunerauge – Wolfsauge, sagt ein spanisches Sprichwort, das von guter Beobachtung zeugt. Wer keine Zeit hat, in den Zoo zu gehen, um den Wolfsblick zu studieren, mag seine Katze beobachten, wenn sie einem Sperling auflauert.

Für den Reisenden verkörpert Carmen das schlechthin Andere und lässt sofort den Gedanken an eine Hexe und Dienerin des Teufels aufkommen.

Aber die Faszination, die der Reisende verspürt, ist groß genug, um ihr leichtsinnig in ihr Haus zu folgen, wodurch er sich in Todesgefahr bringt, da Carmen um jeden Preis in den Besitz seiner hübschen Repetieruhr gelangen will. Er entkommt nur mit Glück und der Hilfe Don Josés. All das gehört bei Mérimée zur Rahmenhandlung, die im Verhältnis zur Binnenerzählung Don Josés vielfältige Spiegelungen und Rückbezüge erlaubt. Aber ein Opernlibrettist, der die Vorgänge dramatisch-direkt auf die Bühne bringen muss, kann mit einer Rahmenhandlung wenig anfangen. Zwar besitzt Jacques Offenbachs *Les contes d'Hoffmann*, sechs Jahre nach *Carmen* ebenfalls in der Pariser Opéra-Comique uraufgeführt, eine solche Rahmenhandlung, aber sie taugt nicht als Gegenbeispiel, da ihre dramaturgische Funktion darin besteht, drei Akte mit ganz unterschiedlichen, in sich geschlossenen Handlungen zu einer theatralischen Einheit zu verschmelzen. Meilhac und Halévy, Bizets Librettisten, haben auf die Rahmenhandlung ganz verzichtet und beginnen ihr Stück auf einem belebten Platz in Sevilla, wo Wachsoldaten, Passanten und Gassenjungen die Szene beleben. Dann ertönt die Pausenglocke der Zigarettenfabrik, und die Tabakarbeiterinnen strömen auf den Platz, unter ihnen Carmen, die zunächst ihre Habanera singt und dann Don José, der sie nicht zu beachten scheint, die erwähnte Akazienblüte zuwirft. Die Szene soll bei der Uraufführung missfallen und sogar moralische Empörung hervorgerufen haben. Nach den Gründen wird man nicht lange suchen müssen: Hier wurde einem bürgerlichen Publikum, das erbauliche Unterhaltung erwartete, eine Geschichte aus den Randzonen der Gesellschaft vorgeführt, mit obszönem Beigeschmack. Als literarische Parallele drängt sich der Dienstmädchenroman *Germinie Lacerteux* der Brüder Goncourt auf, der einige Jahre zuvor erschienen war – die Geschichte eines Mädchens vom Lande, das nach Paris kommt, der Nymphomanie verfällt und in einem Krankenhaus elend zugrunde geht. Das war der Anfang des Naturalismus in der Literatur. Auf der Opernbühne war ein ähnliches Sujet noch anstößiger. Adolphe de Leuven, einer der Direktoren der Opéra-Comique, brachte sein Unbehagen mit den Worten zum Ausdruck: »Es ist nicht hinzunehmen, einem Publikum, das in der Theaterloge die Verlobung seiner Nachkommenschaft anzubahnen pflegt, ordinäre Fabrikarbeiterinnen, Dirnen, Fahnenflüchtige und asoziale Elemente vorzuführen und das Geschehen in Mord und Totschlag ohne alle opernhafte Verklärung enden zu lassen.« Dabei hatten die Textdichter bereits viel Anstößiges aus Mérimées Vorlage entfernt: Carmens Ehemann zum Beispiel, der als Anführer der Schmugglerbande agiert, oder einen Mord, den Don José als Schmuggler begeht, und sie hatten Versöhnliches und Abmilderndes hinzugefügt, voran die jungfräuliche Micaëla, die Don José Grüße seiner Mutter überbringt und ihm, bevor das Unheil über ihn hereinbricht, wie ein rettender Engel erscheint – sie ist als Gegenfigur zur verhängnisvollen Zigeunerin angelegt. Trotzdem ist man von opernhafter Verklärung weit entfernt. Man nehme etwa die Worte, mit denen Meilhac und Halévy die Fabrikarbeiterinnen die Liebe besingen lassen; sie wird mit dem Rauch einer brennenden Zigarette verglichen:

> Wir folgen mit den Augen in der Luft
> Dem Rauch, der in den Himmel steigt, duftend steigt.
> Er steigt angenehm zu Kopfe, versetzt euch sanft
> In eine angenehme Stimmung.
> Die süßen Worte der Liebenden,
> Sie sind Rauch!
> Ihre Leidenschaften und ihre Schwüre,
> Sie sind Rauch!

»Das Publikum liebt verlogene Romane; dies ist ein Roman, der wahr sein will«, hatten die Goncourts im Vorwort zu ihrem Roman geschrieben. Auf der Opernbühne, wo man sich daran gewöhnt hatte, die Liebe in romantischer Überhöhung dargestellt zu sehen, musste die »Wahrheit« noch weitaus schockierender wirken. Wie ein Schock wirkt sie auch auf Don José, den die Akazienblüte, die Carmen ihm zuwirft, trifft »wie eine Kugel zwischen die Augen«. Gleich Mérimées Reisendem erliegt er Carmens Faszination, obwohl er Furcht empfindet und in ihr eine Hexe sieht: »*Certainement s'il y a des sorcières, cette fille-là en est une*«, sagt er, »sollte es wirklich Hexen geben, dann ist dieses Mädchen gewiss eine.« Carmen wird als Naturgewalt empfunden, und die Männer, die sich dieser Naturgewalt preisgegeben fühlen, müssen sie zwangsläufig dämonisieren, wobei kulturelle Differenz und Geschlechterspannung einander potenzieren. Der reisende Franzose verfügte noch über Hilfsmittel – seine Bildung, seine Sprache, sein Geld –, um sich gegen den Zauber zu wehren, Don José dagegen fühlt sich durch Carmen in seiner ganzen Existenz bedroht. Er stammt aus einer vornehmen christlichen Familie des Baskenlandes, ist zwar ein Heißsporn und streitsüchtig, aber fest eingepasst in einen familiären und militärischen Ordnungsrahmen. Er träumt vom Aufstieg in höhere Ränge und leidet, nachdem er Carmen hat entkommen lassen, unter seiner Degradierung. Sie bezeugt ihm ihre Dankbarkeit, indem sie ihm eine Feile in die Arrestzelle schickt. So wie er sie in Freiheit gesetzt hat, könnte auch er sich jetzt befreien. Aber er macht von diesem Angebot keinen Gebrauch, noch hält ihn die militärische Ordnung fest. Als er seine Strafe verbüßt hat und wieder als gemeiner Soldat seinen Dienst schiebt, entschädigt Carmen ihn mit einer Einladung in die Schenke von Lillas Pastia, die ein erotisches Versprechen enthält: ihr Herz sei frei und leicht zu trösten. Dann tanzt sie für ihn und schlägt die Kastagnetten: »Wie zärtlich sie war! Und ihr Lachen dazu. Dann tanzte sie und riss ihren ganzen Staat in Fetzen. Kein Affe hat je tollere Sprünge, Grimassen, Teufeleien gemacht.« In solchen Augenblicken spürt man das Inkommensurable der Carmen-Figur, jene disparaten Eigenschaften, die sie, gemischt aus Reiz und Furcht, gleichermaßen als männliches Wunsch- und Angstbild konstituieren. Aber dann ruft der Zapfenstreich Don José zurück ins Quartier. Carmen verspottet ihn mit den Worten: »Du bist wohl ein Sklave, den der Stock regiert?« Worauf es bei Mérimée heißt: »Ich blieb und fand mich im Voraus mit dem Arrest ab.« Der Autor der Novelle verweilt nicht lange an dieser Stelle, während Bizet den Gegensatz der Charaktere weiter verstärkt. In der Oper sieht sich Don José fast am Ziel seiner Wünsche, als die Clairons ertönen und er ihren Tanz mit den Worten unterbricht: »Halt ein, Carmen, nur einen kurzen Augenblick!« Sie verspottet ihn daraufhin …

> Ich habe gesungen! ich habe getanzt!
> Ich glaube, Gott bewahre,
> Noch etwas mehr, und ich hätte ihn geliebt …
> Taratata! Die Trompete ertönt!
> Taratara! Er geht! Er ist fort!
> Geh doch, Kanarienvogel!

… eine Anspielung auf die gelbe Uniform der Soldaten. Als Antwort singt Don José seine berühmte Arie: »*La fleur que tu m'avais jetée, / Dans ma prison m'était restée*« – »die Blume, die du mir zugeworfen, im Gefängnis hab' ich sie aufbewahrt«. Statt mit ihr das Bett zu besteigen, zwingt er sie, sich seine Arie, nicht eine der kürzesten, anzuhören, und hält sie dabei laut Regieanweisung »fest am Arm gepackt«. Im Augenblick möglicher Liebeserfüllung schildert er ihr die *Sehnsucht*, die er während der Trennung empfunden hat und holt zum Beweis die vertrocknete Blüte hervor. Seine Liebe ist nicht auf reale Erfüllung gerichtet, sie speist sich aus der Erinnerung, aber gerade das bezeugt das Ausmaß seiner emotionalen

Abhängigkeit. Carmens wegen schließt er sich der Schmugglerbande an und wird zum Outlaw, nicht weil sie es verlangt, sondern weil ihm kein anderer Weg offensteht, nachdem er einen Offizier, der sich um Carmen bemühte, eifersüchtig mit dem Degen attackiert hat. Und da er damit seine militärische Laufbahn, ja sein ganzes früheres Leben preisgegeben hat, verlangt er von Carmen, ihm diese Verluste zu ersetzen. Immer herrischer wird sein Anspruch, immer grenzenloser seine Eifersucht. Im Rückblick zögert er nicht, *sie* für alles verantwortlich zu machen.

Carmen bezahlt Don José mit ihrem Körper, damit fühlt sie sich frei von aller Schuldigkeit. Das gilt nicht für Don José, der an Bindung und Besitz denkt. Darin besteht das grundsätzliche Missverständnis zwischen ihnen: der sexuelle Akt gilt *ihr* als Befreiung von einer Verpflichtung, während es für *ihn* das Eingehen einer Verpflichtung darstellt. Diese Dynamik bestimmt von nun an ihr Verhältnis. Während Don José sich die Liebe nur unter der Form eines Vertrages vorstellen kann, vertritt Carmen den »Egoismus der Liebe«, der jeden Besitzanspruch abwehrt und auf der Freiheit der Liebe beharrt. Sie ist schicksalsgläubig und hat in den Karten gelesen, dass ihr Schicksal von der Hand Don Josés kommen wird. Das ist für sie aber kein Grund, sich ihm zu unterwerfen – für ihre Freiheit setzt sie in fatalistischer Ergebenheit ihr Leben ein. Darum verkörpert sie und nicht ihr desperater Geliebter (obwohl er in der Novelle aus härterem Holz gemacht ist als der gefühlvolle Sänger der Blumenarie) jene »tragische Consequenz«, die den Carmen-Bewunderer Nietzsche so stark beeindruckte: »Endlich die Liebe, die in die *Natur* zurückübersetzte Liebe! *Nicht* die Liebe einer ›höheren Jungfrau‹! Keine Senta-Sentimentalität! Sondern die Liebe als Fatum, als *Fatalität*, zynisch, unschuldig, grausam – und eben darin *Natur*!«

Adorno hat diesen Gedanken in seiner »Fantasia sopra Carmen« noch gesteigert, als er schrieb: »Dieser Gestus der Entäußerung, der Preisgabe jeglichen herrschaftlichen Anspruchs des Menschenwesens durch Carmens Fatalismus, ist eine der Gestalten von Versöhnung, die dem Menschenwesen gewährt wird, Versprechen der Endlichkeit.« Vielleicht wird der wilden Zigeunerin hier etwas zu viel eschatologischer Ballast aufgeladen. Einzuwenden wäre weiter, dass Carmen zwar keinen Herrschaftsanspruch vertritt, aber als Kopf einer Schmugglerbande in der Wahl ihrer Mittel nicht gerade zimperlich ist. Den reisenden Franzosen mit seiner Repetieruhr in Mérimées Novelle hätte es fast das Leben gekostet. Carmen gehört nicht der bürgerlichen Ordnung an, die auf das Eigentum gegründet ist. Aber durch ihr bloßes Dasein erhebt sie Einspruch dagegen, dass diese bürgerliche Ordnung auch die Liebe dem Gesetz des Eigentums unterwirft. Sie verkörpert die andere Möglichkeit. Und da sie die Sexualität nicht als Machtmittel einsetzt, ist sie keine *femme fatale*, obwohl die Wirkungsgeschichte die Figur Carmens immer stärker in diese Richtung gedrängt hat. Dass sie ihre Weiblichkeit *in Freiheit* vertritt, macht sie am Ende zum Opfer. Darin liegt ihre Fatalität, darin liegt auch ihre Faszination, beides zusammen begründet ihre mythische Fernwirkung. In der Figur Carmen fließt vieles zusammen: Dirnenstolz und ethnisches Außenseitertum, erotische Magie und soziale Ausgrenzung, vogelfreie Abenteuerlust und ungezähmter Sexus. Sie verkörpert am reinsten und radikalsten den Typ der exogamen Zauberin, den die französische Romantik so gern beschwor, um ihn ins künstliche Paradies oder auf die Opernbühne zu versetzen: Meyerbeers Afrikanerin und die Dalila von Camille Saint-Saëns sind die bekanntesten Beispiele, und noch Verdis Aida und Strauss' Salome gehören in diesen Zusammenhang. Aber während diese Frauen mehr oder weniger opernhafte Phantasmagorien sind, besitzen Mérimées Carmen und in ihrem Gefolge die Heldin Bizets leibhaftige Wirklichkeit und intensives Leben.

Don José tötet das Objekt seines Begehrens aus Eifersucht. Da er Carmens nicht Herr werden kann, soll auch kein anderer sie besitzen. Auffällig ist allerdings, dass er in der Novelle keinen Grund zur Eifersucht besitzt, denn anders als in der Oper, wo Carmen und Escamillo sich vor dem Stierkampf in glühenden Worten noch einmal ihre Liebe versichern, antwortet Carmen in der Novelle auf die Frage, ob sie den Stierkämpfer liebe, mit den Worten: »Ja, ich hab ihn geliebt, wie einst dich, eine Weile, weniger als dich vielleicht. Jetzt liebe ich nichts mehr ...« Don José wird ein Vorrang vor dem Stierkämpfer eingeräumt. Wenn er Carmen gleichwohl tötet, dann will er die Macht auslöschen, die sie über ihn hat und die er nicht zu kontrollieren vermag. Er tötet Carmen nicht nur als Person, sondern zugleich als Verkörperung einer Weiblichkeit, die er von Anfang an als Bedrohung empfunden hat. Er vernichtet ihren bedrohlichen Körper und gräbt für diesen Körper ein Grab, aber den Ort des Grabes will er nicht verraten, als fürchte er, noch von dem toten Körper dieser Frau könne eine Bedrohung ausgehen. Er legt den Ring und ein Kreuz in ihr Grab (mit den Worten »vielleicht war's Unrecht von mir«), lässt eine Messe für sie lesen und liefert sich der Polizei aus, um auf diese Weise die bürgerliche Ordnung wiederherzustellen, aus der er um Carmens willen ausgebrochen war. Mérimée macht aus Carmens Tod kein großes tragisches Finale wie Bizet in der Oper, sondern bringt Don Josés Erzählung mit wenigen Sätzen zu Ende, um fast im selben Atemzug eine lange, gelehrte Abhandlung über die Zigeuner zu beginnen – ein erstaunlich nüchterner Epilog, den Mérimée zum Missfallen von Publikum und Kritik zwei Jahre später seiner Novelle anfügte. Mit ihm stellt er nicht nur die novellistische Distanz wieder her, um die er von Anfang an bemüht war, sondern er macht aus Carmen, der Verkörperung bedrohlicher Weiblichkeit, schlichtweg die Zigeunerin, ganz ähnlich wie Don José mit seinen letzten Worten: »Die Calés sind schuld, denn sie haben sie so aufgezogen.« So wie Don José Carmens Körper tötet und dauerhaft stillstellt, so gewinnt der Erzähler seine Sprachmächtigkeit zurück, indem er Carmen als ethnologischen Sonderfall analysiert und stillstellt.

Ein solcher Weg war in der Oper nicht möglich. Auch Bizet musste der Gattung Oper seinen Tribut zollen, voran mit den kostümierten Zigeunern und dem Stierkampf-Pomp. Escamillos grandioses Auftrittslied, das heute in Fußballstadien zuweilen den Torjubel untermalt, soll Bizet erst auf langes Drängen hin geschrieben und mit den Worten abgewertet haben: »Sie wollen Schund? Hier ist er.« Gegen diese Lesart spricht, dass er das musikalische Motiv in prominenter Form in der Ouvertüre verwendet hat, als Kontrast zum finalen Todesmotiv. Escamillos Lied bildet mit seiner männlichen Siegesgewissheit den Gegenpol zu Carmens Habanera. Auch hier gehören Tod und Liebe zusammen: der getötete Stier verheißt die Liebe der Frauen.

> Euren Toast kann ich erwidern,
> Señors, denn mit den Soldaten
> Können sich die Toreros verstehen.
> Zum Vergnügen haben sie den Kampf!
> Die Arena ist voll, es ist ein Festtag,
> Die Arena ist voll bis auf den letzten Platz.
> Zurufe, Schreie und Lärm,
> Herausgeschrien fast bis zur Tollheit!
> Denn es ist das Fest des Mutes,
> Das Fest der Leute, die beherzt sind!
> Toréador, zum Kampfe!
> Und denke beim Kampf daran,
> Dass ein schwarzes Auge auf dich blickt
> Und dass Liebe dich erwartet!

Die Uraufführung von *Carmen* fand am 3. März 1875 statt – sie war ein Misserfolg. Das Publikum reagierte kalt und verständnislos, und die

Kritik tadelte die obszöne Realistik des Stoffes und die angebliche Melodienarmut der Musik. Der Librettist Halévy notierte in seinem Tagebuch: »Gute Wirkung des ersten Aktes. Das Auftrittslied der Galli-Marié wird beklatscht ... Der Akt endet gut mit Beifall und Hervorrufen ... Der zweite Akt verläuft weniger glücklich. Der Anfang wirkt glänzend. Das Auftrittslied des Toreadors macht großen Eindruck. Dann Kühle ... Sie nimmt im dritten Akt zu ... Und nach dem vierten Akt, der von der ersten bis zur letzten Szene mit eisiger Kälte aufgenommen wird, ist die Bühne leer ... nur drei oder vier wahre Freunde (Halévy, Meilhac, Guiraud) bleiben um Bizet. Alle versuchen sie, ihn zu beruhigen, zu trösten, aber die Trauer spricht aus ihrem Blick. ›Carmen‹ hatte ein Fiasko erlebt.« Der einflussreiche Kritiker Arthur Pougin schrieb: »Die Figuren sind abstoßend und ohne Interesse. Die Galli-Marié übertrieb die schäbigen Seiten ihrer Rolle in solchem Maß, dass man schwerlich hätte weitergehen können, ohne die Polizei auf den Plan zu rufen.« Peter Tschaikowsky jedoch, der eine der ersten Aufführungen besuchte, sagte voraus, *Carmen* werde binnen zehn Jahren die populärste Oper der Welt sein. Bizet war über die neuerliche Niederlage tief deprimiert. Ende März erkrankte er schwer, und drei Monate nach der Uraufführung starb er in Bougival bei Paris. Am Tag vor seinem Tod hatte er noch den Vertrag für eine Aufführung der Oper in Wien unterschrieben. Von hier aus trat das Werk seinen Siegeszug an, allerdings nicht als *opéra comique* mit gesprochenen Dialogen, wie sie ursprünglich konzipiert war, sondern als »Große Oper« mit nachkomponierten Orchesterrezitativen an Stelle der Dialoge. Auf diese Weise wurde Bizets und Mérimées archaische Heldin dem bürgerlichen Repertoire zugeführt. Schon die zweite Pariser Aufführungsserie von 1883 bot in der Titelrolle eine Sängerin auf, die Eduard Hanslick als »das kolossale Fräulein I.« verspottete. Damit begann, physiologisch gesprochen, Carmens Verfettungsprozess, der erst seit dem letzten Drittel des 20. Jahrhunderts wieder rückläufig ist, nachdem viele Opernhäuser zur ursprünglichen Fassung zurückgekehrt sind. Mit dem Ergebnis, dass man zwar wieder originalen Bizet hört, aber meist ein schlecht gesprochenes Französisch. Um zur weltweiten Ikone zu taugen, musste Carmen dann noch das Medium wechseln und zur Kinofigur werden. Es gibt mehr als ein Dutzend Carmen-Verfilmungen seit der ersten von 1915. Berühmte Regisseure wie Cecil B. DeMille, Charlie Chaplin und Ernst Lubitsch waren daran beteiligt, und Hollywood-Aktricen wie Pola Negri und Rita Hayworth haben Carmen auf der Leinwand gespielt. So wurde die Figur durch Elemente des Vamps und der *femme fatale* erweitert. Der Film *Carmen Jones* von Otto

Preminger verlegte die Geschichte in das Südstaaten-Milieu der USA. Die Filmkarriere des Stoffes gipfelte in den achtziger Jahren des 20. Jahrhunderts, als fast gleichzeitig der Film *Prénom Carmen* von Jean-Luc Godard, der Tanzfilm *Carmen* von Carlos Saura und der opulente Opernfilm von Francesco Rosi in die Kinos kamen. Schließlich gab es eine Theaterversion des großen Peter Brook, die allerdings einen umgekehrten Weg beschritt, einen Weg der Vereinfachung und Reduktion, zurück zum Ursprung. Keine Chöre, keine Statisten, keine Massenszenen; eine kleine Combo statt des großen Orchesters; singende Schauspieler statt stimmgewaltiger Opernsänger. Man könnte auch sagen: mehr Mérimée als Bizet. Brooks Version war, überspitzt formuliert, die Rettung Carmens aus dem Geist der Novelle. Es gibt Literaturkenner, die Mérimées Novelle hoch über die Oper Bizets stellen und diese, wie der englische Mérimée-Biograph Alan Raitt, »nur eine verwässerte und geschönte Version« der Novelle nennen. Aber dieser Streit soll hier unentschieden bleiben.

III

Operette oder Die kleine Oper

Der Mozart der Champs-Élysées
Jacques Offenbach

> *Offenbach:* französische Musik mit einem Voltaireschen Geist, frei, übermütig, mit einem kleinen sardonischen Grinsen, aber hell, geistreich bis zur Banalität ...
>
> Nietzsche

Das Wort »Operette« tauchte laut dem Wörterbuch der Brüder Grimm bereits um 1700 auf, doch meinen die Musikhistoriker die eigentliche Geburtsstunde der Operette genau angeben zu können. Es sei der 5. Juli 1855 gewesen, an dem Jacques Offenbach in Paris den Einakter *Les deux aveugles* (*Die beiden Blinden*) uraufgeführt habe. Dieses Werk, ein Sketch von einer knappen halben Stunde Dauer, worin zwei Blinde auf einer Pariser Brücke sich als Musikanten ausgeben, um erfolgreicher betteln zu können, war womöglich das erste Stück, auf das die Definition der Operette passt, die Karl Kraus über fünfzig Jahre später in seiner Zeitschrift *Die Fackel* lieferte: »Die Operette setzt eine Welt voraus, in welcher die Ursächlichkeit aufgehoben ist, nach den Gesetzen des Chaos, aus dem die andere Welt erschaffen wurde, munter fortgelebt wird und der Gesang als Verständigungsmittel beglaubigt ist.« Die Operette, heißt es dann weiter, nehme eine Welt als gegeben, »in der sich der Unsinn von selbst versteht und in der er nie die Reaktion der Vernunft herausfordert ...«

Karl Kraus war ein Offenbach-Verehrer, und er hat der Tendenz vorgearbeitet, dass man gut daran tue, hinter Offenbach in Deckung zu gehen, wenn man in seriösem Kontext über das Thema Operette sprechen oder schreiben will. Er lässt sich vorzüglich als Gesellschaftskritiker interpretieren, womit er in der Zunft der Operettenkomponisten wie ein weißer Elefant wirkt, da der Gattung nachgesagt wird, das Bestehende lustvoll zu feiern. *Orpheus in der Unterwelt*, Offenbachs bekanntestes Werk, mit dem berühmten Cancan am Schluss, dem mutmaßlich meistgespielten Musikstück des 19. Jahrhunderts, war Zeitsatire im Gewand eines Massenvergnügens, nicht elitäre Gesellschaftskritik für wenige Intellektuelle. Es war allabendliche Unterhaltung, jedem erschwinglich, für jeden verständlich. Nur, und da beginnt sich die Kehrseite zu zeigen, von solcher Zeitsatire ist heute nicht mehr viel nachvollziehbar, es sei denn, man vertieft sich ein Stündchen in ein Geschichtsbuch über die Tage des Zweiten Kaiserreichs in Frankreich. Aber Operette mit Vorabstudium – ist das noch Operette? Natürlich nicht.

Was aber ist überhaupt eine Operette? Offenbach nannte *Orpheus in der Unterwelt* eine »opéra bouffe«, womit ein feiner Unterschied markiert ist. Die Operette genau zu definieren und abzugrenzen ist denn auch schwer. Als Johann Mattheson, der Hamburger Komponist von Opern, Oratorien, Messen und Passionen, 1739 seine Schrift *Der vollkommene Capellmeister*, ein damals einflussreiches Lehrbuch, herausbrachte, lieferte er folgende Definition: »Operetten sind kleine Opern; weiter nichts.« Darin deutet sich der Wunsch seines Jahrhunderts an, Begriffsverwirrungen zu vermeiden. Aber sowohl an den kleineren deutschen Höfen, wo die große Barockoper die örtlichen Kräfte überforderte, wie auch in Italien, wo das Publikum zwischen den langen Akten der abendfüllenden Musiktragödien nach Abwechslung verlangte, bürgerten sich Kurzopern ein, die man in Italien, von Neapel ausgehend, »Intermezzi« nannte – Pergolesis *La serva padrona* stellt das bekannteste Beispiel dar. Das Intermezzo war die Hauptquelle der *opera buffa*, deren späte Meisterwerke Rossini und Donizetti schufen. Was Offenbach angeht, so hat er sich mit der Terminologie schwer getan. Er benutzte insgesamt zweiundzwanzig verschiedene Bezeichnungen für seine Bühnenwerke, darunter rund ein Dutzend für das, was wir heute summarisch »Operette« nennen. Manches heißt »Revue«, »Folie«, »Vaudeville« oder, besonders apart, »Walzer in einem Akt«. Die Bezeichnung »Operette« taucht bei ihm nur in jedem fünften Fall auf, meist für einaktige Stücke, die man heute kaum mehr spielt. Für *Les deux aveugles*, zweifellos eine Wende in seinem Schaffen, wählte er die Bezeichnung »*bouffonnerie musicale*«, also musikalische Posse. Seine bekanntesten Werke – neben *Orpheus in der Unterwelt* sind das *Die schöne Helena*, *La Périchole* und *Die Großherzogin von Gerolstein* – werden allesamt als »*opéra bouffe*« geführt.

Anfangs hatte Offenbach sich auf die kurze Form beschränkt, nicht weil er sich in größeren Formen unsicher fühlte, sondern weil die Behörden seinem kleinen Theater nur einen Darstellerkreis von zunächst drei, dann vier Personen erlaubten, also keinen Chor, auch wenn er es mit der Zahl der Statisten nicht so genau nahm. In diesen kleineren Stücken geht es um das, was man in der Literatur eine Novelle nennt: knappe, interessante Begebenheiten. Zum Beispiel: *Der Ehemann vor der Tür*. Was immer die im Titel genannte Person da treibt, es leuchtet ein, dass sie nicht drei Akte lang vor der Tür bleiben kann. Der Gatte will zu seiner frischgebackenen Frau, die sich aber in ihrem Schlafzimmer plötzlich einem wildfremden jungen Mann gegenübersieht. Für eine kleine dramatische Verwicklung reicht das, nicht für einen ganzen Theaterabend. Es ist ein rasch hingeworfenes Gebrauchsstück, Fortsetzung jener meist heiteren Gesangsstücke, die Offenbach eine Zeitlang in vielen Pariser Salons aufgeführt hatte, zwischen dem Ende eines Diners und dem Beginn eines Tanzvergnügens. Sogar inszenierte Fabeln von La Fontaine wurden da gegeben: *Die Grille und die Ameise* oder *Der Rabe und der Fuchs*, ein seltsames Entertainment, aber sehr beliebt. Die stadtbekannte Geschicklichkeit des Cellovirtuosen und Arrangierkünstlers Offenbach hatte ihn zu einem begehrten Lieferanten solcher Kurzweil gemacht. Eine gewisse Zeit war Offenbach auch Musikdirektor der Comédie-Française gewesen, nur hatte den Pausenmusiken, die er eigens für das berühmte Theater geschrieben hatte, keiner zugehört. Es war trotzdem keine verlorene Zeit. Der Bühnenhistoriker Heinz Kindermann hat darauf hingewiesen, was der Komponist der späteren Meisterwerke solchen Erfahrungen verdankte:

> Die *szenische* Wirkung der meisten Offenbach-Operetten war bei ihren Pariser Uraufführungen deshalb so groß, weil der Komponist selbst auch als *Regisseur* fungierte. Alle zeitgenössischen Zeugen bestätigen es, daß er es ›in der Kunst des Inszenierens zu überragender Meisterschaft‹ gebracht habe ... Meist weilte er bei den Proben, in seinen legendär gewordenen Pelz vermummt, den Zylinder schief auf dem Kopf, auf der Vorderbühne, umgeben von einem ganzen Mitarbeiterstab: von den Textdichtern, dem Direktor, dem Kapellmeister, dem Inspektor, dem Klavierbegleiter. Paßte ihm aber im Verlauf der Probe etwas nicht, dann, so schildern uns die Augenzeugen, ließ er seinen Stock in der Luft umherwirbeln und schrie den Mitwirkenden zu: »Sehr gut, meine lieben Kinder, aber so geht's natürlich nicht!« Sodann, wird uns berichtet, lief er »auf die Bühne mit einiger Beschwerlichkeit, als besteige er einen Berg, brachte im Nu alles durcheinander und wieder in Ordnung. Was erst matt und schleppend gewirkt hatte, war jetzt leicht, lebendig und beschwingt, ganz im Geist der Musik«.

In seiner äußeren Erscheinung, mit großer Nase, ausgesprochenem Kinn und dem Blick des Weitsichtigen hinter seinem berühmten Lorgnon, war Offenbach das Glück der Karikaturisten. Er war bekannt für die ausgesuchte Eleganz seiner Kleidung, und er fing jeden Tag mit dem Besuch des Friseurs an, der es verstand, seine wenigen Haare kunstvoll gebauscht auf seine Schultern fallen zu lassen. Eine für den *Figaro* rasch hingeworfene autobiographische Skizze endet mit den Sätzen: »Ich spreche Ihnen weder von meinen Tugenden noch von meinen Fehlern – nur von einem schlimmen, einem unbezwingbaren Laster: ich muss immer arbeiten. Ich bedaure das für die, die meine Musik nicht mögen. Ich sterbe ganz sicher mit einer Melodie auf der Spitze meiner Feder ...«

Die Arbeit, gewiss, nahm ihn unablässig in Anspruch. Dennoch stand seine Tür jederzeit offen für Mitarbeiter, Librettisten, Musiker, Bühnen- und Kostümbildner. Andere Besucher versuchte seine Frau Hermine mit dem Satz »Jacques ist nicht zu Hause« abzuwehren. Einem Indiskreten, der seine Tür öffnete, sagte er, ohne den Kopf vom Notenpapier zu heben: »Sie sehen ja selbst, dass ich nicht da bin ...« Zweimal am Tag ging er aus, niemals zu Fuß, er hatte sich in seinem Wagen ein Schreibpult einrichten lassen, um unterwegs nicht unnötig Zeit zu verlieren. Nachmittags fuhr er in die zwei, drei Theater, in denen man gerade seine Stücke probte. Wenn ein Stück seinen Rhythmus ganz und gar verlor, war er imstande, selber auf die Bühne zu steigen und einen Fandango zu tanzen. Vielleicht wiederholte er auch seinen berühmtesten Satz: »Sehr gut, meine Kinder, aber so geht's natürlich nicht.« Manchmal fühlte er sich nach den Proben müde und ließ sich in einen Sessel fallen, aber am gleichen Abend schrieb er zu Hause weiter an seiner Partitur. Ludovic Halévy, sein Freund und Textdichter, schrieb in sein Tagebuch: »Ich sehe Offenbach beim Orchestrieren an dem kleinen Schreibtisch in seinem Büro in der Rue La Fayette sitzen. Er schrieb, schrieb und schrieb – mit welcher Geschwindigkeit! Von Zeit zu Zeit hatte er, um eine Harmonie zu suchen, die linke Hand auf den Klaviertasten, während seine Rechte auf dem Papier weiter lief. Seine Kinder kamen und gingen, schrien, spielten, lachten und sangen um ihn herum. Freunde, Mitarbeiter kamen. Offenbach plauderte und scherzte mit ihnen – und seine rechte Hand lief immer weiter. Manchmal fiel plötzlich ein respektvolles Schweigen um ihn herum. Da hob er den Kopf und sagte: ›Was ist denn los? Ich kann doch nicht arbeiten, wenn Ihr alle still seid ...‹«

Solche anekdotischen Details lagen noch in der Zukunft, als Offenbach 1855, mit sechsunddreißig Jahren, eine Holzbude nahe den Champs-Élysées erwarb, mehr waren die »Bouffes-Parisiens« zunächst nicht. Sie befanden sich in einer Art Garten-Wildnis, nur ein paar Schritte entfernt von dem nagelneuen Ausstellungsgebäude der in Vorbereitung begriffenen ersten »Exposition universelle«, der Pariser Weltausstellung von 1855. Offenbach mit seinem Sinn für wirtschaftliche Realitäten (der ihn nicht davor bewahrte, sich in Theaterdingen sein Leben lang haushoch zu verschulden) rechnete mit einer großen Menge von Touristen mit viel Geld und großem Amüsierbedürfnis. Er hatte, nachdem die Genehmigung des Ministeriums vorlag, nur knapp vier Wochen, um das Theater instand zu setzen und das Eröffnungsstück mit Hilfe von Ludovic Halévy, dem Neffen des Opernkomponisten, auf den Weg zu bringen. Nur vier Tage vor der Premiere mahnte er seinen Textdichter: »Sie müssen unbedingt zur Probe kommen heute früh. In Ihrem Prolog müssen ein paar Dinge geändert werden.« Vielleicht wusste er zu diesem Zeitpunkt bereits, dass mit diesem Stück, *Les deux aveugles*, seine Zukunft zur Welt kommen würde. Drei Jahre später, kurz vor der Premiere ihres ersten gemeinsamen Geniestreichs *Orphée aux enfers*, wird Offenbach sich in einem Brief an Halévy an das glorreiche Datum erinnern: »Ich schreibe Dir heute aus einem besonderen Grund. Weißt Du, dass es genau drei Jahre her ist, seit wir unsere gemeinsame Laufbahn begonnen haben, Du als Autor, ich als Direktor ... Weißt Du das noch? Der 5. Juli ist, so viel tägliche Sorgen mir auch aufkommen, ein Datum, an das ich nur mit Freude denken kann.«

Heute stehen die Bouffes-Parisiens, wie das Theater heute immer noch heißt, in der Rue Monsigny, nur wenige Schritte von den Boulevards und dem Palais Royal entfernt; dorthin war Offenbach nach den ersten Erfolgen umgezogen. Anfangs experimentierte der Komponist mit dem Vergnügungsbedürfnis der Pariser. Die Beschränkungen seiner Bühne resultierten in allerlei tolldreisten Sujets. Auf *Les deux aveugles* folgte noch im selben Jahr 1855 *Ba-ta-clan* – ein Name oder Titel, der heute durch den Anschlag vom November 2015 neue traurige Berühmtheit erlangt hat. In dieser »Chinoiserie musicale« finden zwei Franzosen, die es auf eine fernöstliche Insel verschlagen hat, einen Herrscher vor, der die Landessprache nicht versteht, weil er selbst Pariser ist. Der drohende Aufstand der Einheimischen wird überlistet, aber die Komik der Situation kann eine Portion von gallischem Chauvinismus kaum verhüllen.

Die zentralen Werke Offenbachs tragen, wie erwähnt, die Bezeichnung »opéra bouffe«. Mit leichten Abwandlungen wie »*opéra bouffon*« oder »*bouffonnerie*« ist dies seine eigentliche Form, durchweg dreiaktig, nicht auf ein paar durchschlagende Gesangsnummern gestellt, sondern abzielend auf sorgfältig komponierte Ensembleszenen und effektvolle Finali. Der Bezug zur Oper bleibt gewahrt. Es sollten eben nicht *kleine* Opern, sondern *andere* Opern sein, wobei Offenbach die Bezeichnung »opéra comique« vermutlich nicht gescheut haben würde, hätte das von ihm umworbene Musiktheater dieses Namens ihn von Anbeginn akzeptiert und regelmäßig aufgeführt. Ein paarmal hatte er Erfolg mit seinem lebenslangen Streben, in dieses Institut einzuziehen, sich neben Auber, Adam und Gounod gestellt zu sehen. Die Redensart vom Clown, der den Hamlet spielen möchte, drängt sich auf, aber dazu waren in diesem Fall die Genres zu verwandt. Offenbach erhielt seine Chancen, aber sie trugen nicht viel zu seiner Entwicklung bei. Es waren auch eher Äußerlichkeiten, denen er sich anzupassen hatte, eine ausgewachsene Ouvertüre etwa oder Ballett-Einlagen. Aber schon das Sentimentale, Liedhaft-Schlichte etwa der Liebespartien, wovon die Werke Aubers und Gounods zehren, vermochte er nicht zu geben. Das Vorbild, von dem er am meisten lernen konnte, war Rossini, voran dessen spätes Meisterwerk *Le Comte Ory*.

Der Qualitätsmaßstab Offenbachs ergibt sich oft einfach dadurch, ob er sich Zeit ließ für die musikalische Durchdringung eines Stoffes oder ob er, wie Morgenstern es von seinem komischen Helden Korf sagt, Opus hinter Opus aufs Papier warf. Er konnte sehr schnell schreiben, sich auf die Routine und seinen Kredit beim Publikum verlassen, aber er konnte auch äußerst penibel an einer Partitur feilen. Meist zeigen schon die Namen der Librettisten, ob es um hohen Anspruch ging oder um eine schnell hingeworfene Novität. An Ludovic Halévy, der neben Henri Meilhac und oft mit diesem zusammen die wichtigsten Texte für ihn verfasste, schrieb der Komponist: »Du sprichst mir immer vom 2. Akt der Schönen Helena. Es ist mein bester Akt, weil alle Stücke aus der Situation hervorwachsen und wirkungsvoll sind. Ich suche nicht die Quantität, sondern die Qualität. Ohne Situation wird die Musik absurd und langweilig für das Publikum. Mich verlangt es nach Situationen, die ich in Musik setzen kann, nicht ein Couplet nach dem anderen. Das Publikum wird der kleinen Refrains überdrüssig, und ich ebenfalls.«

Ein stolzer Satz, dieser letzte, Mozart hätte ihn an Da Ponte schreiben können. Da zeigt sich, dass Offenbach wusste, wie sehr er die Pariser Theaterbesucher von den Chinoiserien und anderen kurzatmigen Späßen der Operetten-Einakter zu der kompositorisch weit aufwendigeren *opéra bouffe* weitergeführt hatte. Dass dabei – im Gegensatz zur Entwicklung der Großen Oper – die ausgedehntere Form nicht etwa die künstlerische Aussage verwässerte, sondern umgekehrt erst breit entfaltete, macht die Bedeutung Offenbachs aus. Nicht die kleinen Farcen, vielmehr die abendfüllenden Werke wurden zum Gefäß seiner wirksamen und bleibenden Satire. Das erste große Werk dieses Genres war *Orphée aux enfers*, äußerlich als Parodie der berühmten Oper Glucks angelegt, im Kern eine Satire auf das französische Kaiserreich Napoleons III. Wieder schrieb Halévy den Text, aber einige Monate vor der Premiere geriet das Projekt ins Stocken, weil dem Librettisten ein reizvoller Posten, fern von Paris, angeboten worden war. Offenbach wendete sich besorgt an ihn mit den Worten: »Was sagt man mir da? Dass Du den ›Orpheus‹ nicht zu Ende schreiben willst? Ist so etwas überhaupt möglich?! Wenn Du ernst genommen werden willst, musst Du doch zumindest Deine Autorenlaufbahn mit einem Meisterwerk beschließen. Und ›Orpheus‹ wird ein Meisterwerk sein, das 200 Vorstellungen erleben wird. Die Musik kommt wie von selbst und ganz besonders schön – Grund genug, Dich nicht in Ruhe zu lassen. Wenn Du Deinen Namen dabei nicht genannt haben willst – einverstanden! Aber Deine Freunde werden wissen, dass das ganze Stück von Dir ist, und darauf kommt es mir an. Ich drücke Dir die Hand und warte auf Texte. Keine Ausreden – die akzeptiere ich nicht.«

Halévy lieferte, und in der Tat war der *Orpheus* sein erstes Meisterwerk als Librettist. Der Olymp verwandelt sich darin in eine antikische Travestie der französischen Hauptstadt zur Zeit der ersten Weltausstellung. Der Göttervater ist ein Herrscher, der seine Macht mit fragwürdigen Mitteln befestigt und sich als erotischer Hasardeur lächerlich macht, indem er sich dem Objekt seiner Begierde in Gestalt einer summenden Fliege nähert. Die einzige Instanz, vor der auch Jupiter Respekt hat, ist die öffentliche Meinung, die Offenbach als Bühnenallegorie auftreten lässt. Dass hier eine Revolution im doppelten Sinn angezettelt war, als Gesellschaftssatire zunächst, aber auch hinsichtlich des Musiktheaters, blieb der konservativen Kritik nicht verborgen. Ihr Anführer Jules Janin, Theaterkritiker des einflussreichen *Journal des Débats*, griff Offenbachs Werk gleich nach der Premiere scharf an, und seine boshaften Artikel setzten sich noch einige Wochen fort. Schließlich antwortete Offenbach mit mehreren Briefen im *Figaro*: »Mein lieber Janin! Seit zwei Monaten hören Sie nicht auf, über mich zu schreiben. Das erste Mal haben Sie mein Theater und meine Künstler verleumdet, ohne sie genau zu kennen. Dann sind Sie über meinen armen ›Orpheus‹ hergefallen, den Sie noch weniger kennen. Ihre Beharrlichkeit, von mir und meinem Theater zu sprechen, schmeichelt mir unendlich. Schreiben Sie weiter Ihre kleinen wöchentlichen Artikel, sehr liebenswürdiger Freund! Nur – erlauben Sie mir, der ich weniger Zeit zu verlieren habe als Sie, Ihnen nur einmal im Monat zu antworten.«

Offenbach konnte so selbstbewusst schreiben, weil sein Stück ein Riesenerfolg war. Das Publikum konnte gar nicht genug davon bekommen. Und die wütende Kritik Janins wirkte wie eine Werbung, was der Komponist spöttisch zur Kenntnis nahm: »Bravo, Janin! Guter, ausgezeichneter Janin, Janin der größte aller Kritiker! Ihre gehässige wöchentliche Reklame trägt ihre Früchte: wir sind bald bei 150 Vorstellungen dieses abscheulichen

›Orpheus in der Unterwelt‹, und jeden Tag fallen über 2000 Francs in die Kasse des glücklichen Direktors. Orpheus singt auf seiner viersaitigen Leier jeden Abend Ihr Lob. Janin, mein guter Janin, wie dankbar ich Ihnen bin, dass Sie mich jeden Montag in Ihren Artikeln verreißen! Sie sagen, meine Musik sei abscheulich, es sei eine Musik mit kurzem Rock oder eine ganz und gar rocklose Musik! Eine Karnevals- und Maskenball-Musik! Eine Musik in Lumpen! Sie beleidigen den Komponisten von ›Orpheus‹, den Librettisten von ›Orpheus‹, die Künstler, die in ›Orpheus‹ auftreten, das Publikum, das ›Orpheus‹ Beifall klatscht. Sie würden am liebsten sogar den Kartenverkäufer von ›Orpheus‹ beleidigen. Ihre Beleidigungen tun Wunder! Machen Sie doch weiter, lieber Janin! Spitzen Sie Ihre Bleistifte für einen neuen Artikel!!« Der Erfolg war nicht aufzuhalten. An Halévy, den Textdichter, schrieb Offenbach Anfang Mai 1859, ein halbes Jahr nach der Premiere: »Mein verstorbener Großvater hat die geniale Idee gehabt, Ihren Großvater zu Ehren der 100. Aufführung von ›Orpheus in der Unterwelt‹ zu einem kleinen Fest einzuladen. Um Ihr Andenken zu ehren, möchte ich Sie, zur Feier der 200. Vorstellung, ebenfalls zu einem Souper einladen. Ich bin überzeugt, dass unsere Urenkel die Gelegenheit nicht versäumen werden, die 300. Vorstellung zu feiern.«

Orpheus in der Unterwelt steht mit roten Lettern im Kalender der Musikgeschichte verzeichnet. Die historische Dimension wird erkennbar an dem Umstand, dass auch ein so scharfer Beobachter wie Émile Zola die Offenbach'sche Bouffe hasste und bekämpfte. In seinem zwanzigbändigen Romanzyklus *Die Rougon-Macquart* gab er eine vielschichtige kritische Chronik des Kaiserreichs, aber *Nana*, der neunte Roman des Zyklus, der eine berühmte Kurtisane dieser Zeit zur Zentralfigur macht, beginnt mit einer bösartig-genauen Beschreibung eines Pariser Theaterabends in den Bouffes-Parisiens. Gespielt wird »Die blonde Venus«, wohinter Offenbachs nächster Geniestreich, *La belle Hélène*, leicht zu erkennen ist. Wieder ein Stück griechische Mythologie, aus der Offenbach sich nicht die genaue Handlung, aber sein Personal holt. Sechs Jahre nach *Orphée aux enfers* sind die Götter wieder allzumenschlich und die Menschen den Göttern auf der Spur. Was kann Helena, die Frau des Königs von Sparta, anderes tun als von dem schönen Paris träumen und seine Geliebte werden – die Liebesgöttin hat sie ihm ja versprochen. Überhaupt: Die Götter haben es gewollt. Offenbach schreibt wieder an Halévy, der neuerdings mit Henri Meilhac zusammenarbeitet, über ihr neues Projekt, das den Arbeitstitel »Die Eroberung von Troja« trägt, mal aus seinem Sommerhaus in Étretat in der Normandie, mal aus Ems, wo der früh Gichtgeplagte regelmäßig Kuren absolviert. Am 12. Juni 1864: »Ich werde Montag in Paris sein, aber ich bleibe nur zwei Tage. Mach alles für mich fertig, was Du kannst; ich werde es mit nach Ems nehmen, um zu arbeiten. Da die Engländer überall Kriegskorrespondenten hinschicken, wäre das vielleicht ein Mittel für unsere ›Eroberung von Troja‹: Homer Kriegskorrespondent der ›Times‹. Wenn er als Nebenperson in das Bild passt, dann macht es so. Wenn nicht, dann vergesst es.« Drei Wochen später: »Der 1. Akt ist beinahe fertig, er ist wirklich schön geworden. Ihr müsst mir im Finale ein Lied für Paris machen. Agamemnon wird sagen, dass man drei Dinge braucht: eine Moralität, eine Posse und einen Kalauer. Ach – und fast hätte ich's vergessen, sagt er am Ende: man braucht auch ein Lied. Zwei oder drei Personen versuchen zu singen, dann kommt Paris und singt seine Melodie. Man müsste eine Parodie von ›Tannhäuser‹ machen, das wäre witzig, das fehlt im Finale. Einstweilen warte ich ungeduldig auf Deinen 2. Akt, damit ich weiter arbeiten kann.« Das erinnert an den vergeblichen, nach drei Aufführungen abgebrochenen Versuch Richard Wagners, seinen *Tannhäuser* in Paris auf die Bühne der Großen Oper zu bringen, er lag erst drei Jahre zurück. Wagners romantische Oper vom Sängerkrieg auf der Wartburg, die schon Johann Nestroy in einer »Zukunftsposse mit vergangener Musik« verspottet hatte, wäre die ideale Kontrastfolie für Offenbachs freche Travestie gewesen. Am 25. August schreibt er wieder aus Étretat: »Der 1. Akt ist fertig. Er ist sehr schön geworden. Das Finale wird besonders gut ankommen. Du wirst sehen, was ich aus Euren Texten gemacht habe, praktisch ohne eine Linie zu ändern. Bring mir rasch so viele Texte wie möglich, ich habe es eilig mit dieser Arbeit. Wenn ich mich nicht täusche, werden wir damit soviel Erfolg haben wie mit ›Orpheus‹. Mach Dich nicht lustig, ich meine es wirklich.«

Bei den Proben zur *Belle Hélène* geht es ziemlich stürmisch zu. Offenbach ist ein Theatermensch, der alles sieht und alles spürt, jede Schwäche einer Rolle und Inszenierung, jeden abhandengekommenen Rhythmus. Und nichts ist ihm zu schön und zu teuer. Er wird sehr ärgerlich, als der Direktor des Theaters die Bühnenbilder und Kostüme zu aufwendig findet und einen Teil der benötigten Orchestermusiker streichen will. Die Rollenbesetzung ist allerdings allein Offenbachs Sache. Er weiß, für die Partie der Helena braucht es eine magische Frau – eine, die von der ersten bis zur letzten Szene das Publikum gefangennimmt. Es gibt nur *eine* solche Frau in Paris: Hortense Schneider. Sie ist sehr jung aus Bordeaux nach Paris gekommen und schon mehrfach in Offenbach-Produktionen aufgetreten. Inzwischen ist sie eine Diva mit bunt bewegtem Privatleben:

Die königlichen und prinzlichen Theaterbesucher von überall her, die in ihrer Loge vorsprechen, pflegen – das weiß ganz Paris – das Gespräch spät in der Nacht vertraulicher in ihrer Wohnung fortzusetzen. Hortense Schneider, die Diva von Paris, hat Diva-Launen, und sie schlägt Offenbach die Bitte ab, die Helena-Partie zu übernehmen. Da setzt sich der Maestro ans Klavier und spielt ihr die unwiderstehlichste seiner Helena-Arien vor, er akzeptiert sogar die astronomische Gage, die sie verlangt. Die *Belle Hélène* macht Hortense Schneider in kurzer Zeit zur Königin des Boulevards. Henri Meilhac, der ständig verliebte zweite Textautor, schwärmt: »Ah, das Lächeln von Hortense. Wenn es Ja sagt, muss man immer noch fürchten, wenn es Nein sagt, kann man immer noch hoffen ...«

Kehren wir von hier zu Émile Zolas »Blonder Venus« zurück, die nicht nur Offenbachs Stück, sondern auch dessen Protagonistin zur Zielscheibe seiner Kritik macht:

Energisches Pst-Pst drang aus den oberen Rängen. Die Ouvertüre hatte begonnen, es kamen immer noch Leute herein. Die Nachzügler zwangen ganze Reihen von Zuschauern aufzustehen. Die Logentüren klappten. Grobe Stimmen stritten sich auf den Gängen ... Nach und nach flauten die Gespräche jedoch kraftlos ab mit wieder einsetzenden undeutlichen Stimmen. Und inmitten dieses vor Wonne vergehenden Gemurmels und dieser ersterbenden Seufzer stimmte das Orchester mit schnellen, feurigen Noten einen Walzer an, dessen pöbelhafter Rhythmus wie das Lachen über eine Zote klang. Das Publikum lächelte bereits gekitzelt. Doch die Claque in den ersten Parkettreihen klatschte rasend in die Hände. Der Vorhang hob sich ... Der erste Akt der »Blonden Venus« spielte im Olymp. Einem Olymp aus Pappe, mit Wolken als Kulissen und Jupiters Thron zur Rechten. Zuerst sangen Iris und Ganymed, von einer Schar himmlischer Diener unterstützt, einen Chor, wobei sie Stühle für den Rat der Götter aufstellten. Erneut setzten von ganz allein die regelmäßigen Bravorufe der Claque ein; das Publikum, das sich nicht ganz zurechtfand, wartete ab.

Bis zum ersten Auftritt der Protagonistin vergeht noch einige Zeit, aber dann heißt es:

In diesem Augenblick teilten sich die Wolken im Hintergrund, und Venus erschien. Nana, sehr groß, sehr stark für ihre achtzehn Jahre, in ihrer weißen Göttinnentunika, mit ihrem langen blonden Haar, das ihr einfach aufgelöst über die Schultern fiel, kam mit ruhiger Sicherheit nach vorn an die Rampe, wobei sie dem Publikum zulachte. Und sie stimmte ihre große Arie an: »Wenn Venus abends bummeln geht …« Schon beim zweiten Vers sah man sich im Zuschauerraum an. War das ein Scherz oder irgendeine Wette Bordenaves, des Direktors? Noch nie hatte man so falsche Töne gehört, eine Stimme, die so wenig kunstmäßig geführt wurde. Ihr Direktor beurteilte sie richtig, sie sang wie eine Klistierspritze. Und sie wusste nicht einmal, wie sie sich auf der Bühne benehmen sollte, sie warf die Hände nach vorn und wiegte den ganzen Körper hin und her, was man wenig schicklich und ohne Anmut fand. Schon stiegen Oh-Oh-Rufe aus dem Parkett und von den billigen Plätzen auf, und es wurde halblaut gepfiffen, als eine Stimme wie die eines jungen Hahnes, der Stimmbruch hatte, im Sperrsitz voller Überzeugung ausrief: »Fabelhaft!«

Es ist eine lange und zutiefst sarkastische Schilderung, die das ganze erste Kapitel des Romans *Nana* ausfüllt. Zola verachtete die *opéra bouffe*, weil er spürte, dass es da nicht um billige Späße über die Antike ging, sondern um eine künstlerische Revolution. Aber für Zola war Offenbach kein Gegner der dekadenten Gesellschaft des Zweiten Kaiserreichs, sondern ihr Verbündeter. Nana, die Halbweltdame, die in der »Blonden Venus« ihren spektakulären Bühnenauftritt hat, lässt er an dem Tag sterben, an dem der deutsch-französische Krieg beginnt, ein symbolisches Ende. Offenbachs Stück wiederum, das 1864 den Trojanischen Krieg auf die Bühne brachte, konnte als Vorwegnahme des realen Krieges zwischen Deutschland und Frankreich um die Vormachtstellung in Europa verstanden werden.

Im Fall von *La vie parisienne*, zwei Jahre später – 1866 – uraufgeführt, zeigte sich Offenbach aufgrund der fünf Akte, die ihm Meilhac und Halévy geliefert hatten, unwillig, die gewohnte Bezeichnung »opéra bouffe« anzuwenden, also nannte er es einfach »Stück in fünf Akten mit Gesang«. Gerade das geriet zur schonungslosen Entlarvung des Zweiten Kaiserreichs, auch wenn auf der Bühne keine antiken oder exotischen Herrscher den direkten Vergleich mit Napoleon III. zuließen. Diese *opéra bouffe*, zur Zeit der Premiere spielend, führt die französische Metropole als ein einziges Schwindelunternehmen vor. Ein naives schwedisches Touristenpaar mit hohen Amüsiererwartungen, ein reicher Brasilianer mit weit geöffneten Händen und Taschen, und paar schlaue Pariser verbergen ihre Absichten, vertauschen ihre Rollen und spielen ihre Spiele um Liebe und Geld mit falschen Karten und ungeduldigen Herzen. Sie erleben lauter

Adlige, hohe Offiziere, vornehme Damen, in Wirklichkeit aber sind es Kellner, Lebemänner und Stubenmädchen. Jeder gibt vor, etwas zu sein, was er nicht ist und niemals werden kann. Aber das geschieht nicht im Rahmen einverständlicher Maskenfeste, sondern zu sehr direkten Täuschungszwecken. Wenngleich sich am Ende alles als Scherz herausstellt und alle himmelblauen Träume zu Ende geträumt werden dürfen, so wird diese Pariser Nacht im Rondo der Metella nicht etwa operettenhaft mit einem »Lasst uns alle recht lustig sein« zusammengefasst, vielmehr gerät das Stück zu einer Valse triste, die sich vom mitternächtlichen Höhepunkt des Festes über die allmählich sich leerenden Gläser bis zum Kater des nächsten Morgens hinzieht. Die im Frühnebel heimschleichenden Feierleichen werden vom Straßenfeger desillusioniert. Eine immer mehr nach vorn tretende Basslinie des Orchesters drängt die müden Ballgäste regelrecht in die Ernüchterung des Tages.

Was die Zeitbezüge angeht, so sind wir seit Siegfried Kracauers Offenbach-Buch nicht länger bereit, an einen nur witzig-pikanten Komponisten von frivolen Melodien und zündenden Tänzen für eine gut zahlende Oberschicht zu glauben. Das Buch, 1938 in einem Exilverlag erschienen, geht von der These aus, dass die Offenbach'sche Operette nur entstehen konnte, weil die Gesellschaft selbst operettenhaft war. Adornos scharfe Kritik, sein Vorwurf, Kracauer habe es versäumt, die Operette Offenbachs als Ursprung des Kitsches aufzudecken, hat das Buch so wenig entwerten können wie die späteren Vorwürfe, es werde darin unterlassen, die Marx'sche Warentauschtheorie auf Offenbachs Werke anzuwenden. Wichtiger ist festzuhalten, was die Werke von sich aus zutage bringen. Danach scheint es sinnvoller, mit Offenbach nicht so sehr den Beginn der Operette, als vielmehr das Ende einer geschichtlichen Epoche zu vermerken. Im Rondo der Metella erklingt Aschermittwochs-, nicht Rosenmontagsmusik. Offenbach hat der Gesellschaft des Kaiserreichs zwar zum Vergnügen aufgespielt, aber auch die Trauermärsche zu seiner Beisetzung komponiert. Wenn man ihn den »Mozart der Champs-Élysées« genannt hat – was immer eine solche Bezeichnung, die in diesem Fall von keinem Geringeren als Rossini stammt, wert sein mag –, so war Offenbach auch schon ein wenig der Gustav Mahler der Boulevards. Neben dem Lustigen steht das Makabre, stets droht der Umschlag des Heiteren in das Unheimliche. Agamemnon singt im dritten Akt der *Schönen Helena* die ahnungsvollen Worte: »*Tu comprends, que ça ne peut pas durer plus longtemps.*«

Die Pariser Zuhörer verstanden, dass es nicht lange so weitergehen könne. Der Krieg, besser der durch den Krieg geweckte Hass, war der parodistische Orgelpunkt der nächsten Offenbach'schen Bouffe: *La Grande-Duchesse de Gérolstein*. Das Premierenjahr 1867 war das Jahr einer neuen Pariser Weltausstellung, die die immer deutlicher sichtbaren Risse und Sprünge des Zweiten Kaiserreichs vorübergehend in einem Rausch von Festlichkeiten vergessen ließ. »Niemals hat die Lebensfreude eindringlicher und lärmender von einer Stadt, von einer vergnügungstrunkenen Bevölkerung Besitz ergriffen«, hieß es in einem Pressebericht.

Die Großherzogin, eine Phantasiefrau in einem Phantasieland, will auf keinen Fall den debilen Prinzen heiraten, den ihr großherzoglicher Vormund ihr anrät. Sie liebt besonders Männer in Uniform wie den hübschen, wenn auch etwas simplen Soldaten Fritz, den sie rasch auf höhere Rangstufen befördert. Fritz weiß mit seiner erlauchten Braut nichts anzufangen, zumal er bereits eine Braut hat. Wie er dann eigenhändig eine Schlacht gewinnt und von seinem missgünstigen General aus der Armee entfernt wird, wie er seine ihm zugedachte erste Braut bekommt, so dass die Großherzogin am Ende doch ihren debilen Prinzen heiraten muss – das alles erzählt das Stück mit Witz und Champagner-Leichtigkeit.

Das Stück hatte zunächst Schwierigkeiten bei der kaiserlichen Zensur, die Offenbach zu überwinden wusste – er hatte inzwischen Verbindungen zu Persönlichkeiten von Rang und Einfluss. Schwieriger fiel diesmal die Zusammenarbeit mit seinen Librettisten aus. Offenbach schrieb Ende Juli 1866 an Halévy: »Ich habe Euren 2. Akt gelesen und noch einmal gelesen. Er ist außerordentlich gut gebaut, aber ... leider fehlt ihm jede Heiterkeit. Ihr habt der Musik ihren Platz lassen wollen wie zwei junge Autoren, die noch nie eine ›Schöne Helena‹ geschrieben haben – – : lest doch den ganzen Akt noch einmal, streicht die einzelnen Stücke weg ... das Finale ausgenommen ... und Ihr werdet sehen, dass die Musik vollkommen überflüssig ist. Und ich gebe zu, dass ich es unmöglich finden würde, damit etwas Richtiges, ich meine etwas Gutes anzufangen. Und statt eine mittelmäßige Musik zu machen, ist es gescheiter, gar keine zu machen.« So ging es lange hin und her, bis zu dem Ausruf des Komponisten, der nur teilweise als Entschuldigung zu lesen war: »Ich bitte Euch um Verzeihung, meine Lieben! Ich habe Euch mit der Offenheit eines alten Militärs gesprochen, aber das ist eine Pflicht. Sind wir nicht solidarisch in unseren Arbeiten? Ihr dürft meine Musik genauso fertigmachen.«

Die Premiere der *Großherzogin* war kein Triumph, Halévy notierte in seinem Notizbuch: »Von den ersten Worten an lief ein Feuer im Saal um. Nur: in der Mitte des 2. Aktes war es wie ausgelöscht. Ein Glockenspiel, am Ende des 2. Aktes, und eine wirklich ganz abscheuliche ›Hugenotten‹-

Parodie im 3. Akt haben den Saal nicht mehr umgestimmt. Und das Stück, das wie ein großer Erfolg begonnen hatte, endete ... wie? Schwer zu sagen, ob es ein halber Erfolg oder ein Durchfall war ...« Noch in derselben Nacht berieten sich die Autoren mit ihren Freunden, was zu verändern sei und wie. Das nahm nur zwei Stunden in Anspruch. Offenbachs Fähigkeit und Bereitschaft zu kürzen war seit eh und je unbegrenzt. Schon die dritte Aufführung der *Großherzogin* wurde ein Riesenerfolg. Vierzehn Tage später wohnten der Kaiser, die Kaiserin und als ihr Gast Herr von Bismarck, der preußische Ministerpräsident, einer Vorstellung bei und amüsierten sich köstlich. Bismarck versprach, bestimmt wiederzukommen, was er vier Jahre später im Gefolge der Kruppkanonen auch tat. Halévy notierte in seinem Tagebuch: »Unser Spott gilt diesmal dem Krieg. Und der Krieg steht vor unserer Tür.«

Der Kaiser der Franzosen ging in die Gefangenschaft, die Spekulantenwelt ging in die Brüche, wenigstens vorübergehend, im Spiegelsaal von Versailles wurde das deutsche Kaiserreich ausgerufen, und die Pariser Kommune erbaute ihre Barrikaden, bis die Regierungstruppen sie erbarmungslos niederkartätschten, unter beifälligem Zuschauen der deutschen Truppen, die sich darauf beschränkt hatten, einen Ring um die Stadt zu legen. In diese Abgründe konnte Offenbachs Satire nicht hinabsteigen, aber wenigstens der Kaiser hat durch sie eine Spur fragwürdiger Unsterblichkeit gewonnen. Dennoch ist es unnötig, jeden vertrottelten Kronenträger, der irgendwo bei Offenbach auftaucht, gleich nach Spuren der Ähnlichkeit mit Napoleon III. zu untersuchen. In *La Périchole* zum Beispiel, der Geschichte vom tingelnden Pärchen, das durch die Nachstellungen eines dummschlauen Herrschers erst getrennt wird, dann aber wieder zusammenkommt, muss man sich den Vizekönig von Perú nicht gleich als Kaiser der Franzosen vorstellen. Es war etwas anderes, Parallelen zwischen Napoleon und Jupiter zu ziehen oder die Kaiserin Eugénie mit einem Straßenmädchen zu vergleichen. Man darf Offenbach in dem Bestreben, ihn zum Dissidenten einer Diktatur zu machen, nicht noch da als Fürstenkritiker hochstilisieren, wo er einfach ein widriges Schicksal, wie es in tausend Liebesgeschichten auftritt, ins Gewand der Obrigkeit kleidet. Der Brief, den die Périchole ihrem Piquillo schreibt, ehe sie, freiwillig, nicht gezwungen, an den Hof geht, verbindet Gefühl und Esprit auf eine Weise, die man sonst eher bei den Heroinen Massenets und Puccinis findet, die aber auch Offenbach nicht völlig fremd war. Sie kündigt die Hinwendung zur Oper, kündigt *Les contes d'Hoffmann* an.

Neben Stücken, in denen nicht mehr Satire gesucht werden sollte als da ist, gibt es solche, die zu keinem anderen Zweck als dem der Satire geschrieben wurden. Die letzte *opéra bouffe*, die Offenbach vor der Zwangspause des deutsch-französischen Kriegs herausbrachte, war *Les Brigands*, die letzte gemeinsame Arbeit mit dem Autorengespann Meilhac und Halévy. Und wieder entspann sich ein aufschlussreicher Briefwechsel über das Stück. Vier Monate vor der Premiere schrieb Offenbach an Halévy: »Du weißt, wie es mit dem Weg zu meinem Herzen steht. Mein Herz ist ein Saiteninstrument; wenn man es anrührt, und einen Ton zum Vibrieren bringt, kann man sicher sein, dass ich mit einer Überfülle von Akkorden antworten werde. Es hat nur den letzten Absatz Deines Briefes gebraucht, den, wo von Vertrauen und von unserer Freundschaft die Rede ist, und schon kommt meine Antwort ...« Einige Wochen später folgen die Sätze, die schon früher zitiert wurden und die man fast programmatisch verstehen kann: »Mich verlangt es nach Situationen, die ich in Musik setzen kann, nicht ein Couplet nach dem anderen. Das Publikum wird der kleinen Refrains überdrüssig, und ich ebenfalls.« Offenbach fügt dann mit Blick auf die aktuelle Arbeit hinzu: »In diesem 2. Akt habt Ihr mir keine einzige Situation gegeben. Die müsst Ihr suchen. Das muss doch einfach sein, der 2. Akt ist *übervoll von komischen Situationen.*«

Es geht in dem Stück um eine Banditentruppe, die erfährt, dass bei einer bevorstehenden Fürstenhochzeit der Hof der Braut durch den Hof des Bräutigams von seinen Schulden befreit werden soll, Schulden von drei Millionen. In diese Transaktion möchten sich die Banditen einschalten. Leider besitzt der zahlungswillige Hof die Summe gar nicht mehr, denn der Finanzminister hat alles durchgebracht. Dennoch gibt es ein Happy End, das durch Bestechungsgelder zustande kommt, man arrangiert sich, der Banditenführer wird neuer Sicherheitschef, von Bestrafung der Schuldigen ist keine Rede. Hier haben Meilhac und Halévy das zynische Spekulantentum und die Korruption der Zeit auf das Schärfste angegriffen.

Dennoch irrt man, wenn man darin nur Unsitten sehen will, die besonders der Zeit des Zweiten Kaiserreichs eigen gewesen wären. Ein Blick in die Romane Balzacs genügt, um zu erkennen, dass Napoleon III. lediglich beförderte, was schon vorher in Gang gekommen und unter Anleitung des Ministerpräsidenten Guizot zur Regierungsmaxime geworden war: »*Enrichissez-vous!*«, »Bereichert euch!« Balzacs *Geschichte von César Birotteaus Größe und Untergang* ist eine einschlägige Lektüre, aus der man viele Erkenntnisse über die Gesellschaft gewinnt, in die Offenbach langjährige Einblicke genommen hatte: Der Parfümeriehändler und Ritter der Ehrenlegion, ein geachteter und wohlhabender Bürger, gerät in den

Strudel und verliert jeden Kredit, er muss Konkurs anmelden und bricht seelisch zusammen. Es gehört zur Eigenart Balzacs, die Leidenschaften und Schicksale fast immer ins Extreme zu steigern. Offenbachs Finanzminister ergeht es in Wirklichkeit kaum anders, aber er weiß den Kopf aus der Schlinge zu ziehen; der Komponist verschmähte die tragischen Untergänge. Doch konnte er nicht verhindern, dass mit dem Untergang des Kaiserreichs seiner Satire das geeignete Objekt abhandenkam. Siegfried Kracauer hat den Sachverhalt mit wenigen Sätzen festgehalten: »In einer Zeit, da sich die Bourgeoisie verstockte und die Linke ohnmächtig daniederlag, war die Operette Offenbachs die entscheidende Form des revolutionären Protestes. Sie entfachte ein Gelächter, das die anbefohlene Stille durchdrang, und reizte ein Publikum zur Opposition, indem sie es nur scheinbar amüsierte. Während der zweiten Hälfte des Kaiserreichs zeigte sich immer deutlicher, dass sie noch etwas anderes war als heitere Unterhaltung. Die ›Schöne Helena‹ glitzerte bedrohlich, die ›Großherzogin von Gerolstein‹ erlangte einen dem Kaiser peinlichen Ruf. Je mehr sich die Irrationalität des Régimes entschleierte, desto mehr offenbarte sich die Realität der Offenbachiade. Desto überflüssiger wurde sie aber auch als politisches Instrument. Denn mit dem Zurückweichen der Diktatur und dem Anschwellen der Linksopposition mengten sich wieder die gesellschaftlichen Kräfte ins Spiel, die sie, die Offenbachiade, bisher vertreten hatte. Die Isolierschicht, in der sie gediehen war, brach auf, und die Wirklichkeit verscheuchte ihren Platzhalter, die Operette.«

In seinem letzten Lebensjahrzehnt hatte Offenbachs Leben nicht mehr die Würze der vorausgegangenen fünfzehn Jahre. Eine Zeitlang wurde ihm seine deutsche Herkunft, dann auch sein vermeintlicher Antirepublikanismus vorgeworfen, den man im Gefolge Zolas darin zu finden meinte, dass er im Jahrzehnt zuvor angeblich das Kaiserreich verklärt hatte. Er stürzte sich, als Direktor eines Pariser Theaters, in so hoffnungslose Schulden, dass er jahrelang mit seinen Autorenrechten dafür aufkommen musste. Er unternahm eine amerikanische Konzerttournee, um seinen Finanzen wieder auf die Beine zu helfen. Und die Gicht breitete sich mit immer heftigeren Schmerzen in seinem Leben aus. Allein in diesem letzten Jahrzehnt kamen dreißig neue Stücke zur Welt, die er jetzt gelegentlich »Operette« nannte. Aber eine große romantische Oper zu schreiben – das war ein Traum, der so alt war wie er selbst. Immer wieder an Gounod und Wagner gemessen, konnte er der Versuchung nicht widerstehen, sich aufs Feld der romantischen Musikdramatik zu wagen. *Les contes d'Hoffmann (Hoffmanns Erzählungen)* hieß das letzte Werk, geschrieben in einer für ihn neuen Musiksprache, begonnen drei Jahre vor seinem Tod und nicht völlig abgeschlossen. Im Februar 1881 wurde es an der Pariser Opéra-Comique uraufgeführt, vier Monate nach Offenbachs Tod. Heute ist es neben Bizets *Carmen* die meistaufgeführte französische Oper des 19. Jahrhunderts.

Sie war nicht Offenbachs erster Griff nach der großen Opernform. In Wien war er bereits 1864 mit den *Rheinnixen* durchgefallen, woraus er die berühmte Barkarole für den Venedig-Akt von *Hoffmanns Erzählungen* entwendete. Wie weit er selbst von der deutschen Spieloper seiner Zeit entfernt war, hört man sogleich heraus, wenn es um scheinbar Vergleichbares geht. »Als ich noch Prinz war in Arkadien«, singt Hans Styx im zweiten Akt von *Orpheus in der Unterwelt*, wenigstens in der deutschen Fassung des Stücks, »Auch ich war ein Jüngling im lockigen Haar«, erinnert sich Hans Stadinger im Finale von Lortzings *Waffenschmied*. Das deutsche Werk, zwölf Jahre früher entstanden, zeigt ein plötzliches Umschlagen von Weinseligkeit in Militarismus, während das französische die Imponiersucht des Sängers als Schwäche, um nicht zu sagen als Impotenz entlarvt. In gutwilliger Interpretation verkörpert Hans Styx die Sehnsucht nach einer arkadischen Vergangenheit, wo der Mensch nichts als Mensch und sein Gefühl noch echt sein durfte. Das macht ihn zu einer tragikomischen Figur, da solche Sehnsucht in einer Zeit, in der Geld und äußerer Schein regieren, nichts als Nostalgie ist und vollends lächerlich wirkt. Hans Styx hat immerhin den Vorzug der Ehrlichkeit und rasselt nicht mit dem Säbel.

Wie nüchtern sie doch alle sind, die sentimentalen Helden Offenbachs! Es ist eine durch und durch intellektuelle Kunst, bei der man um die Ecke denken oder durch die Finger sehen muss, als Massenvergnügen nicht besonders gut geeignet. Dabei bleibt die wichtige Frage offen, was eigentlich die Pariser Besucher der Bouffes-Parisiens zu hören bekamen, die das Glück hatten, Offenbachs Zeitgenossen zu sein. John Styx, wie ihn der Textautor Hector Crémieux nannte, machte nämlich keine Anspielungen auf die Gegenwart in seinen Versen über den König von Böotien, denn das war er, König, nicht Prinz. Da beginnt bereits der ganze Jammer der deutschen Fassung: Dem einsilbigen »roi« des französischen Originals kann eben kein zweisilbiger deutscher »König« entsprechen, folglich muss aus ihm ein Prinz werden. Ist das unwichtig? Überdies ist die französische Fassung viel knapper, nicht so redselig wie die geläufige Eindeutschung. Das Gerede von den veralteten Texten bei Offenbach sei so dumm wie der Inhalt der neuen deutschen Texte, schimpfte Karl Kraus, der glühendste Parteigänger des Komponisten im 20. Jahrhundert. Nun, Gustaf Gründgens, Hans Weigel, Walter Felsenstein und Peter Hacks haben mit beachtlichem Geschick und fast stets ohne Antasten der Musik einiges vom Wortoriginal für unsere Ohren gerettet. Karl Kraus trug mit den Verlegern des Hauses Bote & Bock eine erbitterte Fehde aus, weil deren Geschäftstüchtigkeit an die Stelle der alten, relativ guten Übersetzung von *La vie parisienne* durch den Schauspieler Karl Treumann einen neuen, angeblich modernen, in Wirklichkeit seichten Text setzte. Der Liebesbrief zum Beispiel, den Metella von einem fernen Verehrer bekommt, die lyrische Perle im Desillusionszauber des Stücks, wurde in den zwanziger Jahren durch Anspielungen auf die Reizwäsche der Sängerin um eine Schlüpfrigkeit angereichert, die dem Original völlig fehlt. Wann hätte der Geschmack von Meilhac und Halévy, wann hätte französische Phantasie solch plumper Hilfsmittel bedurft? Karl Kraus protestierte zurecht gegen die Umwandlung einer Offenbach'schen *opéra bouffe* in eine deutsche Bühnenklamotte.

Offenbach-Bearbeitungen scheinen heute zahlreicher zu sein als Offenbach-Originale. Was die Musik angeht, berufen sich die Bearbeiter gern darauf, der Komponist selbst habe gutgeheißen, was mit seinen Werken andernorts getrieben wurde. Tat er immer gut daran? Man muss ihm sogar dort widersprechen, wo er den größten orchestralen Erfolg seines gesamten Werkes absegnete, die nicht von ihm stammende Fassung der Ouvertüre zu *Orpheus in der Unterwelt*. Sie besorgte der Wiener Kapellmeister Karl Binder vor der österreichischen Premiere des Stücks. Ein derart revolutionäres Sujet, dachte er irrigerweise, brauche etwas Fesches vorweg. Als der Komponist bei einem Besuch in Wien hörte, was dort als Potpourri der wichtigsten Motive seines Werkes entstanden war, gab er sein Einverständnis. Dabei stimmt das originale Vorspiel viel besser in die olympischen Gefilde ein als die populäre Version, die sich leider eingebürgert hat. Offenbach schrieb nach einer Holzbläsereinleitung ein Pastiche-Menuett im Stil des 18. Jahrhunderts, schließlich war seine Vorlage ja Glucks große Oper, die er allen gegenteiligen Vermutungen zuwider glühend verehrte. Erst solche Verehrung schafft ja die angemessene Dimension für die Parodie. Wer die Originalouvertüre nicht kennt, versäumt den köstlichen Scherz eines pomphaft anhebenden Fugato-Themas, das aber schon kurz nach Einsetzen der zweiten Stimme erbärmlich in sich zusammenfällt, Symbol der nicht ganz sattelfesten Autorität Jupiters und seiner olympischen Götterschar, hinter der das Regime des dritten Napoleon sichtbar wird. Die Welt, verrät uns diese Fuge, ist regelwidrig aus den Fugen. Gottlob haben Dirigenten wie René Leibowitz in ihren werkgerechten Offenbach-Aufführungen solche Schätze nicht zugunsten billiger Popularität ausgeschlagen, wie sie auch der Versuchung widerstanden haben, den satirischen Witz Offenbachs einer wienerischen Walzerseligkeit aufzuopfern.

Es gibt Offenbachs *opéra bouffe*, und es gibt die deutsch-österreichische Operette. Es sind verschiedene Welten. Die Einfuhr der ersteren in den Geltungsbereich der letzteren geht selten ohne Beschädigung der transportierten Ware vor sich. In diesem Fall glaubt man die Veränderung des Stils beinahe auf die Taktarten zurückführen zu können: in Paris die pulsbeschleunigenden Zweiviertel, in Wien die sinneverwirrenden Dreiviertel. Nicht dass Johann Strauß keine Märsche schreiben konnte, nicht dass Offenbach den Walzer verschmähte. In der Ouvertüre zur *Schönen Helena* hat er den Kontrast sogar für seine Zwecke genutzt und ohrenfällig gemacht, denn er bricht dort in einen schmeichelnden Dreivierteltakt mit dem ihm gemäßeren Kontrastthema ein, setzt Holzbläser gegen Streicher, Staccato gegen Legato. So viel Trennschärfe schließt gelegentliche Transfers zwischen Wien und Paris, Leicht und Schwer, Oben und Unten nicht aus. Charles Gounod konnte in einem tragischen Sujet wie *Roméo et Juliette* unversehens einen komischen Ton anschlagen, wenn er Mercutio in der Ballszene seine Ballade von Kurtisanen und Bataillen anstimmen ließ. Im Jahre 1867 lässt sich ein Einfluss der Offenbach'schen Bouffe vermuten, zumal Gounods Textdichter Jules Barbier und Michel Carré hießen, die später für Offenbach den Text zu *Les contes d'Hoffmann* schrieben. Sogar Giuseppe Verdi sog in Paris den Duft der Operette ein und schmuggelte mit der Kartenleserszene seines nicht eben heiteren *Ballo in maschera*, überhaupt mit der Figur des Pagen Oscar, eine Verbeugung vor dem Meister der Offenbachiaden ein. Man kann sich, bedenkt man die Zeitgenossenschaft von komischer Oper und klassischer Operette, in der Definition der letzteren leicht irren. Man muss nur Wiener Operetten, etwa von Lehár, in französischer Sprache hören, um sie für originale Pariser Kreationen zu halten, dafür sorgt bereits das Idiom. Italienisch scheint die Ursprache der Oper, Französisch die der Operette zu sein.

Dennoch muss Offenbach generell an anderen Kriterien gemessen werden als an denen der Wiener und Berliner Operette, die ihm gegenüber bis heute quantitativ das Feld behaupten. Keiner der Komponisten der sogenannten »leichten Muse«, die ihm folgten, hat sich aus erzwungener künstlerischer Beschränkung zu solchen Meisterwerken emporgearbeitet, von der sozialen Misere ganz abgesehen. Will man Offenbachs brillantes Durchdringen einer Bühnensituation illustrieren, dann bietet sich weniges so zwingend an wie das Finale des ersten Aktes von *Les Brigands*. Die Banditen müssen sich wegen der Ankunft der Gendarmerie vorübergehend in Deckung begeben, nachdem sie die Vertreter der Obrigkeit in ihren riesigen Renommierstiefeln verlacht haben, einem Schuhwerk, das wohl von den unerhörten Kürassierstiefeln Bismarcks inspiriert war. Die Banditen karikieren das Dahintrappeln der Polizei, und kaum ist die Gefahr gebannt, wollen sie wieder laut lossingen. Ihr Anführer Falsacappa verdonnert sie aber, leise zu sein, und nun verhöhnen sie die Ordnungshüter mit angehaltenem Atem. Eine Nichtigkeit im Grunde. Aber zu welcher Aussagekraft ist hier die Parodie gesteigert! Man hört in der simplen Melodik etwas von der anrempelnden Amüsierweise Kölner Karnevalsschlager oder eine Vorwegnahme des Bizet'schen Schmugglerchores aus *Carmen*, Triviales und Geniales, bühnenwirksames Ensemble und handfesten Klamauk. Die Polizei gesteht, dass sie immer zu spät kommt, und sie tut es mit den Worten:

> Nous sommes les carabiniers, gauche, gauche
> La sécurité des foyers, gauche, gauche
> Mais, par un malheureux hasard,
> Au secours des particuliers
> Nous arrivons toujours trop tard ...

Dass die Polizei immer zu spät kommt, diese Zeile kennt bis heute in Paris jedes Kind. Und noch heute kann man lange hin und her argumentieren, ob Offenbachs Zuschauer – Bürger und Bankiers, Tagediebe und Taschendiebe – diese Aussage bedauerten oder begrüßten.

Die *Banditen* waren, wie schon erwähnt, die letzte Zusammenarbeit Offenbachs mit dem Librettistengespann Meilhac und Halévy. Das Werk war noch nicht aufgeführt, als der Komponist aus Étretat einen seiner zornigen Stoßseufzer schickte, eine Vorahnung vielleicht dieses Endes, vielleicht auch des kommenden Krieges. Da heißt es unter dem Datum des 14. September 1869: »Wie komisch, dass ich gar nichts von Euch höre! Ich bin in Étretat mit einem schlimmen Gichtanfall. Ich würde gerne wissen, ob wir für den nächsten Winter ein Stück zusammen machen, wenn diese Frage nicht zu indiskret ist. Ich hätte auf jeden Fall gern ein Wort darüber von Euch. Ich habe arge Schmerzen. Ihr Flegel, Gauner, Taugenichtse, Schufte, Drei-Pfennig-Dichter – ich verabschiede mich von Euch. Meine Feder hört vor Zorn zu schreiben auf.«

Der Genius der leichten Muse
Johann Strauß

> Mozart und Offenbach standen Pate bei der Geburt des Kindes, das seine Gaben nur entwickelte, um sie alsbald zu verraten und nach verheißungsvollen Anfängen elendiglich im Slibowitz umzukommen. Die Wiener Operette verging, als sie noch kaum da war. Der Rest ist Lehár.
>
> Hans Weigel

Als er starb, im Juni 1899, war der Ruhm des Walzerkönigs Johann Strauß ins Unermessliche gewachsen. Nur zwei seiner Zeitgenossen, so fanden Meinungsforscher heraus, die Königin Victoria und Bismarck, erfreuten sich weltweit einer vergleichbaren Popularität. Doch war dieser Ruhm längst nicht mehr gedeckt durch seine Produktion, bei der sich im letzten Lebensjahrzehnt die Anzeichen von Routine und Erschöpfung zu mehren begannen. Auf seine alten Tage – er starb mit dreiundsiebzig Jahren – bot der Genius der leichten Muse das befremdliche (und uns ganz unvertraute) Bild eines Melancholikers, der zutiefst unglücklich und vereinsamt gewesen zu sein scheint. Er mochte schönes Wetter nicht, liebte es, bei stürmischem, sogar trostlosem Wetter zu arbeiten, reiste bei geschlossenen Gardinen und legte sich flach auf den Boden, wenn der Zug Tunnel durchfuhr. Er besang zwar die Natur, konnte aber die Natur nicht ausstehen. Er fühlte sich geplagt von tausend Ängsten, aber von keiner stärker als von seiner Todesangst.

Dies Bild eines kränklichen, ungeselligen, griesgrämigen, dann auch wieder jovialen und liebevollen älteren Herrn passt so gar nicht in unsere Vorstellung. Da ist Johann Strauß ein ewiger Jüngling, modisch gekleidet, mit stolzem Schnurrbart und schwarzem Haar. Aber das Haar war gefärbt. Womit Strauß vielleicht nicht nur seine Mitwelt, sein Publikum, sondern auch sich selbst täuschen wollte. Karl Kraus, der junge, streitbare Polemiker der *Fackel*, hat in Strauß' Todesjahr 1899 den Tod des Walzerkönigs in einem Nachruf kurzerhand um ein Vierteljahrhundert vorverlegt, in die Mitte der siebziger Jahre, als er schrieb:

> Im Takte seiner »Schönen blauen Donau« begann sich eines Tages eine Gesellschaft von Jobbern und Reportern zu wiegen; ein Ring von

Tarockspielern und Theateragenten hielt seitdem fast mit physischer Gewalt die Schöpferkraft des Genius umschlossen. Damals starb Johann Strauß, heiratete und ward Ehrenmitglied der »Concordia«. An dem Tage, da das geistige Wien sich den Zwischenträgern der Cultur zu eigen gab, da der naivste und echteste Schöpfer auf die Bahn hastigen Tantièmenerwerbs geführt ward, hat die Tragödie Johann Strauß' ihren Anfang genommen. In einem Zeitraum von zwanzig Jahren, in welchem die Erhaltung aller künstlerischen Ursprünglichkeit dem Volke so nothwendig gewesen wäre, wurde der musikalische Inbegriff des Wienerthums zum Gebrauche des Börsensalons hergerichtet.

Das war bitter und zornig, doch weitab von jener Schönfärberei, die die meisten Nachrufe bestimmte. Karl Kraus, der Bewunderer Jacques Offenbachs, verehrte auch Johann Strauß zu hoch, um angesichts seines aufhaltsamen Abstiegs nicht Schmerz und Abscheu zu empfinden. »Dem Siebzigjährigen«, schrieb er, »waren die heiteren Genien mühelosen Schaffens längst davongeflogen, und die Inspiration kam jetzt von Lieferanten, die drängend um den Schreibtisch standen, Textbücher … anboten und im Dreivierteltakt zu feilschen begannen. Das sind die ›Wiener‹, die neulich, wie eine Zeitungsmär wissen wollte, wehklagend das Trauerhaus umstanden. Sie haben bei dieser Gelegenheit gleich die Chancen des ›Nachlasses‹ ausgespäht.«

Den Nachlass verwaltete Adele Strauß, die dritte Frau des Komponisten, nun seine Witwe. Immer geschäftig und auch geschäftstüchtig, überließ sie das Gesamtwerk ihres Mannes – keineswegs nur den Nachlass – den Arrangeuren und Bearbeitern, die es fortan erbarmungslos ausplünderten. Unter den vielen unseligen Witwen der Kulturgeschichte gehört Adele Strauß zweifellos ein besonderer Platz. Es ist ein Wunder, dass Johann Strauß' Genie stark genug war, sich gegen all diese posthumen Schändungen zu behaupten. Bis heute ist Strauß die Apotheose seines Jahrhunderts, das man das »Jahrhundert des Walzers« genannt hat. Das freilich war nicht allein sein Werk, und er war in dieser Hinsicht eher der letzte und größte Erbe.

Als Johann Strauß – wir müssen ihn von nun an den »Sohn« nennen – 1825 geboren wurde, war sein Vater Johann Strauß einundzwanzig Jahre alt. Er gründete in eben diesem Jahr eine eigene Kapelle. Der Vater war in der Wiener Vorstadt aufgewachsen, und zwar in jenem Donauviertel, wo der Walzer als Form zwar nicht erfunden worden war, aber in den Beisln und Biergärten entscheidend Wurzeln geschlagen hatte. Der Aufstieg des

Walzers vollzog sich parallel zum Niedergang des Menuetts, und zwar in jener Form des Tanzwalzers, der nach und nach alle Ballsäle, zuletzt auch die des Hofes, eroberte. Die Verfeinerung der Form war ohne Frage das Werk der großen Komponisten, Haydns und Mozarts zunächst, Schuberts, Webers und Chopins sodann. Aber es ist die Wechselwirkung von Oben und Unten, das Widerspiel von Volksmusik und Kunstmusik, woraus schließlich ein Neues erwächst – entscheidend geprägt von der Dynastie Strauß, aber von anderen auf den Weg gebracht.

Allen voran von Michael Pamer, der die endlosen Ketten kurzer Walzer auf eine Folge von wenigen Walzern, fünf oder sechs, reduzierte. Dann von Joseph Lanner, der – drei Jahre älter als Johann Strauß (Vater) – mit diesem zunächst in einem Quartett spielte, bis sich 1825, im Geburtsjahr des jüngeren Strauß, ihre Wege trennten, sie den Walzertaumel immer höher trieben und zu den großen Rivalen des Biedermeier wurden. Es sind die dreißiger und vierziger Jahre des 19. Jahrhunderts, die Hoch-Zeit der Restauration unter dem Fürsten Metternich, als der Walzertaumel, wie Heinrich Laube ihn in seiner *Reise durch das Biedermeier* beschrieben hat, auch politisch nicht unwillkommen war: »Der ganze Garten Sperls in der Leopoldstadt brennt dann mit tausend Lampen, alle Säle sind geöffnet, Strauß dirigiert die Tanzmusik, Leuchtkugeln fliegen, alle Sträucher werden lebendig ... In der Mitte des Gartens, bei jenem Orchester, steht der moderne Held Österreichs, *Napoléon autrichien*, der Musikdirektor Johann Strauß ... Er verzaubert uns ... und treibt die bösen Teufel aus unseren Leibern, er befängt unsere Sinne mit dem süßen Taumel des modernen Exorzismus seiner Walzer ... Es ist eine bedenkliche Macht in dieses Mannes Hand gegeben. Er mag es sein besonderes Glück nennen, daß man sich unter Musik alles Mögliche denken kann, daß die Zensur sich mit den Walzern nicht zu schaffen macht und daß die Musik auf unmittelbarem Wege die Empfindungen anregt. Ich weiß nicht, was er außer Noten versteht, aber ich weiß, daß der Mann sehr viel Unheil anrichten könnte, wenn er Rousseausche Ideen geigte. Die Wiener machten in einem Abende den ganzen *contrat social* mit ihm durch.«

Laube hat nicht übertrieben. Auch andere Zeitgenossen wie Berlioz, Schumann oder Richard Wagner feierten den Vater Strauß mit einer Überschwänglichkeit, die immer wieder denken lässt, gemeint sein müsste der Sohn. Der stand aber erst im zarten Knabenalter, als man den Vater bereits zum »Walzerkönig« krönte. Er litt daran, wie auch seine vier Geschwister, unter ihnen Josef und Eduard, dass die Ehe der Eltern früh gescheitert war. Er schloss sich an die Mutter an, nahm – gegen den Widerstand des

Vaters – Violin- und Kompositionsunterricht und gründete mit neunzehn sein eigenes Orchester – nun, nach dem Tod Lanners, der erste und einzige Rivale des Vaters. Bei seinem Debüt am 15. Oktober 1844 spielte er artig dessen populären *Loreley*-Walzer, um dann mit seinem Opus 1, dem Walzer *Sinngedichte*, zu triumphieren. Vier Tage später konnte man in einem Zeitungsbericht lesen: »Triumph mein Strauß Sohn! ... Triumph mein Wien! ... Ich verließ um 12 Uhr die noch immer vollgepfropften Räume Dommayers, Strauß Sohn spielte eben zum neunzehnten Male die ›Sinngedichte‹. Junges Leben, dachte ich mir, Du wirst die Wiener-Freunde, diese Wüteriche im Wiederholenlassen noch kennenlernen ... Gute Nacht Lanner! Guten Abend Strauß Vater! Guten Morgen Strauß Sohn!«

Aber der Triumph ließ noch einige Zeit auf sich warten. Denn der urplötzlich in die Rolle des »Altmeisters« gedrängte Vater Strauß, selber erst ein Mann von gerade vierzig Jahren, parierte den ersten Angriff glänzend und wurde von Kaiser Ferdinand sogar zum k.u.k. Hofballmusikdirektor ernannt – ein Titel, den der Sohn erst zwanzig Jahre später, nach langen Kämpfen und vielen Gesuchen, errang. In diesen vierziger Jahren steht der Vater im Zenit seiner Laufbahn, er schreibt Walzer und Fantasien, Cotillons und Quadrillen, Mazurken, Galoppe, Märsche und Potpourris ohne Zahl, er feuert seine »Frohsinns-Salven« ab, jeder Mode ergeben, der »Dämon des Wiener musikalischen Volksgeistes«, wie sein Bewunderer Richard Wagner ihn genannt hat.

Die Wende bringt das Revolutionsjahr 1848, das der Vater zunächst mit einem *Freiheits-Marsch* begrüßt, um am Ende doch mit dem berühmten *Radetzky-Marsch* den kaiserlichen Heerführer zu verherrlichen. Auch Johann Strauß (Sohn) schreibt »Freiheits-Lieder«, die er auf dem Autograph sogar »Barrikaden-Lieder« nennt, komponiert einen Revolutions-Marsch und führt mit seinem Orchester ein paarmal die politisch verdächtige Marseillaise auf. Man lädt ihn deswegen auf die Polizei – eine Lektion, die ihn für den Rest seines Lebens alle politischen Ambitionen aufgeben lässt. Ihm ist an der Gunst des Kaiserhauses gelegen, dem er fortan mit immer neuen Kompositionen huldigt: vom *Triumph-Marsch* über den Marsch *Habsburg Hoch!* bis zum *Kaiser-Franz-Joseph-Marsch*. Dieser Kaiser Franz Joseph, gerade achtzehn Jahre alt, sitzt seit dem Revolutionsjahr auf dem Habsburger Thron, den er achtundsechzig Jahre lang innehaben wird – Symbol seines Zeitalters wie der jüngere Johann Strauß.

1849 stirbt, in aller Welt betrauert, Johann Strauß (Vater), aber ganz so spontan ist der Ruf nicht zu hören, der König sei tot, es lebe der König. Zu feindselig war, durch familiäre Zwistigkeiten fast ins Unerträgliche gesteigert, die Atmosphäre, und diese Feindseligkeit klang über den Tod des Vaters hinaus nach. Doch der Sohn hatte nun bereits die Härte, sich im künstlerischen Erbschaftsstreit zu behaupten. Zu gleichen Teilen geprägt von der Sanftheit Lanners und vom feurigen Temperament des Vaters, fand er seinen Stil, und das Ergebnis waren die ersten Meisterwerke, etwa die Walzerfolge *Wellen und Wogen* und die berühmte *Annen-Polka*. Sie entstand 1852, und in den beiden nächsten Jahrzehnten legte Johann Strauß, nunmehr der Einzige dieses Namens, aber bald schon begleitet von seinem Bruder Josef, den wichtigsten Abschnitt seines schöpferischen Weges zurück. Gemeinsam entwickelten sie, vorstoßend in die Dimension des Symphonischen, jenes überlieferte Modell des Walzers weiter, das sich im Biedermeier als eine Folge von fünf oder sechs Walzern präsentiert hatte, eingeschlossen zwischen eine Introduktion und eine Coda. Zwei nur scheinbar äußerliche Merkmale illustrieren anschaulich, was sich auch in melodischer und rhythmischer, in kontrapunktischer und instrumentationstechnischer Hinsicht belegen ließe, nämlich die ästhetische Verfeinerung des Tanz-Walzers zum Kunst-Walzer. Bis in die frühen sechziger Jahre sprach man stets in der Mehrzahl von den Walzern oder den Walzerfolgen, ehe diese so deutlich als eine Einheit begriffen wurden, daß man vom Walzer fortan in der Einzahl sprach. Nicht weniger bezeichnend ist es, daß man sich in den Ballsälen, die künstlerische Leistung respektierend, allmählich daran gewöhnte, den Walzer bei der ersten Wiedergabe stehend anzuhören. Getanzt wurde erst bei den Wiederholungen.

In diesen sechziger Jahren war Johann Strauß durch seine Gastspiele längst über die Grenzen Österreichs hinaus berühmt; zu Hause aber war er tatsächlich, was er sein wollte: der Vorgeiger aller Wiener. Von den Bierhallen bis in die Adelspaläste reichte sein musikalisches »Herrschaftsgebiet«, aber sein Kummer war es, daß ihm die Hoffähigkeit verwehrt blieb. Es dauerte lange bis zur Erlaubnis, bei den Hofbällen zu spielen, und es dauerte noch länger, bis ihm der verwaiste Titel des Hofballmusikdirektors zuteilwurde, den sein Vater besessen hatte. Der Preis, den Johann Strauß dafür zahlte, war nicht gering. Im letzten seiner vielen Gesuche gab er den Ehrgeiz, allen Wienern aufspielen zu wollen, ausdrücklich preis. Er opferte die Vorstädte um des Einzuges in die Hofburg willen. Er hatte auch längst den Beifall der »seriösen« Kritiker gefunden, etwa des berühmten Wagner-Antipoden Eduard Hanslick, mit dem ihn schließlich eine enge Freundschaft verband.

In rascher Folge entstand eine Fülle von Meisterwerken: die Walzer *Schallwellen*, *Gedankenflug* und *Accelerationen*, die *Tritsch-Tratsch-Polka*, der *Persische Marsch*, das *Perpetuum mobile*. Johann Strauß stand auf dem Zenit seines kompositorischen Könnens, aber Hanslick, der konservative Ästhetiker, witterte den Einfluss Wagners und Liszts und monierte, dass der Walzerkönig neuerdings »mit dem Bogen der Gelehrsamkeit die Saiten der Schwermut« streiche: »In der Tat bemerkte … ich in Strauß' Novitäten jenen scharf prickelnden Duft, den das Wildpret ausströmt, wenn es nach Vergangenheit, und die Musik, wenn sie nach Zukunft riecht.« Der »Zukunftsmusiker« der Strauß-Dynastie war aber eher Josef Strauß, Johanns zwei Jahre jüngerer Bruder, der zunächst Ingenieur werden wollte und sich, von der Familie dazu aufgefordert, erst in jenem Moment der Musik zuwandte, als feststand, dass Johann den Strapazen eines komponierenden Kapellmeisters allein nicht länger gewachsen sein würde. Josef, der gerade eine neue Straßenkehrmaschine konstruiert hatte, lernte dirigieren und geigen und dann auch komponieren, und man sollte ernst nehmen, was der ältere Bruder über ihn sagte: Josef sei der Begabtere, er selbst nur der Populärere. Er schuf so großartige und unverwechselbare Kunstwerke wie die Walzer *Sphärenklänge* und *Dorfschwalben in Österreich* sowie den einzigartigen *Delirien-Walzer*. Er erwies sich als dem berühmten Bruder gleichrangig und war der insgesamt elegischere, »romantischere« der beiden, ein Wesensverwandter Schuberts, der die Molltonarten bevorzugte, künstlerisch – etwa in seinem Wagner-Verständnis – die aufgeschlossenere Persönlichkeit. Später trat als Dritter Eduard Strauß hinzu, der aber das Niveau der älteren Brüder nicht erreichte.

Wer annimmt, Johann, Josef und Eduard Strauß hätten ihre einzige Aufgabe darin gesehen, dem Publikum mit Walzern zum Tanz aufzuspielen oder mit Schnellpolkas die Köpfe heiß zu machen, der geht freilich in die Irre. Sie spielten in ihren Konzerten auch die Musik ihrer Zeitgenossen: von Offenbach über Meyerbeer und Mendelssohn bis zu Schumann und Verdi. Richard Wagner widmeten sie sich mit einer Hingabe, die es kaum verwunderlich macht, einige Fragmente aus *Tristan und Isolde* im August 1860 durch Josef Strauß uraufgeführt zu sehen. Und bei seinen Gastspielen in St. Petersburg präsentierte Johann Strauß auch Werke junger russischer Komponisten: Kein Geringerer als Peter Tschaikowsky verdankte ihm die erste öffentliche Aufführung einer seiner Kompositionen. Hans von Bülow, der Strauß später in Baden-Baden am Dirigentenpult erlebte, schrieb begeistert: »Das ist ein Dirigentengenie in seinem kleinen Genre, wie Wagner im Sublimen! Aus Strauß' Vortragsweise ist für die Neunte Symphonie wie für die Pathétique zu lernen!« Mit letzterer war Beethovens Klaviersonate, nicht Tschaikowskys Sinfonie gemeint. Strauß besuchte 1883 auch die Uraufführung von Bruckners Siebter Sinfonie und schickte dem Komponisten nachts ein Glückwunschtelegramm. Seine Urteile über die Musik anderer Komponisten waren in der Regel sicher und kompetent, nicht getrübt durch Neid und Konkurrenz, aufmerksam und hellhörig für das Neue und Ungewöhnliche.

1867 – Johann Strauß war zweiundvierzig Jahre alt – schrieb er seinen berühmtesten und wohl auch bedeutendsten Walzer: *An der schönen blauen Donau*. Gerade dies Meisterwerk hatte eine eher sonderbare Entstehungsgeschichte. Was der Donauwalzer mit der Donau zu tun hat, ist bis heute rätselhaft geblieben. Wahrscheinlich sah Johann Strauß, der ein glänzend begabter Geschäftsmann war, in dem Refrain eines bekannten Liedes von Karl Isidor Beck lediglich ein gutes Titeletikett für seinen Walzer. Der Tatsache, mit diesem Werk, von dem Brahms kurz und bündig gesagt haben soll »Leider nicht von mir«, etwas Unvergängliches geschaffen zu haben, war er sich keineswegs bewusst. Als ihn der Wiener Männergesangverein im Fasching 1867 um einen Beitrag für seine Liedertafel bat, offerierte Strauß gerade diesen Walzer, und weil es ein Chorwalzer sein musste, unterlegte man dem Stück rasch einen Text Josef Weyls, der voll war von aktuellen Anspielungen: »Wiener, seid froh! Oho! Wieso?« Im Winter 1867 war die Frage nur allzu begründet, denn bei Königgrätz hatte Österreich im Kampf gegen Preußen um die Vorherrschaft in Deutschland eine Niederlage erlitten, gleichzeitig ging Venetien verloren, und der Österreichisch-Ungarische Ausgleich, der zu einer Doppelmonarchie führte, war so etwas wie ein »inneres Königgrätz«. Da war den Wienern eine Prise Optimismus nicht unwillkommen. Aber der Siegeszug des Donauwalzers begann erst mit einem Gastspiel des Strauß-Orchesters in Paris anlässlich der Weltausstellung. Von nun an war die schon damals graue Donau endgültig blau, und die Musik, die sie für immer verklärte, wurde so etwas wie Österreichs heimliche Nationalhymne.

Strauß hatte geduldet, dass seiner bereits fertigen Komposition nachträglich ein Text unterlegt wurde. Das war ein Zugeständnis und zugleich ein Hinweis auf alle Fatalitäten, die noch kommen sollten. Jetty Strauß, die erste Ehefrau, dürfte hier mitgeholfen haben. Als Walzerkomponist litt Johann Strauß darunter, dass seine Werke nach einmaliger Abgeltung Eigentum seiner Verleger wurden. Im Theater jedoch gab es Tantiemen, und es bestand darüber hinaus die Möglichkeit, die fertigen Operetten wieder in ihre Bestandteile zu zerlegen und als Tanzmusik zu verkaufen. Womit die Weichen gestellt waren für den späteren Misserfolg, zumal Johann Strauß in seiner verhängnisvollen Theaterleidenschaft selbst die dümmsten Textbücher akzeptierte. Er, der wahrhaft »oben« war, träumte vom »Aufstieg« in eine »höhere« Dimension; gesegnet mit allen Gaben des Schöpferischen, verlangte es ihn nach den »höheren Weihen«, womöglich auch des Opernkomponisten. Die Selbsttäuschung führte zur Tragödie, zu einer Serie von sechs schnell aufeinanderfolgenden Misserfolgen, darunter der seiner einzigen Oper *Ritter Pázmán*.

Die erste Operette hieß *Die lustigen Weiber von Wien*, kein besonders origineller Titel. Strauß, von den Pariser Triumphen Offenbachs und den zunehmenden Theatererfolgen seines Wiener Konkurrenten Franz von Suppé angestachelt, sorgte selber dafür – wie unabsichtlich auch immer –, dass dieser Erstling gar nicht zur Aufführung gelangte. Er bestand darauf, dass eine der Hauptrollen von einer Sängerin gegeben werden müsse, die bei einem anderen Theater unter Vertrag stand und nicht freikommen konnte. Wien erlebte daher 1870, dass eine lang erwartete Premiere, das Bühnenentree des angebeteten Walzerkönigs, sich schlichtweg zerschlug. Viel spricht dafür, dass man nichts versäumte. Dass Johann Strauß überhaupt zustimmte, für das Theater zu komponieren, hing damit zusammen, dass er die Leitung der Hofbälle seinem Bruder Eduard überlassen hatte. Der Tod des Bruders Josef im Juli 1870 hatte das Familienunternehmen mit seiner geschickten Arbeitsteilung schwer getroffen. Johann Strauß besaß wenig Augenmaß für geeignete Stoffe und Libretti noch hatte er Erfahrung im Vertonen von Texten, einige Chorwalzer ausgenommen. Die nächste Operette *Indigo und die vierzig Räuber*, so witzelte denn auch die Wiener Kritik, handele weniger von vierzig Räubern als von ebenso vielen Schreibern, die beim Textbuch der Operette ihre Hand im Spiel gehabt hätten. Das Stück kam am Theater an der Wien heraus, deren Direktorin Marie Geistinger mitsang und dadurch mithalf, dass das Publikum die Mängel der Handlung ignorierte und einen neuen Operettenmeister feierte. Dafür waren die Umstände günstig. Der deutsch-französische Krieg hatte die Wirkung Offenbachs eingeschränkt, die antisemitische Stimmung, in Wien stets virulent, ließ sich wieder deutlicher vernehmen, Suppé dagegen schien mit der *Schönen Galathée* und der *Leichten Kavallerie* sein Feuerwerk bereits abgebrannt zu haben – *Boccaccio*, sein Meisterstück, kam erst zehn Jahre später heraus. Die heftig rivalisierenden Wiener Theater ließen nichts unversucht, neue Operettenverfasser aufzuspüren.

Auch Johann Strauß, so berühmt er war, musste Lehrgeld zahlen. *Indigo* hatte über vier Stunden gedauert, das hieß die Operettenseligkeit gefährlich strapazieren. Das Einbeziehen eines Wiener Vorstadtdialekts in die orientalische Handlung wäre eher etwas für Bühnenprofis vom Schlage

Nestroys gewesen, aber die Kräfte am Theater an der Wien schafften das nicht. Hanslick, der führende Wiener Kritiker, sprach von »armselig ausgestopften Puppen ohne Ziel und Vernunft« und brachte seine kritischen Erkenntnisse auf die Formel: »Strauß'sche Tanzmusik mit unterlegten Worten und vertheilten Rollen«, was er dann im Einzelnen ausführte: »Einen heiteren oder auch nur behaglichen Text kann Strauß in gar keiner anderen Form denken, als in der des Walzers oder der Polka. Alle schnellen oder mäßig beschleunigten Tempi im Indigo fallen in diese Rubrik; ja selbst in manchen der sentimentalen Nummern entdeckt ein schärferes Auge verschämt verschleierte Tanzmelodien. Wo sich ein Allegro oder Allegretto zeigt, da schiebt der Walzerkönig den Operncomponisten ohne Mühe beiseite ...« Noch in seinem fünfundzwanzig Jahre später geschriebenen Nachruf auf Strauß kam Hanslick auf dessen erste Operette zu sprechen: »›Indigo‹ strotzte von Melodien, aber man merkte ihnen an, daß sie nicht aus dem Text heraus geboren waren. Strauß selber hat mir gestanden, daß meine Vermutung richtig gewesen und daß sein Textdichter zu meist fertigen Musikstücken nachträglich die Worte gut oder übel unterlegen mußte.«

Zwei Jahre ließ Strauß sich Zeit, ehe die nächste Operette erschien, *Karneval in Rom*. Sie ist eher ein Singspiel, die Leitung der Hofoper soll erwogen haben, das Stück in ihren Spielplan zu übernehmen. Es ist viel deutsche Bildungstradition darin, ein Maler, der nach Italien geht und dort Kunstideal und Lebensglück sucht. Das Stück begnügt sich damit, den Nachweis der Fündigkeit nur im Sinne des Lebensglücks zu erbringen. Strauß liebte Italien, das Karnevalstreiben bot ihm, dem Tanzmusiker im besten Sinn, viel Gelegenheit zu rhythmischen Kunststücken. Doch weder dies noch ein gerüttelt Maß liedhafter Sentimentalität konnte die Operette lange im Repertoire halten. 1873 war zudem kein gutes Jahr für die Wiener: An der Börse brach der Reichtum ganzer Familien über Nacht zusammen. Strauß kam bei der Gelegenheit ungeschoren davon. Von Texten mochte er nicht so viel verstehen, aber in Papieren kannte er sich aus. Sein Geld hatte er größtenteils in Grundstücken angelegt.

Mitten im Trubel der Finanzkrise gelang ihm dann, wie zur Bestätigung der negativen Regel, mit der *Fledermaus* die Sternstunde der Gattung. Sie ist oft ohne jede Einschränkung unter die Meisterwerke der Bühne eingereiht worden und gilt als Operette, die auch ein anspruchsvoller Dirigent ernster Musik aufführen darf, ohne eines Missgriffs bezichtigt zu werden. Das ist, was die musikalische Substanz angeht, vollkommen berechtigt. Strauß hat an der Partitur zwar in seinem üblichen Feuereifer gearbeitet, aber Instrumentierung, Harmonievielfalt und rhythmischer Reichtum belegen die ungewöhnliche Sorgsamkeit, die er auf das Werk verwandte. Er war sicher, diesmal ein erstklassiges Textbuch an der Hand zu haben, schließlich ging es auf ein deutsches Theaterstück in der Fassung von Offenbachs Meisterautoren Meilhac und Halévy zurück. Gleichwohl waren inzwischen ein paar Wegelagerer im Stil von Indigos vierzig Räubern am Werke gewesen, und die wienerische Anverwandlung des Stoffes hatte den Einschlich vieler Ungereimtheiten begünstigt. Die dramaturgische Schwäche des Stücks steckt genau dort, wo Strauß als Komponist sich am wohlsten fühlte: im zweiten Akt. Er ist nichts als Vorwand für Musik, bloßer Tanz- und Freudenanlass, denn dass sich die Hauptdarsteller, maskiert wie sie sind, nicht erkennen werden, hat man schon im ersten Akt begriffen. Mit dem etwas halbseidenen Prinzen Orlofsky hilft sich die Operette durch diesen zweiten Akt hindurch. Manche Inszenierungen bieten zudem noch allerlei Showbusiness-Prominenz als Ballstaffage auf, um über die dramaturgische Dürre hinwegzutäuschen. Beim Lob auf den Champagner lassen sich die drei Refrains des Originals beliebig vermehren, und der spanische, der russische, der böhmische und der ungarische Tanz sowie der Walzer erleichtern Strauß den Umstand, dass es im Grunde nichts mehr zu sagen gibt, außer Adeles feuchtfröhlicher Weisheit: »Champagner schwemmt mitunter gar mancherlei hinunter.«

Die *Fledermaus*, Premiere am 5. April 1874 im Theater an der Wien mit der Geistinger als Rosalinde, erlebte nach mäßigem Startapplaus ganze sechzehn Aufführungen. Es war, man glaubt es kaum, ein Begräbnis zweiter Klasse. Hat man den Theaterinstinkt der Wiener generell zu hoch veranschlagt? Oder konnten sie sich noch nicht wieder für sorgenloses Korkenknallen erwärmen? Waren die Aufenthalte von Standespersonen in Gefängniszellen ein bisschen zu operettenferne Realitätsnähe nach einem Jahr der Bankrotte? Hatte das Wiener Publikum seinen Mozart vergessen und musste sich erst wieder daran gewöhnen, dass auch ein Stoff der leichten Muse ein paar doppelte Böden haben kann? Denn es sind ja, bei aller Unwahrscheinlichkeit der Handlung, nicht lauter Wiener Goldmenschen, die da auftreten. Das Stück geht, wie wenige andere, *nach* dem Stück weiter, denn erst jetzt kommt Eisensteins Einsitzzeit, was wird seine Frau dann tun? Ihr werbender Sänger oder Gesangslehrer mag seine nächsten Pläne klüger anfangen, von Vergeben und Vergessen ist nirgends die Rede, alle schieben die Schuld auf den Schampus, und dem schwört man nicht ab. Glücklich ist, wer vergisst, was doch nicht zu ändern ist, heißt es im ersten Akt. Glücklicher dagegen könnte ja werden, wer sich genau darauf besinnt, was sehr wohl zu ändern wäre.

Die *Fledermaus* erreicht eine Dimension, in die sich nicht viele Operetten außerhalb der Offenbach'schen vorgewagt haben. In einer nicht nur auf Klamauk setzenden Inszenierung kann der dritte Akt die Katerstimmung aus Offenbachs *La vie parisienne* einfangen. Man hat versichert, auf der österreichischen Sprechbühne der Zeit wäre eine solche eindeutige moralische Indifferenz nicht möglich gewesen, aber im Gewand von Champagnerchören und Straußtänzen habe die Theaterzensur es durchgehen lassen. Die nicht mehr korrekt eingehaltenen ethischen Kategorien finden ihre Entsprechung in einer Musik, deren Ouvertüre überrumpelnd mit einem chromatischen Motiv des vollen Orchesters beginnt, das etwas ungewohnt Regelwidriges für die Ohren der Zeit gehabt haben muss. Strauß lässt die Noten e – eis – fis immer und immer wieder erklingen, damit ist der Beginn eines anderen, noch viel mehr moralrevolutionierenden Theaterstücks jener Jahre, Wagners *Tristan und Isolde*, verwandt: Dort ist es die irritierende Abfolge gis – a – ais – h. Die Fledermaus-Ouvertüre verkleidet diesen Kern des Nicht-Geheuren zwar in den Duktus einer gewissen Schmissigkeit, umso mehr jedoch fallen diese chromatischen Wendungen auf, die der orthodoxen Musikkritik der Zeit oft als bedenklich, sinnverwirrend, ja systemgefährdend erschienen.

Von der *Fledermaus* hat Hans Weigel gesagt, dass sie die Wiener Operette begründe und zerstöre in einem und dass schon der zweite Akt das eigentliche Finale sei. Johann Strauß' Meisterwerk wurde in der Folgezeit die Rolle zugewiesen, als Silvesterbelustigung in aller Welt zu dienen, nebenbei die angeblich heile Wiener Welt der Belle Époque zu suggerieren. Dabei irrt der nostalgische Rückblick, was das Wien des letzten Drittels des 19. Jahrhunderts angeht. Das Leben im habsburgischen Vielvölkerstaat glich mehr dem Leben auf einem Pulverfass, und die Schüsse von Sarajevo vom Juni 1914 wirkten nur wie der Funke, der dieses Pulverfass entzündete.

Überhaupt war es eine Epoche im Umbruch und, trotz des aristokratischen Überbaus, das Zeitalter des Bürgertums, der Industrialisierung, des Fortschrittsglaubens und der großen technischen Innovationen. Johann Strauß hat dem so regelmäßig und so aktuell Tribut gezollt, dass man die Titel seiner Werke fast wie eine Chronik lesen und hören kann. Der *Kettenbrücke-Walzer* erinnert an den damals neuesten Stand der Bautechnik, der *Eisenbahn-Lust-Walzer* an den Fortschritt des Schienenverkehrs, die beiden Walzer *Telegramme* und *Telegraphische Depeschen* zeugen von den Anfängen des Fernmeldewesens, und vom Siegeszug der Maschinen künden die *Industrie-Quadrille* und die Walzer *Motoren*, *Accelerationen* und *Schwungräder*, die von Johann Strauß (Sohn) zeitlebens umworbene Presse nicht zu vergessen. Ihr widmete er, ein freundlicher Vorbote des bösen Karl Kraus, seine Walzer *Leitartikel, Morgenblätter* und *Die Publicisten*, ein Diener der öffentlichen Meinung wie die olympischen Herrschaften aus *Orpheus in der Unterwelt*. Der so gefeierte Fortschritt offenbarte bereits seine Schattenseite, wovon ebenfalls die Titel zahlreicher Strauß'scher Walzer und Tänze künden. Die *Demolirer-Polka* würde man heute wohl als Umweltschutzhymne bezeichnen, denn sie bezog sich auf den Abriss großer Teile der alten Donau-Hauptstadt, die, ganz ähnlich wie das alte Paris in der Ägide des Präfekten Haussmann, der Bauwut und der Bodenspekulation zum Opfer fielen. Der *Kaiser-Jubiläum-Jubel-Walzer* entzückte zwar die Anhänger des Monarchen, aber der Titel des *Kaiser-Franz-Joseph-I-Rettungs-Jubel-Marschs* kann nur schwer verbergen, dass besagter Monarch regelmäßig ein Objekt von Anschlägen wurde, in diesem Fall sogar eines Attentats, aus dem er verletzt hervorging.

Die Operetten von Johann Strauß geben allerdings nur *ex negativo* Aufschluss über die Zeitgenossenschaft, sie meiden das Politische und bieten Fluchtwege in angenehmere Welten an. Keine Ausnahme macht *Der lustige Krieg*, Uraufführung im November 1881, kurz bevor das Wiener Ringtheater bei einer Aufführung von Offenbachs *Les contes d'Hoffmann* abbrannte, fast vierhundert Opfer waren zu beklagen. Der Titel *Der lustige Krieg* deutet an, dass Österreich dergleichen – also siegreiche Kriege – seit langem nicht mehr kannte: gegen Preußen, Frankreich und Italien war verloren worden. So feierte man ersatzweise Operettenkriege, so wie man hundert Jahre zuvor die früher stets gefürchteten Türken auf der Bühne Einzug halten ließ. In der Strauß'schen Operette gewinnt zwar niemand, weder die Truppen des Dogen von Genua noch die Armee des Fürsten von Massa-Carrara, die aus lauter Weibspersonen besteht, aber man tut dem Komponisten keinen Gefallen im Aufzählen von Einzelheiten des Sujets. Auch musikalisch behandelte er es nur mit der linken Hand, vielleicht weil ihm gerade seine zweite Frau auf eine Weise abhandenzukommen drohte, die an die Späße der *Fledermaus* erinnert. Für den Tenor Alexander Girardi, den Liebling der Wiener, fügte er allerdings in letzter Minute den Singwalzer *Nur für Natur* ein, der auf der Stelle zum Erfolgsstück avancierte.

Ernst Décsey, der 1922 die erste fundierte, bis heute unentbehrliche Strauß-Biographie schrieb, gibt einen guten Einblick in die an sich harmlose Entstehungsweise eines solchen Stücks, das Strauß nur auf hartnäckiges Drängen in seinen engen Terminplan einschob: »In seiner Lade waren

Stapel von Walzerthemen, rasch notierte Einfälle, der eiserne Vorrat für Jahre. Daraus wird eine Melodie gewählt und ihr ein Textchen unterlegt ... Das Stück mußte dreimal wiederholt werden; auch als Entr'acte des Orchesters. Es lief mit dem Publikum auf die Gasse, am nächsten Tag wurde in allen Musikalienhandlungen der Naturwalzer verlangt ... Wien wurde davon besessen. Girardi hatte die beziehungslose Rokokogeschichte des Lustigen Kriegs in eine Wiener Angelegenheit, ein Stück Operette in ein parodiertes Stück Leben verwandelt. Daher die Wirkung. Mit dem Naturwalzer wurde Girardi, bis dahin ein Mitglied des Theaters an der Wien, auch der Komiker Wiens ... Auf ihn wird alles zugeschnitten, auf seine Wünsche stellen sich die Librettisten ein. Für ihn muß ein Auftrittslied, für ihn der große Gesangswalzer eingelegt werden. Und damit verändert die Operette ihren Typ. Damit unterscheidet sich der Lustige Krieg und der Zigeunerbaron von der Fledermaus. Und dieser Typ blieb der Herrschende.«

Nicht zum Vorteil der Operette als Kunstform, wird man hinzufügen müssen, wenngleich zum Spaß des jeweils zeitgenössischen Publikums. Das Vergnügen an der Musik entsteht meist aus dem Wiederhören des Geläufigen. Das Heraushören des Bleibenden aus etwas Neuem gelingt nur wenigen. Eduard Hanslick langweilte sich in Offenbachs Oper *Die Rheinnixen*, als diese in Wien uraufgeführt wurde und durchfiel, aber er präparierte ein Juwel heraus, eine Barkarole, die es ihm angetan hatte: das sei große Musik, befand er. Offenbach war seiner Meinung und hob das Stück aus den glücklosen *Rheinnixen* in den Venedig-Akt von *Hoffmanns Erzählungen*, es wurde eine seiner meistgespielten Melodien überhaupt, die dem Cancan aus *Orpheus in der Unterwelt* den Spitzenplatz streitig macht.

Johann Strauß wusste ebenfalls, was man weiterverwenden konnte, auch wenn er nicht bedenkenlos von einem Werk in das nächste verpflanzte, was dem Publikum bereits gefallen hatte. Ein Sorgenkind besonderer Art war *Eine Nacht in Venedig*, uraufgeführt 1883 in Berlin. Der Komponist soll durch einen Trick seiner Librettisten Zell und Genée dazu gebracht worden sein, das Sujet zu vertonen. Sie erklärten, zwei Stoffe, einen polnischen und einen italienischen, an der Hand zu haben, den italienischen wolle Millöcker vertonen, mittlerweile der Hauptkonkurrent auf dem Wiener Operettenmarkt, so könne Strauß den polnischen wählen. Natürlich wählte Strauß den italienischen, und das sollte er ja auch, denn den polnischen Stoff des *Bettelstudenten* hatten Zell und Genée mit Millöcker so gut wie verabredet. Dass Strauß die Premiere nach Berlin vergab, soll daran gelegen haben, dass der Direktor des Theaters an der Wien, Franz Steiner, inzwischen der zweiten Strauß-Gattin Angelika Kost und Dauerlogis bot. Noch vor der Premiere fand die Scheidung statt. Um selber eine neue Ehe, seine dritte, mit Adele eingehen zu können, nahm Strauß die Staatsbürgerschaft von Coburg-Gotha an und trat zum Protestantismus über. Dem Glauben der Väter, der Zugehörigkeit zu Österreich und der Treue zum Theater an der Wien in so kurzer Zeit abzuschwören, das war für einen auf Harmonie und Frieden bedachten Menschen wie Strauß, dessen Sanftmut gerade im Bühnenmilieu auffallend war, eine ungewöhnliche Koinzidenz. Nach Ansicht der Wiener wurde er für seine dreifache Illoyalität durch den Misserfolg der *Nacht in Venedig* in Berlin zurecht bestraft. Das Auditorium miaute, die Kritiker bellten. Aber auch in Wien fand das Stück wenig Gnade, und Ernst Décsey machte die Librettisten für den Fehlschlag verantwortlich: »Nur ist das Buch, das vielleicht von Offenbachs ›Seufzerbrücke‹ beeinflußt wurde, leichtsinnig und schleuderhaft gearbeitet und die Ansätze zum Musiklustspiel, zur Wiener komischen Oper, blieben in einer Johann Strauß geringschätzenden Art unentwickelt ... Leider benutzten die Textdichter die Anregungen des Komponisten zu bloßen Wiener Wortwitzen. Die Musik holt manches nach, nicht alles.«

Es schien, als werde Strauß den Glücksfall der *Fledermaus* nie wiederholen können. Seine inzwischen notorische Weise, Operetten zu komponieren, indem er erst schöne Musik hinschrieb, auf der Grundlage eines rohen Szenariums, und dann darauf angewiesen war, dass den Librettisten geeignete Verse zu den Noten einfielen, schien jede geordnete Zusammenarbeit zu blockieren. Selbst notorische Strauß-Liebhaber würden keine Versuche unternehmen, Operetten wie *Blindekuh*, *Simplicius* oder *Die Göttin der Vernunft* ihrer verdienten Vergessenheit zu entreißen. Dabei war Strauß' musikalischer Geschmack von instinktsicherer Genauigkeit, fast möchte man von Unfehlbarkeit sprechen. Auf seinem ureigenen Feld war er alles andere als der naive, die Themen aus der blauen Sommerluft greifende Inspirationskünstler, was schon durch den Umstand erhellt wird, dass er am besten arbeiten konnte, wenn es regnete. Viel spricht dafür, dass ihm für seine Operetten nur Textautoren vom Schlage des Pariser Librettisten-Gespanns Meilhac und Halévy fehlten, die Offenbach und Bizet ihre Meisterwerke ermöglichten und die indirekt beim Glücksfall der *Fledermaus* Pate standen. Später haben Operettenarrangeure vom musikalischen Genie des Walzerkönigs profitiert. Bühnenwerke wie *Tausendundeine Nacht* oder *Ballnacht in Florenz* sind nichts als Versuche, um ein halbes Dutzend echte Walzer, Polkas und Galoppe von Strauß eine Handlung zu schlingen und Bühnentantiemen zu kassieren. Im Fall von *Wiener Blut*, seiner letzten Operette, uraufgeführt im Oktober 1899 im Theater an der Wien, hat der schwerkranke Komponist sogar selbst eingewilligt, sei es kopfnickend oder kopfschüttelnd. Hans Fantel kommt in seinem Buch über den Walzerkönig zu dem Resümee: »In seinen Bühnenwerken schien Strauß geradezu zwanghaft darlegen zu wollen, daß er kein wirklich dramatischer Komponist war. Mit der Ausdauer einer tiefsitzenden Blockade bewies er das fünfzehn Mal. Nur die ›Fledermaus‹ bleibt als erlösende Ausnahme.«

Aber verdanken wir ihm nicht, neben der *Fledermaus*, auch den *Zigeunerbaron*? In diesem Fall sind die Urteile geteilt: Hans Fantel findet in dem Stück »die Haltung kolonialer Herablassung eines Wieners gegenüber den slawisch-ungarischen Provinzen«, Ernst Décsey sieht darin die zweite Ausnahme von der Regel: »er nahm sich fast zwei Jahre Zeit [...], um Einfallsfülle durch Überlegung ins Vollendete zu steigern ... Den dritten Akt arbeitete er in Ostende, machte es ganz wie Auber, der sich an einer neuen Partitur gesund arbeitete ...« Strauß liebte die kurzen dritten Akte, im *Zigeunerbaron* dauert er nicht einmal zehn Minuten. Nicht einmal Verdi wagte solche Parforceritte. »Als Sieger kehren sie zurück«, heißt es am Schluss, nicht ganz unverdisch. Alle Helden werden gelobt, befördert, geadelt, die Sozialschranken fallen, um dem Happy End freien Lauf zu lassen: »Wenn man's kann ungefähr, ist's nicht schwer – ist's nicht schwer«, singt Barinkay – es trifft ebenso ins Herz der Operette, als Gattung genommen, wie der Leitspruch der *Fledermaus:* »Glücklich ist, wer vergißt, was doch nicht zu ändern ist.« Doch gegen diesen und den anderen Titel stehen dreizehn weitere als Zeugnisse eines Genies, das sich verschwendete.

Obwohl immer stärker auf die Operette fixiert, schrieb Strauß in späteren Jahren auch noch einige seiner schönsten Walzer: *Rosen aus dem Süden, Frühlingsstimmen,* nicht zuletzt den berühmten *Kaiserwalzer*. Er sieht sich umjubelt in Paris, in London und Amerika, aber die Triumphe und die Rückschläge stehen hart nebeneinander. Es beginnt, was man, bei wachsendem Ruhm nach außen hin, durchaus seinen Abstieg nennen kann; er dauert beinahe zwanzig Jahre. Man erinnert sich an die bittere, zynische Formel von Karl Kraus: »Johann Strauß starb, heiratete und ward Ehrenmitglied der ›Concordia‹.«

Ist das eine Ungerechtigkeit gegen die Ehefrauen, gegen Jetty zunächst, Angelika danach, gegen Adele zuletzt, die den Walzerkönig als Operettenkomponisten sich selbst entfremdeten? Tatsache ist, dass Johann Strauß unsterblich bleibt als Komponist jener Walzer, in denen ganz Wien, ganz Österreich, ja das ganze Jahrhundert sich ausdrücken und erfüllen. Freilich, himmelhoch jauchzend ist kaum ein Strauß-Walzer. Diese Erfahrung machte bereits Hector Berlioz, den die Walzer des Vaters »tieftraurig« stimmten, und Heinrich Laube, der schrieb, sie klängen »tragisch wie eine noch vom Schmerz der Geburt umklammerte Glückseligkeit«. Man spürt es noch in den Walzer-Epilogen unseres Jahrhunderts, im überschäumend diesseitigen *Rosenkavalier*-Walzer von Richard Strauss und in der dämonischen Turbulenz von Ravels *La Valse*. Den einen hat man die Apotheose des Walzers, den anderen dessen Apokalypse genannt. Beide markieren extreme Pole, aber hier wie dort herrscht das Zwielicht jener Melancholie, die das ganze Schaffen der Strauß-Familie durchzieht. Auch der Walzerkönig Johann Strauß war mit Sicherheit nicht der »lachende Genius«, den die Mitwelt in ihm zu erkennen glaubte. Es gibt kein einziges Foto, das den »lachenden Genius« lachend zeigt, und diese Merkwürdigkeit schlägt vollends um ins Bizarre, wenn man erfährt, dass der Walzerkönig nicht tanzen konnte. Man begegnet in ihm der ganzen Spannweite und Paradoxie seiner Epoche: ihrem Glanz und ihrem heimlichen Elend, ihrem Geschäftssinn und ihrem Taumel, ihrer Melancholie und ihrer Verklärung.

Der Abgesang der Operette

Ralph Benatzky und das »Weiße Rössl«

> Ich sitze am Schreibtisch, ein gebrochener Mann.
> Was geht mich der ganze Kram noch an?
> und das ist das Ende – die Frage ist: »wann?« –
> eines Lebens, das begabt und strahlend begann!
>
> Ralph Benatzky

Die Uraufführung fand am 8. November 1930 statt. Damals erblickte das *Weiße Rössl* das Licht des Großen Schauspielhauses in Berlin, die »erstaunlichste Operette aller Zeiten«, wie gesagt worden ist, ein Spätprodukt des Gattung, zusammengesetzt von vielen Händen wie ein Puzzlespiel. Das raffinierte Stück nannte sich auf dem Theaterzettel »Singspiel in drei Akten, frei nach dem gleichnamigen Lustspiel von Oskar Blumenthal und Gustav Kadelburg, von Hans Müller. Gesangstexte von Robert Gilbert. Musik von Ralph Benatzky, Bruno Granichstaedten, Robert Gilbert und Robert Stolz«. Das sind viele Namen. Zählt man den Namen Gilbert nur einmal, standen immerhin noch sieben Köche an dem Herd, auf dem das *Weiße Rössl* zubereitet wurde. Der Komponist Ralph Benatzky schrieb nicht ohne Erbitterung in sein Tagebuch: »Der Kritiker, der die vielen Namen liest, muß ja den Eindruck bekommen, als sei der Hauptunternehmer, also ich, faul gewesen oder als sei ihm wenig eingefallen.« Aber wer mitschrieb, der kassierte auch mit, denn im November 1930 hatten Richard Strauss und Franz Lehár bereits Pionierarbeit für die Komponistentantiemen geleistet, der eine auf dem Feld der ernsten, der andere auf dem der leichten Muse. Nicht umsonst hieß einer der üppig über das Stück ausgestreuten Musikschlager »Im Salzkammergut, da kammer gut lustig sein«.

Die Arbeitsteilung war im Übrigen das Resultat pressierender Terminnot, seit der Revue-Regisseur Erik Charell den Schauspieler Emil Jannings in der Rolle des Fabrikanten Giesecke in einem Theaterlustspiel gleichen Titels erlebt hatte, und zwar auf der Terrasse des Hotels von St. Wolfgang. Danach hatte Charell es brandeilig, für das Stück eine Musik zu finden, da er den Erfolg des Jahrhunderts witterte. Der wurde es auch. Berlin hörte das Singspiel mehr als vierhundert Mal, und rund zwei Millionen Besucher strömten in die Aufführungen. Der Berliner Erfolg sprang schnell in andere Länder über. In London wurde »*The White Horse*« über sechshundert Mal hintereinander gespielt, New York sah es in einem Theater mit mehr als fünftausend Plätzen ein volles Jahr lang zweimal täglich, vielleicht weil es mit seiner revuehaften Anlage den angelsächsischen Gewohnheiten besonders entgegenkam. Für Ralph Benatzky, der bald als Hauptautor namhaft wurde, war es der triumphale Höhepunkt, aber auch Wendepunkt einer Laufbahn, die dadurch gleichsam in zwei Teile zerbrach. In der ersten Hälfte seines Lebens hatte der Komponist viele kleinere und größere Erfolge erlebt, doch nachdem die Nazis das *Weiße Rössl* vom Spielplan genommen und ihn außer Landes getrieben hatten, folgte in Hollywood ein langsamer, doch unaufhaltsamer Niedergang. Nicht ohne Grund trägt die Edition der Tagebücher Benatzkys den Titel »Triumph und Tristesse«. Im Vorwort zitiert die Herausgeberin Inge Jens den Ausspruch Prosperos »*And my ending is despair*« aus Shakespeares *Sturm* und fügt hinzu: »Dieser Shakespeare-Satz, im Hinblick auf das eigene Ende vom alten Thomas Mann oft angstvoll, doch stets in Frageform zitiert – für Ralph Benatzky wurde er Realität.«

Geboren 1884 im mährischen Budwitz, ein Kind der alten Donaumonarchie, hatte Benatzky sich früh mit Chansons und Wienerliedern einen Namen gemacht. Er war der Sohn eines Gymnasiallehrers, wuchs in Prag auf, erhielt eine musikalische Ausbildung bei Felix Mottl in München, studierte Germanistik in Wien, wo er mit sechsundzwanzig Jahren zum Doktor der Philosophie promovierte. Daneben war er als Sekretär, Kurdirektor, Dolmetscher, Klavierspieler und Gelegenheitsautor tätig, ein vielseitig begabter junger Mann, der fließend ein halbes Dutzend Sprachen sprach (neben Deutsch, Englisch, Französisch auch Tschechisch, Ungarisch, Polnisch und Jiddisch) und sein Lebensziel »Komponist und Dichter« niemals aus den Augen verlor. Er schrieb zwei Operetten, die in Hamburg und München aufgeführt wurden, profilierte sich mit originellen Kabarettliedern auf eigene Texte und erlebte an der *Bonbonnière*, einer Kleinkunstbühne in München, noch vor dem Ersten Weltkrieg, seinen Durchbruch. 1914 heiratete er die Wiener Sängerin Josma Selim, die bürgerlich Hedwig Josma Fischer hieß, und absolvierte mit ihr über viele Jahre hinweg ebenso erfolgreiche wie strapaziöse Tourneen im In- und Ausland. Sie mehrten den Ruhm des Paares und machten es zum Inbegriff einer neuen Kunstform an der Grenze von Chanson und Wienerlied. Sogar Karl Kraus, der Kenner und kritische Analytiker der Operette, zeigte sich beeindruckt: »Im Reich des Dionysos«, schrieb er, »sticht mir seit Jahren das seltsame Wortgebilde ›Benatzky-Selim‹ in die Augen ... dessen Reiz gerade in der Untrennbarkeit beruhen dürfte. Tristan und Isolde, Hero und Leander [sollen] längst zurückgetreten sein vor dem Beispiel, das Benatzky und Selim tagtäglich einer zerrissenen Epoche geben.«

Die Beziehung des »untrennbaren« Paares erlebte allerdings eine schwere Belastungsprobe, als sich Benatzky Ende der zwanziger Jahre in die Tänzerin Melanie Hoffmann verliebte, die er ihrer großen dunklen Augen wegen »Kirschi« nannte. Josma Selim starb 1929, und ihr Tod erfüllte Benatzky, den frommen böhmischen Katholiken, noch jahrelang mit Schuldgefühlen, obwohl (oder weil) Kirschi schon bald darauf und dauerhaft bis zum Lebensende seine zweite Frau wurde. Damals war gerade sein musikalisches Lustspiel *Meine Schwester und ich* mit glänzendem Erfolg aufgeführt worden, eine Art Kammerspiel, mit dem Benatzky, wieder einmal Textdichter und Komponist in einer Person, von nun an eigene Wege beschreiten und die Form der Revue endlich hinter sich lassen wollte. Eben zu der Zeit, als das *Weiße Rössl* an ihn herangetragen wurde, bereitete er ein neues Lustspiel mit dem Titel *Cocktail* vor, das ihn weit mehr interessierte als die revuehafte Operette. Im Tagebuch notierte er am Tag nach der Uraufführung: »Wieder eine Premiere vorbei, die vom *Weißen Rössl* im Großen Schauspielhaus. Ich habe so das Gefühl, es war meine letzte dort. Zu berichten wird über die Kritiken sein, die sich nach den Montagsblättern nicht sehr günstig anlassen. – So Wurst! – Meine künstlerische Position wird eine schlechte Presse nicht erschüttern, eine gute nicht fördern, und ich bleibe der, von der Presse nicht im entferntesten seiner wahren Begabung nach anerkannte, Ralph Benatzky, so oder so.«

Noch in der lässig kaschierten Bitterkeit ist das künstlerische Selbstbewusstsein spürbar. Aber es kommt dann alles ganz anders. Das musikalische Lustspiel *Cocktail* fällt mit Pauken und Trompeten durch, das ungeliebte *Weiße Rössl* dagegen schüttet über Benatzky einen wahren Goldregen aus und trägt seinen Namen durch ganz Europa und sogar nach Amerika. Und er legt sich nun kein bescheidenes Bauernhäuschen im Böhmischen zu, sondern leistet sich eine prächtige Villa am Thunersee in der Schweiz.

Was war der Grund des Erfolgs? Ein Operettenführer versuchte ihn aus der Zeit heraus zu erklären: »Restaurativ wird hier ein Idyll heraufbeschworen, das kaum zwei Jahrzehnte zurückliegt. Ein drollig verklärter Rückblick fällt auf die scheinbar gute alte Zeit der Monarchie vor dem Weltkrieg, im ländlichen, industriell unbefleckten Salzkammergut. Die Lustbarkeiten einer krachledernen, alltagsfernen Urlaubswelt, die nur harmlose Zwiste kennt, haben die Autoren gewinnreich ausgespielt – just zur Zeit der Weltwirtschaftskrise. Schon der altertümelnde Untertitel ›Singspiel‹ verspricht ein gediegenes ›Es war einmal‹.« Das ist zwar zutreffend, aber eine Spur zu soziologisch. Es lässt keinen Raum für das Artifizielle, um nicht zu sagen Ausgekochte eines Stücks, das sich noch heute, da der Massentourismus das Salzkammergut weitgehend entzaubert hat, im nostalgischen Gedächtnis der Nation (oder gleich zweier Nationen) ebenso behauptet wie im Repertoire. In Berlin war das Stück 1930 mit ungewöhnlichem Aufwand inszeniert worden: siebenhundert Mitwirkende und eine Ausstattung, die für damalige Verhältnisse Unsummen verschlang. »Die Dekoration«, schrieb ein Theaterhistoriker, »überschwemmte das ganze Theater. Die Foyers und Wandelgänge waren hergerichtet als Interieurs austrobajuwarischer Gasthäuser, in kernigem Holze mit pittoresk bäuerlichen Malereien. Der Marktflecken am Wolfgangsee expandierte ins Proszenium und schloß auch den Zuschauerraum mit ein. Rundum zog sich ein Alpenpanorama mit Gipfeln, Wäldern und Sturzbächen, das weniger eine dramaturgische Funktion hatte als Teil eines gigantischen Schaustücks war.«

In der Hand hielt dies alles Erik Charell, Theaterdirektor, Produzent, Choreograph und Tänzer. Er hatte von seinem Mentor Max Reinhardt 1924 das Große Schauspielhaus als künstlerischer Leiter übernommen, ein Arenatheater, das aus einem Zirkus hervorgegangen war. Mit seinem klassischen Spielplan hatte Reinhardt hier kein Glück gehabt, danach war er vergeblich auf Operetten umgeschwenkt, um das Haus schließlich ganz aufzugeben. Erik Charell machte es mit Revuen wieder flott. Auch *Im weißen Rössl* war eine solche Revue. Zwar stand das altmodische Wort »Singspiel« auf dem Theaterzettel, aber das Stück wurde mit allen zeitgemäßen Showtechniken und Vermarktungsstrategien auf die Bühne gebracht, die seine Form und musikalische Sprache nicht unberührt ließen. Es war kaltblütig kalkuliert aus Bestandteilen wie Walzern, Liedern, Songs und Schlagern, angereichert mit Tanznummern und Chorpartien, ein raffiniertes Kunstprodukt wie die meisten Erfolgsstücke der sogenannten »Berliner Operette«, wenngleich gehüllt in eine scheinhafte Naivität.

Die Berliner Operette, die in den beiden Jahrzehnten zwischen den Weltkriegen ihre Glanzzeit erlebte, war die letzte, schon leicht angekränkelte Blüte der Gattung Operette insgesamt, fast könnte man sagen: ihr Schwanengesang, wäre das Wort nicht zu elegisch für den meist fidelen und oft frechen Charakter dieser Produktionen. Das unterscheidet die »Berliner Operette« von der älteren Wiener, die sich mit dem Untergang der Donaumonarchie ausgelebt hatte, nicht ohne ein Erbe zu hinterlassen, das an der

Spree geplündert, umfunktioniert und noch einmal lukrativ gemacht werden konnte. Abgesehen von Paul Lincke und Eduard Künneke, den Berliner Eigengewächsen, waren ihre führenden Komponisten – Franz Lehár, Paul Abraham, Nico Dostal, Robert Stolz und Ralph Benatzky – allesamt biographisch nicht denkbar ohne den Hintergrund der Donaumonarchie. Das war der Lauf der Dinge zwischen den beiden Musikstädten, die jüngere plünderte die ältere aus. So wurde aus dem Wiener »Praterleben« der Berliner »Sportpalastwalzer«, jetzt nicht mehr mit Geigen gesungen, sondern auf den Fingern gepfiffen. Dem Team Benatzky – Charell war es vorbehalten, die beiden Sphären Wien und Berlin noch einmal ingeniös zusammenzuführen, indem sie im *Weißen Rössl* ein Personal aufboten, bei dem soziale Zugehörigkeit und regionale Herkunft ungeniert gemischt waren: Berliner und Wiener, Reichsdeutscher und Österreicher, Fabrikant und Oberförster, Rechtsanwalt und Stubenmädchen. Der genialste Einfall war, dass, abweichend von der Schauspielvorlage, der alte Kaiser Franz Joseph als *deus ex machina* in das Stück eingeführt wurde: einmal zur Bereinigung von deutsch-österreichischen Liebeskonflikten, dann aber auch zur Versöhnung von Wiener und Berliner Operette, gipfelnd in der musikalischen Huldigung an den Kaiser, dem vielstimmigen »O du mein Österreich«. Acht Jahre vor Hitlers sogenanntem »Anschluss« war das eine ebenso prekäre wie leichtfertige Theaterphantasie.

Immerhin macht das Beispiel deutlich, was auf der doppelbödigen Bühne der Operette alles möglich war. Man kann sie nicht freisprechen von dem Vorwurf, durch ihr beständiges Muntermachen den aufkommenden Nationalsozialismus gestützt, seine Bedrohlichkeit verschleiert zu haben. Der Beschwichtigungseffekt der Operette in den letzten Jahren der Weimarer Republik ist sicher bemerkenswert, wie sich anhand einiger Premierendaten leicht ergibt. Lehárs *Land des Lächelns* wartete 1929 mit dem Leitspruch auf »Immer nur lächeln und immer vergnügt«, das *Weiße Rössl* folgte 1930 mit »Die ganze Welt ist himmelblau«, Eduard Künneke ließ 1932 in der *Glücklichen Reise* singen »Drüben in der Heimat, da blüht ein Rosengarten«, während Nico Dostal 1933 eher unfreiwillig, aber beziehungsvoll vertonte: »Man muß mal ab und zu verreisen.« Als Hitler der Germania die Welt zu Füßen legen wollte, da war es nicht nur Paul Abraham, der verreisen musste, sondern auch Ralph Benatzky zog es vor, von Berlin nach Wien zu gehen, denn mit Hitlers Machtübernahme verschwand das *Weiße Rössl* von den deutschen Spielplänen: mehrere von Benatzkys Co-Autoren waren Juden. Er selbst, der die Nazis verabscheute, notierte bereits im September 1930, nach einer Wahl, die mit dem Stimmenzuwachs der Hitler-Partei erst das Vorspiel zu ihrem Aufstieg an die Macht war, im Tagebuch: »Die Situation in Deutschland ist schwierig durch den Sieg der Nationalsozialisten – ein Sieg, der mir viel weniger sonderbar und überraschend erscheint, als man allgemein hört. Ist doch nach meinem Dafürhalten der Nationalsozialist in seiner blonden, goj-schen Präpotenz, Großschnauzigkeit, arroganter Halbbildung, die auf Schlagworte fliegt und von ihrer Bedeutung durchdrungen ist, so vielprozentig der Typ der Piefkischen Mehrheit, daß mir das Tendieren dorthin eher eine naturgemäße Entwicklung der wahren, zum Durchbruch kommenden Nationaleigenschaften, ein sich allmähliches Annähern der deutschen Idealform erscheinen will, als die große Überraschung.«

Das war genau gesehen und präzis beschrieben, wie überhaupt Benatzkys Tagebücher einen hellwachen Beobachter und prägnanten Stilisten offenbaren, geschult an der Tradition des Wiener Feuilletons, leicht impressionabel, mit einer Charakterisierungsschärfe an der Grenze zur Karikatur und einem Unterstrom von Skepsis und Melancholie, der bei allem Witz, aller Ironie stets vernehmbar bleibt. Im Jahre 1919 hatte Benatzky, damals fünfunddreißig Jahre alt, das Tagebuch begonnen und seither kontinuierlich weitergeführt, bis zum Ende seines Lebens 1957. Es ist nicht nur ein wichtiges biographisches Dokument, sondern auch das Vermächtnis eines Autors von Rang.

Politisch war Benatzky allerdings gegen Irrtümer nicht gefeit. »Wahrscheinlich werden sie [die Nazis], zur Regierung gelangt, 75 % ihrer Forschheit abstreifen und Kompromisse schließen, wie es die Sozialdemokraten taten und auch die Kommunisten in Russland tun«, schrieb er 1930, um schon bald an sich selbst zu erleben, dass er, wie die meisten Oppositionellen, die Lage falsch eingeschätzt hatte. Seine Frau war Jüdin, und er selbst wurde als »Judensöldling«, dessen Bestreben es sei, die deutsche Kultur zu verfälschen, geächtet. Die deutschen Steuerbehörden verschafften sich Zugriff auf seine Tantiemen, und Benatzky war gegen diese »Gewaltakte«, wie er sie nannte, völlig machtlos. Immerhin saß er sicher in der Schweiz und suchte den Verlust der deutschen Einkünfte dadurch wettzumachen, dass er sich nach Wien orientierte, das zwischen 1933 und 1937 seine bevorzugte Theaterstadt wurde. Nicht weniger als sieben musikalische Bühnenwerke wurden hier uraufgeführt, darunter *Bezauberndes Fräulein* und *Das kleine Café*, nach eigenen Textbüchern, sowie *Axel an der Himmelstür*, Stücke, in denen sich Benatzkys musikkomödiantisches Talent zur pointierten kleinen Form glänzend zu entfalten vermochte. Hier hat er, wie der Operettenexperte Volker Klotz schrieb, Elemente der französischen Operette zum musikalischen Konversationslustspiel fortentwickelt: »... in deutlichem Gegensatz zu den pathetischen Quasi-Opern des späten Lehár; aber auch zu den vorausgegangenen eigenen Spektakeloperetten« à la *Im weißen Rössl*. In *Axel an der Himmelstür* wurde ein neuer Star herausgestellt: die Schwedin Zarah Leander, die bald mit einem glänzend dotierten Vertrag nach Berlin ging, um ihre UFA-Karriere zu beginnen. Benatzky blieb einstweilen ihr Komponist und schneiderte ihr seine Lieder auf den Leib, die im Handumdrehen zu Schlagern wurden.

Inzwischen war Hollywood auf ihn aufmerksam geworden, nicht zuletzt durch den Erfolg des *Weißen Rössls* in New York. Ein Vertreter von Metro Goldwyn Mayer ermunterte ihn telegraphisch mit den Worten: »*Mr. Benatzky, we need in America men as you are!*« – ein Versprechen, das sich bald als haltlos herausstellen sollte. Doch nahm man ihn nach langem Hin und Her unter Vertrag: Verpflichtung für ein Jahr mit einer Option für weitere sechs Jahre. Die Gage betrug im (garantierten) ersten Jahr eintausend Dollar pro Woche. MGM sprach vom »größten Vertrag«, den die Firma jemals mit einem Filmkomponisten abgeschlossen hätte. Aus Berlin gab man Benatzky zu verstehen, dass er mit einem Hollywood-Vertrag für die UFA nicht mehr tragbar wäre. Er wog die Aussichten gegeneinander ab und entschied sich für Amerika. Die Besetzung Österreichs durch Hitlers Truppen im März 1938 konnte ihn nur noch bestärken – im Tagebuch notierte er: »Österreich, seit gestern abend nationalsozialistisch! Schuschnigg wich der Gewalt, deutsche Truppen haben die Grenzen passiert, überall weht das Hakenkreuz, die Selbständigkeit ist hin, ein langer bitterer Kampf um sie ist zu Ende, das letzte kleine Bollwerk freier Meinungsäußerung und Arbeitsmöglichkeit in der unglücklichen deutschen Sprache gefallen. – Der Ekel über die brutale Vergewaltigung, über den Bruch jedes Wortes seitens der ganzen Welt ist so groß, daß ich mich entschlossen habe, darüber nichts mehr zu schreiben.«

Am 31. Mai 1938 stach Benatzky mit der *Isle de France* in See, und die Beschreibung der New Yorker Skyline bei der Ankunft in der neuen Welt eine Woche später gehört zu den Höhepunkten seines Tagebuchs: »... man müßte natürlich Engelszungen haben, um diesen phantastischen Eindruck der letzten Stunde nur ein wenig schildern zu können ... Die Spucke bleibt uns weg: Times Square, 42nd Street, Broadway, Lichter, Lichter, Lichter, in allen erlaubten und nichterlaubten Farben, kreisend, drehend, schreiend, lockend, werbend, zündend, aufeinander, über-, durch-, neben-, gegeneinander, kämpfend, wirbelnd, zischend, glühend bis in den Himmel hinauf, den Halbmond dort als lächerlich veraltetes Requisit geringschätzig ahnen lassend, ein unvorstellbar, unbeschreibbar, gigantischer Lichtreklamerummelplatz, von irrsinnigen Riesendimensionen. Dieser fast infernalische Jux, diese fast wieder kindische Freude an Lichtfluten!« Aber der Rausch verflog rasch, nachdem sich der Komponist in die Studios der kalifornischen Filmmetropole begeben hatte. Zwar wurde er vom Chef des Music-Departments empfangen und sofort mit einer Filmmusik betraut, und alle waren, wie er notierte, »riesig freundlich« zu ihm, aber so schnell er den Auftrag erhalten hatte, so schnell verflüchtigte er sich wieder: Er saß unbeachtet und ohne Arbeit da, monatelang, ohne die geringste Aussicht, dass es sich ändern könnte. Bitter das Tagebuch-Resümee: »Bleibt also nichts übrig, als die Zeit hier ›abzusitzen‹, wie die Sträflinge ihre Strafjahre.«

Mit scharfem Auge und kritischem Blick betrachtet er seine neue Umgebung, unablässig bestrebt, alle über Hollywood und Amerika gehegten Illusionen zu zerstören. Er ist entsetzt über die Manieren der Amerikaner, ihre Rücksichtslosigkeit, ihren Mangel an Selbstachtung (»nirgends sah ich bisher eine derartige, fast unterwürfige Devotion zwischen Menschen, wie hier«), das soziale Gefälle (»die Klassen- und Standesunterschiede sind so schroff und gegensätzlich umrissen, dass man erschrickt, wenn man bedenkt, so etwas nenne sich Demokratie«), das amerikanische Tempo (»ein Stubenmädel beim Zimmerreinigen zu sehen ist ein humoristischer Chaplin-Sketch«). Die Beschreibung der amerikanischen Gastronomie mündet in den Stoßseufzer: »*What for a country!*« Die idiomatisch nicht ganz korrekte Wendung wird später zu »*What a country!*« korrigiert. Benatzky sitzt in einem Goldenen Käfig, untätig, müde; nur mit Mühe gelangt er an die ihm laut Vertrag zustehenden Geldraten. Er signalisiert die Bereitschaft, seinen Vertrag zu lösen, und beginnt, aus lauter Langeweile, eine Oper zu komponieren. Ihn bedrückt die allmähliche, aber unvermeidliche Demontage seines künstlerischen Renommees. In Europa war er für seine Operetten und Lieder gefeiert worden, durfte sich als ein »Berufener« fühlen; in Amerika wird ihm klargemacht, dass das Komponieren ein Handwerk wie jedes andere ist: »… der Autor, der Schöpfer selber, ist eine völlige Null. Das Verdienen allein ist es ja nicht, denn das steht in keinem Einklang zu der Fülle von Energie, Können, Phantasie und von Fleiß, die dieser Beruf verlangt. Also braucht man ein bißchen Achtung, Bewunderung, Aufmerksamkeit des Publikums: Man hat ihm ja, diesem Publikum, auch etwas gegeben, viele Jahre hindurch, und darf dieses kleine äußere Zeichen des Dankes mit Recht erwarten. Das fällt hier nun völlig weg. Man ist ein Stein unter Steinen, ein Niemand unter Niemands, kein kleinstes Zeichen des Kennens oder Erkennens, kein Lächeln des ›Ich-weiß-wer-Du-bist!‹, kein noch so flüchtiges Aufleuchten bei Nennung Deines Namens, den Du Dich viele Jahre redlich bemühtest bekannt zu machen. Du wirst vom Auto überfahren, ohne daß ein Mensch mehr davon Notiz nimmt, als von dem Zeitungsjungen am Eck.«

Die Erfahrungen, die er selber macht, teilt Benatzky mit anderen Emigranten, sogar Berühmtheiten wie Josef von Sternberg, dem Regisseur des *Blauen Engels*, der nach großen Erfolgen in Hollywood nun mit Gelegenheitsarbeiten sein Leben fristet. So reift in Benatzky der Entschluss, seinen Vertrag, der ihm nichts als Ärger gebracht hat, vorzeitig zu lösen: »… es ist sonderbar, die anfängliche Widerstandskraft verliert man hier, durch Klima, Take-it-easy-Suggestion und überwuchernde Gleichgültigkeitsangewohnheiten, und man verkommt und versumpft, künstlerisch, initiativ und körperlich erledigt, wenn man den Tag der ›Überfuhr‹ versäumt, und das wollen wir nicht. Vielleicht ist diese Erkenntnis falsch, wer kann das in den heutigen Zeiten vorherwissen?« Im Lichte späterer Erfahrung ist es fast eine prophetische Frage. Am 28. November 1938 verlassen Benatzky und seine Frau Hollywood und reisen nach Europa zurück, nach nur hundertneunzig Tagen statt sieben Jahren. Doch kaum haben sie europäischen Boden betreten, stellt sich das Gefühl ein, auf einem Vulkan zu leben, nichts scheint mehr sicher. Benatzkys tschechischer Pass hat keine Gültigkeit mehr, seit Hitler Böhmen zum Protektorat gemacht hat. Er ist vogelfrei, seine jüdische Frau nicht minder, und ihre Versuche, die Schweizer Staatsbürgerschaft zu erwerben, ziehen sich in die Länge. Also richten sich die Blicke wieder auf Amerika. Am 28. August 1939, wenige Tage vor Ausbruch des Zweiten Weltkriegs, notiert er: »Ich kann es niemandem schildern und ich darf es auch keinem sagen, wie namenlos verzweifelt, zermürbt, zerschlagen, müde und mutlos ich bin und wie zwecklos mir das Leben erscheint, und wie oft ich mit dem Gedanken spiele, die Veronaltabletten aufzulösen, die ich mir vorsorglich besorgte, den Brei auszutrinken und endlich Ruhe zu haben vor dem Irrsinn, Grauen und Abscheu dieser Tage! … Was ist Arbeit, die zwecklos und ohne Absatz ist, was Vertiefung in Heiteres, Frohes, wenn die Welt ein schwärendurchzogenes, verlogenes, blutrünstiges Antlitz zeigt? Nein, nein, das Leben hat nichts mehr, was einem je über das Entsetzliche dieser Tage unerträglichen Druckes hinweg helfen könnte!«

Im Mai 1940 brechen Benatzky und seine Frau, die sich amerikanische Visa und ein Transit nach Genua verschafft haben, erneut nach Amerika auf, ohne feste Aussichten, mit ihren Ersparnissen als einziger Sicherheit.

Und wieder macht der Komponist niederschmetternde Erfahrungen, diesmal in New York. Alles, was er anpackt, misslingt ihm. Dabei kann er sich nicht vorwerfen, zu wenig Initiative zu entwickeln. Seit Ausbruch des Krieges strömen aber immer mehr Emigranten ins Land und drängen an die Futterkrippen. In New York leben die einstigen Operettenfürsten Emmerich Kálmán, Robert Stolz und Paul Abraham, zu denen er Distanz hält – Resultat älterer Rivalitäten. Er besucht die Abende Berliner Emigranten, von Piscator, Brecht, Lotte Lenya, Kurt Weill, und notiert ressentimentgeladen: »Verkrampfte Huren-›Literatur‹ der Dreißiger Jahre. Jetzt wußte man, warum in Deutschland der Umsturz kam.« Kein Wunder, dass kein Platz für ihn ist in diesem Kreis, den er anlässlich einer Einladung bissig zu glossieren versteht: »Erwin [Piscator], der Hausherr, weißhaarig und rotwangig, vereint zerstreute Uninteressiertheit mit bolschewistischer Négligence, spielt den lächelnden Gast im eigenen Haus, das überraschte Baby vor dem improvisierten Geburtstagskuchen. Max Reinhardt, immer mehr Löwenhaupt bekommend, der alte Zauberer, dem die Felle weggeschwommen sind. Helene Thimig, härtere, ältere Züge denn sonst, mit konventionellem Lächeln Bitteres verhüllend. Franz Werfel, bebrillter Neufundländer, mit Bauch und geistiger Redefaulheit ...« Böse Porträts, stets an der Grenze zur Karikatur und zuweilen über sie hinaus. Sich selber klammert der Porträtist nicht aus: »Versucht den kompletten Versager, so gut es mit Äußerlichkeiten geht, zu kaschieren, lebt vom Gestern und weiß, da ist kein Morgen.«

Er ist verbittert, vergrämt, misanthropisch. Aber dann, am 8. Mai 1945, ist der Krieg zu Ende, und Benatzkys Augen richten sich wieder auf Europa. Nach der Rückkehr im August 1946 scheint es zunächst so, als würde sich alles gut anlassen: Theater, Verlage, Radiosender zeigen sich interessiert. Aber bald stellt sich heraus, dass seine Art, Verse zu machen und Melodien zu erfinden, nicht mehr gefragt ist. Das Unterhaltungsgeschäft, das er selber einmal mitbestimmt hat, ist über ihn hinweggegangen, und die Fähigkeit, sich anzupassen, hat er eingebüßt. Ein musikalisches Lustspiel über Gogols *Revisor* in Zürich fällt durch, und die letzte Premiere, zu der ihm 1950 Heinz Hilpert in Göttingen verhilft, ist ein eklatanter Fehlschlag. Nur das *Weiße Rössl* erweist sich als unverwüstlich: eine aus dem knappen Dutzend überlebensfähiger Operetten.

Was ist eine Operette? Das Thema hatten wir schon. Mit Definitionen tut man sich schwer, wenn es um die leichte Form des Musiktheaters geht. Benatzkys *Im weißen Rössl* hatte, zum Verdruss des Autors, viel vom Charakter einer Revue und wird heute auch meist so aufgeführt. Es ist die letzte Operette, die ins Repertoire einging. Dank der Tantiemen, die sie einspielte, vermochte ihr Autor einige Zeit zu überleben, auch wenn die Villa am Thunersee nicht zu halten war. Zuletzt bezog Benatzky eine Mietwohnung in Zürich, die, wie er schrieb, »bescheidenen Spießbürgeransprüchen« genügte. Depressionen suchten ihn heim, die er mit Alkohol zu lindern, und Anfälle von Schlaflosigkeit, die er mit Tabletten zu bekämpfen suchte. Er starb im Oktober 1957 in Zürich, dreiundsiebzig Jahre alt. Auf dem Friedhof von St. Wolfgang im Salzkammergut liegt er begraben, in der Nähe des Gasthofs *Zum Weißen Rössl.*

IV

20. Jahrhundert

Der Dichter als Librettist
Hugo von Hofmannsthal

> Hofmannsthal, the one and only
> Well-bred, wordly-wise Duenna
> To show jeunes filles round Old Vienna.
> Wystan Hugh Auden

Hugo von Hofmannsthal, der Dichter als Librettist, bedeutet Richard Strauss. Es gibt zwar, wenn auch dem Opern-, Rundfunk- und Schallplattenpublikum kaum mehr geläufig, Vertonungen Hofmannsthal'scher Texte durch andere Musiker. Egon Wellesz, ein Schönberg-Schüler, hat die *Alkestis* komponiert, Rudolf Wagner-Régeny *Das Bergwerk zu Falun* und der Russe Alexander Tscherepnin *Die Hochzeit der Sobeide*. In Hans Werner Henzes Oper *Die Bassariden* nach einem Libretto von Wystan Hugh Auden spielen Entwürfe hinein, die Hofmannsthal zu einem Pentheus-Drama niederschrieb. Aber das sind lauter Verwendungen von Texten, die nicht primär für die Musikbühne gedacht waren. Libretti im eigentlichen Sinn hat er nur für Richard Strauss geschrieben, fünf an der Zahl: *Der Rosenkavalier*, *Ariadne auf Naxos* (in zwei Fassungen), *Die Frau ohne Schatten*, *Die ägyptische Helena* und *Arabella*. Das sechste Werk, das in diesem Zusammenhang nicht unerwähnt bleiben darf, *Elektra*, war als Schauspiel bereits verfasst, als Strauss beschloss, es zu vertonen. Alle diese Opern, von der *Ägyptischen Helena* abgesehen, sind Erfolge geworden. Seit Mozart und Da Ponte, Verdi und Boito hat es keine andere Partnerschaft zwischen Komponist und Librettist gegeben, die solches Aufsehen erregte. Nimmt man hinzu, dass keiner der zuvor Genannten sich so ausführlich in Briefen – statt in für uns verlorenen Gesprächen – zu seiner Arbeit äußerte, dass es auch nirgendwo so beständig knisterte und funkte vor grundsätzlichen und peripheren Missverständnissen, so steht diese Kooperation in der Operngeschichte einzigartig da.

Beide kamen zueinander als bereits etablierte Künstler. Strauss, der Sinfoniker und Liederkomponist, Hofmannsthal, der Lyriker, Erzähler und Dramatiker. Beide brachten einen hohen Anspruch mit ein. Strauss sah sich als Erben Mozarts und Wagners, was melodische Erfindungskraft, Bühneneffekt und Orchestrationskunst anging. Die Beweise für den Bühneneffekt war er freilich in seinen Erstlingswerken *Guntram* und *Feuersnot* schuldig geblieben. Aber das änderte sich schlagartig mit *Salome* nach dem Text von Oscar Wilde, und *Elektra* festigte vollends seinen Ruf als Avantgardist der deutschen Oper.

Allerdings war es keine Liebe auf den ersten Blick. Viel spricht dafür, dass Strauss und Hofmannsthal sich anfangs fremd waren und sich im Laufe der Jahre, trotz intensiver Zusammenarbeit, nicht wirklich nahekamen. Ihre Korrespondenz begann mit einem Fehlschlag, wobei Hofmannsthal, der Strauss in Paris flüchtig kennengelernt hatte, als der Werbende auftrat. Am 17. November 1900 schrieb er an den zehn Jahre Älteren:

> Sehr geehrter Herr,
> Ich weiß nicht, ob Sie sich noch eines Gespräches in Paris erinnern, und daß ich Ihnen damals von dem Einfall zu einem Ballett Erwähnung tat, worauf Sie sehr freundlich äußerten, Sie würden ein solches allenfalls gern komponieren.
> Mein Ballett ist nun fertig, oder nahezu. Zwei Akte liegen in der Reinschrift vor, vom dritten, der ohnehin kurz werden soll, eine Art von Apotheose, kann ich detailliertes Szenarium beilegen. Ich würde mir nun sehr gern erlauben, Ihnen dieses Ganze vorzulegen. Da ich Ihre augenblickliche Stimmung einer solchen Sache gegenüber aber nicht kenne und nicht gerne Sie und mich mit einer ganz vergeblichen Sendung belästigen möchte, so frage ich an, ob Sie sich nicht noch irgendwie für eine solche meinige Sache interessieren und ob Sie mir freundlichst zusichern wollen, sich dann innerhalb 14 Tagen, von Empfang der Sendung an, irgendwie über die vorläufig zu Ihrer Verfügung stehende Arbeit zu äußern. In Erwartung Ihrer Antwort bin ich Ihr sehr aufrichtig ergebener
> Hugo Hofmannsthal

Da Richard Strauss nicht sogleich antwortete, folgte ein Mahnbrief vom 30. November, dann wohl auch die Übersendung des Manuskripts. Der Antwortbrief von Strauss war eine mühsam höfliche Absage:

> Sehr geehrter Herr!
> Anbei sende ich Ihnen mit wärmstem Dank Ihr schönes Ballett zurück. Nach einiger Überlegung habe ich mich entschlossen, Ihnen schon heute zu sagen, daß ich es nicht komponieren werde, so sehr es mir gefällt. Besonders der II. Akt ist ausgezeichnet, auch der erste enthält

so viel Momente von großer poetischer Schönheit, daß es mir schwer wird, von dem feinen Dinge Abschied zu nehmen. Und doch bin ich's Ihnen schuldig, es heute schon zu tun. Der Grund dafür ist nicht schwer zu erraten: mein eigenes Ballett, das ich mir diesen Sommer zusammen gedichtet habe, steht mir, trotzdem es wahrscheinlich schlechter ist als Ihre Dichtung, doch so weit näher, daß ich es jedenfalls zuerst in Angriff nehmen werde, sobald ein kleines Öperchen fertig ist. Und *nach* diesem Ballett (also ungefähr in 3 Jahren) wird wahrscheinlich der schon seit 2 Jahren vollständig schlummernde Sinfoniker mit Gewalt hervorbrechen und zu einem zweiten Ballett vermutlich Kraft und Lust fehlen.

Ich hoffe, Sie sind nicht bös: ich versichere Sie aufrichtigst, Ihre Dichtung ist Etwas, was man nicht gerne zurückschickt, aber ich darf Sie nicht hinhalten, wo ich schon heute sagen muß, ich werd's wahrscheinlich doch nicht mehr »dermachen«! Schönsten Dank nochmals und herzlichste Grüße Ihres verehrungsvoll ergebenen
Richard Strauss.

Dieser Brief lässt die Distanz der öffentlichen Geltung ziemlich unverblümt hervortreten. Strauss ist bereits ein weltberühmter Musiker, auch wenn er auf der Opernbühne bisher nur Misserfolge hatte. Das kleine Öperchen, das im Brief angedeutet wird, ist die *Feuersnot* und noch nicht *Salome*. Jenes Ballett aber eigener Machart, das Strauss demnächst komponieren zu wollen verspricht, zum Nachteil von Hofmannsthals Entwurf, ist nie entstanden.

Danach vergingen fast sechs Jahre, bis es wieder zu einer neuen Korrespondenz kam. Die beiden trafen wohl in Berlin bei einer Aufführung von Hofmannsthals *Elektra* in den Kammerspielen von Max Reinhardt aufeinander, in der Gertrud Eysoldt, vormals eine gefeierte Salome in Oscar Wildes Stück, die Titelrolle spielte. Max Reinhardt wiederum sollte später der Dritte im Bunde von Strauss und Hofmannsthal werden, bisweilen auch der Vermittler zwischen ihnen, etwa als rettender Regisseur der Premiere des *Rosenkavalier* in Dresden. Hofmannsthals *Elektra* ließ die Begeisterung von Strauss rasch aufflammen. Dennoch erhielt der Autor im März 1906 einen jener Briefe, der noch etwas ruppiger klang als der allererste und von denen er in der Folgezeit noch viele verkraften musste. Als praktischer Mensch wollte er sich gleich eine Generaloption auf alle Werke Hofmannsthals sichern.

Verehrter Herr von Hofmannsthal!
Ich habe nach wie vor die größte Lust auf »Elektra« und habe mir dieselbe auch schon bereits ganz schön zum Hausgebrauch zusammen-

gestrichen. Die Frage, die ich mir noch nicht endgiltig beantwortet habe ... ist nur, ob ich unmittelbar nach »Salome« die Kraft habe, einem in Vielem derselben so ähnlichen Stoff in voller Frische zu bearbeiten, oder ob ich nicht besser tue, an »Elektra« erst in einigen Jahren heranzutreten, wenn ich dem Salome-Stil selbst viel ferner gerückt bin.

Darum wäre es mir immerhin wertvoll, zu wissen, was Sie etwa an Anderem für mich auf Lager haben ... Jedenfalls bitte ich Sie dringend, mir in allem Komponierbaren von Ihrer Hand das Vorrecht zu lassen. Ihre Art entspricht so sehr der meinen, wir sind füreinander geboren und werden sicher Schönes zusammen leisten, wenn Sie mir treu bleiben.

Haben Sie einen schönen Renaissancestoff für mich? So ein ganz wilder Cesare Borgia oder Savonarola wäre das Ziel meiner Sehnsucht!

Mit wärmstem Gruß Ihr aufrichtig verehrungsvoll ergebener

Dr. Richard Strauss

In diesem Brief hatte Hofmannsthal seinen späteren Mitstreiter gleichsam in der Nussschale. Man denke sich den Dichter zerbrechlicher Verse bei der Lektüre eines solchen Raubauzbriefes. *Elektra* »für den Hausgebrauch« zusammengestrichen, aber »wir sind füreinander geboren«. Operntexte für einen Komponisten, der an Operetten zu denken scheint. Lärmend bricht dieser Bajuware in die gläsern-heikle Welt des Österreichers ein und bestellt gleich den ganzen vorhandenen und künftigen Vorrat. Hauptsache: der Textlakai bleibt der Komponistenherrschaft treu, vom Umgekehrten keine Rede.

Hofmannsthal tat, was allein möglich war. Er ließ das Angebot nicht vorüberziehen, unterzog aber den Kollegen von der Musik einem jener Traktate, von denen auch dieser im Verlauf der weiteren Zusammenarbeit noch einige einstecken musste. Auf den groben Klotz setzte er keinen groben Keil, sondern eine subtile Analyse, schneidend, wie sie in seinem Fall geraten konnte:

Nun muß ich schon sagen, daß ich, wie die Dinge mir nun zu liegen scheinen, allerdings sehr froh wäre, wenn Sie es möglich fänden, zunächst an der »Elektra« festzuhalten, deren »Ähnlichkeiten« mit dem Salome-Stoff mir bei näherer Überlegung doch auf ein Nichts zusammenzuschrumpfen scheinen. (Es sind zwei Einakter, jeder hat einen Frauennamen, beide spielen im Altertum und beide wurden in Berlin von der Eysoldt kreiert: ich glaube, darauf läuft die ganze Ähnlichkeit hinaus.) Denn die Farbenmischung scheint mir in beiden Stoffen eine so wesentlich verschiedene zu sein: bei der »Salome« soviel purpur und violett gleichsam, in einer schwülen Luft, bei der »Elektra« dagegen ein Gemenge aus Nacht und Licht, schwarz und hell. Auch scheint mir die auf Sieg und Reinigung hinauslaufende, aufwärtsstürmende Motivenfolge, die sich auf Orest und seine Tat bezieht – und die ich mir in der Musik ungleich gewaltiger vorstellen kann als in der Dichtung –, in »Salome« nicht nur nicht ihresgleichen, sondern nichts irgendwie Ähnliches sich gegenüber zu haben.

So wie Hofmannsthal die burschikosen Anrempeleien des Komponisten Strauss ertragen lernen musste, so wurden diesem die scharfen und pointierten Formulierungen seines Dichters zur manchmal leidvollen Gewohnheit. Hätten die Namen Elektra und Salome die gleiche Zahl an Buchstaben – Hofmannsthal würde es in seiner vernichtenden Aufzählung bloß äußerlicher Ähnlichkeiten zu erwähnen nicht versäumt haben. Sie wurden ein in der Operngeschichte einzigartig erfolgreiches Gespann und blieben gleichwohl ein sonderbares Paar. Hans Mayer hat es mit den Worten ausgedrückt: »Der Augenmensch Hofmannsthal und der bayerische Musikant. Anfälligkeit und Robustheit. Ständiger Hang zum Verstummen und ständiger Hang zum Überlauten. Mißtrauen gegen künstlerische Techniken und Tendenz zur Virtuosität.« Bei Strauss der fatale Hang, mit blökenden Schafen, Kuhglocken und vertonten Skatgeräuschen zum Naturalismus zurückzukehren, bei Hofmannsthal die unablässige Bemühung, durch Schweigen und Verschweigen das auszusagen, was gesagt werden soll. Eine sorgfältige Lektüre des brieflichen Austauschs bringt es an den Tag, dass Hofmannsthal nie »Nein« sagt, wenn Strauss das Undenkbare und Unmögliche verlangt. Er ersetzt die direkte Negierung durch einen Schwall von abwägenden, nur scheinbar zustimmenden, meist heimlich abwehrenden Worten, während Strauss hinter der verbalen Tarnwand vor allem die Ablehnung wahrnimmt, gemäß der Goethe-Sentenz –

> Man spricht vergebens viel, um zu versagen;
> Der andre hört von allem nur das Nein.

Das steht in *Iphigenie auf Tauris*, die tatsächlich nicht weit von Hofmannsthals *Elektra* entfernt ist. Den Hinweis auf die aufwärtsstürmende Motivenfolge hin zu Sieg und Reinigung, die in vollem Ausmaß der Musik vorbehalten bleiben müsse, ließ sich Strauss denn auch gesagt sein, als er sich an die Komposition machte.

Durch *Elektra* kam das Engagement des Komponisten Strauss für den Textautor Hofmannsthal zustande, aus dem erst später ein fragiles Bündnis wurde. Davon waren die beiden noch weit entfernt, denn Hofmannsthal war noch nicht der Autor des *Jedermann* und der Begründer der Salzburger Festspiele, die er erst zwölf Jahre später zusammen mit Strauss und Max Reinhardt ins Leben rief. Was seinen Rang als Dichter betraf, so waren Rilke und Stefan George im lyrischen Fach, Hauptmann und Wedekind im dramatischen Fach damals die heller strahlenden Sterne. Strauss wiederum war als Opernkomponist noch nicht aus dem gewaltigen Schatten Wagners herausgetreten, während ihm zugleich in Puccini ein großer, an Erfolg vorerst überlegener Rivale erwuchs.

Die nun beginnende Zusammenarbeit Strauss – Hofmannsthal erwies sich für beide im Laufe der Zeit von Vorteil, und zwar nicht bloß äußerlich aufgrund ihrer gemeinsamen Bühnenerfolge. Strauss wurde von Hofmannsthal behutsam zu Stoffen gelenkt, die ihm gemäß waren; gleichzeitig wies der mit sicherem Instinkt auf den Bühneneffekt abzielende Musiker den Wortkünstler immer wieder darauf hin, dass es sich beim Theater um eine robuste Kunstform handelt und dass die Gesetze des Schauspiels nicht mit denen der Oper zu verwechseln sind. Das führte ein paarmal zu Zwist, allerdings zwischen Partnern, die großmütig genug waren, dem anderen gelegentlich das bessere Argument zuzugestehen. Strauss zog auch dabei die jovialen Direktheiten vor, während Hofmannsthal sich ins Schweigen zurückzog, bevor er seine Zugeständnisse lancierte.

Bereits 1925, also noch zu Lebzeiten, beschlossen beide, ihren Briefwechsel öffentlich zu machen, was ein Jahr später auch geschah. Das war eine Geste des gegenseitigen Respekts wie ein Dokument der Selbstbehauptung nach außen. Zwar war Giacomo Puccini, der große italienische Opernmeister, gerade gestorben, und Rivalen wie Pfitzner und Schreker waren mittlerweile auf die hinteren Plätze verwiesen worden, aber eine Konkurrenz neuer Art für die Musikbühne war auf den Plan getreten: Komponisten wie Hindemith, Krenek, Weill, die nächste Generation. Der Briefwechsel Strauss – Hofmannsthal war das vielgerühmte Zeugnis einer künstlerischen Zusammenarbeit, was allerdings auch dem Umstand zu verdanken war, dass er, herausgegeben von Franz Strauss, dem Sohn des Komponisten, in einer stark gereinigten Fassung ediert wurde, die überdies nur bis zum Jahr 1918 reichte. Im Vorwort zur Erstausgabe schrieb der Herausgeber: »Wie Hugo von Hofmannsthal durch zwanzig Jahre hindurch meinem Vater teils anregender Führer, teils mitempfindender

Gefolgsmann durch die verschiedensten Stoffgebiete, deren rascher Wechsel den Bedürfnissen der expansiven Natur des Komponisten entsprach, war, soll dieser Briefwechsel dartun.«

Das Wort »Gefolgsmann« steht fremdartig in diesem Kontext, zumal wenn man es auf einen empfindlich-feinen Künstler wie Hofmannsthal bezieht. Der dürfte bei der Lektüre nicht wenig gezuckt haben. Immerhin, Misstöne der Korrespondenz waren in dieser ersten Ausgabe eliminiert worden. Nicht in sie aufgenommen wurde zum Beispiel jener Brief Hofmannsthals vom Pfingstsonntag 1916, mit dem der Textdichter, der gerade an der *Frau ohne Schatten* arbeitete, sich dazu durchrang, endlich einmal aus seinem Dichterherzen keine Mördergrube zu machen, bevor er wieder einen Rückzieher machte und den Brief nicht abschickte. Heute kennen wir den Wortlaut, eine heftige Abrechnung über die Zusammenarbeit mit Strauss beim *Rosenkavalier*.

Lieber Dr. Strauss!
alles was Sie mir sagen, interessiert mich sehr. Wir werden ja sehen, ob etwas auf diesem Wege werden kann. Jedenfalls freut es mich, denn es ist der Weg (nur weiter gegangen), den ich mit »Rosenkavalier« früher wollte. Damals sind Sie ja teilweise gar nicht darauf eingegangen, haben Manches in einem ganz falschen Stil behandelt, was mich damals sehr gekränkt hat, aber ich hab immer darüber geschwiegen (wir sind eben nicht nur bei der Zerbinetta auseinandergekommen, sondern noch oft, und auch in der neuen Oper fehlt es daran nicht, fürchte ich; bezieht sich auf die Figur der Amme, nehmen Sie es nicht schwer, es wird das Ganze nicht alterieren). Also z.B. in »Rosenkavalier«, II. Akt, ist der burleske Chor der Faninalschen Dienerschaft

> G'stochen ist einer? Wer?
> Der dort? Der fremde Herr?
> Welcher? Der Bräutigam?

nur geschaffen, eben burlesk, d.h. im durchsichtigen Offenbachschen Stil heruntergeschnattert zu werden, – Sie haben ihn mit *dicker* Musik ganz zugedeckt und damit die Intention des Textes, gerade das Operettenhafte, das gewollt war, ganz zunichte gemacht. Der Spaß an dieser Stelle existiert einfach nicht mehr, gerade das, was bei einem Offenbach als Charge, als Spaß reizend herausgekommen wäre.

Ähnlich am Schluß von Akt I. Die Lakaien mit ihren böhmisch-deutschen kurzen Meldungen, einer nach dem andern, woraus Sie eine Art kurzen Jägerchor gemacht haben, der dort immer ganz fürchterlich ist. Ebenso völlig verfehlt gegen den Stil des Ganzen finde ich im III. Akt den Abgang des Barons. Verzeihen Sie, daß ich das Alles sage, es ist Ihr Brief der mich dazu bringt mit dem Loswollen auf etwas Neues, wovon äußerst zweifelhaft ist, ob ich das Talent habe es *wirklich* zu lösen ... – und dann aber auch zweifelhaft ist, ob Sie den reinen und scharfen Stilwillen hätten, es wirklich durchzuführen.

Da blitzt nicht der Degen des Octavian, der Dichter schwingt eher das Beil der Elektra. Hat sich wohl Ähnliches zuweilen zwischen Mozart und Da Ponte aufgebaut? Zumeist hatten die Librettisten früherer Generationen weder die Zeit, sich über den scharfen oder unscharfen Stilwillen ihrer Komponisten zu erregen, da sie längst mit dem nächsten Text befasst waren, noch stellten sie an das eigene Produkt so hohe Ansprüche, dass ihnen Verstöße gegen dessen Absichten wie Verrat vorkamen. Nur Metastasio, der Fürst der Librettisten, der seine Textbücher nur gegen die Garantie überließ, der Komponist werde seinen Absichten – auch den musikalischen – auf das Genaueste folgen, muss hier ausgenommen werden. Hundert Jahre später war das Pendel zur anderen Seite ausgeschlagen: Verdi erwartete von seinen Autoren das unbedingte Eingehen auf seine Wünsche, mochten sie nun bühnenpraktischer oder musikalischer Natur sein. Sie zielten weniger auf stilistische Einheit, wenn man nicht die innere Geschlossenheit von Szenen und ihre Balance im gesamten Gefüge zu den Kriterien guten Stils hinzurechnen muss. Hofmannsthal aber meinte etwas ganz anderes, wenn er von »Stil« sprach. Er verlangte, dass sich die Musik dem von ihm geschaffenen Wortgebilde mitsamt seiner Atmosphäre, seinen Valeurs und Tiefgründigkeiten aufs Genaueste anpassen, ja anschmiegen müsse. Vertonung dachte er sich als Liebesvereinigung, nicht als Sexualakt. Ohne das oft beobachtete Moment der Geschlechterrelation zwischen Strauss und Hofmannsthal – der Librettist als der weibliche, der Komponist als der männliche Teil – hier noch einmal übermäßig zu betonen, kommt uns doch in diesem Autor der deutliche Wunsch nach einer neuen Emanzipation des Wortes entgegen, ausgesprochen gegenüber einem Komponisten, der der irrigen Meinung anhing, er könne schlechthin alles vertonen.

Die vom Librettisten beanstandete Stelle am Schluss des ersten Aktes des *Rosenkavalier* ist eine Wortkomposition, von deren rasch wechselnden Stimmungen auch der alte Verdi begeistert gewesen wäre. Die Marschallin hat gerade – ihr und Octavian unbewusst – mit ihren Grübeleien über den unerbittlichen Lauf der Zeit Abschied von dieser vielleicht letzten Liebe genommen. Das Ende des dritten Aktes liegt im Schluss des ersten bereits beschlossen. Das Publikum hat an der Stelle »Manchmal steh ich auf, mitten in der Nacht, und laß die Uhren alle stehn …« seine Rührung kaum unterdrückt. Da es ja eine komische Oper, eine »Komödie für Musik« ist – und man muss nachlesen, wie Hofmannsthal, eben des Stils wegen, um den Untertitel gekämpft hat –, unterbricht Octavian die sentimentale Laune seiner Dame mit der gegenüber einer im Kloster erzogenen adligen Dame zutreffenden Bemerkung: »Sie spricht ja heute wie ein Pater.« Nach der Verabschiedung des Liebhabers folgt prompt die Reue der Marschallin, sie will ihn zurückholen, aber sie wird enttäuscht, und dieser mehr als nur vordergründige Vorgang wird burlesk illustriert durch die im Brief Hofmannsthals erwähnten Lakaien, die in neun atemlosen Versen melden, dazu sei es leider zu spät:

ERSTER LAKAI
Der Herr Graf sind auf und davon.
ZWEITER LAKAI
Gleich beim Tor sind aufgesessen.
DRITTER LAKAI
Reitknecht hat gewartet.
VIERTER LAKAI
Gleich beim Tor sind aufgesessen wie der Wind.
ERSTER LAKAI
Waren um die Ecken wie der Wind.
ZWEITER LAKAI
Sind wir nachgelaufen.
DRITTER LAKAI
Wie haben wir geschrien.
VIERTER LAKAI
War umsonst.
ERSTER LAKAI
Waren um die Ecken wie der Wind.

Nach diesem Wirbelwind endet der Akt mit der ruhigen Anordnung des Spedierens der Silberrose an Octavian. Doppelte Resignation: Die Marschallin selbst schickt ihren jungen Liebhaber zu dessen neuer Liebe, und sie drückt es aus in den vieldeutigen Worten: »Der Graf weiß ohnehin.«

Das muss man lesen und dann muss man es hören, um Hofmannsthals Empfindlichkeit zu verstehen, dass auch nur ein kleines Detail der Vertonung sich diesem kunstvollen Ablauf nicht – wie hätte er vielleicht gesagt? – anbequemte.

Mag das zuvor Zitierte den Eindruck erwecken, als habe Strauss im Finale des ersten Aktes des *Rosenkavalier* die Intention des Librettisten verraten, so wird es nun Zeit, den Part des Komponisten zu vertreten. Hofmannsthals Detailkritik in seinem nicht abgeschickten Brief betraf vorwiegend den ersten und dritten Akt. Doch er wusste nur zu genau, dass es Strauss gewesen war, der angebliche Stilsünder, der den Schwachpunkt vieler komischer Opern, das Zwischenglied zwischen dem leichten ersten und dem lösenden letzten Akt, im Fall des *Rosenkavalier* gerettet hatte. Strauss schreibt am 9. Juli 1909 an Hofmannsthal: »Drei Tage Schnee, Regen und Nebel haben heute einen Entschluß in mir gereift, den ich Ihnen nicht länger vorenthalten will. Bitte nicht böse sein und alles ruhig überlegen, was ich Ihnen jetzt sage. Schon bei der ersten Lektüre des II. Aktes fühlte ich, daß daran was nicht stimmte, daß er matt und flau sei und die richtige dramatische Steigerung entbehre. Heute weiß ich auch ungefähr, was fehlt ... Nun hören Sie zu, wie ich mir den II. Akt denke. Fällt Ihnen noch was Besseres ein, tant mieux! Also bis zum Auftritt des Baron ist alles famos. Aber von hier ab muß es anders werden.«

Es folgt das Szenario des zweiten Aktes, wie wir ihn kennen. Hofmannsthal, dessen erster Entwurf in den heutigen Ausgaben seiner Werke nachzulesen ist, war viel weitläufiger gewesen, Strauss kam rascher zum Knoten der Konfrontation zwischen dem Baron und Octavian. Ganze neun Tage nach Erhalt der Änderungswünsche des Komponisten schrieb der Dichter: »Diese Kritik war entschieden sehr fördernd und fruchtbar. Dieser Akt, in dem Octavian und Ochs schon aneinandergeraten, erscheint mir jetzt auch eine viel bessere Basis für die Vorgänge im III. Herzliche Grüße Ihr Hofmannsthal.« Eine Woche später fügte er noch einmal seine Dankbarkeit hinzu »für Ihr energisches Eingreifen«. Er änderte wie vorgeschlagen.

Hatte diesmal der Komponist den Dichter zur Umarbeitung des zweiten Teils des zweiten Aktes veranlasst, so drängte umgekehrt Hofmannsthal den Komponisten im Fall der *Ariadne auf Naxos*, sich von den erfolgsverwöhnten orchestralen Superlativen seiner bisherigen Werke abzukehren. Mit genauem Instinkt für die historische Stunde schlug er jene Kammerbesetzung vor, für die das Werk eine wichtige Station in der Musikgeschichte wurde. Den Meister von Riesenpartituren wie *Ein Heldenleben* und *Also sprach Zarathustra* für die Beschränkung der Mittel zu gewinnen, war allerdings nicht besonders schwer. Strauss wollte eigentlich immer mit jedem Werk etwas Anderes, Neues, diese Rastlosigkeit machte ihn zum Gegenpol des auf Stetigkeit angelegten Dichters. Aber die Tage der monumentalen Orchesterwerke, wie auch Schönberg und Strawinsky sie in ihrer Frühzeit schrieben, gingen zu Ende, und die Erfahrung des Ersten Weltkriegs sorgte für definitive Ernüchterung. *Ariadne auf Naxos* kann für sich in Anspruch nehmen, in der ersten Fassung, halb Sprech-, halb Musikspiel, bereits 1912 erschienen zu sein, noch bevor sich die großen Zeitgenossen von den Verlockungen des Mammutorchesters abwandten. Der Vorschlag kam im März 1911 von Hofmannsthal, der allerdings eine Doppelstrategie verfolgte, indem er neben der kleinen Kammeroper ein Werk der großen Dimension ins Gespräch brachte:

> Wenn man wieder einmal etwas zusammen machen wollte (ich meine etwas Großes, ganz abgesehen von der 30-Minuten-Oper für kleines Kammerorchester, die in meinem Kopf so gut wie fertig ist, benannt »Ariadne auf Naxos«, und gemischt aus heroisch-mythologischen Figuren im Kostüm des XVIII. Jahrhunderts in Reifröcken und Straußenfedern und aus Figuren der commedia dell' arte, Harlekins und Scaramouches, welche ein mit dem heroischen Element fortwährend verwebtes Buffo-Element tragen) – also wenn man wieder einmal etwas Großes zusammen machen wollte, so müßte es eine bunte und starke Handlung sein, und das Detail des Textes minder wichtig. Mir schwebt da etwas ganz Bestimmtes vor ... es ist ein Zaubermärchen, worin zwei Männer und zwei Frauen einander gegenüberstehen ... und das Ganze bunt, Palast und Hütte, Priester, Schiffe, Fackeln, Felsengänge, Chöre, Kinder ... Das Ganze, wie ich es da in der Luft hängen sehe ... verhielte sich, beiläufig gesagt, zur »Zauberflöte« so wie sich der »Rosenkavalier« zum »Figaro« verhält: das heißt, es bestände hier wie dort keine Nachahmung, aber eine gewisse Analogie.

Was Wunder, dass der Komponist beides akzeptierte, was Hofmannsthal, nach Strauss' Ausdruck, »auf Lager hatte« und ihm durch die Mozart-Vergleiche so unwiderstehlich schmackhaft machte. Das Stichwort Kammerorchester in Hofmannsthals Vorschlag nahm Strauss wörtlich, und er ging mit solchem Eifer an die Arbeit, dass *Ariadne* schon im Oktober 1912 in Stuttgart herauskam: mit drei- und vierfachen Bläsern, wie es die Zeit erwartete, nur doppelt besetzt, ohne Englischhörner und Bassklarinetten, Kontrafagotte und Basstuben und mit lediglich sechzehn Streichern, ein

Abschied vom Wagner-Orchester und eine Absage an das Übermaß der Stilmittel – vielleicht die beste und subtilste Leistung des ungleichen Paares, auch wenn erst noch, damit das Werk seinen Siegeszug antreten konnte, ein zweite Fassung nötig war, in der das Molière-Sprechtheatervorspiel ersetzt wurde durch ein Vorspiel mit Musik.

> Es trocknet Tränen
> Die schmeichelnde Sonne.
> Es trocknet Tränen
> Der lose Wind:
> Sie aufzuheitern
> Befahl den Begleitern,
> O traurige Dame,
> Dies hübsche Kind.

Eine so leichte und lockende Libretto-Sprache wie diese Verse aus *Ariadne* hatte es in der Oper, mit der einzigen Ausnahme von Verdi – Boitos *Falstaff*, seit den Italienern des 18. Jahrhunderts nicht mehr gegeben, schon gar nicht in deutscher Sprache. Aber dann ertappt man den großen Librettisten dabei, dass ihm Zeilen aus Opernentwürfen Goethes mehr als nur sinngemäß in die Feder geraten. In Goethes *Circe* heißt es:

> Ach wir sind zur Qual geboren!
> Seid ihr unsre Tränen wert,
> Männer!
> Unsre Tränen?
> Erst um den, den man verloren,
> Dann um den, den man begehrt.

Darin steckt die ganze Arie der Zerbinetta, nur in sechs Zeilen statt in fünfundsiebzig. Kaum aber hatte Hofmannsthal erkannt, dass Strauss auf Reimklingeleien dieser Art einging, glaubte er ihm einen Stoff, der alle Opernformen sprengte, suggerieren zu können, eine Über-Zauberflöte namens *Frau ohne Schatten*, jenes in seinem Brief erwähnte Zaubermärchen, worin »zwei Männer und zwei Frauen einander gegenüberstehen« samt Priestern, Schiffen, Fackeln, Felsengängen, Chören und Kindern. Die Strafe dafür war, dass seit der – historisch deplazierten – Uraufführung des Werkes im Jahr nach Ende des Ersten Weltkriegs jedermann die Musik rühmte, das Libretto dagegen überladen, unverständlich und abgeschmackt fand.

Strauss war offenbar anderer Meinung, denn er erhob merkwürdigerweise weniger Einwände gegen das monumentale Zaubermärchen als gegen die ersten Entwürfe der vorausgegangenen *Ariadne* oder der letzten gemeinsamen Oper *Arabella*. Mehr und mehr verglich er seinen Textdichter nun mit Eugène Scribe, dem Libretto-Großmeister aus der ersten Hälfte des 19. Jahrhunderts. Schon während der Arbeit an *Ariadne auf Naxos* hatte es geheißen: »Schönsten Dank für die erste Szene, ist famos und wird sich prächtig komponieren lassen. Sie haben wirklich schon große Übung als Librettist: ich habs immer gesagt, Sie werden Scribe No. II, nachdem man mich schon zu Meyerbeer gestempelt hat.« Bei der *Frau ohne Schatten* hieß es dann bereits: »… der Text ist halt auch glänzend, komponiert sich fabelhaft leicht, regt fortwährend an, ist so kurz und prägnant: mein lieber Scribe, Sie haben hier wirklich Ihr Meisterstück gemacht. – Inmitten all des Unerfreulichen, das – ausgenommen die glänzenden Taten unsrer Armee – dieser Krieg bringt, ist fleißiges Arbeiten die einzige Rettung.«

In der ersten Ausgabe des Briefwechsels stand an dieser Stelle statt Scribe noch Da Ponte. War das Hofmannsthals Korrektur oder die von Strauss junior? Der Dichter hat später auf der Suche nach neuen Opernstoffen auch die Werkausgabe von Scribe durchblättert, aber 1926, als die Korrespondenz im Druck erschien, hätte ihn der mehrfache Vergleich mit dem französischen Libretto-Meister eher gestört. So sehr er es schätzte, als ebenbürtig zu gelten, was die dramatischen Erfordernisse des Musiktheaters anging, so weit entfernt glaubte er sich doch als Dichter, in der Behandlung der Sprache, der Kunst des Verses und vor allem in der Charakterisierung der Figuren von Scribe und seinesgleichen. Scribe und Da Ponte, schrieb er einmal an Strauss, arbeiteten »vielleicht innerhalb einer simpleren Konvention«.

Die Orientierung am Märchenmodell von Mozarts *Zauberflöte* ist in der *Frau ohne Schatten* ebenso unverkennbar wie rein dichterisch die Anlehnung an den zweiten Teil von *Faust*. Das Fließende der schöntönenden Worte verdeckt aber kaum das Gekünstelte des Wortgehalts. Das war eben nicht eigentlich Dichtung, wie Hofmannsthal glaubte, sondern eben doch Musikvehikel, wie Strauss es brauchte.

DIE FÄRBERIN *von links auf schmalem Fußpfad*
Trifft mich sein Lieben nicht,
treffe mich das Gericht,
er mit dem Schwerte!
Eilt vor bis an den Abgrund.

BARAK *auf der gegenüberliegenden Seite*
Steh nur, ich finde dich.
Schützend umwinde dich,
ewig Gefährte!
Indem sie ihn gewahr wird, ihm die Arme entgegenstreckt, fällt ihr Schatten quer über den Abgrund.
BARAK *jubelnd*
Schatten, dein Schatten,
er trägt mich zu dir!
DIE FRAU
Gattin zum Gatten!
Einziger mir!
DIE UNGEBORENEN *von oben*
Mutter, dein Schatten!
Sieh wie schön!
Sieh deinen Gatten
zu dir gehn!
In dem Augenblick fällt an Stelle des Schattens eine goldene Brücke quer über den Abgrund. Barak und die Frau betreten die Brücke, liegen einander in den Armen. Der Kaiser und die Kaiserin sind oben dicht an den Rand des Absturzes herangetreten. Sie wenden sich nach abwärts, die beiden anderen blicken zu ihnen empor.
BARAK
Nun will ich jubeln, wie keiner gejubelt,
nun will ich schaffen, wie keiner geschafft,
denn durch mich hin strecken sich Hände,
blitzende Augen, kindische Münder,
und ich zerschwelle
vor heiliger Kraft!
DER KAISER *weist hinunter auf die beiden, weiter hinunter auf die Menschenwelt*
Nur aus der Ferne
war es verworren bang,
hör es nun ganz genau,
menschlich ist dieser Klang!
Rührende Laute –
nimmst du sie ganz in dich.
Brüder, Vertraute!

DER CHOR *unsichtbar, hineinjauchzend*
Brüder, Vertraute!
DIE BEIDEN FRAUEN *miteinander*
Schatten zu werfen,
beide erwählt,
beide in prüfenden
Flammen gestählt.
Schwelle des Todes nah,
gemordet zu morden,
seligen Kindern
Mütter geworden!
Schleier vorfallend, die Gestalten und die Landschaft einhüllend.
DIE STIMMEN DER UNGEBORENEN *im Orchester*
Vater, dir drohet nichts,
siehe, es schwindet schon,
Mutter, das Ängstliche,
das euch beirrte.
Wäre denn je ein Fest,
wären nicht insgeheim
wir die Geladenen,
wir auch die Wirte!

Das Aufgehen in Harmonie wurde für Hofmannsthal mehr und mehr eine Voraussetzung seiner Stoffe. Je subtiler er Konflikte darzustellen wusste, umso notwendiger brauchte er deren schließliche Lösung. Das Ängstliche, das beirrte, musste am Ende schwinden. Nicht mehr die Heillosigkeiten der Tragödie, auch nicht die nie ernstzunehmenden Verwicklungen des Lustspiels beschäftigten ihn, sondern Seelendramen. Abgründe durften sich auftun, ja ganze Welten sich scheinbar unversöhnlich gegenüberstehen wie in der *Frau ohne Schatten* die Welt des Kaisers und der Kaiserin oben, die des Färberpaares unten. Zum Schluss aber musste alles aufgehoben sein, was zuvor trennte. Zu den Worten »Sieh deinen Gatten zu dir gehn« liest man die Regieanweisung Hofmannsthals: »In dem Augenblick fällt an Stelle des Schattens eine goldene Brücke quer über den Abgrund.«

Versöhnung ist ein guter Theaterschluss, als Belohnung nach vier langen Opernstunden auch nicht immer unverdient. Interessanterweise war es gerade Strauss, den man gern des allzu Versöhnlichen und Versöhnlerischen in seiner Weltansicht geziehen hat, der gegen den zunehmenden

Harmonisierungsdrang seines Textdichters aufbegehrte. Hofmannsthal erdachte dem Komponisten zuliebe ein Ballett, mit Nijinsky in der Hauptrolle, *Orest und die Furien* sollte es heißen, und er versuchte es Strauss schmackhaft zu machen: »... jenes Element, über das Sie auch gebieten, jene Kraft für das Finstere, Wilde – der ich mit Absicht keine Nahrung gab – ist darum nicht weniger eine Ihrer kostbarsten Kräfte – und manchmal, wenn wir einen Stoff besprachen, fühlte ich Ihr Verlangen nach einer Nahrung für dieses Element, nach einem Anlaß zu einem Weitergraben in neuen Schächten, aus denen für ›Salome‹ und ›Elektra‹ so viel gefördert wurde –, nach einem Gegenbild zu jenem Düsteren, nach einem Furioso allenfalls – und Furioso kommt von Furia, Furien sind wundervolle Rachegeister, haben schon dem Gluck ungeheure Stellen von Musik eingegeben ...«

Aber mit Etymologie allein war Strauss nicht zu ködern, er winkte ab, stattdessen machten beide zusammen mit Harry Graf Kessler, auch für das russische Ballett, aber zu Hofmannsthals Bedauern ohne Nijinsky, die *Josephslegende*, Premiere in Paris 1914. Sie ist ein Nebenwerk geblieben, wenngleich mit dem Trost versehen, dass es – mit Strauss am Pult – gelang, die höchste jemals an einem Abend in der Pariser Oper erzielte Einnahme abzurechnen, 511 000 Francs. Das berühmte »Rieseln des Goldstaubs«, von dem in der Vorlage des Balletts die Rede ist, nahm ein auf dem Vulkan mittanzendes Publikum wenige Monate vor Ausbruch des Ersten Weltkriegs wonneschauernd zur Kenntnis. Die silberne Rose des *Rosenkavalier* war hier noch übertrumpft worden.

Nach der *Frau ohne Schatten* stockte die Zusammenarbeit von Hofmannsthal und Strauss. 1923 trug der Dichter dem Komponisten folgende Theateridee vor: Was geschah, nachdem Menelaos, der König von Sparta, in das brennende Troja eindrang und dort die ihm vor zehn langen Kriegsjahren geraubte Helena wiederfand? Und er schrieb:

> In jener Nacht, als die Griechen in das brennende Troja eindrangen ... muß Menelas in einem dieser brennenden Paläste seine Frau gefunden und zwischen einstürzenden Mauern herausgetragen haben ... aus der Stadt hinaus, bis ans Meer und sein Schiff. Was sich dann begab, davon sind wir ohne Nachricht. Aber einige Jahre später bereist der Sohn des Odysseus die griechischen Königreiche, Nachrichten über seinen verschollenen Vater einzuholen. Er kommt auch nach Sparta ... Er findet Menelas in seinem Palast, einen noblen und gastfreien großen Herrn, »schön wie ein Gott«, und Helena als Hausfrau in diesem Palast, so schön wie je, Königin in dieser friedlichen Landschaft – anscheinend

glücklich – gerade feiern sie die Hochzeit ihrer Kinder ... Aber, fragt man sich unwillkürlich, was war inzwischen geschehen? was liegt für diese beiden Menschen zwischen jener Nacht damals und dieser behaglichen Situation ...?

Hofmannsthal hatte gelernt, dass es Teil des Handwerks des Librettisten sein müsse, den Komponisten zu gewinnen, wenn nicht gar zu verführen. Dessen Gunst war ihm nicht völlig sicher, Strauss zog Gabriele d'Annunzio, Hermann Bahr oder sogar Alfred Kerr als Textautoren in Betracht und korrespondierte mit ihnen. Anders als in den Tagen Scribes, da ein Libretto als Ware galt, die man Meyerbeer oder Halévy anbot, und, griffen sie nicht zu, einem Dritten oder Vierten offerierte, war das alles viel schwieriger und komplizierter geworden. 1922 schrieb Hofmannsthal in einem Brief an Willy Haas: »Meine Stellung als Künstler in dieser heutigen Welt ist eine unendlich precäre. Meine ganze Production kann man als eine schwierige sonderbare Selbstbehauptung ansehen.«

Dass der Kontakt zu Strauss nicht abriss, war in den Jahren vor der *Ägyptischen Helena* fast ein Wunder. Diese Oper sah zunächst ganz anders aus, der Stoff sollte ironisch behandelt werden, Offenbachs *La belle Hélène* schien wieder einmal zu locken. Die zunehmende Verdüsterung des Stoffes und seine wachsende Überladenheit waren dann gar nicht nach dem Geschmack des Komponisten. Die Grundidee Hofmannsthals, dass die in Troja untreu gewordene Helena gar nicht des Menelaos Frau, sondern ein Trugwerk gewesen sei, während die richtige derweil schlummernd in Ägypten gelegen habe, durch Zauber dorthin entführt, und dass die Aufhebung dieses Zaubers während der Heimreise des wiedervereinigten Paares geschah, Untreue also nie stattgefunden habe, diese Grundidee war eigentlich einfach. Aber zu viel wurde der Fabel aufgepackt, Vergessens- und Erinnerungstrunk, mythologische Parallelen; Quellen von Homer über Herodot bis zu Euripides wurden benutzt, viele feine Anspielungen eingewoben. Bei der Premiere in München 1928 blieb der Zuschauerraum des Nationaltheaters halb erhellt, es sollte dem Publikum Gelegenheit gegeben werden, das Libretto zu verfolgen. Was sie lasen, klang manchmal nach Wagner:

> Unter geschlossenem Lid
> straft mich dein brechendes Auge.
> Aber, mein Freund, dahin er dich sandte –
> den gleichen Weg gehet nun Menelas auch.

Solange sich ein Opernstoff in der Antike bewegte, ließ Strauss dem mythologisch besser bewanderten Hofmannsthal relativ freie Hand, was Figuren und Konfigurationen anging. Sobald sich die Handlung jedoch, wie bei der letzten Zusammenarbeit an *Arabella* wieder in den Gefilden der freien Erfindung ansiedelte, nahm der Komponist lebhafteren Anteil:

> Aber ich kann mir nicht helfen: unsere »Arabella« ist bis jetzt die aufgelegte Harmlosigkeit und Herr Mandryka weiß wie ein Schimmel. Es müssen Konflikte hinein, Schuld von beiden Seiten – das Motiv des Bräutigams, der trotz seiner Liebe zu seiner Braut vor der Hochzeit noch einen Fehltritt begeht, ist meines Wissens noch ziemlich neu. Wie wäre es: im III. Akt auch den Bauunternehmer (eine derb-komische Figur!) noch mit Ansprüchen auf Arabella auftauchen zu lassen? ... Könnte andererseits nicht auch noch im III. Akt dem Mandryka die Fiakermilli nachgelaufen kommen? Mit Ansprüchen? So daß die verschieden schuldig *scheinende* Arabella, tatsächlich die wirklich einzig unschuldige Arabella, ihrem braven Mandryka richtig einen ordentlichen Batzen zu verzeihen hätte. Für eine solche Geste – diese hübsch und geschmackvoll zu formen –, gerade dafür haben Sie ja die feine Hand!
>
> Was Ihnen fehlt: zum Knotenschürzen und drastischer Situationskomik möchte ich Ihnen gerne noch ein bißchen Scribe und Sardou einimpfen, selbst auf die Gefahr hin, daß Sie mich einen altmodischen Kitschier schimpfen!
>
> Ich habe Sie vor einem Jahr um ein großes Kulturbild à la »Meistersinger« gebeten. Wenn ich also dieses nicht haben kann, dann aber ein bißchen Scribe, Sardou oder selbst Lortzing in Hofmannsthalschem Gewande!

Das war wieder einer jener ruppigen Briefe, die Hofmannsthal zur Genüge kannte, ohne sich an sie gewöhnen zu können. Die Anregung, etwas im Stile von Wagners *Meistersingern* zu entwerfen, hatte Hofmannsthal ignoriert, genauer: das eigentliche Motiv, das Strauss dazu gebracht hatte, sich ein Libretto im Stil und Ambiente der Wagner-Oper zu wünschen. Er wollte, wie Hans Sachs, selbst zur Hauptfigur einer großen Oper werden. Am besten zitiert man hier Strauss' eigene Worte:

> Ich hörte unlängst wieder die »Meistersinger«, ein unerhörtes Werk. Seitdem verläßt mich der Wunsch nicht, auch noch ein Werk dieser Art zu schreiben – leider natürlich in gehörigem Abstand. Aber immerhin

so ein richtiges deutsches Werk: ein gutes Theaterstück, zugleich ein echtes deutsches Kulturdokument. Als bester stofflicher Hintergrund erscheint mir hierfür der uralte Gegensatz zwischen romanischer Kunst und deutscher – der sich entsprechend den drei Typen Walter, Sachs, Beckmesser in drei Repräsentanten der Musik und Poesie verkörpern müßte, wie sie etwa in drei Künstlerarten sich darstellen, die kurz:
1. den verwelschten deutschen Bohèmien,
2. den aus beiden Nationalitäten schöpfenden, deren höchster Ver-treter Mozart, deren letzter bescheidener meine eigene Wenigkeit,
3. den sog. Bochetypus, etwa Marschner und sehr charakteristisch Hans Pfitzner, von den extremen Deutschnationalen als Künder der »deutschen Seele«, letzter Dichter der deutschen Wald- und Wiesenromantik [gepriesen], dabei im Innersten ein schäbiger Neidnickel, der seiner Frau, die er mit Christianen und Konservatoriumsmädchen betrogen hat, am Grabe einen Nachruf in Versen hält.
Er müßte den schließlich à la Beckmesser ad absurdum geführt[en] oder schmachvoll verurteilten Intriganten des Stückes darstellen.

Strauss ließ sich bereits aus der Staatsbibliothek Bücher über den Minnesang kommen, also musste Hofmannsthal zur Feder greifen und ihm erklären, was es mit der Einmaligkeit und Unwiederholbarkeit der *Meistersinger* auf sich habe. Er kleidete seine Absage in ein für Strauss annehmbares Gewand: »Dergleichen kann man nicht nachmachen wollen – höchstens sich entfernt zum Vorbild dienen lassen. Entfernt zum Vorbild aber dienen die ›Meistersinger‹ einer einzigen mir bekannten einigermaßen erfolgreichen Operndichtung: dem ›Rosenkavalier‹.« Strauss ließ nicht nach und versuchte es ein weiteres Mal, um den Preis, seine heimliche Grundidee offenbaren zu müssen:

Ihr schöner Brief über die »Meistersinger von Nürnberg« war mir an sich sehr erfreulich, berührte aber gerade das nicht, was ich in diesem Werke dartun wollte ... gerade das Autobiographische in meiner Idee hätte mich eben besonders gereizt: ich selbst (»der Internationale«). Zwischen Puccini und Pfitzner, dazu drei originelle Frauenfiguren, die die Fäden von Neid und Eifersucht noch mehr verwirren, das Ganze in einem schönen kulturhistorischen Milieu – ich hoffe, wir werden uns darüber noch ausführlicher unterhalten!

Sich mit Strauss über eine Oper über Strauss unterhalten zu müssen, in der dieser als deutsche Idealgestalt figurieren wollte, Synthese des Deutschen und des Kosmopolitischen, dieser Gedanke ließ bei Hofmannsthal alle Alarmzeichen aufleuchten:

> Die Biographie eines andern kann einem nur durch besonders merkwürdige Züge, frappierende Vorkommnisse zum Stoff werden, niemals aber durch die geheimen Interessen, die *seine* (eben jenes »anderen«) Phantasie allein damit verbindet. Der angedeutete Kontrast (Strauss – Pfitzner – Puccini), um es also ganz grob und deutlich zu sagen, gibt mir als Stoff *nichts*, absolut Nichts – ja er hat sogar ... eine Kontra-Indikation (wie die Ärzte von gewissen Medikamenten sagen) in sich, indem er mich nämlich auf das odiose Stoffgebiet des Künstlerdramas hinüberziehen würde.

So deutlich äußerte sich Hofmannsthal selten, und nur die großen gemeinsamen Erfolge überdecken die Ferne und Fremdheit von Dichter und Komponist, die zunehmende Entfremdung mit einschlossen. Man zitiert in der Regel die sechs großen Resultate ihrer Zusammenarbeit, die als solche tatsächlich einmalig, vielleicht letztmalig war, aber zu erinnern ist auch an die vielen Projekte, die nicht zustande kamen. Hofmannsthals Verdienst liegt zu einem nicht unerheblichen Teil in der Verhinderung jener Stücke, die er Strauss ausreden konnte. Die Liste der Vorschläge, die er ablehnte, manchmal aus sicherem Instinkt, oft aus persönlicher Animosität, gelegentlich einfach deshalb, weil er Strauss jede Geschmacksverfehlung zutraute, wurde schließlich sehr lang. *Saul und David* von Rückert, die Französische Revolution im Stile von Sardou, die Renaissance mit viel Saft und Kraft, die Minnesänger mit Pfitzner als neuem Beckmesser – das alles blieb ungeschrieben.

Strauss und Hofmannsthal arbeiteten von *Elektra* bis *Arabella* über ein Vierteljahrhundert zusammen. Ihre letzte gemeinsame Oper stand anfangs nicht unter einem guten Stern, da Strauss unablässig auf ein neues realistisches Lustspiel drängte, diesmal ohne Mythologie, auf ein Sujet, das, wenn es eine Neuauflage der *Meistersinger* schon nicht sein durfte, angesiedelt sein sollte irgendwo zwischen einer neuen *Fledermaus* oder einem zweiten *Rosenkavalier*. Hofmannsthal widersetzte sich beharrlich diesem Drängen, sogar mit einer bei ihm unüblichen Heftigkeit, um zuletzt doch nachzugeben und ein Zeichen der Versöhnung zu senden: »Ich habe wirklich einen unbegrenzten guten Willen gegen Sie, als Künstler zum Künstler. Entnehmen Sie es aus dem Folgenden, das Ihnen hoffentlich eine kleine Freude bedeutet. Ich habe, trotzdem ich *ganz* in einer neuen dramatischen

Arbeit bin, mir die Notizen zum ›Fiaker als Graf‹ kommen lassen und nicht nur diese, sondern auch die Entwürfe zu mehreren anderen Lustspielen.« Damit war vor allem die Erzählung *Lucidor* gemeint, die Skizze einer »ungeschriebenen Komödie«. Die heterogenen Elemente schienen sich wie von selbst ineinanderzufügen. Es dauerte nicht lange, und Hofmannsthal war an der Arbeit: »Ich sehe diese Handlung vor mir mit soviel Lust und Zutrauen wie noch nie eine dieser für Musik bestimmten Handlungen. Ich sehe sie vor mir, wie ein Schiffsbauer ein richtig konstruiertes Schiff vor sich sieht, bei dem Tiefgang, Ballast und Segelfläche richtig ausgewogen sind. Der Wind, der in die Segel blasen muß, ist Ihre Musik. Aber wenn das Schiff eben sehr gut und leicht gebaut ist, und Sie würden (Gott behüte!) nur mit halber Kraft hineinblasen, so müßte es dennoch gute Fahrt haben.« Doch hat Hofmannsthal die Uraufführung von *Arabella* nicht mehr erlebt.

Über den Tod des Dichters hinaus hat der Komponist noch zweimal den Rat beherzigt, den er einmal von ihm erhalten hatte: lieber der mythologischen Oper, also dem zeitlosen Stoff, den Vorrang zu geben, wenn es nicht möglich war, Zeit und Milieu eines modernen Sujets genau zu treffen. Nach dem Mißerfolg der *Ägyptischen Helena* schrieb Hofmannsthal einen dialogischen Essay, in der Form eines Gesprächs zwischen Dichter und Komponist, worin er die These von der Überlegenheit der mythologischen Stoffe für die Musikbühne zu untermauern suchte: »Es sind die Kunstmittel des lyrischen Dramas«, heißt es da, »und sie scheinen mir die einzigen, durch welche die Atmosphäre der Gegenwart ausgedrückt werden kann. Denn wenn sie etwas ist, diese Gegenwart, so ist sie mythisch – ich weiß keinen anderen Ausdruck für eine Existenz, die sich vor so ungeheuren Horizonten vollzieht – für dieses Umgebensein mit Jahrtausenden, für dies Hereinfluten von Orient und Okzident in unser Ich, für diese ungeheure innere Weite, diese rasenden inneren Spannungen, dieses Hier und Anderswo, das die Signatur unseres Lebens ist. Es ist nicht möglich, dies in bürgerlichen Dialogen aufzufangen. Machen wir mythologische Opern, es ist die wahrste aller Formen.«

Daphne und *Die Liebe der Danae*, letztere unter Benutzung eines Hofmannsthal'schen Entwurfs, suchen dem Mythos auf der Spur zu bleiben. Auch Strauss selbst war nach und nach klargeworden, dass eine mit Hofmannsthal gemachte Oper etwas anderes galt als eine ohne ihn. Er lernte, ihn zu vermissen. Joseph Gregor, dessen Text zum *Friedenstag* zum Mißerfolg dieses Einakters beigetragen hatte, wurde auch in die Überlegungen zum Spätwerk *Capriccio* einbezogen. Er erhielt den Auftrag, ein altes Textbuch des Abbé Casti, das Stefan Zweig in London entdeckt hatte und worin die Frage nach dem Vorrang von Wort und Musik in der Oper gestellt und szenisch durchgeführt war, als Vorlage für eine Oper zu prüfen; Strauss fand den Stoff immer noch »sehr reizvoll, wenn er mit Scribschem Talent durchcontrapunktiert wäre«. Es war dann Clemens Krauss, der den Text verfasste. Hier wurde die alte Frage nach dem Primat von Wort oder Ton, das Verhältnis von Librettist und Komponist, als Bühnenhandlung ausgetragen, ohne dass es gelang, zu einem klaren Ergebnis zu kommen. Dass Strauss nicht plump die Vorrechte der Musik zu etablieren suchte, mag man als Nachwirkung seiner Zusammenarbeit mit Hofmannsthal ansehen. Dass er die künstlerische Streitfrage in einen erotischen Konflikt auflöste – Dichter und Komponist lieben dieselbe Frau, die die Muse verkörpert –, bestätigt nachträglich, wie Strauss sein Verhältnis zu Hofmannsthal sah. Er hielt ihn für eine zarte, allzu zarte Seele, hochbegabt, reizbar, verletzlich, schwierig, aber das musste von einem Komponisten seines Kalibers in Kauf genommen werden, um an geeignete Textbücher zu gelangen. Erst posthum hat der Komponist seinen Dichter in die erlesene Schar derer aufgenommen, die Libretti zu schreiben wussten.

Am 14. Juli 1929 schickte Strauss ein Telegramm, das sich auf die noch unvollendete *Arabella* bezog, nach Hofmannsthals Rodaun: »Erster Akt ausgezeichnet. Herzlichen Dank und Glückwünsche. Treu ergeben Dr. Richard Strauss.« Aber diese Nachricht hat Hofmannsthal nicht mehr gelesen. Sein ältester Sohn Franz hatte sich wenige Tage zuvor erschossen und wurde am 15. Juli 1929 in Rodaun beerdigt. Auf dem Weg zur Beerdigung erlitt Hofmannsthal einen Schlaganfall, an dem er noch am selben Tag starb. So endete diese in jeder Hinsicht singuläre Arbeitsgemeinschaft. An Hofmannsthals offenem Grab zu stehen, war Strauss aufgrund einer Unpässlichkeit nicht möglich gewesen, sein Kondolenzbrief an die Witwe kam über konventionelle Floskeln nicht hinaus. Das Wort war nicht seine Sache, wohl aber das Gespür dafür, wessen Sache es war. Strauss hat mehrfach erklärt, am liebsten komponiere er sich, seine eigene Welt. Er tat es in der sinfonischen Dichtung *Ein Heldenleben* (nach der Maxime »der Künstler als Held«) und in der *Sinfonia domestica*, die das häusliche Leben des Komponisten verklärte, schließlich auf der Musikbühne in der bürgerlichen Komödie *Intermezzo*, für die er einen eigenen Text benutzte, den sich Hofmannsthal später nicht scheute, als misslungen zu bezeichnen. Wieviel von Strauss hat der Dichter im Baron Lerchenau des *Rosenkavalier* porträtiert, wieviel im Landbesitzer Mandryka in *Arabella*, der die Werbung um die Hand der Tochter und den Ausdruck seiner heiligsten Gefühle dadurch untermalt, dass er gegenüber dem Schwiegervater in spe die Geldbörse zückt mit den Worten:

> … denn morgen fahr ich in dem Kaiser seine Hauptstadt
> da kostet Geld ein jeder Atemzug
> und Hindernisse darfs nicht geben auf der Brautfahrt!

Und nachdem jener sich bedient hat, lautet die Regieanweisung: »Mandryka läßt das Portefeuille in seine Brusttasche gleiten. Eine leichte Pause der Verlegenheit.«

Verlegenheit stellt sich insgesamt ein, wenn man den Weg von *Elektra* zu *Arabella* verfolgt. Man vermag sie nur zu überwinden in dem Gedanken daran, dass in der Zusammenarbeit von Strauss und Hofmannsthal so viele Unwahrscheinlichkeiten steckten, dass sie eine Bindung des fast Konträren und jederzeit gefährdet war, dass also jedes Werk, das sie gemeinsam zustande brachten, einen Ausnahmefall darstellt. Und so muss man mit den großen Würfen auch das Schwerfällige oder Leichtgewichtige in Kauf nehmen, und wenn das Schlussstück *Arabella* mehr dem Letzteren zuzählt, so muss der lange Weg des heterogenen Paars deswegen nicht vom Ende her beurteilt werden.

»Die schweigsame Frau«
Zur Uraufführung der Oper von Richard Strauss

Meine Ruhe! Ich will keine Menschen im Haus!
Meine Ruhe will ich!

Die schweigsame Frau

Eine von ihm selbst 1899 uraufgeführte sinfonische Dichtung, in der er ein klangliches Bild der eigenen Künstlerexistenz entwarf, nannte Richard Strauss *Ein Heldenleben*. Der Komponist war damals fünfunddreißig Jahre alt und hatte bereits den Gipfel einer Weltkarriere erklommen. Besser, er hatte diesen Gipfel erstürmt, denn stürmische Energie in Verbindung mit orchestraler Virtuosität war von Anfang das wichtigste Merkmal seines brillant nach außen gewandten Genies. Seine kolossale Signatur steht gleich am Anfang der 1896 uraufgeführten Tondichtung *Also sprach Zarathustra* im musikalischen Bild des Sonnenaufgangs, das Stanley Kubrick siebzig Jahre später für seine *»Space Odyssey«* verwendete – triumphal klingt es bis in unsere Tage weiter. Strauss' schöpferischer Überschwang brachte im Jahr darauf die sinfonische Dichtung *Don Quixote – Fantastische Variationen über ein Thema ritterlichen Charakters* hervor. Im Jahr darauf wurde er für zehn Jahre zum Königlichen Kapellmeister an der Berliner Hofoper ernannt. Nach solchen Triumphen konnte er durchaus daran denken, die eigene Laufbahn unter dem Titel »Ein Heldenleben« in Musik zu setzen und mit Zitaten aus früheren sinfonischen Dichtungen zu unmissverständlicher Kenntlichkeit zu bringen. Zwar trägt der letzte Abschnitt des Werkes die Überschrift »Des Helden Weltflucht und Vollendung«, aber Strauss' grandiose Laufbahn als Opernkomponist hatte da noch gar nicht begonnen. Weitere fünfzig ertragreiche Schaffensjahre lagen vor ihm – sie machten ihn, wenn nicht zum größten, so doch zum berühmtesten und materiell erfolgreichsten Komponisten sogenannter ernster Musik im 20. Jahrhundert.

Fünfzehn Jahre nach seinem Tod attestierte Adorno dem Komponisten des *Heldenlebens* »den Gestus eines idealisierten großen Industriellen«. Das war als Hinweis darauf zu verstehen, dass Strauss' grandioser Aufstieg parallel verlief zur Herausbildung der Industriegesellschaft während des deutschen Kaiserreichs. Ähnliches hatte der englische Musikwissenschaftler

Wilfrid Mellers im Sinn, als er Strauss' erstaunliche Bereitschaft konstatierte, die Welt, in der er lebte – die kommerzielle wie die politische –, rundum zu akzeptieren, sei es aus Mangel an Vorstellungsvermögen, sei es aus geistiger Robustheit. Strauss war ein erdgebundener Materialist, dessen schöpferische Potenz im Diesseitigen Genüge fand bis hin zum exzessiven Naturalismus seiner Tonmalereien, gipfelnd in der *Alpensinfonie*, auf die der Ausspruch gemünzt sein könnte: »Was ein richtiger Musiker sein will, der muss auch eine Speiskarte komponieren können.« Thomas Mann hat später im *Doktor Faustus* seinem Protagonisten Adrian Leverkühn über Strauss die Sätze in den Mund gelegt: »Was für ein begabter Kegelbruder! Der Revolutionär als Sonntagskind, keck und konziliant. Nie waren Avantgardismus und Erfolgssicherheit vertrauter beisammen.«

Doch hatte Strauss das Glück, für sein Opernwerk in Hofmannsthal einen Partner von ganz anderem, gegensätzlichem Schlage zu finden, der ihn aufs glücklichste ergänzte, wenn auch in einer eher unglücklichen Beziehung. Hofmannsthal schrieb für Strauss die besten Operntexte, die ein Komponist je zur Vertonung erhielt. Gleichwohl waren die beiden einander fremd und kamen sich trotz großer Erfolge niemals wirklich nahe. Ihr umfangreicher Briefwechsel ist eine für beide Künstler zwar ergiebige, aber auf Dauer peinliche Lektüre. Die Uraufführung ihrer letzten Oper hat Hofmannsthal nicht mehr erlebt, er starb im Juli 1929.

Strauss sah sich bereits am Ende seiner einzigartig erfolgreichen Laufbahn als Opernkomponist. Da traf er Ende 1931 auf Stefan Zweig und erkannte in ihm instinktsicher den idealen Hofmannsthal-Nachfolger. Aber auch für Zweig schuf die Begegnung mit Strauss die einzigartige Möglichkeit, eben diese Nachfolge anzutreten. Hofmannsthal war der verehrte Dichter seiner Kindheit und Jugend in Wien gewesen, zugleich sein mächtig wirksames Vorbild. Wie mächtig, lässt sich noch an den kurz vor seinem Tod geschriebenen Sätzen des Erinnerungsbuches *Die Welt von gestern* ablesen, in denen der junge Hofmannsthal als Wunder früher Vollendung gefeiert wird: »Denn was kann einer jungen Generation Berauschenderes geschehen, als neben sich, unter sich den geborenen, den reinen, den sublimen Dichter leibhaft nahe zu wissen, ihn, den man sich immer nur in den legendären Formen Hölderlins und Keats' und Leopardis imaginierte, unerreichbar und halb schon Traum und Vision?«

Stefan Zweig war sieben Jahre jünger als Hofmannsthal, doch nicht nur aufgrund des Altersunterschieds wirkte er neben ihm noch auf lange Zeit wie ein jüngerer oder besser wie ein kleinerer Bruder, selbst als er den Älteren an äußerem Erfolg längst überflügelt hatte. Die Ähnlichkeit beider blieb nicht unbemerkt, man fing an, sie miteinander zu vergleichen, aber der Vergleich fiel meist nicht zugunsten Zweigs aus. »Den Abstand zwischen sich und Hofmannsthal zu verringern«, schrieb Hilde Spiel, »gelang Stefan Zweig sein Leben lang nicht, so viele, so bedeutende Werke er auch, vor allem in den letzten Schaffensjahren, hervorbringen sollte.« In dieser Situation war die Zusammenarbeit mit Strauss, dessen Name so eng mit dem Hofmannsthals verbunden war, für Zweig ein Glücksfall. Schon bei ihrer ersten Begegnung in München schlug er dem verehrten Komponisten ein Stück des elisabethanischen Dramatikers Ben Jonson, *The Silent Woman*, als Sujet einer Oper vor, die Geschichte eines Hagestolzes, des lärmempfindlichen Sir Morosus, der auf seine alten Tage die Torheit begeht, zu heiraten: eine, wie er glaubt, sanfte und vor allem schweigsame junge Frau, die sich aber nach der Eheschließung als keifende Xanthippe entpuppt. Strauss ging begeistert darauf ein. Zweig notierte später: »Nie hatte ich bei ihm einen solchen rapid auffassenden Kunstverstand vermutet. Noch während man ihm den Stoff erzählte, formte er ihn schon dramatisch aus und passte ihn sofort – was noch erstaunlicher ist – den Grenzen seines eigenen Könnens an, die er mit fast unheimlicher Klarheit übersah. Mir sind viele große Künstler in meinem Leben begegnet; nie aber einer, der so abstrakt und unbeirrbar Objektivität gegen sich zu bewahren wußte.«

Den ersten Entwurf der Oper, die zunächst den Titel »Sir Morosus« tragen sollte, schickte Zweig im Juni 1932 an Strauss. Dieser antwortete postwendend: »Vielen herzlichen [Dank] für die Übersendung des Morosusentwurfs. Ich wiederhole begeistert: er ist entzückend – die geborne komische Oper – eine Lustspielidee, den besten ihrer Art an die Seite zu stellen – für Musik geeignet wie weder der Figaro noch der Barbier von Sevilla. Ich bitte Sie dringend: arbeiten Sie, sobald es Ihre andere wichtige Arbeit erlaubt, den ersten Akt aus – ich brenne darauf, mich intensiv damit zu beschäftigen …« Tatsächlich ging die Arbeit am Textbuch zügig vonstatten, begleitet von einem lebhaften Briefwechsel zwischen Garmisch, Strauss' Wohnsitz, und Salzburg, dem Wohnsitz von Stefan Zweig. Bereits im Oktober 1932 war der erste Akt vollendet, im Januar 1933 folgten der zweite und der dritte Akt. Strauss bedankte sich mit einem Brief, in dem er, in Notenschrift, eines seiner populärsten Lieder zitierte: »Ja, daß ich dich gefunden, du liebes Kind, das freut mich alle Tage, die mir beschieden sind …«

Das musikalische Selbstzitat ist nicht ohne tragische Ironie. Der Brief trägt das Datum des 24. Januar 1933. Wenige Tage später, am 30. Januar, wurde Hitler Reichskanzler – das ließ das Verhältnis zwischen Strauss und Zweig nicht unberührt. Zwar verhielt sich der Komponist persönlich loyal gegenüber seinem Textdichter, aber durch seine öffentlichen Aktivitäten stellte er ihre Beziehung auf harte Belastungsproben. Schon im März 1933 unterzeichnete er den berüchtigten Protest der »Wagner-Stadt« München gegen einen Vortrag Thomas Manns, in dem dieser das »germanische Genie« Wagners angeblich verunglimpft hatte. Damit begann die Austreibung Thomas Manns aus Deutschland. Strauss sah auch zu, wie die Nazis Fritz Busch, seinen mehrfachen Uraufführungsdirigenten, aus Dresden verjagten. Und als Nazi-Störtrupps ein Konzert Bruno Walters in Berlin verhinderten, sprang er ebenso bereitwillig als Dirigent ein wie wenig später in Bayreuth, nachdem Arturo Toscanini aus Protest gegen den ersten Juden-Boykott vom 1. April 1933 seine Teilnahme bei den Wagner-Festspielen abgesagt hatte. Im November 1933 übernahm Strauss schließlich das Präsidentenamt der Reichsmusikkammer, jetzt die Galionsfigur der nationalsozialistischen Musikpolitik. Bei Goebbels bedankte er sich mit einem Lied (»Das Bächlein«, op. 88 Nr. 1), das dem Reichspropagandaminister gewidmet war. Es endet mit dem Vers: »Der mich gerufen aus dem Stein, / Der, denk' ich, wird mein Führer sein.« Als Textautor wurde fälschlicherweise Goethe angegeben, wahrscheinlich um dem Text eine gewisse Dignität zu sichern. War es eine Huldigung an die neuen Machthaber? Oder »nur« Opportunismus?

Der Fall Strauss ist kompliziert und in seiner sonderbaren Verflochtenheit ein Lehrstück über die Rolle der Kunst und die Verstrickungen von Künstlern im »Dritten Reich«. Bei einem eher unpolitischen und verzweifelt kompromissbereiten Autor wie Stefan Zweig musste Strauss' Opportunismus, oder was als solcher erscheinen konnte, zu ernsten Irritationen führen. In seinen Lebenserinnerungen schrieb er später: »Bei seinem Kunstegoismus, den er jederzeit offen und kühl bekannte, war ihm jedes Regime innerlich gleichgültig. Er hatte dem deutschen Kaiser gedient als Kapellmeister und für ihn Militärmärsche instrumentiert, dann dem Kaiser von Österreich als Hofkapellmeister in Wien, war aber ebenso in der österreichischen und deutschen Republik *persona gratissima* gewesen. Den Nationalsozialisten besonders entgegenzukommen, war außerdem von vitalem Interesse für ihn, da er in nationalsozialistischem Sinne ein mächtiges Schuldenkonto hatte. Sein Sohn hatte eine Jüdin geheiratet, und er mußte fürchten, daß seine Enkel, die er über alles liebte, als Auswurf von den Schulen ausgeschlossen würden; seine neue Oper (›Die schweigsame Frau‹) war durch mich belastet, seine früheren Opern (nach der ›Salome‹) durch den nicht ›rein arischen‹ Hugo von

Hofmannsthal, sein Verleger war ein Jude. Um so dringlicher schien es ihm geboten, sich Rückhalt zu schaffen, und er tat es in beharrlichster Weise. Er dirigierte, wo die neuen Herren es gerade verlangten, er setzte für die Olympischen Spiele eine Hymne in Musik und schrieb mir gleichzeitig in seinen unheimlich freimütigen Briefen über diesen Auftrag mit wenig Begeisterung.«

Strauss vollendete die Partitur der *Schweigsamen Frau,* seine – wie bemerkt worden ist – »an Takten und Notenköpfen wahrscheinlich umfangreichste«, im Oktober 1934; keine andere Komposition einer Oper war ihm, nach eigenen Worten, so leicht gefallen und hatte ihm »solch unbeschwertes Vergnügen bereitet«. Doch war ihm schon zuvor von Goebbels signalisiert worden, dass der jüdische Textdichter der Regierung Verlegenheit bereite. Schließlich wurde Strauss zu Hitler zitiert, der ihm persönlich mitteilte, dass er die Aufführung, obwohl sie gegen alle Gesetze des neuen Reiches verstoße, ausnahmsweise gestatte. Doch erschienen Hitler und Goebbels nicht, wie zunächst angekündigt, zur Uraufführung am 24. Juni 1935 in Dresden, in der Maria Cebotari die Titelpartie sang und der junge Karl Böhm am Dirigentenpult stand. Noch in letzter Minute hatte die Leitung des Opernhauses versucht, Stefan Zweigs Namen auf dem Theaterzettel zu unterdrücken – was an Strauss' energischem Widerstand scheiterte. Er erörterte mit Zweig brieflich sogar weitere Opernpläne, die er allerdings vorerst geheim zu halten vorschlug – ein Ansinnen, das Zweig höflich zurückwies, vielleicht mit Rücksicht auf Strauss, vielleicht aus verletztem Stolz. Strauss' Antwort vom 17. Juni 1935 – eine Woche vor der Uraufführung der *Schweigsamen Frau* – verblüfft nicht nur durch eine sonderbare Verbindung geschäftlicher, künstlerischer und politischer Argumente, sondern vor allem durch ihre Unverblümtheit und – unfreiwillige Ehrlichkeit: »Ihr Brief vom 15. bringt mich zur Verzweiflung! Dieser jüdische Eigensinn! Da soll man nicht Antisemit werden! Dieser Rassestolz, dieses Solidaritätsgefühl – da fühle sogar ich einen Unterschied! Glauben Sie, daß ich jemals aus dem Gedanken, daß ich Germane bin (vielleicht, qui le sait), bei irgend einer Handlung mich habe leiten lassen? Glauben Sie, daß Mozart bewußt ›arisch‹ komponiert hat? ... Für mich existiert das Volk erst in dem Moment, wo es Publikum wird. Ob dasselbe aus Chinesen, Oberbayern, Neuseeländern oder Berlinern besteht, ist mir ganz gleichgültig, wenn die Leute nur den vollen Kassenpreis bezahlt haben.«

Danach erläutert, oder rechtfertigt, Strauss seine politische Haltung: »Wer hat Ihnen denn gesagt, daß ich *politisch so weit* vorgetreten bin? Weil ich für den schmierigen Lausejungen Bruno Walter ein Conzert dirigiert habe? Das habe ich dem Orchester zuliebe – weil ich für den andern ›Nichtarier‹ Toscanini eingesprungen bin – das habe ich Bayreuth zuliebe getan. Das hat mit Politik nichts zu tun. Wie es die Schmierantenpresse auslegt, geht mich nichts an, und Sie sollten sich auch nicht darum kümmern. Daß ich den Präsidenten der Reichsmusikkammer mime? Um Gutes zu tun und größeres Unglück zu verhüten. Einfach aus künstlerischem Pflichtbewußtsein! Unter jeder Regierung hätte ich dieses ärgerreiche Ehrenamt angenommen, aber weder Kaiser Wilhelm noch Herr Rathenau haben es mir angeboten. Also seien Sie brav, vergessen Sie auf ein paar Wochen die Herren Moses und die andern Apostel und arbeiten Sie nur *Ihre* zwei Einakter.«

Der Brief, nicht gerade einfühlsam gegenüber dem Empfänger, hat Stefan Zweig niemals erreicht. Die Gestapo fing ihn ab, er gelangte in die Hände Hitlers, der an ihm manches zu beanstanden fand und Konsequenzen anordnete: zunächst den Rücktritt von Strauss als Präsident der Reichsmusikkammer, dann auch die Absetzung der *Schweigsamen Frau* vom Dresdner Spielplan nach vier Aufführungen. Strauss machte noch einen Versuch, sich zu rechtfertigen – an Hitler persönlich schrieb er noch am Tag seines Rücktritts: »Mein Führer! Mein ganzes Leben gehört der deutschen Kultur … und so glaube ich bei Ihnen als dem großen Gestalter des deutschen Gesamtlebens Verständnis zu finden, wenn ich in tiefster Erregung über den Vorgang meiner Entlassung … Sie ehrfurchtsvoll bedeute, daß auch die wenigen mir vom Leben noch zugeteilten Jahre nur den reinsten und idealsten Zielen dienen werden. Im Vertrauen auf ihren hohen Gerechtigkeitssinn bitte ich Sie, mein Führer, ergebenst, mich zu einer persönlichen Aussprache empfangen zu wollen und mir dadurch Gelegenheit zu geben … meine Rechtfertigung Ihnen persönlich vortragen zu dürfen.«

Hitler hat diesen Brief nicht beantwortet, aber Strauss seine Gunst nicht völlig entzogen; bis zum Ende des Drittes Reiches ließ man ihn ungeschoren. Als Präsident der Reichsmusikkammer trat er am 6. Juli 1935 zurück. Ihm folgte im Amt der Aachener Generalmusikdirektor Peter Raabe. Auf dessen Posten wiederum rückte ein junger, vielversprechender Dirigent: Herbert von Karajan. Aber damit begann eine ganz neue Geschichte. *Die schweigsame Frau*, Richard Strauss' elfte Oper, blieb ein ungeliebtes Kind, im Grunde bis heute. Ihr Textdichter Stefan Zweig starb 1942 im brasilianischen Exil von eigener Hand. Spätestens hier möchte man die Worte des Sir Morosus zitieren: »Wie schön ist doch die Musik – aber wie schön erst, wenn sie vorbei ist!«

»Welch sonderbarer Trödelkram steht hier heute zum Verkauf!«
Igor Strawinsky und die Oper

> Die Feststellung, daß Opern heute schwieriger zu schreiben sind, besagt nicht, daß es unmöglich sei. Dieser Schluß ergäbe sich nur, wenn wir ganz und gar aufhörten, an den freien Willen und die Persönlichkeit zu glauben.
>
> Wystan Hugh Auden

Im September 1951 wurde im Teatro La Fenice in Venedig Igor Strawinskys *The Rake's Progress*, seine einzige abendfüllende Oper, uraufgeführt. Das Ereignis fand in der Musikwelt ungewöhnlich große Aufmerksamkeit, denn es handelte sich um das Werk eines Komponisten, der nach dem Tod von Richard Strauss der berühmteste seiner Zeit war. Man erwartete von der Oper des Siebzigjährigen die Summe seines musikalischen Lebenswerkes, schließlich war es das erste Mal, dass Strawinsky ein Werk im Untertitel ausdrücklich Oper nannte und damit den Namen einer Gattung in Anspruch nahm, der er – sieht man von einem Einakter aus den zwanziger Jahren ab – zeitlebens hartnäckig ausgewichen war. Es gab kaum eine große Opernbühne, die nicht noch in derselben oder in der folgenden Spielzeit *The Rake's Progress* herausbrachte. Da war nun endlich wieder eine richtige Oper, geschrieben von einem Komponisten, der seit seinem ersten Auftreten dazu beigetragen hatte, die Existenz der Gattung und den Glauben an ihren Fortbestand zu untergraben. Mit *The Rake's Progress* schien das musikalische Theater seine Identität wiedergefunden zu haben.

Die Freude war nur von kurzer Dauer, denn die Zweifel an der Oper und an der Opernform bestanden fort, und auch *The Rake's Progress*, blickt man von heute aus auf das Werk, ist alles andere als die späte Korrektur eines lebenslangen Irrtums, vielmehr eines langen Lebens späte Konsequenz. Weniger eine Oper als der Versuch ihrer Rekonstruktion. Kein Signal für die Zukunft, sondern ein ironischer Abgesang. Kein Muster zur Nachahmung empfohlen, sondern – wie immer bei Strawinsky – ein Einzelfall. *The Rake's Progress* ist ein Werk der Skepsis und der Distanz, das keinerlei Verbindlichkeit beanspruchen kann. Ein Problem wird aufgestellt und gelöst, aber so, dass anderen nichts mehr zu tun übrig bleibt. In diesem Fall ist es das Problem der Oper.

Im Kern geht es wieder um das Verhältnis von Text und Musik, von Wort und Ton. Jahrhundertelang war über diese Frage bereits gestritten worden, mit wechselnden Ansprüchen von Librettisten und Komponisten. *Prima la musica e poi le parole* hieß das früher erwähnte *Divertimento teatrale* von Casti und Salieri. Gluck hielt es für die wahre Aufgabe der Musik, dem Drama zu dienen. Mozart dagegen erklärte, in der Oper habe die Poesie der Musik »gehorsame Tochter« zu sein. Ihm widersprach Wagner mit dem ebenso berühmten wie berüchtigten Satz, den er gesperrt drucken ließ, dass der grundsätzliche Irrtum in diesem Kunstgenre darin bestanden habe, »daß ein Mittel des Ausdruckes (die Musik) zum Zwecke, der Zweck des Ausdruckes (das Drama) aber zum Mittel gemacht war«. Strawinsky hielt sich lieber an Mozart. In seiner *Lebenschronik* von 1936 umriss er sein musikalisches Credo mit wenigen Sätzen, wobei er artig genug war, sich beim Leser für diesen Ausflug ins Prinzipielle zu entschuldigen:

Ich bin der Ansicht, daß die Musik ihrem Wesen nach unfähig ist, irgend etwas »auszudrücken«, was es auch sein möge: ein Gefühl, eine Haltung, einen psychologischen Zustand, ein Naturphänomen oder was sonst. Der »Ausdruck« ist nie eine immanente Eigenschaft der Musik gewesen, und auf keine Weise ist ihre Daseinsberechtigung vom »Ausdruck« abhängig. Wenn, wie es fast immer der Fall ist, die Musik etwas auszudrücken scheint, so ist dies Illusion und nicht Wirklichkeit. Es ist nichts als eine äußerliche Zutat, eine Eigenschaft, die wir der Musik leihen gemäß altem stillschweigend übernommenem Herkommen, und mit der wir sie versehen wie mit einer Etikette, einer Formel – kurz, es ist ein Kleid, das wir aus Gewohnheit oder mangelnder Einsicht allmählich mit dem Wesen verwechseln, dem wir es übergezogen haben …

Das Phänomen der Musik ist uns zu dem einzigen Zweck gegeben, eine Ordnung zwischen den Dingen herzustellen und hierbei vor allem eine Ordnung zu setzen zwischen dem Menschen und der Zeit. Um realisiert zu werden, erfordert diese Ordnung einzig und allein und mit gebieterischer Notwendigkeit eine Konstruktion. Wenn die Konstruktion vorhanden und die Ordnung erreicht ist, ist alles gesagt. Es wäre vergebens, dann noch etwas anderes zu suchen, etwas anderes zu erwarten. Und eben diese Konstruktion, diese erreichte Ordnung ist es, die uns auf eine ganz besondere Weise bewegt, auf eine Weise, die nichts gemein hat mit unseren üblichen Empfindungen, mit den Reaktionen, die die Eindrücke des täglichen Lebens hervorrufen.

Diese Sätze enthalten zwar keine Absage an die alte Oper, die bekanntlich mit den Eindrücken des täglichen Lebens wenig zu tun hat, wohl aber an das psychologische Musikdrama Wagners mit seiner »Ausdruckskunst«. Konstruktion und Ordnung, das heißt überschaubare Form und gesicherte Konvention, fand Strawinsky nur in der alten italienischen Oper, bei Händel und Mozart, Bellini und Verdi. Sie haben denn auch für *The Rake's Progress* Pate gestanden. Nicht unendliche Melodie und Leitmotivik heißen die Bausteine von Strawinskys musikalischer Konstruktion, sondern Rezitativ, Arie und Ensemble. Wenn Nick Shadow seinem neuen Herrn Tom Rakewell die Nachricht vom plötzlichen Reichtum überbringt, dann haben wir es mit einer klassischen Opernnummer zu tun: »Rezitativ und Quartett« steht über diesem Musikstück, und das Orchester entspricht ziemlich genau dem von Mozarts *Figaro*.

Strawinsky hat sich sicher nicht der Illusion hingegeben, er könne die Oper aus dem Geist des 18. Jahrhunderts grundsätzlich erneuern. Wenn er und sein Librettist Wystan Hugh Auden eine Oper »nach der Art Mozarts« schreiben wollten, dann nur, weil sie an der Fähigkeit der Oper zweifelten, gänzlich neue Formen hervorzubringen. Es handelte sich also um ein Rückzugsgefecht, bestenfalls um ein ästhetisches Spiel, und auch wenn dieses Spiel mit Witz und Ironie gespielt wurde, so lässt sich die Beimischung von schwarzem Humor nicht übersehen. »Welch sonderbarer Trödelkram steht hier heute zum Verkauf!«, heißt es im dritten Akt, wenn der Hausrat des bankrotten Tom Rakewell versteigert wird. *The Rake's Progress* ist eben nicht nur das Resümee, sondern zugleich der Ausverkauf der alten Oper. Strawinsky fasste darin seine Erfahrungen als Opernkomponist zusammen, und diese waren von Anfang an zwiespältig.

Nun sind Krisen in der Geschichte der Oper nichts Neues. Sie ist selber eine Geschichte der Krisen und der Reformen seit dem epochemachenden Missverständnis, aus dem sie bei Monteverdi entstand. Schon immer haben sich die Komponisten mit den inneren Widersprüchen der Oper auseinandersetzen müssen, dem Widerspruch zwischen realistischer Handlung und antirealistischer Form, zwischen dramatischem Kontinuum und musikalischer Konstruktion. Diese Widersprüche lassen sich kaum verdecken, allenfalls überbrücken, denn die Oper ist der natürliche Feind des Dramas. Alle Komponisten von Monteverdi bis Wagner haben das Schwergewicht zwischen Musik und Drama zu verlagern gesucht, aber die einzige Lösung des Problems, das Gleichgewicht, wurde fast nie oder doch nur ein halbes Dutzend Mal gefunden. Und selbst diese Glücksfälle sind nicht, was sie scheinen: Die Einsicht in die Absurdität der Opernform liegt ihnen gleichsam als stillschweigende Übereinkunft zugrunde. Wagner war der letzte, der eine solche Übereinkunft erstrebte und die verbindlichen Konventionen der Oper zu erneuern versuchte. Aber er zerstörte sie zugleich. Das Zusammenwirken von Text, Handlung und Musik, seit Monteverdi der eigentliche Rechtsgrund der Oper, trieb er voran bis zu einer phantastischen Identität der Elemente. Die Absurdität der Opernform sollte durch die höchste Anstrengung der Illusion aufgehoben werden, der Schein sollte den Schein überwinden. Libretto und Komposition verloren bei Wagner ihre formale Eigengesetzlichkeit, mit ihnen zugleich die Bauelemente der alten Oper: Rezitativ, Arie und Ensemble. Sie wichen einem genuin Neuen, dem Musikdrama. Am Ende stand das Bühnenweihfestspiel. Im *Parsifal* kehrte die Oper zu dem rituellen Ursprung zurück, aus dem man sie fälschlicherweise entstanden wähnte. Zerbröckelnde Konvention weicht hier der rituellen Kunstübung, der Artefakt umgibt sich mit der Aura des Kultischen. Für *Parsifal* schrieb Wagner eine statische Partitur, gemäß Gurnemanz' Wort »Zum Raum wird hier die Zeit«. Damit verbunden war eine Absage an allen Theaterzauber, wie er Wagner zunehmend verhaßt war. Cosima hat in ihrem Tagebuch seine Worte überliefert, bevor er sich an die Komposition des Werkes machte: »... ach! es graut mir vor allem Kostüm- und Schminke-Wesen; wenn ich daran denke, daß diese Gestalten wie Kundry nun sollen gemummt werden, fallen mir gleich die ekelhaften Künstlerfeste ein, und nachdem ich das unsichtbare Orchester geschaffen, möchte ich auch das unsichtbare Theater erfinden!« Theodor W. Adorno, der unter dem Eindruck der Vereinnahmung Wagners durch die Nazis den Komponisten in seinem *Versuch über Wagner* einer harschen Ideologiekritik unterzogen hatte, konstatierte zwanzig Jahre später: »Was immer dem falschen Glanz absagte, hat sich [am *Parsifal*] gebildet: die sakrale Oper ist eine Vorform von Sachlichkeit ... Durch den *Parsifal* hindurch drang Wagners Kraft ein in die Generation, die ihm abschwur.« Das war die Generation der Debussy und Mahler, auch bereits der Schönberg und Strawinsky. Debussy, der das Musikdrama überwinden wollte, konnte in *Pelléas et Mélisande* die Herkunft von Wagner nicht völlig verleugnen. Gerade die rasch nachkomponierten Orchesterzwischenspiele mit ihrer fast epigonalen Abhängigkeit von *Parsifal* verraten, wie schwer es Debussy, dem »*musicien français*«, fiel, sich von dem übermächtigen Vorbild des deutschen Musikdramas zu lösen. Das alte Grundproblem der

Oper, das Verhältnis von Drama und Musik, von Rezitativ und Arie, ist in *Pelléas et Mélisande* durch ein – wie Pierre Boulez schrieb – »äußerst dichtes Gewebe aus Aktion und Reflexion« glücklich gelöst. Das musikalische Idiom wird aus dem prosodischen Tonfall entwickelt und folgt doch eigenen Gesetzen. Was in den sprachlich-musikalischen Lyrismen des Werks verloren geht, ist aber die eigentlich dramatische Dimension – Wystan Hugh Auden, selbst ein erfahrener Librettist, sprach von einer »Unterwasser-Oper«, um die Verlangsamung des dramatischen Vorgangs zu kennzeichnen. Debussys Werk ist denn auch weit eher ein Traumspiel, das in psychische Bereiche von Angst und Grausamkeit führt, und es ist kein Zufall, dass Arnold Schönberg, dem Maeterlincks Bühnenstück als Vorlage für eine Oper empfohlen worden war, daraus eine Art psychoanalytisch orientierter Tondichtung machte.

Für die Komponisten der Jahrhundertwende war allerdings Wagners *Tristan und Isolde* ein kaum weniger wichtiger Bezugspunkt als *Parsifal*. Wie kein anderes Werk führte das romantische Liebesdrama zur harmonischen Krise der Spätromantik und erzwang eine neue Ordnung der Klänge. Auf der Opernbühne herrschte in der Wagner-Nachfolge ein bis an die äußersten Reizschwellen vorgetriebener musikalischer Expressionismus – zuweilen in Verbindung mit naturalistischer Drastik und Jugendstil-Dekor. Die Harmonik löste den Rhythmus auf und unterwarf sich die Melodie. Man kann darin eine Krankheitsgeschichte der Musik sehen, deren Diagnose in Nietzsches späten Wagner-Schriften nachzulesen ist. Richard Strauss war trotz der orchestralen Brillanz und üppigen Chromatik der *Salome* nicht einmal der typischste Vertreter dieser Richtung. Dissonanz und Chromatik wachsen bei ihm nicht von innen, sie bleiben äußerliche Zutat, raffiniertes Reizmittel, sensationeller Effekt. Unter der Hülle des Musikdramas treffen wir auf im Grunde opernhafte Situationen. Strauss suchte das Einverständnis mit dem Publikum und konvertierte bald ganz unverhohlen vom Musikdramatiker zum Opernkomponisten, der ein zweites Rokoko nachservierte. Er griff zurück auf klassische Formmodelle, voran Mozarts lyrischen Gesangsfluss, entwickelte einen spezifischen Konversationston und verließ sich im Übrigen auf Hofmannsthals dramaturgisches Genie. Das interessanteste Ergebnis ihrer Bemühungen war die Kammeroper *Ariadne auf Naxos*, die ironisch mit der Opernform spielt: »Das ist die Sprache der Leidenschaft, verbunden mit einem unrichtigen Objekt«, heißt es in Hofmannsthals Libretto – ein Satz, wie gemünzt auf das Problem der Oper. Strauss waren solche Skrupel eher fremd gemäß den Worten, die er an Fritz Busch, den Uraufführungsdirigenten der

Ägyptischen Helena richtete, der einige Passagen der Partitur unverblümt als trivial bezeichnet hatte: »Das braucht's halt für die Dienstmädchen ...« In der Tat erlaubte er ihnen Blicke in eine glanzvoll ausstaffierte Welt, die von allen wirklichen Problemen sorgfältig abgeschirmt war. Seine Schönheit ist Selbstgenuss, raffinierter Sensualismus, in dem keine Trauer über die entzauberte Welt spürbar ist.

Alban Bergs Opern *Wozzeck* und *Lulu* sind, nach einem vielzitierten Wort Adornos, die letzten Opern überhaupt, die dem traditionellen Begriff der Gattung gehorchen. Berg gelang es noch einmal, Text, Handlung und Musik zu musikdramatischer Einheit zusammenzufügen – und dabei gleichzeitig die Illusionsform zu sprengen. Da ist der realistische Entwurf, den Berg von Büchner übernahm, da ist eine Ausdruckskraft der Musik, die Wagners Errungenschaften zu bewahren sucht, und da ist eine konsequente motivisch-thematische Arbeit, die die Frage nach musikalischer Autonomie erübrigt. Gemessen an anderen dramatischen Zeugnissen der Wiener Schule ist Bergs *Wozzeck* eine Oper noch im Sinne der Tradition. Schönbergs frühe Einakter hingegen widersprechen bereits durch ihre geringe zeitliche Ausdehnung wie auch durch ihr dramaturgisches Konzept jeder Opernkonvention. Das Monodram *Erwartung* beschreibt eine musikalische Wanderung durch das Unbewusste, und Schönberg verzichtet in diesem als »Vision« bezeichneten Stück darauf, die dramatische Existenz der einzigen Figur, der »Frau«, durch szenische Hilfsmittel zu beglaubigen. Den unauflösbaren Widerstreit von Denken und Handeln, von Idee und Wirklichkeit, hat er in seinem musiktheatralischen Hauptwerk *Moses und Aron* behandelt, personifiziert in den ungleichen und doch wesensverwandten Brüdergestalten. Der strenge Gesetzeshüter Moses, der das Bilderverbot ausspricht, scheitert als Volksführer in der politischen Sphäre, in der sich Aron, der Sinnenmensch und Demagoge, frei bewegt. Aron ist die Tenorpartie, Moses eine Sprechrolle zugewiesen. Doch die Oper, die vom Bilderverbot handelt, stellt selber ein Bild auf und verfällt der Welt des Scheins. Indem sie die Grenze der absoluten Musik zur illusionistischen Gattung überschreitet, verwandelt sie Moses, den Hüter der Idee, in eine Opernfigur. Der dritte Akt, worin der Sieg des Moses über den Politiker Aron dargestellt werden sollte, blieb konsequenterweise unkomponiert. Schönberg scheute die Eindeutigkeit eines Sieges, der in der opernhaften Apotheose nur sich selbst denunziert hätte. Darstellbar bleibt allein die Aron-Welt mit ihrer sinnenhaften Diesseitigkeit, für die Schönberg – wie vor ihm Wagner in der Pariser Fassung des *Tannhäuser* für die Venus-Welt – seine großartigste Musik schrieb.

Die Skepsis des jungen Strawinsky gegenüber der Oper war also kein Einzelfall, sie machte eher eine allgemeine Problematik der Epoche sichtbar. Am Anfang des 20. Jahrhunderts schien die Opernform an sich hinfällig geworden, die Verbindung von Text, Handlung und Musik, ihr Ausdruckscharakter, die Imitation von Seelischem, die Darstellung von etwas Wirklichem durch eine künstliche Form bei gleichzeitiger illusionistischer Verschleierung dieses Sachverhalts. Dennoch ist Strawinskys Schaffen für das musikalische Theater umfangreich und vielgestaltig. Es ist vor allem dadurch geprägt, dass der Komponist den Weg zur Bühne zwar ständig suchte, aber die Form der Oper lange zu vermeiden trachtete. Der zeitliche Rahmen umspannt mehr als ein halbes Jahrhundert: Am Anfang seines Bühnenwerks stand das Ballett *Der Feuervogel*, 1909, am Ende das musikalische Spiel *Die Sintflut*, 1962. Dazwischen liegen fast zwanzig Bühnenwerke, von denen die meisten schwer einzuordnen und unter den traditionellen Gattungsbegriffen kaum unterzubringen sind. Ist das Melodram *Perséphone* mit Musik, Gesang, gesprochener Rezitation, Pantomime und Tanz vielleicht doch eine Oper? Wie ordnen wir die Burleske *Renard* ein, über die es heißt: »zu singen und zu spielen für Männerstimmen und Kammermusik«? Wie die *Geschichte vom Soldaten*: »zu lesen, zu spielen und zu tanzen«? Wie schließlich *Die Hochzeit (Les noces)*: russische choreographische Szenen in vier Bildern mit Gesang? Kann man das szenische Oratorium *Oedipus Rex* oder die lyrische Erzählung *Die Nachtigall* mit der gleichen Selbstverständlichkeit zum Operngenre zählen wie den *Barbier von Sevilla* oder die *opera seria* vom kretischen König *Idomeneo*? Die Verwirrung ist groß und wird durch die Aufführungspraxis noch vermehrt. Das Melodram *Perséphone* und die Burleske *Renard* erscheinen ebenso in Ballettprogrammen wie *Pulcinella* und *Der Kuß der Fee*, die Strawinsky ausdrücklich als Ballette bezeichnet hat; die Ballette *Le Sacre du printemps* und *Apollon musagète* werden häufiger im Konzertsaal aufgeführt als auf der Tanzbühne, für die sie eigentlich gedacht sind; die choreographischen Szenen *Les noces* wiederum findet man zwar gelegentlich im Spielplan einer Oper, häufiger aber in den Programmen von Sinfoniekonzerten. Keines der genannten Werke ist abendfüllend. Auch das widerspricht dem traditionellen Begriff der Oper oder zumindest den Erwartungen des Opernpublikums. Klassische Kurzopern wie *Cavalleria rusticana* und *Gianni Schicchi* dauern immerhin länger als eine Stunde, *Renard* oder *Les noces* hingegen nur fünfzehn oder zwanzig Minuten. *Mavra*, vom Komponisten ausdrücklich als Oper bezeichnet, ist ein zierliches Bühnenspiel von einer knappen halben Stunde Dauer.

Das New York City Ballet zeigte nach dem Tod des Komponisten nicht weniger als einunddreißig Choreographien zu seiner Musik – darunter die Sinfonien und das Violinkonzert, also auch reine Instrumentalwerke. Das mag an sich nicht ungewöhnlich sein, ungewöhnlich jedoch ist die große Zahl der vertanzten Werke. Sie macht deutlich, dass Strawinskys Musik, wie kaum eine andere, wesentlich tänzerisch ist, reich an Klanggesten und rhythmischen Energien. Sie ist eine überwältigende Rechtfertigung der Kleist'schen Theorie des Marionettentheaters: die Marionette als idealer Tänzer. Das aber trifft die Ästhetik der Oper mitten ins Herz. Strawinskys Musik zielt nicht auf die Individualität, sondern auf den Typus, die Marionette, die Puppe. Am Anfang – Strawinsky hat es in den *Chroniques de ma vie* beschrieben – war Petruschka:

Nachdem die Pariser Aufführungen beendet waren, ruhte ich mich kurze Zeit am Meeresstrand aus. Dort komponierte ich zwei Lieder über Worte von Verlaine, und Ende August fuhr ich mit meiner Familie in die Schweiz. Der Gedanke, die Vision des »Sacre du Printemps« realisieren zu müssen, bedrückte mich sehr wegen der Länge und Schwierigkeit der damit verbundenen Arbeit. Um mich abzulenken, wollte ich vorher ein Werk für Orchester komponieren, in dem das Klavier eine hervorragende Rolle spielen sollte – eine Art von »Konzertstück«. Bei dieser Arbeit hatte ich die hartnäckige Vorstellung einer Gliederpuppe, die plötzlich Leben gewinnt und durch das teuflische Arpeggio ihrer Sprünge die Geduld des Orchesters so sehr erschöpft, daß es sie mit Fanfaren bedroht. Daraus entwickelt sich ein schrecklicher Wirrwarr, der auf seinem Höhepunkt mit dem schmerzlich-klagenden Zusammenbruch des armen Hampelmanns endet. Als ich das bizarre Stück beendet hatte, suchte ich, wenn ich an den Ufern des Genfer Sees spazierenging, nach einem Titel, der in einem einzigen Wort den Charakter der Musik und damit zugleich die traurige Figur bezeichnen konnte. Eines Tages machte ich vor Freude einen Luftsprung. »Petruschka«! der ewig unglückliche Held aller Jahrmärkte in allen Ländern – ich hatte meinen Titel gefunden.

Petruschka ist auf der Musikbühne der Zeit vor dem Ersten Weltkrieg die Gegenfigur zu den heroischen Wagner-Helden. Nicht Debussy, erst Strawinsky brachte die vollständige Befreiung vom musikdramatischen Ideal – deswegen wurde er von Erik Satie gefeiert. Nietzsche spielte Bizet gegen Wagner aus. Strawinsky, der als Rimski-Korsakow-Schüler auch unter Wagners Einfluss gestanden hatte, wie überdeutlich eine frühe Sinfonie verrät, empfahl nun Gounod, Massenet und Delibes als Gegengift gegen das Musikdrama. Vom musikalischen Standpunkt aus ein anfechtbares Urteil, das eher repräsentativ war für eine geistige Haltung. »Je déteste l'*Ausdruck*« (»Ich verabscheue den Ausdruck«), sagte Strawinsky einmal mit grimmigem Sarkasmus, und noch 1940 schrieb er in seine *Musikalische Poetik* die polemischen Sätze hinein: »Man wechselte also von einer Musik, die man unkeuscherweise als reinen Sinnenkitzel betrachtete, plötzlich zu den trüben Albernheiten der Kunst-Religion hinüber mit ihrem heroischen Klempnerladen, ihrem mystischen Kriegerarsenal und ihrem Vokabularium, das mit verwässerter Religiosität getränkt ist – , so daß die Musik lediglich deshalb nicht mehr verachtet wurde, weil sie unter Literaturblumen erstickte ...« Dieses Urteil war gemünzt auf die historische Situation. Und es besagt in diesem Zusammenhang wenig, dass der alte Strawinsky sein Urteil über Wagner revidierte: »Ich war aus gutem Grund gegen ihn, und jetzt, wo ich für ihn bin, habe ich ebenfalls gute Gründe!«

Das war sechzig Jahre, nachdem Strawinsky zum ersten Mal versucht hatte, eine Oper zu komponieren: *Le Rossignol* mit einem Libretto von Stéphane Mitousoff nach dem Märchen von Hans Christian Andersen. Strawinsky komponierte den ersten Akt im impressionistisch-lyrischen Stil Debussys, dann ließ er das Werk vier Jahre lang liegen. Als er es 1913 wieder aufnahm – seither waren *Der Feuervogel*, *Petruschka* und *Le Sacre du printemps* entstanden –, empfand er ein Unbehagen. Nicht nur, weil sich seine musikalische Sprache verändert hatte und den drei Akten der Oper die ästhetische Einheit fehlen musste; er hatte auch grundsätzliche Bedenken: Er fühlte, wie er sich später erinnerte, dass er zwar Musik zu einem Text *oder* zu einer Handlung schreiben konnte, dass aber das Zusammenwirken von Musik mit Text *und* Handlung ihm nicht mehr gemäß war. Musik zu einem Text: das sind Lieder, Kantaten, Oratorien usw.; Musik zu einer Handlung: das ist ein Ballett. Musik mit Text *und* Handlung, jene Form also, die Strawinsky als ihm nicht gemäß ansah: das ist die Oper. Was *Le Rossignol* anging, so versuchte sich der Komponist so gut es ging aus der Affäre zu ziehen: »Da die Handlung erst im zweiten Akt beginnt, sagte ich mir, daß es nicht unlogisch sei, wenn die Musik des Prologs einen anderen Charakter zeige als die der folgenden Bilder. In der Tat: der Wald mit der Nachtigall, die reine Seele des Kindes, das von ihrem Gesang bezaubert wird, diese ganze zarte Poesie von Andersen kann nicht in der gleichen Weise behandelt werden wie der chinesische Hof mit seiner bizarren Etikette, den Palastfesten, den Tausenden von Glöckchen und Laternen, der brummenden, scheußlichen japanischen Nachtigall, kurz, der ganzen exotischen Phantasie, die natürlich eine andere musikalische Ausdrucksweise verlangt.« Tatsächlich sind die Unterschiede zwischen dem Prolog und den folgenden Akten evident. Die Musik des Prologs beschwört die »nächtliche Landschaft an der Meeresküste«, entwirft ein Stimmungsbild wie am Anfang von Ravels *L'heure espagnole*, die ein Jahr zuvor entstanden war. In den folgenden Akten bemühte sich Strawinsky nicht einmal vordergründig um Einheitlichkeit. Es gibt keine *Entwicklung* des musikalischen Idioms, sondern ein *Bruch* liegt vor. Man meint, sich in einem anderen Werk zu befinden, das mit seiner hartnäckigen Bitonalität den Komponisten von *Le Sacre du printemps* nicht verleugnet.

Strawinskys Zweifel an der Oper bezogen sich allerdings nicht nur auf das Problem der stilistischen Einheitlichkeit. Er erkannte, dass sich sein Verhältnis zur Opernform insgesamt gewandelt hatte. Gerade an dramaturgisch wichtigen Stellen schob er instrumentale Episoden ein und verzichtete auf die Singstimmen. Die Harmonik »fließt« nicht mehr, wie im ersten Akt, sondern wird für perkussive Zwecke genutzt. Mit dem Ergebnis, dass die Handlung zum Stillstand kommt. Auch die vokalen Passagen wirken merkwürdig statisch und undramatisch. Kein Zufall, dass Strawinsky die Musik der beiden späteren Akte zu einer sinfonischen Dichtung verarbeitete, in der die Singstimmen ins Orchester einbezogen wurden. Gleichzeitig ging er dazu über, das Sinfonieorchester kammermusikalisch zu behandeln. So veränderte sich während der Arbeit an *Le Rossignol* nicht nur das musikalische Idiom, sondern die ästhetische Position insgesamt. Das berechtigt zu der Feststellung, dass der 1908, bereits vor dem Ballett *Der Feuervogel*, entstandene Prolog des lyrischen Märchens im gesamten Werk Strawinskys der einzige wirkliche Opernakt geblieben ist.

Von nun an nahm Strawinsky in seinen Kompositionen für das musikalische Theater eine eigenartige Entwicklung. Er verhielt sich der Bühne gegenüber keineswegs abstinent, sondern komponierte binnen weniger Jahre drei Werke, in denen er seine Erfahrungen aus *Le Rossignol* verarbeitete: *Renard, Les noces* und *L'histoire du soldat*. *Renard*, entstanden 1916/17, heißt im Untertitel »Burleske Geschichte nach russischen Volkserzählungen, zu singen und zu spielen für Männerstimmen und Kammermusik«. Das nur fünfzehn Minuten lange Werk behandelt das Volksmärchen vom Reineke Fuchs und ist auf einen possenhaften Ton gestimmt. Strawinsky begnügte sich mit vier Sängern und einem Orchester aus fünfzehn Solisten. Stoff, Form und musikalische Behandlung widersprachen der damals vorherrschenden Operndramatik, ohne sie allerdings, wie zuweilen gesagt wurde, zu parodieren. Die entscheidenden Sätze hat Strawinsky in das Vorwort der Partitur hineingeschrieben: »›*Reinecke*‹ soll von Clowns, Tänzern und Akrobaten gespielt werden ... Alle Spielrollen sind stumm. Die Singstimmen ... sitzen im Orchester.« Das bedeutete eine entschiedene Kehrtwende in der Ästhetik des musikalischen Theaters, dessen repräsentative Form, die Oper, hier im Prinzip angegriffen wurde. Handlung und musikalische Darstellung treten im *Renard* auseinander, die *dramatis personae* spalten sich in einen singenden und einen darstellenden Teil. Keine Spur mehr von »Ausdruck« und psychologischer Einfühlung in die Figuren, von dramatischer Illusion. Der Choreograph ist nicht mehr an das Libretto, Dirigent, Sänger und Orchestersolisten sind nicht mehr streng an den Gang der Handlung gebunden. Mimische Darstellung und Musik finden, nur noch in lockerer Beziehung zueinander stehend, zur Eigengesetzlichkeit der Form. Wie in den letzten Akten von *Le Rossignol* macht Strawinsky Harmonik und Melodik zu Funktionen des Rhythmus, dadurch erlahmt der Gang der Handlung oder kommt gar, wie in der alten *opera seria*, zum Stillstand. Man findet *Renard* nur selten im Spielplan einer Oper. Er passt auch kaum dorthin aufgrund seiner kurzen Aufführungsdauer, seiner komplizierten Solistenpartien, seiner statischen Form.

Das gilt nicht weniger für Strawinskys nächstes Bühnenwerk *Les noces (Die Hochzeit)*, »russische choreographische Szenen in vier Bildern mit Gesang«. Wieder verlangt eine szenische Aufführung die Trennung von Darstellung und Gesang: die Tänzer agieren, Solisten und Chor sitzen im Orchester. Der Text für diese heidnisch-christliche Bauernhochzeit wird nicht Wort für Wort nach seiner sinntragenden Bedeutung vorgetragen, er bleibt frei von jeder psychologischen Bindung. Erzählt wird gleichsam ein ritueller Vorgang – er vor allem war es, der Strawinsky interessierte: »Die Verse hatten etwas Verführerisches für mich, nicht so sehr durch den anekdotischen Inhalt, der häufig derb ist, auch nicht durch ihre Bilder oder ihre Metaphern, trotz der bezaubernden Frische, die diese haben, sondern vielmehr durch die Verknüpfung der Worte und Silben, die Kadenz, die dabei entsteht und die unsere Empfindung fast ebenso anrührt wie Musik.« Ein Bemühen um Textverständlichkeit hätte den musikalischen Intentionen geradezu widersprochen. Der dramatische Vorgang ist statisch, die Musik äußerst lebendig, sie verläuft, von zwei kurzen Ausnahmen abgesehen, in einem fast einheitlich raschen Tempo, das Jean Cocteau den Vergleich mit einem Rennwagen nahelegte. Das Verhältnis des Instrumentalen zum Vokalen ist höchst kompliziert, was für eine Bühnenaufführung eher nachteilig ist. Auch *Les noces* ist keine Oper, nicht einmal eine Folge russischer Folkloreszenen, eher ein archaisches Ritual und zugleich der Versuch, das musikalische Phänomen »an seinem Ursprung zu erkennen«.

Zur letzten Konsequenz gelangten Strawinskys Bestrebungen in dieser »russischen Periode« seines Schaffens in der *L'histoire du soldat* von 1918: »Zu lesen, zu spielen und zu tanzen« heißt es in der Partitur. Das gesungene Wort ist vollends eliminiert. Ein Sprecher erzählt die Handlung, zwei Schauspieler und eine Tänzerin führen sie aus. Das Orchester ist auf sieben Instrumente reduziert. Der Unterschied zu *Les noces* ist bemerkenswert trotz der ähnlich unerbittlichen Ostinati und rhythmischen Kühnheiten. Das Werk besteht aus geschlossenen Musiknummern, meist idealtypische musikalische Grundformen wie Walzer, Marsch, Choral, Polka, Ragtime usw. Von hier aus öffnete sich Strawinskys Weg zu den Mustern und Modellen der Tradition, also zu dem, was später, bereits in einer gewissen Erstarrungsphase, als Neoklassizismus bezeichnet worden ist. Strawinsky ging diesen Weg weiter in dem Ballett *Pulcinella* nach Pergolesi, dann in der kleinen *opera buffa* mit dem Titel *Mavra*. *Pulcinella* entstand 1919, *Mavra* 1922. Nicht als Dramatiker, als Musiker näherte sich Strawinsky der Form der klassischen Oper des 18. Jahrhunderts, der er allerdings, anders als dem Musikdrama, niemals ablehnend gegenübergestanden hatte. Was er an der klassischen Oper bewunderte, war ihre melodische Erfindungskraft und die Folgerichtigkeit der musikalischen Form, voran die Trennung von Rezitativ und Arie. *Mavra* besteht aus einer Folge strenger musikalischer Formen; Arie und Rezitativ sind neu belebt. Zwar fehlt noch das *recitativo secco*, doch die Blasinstrumente, die die Sänger begleiten, begnügen sich meist mit konventionellen Figuren und einfachen Akzenten. Vor allem bietet die einaktige Oper, die auf einer Verserzählung von Puschkin basiert, einen neuen melodischen Reichtum, fast eine Rückkehr zur Tradition des Belcanto. Strawinsky schrieb rückblickend: »Meine Oper ›Mawra‹ ist entstanden aus einer natürlichen Sympathie für die Gesamtheit der melodischen Tendenzen, für den Vokalstil und für die konventionelle Sprache, die ich in steigendem Maße an der alten russisch-italienischen Oper bewunderte… Ich wollte den Stil dieser musikalischen Dialoge erneuern, deren Stimmen durch den Lärm des Musikdramas übertönt und mißachtet worden waren.« Der Satz enthält eine ganze Opernästhetik. Affekte und Leidenschaften werden nicht »natürlich«, sondern artifiziell ausgedrückt. Der Ausdruck wird zum Problem der Form. So markiert *Mavra* in Strawinskys Schaffen einen »Wendepunkt«. Das Hauptwerk der folgenden Epoche war *Oedipus Rex*.

In Strawinskys Lebenschronik heißt es: »... fühlte ich das Bedürfnis, ein Werk größeren Umfangs in Angriff zu nehmen. Ich dachte an eine Oper oder ein Oratorium über einen Text, dessen Handlung allgemein bekannt ist. Ich wollte auf diese Weise die ganze Aufmerksamkeit des Hörers, der ja die Anekdote kennt, auf die Musik konzentrieren, die sogleich Wort und Handlung wird.« Die Wahl fiel auf den *König Oedipus* des Sophokles. Der Stoff hatte nicht nur den Vorzug, im Bewusstsein des Publikums fest verankert zu sein, er entfaltet auch in analytischer Weise ein zurückliegendes Geschehen, so dass Exposition und Handlungsentwicklung im eigentlich dramatischen Sinne entfallen. Strawinsky ging indes noch einen Schritt weiter. Die französische Textfassung von *Oedipus Rex*, die er gemeinsam mit Cocteau besorgte, wurde ins Lateinische übertragen, um dem Komponisten eine noch größere Freiheit der musikalischen Behandlung zu ermöglichen. Strawinsky rechtfertigte das Verfahren mit den Worten: »[Das Lateinische] hat den Vorzug, ein Material zu sein, das nicht tot ist, aber versteint, monumental geworden und aller Trivialität entzogen ... Man fühlt sich nicht an Redewendungen gebunden oder an das Wort in seinem buchstäblichen Sinne. Die strenge Form dieser Sprache hat schon an sich so viel Ausdruckswert, daß es nicht nötig ist, ihn durch die Musik noch zu verstärken. So wird der Text für den Komponisten zu einem rein phonetischen Material. Er kann ihn nach Belieben zerstückeln und sich nur mit den einfachsten Elementen beschäftigen, aus denen er besteht: den Silben.« Im ganzen Werk herrscht äußerste Stilisierung: unbewegte Bilder statt seelischer Zustände. Im Szenario heißt es: »Teiresias, Hirte und Bote ausgenommen sind die Darsteller mit stilisierten Gewändern und Masken bekleidet. Sie bewegen nur den Kopf und die Arme, so daß sie belebten Statuen gleichen.« *Oedipus Rex* ist kein ironisch verfremdetes oder modern belichtetes Zeitstück wie gewisse surrealistische Versuche der zwanziger Jahre – obwohl es sicher gemeinsame Tendenzen gibt –, sondern ein szenisches Oratorium, in dem der tragische Mythos durch einen radikalen musikalischen Absolutismus wieder in seine Rechte eingesetzt wird. Strawinsky verzichtet auf allen archaisierenden Primitivismus, wie man ihn in den späteren Griechenstücken etwa von Carl Orff findet. Das Melos erinnert an den späten Verdi mit Anklängen vor allem an *Aida*, die Musiknummern werden zu tönend bewegten Architekturen fast im Sinne der »lebenden Bilder« und »Attitüden« des 18. Jahrhunderts.

1934 entsteht *Perséphone*, ein Melodram mit Musik, Gesang, Rezitation, Pantomime und Tanz. Es ist das lyrisch-klassizistische Gegenstück zu *Oedipus Rex*. Die syllabische Behandlung des Textes ist beibehalten, aber auf die französische Prosodie übertragen. Nirgendwo kommt Strawinsky dem Geist der französischen Klassik näher als in diesem Werk, das nach dem Gedanken des Textdichters André Gide entworfen zu sein scheint: »Die Schönheit eines klassischen Werkes beruht auf seiner gebändigten Romantik.« Die Harmonik von *Perséphone* hat alle Verbindung zu Affekten und Leidenschaften aufgegeben, sie stützt die melodischen und rhythmischen Vorgänge, so dass wie durch wechselndes Licht eine Folge von Bildern entsteht. Strawinsky war sich bewusst, an welchem Punkt er damit angelangt war. Vor der *Perséphone*-Premiere schrieb er in ein Manifest die apodiktischen Worte hinein: »Diese Partitur, so wie sie geschrieben ist und wie sie in den Musikarchiven unserer Zeit überliefert bleibt, bildet ein unlösliches Ganzes mit den Bestrebungen, die ich in meinen früheren Arbeiten stets verfolgte. Sie ist die logische Fortsetzung … einer ganzen Reihe von Werken, deren musikalische Eigengesetzlichkeit durch das Fehlen einer Bühnenhandlung in keiner Weise beeinflußt wird. *Perséphone* ist die gegenwärtige Manifestation dieser Bestrebungen … Ich bin auf einem mir vollkommen sicheren Wege. Daran ist nichts zu kritisieren oder zu diskutieren. Man kritisiert nicht jemand, der seine Funktion erfüllt. Eine Nase ist nicht gemacht, sie ist einfach da. So auch meine Kunst.«

Zwischen *Perséphone* und *The Rake's Progress*, Strawinskys nächstem Werk für das musikalische Theater, liegen fünfzehn Jahre. Der *Rake* ist ausdrücklich als Oper bezeichnet, Strawinskys erste Oper, wenn man von der *Mavra*-Episode absieht, und seine letzte zugleich, die einzige abendfüllende. Nichts wäre aber falscher als anzunehmen, Strawinsky hätte seine Vorbehalte gegen die Oper aufgegeben. Auch hier komponierte er keine Handlung im eigentlichen Sinn. Als dramatische Vorlage wählte er die bekannte Bilderfolge von Hogarth über den Lebensweg eines Liederlichen, welche die Textdichter Wystan Hugh Auden und der später hinzugezogene Chester Kallman in eine Folge von dreimal drei Szenen umsetzen sollten. Das Ergebnis war eher eine Moritat als ein musikalisches Drama. Anders gesagt, *The Rake's Progress* ist zwar eine Oper, aber angelegt als Rekonstruktion ihrer klassischen Form. Hier wird nicht Drama im Drama gespielt, wie in *Ariadne auf Naxos*, nicht über den Primat von Ton oder Wort diskutiert, wie in *Capriccio*, hier wird die alte Oper schon gar nicht ironisch behandelt oder parodistisch entzaubert, so wie Brecht es in der *Dreigroschenoper* tat. Vielmehr wird sie auf subtile Weise musikalisch reflektiert. Arien münden in schwungvolle Kabaletten, die Koloratur ist neu belebt, auch das Secco-Rezitativ taucht wieder auf. Die musikalische Struktur des Werkes entspricht der von *Così fan tutte*, die dramatische der von *Don Giovanni*, und darüber hinaus macht sich ein ungewöhnlicher Reichtum an traditionellen Formen, direkten Zitaten und melodischen Mustern bemerkbar. Ein Wort Ravels aufgreifend ließe sich sagen, dass sich Strawinskys Verhältnis zur Tradition gerade durch die »unfreiwillige Untreue« gegenüber dem Vorbild erweist, die sich freilich nur dem aufmerksamen und erfahrenen Ohr mitteilt. Das wird nicht zuletzt durch die dramatische Vorlage bedingt, durch ihren Charakter als *morality*. Wie in seinen früheren Werken geht es Strawinsky auch in diesem Werk nicht um die individuellen Schicksale seiner Figuren. Das verraten bereits ihre Namen: Sellem, der Auktionator, Ann Trulove, die treu Liebende, Nick Shadow, der »Schatten«, der den Teufel vorstellt. An die Stelle des adligen Helden, des Verführers und Wüstlings Don Giovanni, tritt Tom Rakewell, der gefühlvolle Liederliche, schwankend zwischen Treue und Untreue, Geldgier und Sentimentalität, Habsucht und Schwäche. Ein Held, der sich über die bürgerlichen Moralvorstellungen hinwegsetzt, aber zutiefst an sie gefesselt bleibt. Das Spiel ist kein Spiel mehr, die Oper nur scheinbar eine Oper. Sie ist, moralisch betrachtet, geradezu ihre Widerlegung. Sie führt geradewegs vom Freudenhaus des zweiten Aktes in das Irrenhaus des dritten. Dazwischen liegt die ironische Schlüsselszene, in der der Auktionator Sellem das Hauswesen Tom Rakewells versteigert. »Welch sonderbarer Trödelkram steht hier heute zum Verkauf!« Mitversteigert wird der Trödelkram der Oper: Rezitativ, Arie und Ensemble, die konventionellen Formen und Situationen, die hier nur scheinbar restauriert sind. Mit beinahe bösem Blick schaut der alte Strawinsky auf eine Kunstform, der ihre gesellschaftlichen Voraussetzungen abhandengekommen sind. Er wusste, dass eine lebendige Erneuerung der Konventionen nicht mehr möglich war. *The Rake's Progress* ist das letzte Rückzugsgefecht einer aristokratischen Kunsthaltung, die bei diesem Komponisten lange Zeit eine merkwürdige Verbindung mit dem Primitiven eingegangen war. Es ist charakteristisch für die ästhetisch wie politisch konservative Position des alten Strawinsky, dass er in der Form der alten Oper ein Stück jener Freiheit festhalten wollte, die sein Held Tom Rakewell verspielt. Am Ende dieser *morality* steht die Gnade der Götter, Venus und Adonis im Irrenhaus und das musikalische Idiom der Matthäus-Passion. Nur so konnte sich der religiös gestimmte Strawinsky die Rettung des Menschen vorstellen.

Bis der reitende Bote des Königs erscheint
Bertolt Brecht und das Musiktheater

> Alles, was Hypnotisierversuche darstellen soll, unwürdige Räusche erzeugen muß, benebelt, muß aufgegeben werden.
>
> Bertolt Brecht

Die Textbücher für Opern und Oratorien werden im 20. Jahrhundert in der Regel nicht mehr von Librettisten geschrieben, man greift auch zu literarischen Texten oder solchen der allgemeinen Geschichte. Etwa zur Zeit von Hitlers Machtübernahme machte sich der Komponist Erwin Schulhoff an das Oratorium *Das kommunistische Manifest* mit den berühmten Anfangsworten: »Ein Gespenst geht um in Europa«. Das Manifest von Karl Marx und Friedrich Engels zu vertonen, mag als skurrile Idee erscheinen. Aber in seiner amerikanischen Emigrationszeit hat auch Bertolt Brecht versucht, eine poetische Fassung des Urtextes der kommunistischen Bewegung anzufertigen.

> Kriege zertrümmern die Welt und im Trümmerfeld geht ein Gespenst um.
> Nicht geboren im Krieg, auch im Frieden gesichtet, seit lange.
> Schrecklich den Herrschenden, aber den Kindern der Vorstädte freundlich.

Fast vierhundert Verse umfasst das Fragment. Lion Feuchtwanger, dem Brecht in New York die Anfänge zeigte, kritisierte die Hexameter als unpassend. Aber hatte nicht schon Goethe dieses Versmaß für *Hermann und Dorothea*, ein Sujet aus der Französischen Revolution, verwendet? Was erst konnten die geeigneten Schreibweisen für Dichtungen sein, für die Brecht sich Musik wünschte? Zwischen dem *Mahagonny-Songspiel* von 1927, dem ersten einschlägigen Versuch, und der *Lukullus*-Oper von 1951, seinem Abschiedswort an das Musiktheater, haben sie erheblich geschwankt. Es gibt keinen einheitlichen Brecht-Stil. Überblickt man die von Brecht angeregten, autorisierten oder geduldeten Vertonungen seiner Texte, so zeichnet er für mehr Musikbühnenwerke und Schauspielmusiken des 20. Jahrhunderts verantwortlich als jeder andere Dichter von Rang.

Der von Monika Wyss herausgegebene Band *Brecht in der Kritik* führt nicht weniger als zweiundvierzig solcher Musikwerke auf. Es dürften in Wirklichkeit noch einige mehr sein.

Das Verhältnis Brechts zur Tonkunst wurde durch einige Besonderheiten bestimmt. Erstens war er selbst Musiker, er spielte Klarinette und versuchte sich in der Frühzeit des Stückeschreibens auch als sein eigener Komponist: »Für episches Theater wurde, soweit es meine eigene Produktion betrifft, in folgenden Stücken Musik verwendet: ›Trommeln in der Nacht‹, ›Lebenslauf des asozialen Baal‹, ›Das Leben Eduards II. von England‹, ›Mahagonny‹, ›Die Dreigroschenoper‹, ›Die Mutter‹, ›Die Rundköpfe und die Spitzköpfe‹.«

Zu dieser unvollständig scheinenden Liste muss man das Datum ihrer Niederschrift kennen: 1935. Brecht fährt fort und enthüllt dabei, dass anfangs noch stark konventionelle Verwendungen der Musik auf der Bühne vorherrschten: »In den ersten paar Stücken wurde Musik in ziemlich landläufiger Form verwendet; es handelte sich um Lieder oder Märsche, und es fehlte kaum je eine naturalistische Motivierung dieser Musikstücke. Jedoch wurde durch die Einführung der Musik immerhin mit der damaligen dramatischen Konvention gebrochen: das Drama wurde an Gewicht leichter, sozusagen eleganter; die Darbietungen der Theater gewannen artistischen Charakter. Die Enge, Dumpfheit und Zähflüssigkeit der impressionistischen Dramen und die manische Einseitigkeit der expressionistischen wurde schon einfach dadurch durch die Musik angegriffen, daß sie Abwechslung hineinbrachte. Zugleich ermöglichte die Musik etwas, was schon lange nicht mehr selbstverständlich war, nämlich ›poetisches Theater‹. Diese Musik schrieb ich noch selbst. Fünf Jahre später schrieb sie, für die zweite Berliner Aufführung der Komödie ›Mann ist Mann‹ am Staatstheater, Kurt Weill. Die Musik hatte nunmehr Kunstcharakter (Selbstwert).«

Hier sind zwei weitere Besonderheiten in Brechts Verhältnis zur Musik angesprochen. Im Grunde garniert sie, wenn es nicht um Oper geht, das Worttheater und hat also eine dienende Funktion, nicht unähnlich etwa der Beleuchtung oder den Kostümen. Und diesen Charakter verliert sie selbst dann nicht, wenn ein professioneller Komponist ins Spiel kommt, der das Niveau der Partitur in den Rang von Kunst erhebt. Als habe er verhindern wollen, dass eine gewichtigere Musik auch zu einer Ver-tonung des Textes, also zur Oper alten Stils, wo nicht gar zum Gesamtkunstwerk führen könne, entwickelte Brecht dann Ende der zwanziger Jahre parallel zur Theorie vom epischen Theater seine Vorstellung von der Separierung der Elemente auf der Bühne: »Die Aufführung der ›Dreigroschenoper‹ 1928 war die erfolgreichste Demonstration des epischen Theaters. Sie brachte eine erste Verwendung von Bühnenmusik nach neueren Gesichtspunkten. Ihre auffälligste Neuerung bestand darin, daß die musikalischen von den übrigen Darbietungen streng getrennt waren. Dies wurde schon äußerlich dadurch bemerkbar, daß das kleine Orchester sichtbar auf der Bühne aufgebaut war. Für das Singen der Songs wurde ein Lichtwechsel vorgenommen, das Orchester wurde beleuchtet, und auf der Leinwand des Hintergrunds erschienen die Titel der einzelnen Nummern ... und die Schauspieler nahmen für die Nummer einen Stellungswechsel vor.«

Diese sehr äußerliche Form der Trennung der Wortelemente von den Musikelementen konnte nicht recht überzeugen. Das Orchester hatte schon in Strawinskys *Geschichte vom Soldaten* auf der Bühne gesessen. Außerdem lief der Gedanke der Trennung der Elemente der Grundidee zuwider, wonach – zum Beispiel in der *Dreigroschenoper* – die enge Verwandtschaft zwischen den Empfindungen und Vorurteilen der Straßenräuber und denen der Bourgeoisie, also des Theaterpublikums, gezeigt werden sollte. Bei einer solchen, auf Bühnentricks beruhenden Trennung mochten die Zuschauer meinen, die Songs fänden sozusagen außerhalb der Handlung als Unterhaltungseinlage statt, was noch durch den Schlagercharakter verstärkt wurde, den einzelne Nummern der *Dreigroschenoper* rasch annahmen. Sie enthielten all das, was der Musik Weills ihren unverkennbaren Tonfall gibt: die Sehnsucht und die Trauer, die süße Verheißung und die bittere Realität, das Sentiment und die Aggressivität, den Traum von der heilen Welt und die Spiegelscherben, die die Wirklichkeit von dreizehn Millionen Weltkriegstoten, elf Millionen Krüppeln und viereinhalb Millionen Arbeitslosen reflektieren.

Nichts hatte darauf hingedeutet, dass der jüdische Kantorensohn aus Dessau, Kompositionsschüler von Humperdinck und Busoni, eines Tages zur musikalischen Stimme der »Goldenen zwanziger Jahre« in Berlin werden würde, auch wenn diese Jahre durchaus nicht so »golden« waren, wie es im nostalgischen Rückblick auf diese schöpferisch-vitale Zeit erscheint – der amerikanische Begriff der »*roaring twenties*« erfasst diese Zeit viel genauer. Ein musikalischer Situationsbericht, den Hanns Eisler Anfang 1928 für die Zeitung *Die rote Fahne* schrieb, verzeichnet den Namen Weill noch nicht: »Das Jahr 1927 hat wenig an dem Gesamtbild des bürgerlichen Musikbetriebs geändert. In Berlin hat sich das Starwesen der Dirigenten bis zur Lächerlichkeit gesteigert. Während der Konzertbetrieb in Bezug auf die Qualität der Aufführungen und der neuen Werke noch ein relativ gutes Niveau hält, ist der Opernbetrieb in jeder Beziehung immer mehr in eine Sackgasse geraten. Das Jahr 1927 brachte nur einen Opernerfolg: Kreneks *Jonny spielt auf*. Sechzig Bühnen haben diesen Kitsch erworben, der Courths-Mahler mit Auto und Jazz auf die Bühne bringt ...«

Dass sich Brecht und Weill bereits 1927 zu einer ersten Attacke auf die alte Opernform verbündet hatten, war Eisler offenbar entgangen. Beim Kammermusikfest in Baden-Baden hatten sie ihr Songspiel *Mahagonny* zur Uraufführung gebracht. Lotte Lenya, die Weill-Gattin, hat eine Erinnerung festgehalten: »Auf dem Musikfest gingen unseren kleinen *Mahagonny*-Darbietungen einige Stücke strenger, meist atonaler Kammermusik voraus. Das mondäne internationale Publikum starrte verwirrt auf die Bühne, als die Arbeiter dort einen Boxring aufbauten. Die Unruhe verstärkte sich, als die Sänger, als Ganoven und Strolche kostümiert, durch die Seile kletterten und *Mahagonny* mit einem richtigen, unverkennbaren Schlager begann. Der Skandal fing an, als wir den letzten Song sangen und Plakate schwenkten – meins verkündete: Für Weill! Das ganze Publikum sprang auf, klatschte, buhte und pfiff. Brecht hatte uns in weiser Voraussicht mit eigenen kleinen Trillerpfeifen ausgestattet, und so standen wir da auf der Bühne und pfiffen trotzig zurück.«

Doch Baden-Baden war weit, und erst Berlin stellte mit der Uraufführung der *Dreigroschenoper* am 31. August 1928 die entscheidende Bewährungsprobe dar. Das wohlhabende Bürgertum, das in die Premiere und die vierhundert Wiederholungsvorstellungen strömte, wusste nicht, wie ihm geschah, denn es fühlte sich gleichzeitig geschlagen und gestreichelt. Die Texte Brechts troffen geradezu von Hohn und Sarkasmus über die bürgerlichen Wert- und Moralvorstellungen, während die Musik Weills ihre Gesellschaftskritik in den Formen der Gebrauchs- und Unterhaltungsmusik jener Jahre präsentierte, die sie durch ihre subtilen rhythmischen, harmonischen und instrumentatorischen Verfremdungen gleichzeitig verspottete. Die Textgrundlage bildete die berühmte *Beggar's Opera* von John Gay und Johann Christoph Pepusch, die 1728 in London uraufgeführt worden war und dort nicht nur den Opern Händels, sondern der italienischen Oper insgesamt einen schweren Stoß versetzt hatte, von dem sie sich nicht mehr erholen sollte: Gay verspottete in seinem Stück die damals Herrschenden mit vielen offenen und versteckten Anspielungen. So tragen Peachum, der Hehler, und Macheath, der Straßenräuber, Züge des Whig-Premierministers Robert Walpole. Elisabeth Hauptmann, eine Mitarbeiterin Brechts, besorgte sich den Text und fertigte eine Rohübersetzung an, und bei der Suche nach dem Stück für die

Eröffnungspremiere am Schiffbauerdamm für die Saison 1928/29 brachte Brecht den Stoff der *Beggar's Opera* ins Gespräch. Er gab ihr, einem Vorschlag Lion Feuchtwangers folgend, den Titel *Die Dreigroschenoper* und verlegte die Handlung in die viktorianische Zeit, um die Kritik an der bürgerlichen Gesellschaft und ihrem dynamischen Kapitalismus zuspitzen zu können.

Es war klar, dass ungeachtet des Erfolgs, den das Stück sofort verzeichnete, Brecht mit der hinzugelieferten Theorie nicht recht zufrieden sein konnte. Die denunziatorische Fähigkeit, die er in dieser Phase der Musik zuschrieb oder von ihr erwartete, war hauptsächlich eine Sache des vorgegebenen Textes, dessen Intentionen Weills Musik nur verstärken, nicht aus sich heraus bewirken konnte: »Das zarte und innigste Liebeslied des Stückes beschrieb die immerwährende unzerstörbare Neigung zwischen einem Zuhälter und seiner Braut. Die Liebenden besangen nicht ohne Rührung ihren kleinen Haushalt, das Bordell. Die Musik arbeitete so, gerade indem sie sich rein gefühlsmäßig gebärdete und auf keinen der üblichen narkotischen Reize verzichtete, an der Enthüllung der bürgerlichen Ideologie mit.«

Liest man diese Anmerkung, könnte man meinen, Weill habe eine Art tränenselige, leise-fromme Weise auf Mackies und Jennys Erinnerungen komponiert. Selbst wenn man berücksichtigt, dass Text und Musik dieser Songs für uns längst eine Einheit geworden sind, so haben doch auch die Zuschauer der späten zwanziger Jahre das, was sie als Jazzmusik empfanden und missverstanden, sicher als sehr passend zu den provokanten Versen hingenommen. Der entlarvende Schock wäre zweifellos größer gewesen, hätten die beiden ihre Zuhälterballade gesungen wie Rodolfo und Mimì ihr Liebesduett in *La Bohème*.

> In einer Zeit, die längst vergangen ist
> Lebten wir schon zusammen, sie und ich
> Und zwar von meinem Kopf und ihrem Bauch.
> Ich schützte sie, und sie ernährte mich.
> Es geht auch anders, doch so geht es auch.
> Und wenn ein Freier kam, kroch ich aus unserm Bett
> Und drückte mich zu'n Kirsch und war sehr nett
> Und wenn er blechte, sprach ich zu ihm: Herr
> Wenn Sie mal wieder wollen – bitte sehr.
> So hielten wir's ein volles halbes Jahr
> In dem Bordell, wo unser Haushalt war.

Kurt Weill hat über das Stück gesagt, Brecht und er hätten die »Urform der Oper« machen wollen. Die Frage, wie Musik im Theater überhaupt möglich sei, habe man auf die einfachste Art gelöst: »Ich hatte eine realistische Handlung, mußte also die Musik dagegen setzen, da ich ihr jede Möglichkeit einer realistischen Wirkung abspreche. So wurde also die Handlung entweder unterbrochen, um Musik zu machen, oder sie wurde bewußt zu einem Punkte geführt, wo einfach gesungen werden mußte. Dazu kam, daß uns dieses Stück Gelegenheit bot, den Begriff ›Oper‹ einmal als Thema eines Theaterabends darzustellen.«

Wer hätte vermutet, die alte Frage nach dem Selbstverständnis des Wort-Ton-Gebildes namens Oper auch im Dunstkreis der Seeräuber-Jenny neu zu vernehmen? Oft wird auf den parodistischen Charakter der *Dreigroschenoper* hingewiesen, vor allem mit Blick auf den Schluss, wenn Macheath, bereits mit dem Kopf in der Schlinge unter dem Galgen stehend, im letzten Moment begnadigt wird. Die unerwartete Wendung wird von Peachum verkündet:

> Verehrtes Publikum, wird sind soweit,
> Und Herr Macheath wird aufgehängt.
> Denn in der ganzen Christenheit
> Da wird dem Menschen nichts geschenkt.

> Damit ihr aber nun nicht denkt
> Das wird von uns auch mitgemacht
> Wird Herr Macheath nicht aufgehängt
> Sondern wir haben uns einen anderen Schluß ausgedacht.

> Damit ihr wenigstens in der Oper seht
> Wie einmal Gnade vor Recht ergeht.
> Und darum wird, weil wir's gut mit euch meinen
> Jetzt der reitende Bote des Königs erscheinen.

Das ist parodistisch nur in einem vordergründigen Sinn. Brecht versucht hier zum ersten Mal, die bisherige, von ihm »kulinarisch« genannte Oper durch eine Technik des Vorzeigens und Aufdeckens zu ersetzen, um die tieferen gesellschaftlichen Strukturen sichtbar zu machen: das soziale Elend als Folge der Warenwirtschaft, die Verbrecherwelt als Spiegelung der sogenannten »guten Gesellschaft«, die heimliche Verwandtschaft von Bürger und Räuber. Wer sich aber in das Stück vertieft, der sieht und hört, wieviel Tradition noch im Spiel ist. Konventioneller als manche Anläufe zu Songs der *Dreigroschenoper* schrieben auch die Opernlibrettisten früherer Tage nicht. Deshalb sei folgender Verwechslungsscherz gewagt:

FRAU PEACHUM
Also, wenn ihr Mackie Messer in den nächsten Tagen seht, lauft ihr zu dem erstbesten Konstabler und zeigt ihn an, dafür bekommt ihr zehn Schillinge.
JENNY
Also werden wir ihn denn sehen, wenn die Konstabler hinter ihm her sind? Wenn die Jagd auf ihn anfängt, wird er sich doch nicht mit uns seine Zeit vertreiben.
FRAU PEACHUM
Ich sage dir, Jenny, und wenn ganz London hinter ihm her ist, Macheath ist nicht der Mann, der seine Gewohnheiten deswegen aufgibt.

Nun das Pendant:
PAMINA
Armer Mann, du hast also noch kein Weib?
PAPAGENO
Ach, noch nicht einmal ein Mädchen, viel weniger ein Weib! Und unsereiner hat doch auch bisweilen seine lustigen Stunden, wo er gern etwas gesellschaftliche Unterhaltung kriegen möchte.
PAMINA
Geduld, Freund! Der Himmel wird auch für dich sorgen, er wird dir eine Freundin schicken, ehe du dir's vermutest.
PAPAGENO
Ach wenn er sie nur bald schickte.

Die Zuhörer und Zuschauer von 1791 wussten genau, wovon Schikaneder da redete, von der sexuellen Hörigkeit nämlich, wie Brecht die Ballade nannte, die auf den vorhin zitierten Dialog folgt. Oper hier, Oper dort. Poetisches Theater – Episches Theater – Zeittheater – lauter Namen und Begriffe, die ihr Quantum Schall und Rauch enthalten.
Happy End, das nächste Produkt der Zusammenarbeit zwischen Brecht und Weill, wird als »Magazin-Geschichte in drei Akten« bezeichnet, verfasst von einer gewissen Dorothy Lane, die findige Journalisten schon bald als Elisabeth Hauptmann enttarnten, während Brecht die Songtexte beigesteuert hatte. Mit *Happy End* übersiedelten Brecht und Weill vom Berliner Schiffbauerdamm an den Kurfürstendamm. Waren dem Haifisch

die Zähne bereits gezogen worden? Alfred Kerr, der Kritiker des *Berliner Tageblatts*, kommentierte die Premiere so: »Eine Helyett von der Heilsarmee rechts; der schneidige Verbrecherich, Mackie Messer nochmal, Geschäft ist Geschäft, links: zum Schluß ergibt es ... ein Paar. – Mancher hatte das, in der revolutionären Gegenwartsdichtung oder Reform der Operette, vorausgesehn. – Nicht vorausgesehn: die Verbrecher werden Soldaten der Heilsarmee ... – Der Musiker Weill ... Schmeichler! Er setzt wenigstens entzückend, was das Volk (gegen Entree) singt. Er ist ein sehr Aparter im Unaparten. Herzensspitzbub! mit Programm. Soll man erst noch versichern, daß er es einem ›angetan‹ hat?« Dennoch kann *Happy End* den Sensationserfolg der *Dreigroschenoper* nicht wiederholen, sieht man ab vom »Surabaya-Jonny«-Song, der schon bald um die Welt geht.

Das Wort »Oper« taucht nicht in allen Stücken Brechts auf, die man dieser Gattung im weitesten Sinn zurechnen kann. Der *Jasager* und der *Neinsager* werden zum Beispiel »Schulopern« genannt, und ohne jeden Zusatz steht die Bezeichnung »Oper« lediglich unter dem Titel *Aufstieg und Fall der Stadt Mahagonny*. Gottfried Wagner nennt dieses Werk in seinem Buch über Brecht und Weill den Höhepunkt der Zusammenarbeit der beiden. Aber die Opernballade von der amerikanischen Paradiesstadt, in der man alles tun darf und nur eins verboten ist: kein Geld zu haben, markierte auch die Bruchstelle. Brecht und Weill arbeiteten 1929/30 daran – im Schlagschatten der Weltwirtschaftskrise. In den Zeitungen jagten sich die Hiobsbotschaften: Notverordnungen, Auflösung des Reichstags, Neuwahlen, die auf der Linken eine Vermehrung der kommunistischen Stimmen, vor allem aber den Aufstieg der Nazis auf der Rechten brachten. Das ganze Land war von einer fieberhaften Unrast und Nervosität ergriffen – wie die Stadt Mahagonny im Zeichen der fortschreitenden Teuerung. Dichter und Komponist knüpften eine Reihe von theoretischen Erwägungen an den Stil des Stückes, den beide, jeder auf seine Weise, als neuartig empfanden. Im Regiebuch zu *Mahagonny* wurde der direkte Bezug der Oper zur Realität betont: »Es ist ein Gleichnis vom heutigen Leben. Die Hauptfigur des Stückes ist die Stadt. Sie entsteht aus den Bedürfnissen des Menschen, und die Bedürfnisse des Menschen sind es, die ihren Aufstieg und ihren Fall herbeiführen ... *Mahagonny* ist die reinste Form des epischen Theaters, die auch die reinste Form des musikalischen Theaters ist. Die Gesellschaft wird durch einen provokanten Spaß schockiert. *Mahagonny* ist ein Totentanz ... Die Musik ist in keinem Moment illustrativ ... Der Stil des Werkes ist weder naturalistisch noch symbolisch. Er könnte eher als ›real‹ bezeichnet werden.«

Die Leipziger Uraufführung im März 1930 wurde zu einem echten Theaterskandal. Das Publikum randalierte, von der Rechts-Presse mobilisiert. Es war eine der ersten Theaterpremieren der Weimarer Republik, bei der die SA gegen die angebliche Verhöhnung aller nationalen Kulturwerte durch einen Kommunisten und einen Juden aufmarschierte. Doch auch die Marxisten waren nicht glücklich und warfen den Autoren Beschönigung und Verzerrung der kapitalistischen Gesellschaftsordnung vor – insbesondere, dass es ausgerechnet Proletarier waren, die typisch kapitalistische Verhaltensweisen vorführen mussten. Der junge Adorno aber prägte die Formel: »In Mahagonny wird Wild-West als das dem Kapitalismus immanente Märchen evident«.

1932 schien sich zunächst ein Serienerfolg für die Oper anzubahnen, als Ernst Josef Aufricht, der Produzent der *Dreigroschenoper*, das Werk in einer mit Schauspielern besetzten Produktion im Berliner Theater am Kurfürstendamm herausbrachte. Doch die Nazis waren inzwischen so stark geworden, dass sie den sofortigen Abbruch der Vorstellungsserie erzwingen konnten. Sie erklärten, für einen so unverhohlenen Kulturbolschewismus seien die deutschen Theater zu schade. Bei den Berliner Proben zu *Mahagonny* überwarfen sich Brecht und Weill – und den Rest zu ihrer Entfremdung trug das Gerichtsurteil im damals vieldiskutierten Streit um den *Dreigroschenoper*-Film bei, das Weill eine beträchtliche Geldentschädigung eintrug, während Brecht leer ausging. Zum ersten Mal befassten sich die Kritiker diesmal auch ausführlich mit Weills Beitrag zu einem gemeinsamen Stück. Das habe, hieß es später, bei Brecht den Verdacht geweckt, ein Erfolgskomponist wolle ihn, den Textautor, künftig als Opernlibrettisten im traditionellen Sinne beschäftigen. Aber daraus sprach bereits die missgünstige Neigung, die ästhetische Differenz zwischen Dichter und Komponist auf die Ebene persönlicher Rivalität zu verlagern. Mit Weill konnte Brecht sich nach dem bei *Mahagonny* entstandenen Dissens über weitere Opern nicht mehr verständigen, auch wenn beide zwei Jahre später, nun bereits nach der Machtübernahme der Nationalsozialisten in der Pariser Emigration, mit den *Sieben Todsünden der Kleinbürger* noch einmal zusammenarbeiteten.

Dieses Ballett mit Gesang war ein Auftragswerk der Kompanie, die George Balanchine, der Choreograph, eigens für eine Saison in Paris und London zusammengestellt hatte. Sie war eine Star-Truppe, die ein steinreicher englischer Großindustrieller seiner Frau, der Tänzerin Tilly Losch, zuliebe finanzierte. Brecht und Weill zeigten wenig Neigung, sich durch ihren Geldgeber korrumpieren zu lassen, sondern machten ziemlich genau da weiter, wo sie mit *Mahagonny* stehengeblieben waren. Auch die *Sieben Todsünden* sind eine böse Satire auf ein Bürgertum, das die sprichwörtlichen Todsünden als Tugenden stilisiert, die allein zu Wohlstand und Reichtum führen. Indem Anna, die traurige Heldin, auf ihrem Weg durch die Städte Amerikas eine Todsünde nach der anderen begeht, häuft sie das Kapital an, von dem sich ihre Familie in Louisiana ein Haus bauen kann. Dass das Ballett vor dem verwöhnten Publikum des Pariser Théâtre des Champs-Élysées im Juni 1933 ein Erfolg wurde, verdankte es zum einen wohl dem Umstand, dass die Besucher den deutschen Text nicht verstanden, zum anderen der Musik von Weill, die vielleicht die beste, konzentrierteste ist, die er je geschrieben hat – viel weniger Parodie als in den vorausgegangenen Stücken. Das Weill'sche Erfolgsrezept der Mischung aus Sentiment und Zynismus ist hier ganz in den Hintergrund gerückt und gleichsam mit einem Trauerrand umgeben. Die Balanchine-Truppe löste sich nach dem Gastspiel in London wieder auf. Erst nach Weills Tod konnten sich die *Sieben Todsünden der Kleinbürger* international durchsetzen. Ungeachtet des größeren Ruhms der *Dreigroschenoper* stellen sie für Kenner den Höhepunkt in der Zusammenarbeit von Brecht und Weill dar.

Brecht hat, vom reinen Worttheater, das anderen Gesetzen folgt, abgesehen, eigentlich bei jedem Stück, in dem es ihm auf andere Mittel, besonders der Musik, ankam, auch eine andere, eine neue Form gesucht. Bereits mitten im Erfolg der *Dreigroschenoper* suchte er etwas Neues, gerade aus Wachsamkeit gegenüber den Versuchungen des Erfolgs. Er scheute die Festlegung auf ein Genre, das er in diesem Stück bereits ausgeschöpft zu haben glaubte. Daher sein wachsendes Interesse an der Form des Lehrstücks, das seiner zunehmenden Kenntnis und Aneignung der marxistischen Klassiker entsprach. Die Frage, ob und wann Brecht Kommunist wurde und ob er es blieb, ist mit Parteimitgliedschaften sicher nicht abschließend zu beantworten und scheitert ohnehin an der Vieldeutigkeit dessen, was alles vor und nach 1930 Kommunismus genannt worden ist.

Brecht nannte *Mahagonny* einen »Versuch in der epischen Oper«. Sie stellte er nun der dramatischen Oper entgegen, worin der Musik nur eine illustrierende Funktion zukomme, während sie in der epischen Oper Stellung nehme und den Text auslege statt ihn bloß zu steigern. Noch im Jahr der Premiere veröffentlichte Brecht Anmerkungen zu *Mahagonny*, die das Ausführlichste sind, was er zu Fragen der Musikbühne geschrieben hat:

Die Oper, die wir haben, ist *die kulinarische Oper.* Sie war ein Genußmittel, lange bevor sie eine Ware war. Sie dient dem Genuß, auch wo sie Bildung verlangt oder vermittelt, denn sie verlangt und vermittelt dann eben Geschmacksbildung. Sie nähert sich selber jedem Gegenstand in genießerischer Haltung. Sie »erlebt«, und sie dient als »Erlebnis«.

Warum ist »Mahagonny« eine Oper? Die Grundhaltung ist die der Oper, nämlich kulinarisch. Nähert »Mahagonny« sich dem Gegenstand in genießerischer Haltung? Es nähert sich. Ist »Mahagonny« ein Erlebnis? Es ist ein Erlebnis. Denn: »Mahagonny« ist ein Spaß.

Die Oper »Mahagonny« wird dem Unvernünftigen der Kunstgattung Oper bewußt gerecht.

Man hört den leisen Spott, aber auch das Unbehagen des Dichters, der auf einem nicht ganz vertrauten Boden steht. Die Theorie diente hier bereits der Abgrenzung in der allmählich einsetzenden Abkühlung zwischen Dichter und Komponist. Über die Behandlung des Textes in *Mahagonny* sagt Brecht nur wenig: »Aus dem Spaß war etwas Lehrhaftes, Direktes herauszuarbeiten, damit er nicht bloß unvernünftig war. Es ergab sich die Form der Sittenschilderung. Die Sittenschilderer sind die handelnden Personen. Der Text hatte nicht sentimental oder moralisch zu sein, sondern Sentimentalität und Moral zu zeigen. Ebenso wichtig wie das gesprochene Wort wurde (in den Titeln) das geschriebene. Beim Lesen gewinnt das Publikum wohl am ehesten die bequemste Haltung dem Werk gegenüber.« Die jahrhundertealte Frage nach dem Vorrang von Musik oder Wort wischt Brecht beiseite: »Der große Primatkampf zwischen Wort, Musik und Darstellung ... kann einfach beigelegt werden durch die radikale Trennung der Elemente. Solange ›Gesamtkunstwerk‹ bedeutet, daß das Gesamte ein Aufwaschen ist, solange also Künste ›verschmelzt‹ werden sollen, müssen die einzelnen Elemente alle gleichermaßen degradiert werden, indem jedes nur Stichwortbringer für das andere sein kann. Der Schmelzprozeß erfaßt den Zuschauer, der ebenfalls eingeschmolzen wird und einen passiven (leidenden) Teil des Gesamtkunstwerks darstellt. Solche Magie ist natürlich zu bekämpfen.« Selbst Peter Hacks, sonst ein respektvoller Brechtianer, fand diese Lösung »doch ein wenig zu unbefangen«.

Brechts Konzept setzte an die Stelle des alten Illusionstheaters ein neues. Die Illusion lag diesmal nicht in dem, was auf der Bühne, sondern darin, was im Zuschauerraum vor sich ging. Wie aber, wenn das Publikum sich weigerte, die Mühe des Mitdenkens, Auslegens und Stellungnehmens auf sich zu nehmen? Was, wenn es gelangweilt oder empört zur Pause das

Theater verließ? Das konnte nicht gut sein, weder für den Spielwillen noch für den Lebensunterhalt der Künstler. Letzteres glaubte Brecht in einer veränderten Gesellschaftsordnung als Sorgenfaktor ausscheiden zu können. Staatssubvention und Festanstellungen würden das Aufführen unpopulärer, aber wichtiger Stücke weit über eine nach Marktgesetzten begrenzte Zeit hinaus erlauben. Um nochmals den zentralen Satz Brechts zu zitieren: »Aus dem Spaß war etwas Lehrhaftes, Direktes herauszuarbeiten, damit er nicht bloß unvernünftig war.«

Mit dem Interesse am Lehrstück wuchs bei Brecht aber auch die Neigung, dem Publikum vorschreiben zu wollen, was dessen Augen und Ohren auf der Bühne wahrzunehmen und wie die Gehirne darauf zu reagieren hätten. Diese Tendenz zur allgemeinen Lehr- und Lernpflicht verschärfte sich mit zunehmender Einsicht in die Unheilbarkeit der Illusionen des Publikums. Zwanzig Jahre später, jetzt in einem Staat lebend, der ihm seinerseits vorschrieb, wie seine Werke beschaffen sein müssten, etwa im Fall der Oper *Das Verhör des Lukullus*, legte Brecht gleichwohl – oder eben deswegen – fest, wie überall an den Theatern nachträgliche Änderungen an einigen seiner Stücke zu befolgen seien. So musste aus dem 1929 erstaufgeführten *Lindberghflug* zwanzig Jahre später, als ihn der Süddeutsche Rundfunk als Hörspiel senden wollte, der *Ozeanflug* werden. Brecht bestand auf einem Vorspruch, der den Lufthelden Lindbergh von Lindbergh, dem Bewunderer Hitlers, trennte – aus Kenntnis des inzwischen Vorgefallenen zweifellos ein legitimes Verfahren. Im Text selbst aber wird nicht etwa die von Brecht entwickelte Verfremdungstechnik benutzt, um Distanz zu dem Piloten der ersten Atlantiküberquerung zu schaffen. Vielmehr wird er als Person beseitigt, sein Name »getilgt«. Statt »Mein Name ist Charles Lindbergh ...« heißt es nun: »Mein Name tut nichts zur Sache.« Brecht hat dem Süddeutschen Rundfunk und allen anderen Veranstaltern diese Änderungen nicht etwa nur empfohlen oder dringend nahegelegt, er hat sie zur Bedingung gemacht. Sein Werkzeug dabei war das Eigentumsrecht, der kapitalistischste unter allen Aspekten des Theaterbetriebs.

Der *Ozean-* alias *Lindberghflug* bleibt gleichwohl eines jener Formexperimente, um die wir die Weimarer Epoche heute beneiden. Dabei darf der Hinweis nicht fehlen, dass die Musik zu diesem Hörspiel von *zwei* Komponisten verfasst wurde: Weill und Hindemith, wobei Weill angeblich siebeneinhalb und Hindemith sechseinhalb Nummern komponierte. Zur Form fällt auf, dass auch die Weill'sche Chorstelle fast aus einem Hindemith-Oratorium zu stammen scheint, während die Solonummer auf

Weills inzwischen berühmt gewordene Spelunkenbesetzung zurückgreift. Der Flieger singt:

> Ich wage es.
> Ich habe bei mir:
> 2 elektrische Lampen
> 1 Rolle Seil
> 1 Rolle Bindfaden
> 1 Jagdmesser
> 4 rote Fackeln in Kautschukröhren versiegelt
> 1 wasserdichte Schachtel mit Zündhölzern
> 1 große Nadel
> 1 große Kanne Wasser
> 5 eiserne Rationen
> 1 Hacke
> 1 Säge
> 1 Gummiboot
> Jetzt fliege ich.
> […]

Als Libretto ziemlich ungewöhnlich. Oder ist das nur eine technisch-banalisierte Parallele zu jenem anderen Register, das zu seiner Zeit außer Komik sicher auch Entrüstung ausgelöst haben muss, da es in der Tat unerhört war?

> In Italien sechshundertvierzig
> in Deutschland zweihunderteinunddreißig
> hundert in Frankreich
> in der Türkei einundneunzig
> aber in Spanien schon tausend und drei

Der Typ der Registerarie, die Don Giovannis Liebesabenteuer aufzählt, stand Pate bei des Ozeanfliegers Ausrüstungskatalog und sei hier als eines der Beispiele erwähnt, wie sich die Gattung Oper gleichsam von selbst perpetuiert, notfalls auch gegen den Widerstand dessen, der sich anschickt, sie umzukrempeln. Das gilt für den Text wie für die Musik und ist nicht selten direkte Anspielung noch dort, wo keine Parodie beabsichtigt ist. Der zum Tode verurteilte Paul in *Mahagonny* singt:

Wenn der Himmel hell wird,
Dann beginnt ein verdammter Tag.
Aber jetzt ist der Himmel ja noch dunkel.
Nur die Nacht
Darf nicht aufhören
Nur der Tag
Darf nicht sein.

Über der Szene steht die Ziffer 17, aber in einer Aufführung wäre es der zweite Teil oder der zweite Akt, in dem seit Wagners *Tristan und Isolde* jeder, der gegen den Moralkodex verstoßen hat, sich vor dem kommenden Tag, dem »öden, letzten Tag«, fürchtet – lichtscheues Gesindel hier wie dort. Einem König die Frau wegnehmen oder drei Gläser Whisky nicht bezahlen können: das macht in der Scheinwelt der Musikbühne keinen großen Unterschied. Man kann es auch anders sagen: Donnerstag 19.30 Uhr: *Mahagonny*, Freitag, 17.30 Uhr: *Tristan und Isolde* – die Verträglichkeit verschiedener Illusionsebenen im gleichen Zeitraum ist die einzige Realität eines Opernspielplans. Auch das Publikum ist das gleiche, wenn auch nicht immer dasselbe.

Die in Brechts Werkausgaben abgedruckten Texte gerade der didaktischen und der für den Rundfunk geschriebenen Werke geben nicht immer wieder, was sich bei den Aufführungen im Studio oder auf der Bühne realiter zutrug. Erst die neue Werkausgabe schafft hier größere Klarheit, da sie die unterschiedlichen Versionen mehr oder weniger komplett enthält, womit sie allerdings einen Zustand erreicht hat, den Brecht lange Zeit nach besten Kräften zu verhindern suchte.

Nicht nur fortwährende Umarbeitungen, die nicht immer Verbesserungen darstellen, weisen darauf hin, dass Brecht ein Werk selten als abgeschlossen betrachtete. Manchmal nahmen die Korrekturen und Weiterführungen die Gestalt eines neuen Stückes an, wenn auch nicht im Sinne einer Fortsetzung nach dem Modell *Faust 1* und *Faust 2*. An den *Ozeanflug* schloss sich das *Badener Lehrstück vom Einverständnis* an. Darin verweigert eine Gruppe von Menschen vier abgestürzten Fliegern so lange ihre Hilfe, bis sie deren gesellschaftliches Verhalten geprüft haben. Einer, der Protagonist, mit Namen Charles Nungesser, Amtsinhaber, und, wie ihm vorgeworfen wird, »zu reich« und »zu eigentümlich«, besteht die Prüfung nicht. Die anderen erhalten Hilfe. Der Kapitalist muss sterben, die Monteure überleben. Der Text knüpft in einer Reihe von Wendungen wörtlich an den *Ozeanflug* an, der Chor dominiert, die Menge tritt kollektiv als Richter auf. Bis auf eine Kleinigkeit könnte man von dem ersten Stück sprechen, worin Brecht politisch konsequent argumentiert und urteilt. Wie am Ende des *Ozeanflugs* ist auch zu Beginn des *Badener Lehrstücks* davon die Rede, neben dem technisch Möglichen das *Unerreichbare* nicht zu vergessen. Dieser nach Transzendenz klingende Begriff wurde später in beiden Stücken wie folgt ersetzt:

> Gegen Ende des zweiten Jahrtausends unserer Zeitrechnung
> Erhob sich unsere
> Stählerne Einfalt
> Aufzeigend das Mögliche
> Ohne uns vergessen zu machen: das
> Noch nicht Erreichte.

Die Lehrstücke zeigen das vergebliche Streben nach dem noch nicht Erreichten. Der *Jasager*, 1930 im selben Jahr wie *Mahagonny* herausgekommen und wieder mit Musik von Kurt Weill, knüpft seinerseits an das *Badener Lehrstück* an, insofern gleich zu Beginn betont wird, welche Bedeutung der freiwilligen Ein- und Unterordnung zukommt:

> Wichtig zu lernen vor allem ist Einverständnis
> Viele sagen ja, und doch ist da kein Einverständnis
> Viele werden nicht gefragt, und viele
> Sind einverstanden mit Falschem. Darum:
> Wichtig zu lernen vor allem ist Einverständnis.

Einverstanden soll ein Junge *damit* sein, dass man ihn, der auf einer Reise über die Berge erkrankt ist, nach altem Brauch seinem Tod überlässt. Denn die Expedition muss weitergehen, das Heimatdorf braucht Medizin, viele sind krank dort. Man kann den Jungen nicht weiter mitnehmen, man kann ihn nicht zurücktragen, man muss ihn sich selbst überlassen. Aber der Brauch will: Er muss einverstanden sein, dass man ihn opfert, und er ist es. Auf seinen Wunsch stößt man ihn ins Tal hinab.

Brecht war bei der Premiere nicht anwesend. Als er später mit Berliner Schülern eine Neueinstudierung diskutierte, äußerten sie Zweifel an der vorgeschlagenen Lösung des Konflikts und machten ihm klar, dass er an den Wünschen des Publikums vorbeigeschrieben habe. Brecht fügte daraufhin das Pendant-Stück *Der Neinsager* hinzu, mit der Aufforderung, beide Stücke möglichst zusammen aufzuführen. Das schier unmögliche Kunststück, hier nicht in dialektischer Ambivalenz unterzugehen, bewerkstelligte Brecht mit einigen Retuschen im *Neinsager*, der anfangs, bis zur Entscheidung des kranken Jungen im Gebirge, parallel zum *Jasager* abläuft. Im zweiten Stück wurde der Zweck der Reise geringfügig verändert, denn gegen die Bedürfnisse eines nach Medizin lechzenden Dorfes könne ja nicht der Lebenswille eines Einzelnen gestellt werden. Im *Jasager* sagt der Lehrer zur Mutter des Knaben: »Jetzt will ich zu ihnen gehen und ihnen Lebewohl sagen, denn ich begebe mich in Kürze auf eine Reise in die Berge. Es ist nämlich eine Seuche bei uns ausgebrochen, und in der Stadt jenseits der Berge wohnen einige großen Ärzte.« Die entsprechende Passage ist im *Neinsager* verändert: »Ich komme, um Ihnen Lebewohl zu sagen, denn ich begebe mich in Kürze auf eine Forschungsreise in die Berge. Denn in der Stadt jenseits der Berge sind die großen Lehrer.« Im *Jasager* herrscht eine Seuche im Dorf, im *Neinsager* ist davon keine Rede, auch scheint die Mutter nicht unheilbar krank. So verändert Brecht durch Retuschen, die man auch als simple Tricks bezeichnen könnte, die Voraussetzungen des Stücks. Sie erlauben es im zweiten Stück dem Knaben, dem alten Brauch zu widersprechen und einen neuen einzuführen, nämlich den Brauch, »in jeder neuen Lage neu nachzudenken«. Sicher reizte Brecht das intellektuell Widersprüchliche des Doppelwerks, das man mit treffender Ironie den *Jeinsager* genannt hat, weil Ja und Nein nur dadurch deckungsgleich werden, dass die Prämissen modifiziert, um nicht zu sagen manipuliert worden sind. Vertont wurde übrigens nur der *Jasager*; vor der Aufgabe, ein weitgehend textidentisches Stück ein zweites Mal zu komponieren, kapitulierte sogar der wendige Weill. Brecht hat sich jedoch noch 1954 dahingehend geäußert, er stelle sich auch den *Neinsager* gesungen vor, ohne dass aber eine entsprechende Komposition zustande kam.

Was bei Brecht zu den Lehrstücken gehört und was nicht, lässt sich nicht immer genau abgrenzen. Sie waren nicht allein die Produkte einer vulgärmarxistischen Übergangsphase im Schaffen Brechts, auf die dann seit Ende der dreißiger Jahre seine ausgereiften Stücke folgten. Sie zeigen vielmehr ein durchgängiges und grundsätzliches Interesse an der didaktischen Form des Lehrstücks, das auch später nicht nachließ. Um 1930, als er noch ein Sowohl-als-auch-Autor war, der neben dem inhumanen *Jasager* den versöhnlichen *Neinsager*, neben dem kapitalismuskritischen *Mahagonny* ein Werbegedicht für eine Autofirma schrieb, das ihm einen zweiten Neuwagen einbrachte, nachdem er mit dem ersten verunglückt war – damals war Brecht ein Lernender, nicht mehr Bourgeois, aber noch nicht Marxist, höchstens einer, der das dialektische Soll im Eifer übererfüllte und sich dadurch in Widersprüche verstrickte. »Als ich ›Das Kapital‹ von Marx las, verstand ich meine Stücke«, schrieb Brecht 1928 in einer Arbeitsnotiz, nachdem er, wie er später eingestand, in eine Krise geraten war. Nun meinte er seine früheren Stücke mit Hilfe von Marx als seinem idealen Zuschauer erst richtig zu verstehen, ganz ähnlich wie Richard Wagner sich seine Werke aus der Zeit vor 1848/49 mit Hilfe Schopenhauers zu deuten suchte. Besser sollte man also statt von einer Zeit der Lehrstücke von einer Phase der Lernstücke sprechen, oder von Lehrstücken, in denen er selbst mehr Schüler als Lehrer war.

Das zeigte sich auch in seiner Arbeitsweise an dem Stück *Die Maßnahme*, das Ende 1930 in der Berliner Philharmonie zum ersten Mal aufgeführt wurde – bereits die dritte Brecht-Premiere jenes Jahres. Möglich war das nur durch die Beschäftigung von Mitarbeiterteams, die Brecht reihum aufsuchte, eine kleine Textfabrik, wie sie ein Jahrhundert zuvor in Paris Autoren wie Alexandre Dumas und Eugène Scribe betrieben hatten. Der *Jasager* benutzte Elisabeth Hauptmanns Bearbeitung eines japanischen Stücks, bei der *Maßnahme* tat sich Brecht mit dem Komponisten Hanns Eisler zusammen. Dieser kam ein halbes Jahr lang jeden Morgen um neun in Brechts Wohnung. Zum ersten Mal entstand ein regelrechtes Libretto, indem Eisler das von Brecht Geschriebene Zeile um Zeile mit ihm durchging, um es auf seine musikalische Brauchbarkeit zu prüfen. Man versucht sich vorzustellen, dass Mozart und Da Ponte ganz ähnlich verfuhren, als sie ihre drei Meisterwerke schufen, da sie in Wien nicht weit voneinander entfernt wohnten – aber wir haben leider keine Zeugnisse über die praktische Form ihrer Zusammenarbeit. Eisler dagegen hat überliefert, dass nicht nur die Vertonbarkeit des Textes analysiert wurde, sondern auch sein ideologischer Gehalt: »Es war eine echte Zusammenarbeit. Vor allem 1929, als der große Sprung kam von ›Dreigroschenoper‹ und ›Mahagonny‹ bis zur ›Maßnahme‹. Da funktionierte ich eigentlich mehr wie der Bote der Arbeiterbewegung. Ich war nur der Bote. Ich war doch keine Persönlichkeit, sondern der Bote, der dem Brecht doch etwas mehr Praktisches von der Arbeiterbewegung mitteilte, was auf ihn, ein sehr empfindsamer Mann – ich sage ›empfindsamer Mann‹: nämlich für Haltungen empfindsam –, einen gewissen Eindruck machte.« So Eisler in einem Rundfunkgespräch mit Hans Bunge Ende der sechziger Jahre. Das ist kein nachträgliches Selbstrühmen. Für eine Kulturkonferenz der Kommunistischen Partei entwarf Eisler 1930 einige Thesen, deren siebte ohne jeden weiteren Zusatz lautet: »Das Verhältnis von Wort zu Ton muß untersucht werden.«

Was Eisler seinem Textdichter Brecht als Bote mitbrachte, lässt sich, insoweit es seine Musikauffassung angeht, in den Rezensionen nachlesen, die der Komponist damals regelmäßig in der KPD-Zeitung *Die Rote Fahne* veröffentlichte. Eisler verband eine ungewöhnliche Kenntnis der traditionellen Musik, wie sie für einen Schüler Arnold Schönbergs selbstverständlich war, mit einer für seine Komponistenkollegen nicht üblichen Toleranz. Seine damaligen Kritiken leuchten nicht zuletzt wegen seiner Fähigkeit ein, komplexe musikalische Tatbestände in einfacher Sprache wiederzugeben. Eisler war zugleich um die Musik der Arbeiterbewegung besorgt, von der Brecht damals so gut wie nichts wusste. Die Arbeiterschaft, so meinte Eisler, habe keinen eigenen schöpferischen Beitrag zur musikalischen Entwicklung geleistet mit der einzigen Ausnahme des Tendenzliedes. Die Arbeiter zu verbilligten Kartenpreisen zwischen das bürgerliche Publikum von Sinfoniekonzerten zu setzen, hielt er für Unfug. Mit welchem Bekehrungseifer dieser dritte von Brechts wichtigen musikalischen Mitarbeitern – die beiden anderen waren Hindemith und Weill, der vierte, Paul Dessau, kam erst Ende der dreißiger Jahre hinzu – an seiner Aufgabe hing, zeigt seine Warnung vor den beiden Gefahren, denen die Arbeiterschaft bei der Begegnung mit Musik ausgesetzt sei. In einigen Punkten deckt sie sich mit Brechts späteren Überzeugungen.

Wir müssen bedenken, daß die Operette, der Schlager, das falsche Volkslied, das echte Volkslied einen großen Teil aller Gesellschaftsschichten erfassen und daß der Arbeiterschaft hier eine mindestens ebenso große Gefahr entsteht wie durch den Musiksnobismus. Während hingegen die Verwandlung der populären Musik in eine Tendenzkunst leicht fällt, ist es viel schwieriger, die durch große Opernaufführungen, große Sinfoniekonzerte verbildeten Arbeiterhörer wieder an eine neue Funktion der Musik zu gewöhnen. Die Pflege der klassischen Musik kann taktisch nur richtig sein, wenn sie ausschließlich zur Liquidierung der Unterhaltungsmusik benützt wird. Ihre Vorteile gegenüber der Unterhaltungsmusik sind ja klar: sie zwingen wenigstens den Arbeiterhörer zu einer gewissen Aufmerksamkeit, während die Unterhaltungsmusik ausschließlich an die Bequemlichkeit und an die Faulheit appelliert. Es ist wichtig, dieser Gefahr gegenüber den Hörer durch Vorspielen der großen bürgerlichen Musik zur Geduld, zur Ruhe zu zwingen. Dieser Vorteil kann aber sofort in die schwerste Schädigung der Arbeiterschaft umschlagen, wenn die Verhältnisse bereits den Widerstand der Tendenzmusikbewegung gegen die klassische Musik aufweisen. Hier wäre eine energische Polemik, eine energische Ablehnung der klassischen Musikwerke zu beginnen und höchstens die a-capella-Literatur der Vorklassiker als internes Übungsmaterial zuzulassen.

Sätze, die aus einer völlig anderen Epoche zu stammen scheinen. Überholt sind sie nicht nur durch technische Entwicklungen, die jede klassenspezifische Pädagogik zur Wirkungslosigkeit verurteilen; die Arbeiterklasse, auf die Eisler sich beruft, wurde unter Hitlers Herrschaft in wenigen Jahren unterworfen und gefügig gemacht oder ihres Klassenbewusstseins beraubt. Was nach dem Ende dieser Herrschaft davon übrigblieb, scheinbar siegreich in der DDR, versuchte im musikalischen Bereich an die Tradition der Weimarer Republik anzuknüpfen, ohne viel mehr als ein anachronistisches Abziehbild davon zustande zu bringen. Die Weimarer Tradition der proletarischen Tendenzmusikbewegung brach 1933 schroff ab zugunsten anderer Musik, sei es die vom Schlage des Horst-Wessel-Liedes, sei es die betäubender Unterhaltungsmusik. Es begann die Zeit der millionenfachen Jasager, die aber nicht nur sich, sondern auch die Neinsager dem Tod überantworteten mit Hilfe von Maßnahmen, die heute als die wahren Lehrstücke aus jener Zeit erscheinen, aller Brecht'schen Dialektik höhnisch überlegen.

Die Maßnahme, das Gemeinschaftswerk von Brecht und Eisler, führte zum ersten Mal »Agitatoren« ein, die im Stück auch so heißen, es kennt »Genossen« und einen »Kontrollchor«. Es transponiert die eher rührselige Geschichte von der Beschaffung von Medizin für eine kranke Dorfbevölkerung in die Szenerie des bewaffneten Klassenkampfs. Die vier Agitatoren aus Moskau treiben Propaganda in der mandschurischen Stadt Mukden, der jüngste von ihnen handelt jedoch nach seinem Gefühl, er will losschlagen, während die anderen das für unklug halten. Er gibt sich offen zu erkennen als der, der er ist, wodurch die anderen gefährdet sind, so dass sie beschließen, ihn im Interesse ihres Auftrags zu töten.

Das Jahr 1933 änderte neben vielem anderen auch die Arbeitsbedingungen Brechts. Die ständige Verbindung zu Eisler riss ab, als dieser in die USA emigrierte, wie auch die zu Kurt Weill, mit dem Brecht in Paris im Juni 1933 noch das Ballett *Die sieben Todsünden der Kleinbürger* verfasst hatte. Mit Hindemith hatte Brecht gebrochen, nachdem dieser am Textbuch der *Maßnahme* Anstoß genommen hatte und es als Mitorganisator eines Musikfestes sogar einem »Programmausschuß zur Zerstreuung politischer Bedenken« hatte vorlegen wollen. Brecht richtete sich nach seiner Emigration in Dänemark ein, reiste rastlos, nach Moskau, nach London, nach Paris. Jetzt, da es ernst wurde, zeigte sich, wie sehr er ein Mensch des – wenngleich höheren, geistigen – Spiels war. Für die Kommunisten in Spanien ging er auf die Bühne, nicht auf die Barrikaden, sicher in dem wohlfeilen Glauben, den kämpfenden Republikanern Spaniens auf diese Weise nützlicher sein zu können. Die Szenenanweisung zu Beginn des Bürgerkriegsstücks *Die Gewehre der Frau Carrar* kann man vor diesem persönlichen Hintergrund bezeichnend finden: »Ferner Kanonendonner.«

Gerade diese Selbstisolierung – zu einem Schriftstellerkongress im bedrohten Madrid sandte er damals einen Appell, die Kunst müsse nun zu den Waffen greifen – führte auf der anderen Seite dazu, dass Brecht, während die Spanienkämpfer Malraux, Hemingway und Orwell enttäuscht heimkehrten, eine Periode intensiver Produktion begann. Man sollte ihn nicht räsonieren hören, also sollte man Stücke von ihm erhalten. Nach der Übersiedlung in die USA 1941 begann neben einem steten Zusammensein mit Hanns Eisler auch die Kooperation mit Paul Dessau. Brecht hatte ihn 1927 in Baden-Baden flüchtig kennengelernt, aber erst in Kalifornien wurde eine enge Partnerschaft vereinbart. Sie konnte in Ermangelung amerikanischer Bühnen, die Opern von Brecht und Dessau zu spielen bereit waren, vorerst nur zu Liedkompositionen und dem Chorwerk *Deutsches Miserere* führen. Heute tragen zwei Opern die Verfassernamen von Dessau und Brecht. Die eine, *Puntila*, entstand erst nach Brechts Tod zu einem Libretto, das zwar Brechts Stück *Herr Puntila und sein Knecht Matti* als Grundlage hat, aber von Peter Palitzsch und Manfred Wekwerth entscheidend geformt wurde. Die andere, zunächst *Das Verhör des Lukullus*, später *Die Verurteilung des Lukullus* genannt, blieb ein Sorgenkind und war Brechts letztes Stück, das von Anfang an für die Musikbühne gedacht war, nicht bloß für die durch Musik ergänzte Wortbühne.

Auf diesem letztgenannten Feld war dem *Lukullus* ein Erfolg vorausgegangen, der sich zu dieser Oper verhielt wie zwei Jahrzehnte zuvor die *Dreigroschenoper* zu *Mahagonny*. Zwar war die *Mutter Courage* seit 1941 bekannt, aber im Krieg reisten Theaterneuigkeiten schlecht. In Wien, dann in Konstanz gespielt, kam das Stück erst 1949 in Ostberlin ins rechte Licht, nun nicht länger mit der Verlegenheitsmusik von Paul Burkhard, sondern in den Songpartien vertont von Paul Dessau. Fritz Kortner hat den Unterschied zur früheren Theorie Brechts, wie er sich in *Mutter Courage* ihm darbot, so beschrieben: »Der radikale Brecht ging zunächst zu radikal vor: sein Theater sollte völlig emotionsfrei werden. Anstelle des genießerischen Mitgefühls sollte der Genuß der Erkenntnis, des Lernens gesetzt werden. Brecht aber mußte einlenken, da er gegen das Naturrecht des Theaters verstoßen hatte. Der geglückteste Verrat an seiner einstigen Theorie war des gereiften Brecht Inszenierung von ›Mutter Courage‹.«

Kortner sagt nichts darüber, ob auch der Text die Theorie verriet oder hinter sich ließ. Elemente der Rückkehr zum dramatischen Theater, zu Shakespeares Historien, die Brecht inzwischen viel genauer kannte, sind jedenfalls unverkennbar. Dessau fand auch die zu vertonenden Liedtexte jetzt volksliedhafter. Er hat sich darüber 1952 in einer Analyse der Musik zu *Mutter Courage* geäußert, die, wie er schrieb, »in engster Zusammenarbeit mit Bertolt Brecht« entstand: »Sie besteht aus zehn Liedern, einigen Märschen, einem kurzen Vorspiel und einem Finale, das die drei verschiedenen Marschthemen zusammenfaßt, die im Stückablauf eine dramatische Rolle spielen. Das Hauptstück ist das Lied der Courage, dessen Melodie einer alten französischen Romanze entlehnt ist. Zu den anderen Texten versuchte ich Musikstücke zu erfinden, die, ausgehend vom Volkslied, das Volkslied erweitern, indem sie es durch rhythmische und harmonische Mannigfaltigkeit erweitern. – Es ist bereits ersichtlich, daß ich bei der Vertonung der Texte vom Wort ausging, das schon bei Brecht von hoher Musikalität ist. Hierdurch kommt für den Musiker, der dem Wort nicht die Alleinherrschaft belassen will, ein neues Problem hinzu.« Dessau notiert an dieser Stelle den Beginn des »Liedes vom Fraternisieren«, betont die Wichtigkeit der Aufhebung der schweren Taktteile und sieht den Refrain »Und nach der Maiandacht da kam die Maiennacht« als besonders volksliedhaft in seinem Sinne an: »Die Bildhaftigkeit und der Brecht'sche Gestus, der poetische sowohl als der politische Sinn, wurden nicht vernebelt durch die kleinen Fiorituren, melodischen Ausschmückungen, die dem Volkslied weniger eigen sind, dem Volksliedhaften aber Kunstcharakter zuwenden. Im Gegenteil, dieser Kunstgriff schaffte eher eine Vereinheitlichung.« Was Dessau zum Volkslied sagt und was Brecht da alles an Volksliedelementen eingeschmolzen hat, vom Regimentstrommeln aus den Wunderhorn-Liedern bis zum falschen Volkston der Operette, wäre dem strengen Eisler wahrscheinlich gegen seine Grundsätze gegangen. Aber die waren ja auch schon alt, um nicht zu sagen verjährt, aus den fernen Tagen vor dem Kriege.

In den Schauspielen, zu denen Brecht Musik wünschte, besaß diese eine andere Funktion als in den Werken, bei denen genuin musikalische Formen nahelagen wie etwa die Märsche der *Mutter Courage*. Es fällt auf, dass in den Stücken der späteren Zeit die Musiknummern oft quasi-dramatische Funktionen übernehmen, so wenn in *Herr Puntila und sein Knecht Matti* die Ballade vom Förster und der Gräfin (»Es lebt eine Gräfin in schwedischem Land«) eingelegt wird und nur in ganz lockere Beziehung zum Stück gebracht ist, indem der Gutsherr anschließend sagt: »Das geht auf mich. Solche Lieder schmerzen mich tief.« Ehe Dessau die ganze Opernmusik zu *Puntila* schrieb, gab es im Text außer dieser Ballade, einer dramatischen Form also, nur das sogenannte »Pflaumenlied«. Eine rechte Verwendung für Musik war nicht gegeben, aber ganz auf sie verzichten mochte Brecht auch wieder nicht. An seinem im Grunde zwiespältigen Verhältnis zur Musik, an seinen Zweifeln, ob die Zutat überhaupt sein müsse, wie stark sie ausfallen dürfe und wo die Grenze überschritten werde, jenseits derer sich der Textautor allzu stark der Musik ausliefere – an all dem änderte sich im Laufe seines Lebens, ungeachtet aller Schwankungen, im Prinzip nur wenig.

Brecht hat Songtexte manchmal mit einer Routine verfasst, die dicht an die Konfektionsware der Unterhaltungsbranche grenzt. Das geschah besonders dann, wenn er sich des Stücks, in das solche Einlagen Abwechslung bringen sollten, nicht ganz sicher war. Ein solches Stück war *Die Rundköpfe und die Spitzköpfe*, der erste Versuch Brechts, die Hitlerdiktatur auf die Bühne zu bringen, hervorgegangen aus seinem Bemühen, Shakespeares *Maß für Maß* neu zu bearbeiten. Daraus wurde über einige Zwischenstationen dieses oft umgearbeitete und selten aufgeführte Werk, das erste, das während der dänischen Exiljahre Brechts in Kopenhagen auf die Bühne gelangte. Es enthält das Lied der Nanna Callas, das die Leiden der Freudenmädchen, die man aus Brechts besseren Stücken weniger klischeehaft kennt, zum wiederholten Male herzählt, ohne Pfeffer und Witz, es musste halt dem Stück wieder eine Art Jenny beigemischt werden. Im Refrain sucht sie nach dem »Schnee vom vergangenen Jahr«, der, wie so manches in der *Dreigroschenoper*, eine Anleihe bei François Villon ist, und findet, man werde auch nicht jünger (»Schließlich bleibt man ja nicht immer siebzehn«), zumindest in dieser Hinsicht der Marschallin aus dem *Rosenkavalier* verwandt, einer Oper, die Hanns Eisler bereits 1928 für erledigt erklärt hatte.

Eisler hat zu einer Reihe weiterer Stück die von Brecht gewünschte Musik komponiert. Das ehrgeizigste Projekt der letzten Schaffenszeit des Dichters, insofern die Mitwirkung eines Komponisten vorgesehen war, blieb jedoch die erwähnte Oper *Das Verhör des Lukullus* mit Musik von Paul Dessau. Sie ging aus einem Hörspiel hervor, das 1939 entstanden war und Ausdruck der pazifistischen Gesinnungen Brechts sein sollte. Da wird über den römischen Feldherrn Lukullus Gericht gehalten im Reich der Toten, das er durch achtzigtausend Bewohner vermehrt hat, gestorben in seinen für Rom geführten Raubzügen. Die Gefallenen, ihre Angehörigen und die Armen der Stadt sagen gegen ihn aus. Am Ende der Hörspielfassung überlässt Brecht seinen Hörern das Urteil, das Gericht zieht sich zur Beratung zurück. Der schwedische Rundfunk sagte die schon arrangierte Sendung ab, Radio Beromünster sendete das Stück 1940.

Als Brecht und Dessau nach ihrer Rückkehr in Ostberlin beschlossen, aus diesem Stoff eine Oper zu machen, schien einem Erfolg nichts im Wege zu stehen. Brecht sah die sich zunehmend verschlechternde Weltlage als weniger relevant für seine Arbeit an als Dessau. Kalter Krieg und sowjetische Säuberungen in Osteuropa verschärften jedoch ab 1950 das künstlerische Klima auch in der soeben erst gegründeten DDR. Mit dem Schlagwort vom Formalismus wurde versucht, Wort, Bild und Ton auf die Nachahmung des sozialistischen Realismus sowjetischer Prägung festzulegen. Dessau wollte die Oper zurückziehen oder ihre Aufführung verschieben, aber Brecht hielt daran fest. Im Tagebuch notierte er: »Außerdem muß man die Kritik nie fürchten; man wird ihr begegnen oder sie verwerten, das ist alles.« Nur als geschlossene Vorstellung war die Premiere möglich. Das Stück enthielt noch keine der Hinzufügungen, die dann aus der Verurteilung des Krieges im Allgemeinen die Verdammung lediglich des Angriffskrieges machten, einen Verteidigungskrieg aber ausdrücklich zuließen. Nach dieser Akzentverschiebung wurde im Herbst 1951 auch die öffentliche Aufführung möglich, nur hieß die Oper nun *Die Verurteilung des Lukullus*. Dem Hörer und Zuschauer sollte nichts mehr an eigenem Urteil überlassen bleiben, Lukullus als imperialistischer Mörder hatte keine Chance vor einem Gericht, das – mit deutlicher Verbeugung vor der Sowjetunion – einen Schöffen sagen lässt:

> Ich schlage vor, daß wir
> Uns erheben vor diesem Zeugen
> Und zum Lobe derer
> Die ihre Städte verteidigten.
> (Regieanweisung: *Die Schöffen erheben sich.*)

Paul Dessau hat 1957 in einem Rückblick auf die *Lukullus*-Oper erklärt, dies sei eine echte Oper, sie habe Arien, Duette, Ensembles, Chöre und Zwischenmusiken und eine »wirklich dramatische Handlung«. Dies muss demnach auch Brechts Intention gewesen sein. So hatte der Kreis sich geschlossen, und die Oper als »unmögliche Kunstform« war am Ende doch zugelassen.

Nicht mehr gelesen hat Brecht, was Paul Dessau später über die Gespräche mit der Staats-und Parteiführung niederschrieb. Es erschien unter der Überschrift »Bei Wilhelm Pieck zu Gast« am 15. September 1960 im SED-Zentralorgan *Neues Deutschland* und verrät viel über den Umgang des Regimes mit den Künstlern und deren Umgang mit den Größen von Staat und Partei. In manchem wirkt es wie eine Satire, von Brecht aus dem Reich der Toten eingesandt, um auch dort die Langeweile zu vertreiben. Als Epilog und Satyrspiel soll es hier am Ende stehen:

Im Frühjahr 1951 hatte unser Staatspräsident, Genosse Wilhelm Pieck, Brecht und mich in seine Wohnung in Niederschönhausen eingeladen, um mit uns über unsere Oper »Das Verhör des Lukullus« zu sprechen. Unsere sehr junge Republik hatte damals mit vielen großen und kompliziertesten Problemen zu ringen. Dazu gehörten auch, natürlicherweise, Probleme der Kunst ... Daß unser Staatspräsident und unser Ministerpräsident, der Genosse Grotewohl, und andere führende Genossen mit uns wie mit alten Freunden drei Stunden lang über die Ziele und Wege des Kunstschaffens sprachen, blieb für uns beide ein unvergeßliches Erlebnis. Nicht nur, daß Genosse Pieck, ein hervorragender, aufmerksamer und höflicher Zuhörer war, er sorgte auch dafür, daß das Gespräch so geführt wurde, daß konkrete Resultate für unsere Arbeit herauskamen. Wenn das Gespräch hin und wieder scharf wurde, verstand er es, mit einer freundschaftlichen Geste die Wogen wieder zu glätten. Seine eigenen nützlichen Gedanken brachte er mit äußerster Bescheidenheit vor.

Das Unerhörteste aber ereignete sich für mich einige Wochen später, als auf einem großen Empfang, auf dem ein paar hundert Menschen waren, Wilhelm Pieck plötzlich auf mich zukam und fragte: »Sag mal, hast du ändern können?« Diese Frage aus dem Munde eines Staatspräsidenten, des Genossen Pieck, des Freundes der schönen Künste, ergriff mich tief und wird mir, solange ich lebe, nicht aus dem Kopf gehen.

Die Wahrheit des Singens
Wystan Hugh Auden, der letzte Operndichter

> Hör' ich Musik?
> Ach, halte Takt! Süße Musik wird bitter,
> Wenn ihre Zeit zerbricht und sie den Takt verliert!
> So auch in der Musik des Menschenlebens!
> Zwar habe ich die Feinheit meines Ohrs,
> Um Zeit an einem falschen Bogenstrich zu prüfen,
> Doch für die Harmonie von Staat und Zeit
> Hatt' ich kein Ohr, als meine wahre Zeit zerbrach.
> Die Zeit, die ich vertat, tut Gleiches jetzt an mir.
> *Richard II*, V. Akt, 5. Szene

Trotz vielfacher Beziehungen zu Deutschland und zu deutscher Literatur hat Wystan Hugh Auden bei uns nie eigentlich Fuß gefasst. Gottfried Benn gab nach dem Zweiten Weltkrieg einen Band mit seinen Gedichten heraus. 1935 hatte Auden Thomas Manns älteste Tochter Erika geheiratet, eine Formalie, um der Flüchtenden die englische Staatsbürgerschaft zu bieten. Er war längst ein Mitglied dessen, was er – in Anlehnung an die Komintern, die Kommunistische Internationale – gern die »Homintern« nannte, die Internationale der Homosexuellen, die sich damals freilich noch nicht so offen dazu bekennen konnte wie seit den sechziger Jahren des vorigen Jahrhunderts. Geboren 1907, war Auden zwar kein Wunderkind, aber eine jener exotischen Oxford-Blüten, wie sie das englische Erziehungssystem mit seiner seltsamen Pädagogik aus gezähmtem Darwinismus mit einem Einschlag von de Sade und Sacher-Masoch und intelligentem Tutorentum auch noch im 20. Jahrhundert vielfach hervorgebracht hat. Er schrieb früh Gedichte, spielte recht gut Klavier und erhielt den Schock seines Lebens, als er einmal seine Eltern mit vertauschter Kleidung zu einem Maskenfest gehen sah. Ein halbes Jahrhundert später, in Hans Werner Henzes Oper *Die Bassariden*, für die er das Textbuch schrieb, sieht der thebanische König Pentheus im Spiegel der Semele eine Scharade, in der seine Mutter Agaue in der Rolle der Aphrodite ihren Mann mit Adonis betrügt. Dann wird Pentheus, dem der dämonische Gott Dionysos geraten hat, Frauenkleider zu tragen, von den Mänaden im Rausch ihres Festes zerrissen. Es klingt wie von Sigmund Freud erfunden, aber der Wiener Seelenkenner ist einfach nur tiefer in den verwinkelten Keller der griechischen Mythologie hinabgestiegen.

Auden schrieb auch, zusammen mit seinem Freund Chester Kallman, das Libretto für Igor Strawinskys Oper *The Rake's Progress*, deren Titel man mehr schlecht als recht als »Das Leben eines Wüstlings« eingedeutscht hat. Es klingt nach einer musikalisch untermalten Biographie, aber es versteht sich von selbst, dass es dergleichen nicht geben kann. Auden hat einmal Goethe zitiert, einen fleißigen Verfasser von Operntexten, dem nur die adäquaten Komponisten fehlten. Oper, heißt es da, bestehe aus bedeutenden Situationen in künstlich arrangierter Abfolge. Genau das haben die Kupferstiche von William Hogarth hergegeben, aus denen Strawinsky mit Audens Hilfe eine Oper zu machen beschloss: Etappen und Stationen der Liebe und des Leidens. *The Rake's Progress* ist zudem ein literarisch-religiös aufgeladener Titel: *The Pilgrim's Progress* von John Bunyan war in England lange Zeit das einzige Buch, das ein frommer Mann neben der Bibel las, ehe Milton seinen Anspruch auf diesen Platz anmeldete und Shakespeare ihn schließlich einnahm.

Was für ein seltsamer Zufall, dass das erste Libretto, das Auden verfasste, ein Jahrzehnt vor *The Rake's Progress*, einen Paul Bunyan zum Titelhelden hat. Über die gemeinsame Arbeit an einigen Filmen war er mit Benjamin Britten in Kontakt gekommen. Für das britische Postministerium verfassten die beiden einen Streifen namens *Night Mail*, den sich Igor Strawinsky später in Kalifornien ansah, weil er nicht viel über Auden wusste, den ihm sein Freund Aldous Huxley als Textautor empfohlen hatte. In den USA, auf Long Island, lebten Auden, Britten und der Sänger Peter Pears bei Kriegsbeginn eine Weile zusammen. Später erinnerte sich Auden: »Damals war es, daß Britten seine erste Oper schrieb und ich mein erstes Libretto. Als Stoff diente die Legende vom amerikanischen Volkshelden Paul Bunyan. Leider, so muß ich sagen, kam dabei ein totaler Fehlschlag heraus, an dem ich allein die Schuld trug. Damals verstand ich nicht das Geringste von Opern und von dem, was für einen Librettisten wichtig ist. Infolgedessen ging allerlei sehr schöne Musik von Britten den Bach hinab, und ich muß mich dafür bei meinem alten Freund entschuldigen.«

In der Tat wusste Auden wenig über Opern, nämlich auch nicht, dass deren Komponisten es sich selten leisten, die Musik ganz wegzulegen, ohne wenigstens die besseren Partien für andere Werke auszuschlachten, wie es Mozart, Rossini oder Donizetti mit großer Virtuosität betrieben und wie es auch Britten tat. *Paul Bunyan*, die Sage vom überlebensgroßen Holzfäller in den nördlichen Wäldern der USA, wurde an der Columbia University von New York im Mai 1941 ein paar Male gegeben, dann erst wieder 1976 in England. Die Story ist nicht so schlecht, wie Auden sie im Alter machte. Es geht um die Entwicklung des amerikanischen Kontinents vom Naturzustand bis zur Gegenwart. Im Fernsehzeitalter wurde dieses Thema zum Gegenstand aller nur möglichen Seifenopern, und die Hollywood-Filme über die Pionierzeit sind bekanntlich Legion. Auden behandelte das Thema nicht einfach als blauäugige Heldenverehrung. Paul Bunyan tritt gar nicht auf und ist nur eine Offstage-Sprechrolle. Es wird auch nicht auf eine Liebesgeschichte gesetzt wie in Puccinis *Mädchen aus dem Goldenen Westen*, und von der Kaschemmen-Realität der Brecht/Weill-Oper *Mahagonny* ist ebenfalls nichts zu sehen. Die Holzfällerlager von *Paul Bunyan* liegen im Vorkapitalismus, ja vor der Entfremdung des Menschen durch die Frage nach Geld und Besitz. Das heißt nicht zeitlose Weltferne; man schreibt durchaus bereits das Jahr 1941, wenn einer der Lumberjacks singt:

> O long ago in Germany when sitting at my ease,
> There came a knocking at the door and it was the police.
> I tiptoed down the backstairs, and a voice to me did say
> »There's freedom in the forests out in North America«.

Emigration in die USA auf der Flucht vor der deutschen Polizei, das hatte es in Brechts *Mahagonny* noch nicht gegeben, aber in *Furcht und Elend des Dritten Reiches* hätte es das schon geben können. Auden nennt *Paul Bunyan* übrigens eine Operette, und sie ist mit denjenigen Elementen, die die spätere Folk-Begeisterung vorwegnehmen, auch heute interessant geblieben. Eine naive Komik der Sprache – etwa im Reim von »to me did say« auf »in North America« – ist gut durchgehalten. Der Buchhalter der Holzfäller heißt Inkslinger, der Tintenwerfer, es war die erste Opernrolle, die Britten für Peter Pears schrieb. Dieser Inkslinger würde lieber, wie er sagt, an den Ufern der Seine leben, den Heiligen Sebastian malen, die Tempel von Kreta ausgraben oder eine D-Dur-Sonate komponieren, aber: »*I guess that a guy gotta eat*«, man muss schließlich leben. Im ersten Balladen-Zwischenspiel beschreibt der Erzähler Paul Bunyans Herkunft, die 346 Pfund, die er wöchentlich an Gewicht zunimmt, und seine Körpergröße, so hoch wie das Empire State Building. 3,7 Meilen habe er mit einem Schritt zurückgelegt, und sobald er ein neues Jakkett bestellte, sei in ganz Neuengland die Arbeitslosigkeit sofort zu Ende gewesen.

> One night he dreamt he was to be
> The greatest logger in history.
> He woke to feel something stroking his brow,
> And found it was the tongue of an enormous cow ...

Um die reine Männerwelt dieser Oper ein wenig zu beleben, führte Auden außer Bunyans winziger Tochter Tiny ein Tierensemble ein, Fido, Moppet und Poppet. Fido, wohl der einzige Koloraturhund der Operngeschichte, betreibt mit seinen beiden Mezzokatzen die Rolle nützlicher Geselligkeit unter den einsamen Holzfällern.

Ungeachtet des frivolen Anstrichs vieler seiner Äußerungen, war Auden ein sehr bewusster, man darf für seine späteren Jahre auch sagen: verantwortungsbewusster Künstler. Er hat es der Familie Strawinsky nie verziehen, dass sie von ihrem Wahlrecht keinen Gebrauch machte. In einem Vortrag im Rahmen der T.S. Eliot-Lectures hat er 1967 die Entstehungsgeschichte seiner Libretti für Strawinsky und Henze referiert, und er hat dabei versucht, sich über die Tätigkeit des Textautors auch theoretisch klar zu werden. Im Fall von *The Rake's Progress*, heißt es in jenem Vortrag, habe der Komponist den Anstoß gegeben. Strawinsky hatte sich die Stiche des gleichnamigen Zyklus von William Hogarth angesehen. Ihm war aufgefallen, dass der Maler in die Darstellung der Irrenhausszene einen blinden Bettler aufgenommen hatte, der auf einer Violine spielt, die nur noch eine Saite hat. Das beflügelte seine Phantasie, und über Huxley wandte er sich an Auden, der sich natürlich geehrt fühlte. Er nahm den Auftrag an, verschwieg aber vorsichtshalber zunächst seine Absicht, den befreundeten Chester Kallman, einen großen Opernkenner, an der Arbeit zu beteiligen. Strawinsky war ein toleranter Weltbürger, aber mit der Homintern hatte er so wenig im Sinn wie mit der Komintern und allem, was sonst nach Verschwörung gegen die Bürgerwelt aussah, ganz zu schweigen von Madame Strawinskys Ansichten. Auden berichtete später: »Strawinsky wollte eine Oper nach Art Mozarts schreiben mit Nummern, begleiteten Rezitativen und Secco-Rezitativen und einem Orchester von mozartisch begrenztem Umfang. Das war uns lieb, denn für Anfänger ist es handwerklich leichter, unter solchen Voraussetzungen ein Libretto zu schreiben, als wenn es um ein Musikdrama Wagnerschen Typus geht. Von der Stoffwahl waren wir weniger begeistert. Hogarth ist in seinen Bildern an der Person des Rake kaum interessiert. Was er wollte, war eine Serie von Stichen, mit denen verschiedene Seiten des Londoner Lebens im 18. Jahrhundert angeprangert werden sollten. Die einzige Rolle des Rake besteht darin, dem Zyklus eine gewisse Einheit zu verleihen, indem er auf allen Stichen zu sehen ist.«

Der Wüstling war Auden zu passiv, und passive Menschen, sagte er einmal, haben keinen Anlass zu singen. Also wurde die Geschichte auf ihr Gerüst reduziert: Ein junger Mann erbt, wird korrumpiert und geht zugrunde. Nur das Bordell und das Irrenhaus blieben als Schauplätze, die es auch schon bei Hogarth gibt. Die übrigen Erlebnisse des Helden waren hinzuzuerfinden: »Wenn es irgendeine mythische Resonanz auslösen sollte, mußte er eine Verkörperung des Jedermann sein, das Libretto also eine Mixtur aus Märchen und mittelalterlichem Moralitätenspiel, auch wenn Bühnenbild, Kostüme und Sprachdiktion dem 18. Jahrhundert entnommen werden konnten.«

In diesem Punkte kann man bei Auden gleichsam »The Librettist's Progress« verfolgen, denn später, bei den *Bassariden* für Henze, fühlte er keinen solchen Zwang zur Einheitlichkeit mehr in Bezug auf die Realisation eines Stoffes. Aber Strawinsky war nicht auf ein Experiment eingestellt. Für ihn bedeutete es bereits eine große Abweichung von seinem bisherigen Werk, dass er sich plötzlich, Ende sechzig, an der Arbeit zu einer abendfüllenden Oper sah. Seltsamerweise hatte dieser Meister aller Sparten des Musiktheaters bis dahin nur Stücke von sehr beschränktem Umfang geschrieben, die überdies kaum als Opern zu bezeichnen waren, sondern eher Zwischenformen darstellten. Der Horror vor Wagner wirkte noch immer nach, den er in die Worte gefasst hatte: »Das Drama Wagners leidet an chronischer Aufgedunsenheit. Seine brillanten Improvisationen blähen die Symphonie unmäßig auf und führen ihr weniger Kraft zu als die zugleich bescheidene und aristokratische Erfindung, die aus jeder Seite Verdis strahlt.« Aber Mozart und Verdi waren in den Augen Strawinskys ohnehin unerreichbar. So ließ er sich denn, um wenigstens von einem äußerlich überschaubaren Gerüst ausgehen zu können, von Auden drei Akte mit je drei Szenen schreiben, in denen sich Standardfiguren bewegen: der Verführte und der Verführer, ein Engel von Mädchen dazu, ein geiferndes Weib, ein besorgter Vater. Sie haben alle vertraute Namen in der Operngeschichte, heißen Faust, Mephisto, Gretchen, Marthe Schwerdtlein, sie sind *la serva padrona*, so wie sie wohl gleich nach der Hochzeit sein wird, oder Germont in *La Traviata*. Strawinsky hat oftmals erwähnt, dass Mozarts *Così fan tutte* seine Hauptinspiration bei der Arbeit am *Rake* gewesen sei. Damit sind nicht musikalische Anlehnungen nach Art des Pasticcio gemeint, sondern das gilt dem inneren Bau einer Oper, der Akzentverlagerung, den Kontrasten und Steigerungen, den Rhythmus- und Tonartbeziehungen und so fort.

Erst im fortgeschrittenen Stadium der Arbeit führte Auden seinen jungen, blonden Landsmann Chester Kallman ein, dessen stupende Musikkenntnisse jedoch den Komponisten entzückten und sogar Madame Strawinsky überzeugten. Die beiden Textautoren lieferten ein Buch, das ihnen unter der Hand viel lebendiger geraten war, als sie es eigentlich beabsichtigt hatten. Statt relativ artifizieller Momentaufnahmen, die dem sogenannten neoklassizistischen Stil Strawinskys sicher entsprechen würden, hatten sie am Ende doch Andeutungen eines durchgehenden Geschehens und – in Tom Rakewell und Anne Trulove – auch zwei Figuren mit einem Minimum an Affekten geschaffen. Mit der letzteren waren sie selbst freilich unzufrieden, Engel spielten in Audens mythologischer Welt keine große Rolle. Aber in seinem Vortrag von 1967 räumte er ein, Strawinsky habe gerade für diese Rolle sehr schöne Musik geschrieben. Das verwundert nicht. Auden interessierte sich nicht für theologische Probleme, der Komponist dagegen war, entgegen seinem bilderstürmerischen Image, ein religiöser Mensch. Da Komponist und Textdichter sich zeitweise an den entgegengesetzten Enden der USA befanden, sind Briefe erhalten, aus denen das Eingehen des Textdichters auf die Wünsche des Komponisten ersichtlich wird. Die Hauptarbeit fand jedoch in einer Serie berühmt gewordener Sitzungen statt, die von Vera Strawinsky und dem damals gerade zum Adlatus ihres Mannes avancierten Dirigenten Robert Craft beschrieben worden sind. Zehn Jahre später erinnerte sich Strawinsky selbst: »Anfangs folgten wir Hogarth sehr eng, bis unsere Story eine andere Bedeutung annahm. Die Bordellmutter und die Türken-Baba waren natürlich Audens Idee, aber die Handlung und ihren Ablauf arbeiteten wir zusammen aus, Schritt für Schritt. Wir koordinierten den Gang der Handlung auch mit einem vorläufigen Plan für die musikalischen Nummern, Ensembles, Chöre. Auden sagte dauernd: ›Ah ja, einen Augenblick ... äh ... ja, äh ...‹, und ich murmelte dasselbe auf Russisch, und nach zehn Tagen hatten wir eine Skizze beisammen, die vom veröffentlichten Libretto nicht sehr abweicht.«

Die Skizze ist publiziert worden, und man kann das präzise Vorausdenken der beiden genau nachvollziehen. Auden und Kallman lieferten Strawinsky sodann einen Text, den der Musikkritiker William Mann einmal als »statuarisch« bezeichnet hat. Er wird wohl weitgehend unübersetzbar bleiben, wie das folgende Beispiel zeigt. Nick Shadow, der Verführer, überzeugt Tom Rakewell davon, den Triumph seines freien Willens am besten dadurch zu feiern, dass er das Monster aller Frauen, die Türken-Baba mit dem dicken schwarzen Bart, heiratet.

> Come, master prepare
> Your fate to dare.
> Perfumed, well-dressed
> And looking your best,
> A bachelor of fashion,
> Eyes hinting passion,
> Your carriage young
> And upon your tongue
> The gallant speeches
> That Cupido teaches.
> With Shadow to guide,
> Come seek your bride.
> Be up and doing,
> Attend to your wooing,
> On Baba the Turk
> Your charms to work,
> What deed could be as great
> As with this gorgon to mate?
> All the world shall admire
> Tom Rakewell Esquire.

Das ist eine Verführung in den konventionellsten Formen, die sich denken lassen. Nichts von der gleisnerischen Sprache, in der sich ein psychologisierendes Musikdrama des 19. Jahrhunderts eine solche Überredung zur Preisgabe der gewohnten bürgerlichen Heiratsideale allein hätte denken können. Der Komponist hat dazu natürlich auch keine Musik im Stil von Saint-Saëns' *Samson und Dalila* geschrieben. Es sind vielmehr klassische Opernnummern: Arien, Duette und Ensembles, in ihrer Abwandlung durch die reflektierende, nicht imitierende und erst recht nicht parodierende Arbeitsweise Audens und Strawinskys. Wenn Nick Shadow seinem Schützling die Nachricht vom neuen Reichtum überbringt, steht »Rezitativ und Quartett« über diesem fast höfisch eingeleiteten Stück Exposition aus der ersten Szene des ersten Aktes. Man hört förmlich die Kratzfüße und Verbeugungen.

Was das Instrumentarium angeht, handelt es sich exakt um das Orchester für Mozarts *Figaro*, nur dass die zweite Flöte auch Piccolo spielt und die zweite Oboe einige Male Englischhorn. Die Türken-Baba, die exotischste Figur im Spiel, hat von Auden auch die seltsamste Musiknummer zugedacht erhalten, die je eine Heroine gesungen haben mag, eine Art von

»*aria interrotta*«. Ihr wird mitten in der Fulminanz des zänkischen Ausbruchs buchstäblich der Mund gestopft, denn ihr Mann stülpt ihr seine Perücke über und sie verstummt, nicht auf immer. Im dritten Akt vielmehr, während der Versteigerung des Hausstands, setzt sie, als der Versteigerer ihr, die versteinert dasitzt, die Perücke abnimmt, ihre Rage fort, so wie sie sie unterbrochen hatte. Es handelt sich bei ihrem Ausbruch im zweiten Akt, sollte man es in den Kategorien der Barockoper ausdrücken, um eine typische Abgangsarie, nur ohne Abgang von der Bühne.

Strawinsky hat später erfahren, wer von seinen beiden Librettisten welche Teile von *The Rake's Progress* getextet hat und das auch öffentlich gemacht. Die Proportionen könnten interessieren, die Details sicher nicht. Der letzte unter den großen Librettisten lieferte zugleich ein Beispiel für jene Textautorengemeinschaften, die im 19. Jahrhundert und bis in Puccinis Tage florierten. Strawinsky akzeptierte die Fakten, so wie sie lagen, bis hin zu Audens Bitte, er und Kallman möchten bei den Proben zur Premiere der Oper in Venedig dabei sein. Das Teatro La Fenice war der ominöse Ort, wo sich Felice Romani und Vincenzo Bellini einhundertzwanzig Jahre zuvor zerstritten hatten, wie Auden und Strawinsky nur zu gut wussten. In der letzten Szene der Oper, im Duett Tom – Anne, sagt sie zu ihm, *dolcissimo*, »Adonis«, er erkennt in ihr seine Venus. Sie hätte auch »Tristan« oder »Odysseus«, er hätte »Brünnhilde« oder »Penelope« sagen können. Der Mythos von der Heimkehr aus den Bereichen der Irrfahrt ist vielschichtig, Auden hat nicht versäumt, ihn hier in die Moritat einzubeziehen. Strawinsky hat seinen Librettisten anlässlich der Uraufführung in höchsten Tönen gerühmt und neben Da Ponte gestellt: »Er ist ein Dichter in des Wortes ursprünglichster Bedeutung, das heißt in dem antiken Sinn der Griechen – Poesie, das heißt to make, das konkrete ›Machen‹, eher als das unbestimmte ›Tun‹ des to do, heißt Schaffen in der vollen, absoluten Herrschaft der Technik über die Materie. Seine Versifizierung bewährt sich in jeder Hinsicht, so wie bei einer guten Fuge.«

Nach dem Erfolg von *The Rake's Progress*, der Auden und Kallman als Librettisten etablierte, dauerte es fast zehn Jahre, ehe sie mit einem weiteren Text hervortraten. Das Libretto zu Nicolas Nabokovs *Love's Labour's Lost* nach Shakespeare sei beiseitegelassen, da diese Oper sang- und klanglos unterging. Sonst folgte auf die Zusammenarbeit mit Strawinsky nur noch die mit Henze. Der Komponist des *Rake* wandte sich nicht etwa von Auden ab, er wandte sich vielmehr anderen Bereichen der Musik zu, zum Beispiel der seriellen Technik, in der für die Bühne zu schreiben der über siebzigjährige Strawinsky aber nicht mehr unternahm. Auden hatte ihm mit dem Libretto zu *The Rake's Progress* zu einem krönenden Abschluss verholfen, auf den eine Wende folgte – fast ebenso, wie Henze nach den *Bassariden*, seiner zweiten Oper auf einen Auden-Kallman'schen Text, eine neue Schaffensphase begann, nur dass sie in seinem Fall vom Serialismus zu einem neuen Realismus mit politischen Intentionen führte. Zweimal Geburtshelfer gewesen zu sein, zweimal ein künstlerisches Stirb und Werde beeinflusst zu haben, hat Auden mit nicht geringem Stolz erfüllt.

Das erste Projekt, das ihn und Kallman mit Henze zusammenbrachte, war, was man im *fin de siècle* ein Künstlerdrama genannt hätte – für Hofmannsthal, dem Richard Strauss ein solches Sujet antrug, ein »odioses Stoffgebiet«. Die *Elegie für junge Liebende* ist jedoch etwas ganz anderes. Sie rückt den Künstler in ein Zwielicht, in dem er sich in Werken wie *Palestrina* von Pfitzner oder *Mathis der Maler* von Hindemith noch nicht befunden hatte. Dort lautete die Frage: Gibt der Künstler sich selbst preis oder sein Werk? In der *Elegie* wird eine neue Antwort gefunden: Der Künstler gibt die anderen preis, die Menschen seiner Umgebung. Der Künstler als Vampir, oder, um an Heinrich Marschners Oper zu denken, der Vampir als Künstler – das schlug härtere Akzente an und war neu in der großen Selbstbespiegelung, die die Kunst seit der Renaissance mit sich zu treiben pflegt. Wie im Fall von *The Rake's Progress* war auch bei der *Elegie* eine Oper und kein von ihr abweichendes Experiment beabsichtigt, doch anders als beim *Rake* war keine Handlung vorgegeben. Auden und Kallman stellten sie vielmehr synthetisch her, ausgehend von Henzes Wunsch nach einer chorlosen Kammeroper mit nicht sehr vielen Gesangspartien und einem kleinen, differenzierten Orchester nach dem *Così fan tutte*-Modell. Er wünsche sich, ließ er die Librettisten wissen, »allgemein mit Schuld und Sühne, das heißt also mit subtilen und komplexen Dingen zu tun haben muß«, getaucht in eine Atmosphäre, »die zarte schöne Klänge erfordert«.

Sowohl der Komponist als auch die beiden Textautoren haben sich ausführlich über die Zusammenarbeit geäußert, und Henze hat die Arbeitsweise des Textdichtergespanns in seinen Erinnerungen genau beschrieben: »Die beiden hatten beim Librettodichten einen egalitären intellektuellen Diskurs miteinander, der den ganzen Arbeitstag anhielt und sich von Zeit zu Zeit in Wörtern und Sätzen niederschlug. Es war sehr interessant, dabeizusein und zuzuhören. Chester Kallman (aus Brooklyn, New York, wie man deutlich hören konnte) hatte polnische Vorfahren und war ein sonderbarer junger Mensch, ein sensibler, scharfzüngiger Dichter mit bellender Baßstimme und schlechter Körperhaltung, der unter der beherrschenden

Rolle Audens und dessen gewaltiger, löwenhafter Persönlichkeit schwer zu leiden hatte, sie wohl andererseits aber auch nicht missen wollte.« Die beiden verband mit Henze die gemeinsame Liebe für die italienische Oper des 19. Jahrhunderts. Henze ging so weit zu behaupten, dass im Libretto der *Elegie für junge Liebende* Versmaße von Felice Romani nachgeahmt worden seien, natürlich mit Absicht. Die Visionen der Hilda Mack habe Auden »den Stanzen der Wahnsinnsszene aus *Lucia di Lammermoor*« nachgebildet. Diese Visionen, die der Dichter Gregor Mittenhofer als Inspiration benutzt, sind nur eines der verschiedenen Mittel, mit denen er seine Umgebung um seiner Dichtkunst willen vampirartig ausbeutet. Sie betreffen nicht nur das Sterben des Mannes von Hilda Mack vor vierzig Jahren, sondern sagen auch den unmittelbar bevorstehenden Tod des Liebespaares voraus. Sie handeln von Vergangenheit und Gegenwart, damit auf das Mythische hinweisend, das Auden als die tragfähigste Struktur jeder guten Oper ansah. Am Ende einer seiner Visionen sagt Mittenhofer zu Hilda Mack: »Deut der Zeichen Sinn für mich«. Das klingt nicht nur wie Wagner, es ist auch so gemeint, denn in dieser Visionsszene sind Mittenhofer und Hilda Mack natürlich auch Wotan und Erda. Der Göttervater opfert ja seinem Werk, dem Bau von Walhall, rücksichtslos selbst diejenigen, die er liebt.

> Ah!
> Schnee fällt aufs Blütenmeer,
> Felder und Wald
> Deckt er schon bald.
> Was wird begraben
> Unter dem Schnee?
>
> Wird, was da kommen soll,
> Arges erfahren?
> Kalt hängt der Himmel.
> Schneefall wird lehren
> Erdkaltes Weh.
>
> Und den Unsterblichen
> Hoch auf dem weißen Altar,
> Bringt das sterbliche Herz sich,
> Nicht böse noch schlicht,
> Wie ein Opferlamm dar.

> Stirbt so im Opferrauch
> Zwiefältig die Liebe?
> Ist das Gerechtigkeit?
> Ach, sind denn die alten
> Götter noch wahr?

Es muss zu diesen Versen gesagt werden, dass sie so nicht wirklich von Auden und Kallman stammen, sondern der deutschen Fassung ihres englischen Textes entnommen sind. Das Deutsch Audens war nie fehlerfrei, vor allem nicht mehr zur Zeit der Zusammenarbeit mit Henze. Fünfzehn, zwanzig Jahre zuvor, während Audens Ehe mit Erika Mann und im Umgang mit dem polyglotten Emigrantenkreis von Hollywood, sogar noch zur Zeit der engen Bekanntschaft mit Strawinsky, hätte er sich gewiss an der Übersetzung der *Elegy for Young Lovers* ins Deutsche beteiligt. Jetzt machten sich fast so viele Übersetzer an die Arbeit, wie sechzig Jahre zuvor Textdichter an Puccinis *Manon Lescaut*-Libretto beteiligt waren, nämlich nicht weniger als vier: der Hauptübersetzer Ludwig Landgraf (unter liebenswürdiger Beteiligung von Hans Magnus Enzensberger), der Bühnenbildner Werner Schachteli und der Komponist. Das Ergebnis fiel dennoch herzlich schlecht aus. Natürlich stand für Henze die Sangbarkeit der Verse über einer Texttreue, die nur typisches Operndeutsch zuwege gebracht hätte. Wie weit aber die Abweichungen vom Original gehen, mögen folgende Zeilen aus der Vision der Hilda Mack zeigen:

> Never forget the
> Old gods are dead.

Daraus wird in der deutschen Version:

> Ach, sind denn die alten
> Götter noch wahr?

Würde Nietzsches »Gott ist tot« in einer englischen Ausgabe mit »*Is God still true?*« übersetzt, die Kritik würde die Hände über dem Kopf zusammen schlagen. Das einleitende »Ach« erfordert überdies eine Veränderung der Notenwerte. In einem Werk, das von Künstlerwillkür handelt, scheint dergleichen offenbar besonders angebracht. Auf der Opernbühne nahm sogar der Komponist keinen Anstoß daran, dass der Sinn entscheidend verändert wurde, er war sogar selbst daran beteiligt, auch wenn er in seinen

Erinnerungen einräumte: »Wieviel einfacher wäre es doch gewesen, wenn wir die Oper in der Originalsprache gegeben hätten!« Das Textbuch spricht konsequenterweise von einer »deutschen Fassung«, nicht von Übertragung oder Übersetzung. Im Grunde ist eine andere Version entstanden. Auden und Kallman kannten das Problem der Umwandlung eines Librettos aus dem Original in eine andere Sprache sehr genau. Von ihnen stammen einige vorzügliche Übertragungen Mozart'scher Opern ins Englische, bei denen sie ebenfalls von der Unübersetzbarkeit im wörtlichen Sinn ausgingen. Während aber in diesen Texten einige ingeniöse Lösungen gefunden wurden, um Da Pontes Wortwitz in Auden'sche Sprachkunststücke umzuwandeln, sind die Versuche, der *Elegy for Young Lovers* auf solche Weise beizukommen, meist preziös ausgefallen und selten treffend. Um ein weiteres Beispiel zu geben: Als Mittenhofer Kritiken liest, in denen seine Lyrik mit der von George, Rilke und Hofmannsthal verglichen wird – die Oper spielt kurz vor dem Ersten Weltkrieg –, schimpft er verächtlich auf die Dichterkollegen. Dabei hat Auden, ein Hofmannsthal-Verehrer wie Kallman und Henze (sie haben dem Autor des *Rosenkavalier* ihre Oper gewidmet), gerade für *diesen* Rivalen Mittenhofers ein respektloses Aperçu gefunden:

> Hofmannsthal, the one and only
> Well-bred, wordly-wise Duenna
> To show jeunes filles round Old Vienna.

Das leicht Altjüngferliche, die Reizbarkeit, der Trend zum Lehrhaften sind genau eingefangen in dieser Charakterisierung Hofmannsthals, der da als Anstandsdame jungen Mädchen das alte Wien zeigt, gemeint ist: in seiner Dichtung. Auden liebte solche Umsetzungen. Er entzückte einmal Strawinsky durch die Beschreibung des ersten Bildes im zweiten Akt der *Walküre* als »viktorianische Frühstücksszene«: Wotan klopft mürrisch auf sein Morgen-Ei, den Blick in die *Times* gerichtet, Fricka klappert mit den Teetassen. Auch die bereits früher zitierte Kennzeichnung von Debussys *Pelléas und Mélisande* als »Unterwasser-Oper« zeigt diese Fähigkeit Audens zum plastischen Vergleich. Was aber macht die deutsche Fassung aus jenen drei Versen, in denen – neben den französischen »*jeunes filles*« – sich das korrekte Spanisch auf das Weltläufig-Habsburgische reimt, Duenna auf Vienna?

> Hofmannsthal, der so manierlich
> Ganz Wienerisch erzog'ne Weise
> Aus der Phäaken heit'rem Kreise ...

Mit einem Schuss Bildungsgut und zwei durch schlechte Apostrophe eingesparte Silben wird da noch nicht einmal der Sinn wiedergegeben, sondern an die Stelle des griffigen Bildes von der Gouvernante mit ihren Wiener Schülerinnen tritt ein Weiser, aus Griechenland nach Österreich versetzt. So kann die Kehrseite des Versuchs aussehen, die alten Übersetzungsfallen von Opernlibretti zu vermeiden. Hinzu kommt, dass aufgrund der besonderen Prägnanz der englischen Sprache, die sich äußerlich in Silbenknappheit zeigt, Eindeutschungen aus ihr keineswegs leichter sind als etwa aus dem Italienischen oder Französischen.

Auden war ein glänzender Librettist auch über die Kunst der Formung von prägnanten Textzeilen hinaus. *Elegie für junge Liebende* – schon der deutsche Titel irritiert leicht, man schreibt schließlich Elegien *auf*, nicht *für* jemand, schon gar nicht für Tote – ist eine Oper, die eine Synthese versucht zwischen dramatischer Szene und musikalischer Nummer. Beide fallen hier so oft wie nur möglich zusammen. Henze hat diese Konstruktionskunst Audens auch in der Großform der Oper, der Verteilung der Handlung auf die Akte, gelobt:

> Während ich bei der Komposition des Werks die geschickte Bauweise des Librettos (das fast alle Informationen in den ersten Akt steckt, um den zweiten ungestört in Ensembles aufgehen lassen zu können und den Katastrophen, die sich darin zusammenbrauen, erst im dritten ihren Lauf zu lassen) begrüßte, da sie meiner Musik anregend entgegenkam, ist von anderer, wenn auch weniger zuständiger Seite die intelligente Konstruktion des Buches als etwas künstlerisch Verdächtiges angesehen und als sinister empfunden worden. Als ob nicht jedes anständige Libretto sein gut Teil Konstruktion in sich trüge, ja als ob es nicht zum Wesen der Oper gehörte, daß sich in ihr Unwahrscheinliches zum Wahrscheinlichen, Fiktion zu höherer Wahrheit, Künstlichkeit zur Natur wandeln. Die Oper ist eine artifizielle Form, so gut wie ein Streichquartett oder eine Klaviersonate, und die Bühne ist das geöffnete Auge der Partitur.

Vom Artifiziellen zum Grausamen ist nur ein Schritt, und die tiefe Inhumanität, die in der Hervorbringung künstlerischer Werke stecken kann, wird von Auden und Henze in der *Elegie* konsequent dargestellt. Der Dichter Mittenhofer verhindert die Rettung zweier junger Menschen, dies sind der Sohn seines Freundes und seine bisherige Geliebte. Er handelt an Toni und Elisabeth wie Amneris an Radames und Aida. Und so wie die rachsüchtige ägyptische Prinzessin am Ende bestraft wird, findet auch

Mittenhofers Verurteilung auf offener Bühne statt. Wir werden Zeuge der Feier zu seinem sechzigsten Geburtstag, er liest die fertiggestellte Elegie, Produkt der Ausbeutung seiner Mitmenschen. Aber dem Dichter Mittenhofer wird das Wort verweigert. Man sieht ihn rezitieren, aber man versteht die Verse nicht. Im Hintergrund dagegen ertönen die Stimmen der von ihm Ausgenutzten und in den Tod Geschickten. Komponist und Librettisten sorgen in Form dieses Epilogs dafür, dass niemand sich ein *Don Giovanni-* oder gar *Falstaff*-Ende denken mag, wenn er das Opernhaus verlässt. Hier ist nicht alle Welt Spiel, hier ist es nicht damit getan, dass eine Elvira ins Kloster oder ein Leporello in die nächste Kneipe geht, Audens *Elegie* steht der *Verurteilung des Lukullus* von Brecht und Dessau sehr viel näher als Strawinskys *Leben eines Wüstlings*.

Man weiß heute ziemlich genau, dass mit dem Künstler, der für Mittenhofer Modell stand, nicht George oder Hauptmann oder ein anderer der deutschen Goethe-Imitatoren gemeint war, sondern ein Dichter aus Audens eigenem Kulturkreis. Im Nachwort zur *Elegie* schreiben die beiden Librettisten: »Tatsächlich wurden die einzigen Dinge, zu denen uns historische Begebenheiten anregten, dem Leben eines Dichters – er möge ungenannt bleiben – entnommen, der englisch schrieb.« Hinter der Mystifikation verbirgt sich William Butler Yeats, den Auden und Kallman übrigens im gleichen Nachwort einmal zitieren, so als wollten sie das Geheimnis mehr preisgeben als hüten. Auden war bekannt für seine manische Sucht, inspirierten Klatsch zu verbreiten, nicht von der Wer-mit-wem-Sorte, sondern eher als Dekuvrierung anderer zum Zwecke eigener Camouflage, ein gefährliches Spiel. Aber er spielte, wie Strawinsky einmal sagte, auch in und mit der Dichtung »wie ein Genie«.

Dafür ist die synthetische Entstehung des Librettos der *Elegie für junge Liebende* ein gutes Zeugnis. Auden und Kallman gingen vor wie zwei Autoren, die soeben in einem alten Lehrbuch eine Liste der Bestandteile einer Opernhandlung gelesen haben. Henzes Vorstellungen von einer Kammeroper, so berichtet das Textdichter-Duo, brachte sie auf die Spur:

> … auf die Idee von fünf oder sechs Menschen, die alle von einem anderen Wahn besessen sind und, obwohl sie in ein und derselben Welt leben, diese Welt und das Tun ihrer Mitmenschen auf die verschiedenste Weise deuten. Die erste Wahnvorstellung, auf die wir stießen, war die der Vergangenheit, personifiziert in einer Figur ähnlich der Mrs. Havisham in Dickens' »Große Erwartungen«. Diese Idee überlebte alle unsere Proben und Irrwege, um dann Hilda Mack zu werden, die alte Dame, die

Visionen hat. Dann, auf der Suche nach einer jungen Heroine, spielten wir mit der Idee einer Zofe, die sich als große Dame ausgibt. Diese Situation sollte dadurch Interesse bekommen ...daß sie, obwohl im gesellschaftlichen Sinne eine Betrügerin, charakterlich durch ihr Verständnis und die Selbstverständlichkeit ihres Benehmens wirklich die große Dame war, die sie spielte. Natürlich sollte sich ein junger Mann aus guter Familie in sie verlieben, und sie sich in ihn ...

Man fragt sich: Wo ist Mittenhofer, der Mittelpunkt der Oper? Er kam in den Überlegungen der beiden Librettisten noch lange nicht vor. Denn die falsche Dame von Welt sollte krank werden, unheilbar, aber ohne es zu wissen. Nur ein Arzt und auch das Publikum wären eingeweiht. Der junge Mann könnte der Sohn des Arztes sein, und wo besser wäre ein Schauplatz zu finden als in einer Gebirgssommerfrische, Zeitpunkt: Vorsaison. Das Hotel wurde nicht »Weißes Rössl«, sondern »Schwarzer Adler« genannt: »In der Überzeugung, daß die althergebrachte Dreieckssituation immer interessant gemacht werden kann, beschlossen wir, daß der naive und romantische junge Mann einen reifen, weltgewandten und zynischen Rivalen haben sollte.« Für Auden, den zeitweiligen Schwiegersohn Thomas Manns, hört sich das alles ein wenig an wie eine Veroperung des *Zauberbergs* mit Hans Castorp und Mynheer Peeperkorn alias Gerhart Hauptmann. Auden und Kallman, die zuerst an einen großen Schauspieler dachten, sahen sich bald in der Sackgasse: »Was wir auch unseren Schauspieler tun ließen, uns fiel nichts ein, was wir ihn *singen* lassen konnten. – Dazu kam, daß wir zwar ein paar tentative Beziehungen zwischen Paaren (Vater/Sohn, Junger Mann/Mädchen, Mädchen/Schauspieler) hatten, jedoch keinerlei Schema von Beziehungen, keinen Konflikt. Wie sollte man z.B. den Arzt zum Schauspieler oder die verrückte alte Dame zu irgendeinem von den anderen in Beziehung bringen? Und ohne Schema gibt es keine Ensembles. – Der Durchbruch kam, als wir uns darüber klar wurden, daß der ältere Gegenspieler, wer immer er auch sein mochte, der Hauptdarsteller des Buches sein mußte, die Figur, zu der alle anderen Personen bereits in Beziehung standen noch bevor der Vorhang aufgig.« So arbeiteten sie sich von den handwerklichen Selbstverständlichkeiten der tausendfach bewährten Schemata vor zu einer Zentralfigur, einem Individuum, das jedoch, wie Auden formulierte, die »lokal gefärbte Verkörperung eines Mythos« wurde: »Wir haben hier einen echten Mythos; denn das Nichtvorhandensein einer Identität von Gut und Schön, vom Charakter des Menschen und dem seiner Schöpfungen, ist ein permanenter Aspekt der menschlichen Situation. Das Thema der ›Elegie für junge Liebende‹ läßt sich in zwei Zeilen von Yeats zusammenfassen: ›Der Geist des Menschen muß sich entscheiden / für die Vollkommenheit des Lebens oder des Werkes.‹« Man kann nur hoffen, dass aus diesen unglücklichen Übersetzungen, die dem Textbuch-Anhang entnommen sind, klar wird, was Auden und Kallman vorschwebte. Mittenhofer jedenfalls entscheidet sich für das Schöne statt für das Gute. Auden und Henze, ihm darin um 1960 nicht völlig verständnislos gegenüberstehend, verurteilen ihn gleichwohl durch die Schlussszene, die Vorbereitung für seine Dichterlesung und diese selbst.

Auden – und hier ist wiederum Kallman und sein diesmal schwer zu kalkulierender Anteil mitgemeint – kam nach dem sich rasch ausbreitenden Erfolg der *Elegie* mit Henze häufig zusammen, wurde aber nicht dessen ausschließlicher Librettist. Auf die *Elegie* folgte, mit einem Text von Ingeborg Bachmann nach Wilhelm Hauff, zunächst *Der junge Lord*, die Düpierung einer Gesellschaft durch einen Affen, so wie Jacques Offenbach die leblose Puppe in *Hoffmanns Erzählungen* benutzt hatte. Auden und Kallman, Moralisten beide und wie alle Moralisten verhinderte Pädagogen – Auden war als junger Mann eine Zeitlang Lehrer gewesen –, drängten Henze damals, seine deutschen Traumata zu überwinden und zwischen Hitler und Wagner unterscheiden zu lernen. Henze hatte zur Zeit der *Elegie* noch nie den *Ring des Nibelungen* auf der Bühne gesehen oder vollständig gehört. Auden fand solche Reserve, wie Henzes Biograph Klaus Geitel schreibt, unstatthaft: »... unstatthaft für einen Komponisten im Vollbesitz seines Könnens, mit großer Bühnenerfahrung und einem Theatersinn, der im Verlauf der Jahre immer klarer zutage getreten war.«

Sie schleppten Henze in Wien in die *Götterdämmerung*, und Kallman passte auf, dass er nicht frühzeitig das Theater verließ. Der Komponist, der gerade die Welt der Sinfonien Gustav Mahlers entdeckt hatte, blieb brav sitzen. Die Theorie von der Oper als Mythos, aufgefächert in individuelle Situationen, aber rückbeziehbar auf die durchgängigen, unveränderten und unveränderbaren Konstellationen, leuchtete ihm längst ein. Als Auden und Kallman als Thema die *Bassariden* nach Euripides vorschlugen, sah Henze darin eine geeignete Vorlage für die Oper, die für Salzburg zu schreiben er sich verpflichtet hatte, ein Festspielwerk also, wenn auch nicht in vier Teilen, aber doch ein Großformat, mit Riesenchören und Mahler-Zitaten und einem ordentlichen Zusammenbruch des Komponisten während der Arbeit an der Partitur, vor schierer Erregung und Identifikation mit dem, was er tat. Wenn Auden einmal scherzhaft anmerkte, die *Elegie* sei ihre *Arabella*, so hätte für die *Bassariden* der Vergleich mit Strauss-Hofmannsthals *Elektra* nahegelegen.

Aber das *Bassariden*-Libretto ist keine bloße Einrichtung eines antiken Dramas für die moderne Opernbühne. »Die Mythe log«, diese Verszeile von Gottfried Benn steht als Motto über dem Text. Darin schwingt Distanz zu Euripides mit. Die Librettisten schildern den Einbruch des Gottes Dionysos in die von König Pentheus geordnete Welt von Böotien, eine nüchterne Welt, in der für den neuen Kult der Raserei und der Missachtung aller Gesetze kein Platz sein soll. Die Bassariden, die dem Dionysos huldigende Sekte, vom König unterdrückt, bricht alle Schranken, als ihr Idol in Person erscheint. Die Mutter des Königs, Agaue, und ihre Schwester Autonoe schließen sich der Sekte an, der König lässt sie einsperren mitsamt dem Fremden, in dem er den Gott nicht erkennt. Der aber befreit sich und seine Jünger durch ein Erdbeben, und Pentheus, verkleidet den Riten der Sekte nachspürend, wird im Rausch getötet, zerrissen wie Orpheus. Der Gott jedoch distanziert sich plötzlich von den Exzessen seiner Anhänger, er schickt die Mutter des Königs und ihre Schwester in die Verbannung und verbrennt den Palast. Ein böses Stück Unausweichlichkeit, komponiert drei Jahre bevor sich Henze in die politische Arena begab und sein Che Guevara gewidmetes *Floß der Medusa* in Hamburg einen Skandal auslöste, an dem sich die Geister, was Henze betraf, für das nächste Jahrzehnt schieden.

Der Text der *Bassariden* ist noch anspielungsreicher, komplexer als der der *Elegie für junge Liebende*, und der Komponist wollte diesmal keine Kammeroper, sondern ein Musikdrama schreiben. Die Partitur sieht außer dem normalen großen Streichorchester zweiunddreißig Bläser und achtunddreißig Schlaginstrumente vor, dazu Harfe, Klaviere und Celesta. Das Libretto nennt sich »Opera seria mit einem Intermezzo«. Nicht nur von der Stoffwahl her sind wir also auf die Opernform des 18. Jahrhunderts zurückverwiesen. Die Stilebenen überlagern sich, die mythologischen Figuren treten in Gewändern der verschiedensten Jahrhunderte auf, die beiden königlichen Damen wie im Paris von 1850, Teiresias als anglikanischer Kirchenmann, und in dem obszönen Intermezzo, das sich Pentheus wider Willen anschauen muss, findet ein nochmaliger Rollentausch statt. Henze hat die Oper in die Form einer Sonate gezwängt, mit einem Kopfsatz, der das Überlaufen von Agaue und Autonoe ins verbotene Reich des Rausches schildert, einem Scherzo – das tragikomische Missdeuten dessen, was vor sich geht, durch den König –, einem Adagio, in dem die Katastrophe sich anbahnt, und einer Passacaglia, die Tod und Verbannung bringt. Das Intermezzo ist in den dritten Satz eingeschoben. Mit seiner tiefenpsychologischen Spiegelung der Vorgänge in den Hauptpersonen ist es ein notwendiger Bestandteil der Oper, kein bloßes Zwischenspiel als Kontrastwirkung – der Kontrast entsteht allein durch die Instrumentierung, da hier nur Mandoline und Cembalo verwendet werden. Während Agaue und Autonoe von der Schönheit des Berges Kytheron schwärmen, wo die Sekte der Bacchanten sich vor dem Zugriff der Staatsmacht verbirgt, wird die Stimme des Dionysos hörbar, der dorthin und zum Tanz lockt:

> Ah, wie lieblich ist Kytheron,
> Dicht und grün in den duftenden Auen
> wächst Efeu, Wein und Waldnachtschatten.
> Aus der Höhle von kühlem Stein
> fließt kristallklar der Strahl.
> Die Vögel regieren liederreich,
> Und die Honigbiene summt.
> Hier sind Rehkitz und Jungwolf
> froh im Spiel verbunden,
> auch Mann und Mädchen ergreift der Tanz.

Nach der zwar abgründigen, aber doch überschaubar-vertrauten Welt von Henzes *Der junge Lord* hatten es die *Bassariden* schwer, sich durchzusetzen. Die englische Originalfassung war in Europa erst neun Jahre nach der Premiere zu hören, und zwar in London, wo die kontinentaleuropäische Studentenrevolte nur in schwachen Ausläufern zu spüren gewesen war. Infolgedessen fehlten die absurden Vorwände, der Oper den Weg zu verstellen, weil sie angeblich Revolution und Blutvergießen feiere. Verhalten sich die *Bassariden* zu den Ereignissen, die dann folgten, von den Berliner Anti-Springer-Demonstrationen bis zu den Kaufhausbränden und RAF-Morden etwa wie *Figaro* und *Don Giovanni* zum Untergang der Feudalzeit? Den Textautoren Auden und Kallman war die Tradition eines Beaumarchais nicht fremd. Doch muss dafür, dass die Mythe vielleicht doch nicht log, die Wirklichkeit ihrerseits aufkommen, nicht der Künstler, der den Mythos fortschreibt.

Das Nachdenken über die sogenannte Glaubwürdigkeit des Geschehens in einer Oper hat Auden als falsche Fragestellung beiseitegeschoben. Opernhandlungen könnten gar nicht vernünftig sein, schrieb er, weil im Zustand der Vernunft niemand singe. Nur Situationen tragischer oder unrealistischer Natur, in denen das Wort versage, seien Opernsituationen: »Glaubwürdig in der Oper sind Situationen, in welchen der Gesang eines Menschen glaubwürdig erscheint.« Wie etwas später Peter Hacks in seinem »Versuch über das Libretto« war auch Auden überzeugt, der Textdichter habe sich den Anforderungen des Komponisten unterzuordnen. Hacks spricht geradezu von Unterwerfung. In der Tradition der großen Librettisten schreibt er vor allem der Bauweise einer Handlung, also dem Plotting, die Hauptaufgabe des Textdichters zu. Er hätte Auden freilich kaum beigepflichtet in der These, die simple Grundlage allen dramatischen Geschehens sei der Irrtum. Auden schreibt hier das Wort »mistake« mit großem Anfangsbuchstaben, wie um es zu einem gattungsspezifischen Prinzip, zu seinem philosophischen Begriff zu erheben. Was er auf dem Theater, vor allem der Musikbühne mit diesem »Mistake« meinte, illustrierte er in einem Aufsatz über »Musik und Oper« an drei Beispielen, hinter denen sich *Othello*, *Ödipus* und der *Rosenkavalier* nur schwer verbergen können: »Ich halte jemanden für meinen Freund, und in Wirklichkeit ist er mein Feind; ich bilde mir ein, es stehe mir frei, eine Frau zu ehelichen, und dabei ist sie meine Mutter; ich bin der Meinung, diese Person sei eine Kammerzofe, und dabei ist sie tatsächlich ein junger verkleideter Edelmann ... In allen guten Dramen sind zwei Bewegungen festzustellen: die, welche zum Irrtum, und die, welche zur Einsicht führt, daß es ein Irrtum war.«

Auden, dem es mit allem sehr viel ernster war, als seine an Oscar Wilde orientierte Lust an dialektisch-witziger Konversation, sein unzähmbarer Trieb zu paradoxen Formulierungen und die Leichtigkeit seiner Produktion vermuten lassen, hat nicht zufällig seine Zusammenarbeit mit Henze beendet mit drei Klein-Opern, die man in den zwanziger Jahren in Berlin »Lehrstücke« genannt hätte, bei ihm aber »*Moralities*« heißen. Die erste davon hat zu den *Bassariden* nicht nur den mythologischen Bezug. Es ist die Fabel des Äsop von den Fröschen, denen es zu gut ging, deshalb wünschten sie sich eine neue Obrigkeit. Zeus hält das für unklug, aber er wirft ihnen einen Baumstamm in den Teich, damit sie etwas zu verehren haben. Die Frösche sind enttäuscht und verlangen einen wirklichen, einen allmächtigen Herrscher. Der Gott schickt ihnen einen Kranich, der sie sofort alle auffrisst. Moral: »When people are too dumb to know when all is well with them, the gods shrug their shoulders and say: To hell with them.« Was Henze – der Henze von 1968 – so formulierte: das Stück handle »von der Schwierigkeit, die Vorzüge anarchistischer Lebensweise zu erkennen«. Eine Interpretation, die Auden wohl nur in dem Sinn gebilligt hätte, dass es zum Wesen des Mythos gehört, sich in vielen

Ausprägungen darstellen zu können. Mit Sprecher, Solo-Quartett, Chor und Orchester ist diese Moralität eine sehr kleine Oper, denn sie dauert nur etwa sieben Minuten.

Auden ist der letzte der großen Librettisten, durch Strawinskys einzige große Oper ist ihm ein Platz in dieser Galerie sicher. Aber er verkörpert auch die Rückkehr zum Anfang, zu den Konstellationen, mit denen alles begann: Venus und Adonis alias Tom Rakewell und Anne Trulove. Heute, aus dem Abstand eines knappen Jahrhunderts, lässt sich die Strömung, von der sowohl Auden und Brecht als auch Auden und Hofmannsthal und sogar Hofmannsthal und Brecht getragen wurden, als eine einheitliche Bewegung erkennen. Auden selbst hat einen Hinweis gegeben in einer der wenigen Stellen, in denen er die Oper vor den Hintergrund der jeweiligen Gesellschaftslage setzte:

Das Goldene Zeitalter der Oper, von Mozart bis Verdi, fiel zusammen mit dem Goldenen Zeitalter des liberalen Humanismus, des blinden Glaubens an Freiheit und Fortschritt. Wenn gute Opern heutzutage rar sind, so liegt das vielleicht nicht nur an der inzwischen gewonnenen Einsicht, daß wir viel weniger frei sind, als der Humanismus des 19. Jahrhunderts glaubte, sondern auch daran, daß uns Zweifel gekommen sind, ob die Freiheit wirklich ein so unbezweifelbarer Segen, ob frei zu sein wirklich so unbedingt gut sei. Die Feststellung, daß Opern heute schwieriger zu schreiben sind, besagt nicht, daß es unmöglich sei. Dieser Schluß ergäbe sich nur dann, wenn wir ganz und gar aufhörten, an den freien Willen und die Persönlichkeit zu glauben. Jedes genau getroffene hohe C widerlegt aber die Theorie, nach der wir nur verantwortungslose Marionetten an den Drähten des Schicksals oder Zufalls sind.

Nachweise

Wort und Ton – Zu einem Thema der Operngeschichte

Ich suchte die Musik] Ranieri di Calzabigi/Christoph Willibald Gluck: Alceste (Wiener Fassung von 1767), hrsg. v. Gerhard Croll in Zusammenarbeit mit Renate Croll, Kassel 2005, S. X ff. – *bey einer opera*] Wolfgang Amadeus Mozart: Briefe und Aufzeichnungen. Gesamtausgabe, hrsg. v. der Internationalen Stiftung Mozarteum Salzburg, Kassel u.a. 1963, Bd. III, S. 167 [zit. BAGA mit Band- und Seitenzahl]. – *Der Irrtum in dem Kunstgenre*] Richard Wagner: Gesammelte Schriften und Dichtungen in zehn Bänden, hrsg. v. Wolfgang Golther, Berlin-Leipzig-Wien-Stuttgart o.J., Bd. 3, S. 231. – *Der große Primatkampf*] Bertolt Brecht: Anmerkungen zur Oper »Aufstieg und Fall der Stadt Mahagonny«, in: Werke Bd. 24 (Schriften 4), Berlin-Weimar-Frankfurt 1991, S. 79. – *Nun hat die italienische*] BAGA, Bd. III, S. 268. – *ich mag eigentlich keine ›Oper‹*] Richard Strauss/Clemens Krauss: Briefwechsel, ausgewählt u. hrsg. v. Götz Klaus Kende u. Willi Schuh, München 1963, S. 40. – *Noch einen Schritt*] Richard Strauss/Clemens Krauss: Capriccio. Konversationsstück mit Musik op. 85, Berlin 1942, S. 49. – *A pound, dear father*] Desmond Christopher Shawe-Taylor: Covent Garden, London 1948, S. 42. – *La corruption du cœur*] Pierre-Augustin Caron de Beaumarchais: La Folle Journée ou Le Mariage de Figaro (Œuvres complètes), Paris 1876, p. 114 (übersetzt vom Autor). – *Denn bisher warf*] Jean Paul: Sämtliche Werke, Abteilung II, 3. Bd. (Vermischte Schriften II), München 1977, S. 646. – *Die Tragödien der Alten*] Jean-Jacques Rousseau: Collection complète des œuvres, Bd. 9 (Dictionnaire de la Musique), Genf 1780-1789, Artikel Récitatif obligé, S. 1012 f. – *Wenn man dieser ... ich könnte mir leicht*] Charles Baudelaire: Sämtliche Werke/Briefe, Bd. 7, München-Wien 1992, S. 98/124 f. – *Die zweite Buffo-Oper der Saison*] Herbert Weinstock: Rossini. Eine Biographie, Adliswil 1981, S. 64. – *Göttliches Genie*] Lorenzo Da Ponte: Mein abenteuerliches Leben. Die Memoiren des Mozart-Librettisten, Hamburg 1960, S. 86 [zit. Da Ponte: Memoiren, mit Seitenzahl]. – *die Nationen fahren*] Emilie und Theodor Fontane: Dichterfrauen sind immer so. Der Ehebriefwechsel 1844-1857, hrsg. v. Gotthard Erler unter Mitarbeit v. Therese Erler, Berlin 1998, Bd. 1, S. 481. – *Für die Theorie*] Peter Hacks: Versuch über das Libretto, in: Die Maßgaben der Kunst. Gesammelte Aufsätze 1959-1994, Hamburg 1996, S. 501. – *Ehe ich dann darangehe*] Richard Wagner: Briefe, ausgewählt, eingeleitet u. kommentiert von Hanjo Kesting, München 1983, S. 127. – *Mein Freund, in holder Jugendzeit*] Richard Wagner: Die Musikdramen, München 1978, S. 464. – *Brünnhilde! Heilige Braut!*] Richard Wagner: Die Musikdramen, a.a.O., S. 525. – *Alkmene! Meine Braut!*] Heinrich von Kleist: Amphitryon, in: Sämtliche Werke und Briefe in 4 Bänden, Bd. 1, Frankfurt a.M. 1991, S. 456. – *nicht länger möglich*] Luciano Berio: Poésie et musique – une expérience, in: Contrechamps, Bd. 1, S. 24-35 (übersetzt vom Autor). – *Il Vate, il Maestro*] Giambattista Casti/Antonio Salieri: Prima la musica e poi le parole, hrsg. v. Thomas Betzwieser, Kassel-Basel etc. 2013 (Opera. Spektrum des europäischen Musiktheaters in Einzeleditionen, Bd. 1).

Der Fürst der Librettisten – Pietro Metastasio

Seine Dramen zu lesen] Stendhal: Œuvres complètes, hrsg. v. Georges Eudes, Paris 1946, Bd. I, S. 170 (übersetzt vom Autor). – *Je prends mon bien*] Friedrich Hartau: Molière in Selbstzeugnissen und Bilddokumenten, Reinbek bei Hamburg 1976, S. 139. – *Sia noto a Roma*] Pietro Metastasio: La clemenza di Tito, in: Opere, Vol. I, Firenze 1814, p. 347 (übersetzt vom Autor). – *Lui ha un fuoco*] Memoirs of the Life and Writings of the Abate Metastasio. Translations of the principal letters by Charles Burney, London 1796, Vol. 1, p. 402 (übersetzt vom Autor). – *Sestia, die Tochter*] Apostolo Zeno/Antonio Caldara: Cajo Fabbrizio, Wien 1729 (»Quello di Sestia, figliuola di Fabbrizio, e fatta prigioniera con altri Romani da Pirro, è introdotto per dar qualche motivo d'intreccio agli amori, senza i quali pare oggidì che un Dramma non sarebbe plausibile.«). – *Der plötzliche Wechsel*] Apostolo Zeno: Venceslao, Mailand 1705, S. 4 (übersetzt vom Autor). – *Alcandro, lo confesso*] Metastasio: L'Olimpiade, in: Opere, Vol. I, a.a.O., S. 213 (übersetzt vom Autor). – *Ich habe auch zu einer übung*] BAGA, Bd. II, S. 304 – *Die drei Hauptpersonen*] Carlo Goldoni: Mein Theater, mein Leben, Berlin 1954, S. 134. – *Eines der Geheimnisse*] Donald Grout & Hermine Weigel Williams: A Short History of Opera, 4th Edition, New York 2003, p. 211 (übersetzt vom Autor). – *Mein hochverehrter Monsieur Hasse ... Weil also ›Attilio Regolo‹ ... Seine Tapferkeit ist ... Jetzt kommen wir*] Pietro Metastasio an Johann Adolf Hasse, 20.10.1749, in: Pietro Metastasio: Tutte le opere, hrsg. v. Bruno Brunelli, Mailand 1943-54, Bd. 3, S. 428 f. (übersetzt vom Autor). – *Das will aber noch*] Giacomo Casanova: Geschichte meines Lebens, 12 Bde., Frankfurt a.M.-Berlin 1964, Bd. 3, S. 259. – *... in einem einstündigen*] Ebd., S. 258. – *Mir scheint, dass dies nicht*] Metastasio: Tutte le opere, a.a.O., S. 155 f. – *Obwohl er schon alt*] Lorenzo Da Ponte: Memoiren, S. 71 f.

Der wahre Phönix Mozarts – Lorenzo Da Ponte

Von Mozart ist mit] Richard Wagner: Gesammelte Schriften und Dichtungen, Bd. 3, S. 246. – *An den Opern Mozarts*] Ebd., Bd. 10, S. 96. – *Mein Freund, der Librettist*] Joseph Louis Russo: Lorenzo Da Ponte. Poet and Adventurer, New York 1966, S. 57 f. (übersetzt vom Autor). – *Die Revolution in Aktion*] Ernst Schulin: Die Französische Revolution, München 1988, S. 241. – *Obwohl Mozart*] Lorenzo Da Ponte: Memoiren, S. 86. – *Keine Tugend ... weder über eine*] Casanova: Geschichte meines Lebens, a.a.O., Bd. XII, S. 231. – *wir haben hier einen gewissen*] BAGA, Bd. III, S. 268. – *Was Mozart anbelangt*] Lorenzo Da Ponte: Memoiren, S. 87. – *... da ich eine Oper*] Ebd., S. 87 f. – *wie Pr[ofessor]*]] Cosima Wagner: Die Tagebücher, Bd. I (1869-1877), ediert u. kommentiert von Martin Gregor-Dellin u. Dietrich Mack, München-Zürich 1976, S. 198. – *unter dem Bild*] Alfred Einstein: Mozart. Sein Charakter. Sein Werk, Stockholm 1947, S. 503. – *Ein Element ließ die Oper*] Otto Jahn: W.A. Mozart, Leipzig 1867, Bd. 2, S. 251. – *Beim Figaro wäre*] Hermann Abert: W.A. Mozart, neubearb. u. erweiterte Ausgabe von Otto Jahns Mozart, Leipzig 1955/1956, S. 237. – *Gewissen Transponierung des Ganzen*] Richard Strauss/Hugo von Hofmannsthal: Briefwechsel, hrsg. v. Willi Schuh, Zürich 1964, S. 40. – *eine Revolutionsoper*] Wolfgang Hildesheimer: Gesammelte Werke in sieben Bänden, Frankfurt 1991, Bd. III, S. 199. – *die politischen Zähne ausgebrochen ... eine neue brillante ... politisiert durch Musik*] Hans Werner Henze (Hrsg.): Die Chiffren. Musik und Sprache. Neue Aspekte der musikalischen Ästhetik, Frankfurt a.M. 1947, S. 47. – *Die Zeitdauer*] Einstein: Mozart, a.a.O., S. 561. – *Du erbost dich*] Beaumarchais: Die Figaro-Trilogie, Frankfurt a.M. 1976, S. 106. – *der Musick gehorsame Tochter*] BAGA, Bd. III, S. 167. – *Dass ein Charakter*] Edward J. Dent: Mozart's Operas. A Critical Study, New York 1913, S. 207 (übersetzt vom Autor). – *bedrohliche[n] Anmut*] Thomas Mann: Doktor Faustus, Frankfurt a.M. 1960, S. 107. – *Die drei erwähnten Komponisten*] Lorenzo Da Ponte: Memoiren, S. 103. – *Ich setzte mich*] Ebd., S. 104. – *das verhält sich zueinander*] Einstein: Mozart, a.a.O., S. 572. – *Es sind lauter Allotria*] Ebd., S. 574. – *Eines Tages aber glaubte ich*] Lorenzo Da Ponte: Memoiren, S. 144. – *[Sie] beginnt mit*] Hildesheimer: Gesammelte Werke, a.a.O., Bd. III, S. 255. – *Es sind zwar viele Noten*] Jahn: W.A. Mozart, a.a.O., Bd. 2, S. 308. –*... den 29:*^{ten}] BAGA, Bd. IV, S. 58. – *Im Jenner*] Ebd., S. 102. – *In der neuen Oper Così fan tutte*] Dieter Borchmeyer: Mozart oder die Entdeckung der Liebe, Frankfurt a.M. 2005, S. 204. – *Ich schrieb*] Lorenzo Da Ponte: Memoiren, S. 111. – *Ich halte ›Così fan tutte‹*] ›Così fan tutte‹ micht mehr lebensfähig, in: Wolfgang Amadeus Mozart: Così fan tutte. Texte. Materialien. Kommentare, hrsg. v. Attila Csampai u. Dietmar Holland, Hamburg 1984, S. 229f. – *der absurden Symmetrie der Handlung*] Theodor W. Adorno: Musikalische Schriften, Bd. VI, Frankfurt a.M. 1984, S. 278f. – *Opern wie ›Don Juan‹*] Mozart: Così fan tutte, a.a.O., S. 6. – *Wie wenig verstand*] Richard Wagner: Gesammelte Schriften und Dichtungen, a.a.O., Bd. 3, S. 247. – *Da Ponte's Original-Libretto*] Mozart: Così fan tutte, a.a.O., S. 230. – *›Così fan tutte‹ ist*] Dent: Mozarts Opern, a.a.O. (übersetzt vom Autor). – *... Nun hat die italienische*] BAGA, Bd. III, S. 268. – *so könnte er mir ein Neues buch*] BAGA, Bd. III, S. 268. – *... am besten [ist] es*] BAGA, Bd. III, S. 167.

Die Kunst, durch Kontraste zu wirken – »Die Zauberflöte«

Mir scheint, dass] Igor Strawinsky/Robert Craft: Retrospectives and Conclusions, New York 1969, S. 92 (übersetzt vom Autor). – *liebstes, bestes Weibchen*] BAGA, Bd. IV, S. 157. – *Neues gibt's hier nichts*] Die Briefe der Frau Rath Goethe, gesammelt u. hrsg. v. Albert Köster, Leipzig 1905, Bd. 1, S. 240f. – *Vermächtnis an die Menschheit*] Einstein: Mozart, a.a.O., S. 610. – *mehr Bildung dazu*] Hildesheimer: Gesammelte Werke, a.a.O., Bd. III, S. 334. – *Das geringe Interesse*] Jahn: W.A. Mozart, a.a.O., Bd. 2, S. 494f. – *Wohl konfuseste*] : Wolf Rosenberg: Mozart. Ist die Zauberflöte ein Machwerk, Musik-Konzepte 3, hrsg. v. Heinz-Klaus Metzger/ Rainer Riehn, 2. Aufl. München 1978, S. 5. (1. Aufl. 1978). – *die innere Unwahrhaftigkeit*] Hildesheimer: Gesammelte Werke, a.a.O., Bd. III, S. 327. – *Sein ästhetischer Wille*] Ebd., S. 330f. – *Er versteht die Geister- und Cörperwelt*] Metzger/Riehn: Ist die Zauberflöte ein Machwerk, a.a.O., S. 29 – *Ich schreibe fürs Vergnügen*] Neue Mozart-Gesamtausgabe: Bd. IX, Kassel 1970, S. IX. – *Die Zauberflöte*] Georg Nikolaus von Nissen: Biographie W.A. Mozart's, hrsg.

v. Constanze, Wittwe von Nissen, früher Wittwe Mozart, Leipzig 1828, S. 548f – *Das Textbuch war*] Ulrich Schreiber: Opernführer für Fortgeschrittene, Bd. 1 (Von den Anfängen bis zur Französischen Revolution), Kassel 1988, S. 490. – *[Es] ist kaum*] Ebd., S. 490f. – *Warum habe ich denn*] BAGA, Bd. IV, S. 137. – *Ich kann Dir nicht sagen*] Ebd., S. 136. – *Wo ist der Jüngling*] Mozart: Neue Ausgabe sämtlicher Werke, Bd. 9, Bühnenwerke VI, Kassel 1991, S. 137. – *Zwingherrn zur Vernunft*] Mozart: Die Zauberflöte. Texte. Materialien. Kommentare, hrsg. v. Attila Csampai u. Dietmar Holland, Hamburg 1982, S. 263. – *Er gibt zu*] Johann Peter Eckermann: Gespräche mit Goethe in den letzten Jahren seines Lebens, in: Goethe: Sämtliche Werke nach Epochen seines Schaffens (Münchner Ausgabe), Bd. 19, München 1986, S. 478 [zit. Münchner Ausgabe mit Band- und Seitenzahl]. – *Es hätte auch in der Tat*] Ebd., S. 571. – *Verhalten-Beschränkte*] Hildesheimer: Gesammelte Werke, a.a.O., Bd. III, S. 344. – *Morgen führe ich die* Mama] BAGA, Bd. IV, S. 160. – *In der Zauberflöte*] Arthur Schopenhauer: Sämtliche Werke, Stuttgart 1963, Bd. 4, S. 492. – *Liebstes bestes Weibchen*] BAGA, Bd. IV, S. 161f.

Höllenvision aus Biedermeierminiaturen – »Der Freischütz«

Der Freischütz muss ganz] Zit. nach dem Programmheft der Staatsoper Hamburg: »Der Freischütz«, Oktober 1999, S. 32. – *Nur der integrale*] Hans Mayer: Ein »Freischütz« ohne Ausflüchte, ebd. – *»Der Freischütz ist keine ›Oper‹, das ist Deutschland selbst*] Eduard Hanslick: Eine Biographie Karl Maria Weber's, in: Sämtliche Schriften, Historisch-kritische Ausgabe, Bd. I/6 (Aufsätze und Rezensionen 1862-1863), hrsg. v. Dietmar Strauß, Wien-Köln-Weimar 2008, S. 404. – *Die Jäger kamen zurück*] Der Freischütz. Eine Volkssage, in: Gespensterbuch, hrsg. v. A. Apel und F. Laun, Leipzig 1811, Bd. 1, S. 51-54. – *Noch in derselben Nacht*] Friedrich Kind: Das Freischütz-Buch. Volksoper in drei Aufzügen. Ausgabe letzter Hand, Leipzig 1843, S. 120. – *Das Sujet ist trefflich*] Max Maria von Weber: Carl Maria von Weber, Bd. 2, Leipzig 1866, S. 65. – *Ein alter fürstl. Förster*] Ebd., S. 66. – *Vier Stunden vor Eröffnung*] Ebd., S. 312-316. – *... als erste Oper*] Carl Maria von Weber: Der Freischütz. Texte, Materialien, Kommentare, hrsg. v. Attila Csampai u. Dietmar Holland, Reinbek bei Hamburg 1981, S. 15. – *Haben Sie noch nicht*] Heinrich Heine: Briefe aus Berlin, in: Sämtliche Schriften, 2. Bd., München 1969, S. 25-28. – *Sie begreifen jetzt*] Ebd., S. 28f. – *Was die Musik betrifft*] Besprechung der Uraufführung von Carl Maria von Webers »Der Freischütz«, Vossische Zeitung, in: Carl Maria von Weber: Der Freischütz. Texte, Materialien, Kommentare, hrsg. v. Attila Csampai und Dietmar Holland, Reinbek bei Hamburg 1981, S. 107f. – *Lustigkeit der Hölle ... der Brillant der Oper*] Ebd., S. 109. – *Musikalisch nicht zum Sarastro*] Theodor W. Adorno: Bilderwelt des Freischütz, in: Gesammelte Schriften Bd. 17 (Musikalische Schriften IV), Frankfurt a.M. 1982, S. 39. – *O, mein herrliches deutsches Vaterland*] Richard Wagner: Gesammelte Schriften und Dichtungen, a.a.O., Bd. 1, S. 318. – *... eine musikalische Szene wie diese*] von Weber: Der Freischütz. Texte, Materialien, Kommentare, a.a.O., S. 110. – Höllenvision aus Biedermeierminiaturen, Adorno: a.a.O., S. 40. – *Der Freischütz ist der letzte Jäger*] Theodor W. Adorno: Quasi una fantasia, in: Gesammelte Schriften, Bd. 16 (Musikalische Schriften I-III, Frankfurt a.M. 1978, S. 276.

Der vergessene Meister – Felice Romani

Gesang ist darum wunderbar] Hugo von Hofmannsthal: Buch der Freunde, in: Gesammelte Werke in zehn Einzelbänden. Reden und Aufsätze III (1925-1929), Frankfurt a.M. 1980, S. 252. – *größte Drama]* Hector Berlioz: Lebenserinnerungen, München 1914, S. 69. – *[Ich] sah das Schauspiel]* Ebd., S. 72. – *Der Vorwurf dieses]* Ebd., S. 207. – *Diese Frau werde ich]* Ebd. – *Man sprach viel Gutes]* Ebd., S. 141-143. – *Ich bin weder Klassiker]* Folco Portinari: Pari siamo! Storia del melodramma ottocentesco attraverso i suoi libretti, Torino 1981, S. 79 (übersetzt vom Autor). – *Der unwissentlich]* Patrick J. Smith: La decima musa. Storia del libretto d'opera, Florenz 1981, S. 189 [»uno scrittore classico che diventa romantico senza saperlo«]. – *Der Komponist, der regelrecht]* Eugenio Checchi: G. Verdi, il genio e le opere, Florenz 1901, S. 47 (übersetzt vom Autor). – *Tutto promette]* Guido Zavadini: Donizetti. Vita – Musiche – Epistolario, Bergamo 1948, lettera n. 38. – *Eines Tages setzte]* Vincenzo Percolla: Elogio biografico del Cav. Vincenzo Bellini, Catania 1876, S. 126 – *Eines Tages setzte sich Bellini]* Filippo Cicconetti: Vit di Vincenz Bellini, Prato 1859, S. 39f., (übersetzt vom Autor). – *Gesang, Gesang]* Richard Wagner: Bellini. Ein Wort zu seiner Zeit, in: Schriften und Dichtungen, Bd. XII, Leipzig 1880, S. 20f. – *Vorher hatte]* Cosima Wagner: Die Tagebücher, a.a.O., Bd. II (1878-1883), S. 54. – *Ich hatte nämlich die Regimentsmusiker]* Richard Wagner: Mein Leben, München 1983, S. 133f. – *Es gibt einen Aspekt]* , Smith: La decima musa, a.a.O., S. 193 (übersetzt vom Autor). – *Gewiß war die Musik]* Julian Budden: Verdi. Leben und Werk, Stuttgart 1987, S. 27. – *Der Schluß dieser Norma-Oper]* Kurt Weill: Ausgewählte Schriften, hrsg. v. David Drew, Frankfurt a.M. 1975, S. 156. – *Alle halten mich für einen Verteufler]* Francesco Florimo: Riccardo Wagner ed i Wagneristi, Ancona 1883 (übersetzt vom Autor).

Die Dioskuren der Großen Oper – Giacomo Meyerbeer und Eugène Scribe

... um Ihren Namen dreht sich] Giacomo Meyerbeer: Briefwechsel und Tagebücher, hrsg. v. Heinz Becker, Berlin 1960, Bd. 1, S. 7. – *Ängstliches Genie]* Heinrich Heine: Über die französische Bühne, in: Sämtliche Schriften. 3. Bd., München 1971, S. 339. – *Vergiß nicht]* Heinz Becker: Giacomo Meyerbeer in Selbstzeugnissen und Bilddokumenten, Reinbek bei Hamburg 1980, S. 15. – *Einer der ersten]* Carl Maria von Weber: Dramatisch-musikalische Notizen, in: Carl-Maria-von-Weber-Gesamtausgabe. Digitale Edition (Version 2.0 vom 4. Mai 2016). – *Wir besuchen mit den Kindern]* Cosima Wagner: Die Tagebücher, a.a.O., Bd. II (1878-1883), S. 934. – *Die Überraschung und den Schrecken]* Smith: La decima musa, a.a.O., S. 196 (übersetzt vom Autor). – *Ich weiß, daß M. Scribe]* Giuseppe Verdi: Briefe, Frankfurt a.M. 1979, S. 56f. – *R. setzt sich an's Klavier]* Cosima Wagner: Die Tagebücher, a.a.O., Bd. II, S. 970. – *Eine bemerkenswerte Schöpfung]* F. J. Fétis: Biographie universelle des musiciens, Bd. 6 Brüssel 1891, S. 405 – *Aufgestutzte Marseillaise]*

Robert Schumann: Gesammelte Schriften über Musik und Musiker, Leipzig 1854, Bd. II, S. 224. – *Unerhört ist die Behandlung]* Heine: Über die französische Bühne, a.a.O., S. 343. – *Viel dramatischen Zug ... äußerlicher ... Situation]* Schumann: Gesammelte Schriften, a.a.O., Bd. II, S. 224. – *Mit welchem Widerwillen]* Ebd., S. 221 ff. – Wirkung ohne Ursache] Richard Wagner: Gesammelte Schriften und Dichtungen in zehn Bänden, a.a.O., Bd. 3, S. 301 – *Theure geliebte süße Lilie]* Giacomo Meyerbeer: Briefwechsel und Tagebücher, hrsg. v. Heinz Becker, Berlin 1970, Bd. 2 (1825-1836), S. 478. – *Ungeheuer und ohnegleichen]* Hector Berlioz: Le prophète, Journal des Débats, 20. April 1849. – *1534. Noch nie hatte]* Zit. nach dem Programmheft »Le prophète«, hrsg. vom Theater Essen, April 2016, S. 10. – *Mir ward so übel]* Richard Wagner: Mein Leben, a.a.O., S. 508 – *Einstweilen habe ich]* Richard Wagner: Sämtliche Briefe, Bd. III (1849-1851), Leipzig 1975, S. 240. – *In dieser Zeit sah ich]* Ebd., S. 248 f. – *Ich bin auf dem Punkte]* Richard Wagner: Briefe, a.a.O., S. 89. – *Meyerbeer schrieb Weltgeschichte]* Giacomo Meyerbeer: Briefwechsel und Tagebücher, hrsg. v. Sabine Henze-Döhring, Bd. 5 (1849-1852), Berlin 1999, S. 929. – *Was mich um eine Welt]* Richard Wagner: Briefe, a.a.O., S. 139. – *Dieser ewig liebenswürdige]* Ebd., S. 222. – *... ich kann als Künstler]* Ebd., S. 222 f. – *Die Bahnen des Ruhmes]* Cosima Wagner: Die Tagebücher, a.a.O., Bd. I, S. 577. – *Was soll man dazu sagen]* Hugo Wolf: Musikalische Kritiken, hrsg. v. Richard Batka und Heinrich Werner, Leipzig 1911, S. 280.

Verdis unentbehrlicher Geselle – Francesco Maria Piave

Da die Musik ihrem Wesen] Wystan Hugh Auden: Des Färbers Hand und andere Essays, Gütersloh 1962, S. 559. – *In seinem Brief finde ich]* Giuseppe Verdi: Briefe, hrsg. v. Werner Otto, Berlin 1983, S. 39 f. – *Hier hast Du den Entwurf]* Verdi: Briefe, a.a.O., S. 48 f. – *Er hatte derart bestimmte Vorstellungen]* Patrick J. Smith: La decima musa, a.a.O., S. 225 (übersetzt vom Autor). – *... eine der schönsten Schöpfungen]* Verdi: Briefe, a.a.O., S. 77. – *›Le roi s'amuse‹ ist]* Budden: Verdi. Leben und Werk, a.a.O., S. 64. – *Ihr wißt, daß ich]* Verdi: Briefe, a.a.O., S. 120. – *La Traviata war]* Budden: Verdi, a.a.O., S. 72. – *Ich hoffe, daß ich den Musen]* Franco Abbiati: Giuseppe Verdi, 4 Bde., Mailand 1959, Bd. 3, S. 560. – *Verdi arbeitete mit Piave enger]* Julian Budden: The Operas of Verdi, Vol. 2, New York 1983 (übersetzt vom Autor). – *gehört in der Zurichtung ... Die Macht der Logik]* Eduard Hanslick: Sämtliche Schriften, Bd. I/7 (Aufsätze und Rezensionen 1864-1865), hrsg. v. Dietmar Strauß, Wien-Köln-Weimar 2011, S. 352.

Verdis später Glücksfall – Arrigo Boito

Sie sind gesünder] Verdi – Boito. Briefwechsel, hrsg. und übersetzt von Hans Busch, Frankfurt a.M. 1986, S. 241. – *Als Dank für die mir]* Verdi: Briefe, a.a.O., S. 161. – *Sie marschierten]* Walker: The Man Verdi, New York 1962, S. 458 (übersetzt vom Autor). – *Morgen erwartet Dich]* Hanno Helbling: Arrigo Boito. Ein Musikdichter der italienischen Romantik, München 1995, S. 69. – *Seit den Tagen*] Walker: The Man Verdi, a.a.O., S. 454f. (übersetzt vom Autor). – *Forse già nacque chi sovra l'altare*] Arrigo Boito: All'arte Italiana, in: Tutti gli scritti. A cura di Pietro Nardi, Rom 1942, S. 1373. – *Es musste so sein*] Giuseppe Verdi: Carteggi verdiani. A cura di A. Luzio, Bd. II, Rom 1935, S. 355 (übersetzt vom Autor). – *Diese beiden jungen Männer*] Giuseppe Verdi: Briefe, Kassel-Basel 1983, S. 167. – *Der Gedanke der Oper*] Walker: The Man Verdi, a.a.O., S. 473 (übersetzt vom Autor). – *Progetto di cioccolata*] Verdi: Briefe, a.a.O., S. 305. – *Schauen Sie deshalb*] Verdi-Handbuch, hrsg. v. Anselm Gerhard und Uwe Schweikert unter Mitarbeit von Christine Fischer, Stuttgart 2001, S. 138. – *Lieber Boito, nach Beendigung*] Verdi – Boito. Briefwechsel, a.a.O., S. 361. – *Ihr arbeitet, hoffe ich?*] Ebd., S. 365. – *Die Liebe der beiden*] Ebd., S. 363f. – *Aber er hatte*] Walker: The Man Verdi, a.a.O., S. 510 (übersetzt vom Autor).

»Das Ewig-Weibliche zieht uns hinan« – Goethes »Faust« auf der Opernbühne

Wenn die Oper gut ist] Goethe: Münchner Ausgabe, Bd. 4.2, S. 92. – *Alles unser Bemühen*] Ebd., Bd. 15, S. 522. – *An den Beethoven*] Felix Mendelssohn Bartholdy: Reisebriefe aus den Jahren 1830-1832, hrsg. v. Paul Mendelssohn Bartholdy, Leipzig 1862, S. 9. – *Seit ich fühle*] Ludwig Börne: Sämtliche Schriften. Neu bearbeitet u. hrsg. v. Inge und Peter Rippmann, 5 Bde., Darmstadt 1964-1968, Bd. 3, S. 71. – *Er machte sich*] Norbert Miller: Die ungeheure Gewalt der Musik. Goethe und seine Komponisten, München 2009, S. 248f. – *Ich gebe die Hoffnung ... Es ist ganz unmöglich*] Goethe: Münchner Ausgabe, Bd. 19, S. 283f. – *Im Deutschen mag ich den Faust*] Ebd., S. 347. – *Als eines wichtigen*] Berlioz: Lebenserinnerungen, a.a.O., S. 103. – *Es waren bei diesen beiden ... Nichts in meiner*] Ebd., S. 449. – *Der reizt und wirkt*] Goethe: Münchner Ausgabe, Bd. 6.I, S. 544. – *Salto mortale*] Friedrich Schiller: Sämtliche Werke, Bd. V, München 2004, S. 942. – *Die nordischen Hexen*] Goethe: Münchner Ausgabe, Bd. 18.I, S. 206. – *Gewisse Leute*] Goethe, Münchner Ausgabe, Bd. 20.2, S. 1244.

Im musikalischen Dufte meiner Schöpfung berauscht – Wie gut sind Richard Wagners Operntexte?

Weia! Waga!] Wagner: Musikdramen, a.a.O., S. 525f.. – *Über das unverdauliche Deutsch*] Eduard Hanslick: Musikkritiken, Leipzig 1972, S. 191. – *Widerlich berühren*] Ebd., S. 194f. – *Die Diktion der ›Götterdämmerung‹*] Ebd., S. 198. – *Eine Oper, in der die Sänger*] Ebd., S. 215. – *Zwar fehlt es*] Ebd., S. 224. – *Wie gleit ich aus!*] Musikdramen, S. 527. – *Pfui! du haariger*] Ebd., S. 528. – *Schein ich nicht schön dir*] Ebd., S. 529. – *Diese unausgesetzte*] Richard der Einzige. Parodien, Satire, Karikatur, hrsg. v. Hermann Hakel, Wien-Hannover-Bern 1963, S. 153. – *Nun wollte ich Dichter werden*] Richard Wagner: Autobiographische Skizze, in: Richard Wagner's Lehr- und Wanderjahre. Autobiographisches, Leipzig 1871, S. 7. – *Beethovens Musik zu Egmont]* Ebd., S. 8. – *Eine Edelfrau war zur Nachtzeit]* Richard Wagner: Mein Leben, a.a.O., S. 83f. – *In welche sogleich]* Ebd., S. 84. – *... der alte Musiker]* Ebd. – *... nun aber, da ich mir einen Operntext]* Ebd., S. 75f. – *Den Eingedrungenen]* Ebd., S. 85. – *Nur zur Totenfeier]* Ebd. – *das Original seiner Hochzeit ... wundervolle[n] Eindruck]* Cosima Wagner: Die Tagebücher, a.a.O., Bd. I, S. 676. – *Im Ehemann erkennt]* Cosima Wagner: Die Tagebücher, a.a.O., Bd. II, S. 810. – *Meineidiger, was tatest du?]* Musikdramen, S. 68. – *Letzte Bitte an meine lieben Genossen]* Carl Friedrich Glasenapp: Das Leben Richard Wagners, Bd. 5, Leipzig 1905, S. 286. – *Nicht Gut, nicht Gold]* Musikdramen, S. 896. – *wahren Herkules]* Richard Wagner: Briefe, a.a.O., S. 66. – *am rechten Ort mit ... ›Nölerei‹ ... Dramatische Wahrheit]* Ebd., S. 101. – *Je mehr ich mit immer]* Ebd., S. 137f. – *Daß wir ... das Höchste und Wahrste]* Ebd., S. 139. – *Wagner war nicht Musiker]* Friedrich Nietzsche: Werke in drei Bänden, hrsg. v. Karl Schlechta. München 1954, Bd. II, S. 919. – *Ins Geniehafte]* Thomas Mann: Gesammelte Werke in 13 Bänden, Frankfurt a.M. 1990, Bd. IX, S. 376. – *Aus Not, zum Zweck]* Ebd., S. 378. – *So recht! Sie muß zurück ihn halten]* Musikdramen, S. 119. – *Die Gestalt des Fliegenden Holländers]* Richard Wagner: Gesammelte Schriften und Dichtungen, a.a.O., Bd. 4, S. 265. – *Als Ende seiner Leiden ersehnt]* Ebd., S. 266. – *Sie liegen fest auf ihrem Platz]* Musikdramen, S. 202. – *Das ganze Drama ist mit sicherer Hand]* Charles Baudelaire: Sämtliche Werke/Briefe, Bd. 7, München 1992, S. 121. – *Die Frist ist um]* Musikdramen, S. 184f. – *Nur eine Hoffnung soll mir bleiben]* Ebd., S. 185. – *Ziemlich abweichende ... tiefleidenden Gefühle vom Wesen der Welt]* Richard Wagner: Briefe, a.a.O., S. 299. – *Senta! Laß dir vertraun!]* Musikdramen, S. 195-197. – *Wie aus der Ferne längst vergang'ner Zeiten]* Ebd., S. 198. – *Das sind sangbare Verse]* Thomas Mann: Gesammelte Werke in 13 Bänden, a.a.O., Bd. IX, S. 369. – *Der Lohengrin wies]* Gérard de Nerval: Die Oktobernächte. Lorelei. Die Illuminaten, in: Werke II, München 1988, S. 392f. – *So wie ich heiß]* Musikdramen, S. 57. – *Ich lieg und besitz]* Musikdramen, S. 696. – *Jetzt springt sie ihm entgegen]* Musikdramen, S. 348. – *Isolde! Geliebte!]* Musikdramen, S. 349f. – *Was dich umgliß]* Ebd., S. 351. – *Morgen ich leuchte in rosigem Schein]* Ebd., S. 487. – *Brünnhilde! Heilige Braut!]* Ebd., S. 807. – *Der Ring des Nibelungen ist ein]* Nietzsche: Werke in drei Bänden, a.a.O., Bd. I, S. 413-415. – *Wohin, Knabe, heißt dich dein Weg? ... Was weiß ich davon ... Hahahaha! Zum Lachen bist du mir lustig]* Musikdramen, S. 722-724. – *Wagners Dichtertum anzuzweifeln]* Thomas Mann: Gesammelte Werke in 13 Bänden, a.a.O., Bd. IX, S. 524. – *Der Gegenspieler Siegfrieds]* Ebd., S. 523. – *Mein Blut verdürb euch den Trank!]* Musikdramen, S. 768. – *Das wißt ihr, wie es da sich fand]* Musikdramen, S. 829. – *Uns bleibt ein Erdenrest]* Goethe: Münchner Ausgabe, Bd. 18.1, S. 347. – *Mein Vater Parzival]* Musikdramen, S. 306. – *Nun höret noch, wie ich zu euch gekommen!]* Musikdramen, S. 883f. – *Ich bilde mir auf meinen Dichter-Beruf]* Richard Wagner: Briefe, a.a.O., S. 127. – *Zum ersten Mal in der Geschichte ... größte jemals geschriebene]* Smith: La decima musa, a.a.O., S. 245 (übersetzt vom Autor). – *Soll ich euch erst der Drangsal]* Musikdramen, S. 267f. – *Er führt wie in einer Anwandlung]* Musikdramen, S. 713. – *Nicht Euren Ahnen ... Habt Acht!]* Musikdramen, S. 491f. – *Exstirpation des deutschen Geistes]* Nietzsche: Werke in drei Bänden, a.a.O., Bd. I, S. 137. – *Drum sag ich Euch]* Musikdramen, S. 492. – *Verfluchter Bursch! Läßt du mich los? ... Gewiß! Die Glieder brech ich]* Ebd., S. 453. – *Wahn! Wahn! Überall Wahn!]* Ebd., S. 461. – *Die nächsten Nachbarn]* Die Musik. Illustrierte Halbmonatsschrift, Bd. 1, 20/21, Berlin und Leipzig 1902, S. 1805.

Die Liebe ist ein rebellischer Vogel – Prosper Mérimée und Georges Bizet

Der erste Ort] Friedrich Nietzsche: Sämtliche Briefe. Kritische Studienausgabe in 8 Bänden, hrsg. v. Giorgio Colli und Mazzino Montinari, München 1986, Bd. 8, S. 299. – *Ich hörte gestern*] Nietzsche: Werke in drei Bänden, a.a.O., Bd. II, S. 905. – *Sehr spät*] Nietzsche: Sämtliche Briefe, a.a.O., Bd. 6, S. 147. – *Meister der Prosa ... Künstler ersten Ranges ... wahrhaft dichterische[n]*] Nietzsche: Werke in drei Bänden, a.a.O., Bd. II, S. 99. – *C'est moi*] Georges Bizet: Carmen. Texte, Materialien, Kommentare, hrsg. v. Attila Csampai u. Dietmar Holland, Hamburg 1984, S. 164. – *Ihre Mantilla*] Prosper Mérimée: Carmen [alle Zitate aus der Novelle in der Übersetzung des Autors]. – *Voilà la Carmencita*] Bizet: Carmen, a.a.O., S. 54. – *L'amour est un oiseau*] Ebd., S. 56. – *An all dem*] Horst Menzel: Carmen von Georges Bizet. Die Oper. Schriftenreihe über musikalische Bühnenwerke, Berlin 1972, S. 38. – *Man müht sich*] Winton Dean: Bizet, London 1975, S. 22 (übersetzt vom Autor). – *Was mir mehr Genugtuung*] Ebd., S. 77 (übersetzt vom Autor). – *L'Afrique commence aux Pyrénées*] Voltaire: Œuvres complètes, Paris 1876, Bd. V, S. 426. – *Die Freundschaft*] Prosper Mérimée: Erinnerungen an Beyle-Stendhal, in: Stendhal: Gesammelte Werke, 7. Bd. (Bekenntnisse eines Ichmenschen), Berlin o.J., S. 575. – *Ein armer junger Mann*] Stendhal: Das Leben eines Sonderlings (Souvenirs d'égotisme), hrsg. v. Arthur Schurig, Leipzig 1921, S. 609. – *affektierten*] Baudelaire: Sämtliche Werke/Briefe, a.a.O., Bd. 7, S. 286. – *Herr Mérimée wird*] Goethe: Münchner Ausgabe, Bd. 18.2, S. 110. – *aus einer gewissen objektiven Ferne*] Ebd., Bd. 19, S. 655. – *Es ist nicht hinzunehmen*] Georges Bizet: Carmen, Booklet der Decca-Aufnahme unter Leitung von Georg Solti, 1976. – *Das Publikum*] Edmond und Jules de Goncourt: Das Dienstmädchen Germinie, Berlin 1928, S. 5. – *Certainement s'il est*] Georges Bizet: Carmen, S. 58. – *La fleur*] Ebd., S. 116. – *Endlich die Liebe*] Nietzsche: Werke in drei Bänden, a.a.O., Bd. II, S. 907. – *Dieser Gestus der Entäußerung*] Theodor W. Adorno: Fantasia sopra Carmen, in: Gesammelte Schriften, Bd. 16, Frankfurt a.M. 1978, S. 307. – *Sie wollen Schund*] Susan McClary: Georges Bizet: Carmen, Cambridge 1992, S. 46. – *Gute Wirkung des ersten Aktes*] Georges Bizet: Briefe aus Rom 1857-1860, Hamburg 1949, S. 22. – *Die Figuren sind abstoßend*] Winton Dean: Bizet, London 1975, S. 117 (übersetzt vom Autor). – *Das kolossale*] Bizet: Carmen, a.a.O., S. 204. – *Nur eine verwässerte*] Julian Barnes: Am Fenster. Siebzehn Essays über Literatur und eine Short Story, Köln 2016, S. 160.

Der Mozart der Champs-Élysées – Jacques Offenbach

Offenbach: französische Musik] Nietzsche: Werke in drei Bänden, a.a.O., Bd. III, S. 560. – *Die Operette setzt ... in der sich der Unsinn*] Die Fackel Nr. 270-271, Jänner 1909, S. 8f. – *Operetten sind kleine Opern*] Johann Mattheson: Der vollkommene Capellmeister, Hamburg 1739, S. 219. – *Die szenische Wirkung*] Heinz Kindermann: Theatergeschichte Europas, Bd. 7, Salzburg 1965, S. 71f. – *Ich spreche Ihnen weder*] Plaisirs de l'Opéra, Exposition Maison Jean Vilar, Avignon 1983 (übersetzt vom Autor). – *Ich sehe Offenbach*] La Revue de France, Tome Cinquième, Paris 1922, S. 573. – *Sie müssen unbedingt*] Jacques Offenbach: Lettres à Henri Meilhac et Ludovic Halévy. Édition réunie, présentée et annotée par Philippe Goninet, Paris 1994 [zit. Lettres, mit Seitenzahl], S. 15 (übersetzt vom Autor). – *Ich schreibe Dir heute*] Ebd., S. 120. – *Du sprichst mir immer*] Ebd., S. 159. – *Was sagt man mir da?*] Ebd., S. 29. – *Mein lieber Janin*] Ebd., S. 31. – *Bravo, Janin*] Ebd., S. 32. – *Mein verstorbener Großvater*] Ebd., S. 41. – *Ich werde Montag*] Ebd., S. 64. – *Der 1. Akt ist beinahe*] Ebd., S. 66. – *Der 1. Akt ist fertig*] Ebd., S. 70. – *Energisches Pst-Pst ... In diesem Augenblick*] Émile Zola: Nana, München 1975, S. 19-23. – *Ich habe Euren 2. Akt*] Lettres, S. 110. – *Ich bitte Euch um Verzeihung*] Ebd., S. 112. – *Von den ersten Worten an*] Jean-Claude Yon: Jacques Offenbach, Paris 2000, S. 346. – *Du weißt, wie es mit dem Weg*] Lettres, S. 154. – *Mich verlangt es nach ... In diesem 2. Akt*] Ebd., S. 159. – *In einer Zeit, da sich*] Siegfried Kracauer: Jacques Offenbach und das Paris seiner Zeit, Frankfurt a. M. 1994, S. 287. – *Wie komisch, dass*] Lettres, S. 162.

Der Genius der leichten Muse – Johann Strauß

Mozart und Offenbach standen] Hans Weigel: Johann Strauß, in: Weigel: Flucht vor der Größe. Sechs Variationen über die Vollendung im Unvollendeten. Graz-Wien-Köln 1978, S. 277. – *Im Takte seiner ›Schönen blauen Donau‹ ... Dem Siebzigjährigen waren die heiteren Genien*] Karl Kraus: Die Fackel, Nr. 153, 27. Jänner 1904. – *Der ganze Garten Sperls*] Heinrich Laube: Reise durch das Biedermeier, Hamburg 1965, S. 247-250. – *Triumph mein Strauß Sohn!*] Franz Wiest: Guten Morgen Strauß Sohn, in: Der Wanderer Nr. 252, 19.10.1844. – *Dämon des Wiener musikalischen Volksgeistes*] Richard Wagner: Mein Leben, a.a.O., S. 71. – *Mit dem Bogen der Gelehrsamkeit ... In der Tat bemerkte*] Eduard Hanslick: Johann Strauß II. Sohn, in: Biographisches Lexikon des Kaiserthums Österreich, Bd. 39, Wien 1879, S. 353. – *Das ist ein Dirigentengenie*] Ernst Décsey: Johann Strauß. Ein Wiener Buch, Stuttgart-Berlin 1922, S. 119. – *Einen heiteren oder auch nur ... ›Indigo‹ strotzte*] Gerhard Scheit: Johann Strauß und Eduard Hanslick, Straussiana 1999, Bd. 2, Tutzing 2002. – *In seiner Lade waren Stapel*] Décsey: Johann Strauß, a.a.O., S. 187. – *Nur ist das Buch*] Ebd., S. 205 f. – *In seinen Bühnenwerken*] Hans Fantel: The Waltz-Kings: Johann Strauss, Father and Son, and Their Era, Newton Abbot 1971, S. 183. – *Die Haltung kolonialer Herablassung*] Ebd. – *er nahm sich fast zwei*] Décsey: Johann Strauß, a.a.O., S. 206 – *Tragisch wie eine*] Heinrich Laube: Reisenovellen, 3. Bd., Mannheim 1836, S. 42.

Der Abgesang der Operette – Ralph Benatzky und das »Weiße Rössl«

Ich sitze am Schreibtisch] Fritz Hennenberg: Zwischen »Weißem Rößl« und Hollywood. Feature mit Musik in drei Kapiteln und einem Epilog, NDR Radio 3, 27.10.1998. – *Der Kritiker, der die vielen Namen]* Ebd. – *Dieser Shakespeare-Satz]* Ralph Benatzky: Triumph und Tristesse. Aus den Tagebüchern von 1919 bis 1946, hrsg. v. Inge Jens und Christiane Niklew, Berlin 2002, S. 15. – *Im Reich des Dionysos]* Karl Kraus: Ausgewählte Werke, Bd. 2 (1914-1925), München 1971, S. 523. – *Wieder eine Premiere]* Ralph Benatzky: Triumph und Tristesse, S. 91. – *Restaurativ wird hier]* Volker Klotz: Operette. Porträt und Handbuch einer unerhörten Kunst, München-Zürich 1991, S. 241. – *Die Situation in Deutschland]* Ralph Benatzky: Triumph und Tristesse, S. 87. – *Wahrscheinlich werden sie die Nazis]* Ebd., S. 87. – *... in deutlichem Gegensatz]* Klotz: Operette, a.a.O., S. 239. – *Mr. Benatzky, we need]* Ralph Benatzky: Triumph und Tristesse, S. 230. – *»Österreich, seit gestern abend]* Ebd., S. 245 f. – *... man müßte natürlich Engelszungen]* Ebd., S. 253 f. – *Bleibt also nichts übrig]* Ebd., S. 271. – *Nirgends sah ich bisher ... die Klassen- und Standesunterschiede]* Ebd., S. 259. – *Ein Stubenmädel beim Zimmerreinigen]* Ebd., S. 260. – *What for a country!]* Ebd., S. 269. – *Der Autor, der Schöpfer selber ... Das Verdienen allein]* Ebd., S. 285. – *... es ist sonderbar]* Ebd., S. 289. – *Ich kann es niemandem schildern]* Ebd., S. 306 f. – *Verkrampfte Huren-›Literatur‹]* Ebd., S. 358. – *Erwin [Piscator], der Hausherr]* Ebd., S. 356 f. – *Versucht den kompletten Versager]* Ebd., S. 357.

Der Dichter als Librettist – Hugo von Hofmannsthal

Sehr geehrter Herr, Ich weiß nicht] Richard Strauss/Hugo von Hofmannsthal: Briefwechsel, hrsg. v. Willi Schuh, München 1978, S. 15 [zitiert BW mit Seitenzahl]. – *Sehr geehrter Herr! Anbei sende ich Ihnen]* BW, S. 16 f. – *Verehrter Herr von Hofmannsthal! Ich habe nach wie vor]* BW, S. 17 f. – *Nun muß ich schon sagen]* BW, S. 19. – *Der Augenmensch Hofmannsthal]* Hans Mayer: Ein Denkmal für Johannes Brahms. Versuche über Musik und Literatur, Frankfurt a.M. 1983, S. 110. – *Man spricht vergebens viel]* Goethe: Münchner Ausgabe, Bd. 3.I, S. 173. – *Wie Hugo von Hofmannsthal]* BW, S. 13. – *Lieber Dr. Strauss, alles was Sie mir sagen]* BW, S. 345 f. – *Sie spricht ja heute wie ein Pater]* Hugo von Hofmannsthal: Gesammelte Werke in zehn Einzelbänden. Dramen V (Operndichtungen), Frankfurt a.M. 1979, S. 42 [zit. Hofmannsthal: Operndichtungen, mit Seitenzahl]. – *Der Herr Graf sind auf und davon]* Ebd., S. 43. – *Der Graf weiß ohnehin]* Ebd., S. 44. – *Drei Tage Schnee]* BW, S. 66 f. – *Diese Kritik war entschieden]* BW, S. 73. – *für Ihr energisches Eingreifen]* BW, S. 74. – *Wenn man wieder einmal etwas]* BW, S. 112 f. – *Es trocknet Tränen]* Hofmannsthal: Operndichtungen, S. 205. – *Ach wir sind zur Qual geboren]* Goethe: Münchner Ausgabe, Bd. 4.I, S. 999. – *Schönsten Dank für die erste Szene]* BW, S. 128. – *der Text ist halt auch glänzend]* BW, S. 289. – *Vielleicht innerhalb]* BW, S. 57. – *Trifft mich sein Lieben nicht]* Hofmannsthal: Operndichtungen, S. 377 f. –

Jenes Element] BW, S. 171. – *In jener Nacht*] Hofmannsthal: Operndichtungen, S. 499f. – *Meine Stellung als Künstler*] Hofmannsthal und Willy Haas. Ein Briefwechsel, hrsg. v. Rolf Italiaander, Berlin 1968, S. 47. – *Unter geschlossenem Lid*] Hofmannsthal: Operndichtungen, S. 482. – *Aber ich kann mir nicht helfen*] BW, S. 654f. – *Ich hörte unlängst wieder*] BW, S. 572f. – *Dergleichen kann man nicht*] BW, S. 578. – *Ihr schöner Brief über*] BW, S. 580. – *Die Biographie eines andern*] BW, S. 581. – *Ich habe wirklich einen unbegrenzten*] BW, S. 600f. – *Ich sehe diese Handlung*] BW, S. 610f. – *Es sind die Kunstmittel*] Hofmannsthal: Operndichtungen, S. 512. – *Sehr reizvoll*] Heinz Becker: »Prima la musica – dopo le parole«, in: Programmheft der Hamburgischen Staatsoper, Spielzeit 1972/73, S. 114. – *Erster Akt ausgezeichnet*] BW, S. 696. – *... denn morgen fahr ich ... Mandryka läßt das Portefeuille*] Hofmannsthal: Operndichtungen, S. 537f.

»Die schweigsame Frau« – Zur Uraufführung der Oper von Richard Strauss

Den Gestus eines idealisierten] Theodor W. Adorno: Richard Strauss, in: Gesammelte Schriften, Bd. 16, Frankfurt a. M. 1978, S. 565. – *Was ein richtiger Musiker*] Stefan Zweig: Die Welt von gestern. Erinnerungen eines Europäers, o. O. 1952, S. 337. – *Was für ein begabter*] Thomas Mann: Doktor Faustus, a. a. O., S. 207f. – *Denn was kann einer*] Zweig: Die Welt von gestern, a. a. O., 1952, S. 55. – *Den Abstand zwischen sich*] Hilde Spiel: Ein Ruhm von gestern. Zum 100. Geburtstag von Stefan Zweig, in: Frankfurter Allgemeine Zeitung, 28.11.1981. – *Nie hatte ich bei ihm*] Zweig: Die Welt von gestern, a. a. O., S. 335. – *Vielen herzlichen [Dank]*] Richard Strauss/Stefan Zweig: Briefwechsel, Frankfurt a. M. 1957, S. 18. – *Ja, daß ich dich gefunden*] Ebd., S. 41f. – *Der mich gerufen aus dem Stein*] Richard Strauss. New Perspectives on the Composer and His Work, ed. by Bryan Gilliam, Durham-London 1992, S. 105. – *Bei seinem Kunstegoismus*] Zweig: Die Welt von gestern, a. a. O., S. 339f. – *Solch unbeschwertes Vergnügen*] Strauss/Zweig: Briefwechsel, a. a. O., S. 157. – *Ihr Brief vom 15. bringt mich ... Wer hat Ihnen denn gesagt*] Ebd., S. 141f. – *Mein Führer! Mein ganzes Leben*] Franzpeter Messmer: Richard Strauss. Biographie eines Klangzauberers, Zürich 1994, S. 448.

Welch sonderbarer Trödelkram steht hier heute zum Verkauf! – Igor Strawinsky und die Oper

Die Feststellung, daß Opern] Auden: Des Färbers Hand und andere Essays, a. a. O., S. 562. – *Daß ein Mittel des Ausdrucks*] Richard Wagner: Gesammelte Schriften und Dichtungen, a. a. O., Bd. 3, S. 231. – *Ich bin der Ansicht*] Igor Strawinsky: Leben und Werk. Von ihm selbst, Mainz 1957, S. 59 [zit. Strawinsky: Leben und Werk, mit Seitenzahl]. – *Zum Raum wird hier die Zeit*] Richard Wagner: Die Musikdramen, a. a. O., S. 834. – *... ach! es graut mir*] Cosima Wagner: Die Tagebücher, a. a. O., Bd. II,

S. 181. – *Was immer dem falschen Glanz absagte*] Theodor W. Adorno: Zur Partitur des ›Parsifal‹, in: Gesammelte Schriften, Bd. 17, Frankfurt a.M. 1982, S. 50f. – *äußerst dichtes Gewebe*] Pierre Boulez: Points de repère: Regards sur autrui, Paris 1995, S. 132. – *Das ist die Sprache der Leidenschaft*] Hugo von Hofmannsthal: Gesammelte Werke in zehn Einzelbänden. Dramen V (Operndichtungen), Frankfurt a.M. 1979, S. 187. – *Das braucht's halt*] Fritz Busch: Aus dem Leben eines Musikers, Zürich 1949, S. 169. – *Nachdem die Pariser Aufführungen*] Strawinsky: Leben und Werk, S. 40. – *Je déteste l'Ausdruck*] Volker Scherliess: Je déteste l'Ausdruck. Über Strawinsky als Interpreten, in: Traditionen – Neuansätze. Für Anna Amalie Abert (1906-1996), hrsg. v. Klaus Hortschansky, Tutzing 1997, S. 475. – *Man wechselte von einer Musik*] Leben und Werk, S. 199. – *Ich war aus gutem Grund gegen ihn*] Uli Schauerte: Ragtime statt Wagner – Wagnis statt Ragtime. Neue Welt & neue Welten in Europas Klaviermusik. Filmessay (Kap. 2). – *Da die Handlung*] Strawinsky: Leben und Werk, S. 57. – *›Reinecke‹ soll von Clowns, Tänzern und Akrobaten*] E.W. White: Strawinsky, Hamburg 1949, S. 79. – *Die Verse hatten etwas*] Leben und Werk, S. 59. – *Meine Oper ›Mawra‹*] Ebd., S. 198. – *»Wendepunkt«*] Ebd., S. 100. – *Ich fühlte das Bedürfnis*] Ebd., S. 119. – *[Das Lateinische] hat den Vorzug*] Ebd., S. 119-122. – *Die Schönheit eines klassischen*] André Gide: Billets à Angèle, in: Essais critiques, Paris 1999, S. 281 (übersetzt vom Autor). – *Diese Partitur, so wie sie geschrieben ist*] Heinrich Lindlar: Igor Strawinsky. Lebenswege/Bühnenwerke, Zürich/St. Gallen 1994, S. 202f.

Bis der reitende Bote des Königs erscheint – Bertolt Brecht und das Musiktheater

Alles, was Hypnotisierversuche] Bertolt Brecht: Anmerkungen zur Oper »Aufstieg und Fall der Stadt Mahagonny«, in: Brecht: Werke, Große kommentierte Berliner und Frankfurter Ausgabe, Bd. 24 (Schriften 4), Berlin-Weimar-Frankfurt 1988ff., S. 79 [zit. Brecht: Werke, mit Band- und Seitenzahl]. – *Kriege zertrümmern die Welt*] Brecht: Werke, Bd. 15, S. 120. – *Für episches Theater*] Brecht: Werke, Bd. 22/1, S. 155. – *In den ersten paar Stücken*] Ebd., S. 155f. – *Die Aufführung der ›Dreigroschenoper‹*] Ebd., S. 156. – *Das Jahr 1927*] Hanns Eisler: Musik und Politik. Schriften 1924-1948, Leipzig 1973, S. 56-58. – *Auf dem Musikfest*] Lotte Lenya remembers Mahagonny, Begleitheft der amerikanischen Aufnahme von Mahagonny, CBS K3L 243. – *Das zarte und innigste Liebeslied*] Werke Bd. 22/1, S. 157. – *In einer Zeit, die längst vergangen ist*] Brecht: Werke, Bd. 2, S. 272. – *Ich hatte eine realistische Handlung*] Kurt Weill: Korrespondenz über Dreigroschenoper, in: Musikblätter des »Anbruch«, Jg. 11, 1929, S. 24. – *Verehrtes Publikum, wird sind soweit*] Brecht: Werke, Bd. 2, S. 307. – *Also, wenn ihr Mackie Messer*] Ebd., S. 268. – *Armer Mann, du hast also*] W.A. Mozart/E. Schikaneder: Die Zauberflöte. – *Eine Helyett von der Heilsarmee*] Alfred Kerr: Die Welt im Drama, Köln-Berlin 1954, S. 175ff. – *Es ist ein Gleichnis*] Programmheft »Mahagonny« der Deutschen Oper am Rhein, Spielzeit 1970/71. – *In Mahagonny wird Wild-West*] Theodor W. Adorno: Musikalische Schriften IV,

Frankfurt a.M. 1982, S. 115. – *Die Oper, die wir haben*] Brecht: Werke, Bd. 24, S. 76. – *Aus dem Spaß war etwas*] Ebd., S. 80. – *Der große Primatkampf*] Ebd., S. 79. – *doch ein wenig zu unbefangen*] Peter Hacks: Versuch über das Libretto, in: ders.: Oper, Berlin/Weimar 1976, S. 239 – *Mein Name ist Charles Lindbergh*] Brecht: Werke, Bd. 3, S. 9. – *Ausgemerzt ... Mein Name tut nichts*] Ebd., S. 405. – *Ich wage es. Ich habe bei mir: ... 2 elektrische Lampen*] Ebd., S. 10. – *In Italien sechshundertvierzig*] W.A. Mozart/Lorenzo Da Ponte: Don Giovanni. – *Wenn der Himmel hell wird*] Brecht: Werke, Bd. 2, S. 375. – *Gegen Ende des zweiten Jahrtausends*] Brecht: Werke, Bd. 3, S. 27. – *Wichtig zu lernen*] Brecht: Ebd., S. 59. – *Jetzt will ich zu ihnen gehen*] Ebd. – *Ich komme, um Ihnen Lebewohl*] Ebd., S. 66. – *in jeder neuen Lage*] Ebd., S. 71. – *Als ich ›Das Kapital‹*] Brecht: Werke, Bd. 21, S. 256. – *Es war eine echte Zusammenarbeit*] Hanns Eisler: Gespräche mit Hans Bunge, Leipzig 1975, S. 171. – *Wir müssen bedenken*] Hanns Eisler: Musik und Politik, Schriften I (1924-1948), Leipzig 1973, S. 127. – *Ferner Kanonendonner*] Brecht: Werke, Bd. 4, S. 307. – *Der radikale Brecht*] Fritz Kortner. Aller Tage Abend, München 1959, S. 308. – *Sie besteht aus zehn Liedern ... Die Bildhaftigkeit*] Paul Dessau: Zur Courage-Musik, in: Notizen zu Noten, hrsg. v. Fritz Hennenberg, Leipzig 1974, S. 122. – *Das geht auf mich*] Brecht: Werke, Bd. 6, S. 358. – *Außerdem muß man*] Brecht: Werke, Bd. 27, S. 317. – *Ich schlage vor, daß wir*] Brecht: Werke, Bd. 6, S. 162. – *Wirklich dramatische Handlung*] Fritz Hennenberg: Oper im Verhör: der Streitfall Lukullus. Eine kulturpolitische Kontroverse in der DDR, NDR Radio 3, Sonntagsstudio, 01.02.98. – *Im Frühjahr 1951*] Paul Dessau: Bei Wilhelm Pieck zu Gast, in: Neues Deutschland, 15.09.1960.

Die Wahrheit des Singens – Wystan Hugh Auden, der letzte Operndichter

Damals war es] The Complete Works of W.H. Auden: Prose (Vol. V, 1963-1968), ed. by Edward Mendelson, Princeton 2015. – *O long ago in Germany*] Wystan Hugh Auden: Paul Bunyan. Programmheft Sadler's Wells Theatre, London 1976, S. 62. – *One night he dreamt he was to be*] Ebd., S. 59. – *Strawinsky wollte eine Oper ... Wenn es irgendeine*] Wystan Hugh Auden: Secondary Worlds, London 1968, S. 98f. (übersetzt vom Autor). – *Das Drama Wagners*] Strawinsky: Leben und Werk, S. 200. – *Anfangs folgten wir Hogarth*] Igor Strawinsky/Robert Craft: Memories and Commentaries, Berkeley and Los Angeles 1960, S. 156f. (übersetzt vom Autor). – *Er ist ein Dichter*] Igor Strawinsky: Über meine englische Oper. Gespräch mit Emilia Zanetti, in: Musik der Zeit, Heft 1, Bonn 1951. – *Ein Psychodrama*] Hans Werner Henze: Reiselieder mit böhmischen Quinten. Autobiographische Mitteilungen 1926-1995, Frankfurt a.M. 1996, S. 204. – *Die zarte und schöne Klänge*] W.H. Auden/Chester Kallman: Geburt eines Librettos, in: Elegie für junge Liebende. Textbuch, Mainz 1961 (Anhang). – *Die beiden hatten*] Henze: Reiselieder, a.a.O., S. 203. – *Den Stanzen*] Henze: Über ›Elegie für junge Liebende‹, in: Musik und Politik. Schriften und Gespräche 1955-1975, München 1976, S. 80. – *»Wieviel einfacher*] Henze: Reiselieder ..., a.a.O., S. 207. – *Während ich bei der Komposition*] Henze: Über ›Elegie für junge Liebende‹, a.a.O.,

S. 81. – *Tatsächlich wurden die einzigen Dinge]* Auden/Kallman: Geburt eines Librettos, a.a.O., S. 64 – *... auf die Idee von fünf oder sechs]* Ebd., S. 61 – *In der Überzeugung]* Ebd. – *Was wir auch unseren Schauspieler]* Ebd., S 62 – *Lokal gefärbte ... Wir haben hier einen echten Mythos]* Ebd., S. 62f. – *... unstatthaft für einen Komponisten]* Klaus Geitel: Hans Werner Henze, Berlin 1968, S. 120. – *Die Mythe log]* Gottfried Benn: Sämtliche Werke, Bd. I (Gedichte 1), Stuttgart 1986, S. 205. – *Glaubwürdig in der Oper]* Auden: Des Färbers Hand und andere Essays, a.a.O., S. 558. – *Ich halte jemanden]* Ebd. – *When people are too dumb]* Hans Werner Henze: Moralities (Moralitäten). Drei szenische Spiele von W.H. Auden nach Fabeln des Äsop, Mainz 1969, S. 60. – *Von der Schwierigkeit]* Hans Werner Henze: Cantata della fiaba estrema; Musen Siziliens; Moralitäten, Booklet zur Einspielung der DGG, 2001. – *Das Goldene Zeitalter]* Auden: Des Färbers Hand, a.a.O., S. 561 f.

Personenregister

Abert, Hermann 51, 58
Abraham, Paul 285, 290
Adam, Adolphe 119, 250
Adorno, Theodor W. 71, 100-102, 238, 256, 318, 327, 329, 347
Äsop 381
Alfieri, Vittorio 108
Althann, Marianna d' 32, 39
Andersen, Hans Christian 332
Apel, Johann August 94, 95
Arne, Thomas 38
Arnim, Bettina von (geb. Brentano) 175
Auber, Daniel-François-Esprit 18, 109, 119, 122f., 126f., 129
Auden, Wystan Hugh 141, 295, 324, 326, 328, 337, 363-382
Aufricht, Ernst Josef 347
Auletta, Pietro 38

Bach, Johann Christian 35f., 43
Bach, Johann Sebastian 35
Bachmann, Ingeborg 20, 378
Bahr, Hermann 311
Balanchine, George 347f.
Balzac, Honoré de 173, 227, 232, 259f.
Bandello, Matteo 105
Barbier, Jules 18, 263, 125, 163, 179
Bardare, Emanuele 141
Baudelaire, Charles 15, 202, 232
Beaumarchais, Pierre Augustin de 12, 46, 49, 51-54, 57-59, 380
Beck, Karl Isidor 271
Beer, Jacob Herz 120
Beer, Michael 121
Beethoven, Ludwig van 8-10, 16, 42, 71, 76, 100, 160, 172-175, 191, 270
Bellini, Vincenzo 17, 103-105, 108, 112-118, 162, 195f., 199, 326, 370
Benatzky, Ralph 281-291
Benn, Gottfried 363, 379
Berg, Alban 10f., 13, 329
Berio di Salsa, Francesco Maria 168

Berio, Luciano 20
Berlioz, Hector 93, 95, 103, 120, 133, 175f., 185f., 280
Bertati, Giovanni 61, 63f., 66, 68
Bettinelli, Giuseppe 42
Beyle, Marie Henri siehe Stendhal
Binder, Karl 262
Bismarck, Otto von 258, 265
Bizet, Georges (eigentl.: Alexandre César Léopold) 10, 18, 35, 125, 154, 181, 226, 242, 261, 264
Blumenthal, Oskar 281
Böhm, Karl 322
Börne, Ludwig 174
Boïeldieu, François-Adrien 18, 119, 121f.
Boito, Arrigo 16, 17, 40, 107, 115, 141, 156, 158, 159-171, 176, 179, 181-183, 185, 295, 306
Bombet, Louis Alexandre César (Pseudonym) siehe Stendhal
Bonno, Giuseppe 38
Born, Ignaz von 81
Bottesini, Giovanni 182
Boulez, Pierre 328
Brahms, Johannes 8, 115, 271
Branca, Emilia (verh. Emilia Romani) 107
Brandt, Caroline (verh. Caroline von Weber) 96f., 102
Brecht, Bertolt 7, 12, 17f., 290, 337, 339-362, 365, 376, 382
Brenna, Guglielmo 142, 152
Britten, Benjamin 364, 365
Brockhaus, Heinrich 190
Brook, Peter 242,
Brosses, Charles de 31
Bruckner, Anton 271
Brühl, Carl von 96,
Budden, Julian 149, 155, 157
Büchner, Georg 11, 13, 329
Bülow, Hans von 270

Bulgarelli, Marianna Benti (»La Romanina«) 28f., 32
Bunge, Hans 355
Bunyan, John 364
Burkhard, Paul 358
Burrell, Mary 191,
Busch, Fritz 321, 328
Busoni, Ferruccio 11, 13, 175f., 183-185, 341
Byron, George Gordon (Lord Byron) 97, 144, 150, 220

Cagliostro, Alessandro 81
Caldara, Antonio 33, 36, 39
Callas, Maria 106, 360
Calzabigi, Francesco Maria de siehe Ranieri de' Calzabigi
Cammarano, Salvadore 141, 146, 155
Carmencita 227, 233f.
Carré, Michel 18, 125, 163, 179, 263
Caruso, Enrico 119, 183
Casanova, Giacomo 40f., 48, 67, 75
Casella, Alfredo 36
Casti, Giovanni Battista (Abbé Casti) 8f., 21, 48, 315, 325
Cavalieri, Caterina 90
Cavour, Camillo Benso Graf von 156, 108
Cebotari, Maria 322
Cesti, Antonio 162
Chaplin, Charlie 241, 288
Charell, Erik (eigentl.: Erich Karl Löwenberg) 281, 284f.
Chécchi, Eugenio 109f., 117
Cherubini, Luigi 27, 30, 106, 125
Chopin, Frédéric 267
Cimarosa, Domenico 61, 106
Cini, Giorgio 20
Clemens IX., Papst 13
Cocteau, Jean 334, 336
Conegliano, Emmanuel siehe Da Ponte, Lorenzo
Conforti, Giovanni 39
Conti, Francesco Bartolomeo 39
Corneille, Pierre 31, 234
Courths-Mahler, Hedwig 342

Craft, Robert 368
Crémieux, Hector 261

Da Ponte, Lorenzo 11f., 17, 43, 44-75, 105, 107f., 159, 250, 295, 302, 307, 355, 370, 374
Da Ponte, Lorenzo (Bischof) 47
D'Annunzio, Gabriele 311, 161
Dante Alighieri 60, 107, 162, 184, 213
Daudet, Alphonse 231
David, Domenico 29
David, Jacques-Louis 13
De Sanctis, Cesare 152
Debussy, Claude 10, 198, 327f., 331f., 374
Décsey, Ernst 276, 278f.
Delacroix, Eugène 173, 176, 186, 232
Delavigne, Germain 125
Delibes, Léo 332
DeMille, Cecil B. 241
Dent, Edward 56, 72
Deschamps, Émile 133
Dessau, Paul 341, 356, 358-362, 376
Dickens, Charles 376
Diderot, Denis 14
Dietsch, Pierre-Louis 201
Donizetti, Gaetano 10, 18, 27, 108-113, 117, 122f., 144, 195, 246, 364
Donzelli, Domenico 115
Dorus-Gras, Julie 130
Dostal, Nico 285
Dumas, Alexandre (fils) 11, 135, 161 331,
Dumas, Alexandre (père) 18, 178, 155
Duse, Eleonora 161f.

Eckermann, Johann Peter 77, 87, 175f.
Edesimo, Évandro (Pseudonym) siehe Rosellini, Franceso
Einstein, Alfred 51, 61, 64, 66, 77
Eisler, Hanns 51, 185, 341f., 355-360
Eliot, Thomas Stearns (T. S.) 366
Engels, Friedrich 339
Enzensberger, Hans Magnus 373
Esménard, Joseph-Alphonse 126
Esterházy de Galantha, Nikolaus I Joseph Fürst 42, 48

Esterházy de Galantha, Paul Anton II
 Fürst 42, 48
Eugénie, Kaiserin der Franzosen 233,
 258
Euripides 311, 378f.
Eysoldt, Gertrud 297, 398

Faccio, Franco 160f., 163-166
Fantel, Hans 279
Felsenstein, Walter 261
Ferdinand I., Kaiser von Österreich 268
Fétis, François-Joseph 129
Feuchtwanger, Lion 339, 343
Firmian, Karl Johann Graf von 35
Fischer, Hedwig Josma siehe Selim,
 Josma
Fischer, Ludwig 34
Flaubert, Gustave 227
Florimo, Francesco 118
Fontane, Theodor 17
Foucher, Paul 201
Franz Joseph I., Kaiser von Österreich
 321, 276
Freud, Sigmund 363
Friedrich II., König von Preußen 13
Friedrich, Caspar David 173

Gaillard, Karl 221
Galli-Marié, Célestine 228, 241
Gamerra, Giovanni de 26
García, Maria Felicité (verh. Maria
 Malibran) 75
García Gutiérrez, Antonio 155
Gasparini, Rosalia 42
Gast, Peter (Pseudonym für Köselitz,
 Heinrich) 227
Gautier, Théophile 178, 231
Gay, John 30, 342
Gazzaniga, Giuseppe 61
Geistinger, Marie 272
Geitel, Klaus 378
Genée, Richard 277
George, Stefan 300, 374, 376
Ghislanzoni, Antonio 158, 169
Giacosa, Giuseppe 161
Gide, André 337

Giesecke, Karl Ludwig 80f., 281
Gilbert, Robert 281
Girardi, Alexander 276f.
Glinka, Michail 17
Gluck, Christoph Willibald 7, 9f., 20,
 30, 33, 48, 50, 52, 61, 99, 121, 137,
 197, 250, 262, 310, 325
Godard, Jean-Luc 242
Goebbels, Joseph 321f.
Goethe, Catharina Elisabeth 77
Goethe, Johann Wolfgang von 17f., 20,
 47, 59, 72, 74, 77, 87, 121, 137, 161,
 163, 172-186, 208, 213f. 220, 233, 299,
 306, 321, 339, 364, 376
Gogol, Nikolai 17, 290
Goldoni, Carlo 17, 37f., 61, 123
Goncourt, Edmond 235f.
Goncourt, Jules 235f.
Gorrio, Tobia (Pseudonym) siehe Boito,
 Arrigo
Gottfried von Straßburg 213
Gounod, Charles 18, 42, 125, 134, 163,
 176, 179, 180f., 183, 185, 229, 230,
 250, 260, 263, 332
Gozzi, Carlo 198
Granichstaedten, Bruno 281
Graun, Carl Heinrich 13
Gravina, Gian Vincenzo 28, 41
Gregor, Joseph 8f., 315
Grimaldi, Nicolò 29
Grimm, Jacob 213, 245
Grimm, Wilhelm 213, 245
Grisi, Giulia 115
Grotewohl, Otto 362
Grout, Donald Jay 38
Gründgens, Gustaf 261
Guevara de la Serna, Ernesto Rafael
 (Che Guevara) 379
Gui, Vittorio 107
Guiraud, Ernest 241
Guizot, François 259

Haas, Willy 311
Hacks, Peter 18, 261, 349, 381
Händel, Georg Friedrich 30, 121, 137,
 326, 342

Halévy, Jacques Fromental 18, 119, 122-125, 195, 311
Halévy, Ludovic 18, 125, 228, 231, 235, 236, 241, 248-252, 255, 257-259, 262, 264, 274, 278
Hanslick, Eduard 70, 72, 137, 157, 189, 196f., 219, 241, 269f., 273, 277
Hasse, Johann Adolph 39, 41, 42f.
Hauff, Wilhelm 378
Hauptmann, Elisabeth 342, 345, 355
Hauptmann, Gerhart 174, 300, 376f.
Haussmann, Georges-Eugène Baron 276
Haydn, Joseph 25, 38, 42, 48, 267
Hayworth, Rita 241
Hebbel, Friedrich 219
Heine, Heinrich 97-99, 119, 121, 131f., 174, 201
Hemingway, Ernest 358
Henze, Hans Werner 11, 20, 127, 295, 363, 366f., 370-376, 378-381
Herwegh, Georg 203
Hildesheimer, Wolfgang 51, 63, 68, 78, 81, 82, 89
Hindemith, Paul 11, 300, 350, 356f., 371
Hitler, Adolf 285-287, 289, 320, 322f., 339, 350, 357, 360, 378
Hölderlin, Friedrich 319
Hofer, Franz de Paula 89
Hoffmann, Ernst Theodor Amadeus (E. T. A.) 11, 63, 100, 190
Hoffmann, Melanie 283
Hoffmann von Fallersleben, August Heinrich 222
Hofmannsthal, Franz von 316
Hofmannsthal, Hugo von 11, 17, 42, 51, 103, 116, 159, 295-317
Hogarth, William 337, 364, 366-368
Hugo, Victor 14f., 111, 144, 151-153, 156, 163, 173, 177, 227, 233
Humperdinck, Engelbert 341
Huxley, Aldous 364, 366

Ibsen, Henrik 161

Jahn, Otto 51, 77

Janáček, Leoš 11
Janin, Jules 251f.
Jannings, Emil 281
Jarnach, Philipp 184
Jean Paul (Johann Paul Friedrich Richter) 14
Jens, Inge 282
Jonson, Ben 320
Joseph II. 58, 69, 130
Jouy, Victor-Joseph Étienne de 126
Joyce, James 20

Kadelburg, Gustav 281
Kallman, Chester 337, 364, 366, 368, 370f., 373f., 376-378, 380
Kálmán, Emmerich 290
Kant, Immanuel 47
Karajan, Herbert von 323
Katharina II. 13
Keats, John 319
Kelly, Michael 45f.
Kerr, Alfred 311, 346
Kessler, Harry Graf von 310
Kind, (Johann) Friedrich 95f., 101
Kindermann, Heinz 247
Kirkpatrick, María Manuela, Gräfin von Montijo 233
Klebe, Giselher 20
Kleist, Heinrich von 19f., 33, 193, 331
Klopstock, Friedrich Gottlieb 14
Klotz, Volker 286
Kortner, Fritz 358f.
Kracauer, Siegfried 256, 260
Kraus, Karl 245, 261f., 265f., 276, 279, 282
Krauss, Clemens 9, 21, 316
Krenek, Ernst 11, 300, 342
Kreutzer, Conradin 27
Kubrick, Stanley 318
Künneke, Eduard 285

La Bruyère, Jean de 14
La Fontaine, Jean de 247
Lablache, Luigi 118
Labrunie, Gérard siehe Nerval, Gérard de

Lachmann, Karl 213
Landgraf, Ludwig 373
Landi, Stefano 13
Lane, Dorothy (Pseudonym) siehe Hauptmann, Elisabeth
Lanner, Joseph 267-269
Laube, Heinrich 267, 280
Laun, Friedrich (Pseudonym für Friedrich August Schulze) 94f.
Leander, Zarah 287
Lehár, Franz 265, 281, 285, 287
Leibniz, Gottfried Wilhelm 38
Leibowitz, René 262
Lenya, Lotte 290, 342
Leopardi, Giacomo 110, 319
Leopold II. 81
Lessing, Gotthold Ephraim 124, 81
Leuven, Adolphe de 235
Levasseur, Nicolas 130
Leyden, Jan van 134
Liebmann, Amalie 12
Lincke, Paul 285
Lindbergh, Charles 350
Liszt, Franz 120, 137, 175, 229, 270
Lortzing, Albert 14, 190, 261, 312
Louis Philippe 130
Lubitsch, Ernst 241
Ludwig II. 138
Luther, Martin 131

Maeterlinck, Maurice 11, 328
Maffei, Andrea 146, 149, 157
Mahler, Gustav 101, 133, 256, 327, 378
Malraux, André 358
Mann, Erika 373
Mann, Thomas 58, 198, 207, 218f., 282, 319, 321, 363, 377
Mann, William 368
Marcello, Benedetto 36f.
Marie-Louise von Österreich 105
Marlowe, Christopher 176, 178
Marschner, Heinrich 190, 195, 199, 202, 313, 371
Martín y Soler, Vincente 48, 59
Martinez, Marianna 32, 42
Martinez, Nicolò 32

Marx, Karl 339, 256
Massenet, Jules 127, 176, 258, 332
Mattheson, Johann 246
Mayer, Hans 86
Mayr, Johann(es) Simon 108, 112
Mazzini, Giuseppe 109
Mazzolà, Caterino 27, 48
Meilhac, Henri 18, 125, 228, 231, 235, 236, 241, 250, 252, 254f., 259, 262, 264, 274, 278
Mélesville (Künstlername, eigentl.: Anne-Honoré-Joseph Duveyrier) 125
Mellers, Wilfrid 319
Melville, Herman 14
Mendelssohn Bartholdy, Felix 8, 105, 171, 173, 229, 270
Mercadante, Saverio 145
Méric-Lalande, Henriette 111f.
Merighi, Antonia 29
Mérimée, Prosper 173, 226-242
Messiaen, Olivier 13
Metastasio, Pietro (eigentl.: Trapassi, Pietro Antonio) 16, 17, 18, 25-43, 47f., 105, 107, 116, 158, 302
Metternich, Klemens Wenzel Lothar Fürst von 267, 130
Meyerbeer, Minna (geb. Mosson) 132
Meyerbeer, Giacomo (eigentl.: Meyer Beer, Jakob Liebmann) 10, 18, 27, 108, 118, 119-139, 149, 167, 195 239, 270, 307, 311
Miller, Norbert 172
Millöcker, Karl 277
Milton, John 364
Mitousoff, Stéphane 332
Molière 17, 25, 61, 66, 306
Montanelli, Giuseppe 155
Monteverdi, Claudio 10, 20, 50, 162, 326f.
Montgolfier, Jacques Étienne 82
Montgolfier, Joseph Michel 82
Monti, Vincenzo 108
Morgenstern, Christian 208, 250
Mortari, Virgilio 36
Mosenthal, Salomon Hermann 167
Mottl, Felix 282

Mozart, Anna Maria 89
Mozart, Leopold 8
Mozart, Wolfgang Amadé 7f., 10, 12f.,
  17, 25-27, 30, 33f., 35f., 41-43, 44-75,
  76-90, 93, 100, 105f., 108, 120, 133,
  137, 157, 159, 172f., 175, 197, 229,
  250, 256, 265, 267, 274, 295, 302, 305,
  307, 313, 322, 326, 328, 355, 364,
  366f., 369, 374, 382
Müller, Hans 281
Mussorgsky, Modest 17
Muzio, Emanuele 154

Nabokov, Nicolas 370
Napoleon Bonaparte, Kaiser der
  Franzosen 46, 50, 105, 125, 130, 174
Napoleon III., Kaiser der Franzosen
  130, 250, 255, 258f., 162, 262
Negri, Pola 241
Nerval, Gérard de 15, 176, 177, 208
Nestroy, Johann 273, 190, 253
Nicolai, Otto 16, 127, 166-168
Nietzsche, Friedrich 50, 198, 213, 214,
  224, 226f., 238, 245, 328, 331, 373
Nijinsky, Vaslav 310
Nissen, Georg Nikolaus 79
Nourrit, Adolphe 130, 132f.

Offenbach, Hermine 248
Offenbach, Jacques 10, 18, 125, 139,
  231, 235, 245-264, 265f., 270, 272,
  274-278, 301, 311, 378
Orff, Carl 11, 336
Orwell, George 358

Pacini, Giovanni 144f.
Paër, Ferdinando 106
Paisiello, Giovanni 43, 48, 157, 162
Palitzsch, Peter 358
Palladas 231
Pamer, Michael 267
Pasta, Giuditta 115
Pears, Peter 364f.
Pepusch, Johann Christoph 30, 342
Pergolesi, Giovanni Battista 36, 164,
  246, 335

Peri, Jacopo 20, 162
Petrarca, Francesco 60, 107, 212
Pfitzner, Hans 11, 15, 300, 313f.,
  371
Piave, Francesco Maria 16, 128, 141-
  158, 195
Piazza, Antonio 141
Piccini, Niccolò 99
Pieck, Wilhelm 362
Pignatelli, Marianna siehe Althann,
  Marianna d'
Pillet, Léon 93
Pirandello, Luigi 107, 184
Piscator, Erwin 290
Platen, August von 212
Ponchielli, Amilcare 163
Porpora, Nicola 28
Pougin, Arthur 241
Predieri, Luca Antonio 38f.
Preminger, Otto 241f.
Prokofjew, Sergej 11, 229
Puccini, Giacomo 8, 10f., 13, 16, 31,
  127, 154, 161, 163
Puchberg, Michael 84
Puschkin, Alexander 17, 232, 335

Raabe, Peter 323
Raaff, Anton 35
Racine, Jean 31
Raitt, Alan 242
Ranieri de' Calzabigi, Francesco Maria
  de 18, 52
Rathenau, Walther 323
Ravel, Maurice 11, 280, 333, 338
Reich-Ranicki, Marcel 19
Reinhardt, Max 284, 290, 297, 300
Reutter, Georg (der Jüngere) 39
Ricci, Federico 145
Ricci, Luigi 145, 150
Ricordi, Giulio 13, 117, 150, 158, 164,
  166
Rilke, Rainer Maria 300, 374
Rimski-Korsakow, Nikolai 17, 331
Rinuccini, Ottavio 20
Röckel, August 203
Romani, Emilia siehe Branca, Emilia

Romani, Felice 10, 17, 103-118, 128, 144, 146, 156, 370, 372
Rosellini, Francesco 41
Rosi, Francesco 242
Rospigliosi, Giulio siehe Clemens IX.
Rossini, Gioacchino 16, 105-108, 112, 118, 119, 122, 126-128, 133, 143f., 162, 166-168, 199, 246, 250, 256, 364
Rousseau, Jean-Jacques 14, 75
Royer, Alphonse 150
Rubini, Giovanni Battista 8
Rückert, Friedrich 314
Runge, Philipp Otto 173
Saavedra, Ángel de, Herzog von Rivas 156f.
Sacher-Masoch, Leopold Ritter von 363
Sacchini, Antonio 162
Sade, Donatien Alphonse François Marquis de 363
Sainte-Beuve, Charles-Augustin 232
Saint-Saëns, Camille 239, 369
Salieri, Antonio 8, 21, 48f., 59f., 65, 67, 90, 106, 166, 325
Sardou, Victorien 312, 314
Sarro, Domenico 29f., 38
Satie, Erik 331
Saura, Carlos 242
Schachteli, Werner 373
Schaljapin, Fjodor Iwanowitsch 183
Schatz, Albert 20
Schikaneder, Emanuel 49, 76-90, 96, 345
Schiller, Friedrich 81, 87, 144, 146, 183, 190, 213
Schinkel, Karl Friedrich 97
Schneider, Catherine, („Hortense") 253f.
Schönberg, Arnold 11, 13, 182, 295, 305, 327-329, 356
Schopenhauer, Arthur 89, 203
Schostakowitsch, Dmitri 11
Schreiber, Ulrich 83
Schreker, Franz 11, 300
Schubert, Franz 42, 172f., 228f., 267, 270

Schulhoff, Erwin 339
Schumann, Robert 131f., 175, 188, 267, 270
Scribe, Eugène 10, 17f., 108-110, 114, 119-140, 143, 149f., 195, 198, 307, 311, 312, 355
Selim, Josma (eigentl.: Fischer, Hedwig Josma) 282f.
Seyfried, Ignaz von 83
Shakespeare, William 42, 81, 103-105, 108, 124, 144, 146, 148, 161-163, 166-169, 171, 191, 198f., 212, 282, 359f., 364, 370
Shaw, George Bernard 208
Simrock, Karl 213
Smith, Patrick J. 20, 116, 129, 149, 221f.
Smithson, Harriet 103f.
Smetana, Bedřich (Friedrich) 110
Solera, Temistocle 16, 141f., 146
Somma, Antonio 156
Sophokles 336, 320
Spiel, Hilde 320
Spohr, Louis 105, 190, 195f., 199
Spontini, Gaspare 33, 98f., 106, 126
Steiner, Franz 277
Stendhal 25, 42, 107, 173, 232
Sternberg, Josef von 28
Stolz, Robert 281, 285, 290
Strauss, Alice (geb. von Grab-Hermannswörth) 321
Strauss, Franz 300
Strauss, Richard 8-11, 17, 21, 40, 134, 159, 239, 280f., 295-317, 318-323, 324, 328, 371, 379
Strauß, Adele, geb. Deutsch 266, 278f.
Strauß, Angelika, geb. Dittrich 267, 278f.
Strauß, Anna, geb. Streim 267
Strauß, Eduard 267, 270, 272
Strauß, Henriette („Jetty" Treffz, geb. Chalupetzky) 271, 279
Strauß, Johann (Sohn) 263, 265-280
Strauß, Johann (Vater) 266-269, 280
Strauß, Josef 267, 269f., 280
Strawinsky, Igor 11, 76, 155, 169, 198,

305, 324-338, 341, 364, 366-370, 373f., 376, 382
Strawinsky, Vera (geb. de Bosset) 368
Strecker, Ludwig 13
Strepponi, Giuseppina siehe verh. Verdi, Giuseppina]
Suppé, Franz von 272

Tagliazucchi, Giampietro 13
Taglioni, Paul 133
Tasso, Torquato 60, 107
Thimig, Helene (verh. Thimig-Reinhardt) 290
Thomas, Ambroise 18, 125, 163, 176
Tirso de Molina 61
Toscanini, Arturo 164, 171, 183, 321, 323
Trapassi, Felice 28
Trapassi, Pietro Antonio siehe Metastasio, Pietro
Treumann, Karl 262
Tschaikowsky, Peter 11, 17, 241, 270
Tscherepnin, Alexander 295
Turgenjew, Iwan 75

Uhlig, Theodor 135f.

Vaëz, Gustave (eigentl.: Van Nieuwen-Huysen, Jean-Nicolas-Gustave) 150
Varesco, Giambattista 73
Verdi, Giuseppe 8-10, 13, 16, 18, 31, 40, 109, 113, 116-118, 120, 122, 126-129, 131-133, 139f., 141-158, 159-171, 181-183, 195, 224, 230, 239, 263, 270, 279, 295, 302, 306, 326, 336, 367, 382
Vergil 29, 42
Verlaine, Paul 331
Viardot-García, Pauline 75
Victoria, Königin des Vereinigten Königreichs 265
Villon, François 360
Vinci, Leonardo 39
Vinci, Leonardo da 184
Vivaldi, Antonio 36, 160
Vogler, Georg Joseph (Abbé Vogler) 121
Voltaire 33, 104, 133, 231

Wagenseil, Georg Christoph 39
Wagner, Cosima 50, 114, 123, 129, 138, 191, 194, 208, 226, 327
Wagner, Gottfried 346
Wagner, Richard 7, 9-11, 13-15, 18f., 31, 44-46, 50f., 58, 71f., 100f., 105, 110, 114f., 118, 120, 123, 126-129, 131f., 134-140, 153, 160, 165, 169, 169, 175, 181, 184f., 187-225, 226, 230, 253, 260, 267-270, 275, 295, 300, 306, 311f., 321, 325-329, 331f., 352, 355, 366f., 372, 378
Wagner, Wilhelmine („Minna") 191, 201
Wagner, Winifred (geb. Williams) 191
Wagner-Régeny, Rudolf 295
Walker, Frank 150, 155, 161, 170f.
Walpole, Sir Robert 342
Walter, Bruno 321f.
Weber, Aloysia 34-36
Weber, Carl Maria von 8, 10f., 93-102, 105, 121, 130, 172, 190, 197, 202, 267
Weber, Constanze siehe Mozart, Constanze
Weber, Max Maria von 97f.
Wedekind, Frank 13, 300
Weigel, Hans 261, 265, 275
Weill, Kurt 17, 118, 290, 300, 340-348, 350f., 353, 354, 356f., 365
Wekwerth, Manfred 358
Wellesz, Egon 295
Werfel, Franz 290
Wesendonck, Mathilde 209
Weyl, Josef 271
Wieland, Christoph Martin 81, 83
Wilde, Oscar 381
Wilhelm II., Deutscher Kaiser und König von Preußen 222, 321, 323
Winter, Peter von 108
Wolf, Hugo 138
Wolfram von Eschenbach 213
Wyss, Monika 340

Yeats, William Butler 376, 378

Zadek, Peter 12

Zell, Friedrich (Pseudonym für Camillo Walzel) 277
Zelter, Carl Friedrich 121, 173, 185f.
Zeno, Apostolo 31-33
Zinzendorf, Karl Graf von 69, 77
Zola, Émile 252, 254f., 260
Zweig, Stefan 8, 315, 319-323

Werkregister (Opern, Operetten, Musiktheater, Ballette)

Abu Hassan 95
Die ägyptische Helena 295, 310f., 315, 329
L'Africaine (Die Afrikanerin) 119, 135, 138f., 239
Aida 116, 126, 131, 133, 139, 141, 158, 164, 166, 169, 181, 239, 336, 375
Alceste (Alkestis; Gluck) 52
Alessandro nell'Indie 30
Alkestis (Wellesz) 295
Ali Baba 125
Alkmene 20
Amleto (Hamlet) 163
Anna Bolena 108f., 116
Apollon musagète 330
Arabella 295, 307, 312, 314-317, 379
Ariadne auf Naxos 295, 304-307, 328, 337
Arlecchino 184
L'Arlesienne 231
Artaserse 38
Attilio Regolo 39-41
Aufstieg und Fall der Stadt Mahagonny 17, 340, 346-349, 351-355, 358-365
Axel an der Himmelstür 286f.

Das Badener Lehrstück vom Einverständnis 352f.
Le Baiser de la fée (Der Kuß der Fee) 330
Un ballo in maschera (Ein Maskenball) 122, 133, 156, 263
Il barbiere de Sevilla (Paisiello) 43
Il barbiere de Sevilla (Der Barbier von Sevilla; Rossini) 16, 43, 45, 106, 122, 320, 330
Die Bassariden 295, 363, 367, 371, 378-381
Ba-ta-clan 249
Beatrice di Tenda 116
The Beggar's Opera (Die Bettleroper) 30, 342f.

La belle Hélène (Die schöne Helena) 246, 250, 252-254, 257, 260, 263, 311
Das Bergwerk zu Falun 295
Der Bettelstudent 277
Bezauberndes Fräulein 286
Bianca e Falliero 107
Blindekuh 278
Boccaccio 272
La Bohème 10f., 128, 154, 343
Boris Godunow 17
Les Brigands (Die Banditen) 259, 263f.
Il burbero di buon cuore 48

Capriccio 315, 337
I Capuleti e I Montecchi 103f.
Carmen 10, 18, 35, 154, 226-242, 261, 264
Cavalleria rusticana 330
La chambre à coucher, ou une demi-heure de Richelieu (Das Schlafzimmer oder eine halbe Stunde mit Richelieu) 108, 122
Circe 306
La clemenza di Tito (Titus) 25-27, 30, 36, 48, 76, 78, 81
Cocktail 283
Le Comte Ory (Der Graf Ory) 122, 250
Les contes d'Hoffmann (Hoffmanns Erzählungen) 10f., 18, 235, 258, 260f., 263, 276f., 378
Il corsaro (Der Korsar) 150
Una cosa rara (Ein seltener Fall) 55, 59
Così fan tutte ossia La scuola degli amanti (So machen sie's alle oder Die Schule der Liebenden) 17, 26, 69-75, 78, 337, 367, 371
Crispino e la Comare 145
Il crociato in Egitto (Der Kreuzritter in Ägypten) 121

La dame blanche (Die weiße Dame) 121f.

La damnation de Faust (Fausts
　Verdammnis) 177f., 185
Daphne 315
Demetrio 30, 43
Demofoonte 33, 41
Deutsches Miserere 358
Les deux aveugles (Die beiden Blinden)
　245f., 249
Les deux journées ou Le porteur
　d'eau (Die beiden Tage oder Der
　Wasserträger) 106
Le devin du village (Der Dorfwahrsager)
　14
Didone abbandonata 29f., 33
Djamileh 231
Doktor Faust (Busoni) 13, 175, 183-185
Dom Sébastien 122f.
Le domino noir 127
Don Carlo 109, 116, 120, 128f., 131,
　149, 165, 169
Don Giovanni (Don Juan) 10f., 17, 25,
　47, 59-71, 75, 105f., 112, 123, 131,
　134, 153, 157, 175f., 184, 338, 351,
　376, 380
Don Procopio 230
Die Dreigroschenoper 12, 17, 337, 340-
　348, 355, 358, 360
I due Foscari (Die beiden Foscari)
　144-146

Elegy for Young Lovers (Elegie für
　junge Liebende) 371-379
Elektra 295-300, 302
L'elisir d'amore (Der Liebestrank)
　108-111
Die Entführung aus dem Serail 34, 43,
　47, 52, 72, 75, 84, 90, 172f.
Ernani 141f., 144, 146, 156
Ero e Leandro (Hero und Leander)
　182, 283
Erwartung 329
Eugen Onegin 17
Euryanthe 8
Ezio 30, 33

Falstaff 159, 162, 166-171, 306, 376

410

La fanciulla del West (Das Mädchen aus
　dem Goldenen Westen) 365
Faust (Gounod) 18, 163, 176, 179-181,
　183, 185
Die Feen 194, 198-200, 208
Les fées du Rhin (Die Rheinnixen) 261,
　277
Fernand Cortez, ou la Conquête du
　Mexique 126
Feuersnot 296f.
Der Feuervogel siehe L'oiseau de feu
Fidelio 10f., 100, 154
La finta semplice 26
Die Fledermaus 273-279, 314
Der fliegende Holländer 123, 181,
　190f., 199-207
La forza del destino (Die Macht des
　Schicksals) 146, 149f., 156
Fra Diavolo ou L'hôtellerie de Terracine
　(Fra Diavolo oder Das Gasthaus in
　Terracina) 122, 127
Die Frau ohne Schatten 295, 301,
　306-310
Der Freischütz 8, 10f., 93-102, 190
Friedenstag 315

Die Geschichte vom Soldaten siehe
　L'histoire du soldat
Gianni Schicchi 330
La Gioconda 163, 165
Un giorno di regno (König für einen
　Tag) 117f., 156
Giulio Cesare in Egitto (Julius Cäsar)
　30
Glückliche Reise 285
Götterdämmerung 19, 33, 131, 134,
　188, 193-195, 199, 203, 219, 378
Die Göttin der Vernunft 278
Der goldene Hahn 17
La Grande-Duchesse de Gérolstein (Die
　Großherzogin von Gerolstein) 246,
　257f., 260
Guillaume Tell (Wilhelm Tell) 119, 126
Guntram 296

Hamlet (Thomas) 163

WERKREGISTER

Happy End 345 f.

Hero und Leander siehe Ero e Leandro
L'heure espagnole (Die spanische
  Stunde) 333
L'histoire du soldat (Die Geschichte
  vom Soldaten) 330, 333, 335, 341
Die Hochzeit (Strawinsky) siehe Les
  noces
Die Hochzeit (Wagner) 190, 192-194,
  198
Die Hochzeit der Sobeide 295
Die Hochzeit des Figaro siehe Le Nozze
  di Figaro
Les Huguenots (Die Hugenotten)
  119 f., 129-133, 136, 154, 257

Idomeneo 33, 52, 73, 79, 84, 330
Indigo und die vierzig Räuber 272 f.
L'isola disabitata (Die unbewohnte
  Insel) 42
L'italiana in Algeri (Die Italienerin in
  Algier) 106

Der Jasager 346, 353-355
Jérusalem (siehe auch: I Lombardi alla
  prima crociata) 150
Johann Faustus (Eisler) 185
Jonny spielt auf 342
Josephslegende (auch: Josephs Legende)
  310
La Juive (Die Jüdin) 122-124
Der junge Lord 378, 380

Der Karneval in Rom 273
Das kleine Café 286
Der Kuß der Fee siehe Le Baiser de la
  fée 330
Le lac des fées (Der Feensee) 126 f., 198
Das Land des Lächelns 285
Leben Eduards II. von England 340
Lebenslauf des asozialen Baal 340

Leichte Kavallerie 272
Die Liebe der Danae 315
Der Liebestrank siehe L'elisir d'amore

Das Liebesverbot 98 f.
Lindberghflug 350
Lohengrin 139, 153, 165, 193, 196,
  200 f., 208 f., 213, 220-223
I Lombardi alla prima crociata
  (Die Lombarden auf dem ersten
  Kreuzzug) 116, 143, 150
Lorenzino de' Medici 144-146
Love's Labour's Lost 370
Lucia di Lammermoor 372
Lucrezia Borgia 108, 111 f.
Luisa Miller 167
Lulu 13, 329
Der lustige Krieg 276 f.
Die lustigen Weiber von Wien 272
Die lustigen Weiber von Windsor
  (Nicolai) 127, 167

Macbeth (Verdi) 141, 146-150, 153,
  158, 169, 182
Die Macht des Schicksals siehe La forza
  del destino
Das Mädchen aus dem goldenen Westen
  siehe La fanciulla del West
Das Märchen vom Zaren Saltan 17
Mahagonny-Songspiel 339 f., 342
Manon Lescaut 13, 127, 373
Margarete siehe Faust (Gounod)
Ein Maskenball siehe Un ballo in
  maschera
Die Maßnahme 355, 357
Mathis der Maler 371
Il matrimonio segreto (Die heimliche
  Ehe) 61, 106
Mavra 330, 335, 337
Medea in Corinto 108
Médée (Medea) 106
Mefistofele 161-165, 179, 181, 183, 185
Meine Schwester und ich 283
Die Meistersinger von Nürnberg 19,
  33, 126, 189, 199 f., 207 f., 212, 222-
  225, 312-314
Mignon 18, 176
Montezuma 13
Moralities (Moralitäten) 381
Moses und Aron 13, 329

La muette de Portici (Die Stumme von Portici) 109, 122f., 126f.
Die Mutter 340

Nabucco 16, 109, 116, 127, 129, 142f.
Eine Nacht in Venedig 277, 278
Der Neinsager 346, 353f., 357
Nerone 162, 164, 171
Les noces (Die Hochzeit; Strawinsky) 330, 333-335
Norma 114-118, 154
Le Nozze di Figaro (Die Hochzeit des Figaro) 12, 17, 25f., 30, 44f., 303, 320, 326, 369, 380

Oberon (Oberon or The Elf King's Oath; Weber) 8
Oberto 127, 141
Oedipus Rex 330, 335f.
L'oiseau de feu (Der Feuervogel) 330, 332f.
Oleg tritt die Herrschaft an 13
L'Olimpiade 33, 36
Olimpie 3
L'Orfeo 10
Orfeo ed Euridice (Orpheus und Eurydike) 30
Orphée aux enfers (Orpheus in der Unterwelt) 245f., 249, 250, 252, 261f., 276f.
Otello (Rossini) 166, 168
Otello (Verdi) 40, 159, 161f., 166, 168-171

Palestrina 371
Parsifal 13, 89, 129, 169, 181, 188f., 195, 200, 207f., 213, 219, 327f.
Paul Bunyan 364f.
Les pêcheurs de perles (Die Perlenfischer) 230
Pelléas et Mélisande 10f., 327f., 374
La Périchole 246, 258
Perséphone 330, 337
Petruschka 155, 331f.
Le Philtre 109
Pierrot lunaire 82

Il pirata 113
Pique Dame 17
Le pont des soupirs (Die Seufzerbrücke) 278
Prima la musica e poi le parole 8f., 21, 48, 315, 325, 337
Der Prinz von Homburg (Henze) 20
Prodaná nevěsta (Die verkaufte Braut) 110
Le prophète (Der Prophet) 75, 119, 133-136, 167
Pulcinella 330, 335
Puntila 12, 358, 360

The Rake's Progress (Das Leben eines Wüstlings) 324, 326, 337f., 364, 366f., 370f., 376
Il re pastore (Der König als Hirte) 26
Renard 330, 333f.
Das Rheingold 184, 187-189, 192
Die Rheinnixen siehe Les fées du Rhin 261, 277
Il ricco d'un giorno (Der Reiche für einen Tag) 48
Rienzi 131, 136, 138, 199, 201
Rigoletto 116, 128, 141,144, 151-156, 169
Der Ring des Nibelungen siehe auch: Das Rheingold, Die Walküre, Siegfried, Götterdämmerung 188, 193-195, 200, 203, 208, 212f., 219, 378
Ritter Pázmán (auch: Ritter Pásmán) 272
Robert le diable 119-121, 125, 129f., 134
Roméo et Juliette (Romeo und Julia; Gounod) 114, 263
La rosa bianca e la rosa rossa (Die weiße und die rote Rose) 108
Der Rosenkavalier 10f, 40, 134, 280, 295, 297, 301f, 303-305, 310, 313f, 316, 360, 374, 381
Le Rossignol (Die Nachtigall) 330, 332-334
Il Ruggiero 42

Die Rundköpfe und die Spitzköpfe
340, 360
Ruslan und Ludmila 17
Le Sacre du printemps 330-333
Saint François d'Assise 13
Salome 239, 296-299, 310, 321, 328
Samson et Dalila 369
Il Sant'Alessio 13
Der Schauspieldirektor 8, 48
Die schöne Galathée 272
Die schöne Helena siehe La belle Hélène
Die schweigsame Frau 8, 318-323
Semiramide riconosciuta 27
La serva padrona 36, 246, 367
Die sieben Todsünden der Kleinbürger 347 f., 357
Siegfried 137, 187, 189, 199 f., 202, 212, 214-219, 223
Simon Boccanegra 149, 155 f., 159, 166
Simplicius 278
Die Sintflut 330
Siroe 30
Il sogno di Scipione (Der Traum des Scipio) 26
La sonnambula (Die Nachtwandlerin) 114
Stiffelio 151
La straniera (Die Fremde) 113 f.

Tancredi 106
Tannhäuser 120, 196, 198 f., 201, 204, 209, 253, 329
Tausendundeine Nacht 278
Temistocle 36, 43
Titus siehe La clemenza di Tito
Tosca 163
La Traviata 10 f., 128, 141, 153-155, 161, 165, 367
Tristan und Isolde 10, 38, 105, 110, 138, 169, 189, 192 f., 195, 199 f., 204, 207-213, 270, 275, 283, 328, 352
Trommeln in der Nacht 340
Il trovatore (Der Troubadour) 128, 141, 150, 155, 157 f., 169

WERKREGISTER

Il turco in Italia (Der Türke in Italien) 106 f.

Ugo, Conte di Parigi 109, 111
Undine 190

Der Vampyr (Marschner) 371
Vasco da Gama siehe L'Africaine
Venceslao 32
Les Vêpres siciliennes (Die sizilianische Vesper) 120, 128, 149
Das Verhör des Lukullus (später: Die Verurteilung des Lukullus) 339, 350, 358, 360 -362, 376
Die verkaufte Braut siehe Prodaná nevěsta
La Vestale (Die Vestalin) 98
La vie parisienne (Pariser Leben) 255, 262, 275

Der Waffenschmied 261
Die Walküre 374
Der Wasserträger siehe Les deux journées
Im weißen Rössl 281-291, 377
Werther (Massenet) 176
Wiener Blut 278
Wilhelm Tell siehe Guillaume Tell
Wozzeck 10 f., 13, 329

Zaïra 104
Zar und Zimmermann 122
Die Zauberflöte 25 f., 49, 70, 76-90, 93, 96, 139, 173, 198, 305, 307, 345
Der Zauberflöte zweiter Teil (Fragment; Goethe) 172
Die Zauberzither oder Kaspar der Fagottist 83 f.
Der Zigeunerbaron 277, 279